# 장수기업으로 가는 길

The Way to Long-lasting Company

합리적선진화만이 장수기업으로 정서적안정을 일군다

편저자 김 종 영

(제 3 탄)

한림원 출판사

# 머리말

역사를 공부하는 이유는 과거에 있었던 영욕(榮辱)경험들의 역사로부터 교훈을 얻어 현실에 적응하고 미래에 대비하기 위해서 이다. 이는 역사연구의 이론적, 실천적인 성격과의 상호관계성을 지적하는 것이라 할 수 있다. 그러므로 기업의 경영방식이나 경영전략에 대한 역사를 연구함으로서 오늘날의 경영현실을 파악하고 공통적인 법칙을 이루는 사항을 찾아 이를 체계화 함으로써 앞으로 나아갈 발향을 예측할 수 있다는 데에 장수기업 경영사를 연구하는 의의가 있다 하겠다.

기업의 경영역시 사람의 삶과 마찬가지로 풍상(風霜)과 고초(苦楚)를 겪으며 성장하여 발전하여 가는 것이다. 사람이 세류를 따라 살아가듯이 기업도 호황과 불황이라는 경제의 흐름속에서 고난을 극복하며 지속적인 성장을 이루어 나간다. 이는 자연의 법칙과 기업의 생리가 크게 다르지 않다는 것을 의미한다. 사람이 지속적으로 생명을 유지하려면 산소와 물, 영양소라는 3대 필수요소가 있듯이 기업도 지속적인 발전을 하려면 자본과 노동자원 등의 매개물이 삼일체로 조화적 협력이 이루어 질때 가치를 창출하고 활력있는 생명력으로 지속되는 것이다.

경제의 흐름이란 호황이 있으면 불황이 오고 다음에는 호황이 찾아오기 마련이다. 바다물이 출렁대는 파도가 있어 생동하는 어류가 생존하듯 세파(世波)가 있어 생활의 흐름을 찾고 경제의 흐름이 있어 극복하려는 노력이 발생하며, 그 결과로 성패의 교차가 생기며 기업의 존망(存亡)의 분수령이 생겨난다. 장수기업의 정의를 한 마디로 정의하기에는 다소 무리가 있다. 장수의 기준을 어디에 두느냐에 따라 다르기 때문이다. 일반적으로 기업의 창립으로부터 100년 이상 기업경영을 지속적으로 유지하고 있는 기업을 장수기업이라 정의한다.

인간의 생명은 유한하지만 기업의 생명역시 유한한 것인가? 인간은 만물의 연장이다. 그러기에 인류역사가 존재한다. 기업역시 기업사를 가지고 수 백년, 수 천년 이어가는 장수기업을 보며 경영비법은 무엇인가? 이것을 배우고자 하는 것이다. 본 편저자은 창업후 조기폐업 실태를 바라보며 이 사회적 손실을 사회적 비용을 조금이나마 줄여볼 수 없을까? 창업에서 장수기업으로 가는 길은 어떤 길이 있을까? 하는 것을 여러나라 장수기업들의 성공사례에서 알아보자는데 편저의 목적이 있다.

본 권에서는 제1부에 장수기업으로의 기반요소와, 제2부에는 세계적인 장수기업들의 성공과 역경을 분석하였고, 제3부에는 한국과 일본의 경영의 신들이 창조적 도전의 실현과 미래 지향적인 경영전략으로 기업을 성장시킴에 대하여 기술하였다.

본권은 2018년 1월10일 1쇄 초판이 발행되고 농년 10월 2018년도 대한민국 학술원 선정 우수학술도서 추천되어 재판되었으며 2023년3월 3쇄 3판을 하게 되었습니다.

독자여러분께 감사드립니다.

2023년 3월 10일

김 종영

# 추천사

반세기 동안 오직 현장기술인으로서 한 길만을 걸어오신 저자 자신이 그동안 체득한 경험을, 그리고 만학도로서 경영학을 접하면서 이론과 실제를 융합하며 느끼신 경영의 과거, 현재 그리고 미래를 정리하여 후진들에게 도움이 되도록 하겠다는 강한 집념으로 "장수기업으로 가는 길"이라는 저서를 출간하셨습니다.

김종영 박사님은 젊은 나이에 규산나트륨 생산현장에 공원의 신분으로 뛰어들어 생산기술을 배우고 익히면서, 연구개발에도 힘써 훗날 영일화성을 창업하여 우리나라 규산염 분야를 대표하는 기업으로 성장시키는 최고경영자가 되셨습니다.

김종영 박사님은 만학도로서 2008년 숭실대학교에 입학하여 경영학사, 석사, 박사를 9년만에 모두 마치신 열정적인 학구열을 가지신 분으로, 규산염의 제조와 응용분야의 저서 2편을 저술하셨습니다. 저서에서 규산염분야 관련 신소재 발전을 위해 본인이 쌓아 온 노하우를 공개하셨고, 이번에 경영관련 분야로 집필한 "장수기업으로 가는 길"은 창업 후, 많은 기업들이 지속적으로 성장을 하지 못하고 폐업하는 안타까운 우리의 현실을 조금이나마 개선해 보고자 노력하는 저자의 충정이 돋보이는 저서라 할 수 있겠습니다.

한국을 비롯한 일본, 독일, 중국, 미국의 장수기업의 사례를 분석하여 장수기업의 특징들을 정리한 내용은 창업하여 기업을 경영하는 경영자들에게 어떻게 하면 100년, 200년을 이어가는 장수기업으로 지속성장을 할 수 있는지를 엿볼 수 있게 핵심포인트를 짚어주고 있습니다. 물론 나라와 시대적인 환경은 다르지만 근본은 대동소이하다고 여겨집니다. 기업을 경영하고 있는 경영자들, 새롭게 창업을 했거나 창업을 준비하고 있는 예비창업자들, 경영을 공부하고 있는 학생들에게 본 저서 "장수기업으로 가는 길"이 창업 후, 기업을 장수기업으로 만드는 이정표를 제시해 줄 수 있을 것이란 확신이 있기에 감히 추천합니다.

끝으로 고령에도 불구하고 학업에 열중하시어 경영학 박사학위를 취득하시고, 나라 경제와 후진들을 위해 이 책을 펴낸 김종영 박사님께 경의를 표하며 큰 축하를 드립니다. 이 책을 통해서 많은 기업과 기업인들이 지속가능 경영의 노하우를 터득, 창의력을 발휘하여 장수기업으로 튼튼히 성장하기를 기원합니다.

2017년 11월 20일

숭실대학교 총장

경제학박사 황 준 성

# 추천사

※ 추천이유

대한민국의 새로운 성장동력은 혁신적 창업에서 찾아야 한다. 그리고 이 혁신적인 다수의 기업들이 오랜 기간을 거쳐 명문 장수기업으로 거듭나야 한다. 바로 그 순간이 우리 한국경제의 구조가 대기업에서 중소기업 중심으로 근본적으로 변화한 모습일 것이다. 이 책은 창업기업이 데스밸리의 순간을 버리지 못하고 폐업하는 원인이 어디에 있는지 밝히고, 그 고개를 넘어 장수기업으로 가는 과정은 어떠했는지를 풀어내고 있다. 해외의 사례를 소개하고 또 방향을 제시함으로써, 중소기업이 100년 기업의 미래를 설계하는데 큰 도움이 될 것이기에 중소기업중앙회장으로서 흔쾌히 본 서를 추천한다.

상기 본인은 책 『장수기업으로 가는 길』 을 위와 같이 추천합니다.

2017 년 11월 18 일

상기 추천인 박 성 택 (인)

# 추천사

우리나라는 지난 반세기 동안 급속한 산업화를 통해 경제성장을 이룩한 성과를 "한강의 기적"이라고 부른다. 아무런 기반이 없던 시대, 일제강점기를 거치고 나서 또한 전쟁의 폐허속에서 다시 시작한 각고의 노력으로 경제부흥과 민주화를 이루며 문명사회에 진입하게 되었다.

이러한 성과의 원천은 선진국과 같은 산업구조를 구축하는데 전력을 다하여 근대화의 토대가 되었다고 본다. 특히 여기에는 우리나라 경제의 주력산업인 소재부품이 자리잡고 있다. 소재기술은 모든 산업의 뿌리라고 할 수 있으며, 다양한 소재들이 여러 산업분야에서 융복합 형태로 제품의 질을 개선하며 활용분야를 넓혀가고 있다. 그동안 소재산업은 계속 증가발전 추세이지만 미래를 전망해보면 그리 밝지는 않다. 우리나라 무역성과는 2000년대에 이르러 중국경제의 급속한 팽창에 편승한 효과 등이 작용해 왔다고 본다. 그러나 이제 중국 등 개발도상국에 비해서 가격경쟁력이 떨어지고 선진국에 비해 아직 기술과 품질면에서 밀리고 있다.

우리는 이러한 국제경제와 여기에 관련된 환경변화에 대응하며 경쟁력을 높혀야 하며, 특히 다가오는 미래는 제4차 산업혁명이라는 미지의 물결에 대비해야 한다.

2016년도 통계청 자료에 의하면, 우리나라 전국 58만 5천여 개의 기업중에서 30년 이상의 역사를 가지는 기업은 2%에 불과했으며 50년 이상이 된 기업은 0.2%, 10년미만인 기업이 전체의 70%이며 그 중에서도 32.8%는 3년 미만의 기업이라 한다.

이와 같이 기업의 생존은 치열한 국제경쟁에서 타나나고 있다. 한 기업을 창업하기도 어려울 뿐 아니라 이를 경영하면서 꾸준히 발전유지할 수 있는 능력이 필요하다. 시대가 갈수록 불확실성이 커지면서 기업의 생존도 예측할 수 없는 환경으로 가고 있다. 기업은 한 국가의 모든 것이 귀결되는 꽃이라 했다. 국가경제에 활력소가 되고 새로운 혁신기술, 제품개발 등을 꾸준하게 지속적으로 이어 가기를 원한다.

“장수기업으로 가는 길”을 펴내신 저자 김종영 박사는 학구열이 높으신 분으로 현재 기업활동을 활발하게 하신 경영자이시고, 윤재한 교수는 다년간 경영학 교수로 재직하고 계시는 분이여서 산학이 공이 고민한 공저인 바, 앞으로 기업경영 전문가로 성장할 후학들이 참고자료로서 널리 활동되기를 바라는 마음입니다. 앞으로 우리나라 중소기업들이 성장하며 장수기업으로 나아가는데 일조할 것으로 기대되어 추천합니다.

2017년 11월 12일

한국세라믹연합회 회장 신재수

# 차 례

## 제 1 부 장수기업으로의 기반요소

## 제 2 부 세계적인 장수기업 성공사례

### 제 5 장 한국의 장수기업



### 제 6 장 일본의 장수기업

## 제 3 부 한국과 일본 경영의 신들이 주는 교훈

### 제 10 장 경영의 신들 발상과 실천

# 제 1 부

# 장수기업으로의 기반요소



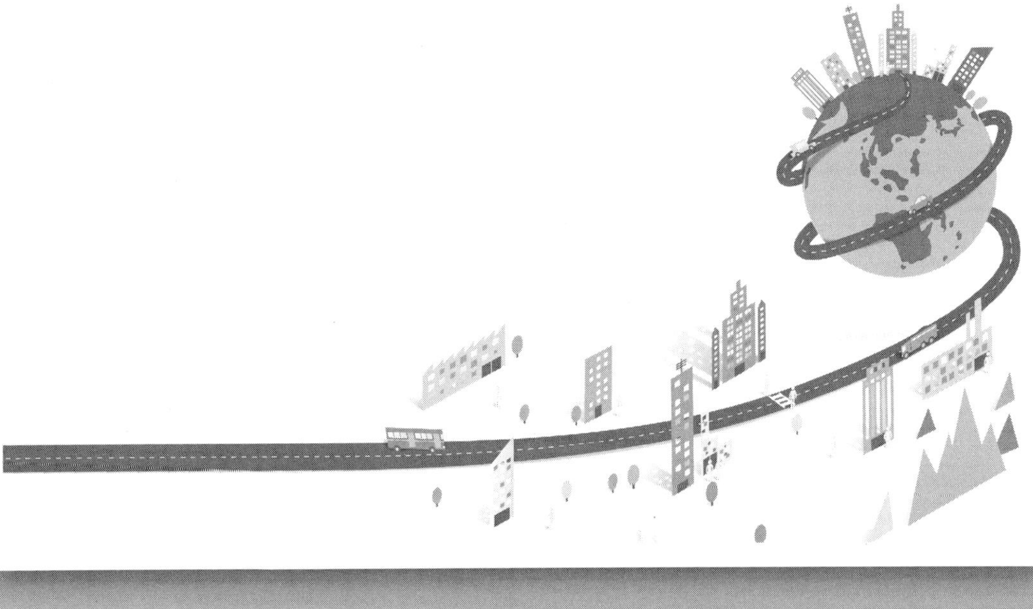

# 제1장 총 론

제1절 편저의 배경
제2절 편저의 목적
제3절 편저의 의의

# 제 1 절 편저의 배경

## 1.1 기업조직의 탄생과 소멸

### (1) 기업은 경제가치 창조의 원천

기업은 경제적 가치창조의 원천이며 그 필요의 가치에 따라 기업의 조직은 발생과 소멸이 반복하며 생성(生成)되어 유지발전하고 있다. 기업의 수명은 인류생존의 필요가치를 제공하는 한 인류생존과 병행하며 영원할 것이다. 그러나 개개의 기업은 경영자의 능력이나 조직의 활성여하에 따라 단명할 수도 있고 장수할 수도 있을 것이다. 기업의 역사를 보면 천여년 굴절의 역사를 가진 기업도 존재했지만 인류문명사의 측면에서 보면 단기간의 순간정도밖에는 되지 않는다 할 것이다. 기업은 탄생 후 그 동안 물질적 소요가치의 생산자로 대단한 성공을 누려왔으며, 재화와 서비스의 공급을 통해 폭발하는 세계인구에 풍요로운 삶을 제공하는 역할을 하여왔다.

그러나 대부분의 많은 기업들은 인간이 지니고 있는 잠재력을 충분히 발휘하지 못하고 눈앞의 이익에 얽매이는 단견에서 벗어나지 못함을 보여주고 있다. 아직도 적지 않은 기업들이 진화의 초기단계에 보다 발전된 상태의 변화를 찾아내지 못하고 머무르고 있으며 잠재력의 극히 일부분만을 발현하고 있다. 기업들의 작금의 실태를 보자. 기업들의 높은 폐업률은 무엇을 말하는가?

장수기업들과 장수하지 못한 기업을 비교해 보면 사라진 기업들은 많은 경우가 자기수명을 다하지 못했다. 예를 들면 일본의 스미토모(Sumitomo)는 1590년에 창업하였고 스웨덴의 스토라(Stora)사는 700년 이전에 창업하여 오늘에 이르고 있다. 이를 통해 기업은 스스로 흘러가는 시대요구의 가치창조에 대한 적응력을 키운다면 200~300년 또는 그 이상으로 존속할 수 있음이 기업사를 통하여 알 수 있다.

### (2) 기업의 연륜은 잠재능력 발휘에 따라

기업사의 기업연륜이 말하는 통계치가 암시하는 바는 매우 비관적이다. 스미토모(Sumitomo)나 스토라(Stora)사의 장수하는 기업의 수명과 보통기업들의 짧은 삶의 차이는 기업구성원의 잠재능력이 제대로 발현되지 못했음을 나타낸다. 기업들이 장수하지 못하고 조기에 부적절하게 폐업에 이른다면 주관경영층의 신뢰성과 경제적 손실은 물론 구성원 개개인의 피해와 지역사회 발전의 침체가 초래되고, 경제전체에 영향을 미칠뿐만 아니라 이들이 경제를 어렵게 만들 수도 있다. 높은 기업의 폐업률은 연스러워 보이지 않는다. 생명체중 최대수명과 평균수명간 또는 단명간의 차이는 노력을 통해 좁힐 수 있으리라 사료된다. 왜 많은 기업들이 창업의 뜻을 이루지 못하고 조기에 폐업되어 사라지는가? 기업들이 경영적 사고와 경영방침이 재래방식의 경제학적 사고에서 벗어나지 못하고 너무 심하게 의존하고 있기 때문임을 시사하는 증거가 더욱 많아지고 있다. 달리표현하면 신경영기법을 도입하지 못한 경영자들이 재화와 서비스 생산에만 너무 치중하고 기업조직이 생존하기 위해 종사하는 인간의 공동체임을 깨닫지 못하고 기업운영이 단기적 안목으로 이루어지기 때문에 조기사망하는 예를 볼 수 있다.

## 1.2 장수하는 기업의 특징은 무엇인가?

### (1) 장수기업의 특징

장수기업의 특징은 가정의 화합과 협력에서부터 소생됨을 알 수 있다. 즉 가화만사성(家和萬事成)이라는 우리사회의 속어(俗語)가 진리인가 싶다. 장수하는 기업들(Living Companies)은 조화로운 진화를 가능하게하는 특성을 가지고 있다. 장수기업들은 자신들의 역량을 스스로를 잘 알고 미래에 대체능력을 배양하며 인적자원의 확보와 새로운 아이디어로 사업을 구축한다. 또한 자본을 절약하고 기술을 축적하며 역량을 배양하는 이러한 특성은 기업이 수많은 세대에 걸쳐 생존하기 위해 취하는 행위에서 확연히 드러난다.

기업의 장수여부를 결정하는 나침반은 미래를 내다보는 경영자 기업가의 안목에 달려있다. 기업운영의 합리성이란 기업가정신(起業家情神), 즉 기업(企業)을 기업(起業)하겠다는 일념의 정신이 일도(一到)하면 무사불성(無事不成)이라 아니되는 일이 없으리라는 소신적 도전성으로 업무개척의 지속성이 필요하기 때문이다.

기업운영은 내부자원만으로 변화에 대응하고 수요에 만족을 주기에 자원역량이 부족할 경우, 외부자원과 유대를 강화하는 네트워크 조직체계를 필요로 한다. 경영자의 안목이 미래를 대비하며 네트워크 운영체계는 장수기업의 초석이 된다.

### (2) 셸사의 장수기업 연구

1983년 셸사(Shell)의 장수기업 연구팀은 보다더 오래된 기업의 생존에 대한 연구를 통해 기업의 생존조건에 대해 찾아보고 연구하기 시작했다. 이 회사들은 업령으로 100년에서 700년 사이의 많은 장수기업들이 분포되어 있음을 확인했다. 그리고 세계적인 대기업들은 그 회사들의 내역의 역사는 비교적 문서화로 기록되어 있었다. 대부분의 기업의 내역들의 정리는 그 기업의 종사자들이 기록하기 때문에 최고경영자의 좋은 점만 기록되어 자화자찬식의 기록물이나 기사로 구성되어 있는 예를 볼 수 있다. 예를 들면 듀폰, 코닥, 그레이스. 지멘스, 미쓰이, 스미토모 등과 같은 대기업들이다 기업들의 수명은 그 기업의 역량과 비례됨을 보여주고 있다. 우리들은 <포춘>이 선정한 500대 기업의  리스트를 통해 연구한 결론에서 기업의 수명은 역량에 비례함을 알 수 있었으며, 끊임없는 노력에서 이루어짐을 미주유럽 · 아시아 등의 성공기업들의 사례에서 얻은 자료로부터 확인할 수 있었다.

## 1.3 기업의 창업과 조기폐업율

### (1) 창업초기 폐업율이 높아

현재 국내기업들의 생존실태를 보면 창업기업 70.4%가 5년 이내에 조기폐업을 하는 실정이다. 다생다사생명구조(多生多死生滅構造)에서 혁신적 개혁이 필요한 시점에 있다. – 창업 중소기업은(창업 후 3~7년)에 찾아오는 매출정체와 자금고갈의 위기로 이른바 '데스 밸리(death valley)'를 못 넘기는 스타트업이 많이 생기는 실정이다.

창업가들과 벤처투자자들은 그 원인으로 벤처금융 환경의 문제점을 꼽는다. "기업은 자금을 확보하고, 투자자는 투자금을 회수할 '출구(exit · 엑시트)'가 너무 좁다"는 것이다. 증시상장과 인수 · 합병(M&A)이 대표적인 스타트업의 엑시트 방법이다. 하지만 우리나라는 둘중 쉬운 것이 하나도 없다. 페녹스 벤처캐피탈의 유석호 대표는 "한국에선 증시상장 조건이 까다로워 (상장까지) 평균 11~12년이 걸리고, 삼성 · 현대차 같은 큰 기업은 스타트업 인수에 전혀관심이 없다"고 말했다. 그 이유는 무엇일까? 가치성의 문제일 것이다. 벤처금융이 한국창업 생태계의 '약한 고리'인 셈이다.

스타트업은 대체로 수익구조가 취약하기 때문에 미국과 이스라엘 등 창업선진국에선 인수 · 합병을 통해 투자자는 투자금을 회수하고, 스타트업은 사업자금을 마련해 생존을 보장하는 모델이 정착되어 있다. 벤처기업협회는 "미국은 스타트업의 50% 이상이 구글같은 대형기업에 M&A되는 형식으로 엑시트를 하는 반면 우리나라 스타트업의 M&A 엑시트 비중은 단 2.1%에 불가하다"고 했다. 상기와 같이 조기폐업 사태가 과다하게 발생함으로 경제적 손실은 물론 사회안정적 측면에서 매우 혼란스러운 상태를 야기해 국가발전에 장애를 가져오는 저해적인 원인이 되고 있다. 이러한 상태들을 방지하거나 최소화 할 수 있는 방도는 없을까? 이에 대한 고민이 본권의 주제적 기술(記述)의 배경이다

### (2) 속성탄생과 조기폐업율

우리나라는 많은 기업이 창업되고 많은 기업이 조기에 폐업하는 '다생다사형 산업구조로 형성되어 있다. 한국기업의 생존율은 외국에 비해 많이 떨어져 5년 후 생존율이 29.6%에 불과하다. 그러나 유럽의 국가들을 보면. 스웨덴 61.9%, 프랑스 51.5% 등으로 나타나고 있어 우리나라는 유럽국가들에 비해 많이 떨어지는 편으로 나타나고 있다. 경기도는 2012년 전국 신생기업 중 25.1%가 경기도 내에서 창업하였으며 창업율은 15.3%, 폐업률은 13.4%로 각각 전국평균보다 높은 수준이다. 창업실태를 보면 신생기업의 2개 중 1개는 영세하고 지속생존이 어려운 생계형 서비스업종이다. 생계형 서비스업에 해당하는 소매업, 숙박 및 음식점업, 부동산 및 임대업 등이 신생기업에서 차지하는 비중은 2012년 54.3%로－생계형 서비스업은 사업체당 매출액이 서비스업 평균이하로 영세한 경우가 많으며 5년 후 생존율도 다른 산업에 비해 많이 낮은 편이다. 빈번한 창업과 폐업이 초래하는 사회적 비용을 최소화하기 위해 보다 면밀하게 검토 · 분석한 후 준비된 창업을 유도하고 실행하여야 한다.

### (3) 업종별 평균생존율

창업기업 38.7%가 1년만에 폐업 70.4% 5년내 조기폐업되는 생존율이다. 중소기업청은 그동안 지속적인 창업지원 정책을 실시한 결과, 2014년 상반기 기준 신설법인 수는 전년동기(37,913개) 대비 9.4%가 증가하여 최초로 4만여 개(41,485개)의 창업기업을 배출했다. 그러나 창업기업의 양적성장은 해마다 증가하나 창업기업의 38.7%가 1년 내 폐업, 70.4%가 5년내 폐업하는 것으로 드러났다. 중소기업청에서 제출한 5년 후 기업생멸통계를 살펴보면 전체 창업기업 중 가장 많은 비중을 찾이하고 있는 제조업의 경우 68.8%에서 41%로 감소, 전문과학서 비스업의 경우 62.0%에서 35.4%로 감소, 음식·숙박업의 경우 55.3%에서 17.7%로 감소했다

**표 1-1** 업종별 년도별 평균 생존율(중기청 통계)%

| No | 업 종 | 1년후 | 2년후 | 3년후 | 4년후 | 5년후 |
|---|---|---|---|---|---|---|
| 1 | 평균(통계청) | 61.3 | 48.4 | 40.5 | 35.1 | 29.6 |
| 2 | 제조업 | 68.8 | 56.9 | 49.5 | 44.5 | 41.0 |
| 3 | 전문 과학서비스업 | 62.0 | 49.6 | 42.4 | 38.2 | 35.4 |
| 4 | 사업서비스업 | 51.9 | 38.4 | 30.0 | 24.3 | 19.3 |
| 5 | 도·소매업 | 56.7 | 43.6 | 35.8 | 30.5 | 26.7 |
| 6 | 음식, 숙박업 | 55.3 | 38.4 | 28.9 | 22.5 | 17.7 |

자료: 2014년 중소기업청 통계표.

중소기업청에서 제출한 5년 후 기업생멸 통계를 살펴보면, 전체 창업기업 중 가장 많은 비중을 차지하고 있는 제조업의 경우 68.8%에서 41%로 감소, 전문과학 서비스업의 경우 62.0%에서 35.4%로 감소, 음식·숙박업의 경우 55.3%에서 17.7%로 감소했다. 특히 창업기업중 도·소매업, 숙박·음식점업과 같은 자영업은 다산다사(多產多死) 구조로 제조업, 지식서비스업 등 기술기반 창업에 비해 생존율이 현저하게 낮았다. 더불어 일자리, 부가가치 등의 파급효과가 높은 고급기술 인재들의 도전적 창업율 또한 저조한 것으로 밝혀졌다. 벤처기업 중 교수, 연구원, CEO와 같은 전문기술력을 소유자의 경우 2006년 20.1%에서 2010년 9.9%, 2012년 7.9%로 감소했다.

# 제2절 편저의 목적

## 2.1 장수기업의 특징과 육성

### (1) 기업의 실태와 환경

세계적인 기업환경의 변화의 추이를 보면 최근에 와서 기업생태계의 실태는 기업의 규모 글로벌화(세계화). 기술발전의 진전을 비롯해 국·내외적으로 노동임금의 격차문제와 사업의 규모업종간 수익성의 차이, 세계시장의 다변성 국내시장의 침체 등 다양한 구조변화를 요하는 실정적 변화가 요구되고 있다. 환경의 가중성과 더불어 경영환경은 더욱 어려움을 더해가고 있다. 이런 가운데 지역중소기업이 새로운 활로를 모색하는 데는, 진전하는 다양한 구조변화에 대한 대처능력의 구축은 물론, 침체된 경제환경에 과감히 맞서는 경영자의 자세확립이 절실히 필요하다.

장수기업들의 경영실태를 살피며 어려운 고비를 어떻게 극복하였는지에 대한 지혜를 찾고자 한다. 지금까지 경쟁전략, 시장의 변화, 주력제품의 매출감소, 자금조달, 자연재해, 창업자의 타계로 인한 후계상속의 결과로서 경영자의 변동, 기술직원의 퇴직, 노사분쟁, M&A 등 다양한 위기에 직면하면서, 그것을 극복해온 실적들을 밝히고 자기사업의 존속·유지·발전을 가능하게 하는 힌트(원인)를 제공하려는데 본 권의 목적이 있다. 이러한 이유로 본 권에서는 중소기업 본연의 자세, 기업 존속유지 발전방향을 지금까지 장기간에 걸쳐 각 분야에서 자사의 전략·전술을 구사하고, 경영기반을 강화해 '장수기업'의 경영방식과 자세를 공부하고 새로운 비전을 찾아보는데 목적이 있다.

### (2) 자영업 개업과 폐업률 실태

창업은 시대흐름의 대세인가 싶다. 왜냐하면 기술집약적 창업이 많이 이루어지므로 새로운 산업동력이 탄생하여 미래산업의 발전의 기초를 형성하기 때문이다. 그러나 기업이 창업후 성장하지 못하고 정체되거나 또는 성장과정에서 생산제품의 활로개척이나 수요자금이 원활치 못할 때 이를 극복하지 못하면 창업기업의 정착기라 할 수 있는 3년~5년차를 넘지 못하고 폐업하게 되는 경우가 많이 나타나는 실정이다. 창업 이후 기업정착과 성장을 위한 멘토링, 마케팅 등 연계지원 시스템을 강화해야 하는 필요성이 대두되고 있다. 기업의 구조조정에 따른 조기퇴직자들이 늘어나고 취업난으로 많은 젊은이들이 새로운 아이디어를 가지고 창업을 하려는 열망과 열정이 점점 늘고있는데 열정만 가지고 또는 일신상의 실정과 환경에 의하여 급한마음에 준비가 부족한 상태에서 창업을 하게되면 예기치 못한 사태를 극복하지 못하고 폐업하게 되는 경우가 증가하고 있다. 다음은 현대경제연구소에서 조사한 통계자료를 기초로 창업기업의 운영실태에 관하여 검토해 보기로 한다.

2011년과 2012년 2년간은 진입자가 퇴출자를 앞섰으나 2013년에 들어서는 퇴출자가 진입자를 크게 앞섰다. 그러나 자영업들의 진입확률은 2011－2013년에 이르면서 계속하여 하행하면서 반면에, 퇴출률의 경우에는 2012년부터 8.4%로 하행되었고 그 다음해인 2013년에는 9.2%로 다시 상승으로 나타나고 있다. 이는 즉, 1년 동안 100개 자영업 중 9개 이상이 폐업하는 실정을 말해주고 있다

2011년과 2012년 2년간에는 자영업자들이 과다하게 창업하였고 이로인해 2013년에는 과다한 출혈경쟁으로 인하여 기업을 유지하지 못하고 문을 닫는 현상이 나타나

**그림 1-1** 자영업자 진입~퇴출 추계와 특징

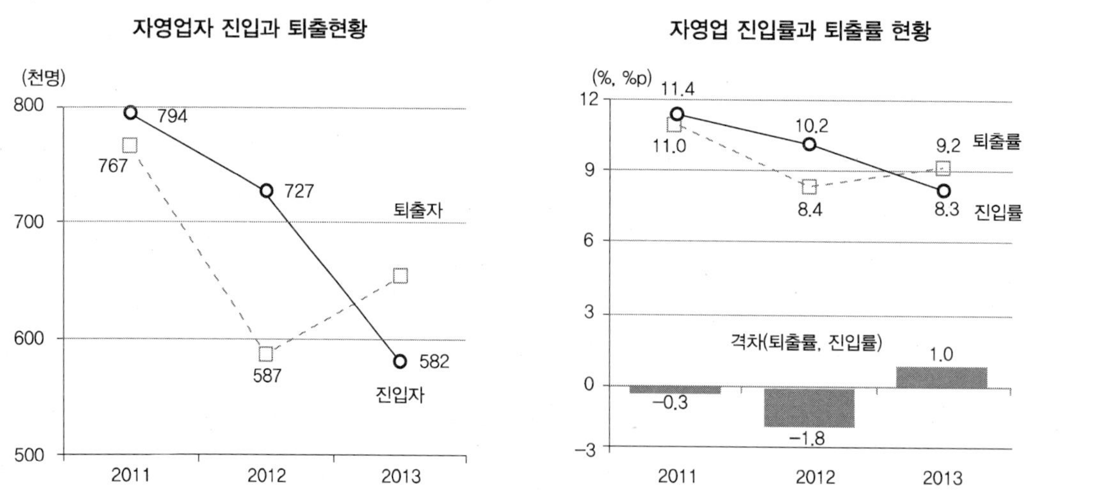


자료: 김광석(2015), "자영업 진입–퇴출추계와 특징," 현대경제연구원, 현안과 과제, 15–04호.

기 시작하였다. 창업자의 연령별 특징을 보면, 40대의 자영업자들이 폐업의 심각성을 알려주고 있다. 전체 자영업자의 폐업율 45.3%에 이르러 자영업자의 경영상의 어려움을 뚜렷하게 나타고 있다. 특히 청년층의 자영업자들의 높은 창업률 높은 폐업률의 실태가 나타나고 있으며 청년층 창업률과 폐업률이 다른 연령층보다 월등히 높다는 것을 알 수 있다. 이 원인은 무엇일까? 이는 준비와 검토의 부족에서 나오는 소산이며 또한 베이비붐 세대를 포함한 50대 이상의 연령층의 경우 창업자는 줄고, 폐업자는 점차 증가하고 있는 추세를 보이고 있다.

## 2.2 조기폐업에 따른 사회적, 경제적 손실

### (1) 심각한 경제손실과 사회적 문제야기

한 기업이 사업적 실패로 폐업에 이른다는 것은 한 경영자의 물적 · 경제적 막대한 손실은 물론 사업연관성 있는 이해관계자 모든 분들에게 피해를 수반하게 된다. 기업실패(Corporate Failure)는 기업가뿐 아니라 다양한 이해관계자 모두에게 경제적, 사회적, 심리적, 관계적으로 막대한 손실을 초래함(Ucbasaran, Shepherd, & Lyon, 2012).

중소기업청 발표에 의하면 폐업기업으로 인한 경제적 손실, 2006년도 기준 약 6.3조 원당해년도 GDP의 0.7%가 손실을 가져온다고 한다.

폐업법 인수 2006년도 37,625개 → 2010년도 54,829개, 2006년도 손실액을 기준으로 단순추정하면 2010년도 약10조 원(46% 증가) 수준의 직접 경제적 손실비용이 발생한다. 현재대기업 및 중소기업 공히 전체기업 중 약 20% 정도가 부실기업으로 분류된다(한국경제연구원, 2011)는 기업부문 부실채권 신규 발생분은 약 13조 8천억 원, 이중 중소기업이 약10조 3천억 원이 해당된다(금융감독원, 2012. 09)의 발표는 사업하다 실패하게 되면 가정이 파탄되고 개인이 몰락하는 패가망신(敗家亡身)으로 사회문제를 가져오게 된다고 말하고 있다. 한국기업의 생태계는 매우 높은 수준의 실패비용(Cost of Failure)이 존재함으로 이를 방지하는 보완책을 필요로 하고 있다.

투자자가 직접 경영하는 기업이 불실을 가져올 경우 문제해결의 시점을 놓쳐 실패비용이 상대적으로 높을 수가 있다. 왜냐하면 소유개념으로 안일하게 대처하는 경우를 말한다. 반대로 전문경영인에 의해 경영되는 경우는 단기성과의 도출목적으로 긴장과 세심성이 보다 높게 나타나 부실방지의 결과를 가져오는 효과를 높일 수 있다. 소유자 직접 경영의 기업경영 실패는 단순기업 실패로 끝나는 것이 아니라 가족의 신용과 채무관계로 이어져 가정이 파산되는 등으로 문제의 심각성이 확대되고 있으며 사회문제로 야기되는 경우도 있다.

기업인의 경영전략과 경영력량은 외적인 형식적 요소와 내적인 암묵적인 요소가 결합하여 경영능력으로 발휘되며 역량의 배양은 상당기간 학습과 경험에 의하여 내재화된다. 특별창업의 경우에는 창업목적과 기회의 결합이 중요하며 목적자원의 조달구성 상품의 생산, 목표상품의 마케팅 경영관리의 체계화 등 광범위한 영역을 관리되어야 함에 유의되어야 한다.

### (2) 출발 희망센터 체계적 재기지원

■ 새출발 희망센터

재기지원을 추진하는 컨트롤 타워로서 새로이 출발하는 과제는 희망센터를 설립하고, 지원자원을 확보하여 원스톱 서비스를 제공하는 시스템을 구축하는 것이다.

■ 회생 및 파산

채무자에게 법적, 제도적으로 친화적인 환경을 자율적으로 조절기능을 강화하여(친화적 채무환경)자동중재제도 및 간이파산 제도의 도입과 보증인 특례 제도신설 등 민간자율 조정기능을 강화하여 사전에 채무재조정을 의무화함으로서 사업정리형 및 인수합병 등 자산거래의 중개가 활성화 될 수 있다.

■ 교육

맞춤형 교육프로그램을 개발하고, 상시적인 멘토링 시스템을 구축하여 재 창업역량 강화-(맞춤형 교육프로그램), 역량기반 실무교육과 자기주도 체험형 교육을 통해 창업역량 강화-(상시적인 멘토링시스템), 전문멘토 확보를 통해 상시적인 멘토링 제도를 상설하여 투자제도를 도입, 제공함으로서 자금지원과 슈퍼스타 재창업의 R&D자금 및 재창업 필요자금 신청 시 가점부여 등을 통해 기술·아이디어로 사업화 촉진됨으로 사회적, 경제적 손실을 줄여주는 방안이 될 것이다.

## (3) 창업 및 기업경영도 반복될 수록 성공률이 높다

Harvard Business School에서 창업의 성공과 실패에 관한 연구결과 (Gompers,Lerne and Scharfste, 2008) 첫 번째 창업에서 성공했을 경우 다음 창업의 성공률 (VC 투자기업을 대상으로 IPO 여부로 판단)은 30%, 첫번째 창업에서 실패 후 재창업을 했을 경우 성공률 20%, 첫 번째 창업에서 성공하는 경우는 18%로 분석되었다 한다. 성공하지 못한 기업인이 재기도전하여 성공적인 성과를 이루는 것은 우리경제의 활성화를 이루는 불굴의 기업가정신으로 기업생태계의 순환을 위해 매우 중요한 일이다

불황의 장기화 및 기업생태계

경기침체를 가져오는 원인중의 하나는 국제적 경기가 지속적으로 하락되어 수출이 둔화됨으로 자금유통이 경색을 가져와 원활치 못하게 됨으로 향후 경영난이 기업의 발생의 우려가 되고 있어 신속하고도 정확한 선제적 정책대응이 필요하다 하겠다.

국내 중소기업 중 제조기업의 실황은 경쟁력이 지속적으로 하락하고 있어 경영실적이 악화되고 있어 경영난에 봉착하는 기업이 많이 발생할 우려를 가져오고 있으며, 자생력을 갖지 못한 기업과의 기업간 경쟁능력의  양극화가 심화될 우려가 있다. 유럽의 실태를 보면 중소기업이 연평균 70만개 사가 파산에 이르러 폐업을 하게 되며 이로 인해 연평균 280만개의 일자리가 없어지는 실정을 초래하고 있다. Business Dynamics: START-UPS, BUSINESS TRANSFERS AND BANKRUPTCY(EC, 2011).

한번 실패하면 만회가 어려워져 불가능하다고 인식하고 있어 이를 생각을 바꾸어 실패는 성공의 성숙도를 높이는 과정으로 생각하면 재도전의 용기가 소생될 것으로 중요한 심역(心域)이라 할것이다. 실패자에게 최소한의 사회안전망이 제공되는 사회구조가 요구되며 →자생적 기업가정신 발현이 창조이행의 동기부여라 할 수 있다. 사회불안으로 파생되는 인력수급 실태는 우수인력들이 안정적인 공무원이나, 의사 등 직업에만 집중되는 실상을 갖어와 국가산업 발전에 필요한, 창업활동을 보면 경제적인 파급효과가 큰 고위험성(高危險性), 고부가가치 혁신적 기술창업보다는 생계형 소상공인 창업중심으로 전개되고 있는 실정이다. 생계형 소상공인 창업의 경우는 기본적으로 인적・물적 자원이 부족하고 경영역량의 부족으로 야기된다.  낮은 성장으로 유지발전을 이여가지 못할 뿐만 아니라 생계의 기반마저 구축치 못하여 생활마저 어려워지는 상황

으로 나타나고 있음을 보여주고 있다(중소기업연구원 2014. 12.14).

우수한 고급인력들에 의해 기술혁신 기반으로 기술혁신 창업이 성공사례가 많아질 때 선순환의 경제성장과 신경제동력이 나타나 새로운 국가산업의 근간을 세워져 국가 경제의 미래성을 예지하게 되는 것이다. 또한 반면에는 준비부족의 창업으로 인해 조기실패를 초래함으로 창업에 대한 성공의 두려움을 갖게되고 이 때문에 도전정신을 쇠퇴하게 만드는 원인이 되고 있다. 사업의 실패는 이해당사자들에게 많은 손해를 부담하게할 뿐만 아니라 새로 창업하려는 예비창업자들에게 주저함을 안겨준다. 폐업에 따른 비용의 사회적 손실은 고스란히 새로이 창업하려는 도전정신을 약화시키며 물적, 정신적 부담의 요인으로 작용한다. 창업－성장－쇠퇴－소멸－재창업으로 이어지는 기업생태계의 순환사이클에서 생성(창업)되는 영역을 축소하게 하는 주요한 요인들로 귀결되고 만다(한정화. 2012. 12. 24).

## 2.3 중소기업 폐업의 유형

### (1) 준비부족이 가져오는 폐업유형

#### ① 신재품의 개발부진과 실패

신제품개발 착수전에 정확한 정보를 입수하고 검토하여 자체개발 능력평가를 충분이하고 면밀하게 수요시장의 동태를 충분이 조사를 하고 판매전략이 수립된 후에 생산하지 아니하면 시장의 적응성의 약화로, 생산제품의 재고가 누적되어 자금순환을 방해하며 증설된 시설은 자금부담으로 쌓이게 된다. 누적적으로 늘어난 자금부담, 즉 무리했던 기업확장은 결국 부도로써 결말을 내게된다.

#### ② 체질적으로 소속산업 자체의 경쟁력이 약화

시장의 경기는 파도와 같이 곡선미를 그려가며 변화하고 있다. 그러므로 경기가 좋을 때에는 순환에 별다른 문제가 없지만, 경기가 나빠질 때 문제가 두드러지면서 매출이 급격이 떨어져 순환구조가 악화되기 시작한다. 이때까지도 사태의 본질을 깨닫지 못한 경영자들은 상태변화에 둔감하여 생산제품을 파격적인 가격으로 처분하는 사례를 볼 수 있다. 이러한 사태가 발생할 경우 시간이 촉박하여  자사의 제품이 시장에서 유통경로나 경쟁사와의 경쟁적 변화의 승산이 일어나고 있는지조차 따져보지도 못한 채, 회사는 이내 도산의 수렁으로 빠져들고 만다.

③ 기업운영은 자기자본이 기본

자기자본에 충실하지 못하고 차입자본에 의존도가 높을 경우 경기불황이나 수요분야의 감축이 발생할 경우 자금순환 구조가 악화되어 기업은 사소한 자금사정에도 흔들릴 경우가 발생하고 부도의 확률이 높게 나타난다. 더욱이 운영자금이 여의치 못하게 되면 현실유지에 급급하여 노후된 시설의 교체나 신시설확충을 할 수 없어 생산성이 떨어지고 품질을 개선치 못하여 경쟁력을 상실하는 결과를 초래하게 된다. 제품의 불량률은 증가하고 자금의 순환주기는 길어져 체불이 쌓이고 채무액이 늘어나 기업유지가 힘들어진다.

## (2) 도산의 우려와 방지책

기업자신에 직접적인 원인이 있다기보다는 거래관계상 전방기업이나 후방기업에 도산우려의 기업발생은 내적관리부실에서 발생할 경우와 외적 거래관계의 연관기업의 실수로 감당하기 어려운 문제가 생겨 그 영향력이 파급되는 경우이다.

① 사업부문별 통합관리 전략

경쟁전략의 승리는 어떤 분야를 선택하느냐에 달려있다. 고객을 세분화하여 승산이 있는 분야를 선정하여 공약하여야 한다. 어떤시장을 공략할지를 검토결정하고.– 소비자의 욕구를 세분화 파악대책을 세우고 수행하여야 효과성을 높일 수 있다. 경쟁자에 맞서 어떤전략을 취할지 전략을 결정한다(가장 부가가치성이 높고 소비자들의 호감도가 높은 상품을 파악하여 그 시장에서 자사제품이 경쟁우위를 지속적으로 유지할 수 있는지를 검토한다). 회사가 취할 전략을 정하고 구체적인 실행계획을 작성이행하며 진척도를 점검한다.

② 새로운 계획수립 방식을 개발

품질우선의 전략실행은 제품의 생산공정과 관리시스템을 진단분석하고 그 결과를 구체적으로 계획을 입안하여 실행으로 옮기는 일이 중요하다. 중요성에 따라 선택지원의 모든 계획은 분석결과를 토대로 구체적으로 실천하는데 효과성을 높일 수 있는 우선순위에 따라(자원과 시간을 낭비하지 않는 범위내에서 실천을 독려하고 결과를 이루는데 필요한 수준)서 지식이 뒷받침되어야 새로움을 창출할 수 있다.

③ 경쟁우위의 원천을 확실하게 확보하라

하면된다는 소신전략이나 원가중심의 저임금, 저가판매 전략은 한계성에 부딪치게 된다. 따라서 경쟁우위에서 차별화에 성공하려면 차별성 있는 기술인재가 선결조건으로 지속적인 학습과 연구개발이 기인된다.

④ 지식자산에 투자하라

현대전은 지식의 싸움이요. 정보의 싸움이다. 경쟁우위의 품질. 원가를 확보하고 시장점유율을 지속적으로 높이기 위해서는 경쟁사의 제조원가, 시장에서의 상대적 호감도. 경쟁적 위치를 정확하게 파악하고 자사의 경쟁력 강화의 지식에 신속하고도 효과성 있게 집중적으로 시간을 투자해야 한다.

⑤ 전 세계를 상대로 한 시장전략을 세워라

전 세계를 상대로 고객을 하나의 전체(whole)로서 이해하고 대책을 강구하여야 한다. 소비자가 소비용도에 효용성과 가치인식을 높이어 구매욕구를 지속할 수 있게 고객욕구를 수집, 개선에 노력하여야 한다.

⑥ 세계 최고의 파트너가 되라

세계 최고의 파트너가 되기 위해서는 세계관이 정확히 성립되어야 한다. 또한 세계수준에 맞는 자사의 이미지가 정확하게 전달할 수 있어야 한다. 기업이 가고자하는 방향. 방향의 목적. 개선과 협력할 점은 무엇인지. 가능한 방안을 찾는다. 외국파트너와 협상에 앞서 실현가능하여 상호이익이 추구되는 사항들을 분리·정리하여 협력에 필요한 내부기준을 정하고 협상력을 높인다. 협상팀에게 가능한 해결방안을 찾도록 사전에 많은 상대적인 정보교육을 시킨다.

⑦ 지식자산의 가치를 높여라

지식자산은 활용도에 따라 가치성이 좌우된다. 지식집약적 경쟁사회에서 승자는 차별성 있는 지식소유에 있다 지식이란 알고 있는데 가치가 있는 것이 아니라 실행하는데 가치가 부여된다. 지식자산을 얼마나 효용성있게 제대로 활용하고 있는지에 대해 관심을 갖는다. 현대기업의 성과는 지식경영을 통해 얻을 수 있는 결과이다.

### (3) 사업실패의 요인과 경제적 손실

심각한 경제적 손실과 사회적 문제야기 기업실패(Corporate Failure)는 기업가 뿐 아니라 다양한 이해관계자 모두에게 경제적, 사회적, 심리적으로 막대한 손실을 초래하게 된다(Ucbasaran, Shepherd, & Lyon, 2012).

중소기업청에 의하면 폐업기업으로 인한 경제적 손실: 2006년도 기준으로 약 6.3조원의 손실(당해년도 GDP의 0.7%). 폐업법 인수 2006년도 37,625개→2010년도 54.829개 2006년도 기준으로 손실액을 단순추정하여도 2010년도에는 약 10조 원(46% 증가)의 경제적 손실비용이 발생한다고 한다. 현재 대기업 및 중소기업 공히 전체기업 중 약 20% 정도가 부실기업으로 분류되며(한국경제연구원, 2011), 은행권 기업부문 부실채권 신규 발생분은 약 13조 8천억 원, 이중 중소기업이 약 10조 3천억 원 정도의 수준이라 한다(금융감독원, 2012. 09).

사업을 하다 실패하게 되면 이해관계자들의 손실과 함께 패가망신(敗家亡身)의 결과를 가져와 사회에서 매우 높은 수준의 실패비용(Cost of Failure)이 발생된다.

한 기업이 폐업할 경우 해당 기업의 종사원들은 일시에 실직으로 사회적 문제가 야기되고 경영자의 가족에게 심각한 재정적 문제를 야기하는 원인이 될뿐 아니라, 임직원 그리고 거래관계자 등에게 심각한 경제적, 사회적 손실을 야기하는 문제가 발생한다. 소유경영인이 경영하는 기업이 부실화 될 경우 문제해결의 타이밍을 놓쳐 실패비용이 상대적으로 전문경영인에 의해 경영되는 경우보다 높게 나타나며, 이로인한 2차 및 3차적 문제가 증폭되어 회생 또는 갱생의 실마리를 찾기가 어려워짐을 나타내고 있다. 특별히 소유경영인의 기업실패는 기업주 및 그 가족들의 신용 및 관계의 실패로 이어져, 가정이 파탄되는 사례도 생기어 문제의 심각성을 말해주고 있다(Shepherd, 2009).

## 제3절 편저의 의의

한국경제는 성장궤도에서 멈추어 있는 것이 아닌가? 위기감마저 느껴지고 있다. 이를 다시 활성화시키는 방안은 없을까? 왜 위축되는가? 어떻게 해야 될 것인가? 생각을 바꾸면 길이 있다 한다. 성공하는 사람은 생각이 다르다고 한다. 생각을 바꾸고 생각을 다르게 함으로서 조기폐업 실태에서 장수기업으로의 길이 열려 생멸구조를 바꾸어 다생다사의 실상에서 다생영생의 구조변혁으로 사회의 안전과 창조경제의 밑거름이 되고자 하는데 본 권 편저의 의의가 있다.

## 3.1 청년에게 희망을

### (1) 청년은 미래의 주역

한나라의 청년은 그 나라를 주도해야할 미래의 주역들이다. 그 청년들이 어떠한 생각을 갖고 어떠한 능력들을 배양하고 있는 것이 그나라 미래상의 지표이기도 하다.

우리나라 젊은 청년들은 국가의 미래를 위해서 또한 자신들의 장래를 위해서 어떠한 의지와 어떠한 생각으로 임하고 있을까? 희망이란 단계적으로 목표가 달성되었을 때 보람을 갖게되는 것이다. 지피지기(知彼知己)면 백전백승(百戰百勝)이요 과욕은 실패의 근원(根源)이라 하였다. 우리의 젊은이들이 반미나 반일운동으로 거리에서 데모하는 광경은 많이 보았을 것이다. 그러나 극일(克日), 극미(克美)하는 운동의 실상을 찾아보기 어려운 실정이다. 모든 일이란 반대나 반항으로 성사되지 않는다. 창조의 힘에 의해 이루어짐을 깨닫고 역량을 쌓아가는 데 집중해야 할 것이다.

사람에게는 스스로 선택할 수 있는 것이있고 주어진 여건대로 살아야만 되는 것이 있다. 다시 말하면 태어나는 시기나 장소, 환경, 여건과 용모 등은 자신의 임의대로 되는 것이 아니지만 학습의 선택, 직업의 선택, 배우자의 선택 등은 자신의 노력여하에 따라 가능성이 있는 것이 아닌가? 많은 사람들이 흙수저, 금수저를 말하는 예를 볼 수 있다. 사람이 태어날때 흙수저, 금수저로 구별되어 태어나는 것이 아니라 환경이 그를 일시적으로 포장하였을 뿐이다. 인간은 주어진 환경을 개선하고 극복할 수 있는 지혜들을 갖고있다는 것이다. 자신들의 성취적 노력이 부족함은 생각지 않고 여건만 나무라는 사례들이 많다는 것이다.

현실적으로 어려운 환경은 보다 큰 미래를 창조형성하라는 동기부여(動機附與)로 받아들인다면 새로운 구상의 실마리가 풀려나가지 않을까? 생각을 바꾸어야 길이생긴다고 한다. 우선 자신을 성찰하고 자신을 알아야 한다. 그리고 자신의 역량에 맞게 진로를 설계하여야 한다. 자신의 힘을 모르고 과도한 짐을 지고 출발하면 목적지에 가기도 전에 쓰러지고 만다. 법의 보호나 수혜를 생각지 말고 자신의 능력으로 문제를 해결한다는 신념으로 자신의 역량을 키워나갈 때 자신에게 서광이 비춰오는 것이다. 생칙사(生則死)요, 사칙생(死則生)이라. 험난한 파도를 이겨내려면 굳은 결의가 필요하고 굳은결의와 각오속에 희망은 샘솟게 된다.

### (2) 세대별 개인워크아웃

세대별로 개인워크아웃 실상은 신용회복위원회에서 세대별(世代別)로 개인워크아웃 신청자를 분석한 결과 20대만이 유일하게 매년 증가세를 나타내고 있다.

2013년의 예를보면 29세 이하의 개인워크아웃 신청자 수는 6,671명으로 전년보다 9.4% 증가했다. 같은기간 30~39세 신청자가 5.1% 감소하고, 40~49세 신청자가 12.1% 감소하는 등 연령세대가 올라갈수록 감소함을 보여주고 있다.

무엇 때문에(What) 20대 연령기는 워크아웃이 증가하고 여타의 연령기는 워크아웃이 줄어드는 것일까? 자신의 분수를 모르고 욕망만 앞서 행동하는 결과가 아닐까? 해결책은 무엇일까?

2014년도 3분기 20대 개인워크아웃 신청자 수는 1,957명으로 전년동기(1649명)보다 18%나 증가했다. 이런 추세라면 올해말까지 20대 개인워크아웃 신청자가 7000명을 돌파하는 결과를 가져와 최대치를 기록할 것으로 예상된다. 20대들은 취직하여 적응성을 길러가지 못할뿐만 아니라 창업을 할 경우에도 이를 지속하지 못하고 폐업하

그림 1-2 연령별 개인워크아웃 신청자 증감현황

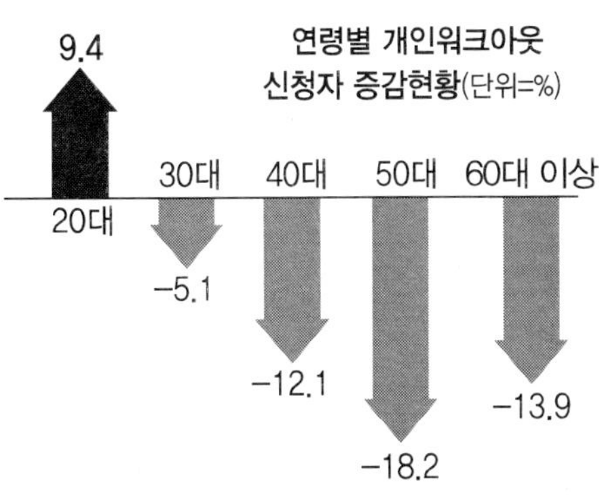


자료: 2013년 대비 2014년 증감률, 금융위원회.

는 등 20대들의 실패사례가 많이 나타나고 있음을 보여주고 있다

이러한 20대의 수난을 어떻게 풀어야 할 것인가? 정부시책의 잘못인가? 사회의 구조적인 잘못인가? 본인의 역량부족에서 오는 것인가? 세상은 넓고 할 일은 많다. 어느 기업인의 말을 귀담아 듣고 역량배양에 힘써야 되지 않을까라고 생각하게 된다.

우리나라 노동시장의 실상을 보자. 추산 50만명 이상의 외국인 노동자들이 산업체 요소에서 일하고 있다. 중소기업 어디에나 외국인 노동자가 없는 곳이 없고 외국인 노동자가 없으면 공장가동이 어려운 곳도 적지 않는 실정이다. 물론 이들은 저임금노동자 들이다. 우리나라 젊은이들의 90%가 대학졸업생이다. 우리나라는 10대 교역국가이다. 상품은 좋아서 수출이 되는데 인적자원은 수출이 어려운가? 상품은 세계시장에서 쓸모가 있는데 사람은 쓸모가 모자란단 말인가? 수요개척이 덜 되었단 말인가?

### (3) 성장의 구동

자찬자탄(自讚自嘆)하여야 무슨 소용인가. 정확한 분석하에 대책이 필요하지만 많은 사람들이 자신의 문제를 남의 일인양 내받는 실상을 볼 수 있다. 여건을 탓해서 환경이 바꾸어진다면 비판의 가치가 있을 수 있으나 비판이 자기갱생의 길은 열어주지 못할 것이다. 오직 자신의 역량만이 미래개척의 수단이요, 지렛대의 역할을 할 것이다. 내문제는 내가 해결한다. 독자적 독립정신이 중요하다.

#### ① 성장구동의 핵심은 경영혁신력

경쟁사회에서 승리자가 되는 길은 기업의 기본구조가 혁신을  바탕에 두고 있다.

차세대 성장을 구동하는 신경영모델의 결론은 역시 성장하고 있는 기업은 혁신과 마케팅전략에 기인함을 알 수 있다. 혁신이란 새로운 사업을 만들어가며 사업모델을 구축하고 마케팅전략으로 신시장을 탄생시키므로 이 두 가지의 추진력이 기업을 성장으로 이끈다는 것이다.

#### ② 신제품개발 신시장확보

신시장개척은 신상품이 필수적이다. 신상품은 신기술에 의하여 이루어진다. 신기술은 중단없는 연구개발에서 찾아볼 수 있다. 위기를 기회로 흙수저의 처지를 발전의 동기로 새구동의 모델을 구축하여 중단없이 혁신적으로 대응력을 길러 나아간다면 필자

**그림 1-3** 차세대 성장구동의 모델

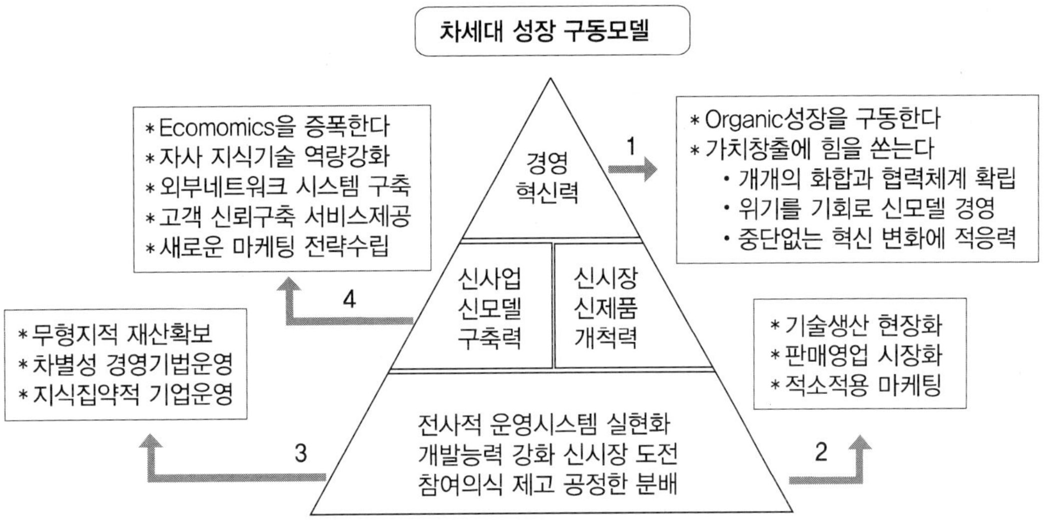


자료. 본모형 성장기업의 법칙. 名和高司 著 P22. 차세대 성장을 구동하는 X경영모델 참고재도.

승(必者勝)의 원리로 노자성공(努者成功)길이 열릴 것이다(成長企業の法則 名和高司 著).

③ 전사적 시스템구성

개발능력을 강화함으로서 신상품이 탄생되고 신상품은 신시장을 개척하게 된다. 생산의 기술화・영업의 시장화의 전사적 운영시스템은 참여의식이 제고되고, 업무결과의 평가는 새로운 의욕을 재생시켜 새로운 발상과 창조물로 차별적인 결과를 가져온다.

④ Ecomomics를 증폭

신사업모델의 구축은 Organic를 성장의 구동으로 차별성 경영기법이 바람직하다. 자사가 갖고 있는 지식과 기술의 역량을 최대한 발휘함으로서 외부와의 네트워크 시스템을 구축하여 새로운 기술정보 교류와 신시장진출의 새로운 전략수립이 요망된다 하겠다.

## 3.2 한국경제 사는길

### (1) 한국경제의 현주소

우리나라 경제의 새로운 진로는 새로운 동력을 찾아내는 것으로 새로운 아이디어로 많은 창업이 이루어져 창조경제의 근간을 이루었을 때. 새로운 동력으로 활성화 될 것이다. 그러기 위해서는 창업의 초기단계에서부터 면밀한 조사와 정보에 입각해 창업자의 전문적인 능력에 대입하여 가치성을 판단후에 착수한다면 조기폐업 사태는 막을 수 있을 것이다. 더 나아가 장수기업으로의 초석이 놓아지고 기업체질이 변화될 것이다. 스티브 하우 언스트 & 영 미주총괄회장은 매일경제주최 제5회 글로벌 한인금융인포럼에 참석해 "50년 전 모잠비크와 볼리비아보다 못 살았던 한국이 1인당 국민소득 2만 8000달러로 뉴질랜드와 스페인을 능가하는 나라가 됐다. 하지만 어려운 시기에 직면했으며 새로운 도전을 받고 있다"며 이같은 해법을 내놨다. 하우 회장은 한국의 현주소에 대해 "수출시장은 약해지고 외국기업과의 경쟁도 치열해졌다"며 "급증하는 가계부채, 인구고령화, 청년실업률도 커다란 장애물"이라고 설명했다. 이 같은 현실에서 한국경제에 세 가지 분야의 구조적인 체질변화를 제안한 것이다.

### (2) 금융선진화와 기업가정신

하우 회장은 금융선진화와 관련해 "한국이 세계시장에서 차지하는 위상에 비해 금융분야는 크게 뒤처져있다"고 지적했다. 세계경제포럼(WEF)의 올해 국가경쟁력 평가에서 한국은 26위였지만 금융시장 성숙도 분야에서는 87위에 있다. 하우 회장은 "위험을 회피하는 보신주의를 없애고 핀테크 등을 통해 금융분야 개혁에 나서는 정부의 노력에 성과가 있기를 기대한다."고 주문했다. 한국사회의 구조적 인식이 개혁되지 않으면 미래의 전진은 점점 힘들어진다. 모든 사회적 기능이 자유시장 경쟁원리에 의하여 잠재력이 소생되어야지 법의 보호나 법의 권리를 지나치게 주장하면 산업사회는 발전을 지향하지 못하고 하행할 우려를 갖게 된다. 사람은 생각하는 대로 산다. 그러지 않으면 사는대로 생각하게 된다. 고정관념으로부터 탈피하지 못하면 올바른 문제인식이 부족하게 되고, 문제의 본질에 대한 정확한 인식부터 바꾸기 어려워서 문제해결을 지연시켜 경쟁력은 낙오될 수밖에 없다.

기업가정신은 혁신을 통해 성과를 창출하는 기업인의 의지와 능력으로 정의하고 있으며, 일반적인 기업가정신은 혁신의지 측면에서 초점이 맞추어지는 경향이 있지만 그러한 의지의 실행을 구체화 할 수 있는 능력이 있을 때 실제적인 결과를 가져올 수 있는 기업가정신은 환경요인에 의해 규정되면서(종속변수로서의 기업가정신) 다시 환경요인을 바꾸어가는(독립변수로서의 기업가정신) 양면성을 갖게 되었다.

기업활동에 전념하는 기업가의 마인드나 세계화의 무한경쟁시대의 도래 중소기업 보호정책의 폐기의 흐름속에서 중소기업의 리스크는 높아지고 기대수익은 줄어드는 현실에서 기업가정신에 입각한 창조적 대응력은 절실히 필요하다. 기업가정신은 "양질의 제품과 서비스, 부가가치와 일자리 등을 창출하는 새로운 원동력으로 작용하고 있다. 실제로 기업가정신이 높은 기업들은 대기업보다 더 많은 일자리를 만든 것으로 조사되고 있다.

## 3.3 유휴 인적자원활용

### (1) 한국경제 새로운 활력

한국경제에 새로운 활력을 높이려면 유휴(遊休)고급인력을 적극 활용하라고 조언한다. 다시 말하면 지식적 집약산업으로 경쟁력을 높이려면 구성원의 지식수준이 높아야 되므로 유경험 시니어 지식인의 흡수와 고급지식 여성의 활용도를 높여 나갈때 새로운 경쟁력이 나타날 것이라 말한다. 미국 언스트 & 영의 여성채용 비중은 46%에 달하지만 한국의 산업현장에서는 노동인력 부족을 호소하지만 수 많은 시니어 기술인력이나 고급여성 인력의 활용은 소외되고 있다는 지적이다.

하우 회장은 유휴 유경험 기술인력의 재활용과 “여성지식 인력비중이 늘어날 수록 한국 국내총생산(GDP) 증가에도 긍정적으로 작용할 것”이라며, “직장내 양성평등(兩性平等)과 연령을 초월한 기술경쟁의 풍토조성으로 실력과 결과가 입증되는 기업능력으로 승화되어 경쟁력이 강화함으로 결과적으로 수익성이 향상되고, 기업은 성장되는 경영혁신을 가져와 경쟁력 있는 기업으로 발전될 것이라고 강조했다

한국경제의 긍정적 부분에 대해서 하우 회장은 한국의 높은 교육열과 대학진학률이 어느 나라보다 높으며, 과학과 기술분야에서도 우수성이 최고이고 인터넷 속도, IT, 통

신도 탁월하며 교통서비스 면에서도 세계에서 주목받고 있다고 말한다. 한국의 이러한 잠재능력 때문에 과거 모잠비크보다 못살았던 한국경제가 뉴질랜드를 넘보는 경쟁력을 갖추고 발전하는 것으로 평가되고 있다. 이러한 평가가 지속으로 상승되기 위해서는 구성원들의 혁신적 사고의식과 우리의 기업풍토 쇄신이 절실이 요구된다 하겠다.

## (2) 비선형적 변화의 시대

인간은 살아감에 있어 미래를 추구하며 살아간다. 누구나 행복하기를 원하고 잘살기를 원한다. 그러나 그 목적을 실현되는 사람이 있는가하면 그러지 못한 사람도 있다.

인간은 미래의 변화를 선형적으로 예측하는 경향이지만 실제로 변화한다는 것은 비선형적으로 일어나는 경우가 많기 때문에 예측이 빗나가는 경우가 적지않게 생겨난다. 미래는 예측이나 계산의 대상이 아니고 창조와 선택의 대상임을 알아야 한다. 과거의 방법이 통용되지 아니하는 시대로 변하여 가고있음을 인지하고 변화의 속도보다 혁신의 속도가 빨라야 생존할 수 있는 시대로 접어들고 있다. 시장환경의 변화이상으로 스스로를 혁신하지 않으면 한계 기업화되거나 퇴출의 길을 걸을 수밖에 없음을 자각하고 대응능력을 길러야 한다.

본장에서는 이러한 사항들을 예방하고 대응하는 역량의 집약은 새로운 질서의 기업풍토조성과 자아의식의 개혁에 따른 창조성과 기업가정신에 의의를 둔다.

#### 실적을 통해서 잠재력을 파악한다

자신이 현재 맡은 일에 100% 집중해서 남보다 더 잘해야 한다. 잘나가던 사람들이 망치는 경우를 여러번 목격했다. 그것은 다음에 어떤 일을 맡을지 너무 신경을 쓴 나머지 지금하는 일을 제대로 하지 못하기 때문이다. 경영진은 실적을 통해서 잠재력을 파악하자. 잠재력을 통해서 실적을 보는 것이 아니다.

칼리 피오리나 Hp CEO

우리자신은 우리가 할 수 있다고 느끼는 것으로 우리자신을 판단한다. 반면 다른 사람들은 우리가 이미 해놓은 실적을 보고 우리를 판단한다고, 헨리 에즈워드 롱펠로우가 말하였다.

성과중심의 문화를 만드는 것, 조직원 모두가 남다른 우수성을 추구하게 하는 것,

평범함이 조직에 숨어들지 않게 하는 것, 이것이야말로 탁월한 성과를 창출해내는 리더십의 기본이라 생각한다.

# 제2장 기업분류

# 제1절 소상공인과 중소기업

## 1.1 소기업 및 소상공인

중소기업은 대통령령으로 정하는 구분기준에 따라 소기업(小企業)과 중기업(中企業)으로 구분한다.

### (1) 소상공인의 정의

① 소상공인이란

소기업 중 상시근로자 수 5인미만(도·소매업, 음식업, 숙박업, 서비스업 등) 혹은 10인미만(제조업·건설업·운수업)인 사업자를 말한다. 소상공인이라는 법적지위는 (헌헙 제123조 제3항과 5항) '국가는 중소기업을 보호 육성하여야 하며 그 자조조직을 육성하여야 한다.'는 항목에 기초를 두고 1966년도에 제정된(중소기업기본법)을 필두로 하여 부여되었다. 소상공인은 2000년 12월(소기업, 소상공인 지원을 위한 특별조치법)으로 개정되어 그 법적의미와 지위를 갖게되었다. 소상공인의 개념은 1982년 이전까지는 소기업과 중소기업을 구분하지 않고 중소기업이라는 복합적인 명칭으로 사용되었다.

② 중소기업의 범위

제조업, 광업, 운송업의 경우 상시종업원 300명미만 또는 자산총액 5억원을 기준으로 양자택일하여 중소기업의 범위를 규정하고 있다. 그러나 1995년 법의 개정 이후(중소기업기본법 시행령 제2조(1995. 07. 01)에서 상시 종업원 수와 재산총액을 중심으로 소유와 경영의 독립성을 요구하는 질적요건을 동시에 적용하여 대기업으로부터 중소기업을 구분하였으나 2014년 법개정(중소기업기본법 시행령 제3조, 2014. 04. 14 일부개정)으로 상시 종업원 수와 자본금을 제외한 기업의 평균매출액 또는 연간매출액과 자산총액으로 구분하고 있다(지용하 호서대학교 벤처전문대학원 2007).

## (2) 중기업 · 소기업 · 소상공인의 구분

### ① 중소기업의 규모

중소기업은 업종과 규모면에서 다양하므로 그 조직규모에 따라 중기업, 소기업, 소상공인으로 구분하여 지원시책을 차별화하고 있다.

### ② 중소기업의 분류

중소기업 여부는 매출액 등 규모기준과 독립성 기준에 따라 판단기준이 복잡하지만 소기업, 소상공인의 구분은 오직 상시 근로자 수만으로 판단하고 있으며, 이때 상시 근로자 수는 관계기업을 고려하지 않은 해당기업만의 근로자 수이다.

**표 2-1** 업종별 소기업과 소상공인 구분

<table>
<tr><th rowspan="2">구 분</th><th rowspan="2">업 종</th><th colspan="2">규모 기준</th></tr>
<tr><th>소기업</th><th>소상공인</th></tr>
<tr><td>1</td><td>제조업</td><td rowspan="8">상시 근로자 수<br>50명미만</td><td rowspan="4">상시 근로자 수<br>10명미만</td></tr>
<tr><td>2</td><td>광업</td></tr>
<tr><td>3</td><td>건설업</td></tr>
<tr><td>4</td><td>운수업</td></tr>
<tr><td>5</td><td>출판, 영상, 방송통신 및 정보서비스업</td><td rowspan="14">상시 근로자<br>5명미만</td></tr>
<tr><td>6</td><td>사업시설관리 및 사업지원서비스업</td></tr>
<tr><td>7</td><td>전문, 과학 및 기술서비스업</td></tr>
<tr><td>8</td><td>보건 및 사회복지사업</td></tr>
<tr><td>9</td><td>농업, 임업 및 어업</td><td rowspan="10">상시 근로자<br>10명미만</td></tr>
<tr><td>10</td><td>전기, 가스, 증기 및 수도사업</td></tr>
<tr><td>11</td><td>도매 및 소매업</td></tr>
<tr><td>12</td><td>숙박 및 음식점업</td></tr>
<tr><td>13</td><td>금융 및 보험업</td></tr>
<tr><td>14</td><td>예술, 스포츠 및 여가관련사업</td></tr>
<tr><td>15</td><td>하수처리, 폐기물처리 및 환경복원업</td></tr>
<tr><td>16</td><td>교육서비스업</td></tr>
<tr><td>17</td><td>수리 및 기타서비스업</td></tr>
<tr><td>18</td><td>부동산업 및 임대업</td></tr>
</table>

출처: 알기쉽게 풀어쓴 중소기업 범위해설 중소기업청.

### ③ 중소기업의 기준

소기업은 중소기업 중에서 <표 2-1>의 기준을 충족하는 기업이며, 중기업은 중소기업 중에서 소기업을 제외한 기업을 말한다. 또한, 소상공인은 소기업 중에서 아래의 소상공인 기준을 충족하는 기업을 의미한다(알기쉽게 풀어쓴 중소기업 범위해설 중소기업청).

### ④ 업종 분류기준

(a) 업종구분은 중소기업 규모기준처럼 주업종 판단에 따르며, 대분류 기준으로만 구분하여 판단한다.

(b) 소상공인에 대한 정의는 소기업 및 소상공인 지원을 위한 특별조치법」제2조에 규정되어 있다.

(c) 소기업 또는 소상공인을 구분하는 상시 근로자 수는 근로기준법」제2조의 규정에 의한 근로자 중에서 다음에 해당하는 자를 제외한 자를 말한다.

- 임원 및 일용근로자
- 3개월 이내의 기간을 정하여 근로하는 자
- 기업부설 연구소 또는 연구개발 전담부서의 연구전담요원

**표 2-2** 근로자 및 제외인원에 대한 정의

| 구분 | 정의 |
|---|---|
| 근로자 | 직업의 종류와 관계없이 임금을 목적으로 사업자는 사업장에서 근로를 제공하는 자 |
| 임 원 | 주식회사 또는 유한회사의 경우 등기된 이사(사외이사 제외) 이외의 회사는 무한책임사원 또는 업무집행자(개인사업자는 사장) |
| 일용근로자 | (소득세법 시행령) 제20조에 따른 일용근로자.<br>근로를 제공한날 또는 시간에 따라 근로대가를 계산하거나 근로를 제공한날. 또는 시간의 근로성과에 따라 급여를 계산하여 받는 자 |
| 3개월 이내의 근로자 | 고용계약 유무에 관계없이 3개월 이내의 기간을 정하여 근로하는 자<br>동일한 고용주에게 3개월을 반복하여 계속 근무하는 자는 상시근로자임 |
| 연구전담요원 | 기업내 조직으로서 "기초연구진흥 및 기술개발지원에관한법률" 제14조 제1항 제2호의 규정에의해 인증받은 기업부설연구소의 연구전담요원<br>* 기업부설연구소에서 근로하드라도 연구전담 요원외의 일반사무직은 상시근로자로 포함 |
| 단시간 근로자 | 「근로기준법」 제2조 제1항 제8호에떠른 단시간 근로자 중에서 60시간/월 이상 근로하는 자는 1명을 0.5명으로하고 60시간/월 미만인자는 0명으로함 |

자료: 알기쉽게 풀어쓴 중소기업 범위해설 중소기업청).

- 1개월 동안 정해진 근로시간이 60시간 미만인 단시간 근로자
  (세무사 실무편람 3&gt)

## (3) 소기업. 중기업의 구분(중소기업기본법 시행령 제8조)

① 법 제2조 제2항에 따른

소기업(小企業)은 중소기업 중 다음 각 호의 어느 하나에 해당하는 기업을 말하고, 중기업(中企業)은 중소기업 중 소기업을 제외한 기업을 말한다.

(a) 광업, 제조업, 건설업, 운수업, 출판 · 영상 · 방송통신 및 정보서비스업, 산업시설 관리 및 사업지원 서비스업, 보건업 및 사회복지 서비스업, 전문 · 과학 및 기술 서비스업을 주된 업종으로 하는 경우: 상시 근로자 수가 50명 미만인 기업을 말한다.

(b) 제1호 외의 업종을 주된 업종으로 하는 경우 상시 근로자 수가 10명 미만인 기업이다.

② 제2항에 따른 상시 근로자는

「근로기준법」 제2조 제1항 제1호에 따른 근로자 중 다음 각 호의 어느 하나에 해당하는 사람을 제외한 사람을 말한다.

(a) 임원 및 소득세법 시행령 제20조에 따른 일용근로자

(b) 3개월 이내의 기간을 정하여 근로하는 사람

(c) 기초연구진흥 및 기술개발 지원에 관한 법률 제14조 제1항 제2호에 따른 기업부설연구소 및 연구개발 전담부서의 연구전담요원

(d) 「근로기준법」 제2조 제1항 제8호에 따른 단시간 근로자(이하 단시간 근로자라 한다)로서 1개월 동안의 소정(所定)근로시간이 60시간 미만인 사람

③ 제1항에 따른 상시 근로자 수는

다음 각 호의 방법에 따라 산정한다. 이 경우 상시간 근로자로서 1개월 동안의 소정근로시간이 60시간 이상인 근로자는 1명을 0.5명으로 산정한다.

(a) 직전 사업연도의 사업기간이 12개월 이상인 경우(직전 사업연도에 창업하거나 합병 또는 분할한 경우로서 창업일, 합병일 또는 분할일로부터 12개월 이상 지난 경우는 제외한다): 직전 사업연도의 매월말일 현재의 상시 근로자 수를 합하

여 12로 나눈 인원

ⓑ 직전 또는 해당 사업연도에 창업하거나 합병 또는 분할한 제1호에 해당하지 아니하는 경우, 다음 각 항목의 구분에 따라 월평균 상시 근로자 수로 환산하여 산정한 인원

### (4) 소기업 및 소상공인 지원을 위한 특별조치법(제2조 제2호)

제2조(정의) 이 법에서 사용하는 용어의 뜻은 다음과 같다.

소상공인이라 함은 소기업중 상시 근로자 10인 미만인 사업자로서 업종별 상시 근로자 수 등이 대통령령이 정하는 기준에 해당하는 자를 말한다.

① 소기업 및 소상공인

소기업 및 소상공인 지원을 위한 「특별조치법」 제2조 제2호에서 "업종별 상시 근로자 수 등이 대통령령으로 정하는 기준에 해당하는 자"란 주된 사업에 종사하는 상시 근로자의 수가 다음 각 호의 어느 하나에 해당하는 사업자를 말한다.

ⓐ 광업 · 제조업 · 건설업 및 운수업의 경우에는 10인 미만

ⓑ 제1호 외의 업종의 경우에는 5인 미만

② 상품용도를 목적으로

제1항에도 불구하고 다음 각 호의 용도를 목적으로 중소기업임을 증명하여야 하는 경우에는 중소기업 · 소상공인 및 장애인 기업확인 요령에 따른다.

ⓐ 중소기업 생산제품 구매촉진

중소기업 제품구매촉진 및 판로지원에 관한 법률」 제2조 제2호에서 정한 공공기관이 물품 · 공사 · 용역의 구매계약 체결을 위한 일반경쟁 입찰에 있어서 중소기업우대

ⓑ 중소기업 생산제품 판로지원

중소기업 제품구매촉진 및 판로지원에 관한 법률」제7조의 규정에 의한 중소기업 자간의 경쟁의 방법으로 입찰을 실시하는 경우 중소기업자 해당여부 확인 및 소기업, 소상공인 우대

③ 중소기업 여부확인

중소기업시책 실시기관의 장은 중소기업자가 제1항에 따라 작성 · 제출한 별지 제3

호의 서식에 따라 해당 기업의 중소기업 여부를 확인하되, 필요한 경우 중소기업 여부 확인에 필요한 자료(원천징수이행 상황신고서, 재무제표 등)를 해당 기업에게 추가로 요청할 수 있다.

## 1.2 중소기업

중소기업 기본법은 중소기업을 육성하기 위한 시책의 기본적인 사항을 규정하고 있다. 이 지원시책의 대상이 되는 기업이 바로 중소기업이다.

### (1) 중소기업의 개념

① 규모가 작은 사업장

규모가 작은 기업을 중소기업이라 부르지만 보호와 육성의 대상으로 법령에서 규정한 기업이 중소기업이라 한다. 중소기업 범위기준은 「중소기업기본법」 제2조 및 같은 법 시행령 제3조에서 상세하게 규정하고 있다.
(중소기업 범위해설 중소기업청 참조)

② 중소기업기본법

법개정에 따라 2012년 1월 26일부터는 사회적기업육성법 제2조 제1호 및 제7조에 따라 사회적기업으로 인증을 받을경우에는 영리를 목적으로 사업을 영위하는 기업이 아니어도 중소기업이 될 수 있다. 그러나 사회적기업 인증을 받았더라도 사회적기업 육성법 제8조 제1항 제1호에 따른 조직형태를 갖추지 않은 법인, 사업단체는 중소기업이 될 수 없다.

③ 2014년 1월 14일 중소기업기본법

개정 시 협동조합 기본법 제2조 제1호 및 제2호에 따른 협동조합과 협동조합연합회도 중소기업이 될 수 있는 대상으로 추가되었으나, 법개정 이전에도 영리를 목적으로 하는 협동조합의 경우에는 중소기업으로서 지위를 부여받고 있으며 단지 협동조합 활성화 차원에서 이를 명문화한 것이다(중소기업 범위해설 생활법령정보, 2012).

### 중소기업기본법 제1조 및 제2조

제1조(목적)

이법은 중소기업이 나아갈 방향과 중소기업을 육성하기위한 시책의 기본적인 사항을 규정하여 창의적이고 자주적인 중소기업의 성장을 지원하고 나아가 산업구조를 고도화하고 국민경제를 균형있게 발전시키는 것을 목적으로 한다.

제2조(중소기업자의 범위)

**① 중소기업 육성에 관한 시책**

중소기업을 육성하기 위한 시책(이하"중소기업시책"이라 한다)의 대상이 되는 중소기업자는 다음 각 호의 어느 하나에 해당하는 기업(이하 "중소기업"이라 한다)을 영위하는 자로 한다.

1. 다음 각 항목의 요건을 모두 갖추고 영리를 목적으로 사업을 하는 기업
   가. 업종별 상시 근로자 수 자본금, 매출액 또는 자산총액 등이 대통령령으로 정하는 기준에 맞을 것
   나. 지분소유나 출자관계 등 소유와 경영의 실질적인 독립성이 대통령령으로 정하는 기준에 맞을 것
2. (사회적기업육성법) 제2조 제1호에 따른 사회적기업 중에서 대통령령으로 정하는 사회적기업
3. (협동조합기본법) 제2조 제1호에 따른 협동조합 중 대통령령으로 정하는 협동조합
4. (협동조합기본법) 제2조 제2호에 따른 협동조합연합회 중 대통령령으로 정하는 협동조합연합회

**② 대통령령으로 소기업, 중기업 분류**

중소기업은 대통령령으로 정하는 구분기준에 따라 소기업과 중기업으로 구분한다.

**③ 규모의 확대로 중기업 여부**

제1항을 적용할 때 중소기업이 그 규모의 확대 등으로 중소기업에 해당하지 아니하게 된 경우 그 사유가 발생한 연도의 다음 연도로부터 3년간은 중소기업으로 본다.

**④ 중소기업 협동조합법에 따라**

중소기업시책별 특성에 따라 특히 필요하다고 인정하면 (중소기업협동조합법)이나 그 밖의 법률에서 정하는 바에 따라 중소기업 협동조합이나 그 밖의 법인, 단체 등을 중소기업자로 할 수 있다.

### (2) 중소기업의 범위기준

중소기업기본법 시행령 제3조에서는 매출액 등 외형에 따른 규모의 기준과 계열관계에 따른 독립성 기준을 모두 충족하여야 중소기업임을 규정하고 있다.

① 규모의 기준(외형적 판단기준)

규모의 기준은(중소기업기본법 시행령) 제3조 제1항 제1호에 따른 업종별 규모기준과 상하기준으로 구분된다. 업종별 규모기준에 충족하더라도 상하기준을 충족하지 못하면 중소기업에 해당하지 아니한다.

업종별 규모의 기준은 업종의 특성을 반영하여 표준사업 분류(대분류 또는 중분류) 기준으로 매출액 규모를 다르게 정하고 있다. 상하기준 업종에 상관없이 적용하는 기준으로서 자산총액이 5천억 이상인 경우에는 중소기업에서 배제하고 있다. 한편 종전에는 별도로 규모기준을 정했던 비영리 사회적기업과 협동조합에 대해서도 일반 영리기업과 똑같이 규모기준을 정하도록 개정하였다.

② 매출액 단일기준으로

종전에는 업종별 규모의 기준을 상시 근로자 수 또는 자본금(매출액)조건 중 하나만 충족하면 되는 택일주의로 운영하였으나 2015년 1월 1일부터 3년 평균 매출액 단일기준으로 변경되었다. 기존의 근로자 수, 자본금 등의 투입지표는 인위적인 조정이 가능하며 기업의 성장을 제대로 반영하지 못하는 지적이 있어 생산활동의 결과로서 나타나는 매출액 지표로 바뀐 것이다.

③ 근로자 수 자본자산 매출액 기준적용

업종별 규모기준의 택일주의로 인해 나타날 수 있는 불합리를 해소하고자 상시 근로자 수 1천명, 자기자본 1천억 원, 자산총액 5천억 원, 3년 평균매출액 1천 5백억 원 등 네 가지 상한기준을 적용하였으나 매출액 단일기준 도입과 더불어 그 의미가 퇴색되어 자산총액 5천억 원 기준을 제외한 상한기준을 폐지하였다.

### (3) 중소기업 여부의 확인방법

중소기업 여부에 대한 확인은 원칙적으로 중소기업을 대상으로 지원시책을 시행하는 해당 중앙행정기관, 지방자치단체, 공공기관 등이 중소기업 여부를 확인할 수 있는 증빙자료를 제출받아 직접 판단해야 한다(관련근거 「중소기업기본법」 제27조).

그러나 예외적으로 아래의 용도로 중소기업 여부를 판단할 경우에는 중소기업 확인서를 발급하고 있다. 다만, 목적된 용도외에 다른 용도로 확인서 제출을 요구하는 기관은 행정편의를 위한 부당한 자료요구에 해당한다.

① 중소기업 우대

중소기업 제품구매촉진 및 판로지원에 관한 법률」제2조 제2호에서 정한 공공기관이 물품·공사·용역의 구매계약 체결을 위한 일반 경쟁입찰에 있어서 중소기업 우대

② 중소기업 여부확인

중소기업 제품구매촉진 및 판로지원에 관한 법률」제7조의 규정에 의한 중소기업 자간의 경쟁의 방법으로 입찰을 실시하는 경우 중소기업자 해당여부 및 소기업. 소상공인 우대 중소기업 확인서를 발급받기 위해서는 우선 중소기업 종합정보망(http;//smpp.go.kr)에서 회원가입 후 온라인으로 신청서를 작성해야 한다. 온라인으로 신청서 접수 후 관련 증빙서류(원천징수이행 상황신고서 사본, 전년도 재무제표, 최근주주명부 등)를 해당지역 지방중소기업청에 방문 또는 우편으로 제출하면 지방청 담당자가 서류 확인 후 공공구매 종합정보망을 통해 온라인으로 확인서를 발급한다(알기쉽게 풀어쓴 중소기업 범위해설 중소기업청).

# 제2절 중견기업과 강소기업

## 2.1 중견기업

### (1) 중견기업(中堅企業)의 기준

중견기업에 대한 정의는 산업발전법에서 2011년 7월 처음으로 규정하였으며 이후, 중견기업 성장촉진 및 경쟁력 강화에 관한 특별법 제정(2014.1.21, 시행 2014.7.22)으로

기준 재정립 및 지원에 관한 사항을 보완하였다. 중견기업기준 및 지원사업에 관한 사항은 한국중견기업연합회 홈페이지(www.ahpek.or.kr)를 참조하면 된다.

자산면에서 자산총액 5,000억원 이상의 법인이 주식 등을 30% 이상 직·간접적으로 소유하고 최다출자인 경우 업종에 상관없이 중견기업으로 진입한 것으로 본다.

매출액 면에서 연평균 매출액이 3년 이상 1,500억 이상인 경우 중견기업으로 진입된 것으로 본다. 중견기업이란 중소기업과 대기업의 중간규모인 기업을 말한다. 법적으로 중소기업기본법상 중소기업에 해당하지 않으면서 상호 출자제한 기업집단(대기업)에 속하지 않는 수준의 기업이다.

중견기업을 판단하는 양적인 기준은 업종별로 상시 근로자 수가 50명~300명 이상이면서 매출액 50억~300억을 초과하는 기업으로 이에 해당되면 3년간의 중소기업 유예기간을 거쳐 중견기업이 된다. 또는 대기업의 계열사이거나 상시 근로자 수 1,000명 이상이면서 3년 평균매출액이 1,500억원 이상, 자기자본이 1,000억원 이상인 기업은 유예기간 없이 중견기업이 된다.

관계회사 제도에 의해서도 중견기업으로 인정을 받을 수 있다. 관계회사 제도란 지배기업이 종속기업의 의결권 있는 주식을 30% 이상 소유하면서 최다출자자인 경우 하나의 기업으로 인정하는 제도이다. 이를 통해 중견기업으로 인정받으려면 지배-종속관계가 성립하면서 관계회사로 인정받아야 하고, 지분율에 따라 산정한 상시 근로자 수나 자본금 등이 일정규모의 기준을 충족해야 한다.

2010년 「산업발전법」이 개정되면서 중견기업의 개념이 수립되었고, 구체적인 지원방안이 추진되었다. 2011년 기준으로 중견기업의 수는 전체기업의 0.04%인 1,422개, 수출액은 전체수출의 10.9%인 603억 달러, 고용규모는 전체고용의 7.7%인 82만명이다(중견기업리스트 파헤치기. 주간경제, 2012. 1.30).

### (2) 중견기업의 범위

①. 중견기업법 제2조 정의

(a) 중소기업기본법 제2조에 따른 중소기업이 아닌 기업

(b) 공공기관의 운영에 관한 법률 제4조에 따른 공공기관이 아닌 것이다. 그 외에 지분소유나 출자관계 등이 대통령으로 정하는 기준에 적합한 기업

② 중견기업법 시행령 제2조

소유와 경영의 실질적인 독립성이 다음의 어느 하나에 해당하지 않는 기업과 독점규제 및 공정거래에 관한 법률 제14조 1항에 따른 상호 출자제한 기업집단 또는 채무보증제한 기업집단에 속하는 기업. 자산총액이 5조원 이상인 기업 또는 법인이 해당기업의 주식 또는 출자지분의 100분의 30이상을 직접 또는 간접으로 소유하면서 최다출자자인 기업

③ 통계법 제22조

통계청장이 고시하는 한국표준산업분류에 따라 금융업, 보험 및 연금업. 금융 및 보험관련 서비스업에 해당하는 업종을 영위하는 기업이 아닌 것

④ 민법 제32조

설립된 비영리법인이 아닌 것

## (3) 중견기업의 외형적 판단기준

표 2-3 규모의 기준(외형적 판단기준)

| No | 분류번호 | 해당기업의 주된 업종 | 중견기업 기준 |
|---|---|---|---|
| 1 | C14 | 의복, 의복악세사리, 모피제품, 제조업 | 3년평균 매출액 1,500억원 초과기업 |
| 2 | C15 | 가죽, 가방, 신발, 제조업 | |
| 3 | C17 | 펄프, 종이, 종이제품 제조업 | |
| 4 | C24 | 1차 금속제조업 | |
| 5 | C28 | 전기장비 제조업 | |
| 6 | C32 | 가구제조업 | |
| 7 | A | 농업, 임업, 어업 | 3년평균 매출액 1,000억원 초과업체 |
| 8 | B | 광업 | |
| 9 | C10 | 식품제조업 | |
| 10 | C12 | 담배제조업 | |
| 11 | C13 | 섬유제품, 제조업, 의복제외 | |
| 12 | C16 | 목재, 나무제품. 가구제외 | |
| 13 | C19 | 코크스, 연탄, 석유제품. 제조업 | |
| 14 | C20 | 화학물질, 화학제품, 제조업, 의약품 제외 | |
| 15 | C22 | 고무제품, 프라스틱제품 제조업 | |
| 16 | C25 | 금속가공제품, 제조업, 기계 및 가구제조업 제외 | |

| | | | |
|---|---|---|---|
| 17 | C26 | 전자부품, 컴퓨터, 영상, 음향, 통신장비 제조업 | |
| 18 | C29 | 기타 기계 및 장비제조업 | |
| 19 | C30 | 자동차 및 트레일러 제조업 | |
| 20 | C31 | 기타 운송장비 제조업 | |
| 21 | D | 전기, 가스, 증기 및 수도사업 | |
| 22 | F | 건설업 | |
| 23 | G | 도매 및 소매업 | |
| 24 | C11 | 음료제조업 | 3년평균 매출액 800억원 초과업체 |
| 25 | C18 | 인쇄 및 기록매체 복제업 | |
| 26 | C21 | 의료용 물질 및 의약품 제조업 | |
| 27 | C23 | 비금속 광물제품 | |
| 28 | C27 | 의료, 정밀. 광학기기 및 시계제조업 | |
| 29 | C33 | 기타 제품제조업 | |
| 30 | E | 하수, 폐기물. 처리 재생 및 환경복원업 | |
| 32 | H | 운수업 | |
| 33 | J | 출판, 영상, 방송통신 및 정보서비스 | |
| 34 | M | 전문과학 및 기술서비스 | 3년평균 매출액 600억원 초과업체 |
| 35 | N | 사업시설관리 및 사업지원 서비스 | |
| 36 | Q | 보건업 및 사회복지 서비스 | |
| 37 | R | 예술, 스포츠 및 여가관련 서비스 | |
| 38 | s | 협회 및 단체. 수리 및 기타 개인서비스 | |
| 39 | I | 숙박 및 음식점업 | 3년평균 매출액 400억원 초과업체 |
| 40 | L | 부동산업 및 임대업 | |
| 41 | P | 교육서비스업 | |

◈ 중소기업 지원혜택의 갑작스런 중단으로 경영상의 어려움을 겪을 가능성이 있어 이를 대비하기 위하여 3년간 중소기업과 동등한 지원을 받을수 있도록 유예기간을 부여한다.

자료: 통계청장이 고시하는 한국표준산업분류표.

## 2.2 강소기업

### (1) 강소기업(强小企業) 의 정의

① 강소기업은 다양하게 정의된다

작지만 국제경쟁력을 보유할 만큼 강한 '중소기업'으로 정의할 수 있고, '매출액이 1

조원 이하이면서 국내시장 점유율 1위이거나 세계시장에서 3위권 안에서 안정적인 틈새를 확보한 기업'으로 정의할 수 있다. 강소기업과 유사개념으로 사용되는 히든챔피언(Hidden champion)은 눈에 잘 띄지는 않지만 세계시장에서 막강한 지배력을 행사하는 기업으로 정의되며, 선정기준은 첫째, 세계시장에서 1, 2, 3위를 차지하고 기업소재 대륙에서 1위인 시장지배적 기업, 둘째, 매출액이 40억달러 이하인 기업, 셋째, 일반대중들에게 잘 노출되지 않은 기업이 될 수 있다.

② 강소기업과 유사개념

고성장기업은 가젤(gazelle)기업 혹은 고영향기업(high impact firm)이라고도 하며 빠른 매출성장을 통해 고용을 창출하는 기업으로 정의되며, 선정기준은 산업평균 성장률 2배 이상의 기업, 고용규모 500명 미만, 업력 20년 미만, 매출규모 500억원에서 약 4,000억원대의 기업이 될 수 있다. 또한 중견기업은 우리나라 경제에서 산업의 허리역할을 차지하는 기업군으로 규모면에서 중소기업을 벗어난 기업으로 상시 근로자 약 1천명 미만 또는 자본금 1,000억원 이하인 기업이 될 수 있다.

강소기업과 유사개념인 히든챔피언, 고성장기업, 중견기업과 비교하였을 때 강소기업은 이들 기업들과 전혀 다른 새로운 형태의 기업군이 아니라 히든챔피언이 가지는 글로벌 경쟁력, 고성장기업이 가지는 성장성, 중견기업의 성장가능성이라는 유전인자를 가지고 있는 기업이라 할 수 있다(경영경제 기업분석 강소기업의 특성).

### (2) 기업의 경쟁력은 스피드

① 작은 기업은 스피드한 경쟁력이 있다

국내 강소기업의 두드러진 특성은 소규모'를 최대한 발휘하여 경쟁력을 확보한다는 것이다. 소규모가 가질 수 있는 속도를 가지고, 시장변화에 빠르게 대처하여 혁신적인 제품 및 서비스를 시장에 빨리 내놓음으로써 경쟁력을 확보하는 특징을 가진다.

② 편집증에 가까운 집중력을 들 수 있다

우리나라 강소기업들의 CEO들, 특히 기술기반의 장인기업들 중 여러 명의 CEO는 선택한 분야에 대해서 편집증적인 집중력을 보인다. 틈새시장을 발굴한 창업자는 한 분야에 대해서 집중하고 이러한 집중력을 통해서 창의적인 아이디어로 틈새시장을 공략하는 데, 이러한 것이 강소기업의 특징이라고 할 수 있다.

헤르만 지몬의 저서 히든챔피언에서도 전통적인 히든챔피언은 일반적으로 제품하나에 시장이 하나인 기업이 많다고 하였다. 히든챔피언은 시장을 매우 좁게 정의하므로 시장이 상대적으로 작으며 그 분야에서 리더로 부상하는 경우가 많다. 이처럼 강소기업들은 해당 시장에서 '전문가 기업'으로 포지셔닝하고 있어 한 분야에 집중하는 경향이 있으며 이러한 집중은 산업에 있어서 집중이며 대상을 전 세계시장으로 하는 특성을 가지고 있다.

③ 세계화를 통한 경쟁력의 확보이다

우리나라 강소기업이 일반 중소기업, 고성장기업, 중견기업과 두드러지게 차이나는 특성 중 하나가 세계화의 여부라고 할 수 있다. 헤르만 지몬의 히든챔피언의 대상기업들의 세계화 정도는 약 61%라고 할 때, 우리나라 강소기업을 대상으로 한 사례연구에서 수출비율이 약 50% 이상으로 집계되었다. 우리나라 중견기업들이 가장 애로사항으로 꼽고있는 것이 해외시장 진출이고, 세계화의 정도가 매우 미비한 것을 감안할 때 강소기업의 수출비율은 매우 높은것으로 평가할 수 있다.

앞에서 언급한 것과 같이 강소기업은 시장을 작은 시장 즉, 틈새시장으로 정하고 '집중'을 하는 경향이 있다. 이러한 집중은 시장을 작게 만드는 경우가 있고, 전체시장에서 강소기업이 집중하는 시장의 규모는 매우 작을 수 있다. 그러나 강소기업들은 기업의 규모가 작았지 작은 규모로 운영을 하고 있는 것은 아니다. 강소기업들의 80% 이상이 적게는 10%에서 많게는 90% 이상의 매출을 해외시장에서 발생시키고 있다. 즉, 강소기업이 경쟁력을 확보하기 위해서 강소기업은 그들이 가지고 있는 제품경쟁력, 마케팅 노하우 등을 지역적 범주에서 벗어나 전 세계시장에 제품을 내놓는 것을 의미하는 것이다. 우리나라 강소기업의 대부분이 집중화와 세계화를 시간의 흐름에 따라 선택한 것이 아니라 창업초기에서부터 시작한 것으로 나타났다.

④ 혁신에 기반한 성장원동력이 있다

고성장기업들은 급속성장 이후에 성장통의 후유증을 겪거나, 새로운 경쟁논리의 전개로 급격하게 추락할 수 있는 위험이 내재하고 있다. 이러한 이유로 성장을 마다하는 히든챔피언이 있는데 주로 수요사이클의 변화가 심한 시장에서 나타난다. 우리나라 강소기업들과 고성장기업들, 중견기업들을 비교해 보았을 때, 강소기업은 '혁신에 근거한 성장'을 추구하고 있어서 고성장기업이 갖는 성장후 실패에 대한 위험요소가 적고, 중견기업들보다는 높은 성장률에 달성하고 있다. 특히, 강소기업에게서 특징적으로 나타나고 있는 혁신관련 새로운 전략적 방향중의 하나가 '개방혁신'을 통한 혁신이라고 볼 수 있다. 규모가 작은 기업이기 때문에 중견기업이 가지고 있는 장점인 규모의 경제효과를 누릴 수 없으며, 재무적인 한계로 인해 새로운 혁신에 대한 대규모의 투자가 어려운 것이 현실이다. 이러한 강소기업 자체가 가지는 한계점을 극복함과 동시에 빠른 혁신속도에 대한 대응과 창조경제의 패러다임에 맞는 혁신을 '개방혁신'으로 충족시키고 있다(경영경제 기업분석 강소기업의 특성).

## (3) 강소기업의 기준

### ① 강소기업의 기준

강소기업의 기준은 첫째, 대중에게 잘 알려지지 않은 기업이다. 둘째, 자신만의 독특한 틈새시장을 가진 기업이다. 셋째, 세계시장에서 1위, 2위, 3위거나 소속국가에서 1위의 시장적 지위를 가진 기업이다. 넷째, 매출액 규모가 2조원 이하인 기업이다. 마지막으로 해외수출이 활발한 기업을 말한다.

우리나라 강소기업들의 성공동인을 기술(T), 비전(V), 마케팅(M)으로 구분하고 기술기반(T)을 다시 기술개척자 기업과 기술장인 기업, 비전(V)은 비전건설가 기업, 마케팅(M)을 중점적으로 성공한 기업은 마케팅기업으로 구분했을 때, 약 70%의 기업이 기술기반으로 이루어졌음을 알 수 있으며, 약23% 정도가 마케팅기업을 성공동인으로 하고 있는 것으로 나타났다.

### ② 법적인 분류

우리나라의 기업형태는 법적으로 두 가지로 분류된다. 대기업과 중소기업으로 나뉘게 된다. 중소기업은 중소기업 기본법상의 개념으로 제조업 기준 상시 근로자 300인 미만, 자본금 80억 이하 등 양적기준이 명확히 만들어져 있다. 그러나 2009년 3월 중소기업기본법 시행령 개정으로 인해 많은 기업들이 중소기업 범위에서 탈락하였다. 우리나라는 중소기업과 대기업으로 분류되기 때문에 중소기업 상한을 넘는순간 삼성, 현대와 같은 대기업으로 분류되어 규제를 받기 시작한다. 대기업은 중소기업이 아닌 기업인 것이다. 기타 상호 출자제한 집단소속 기업이나 대기업집단 소속기업 등도 중소기업 범위에서 제외된다. 법적인 분류에는 중견기업이라는 용어는 아직없는 것이 현실이다(강소기업의 특성과 육성전략 및 중진공의 역활).

### (4) 경영능력과 역량

독일의 '히든챔피언' 원형의 특징에서 나타나는 강소기업의 핵심역량 간의 관계를 한국적 기업환경 속에서 그 특징을 규명하고 핵심변수들에 대해 경영역량과 기업가역량등 한국경제의 당면한 과제는 새로운 시대정신인 사회통합을 통한 새로운 성장전략 제시를 통한 경제부흥이라 할 수 있다. 새로운 선도형 경제창출 모델없이 현실에 안주한다면 한국경제는 성장요소를 찾지 못하고 후퇴될 가능성이 우려가 된다.

한국경제의 발전단계로 볼 때. 모방형 경제모델(Catch－Up Model)에서 선도형 경제모델(First Mover Midel)로의 전환을 의미하는 새로운 창조경제를 성장 패러타임으로 모색하여야 하는 것은 필연적 필수불가결한 시대적 요구이다. 선진국 진입이라는 시대적 요구를 실현키 위해서는 한국경제는 차원과 궤도를 달리하는 새로운 대 약진의 선도형 창조적 경제모델을 전략적으로 발굴하고 실행되어야 할 것이다.

경제부흥이라는 시대적 사명을 달성하기위한 최근의 추세인 개별기업 간 경쟁에서 기업네트워크 간 경쟁의 개방형 혁신체계(Open Innovation System)속에서 글로벌 수출지향형의 대기업과 중소기업의 역할이 구조적으로 분화된 새로운 패러다임의 동반성장 모델형성의 확충이 한국경제의 견인역할을 하는 중대한 변수로 대두되고 있다(김영생, 2011).

기업가역량에 대한 중요성은 기업경쟁력을 연구한 많은 선행연구에서 찾아볼 수 있다. 기업역량의 핵심요소인 기업가역량(EC)은 혁신성, 진취성, 위험감수성 등이 내포되어 있는 것으로 나타난다(배종태 · 차민석, 2009). 기업가의 역량은 그 조직문화와 직결되며  경영전략 연구에 많은 관심이 모아지고 있으며 연구결과 기업가역량은 조직혁신업무역량(창의성, 아이디어, 실행, 외부지향성)에 영향을 미치는 것으로 나타났다(Cannone & Ughetto. 2014).

최고경영자는 혁신의 필요성 인식. 추진의지와 태도. 리더십과 적극적인 지원을 통한 조직의 비전을 명확하게 제시하여야 한다. 경영자의 태도는 R&D연구개발 추진역량에 궁극적으로 영향을 미치므로 조직운영의 리더십에 영향을 준다(Knight, 20000).

한 조직의 구성원들이 가지고 있는 가치관과 신념, 이념, 규범, 행동양식을 포괄하는 조직문화는 조직구성원과 조직전체의 행동에 미치며 다양한 상황에서 조직의 구성원들이 어떻게 행동할지를 명시해주는 비공식적 지침으로 기업을 통합시켜주는 요소로 기업의 생존, 성장, 발전에 기본이 되기때문에 적극적으로 조직의 문화를 형성해야 한다(유미림, 2010, Deal & Kenedy, 2000).

기업문화적 환경은 기업의 철학을 포함하는 것으로 이는 종사원에게 자사의 목표 계획 및 정책이 잘 전달되도록 돕고 의식적이건 무의식적인 행위를 통하여 강화되는 지도원리, 추진력 및 체화된 태도 등의 집합이다(강종천 · 신형섭, 2007). 중소기업은 기업자체의 본질적 취약성으로 인한 경영자원의 부족과 경영기법의 낙후성으로 많은 어려움을 겪고 있으며 특히 글로벌 시장에서는 현지에서의 경쟁우위를 확보하기 위해 강소기업 고유의 경영특징을 통한 글로벌역량을 확보하여야 한다(이영찬, 2002).

# 제 3 절 벤처기업과 장수기업

## 3.1 벤처기업

### (1) 벤처기업이란

첨단의 신기술과 아이디어를 개발하여 일반적으로 개인 또는 소수의 창조적인 창업자가 위험성은 크지만 성공할 경우 높은 기대수익이 예상되는 중소기업을 말한다. 특이한 신기술이나 아이디어를 독자적인 기반위에서 사업화하는 신생기업으로 기술집약형 모험기업 이라고도 말한다. 우리나라의 벤처기업육성에 관한 특별조치법 제2조의(벤처기업의 요건)에 의하면 벤처기업이란 중소기업으로서 벤처투자기업, 연구개발기업, 신기술기업 중 하나에 해당하는 기업을 말한다.

① 벤처기업의 요건(구분/요건)

벤처투자기업, 중소기업, 창업투자회사(조합포함), 신기술사업 금융회사(조합포함), 한국 벤처투자조합 등으로부터의 주식인수 총액이 자본금의 10% 이상이며 투자비율의 유지기간이 벤처기업 확인요청일의 직전 연속하여 6개월 이상일 것

② 연구개발 기업

기업부설 연구소를 보유한 기업으로서 확인요청일이 속하는 분기의 직전 4분기의 ① 연구개발비가 5천만원 이상이고, ② 매출액 대비 연구개발 비율이 5% 이상으로서 중소기업청장이 정한 비율 이상일 것 단, 창업후 3년이 경과하지 아니한 기업은 ②의 기준 적용제외

③ 신기술기업

다음 각각의 권리 또는 기술을 이용하여 사업화하는 기업으로서 중소기업 진흥공단으로부터 기술성 또는 사업성이 우수한 기업으로 추천받을 것

(a) 특허권의 신사업
(b) 산업지원 서비스업 및 고도의 기술을 수반하는 사업과 관련된 기술
(c) 공공연구기관 또는 한국기술거래소를 통하여 이전받은 기술
(d) 다른 법률에 의하여 중앙행정 기관이 연구개발에 관한 과제를 특정하여 연구개발비의 전부 또는 일부를 출연하는 연구개발 지출(우리나라 벤처기업의 성공요인, 항공대 문종준)

④ 벤처기업 육성에 관한 특별조치법 및 『동법 시행령』

■ **한국벤처기업 협회**

한국벤처기업 협회의 정의로서, 벤처기업에 대한 정의는 학술적으로 명확히 정리된 개념은 없으며 국가에 따라 정책목적상 다양하게 사용되고 있음

■ **벤처기업 지원제도**

기존 기업의 벤처기업으로의 전환과 벤처기업의 창업을 촉진하여 우리산업의 구조조정을 원활이 하고 경쟁력을 제고하는데 목적이 있음. 이 법률은 벤처기업에 대하여 금융, 인력, 기술, 입지 등 생산요소들이 원활히 공급될 수 있도록 지원하는 등 벤처기업을 체계적으로 육성지원 할 수 있는 제도적 기틀을 제공하는 기업

## (2) 주요국가의 벤처기업 정의

① 미국의 벤처기업

『미국의 중소기업 투자법』에서 “전통적으로 위험성이 크나 성공할 경우 높은 기대

수익이 예상되는 신기술 또는 아이디어를 독립기반 위에서 영위하는 신생기업(new business with high risk and high return)"으로 정의하고 있다.

■ **일본의 중소기업**

일본 중소기업의 사업활동촉진에 관한 임시조치법에서 중소기업으로서 R&D 투자비율이 매출액의 3% 이상인 기업 및 창업후 5년 미만의 기업으로 규정하고 있다.

■ **OECD R&D집중 기술혁신**

OECD 국가들은 R&D 집중도가 높은 기업 또는 기술혁신이나 기술적 우월성이 성공의 주요 요인인 기업을 벤처기업으로 정의하고 있다.

② 벤처기업의 성장배경

벤처기업의 특성을 나타나게 하는 성장배경에는 다음 네 가지가 있다.

- 중화학공업의 성숙화
- 제품혁신
- 연구개발 분야의 대기업 한계
- 기업가적 인재의 이동증가 등이다. 1950년대 말에 발생하기 시작한 벤처비즈니스는 일부 첨단기술 산업분야에 한정된 현상이거나 일시적인 현상이라는 지적이 많았으나 산업전반에 걸쳐 벤처비즈니스가 확대되고 있는 오늘날에는 그와 같은 지적은 이미 존재할 수 없게 되었다. 이점은 벤처비즈니스의 어떠한 배경에서 나왔는가를 살펴보면 더욱 명백해진다(한국벤처기업의 성공률 제고, 중앙대 조건묵).

③ 중화학공업의 성숙화

단품대량 생산형의 기존 중화학공업이 성숙하여 다품종 소량생산 분야가 전개되고 있다. 이는 소비수요, 생산수요, 공급수요 등이 고급화, 다양화 또는 개성화되고 있기 때문이다. 더욱이 이러한 새로운 수요를 충족시키기 위해서는 고도의 첨단기술을 활용하여 시장수요를 충족시킬 것이 요구되며 이에 따른 기술혁신의 필요성이 증가하게 된다. 그리하여 연구개발 집약적인 첨단 기술산업이 비교 우위산업으로서 급속히 신장되고 있는 한편 기존 산업의 지식집약도 진전되고 있다. 지식노동의 투입에 의한 창조적인 기업활동이 여기에서 말하는 연구개발 집약화 또는 지식집약화를 의미한다. 그런데 창조는 조직보다는 개인의 두뇌에 의존하는 경향이 크고, 규모의 경제성이 작용하지 않으므로 창조적인 기업활동은 대기업에는 맞지않다. 또한 창조성이 요구되는 사업분야는 대체로 위험도 크고 기술적 변화가 심하여 수요가 급속히 증가하나 대량수요가 확보되어 있지 않은 분야이므로 연구개발 집약적 벤처기업이 중요한 담당집단이 된다.

④ 제품혁신과 규모의 경제

제품혁신에 있어서 규모의 경제성이 작용하는 범위가 축소되고 있다. 오늘날 첨단 기술정보는 과학기술 지식의 보급과 함께 대학, 대기업 대형 연구조직의 테두리를 넘어서 유통되는 경향이 강한 동시에 이들 조직에 의한 정보독점이 붕괴되고 있다. 그러므로 중소벤처기업도 새로운 기술진보의 성과를 충분히 이용할 수 있으며 특히 시장의 잠재적인 요구와 신기술의 성과를 신속하게 효율적으로 결합하여 신제품을 개발하는 데는 기업가 능력의 발휘에 제약이 없는 연구개발형 신기업들 이 필요하다. 스타트업은 대체로 수익구조가 취약하기 때문에 미국과 이스라엘 등 창업선진국에선 인수·합병을 통해 투자자는 투자금을 회수하고, 스타트업은 사업자금을 마련해 생존을 보장하는 모델이 정착되어 있다.

## 3.2 장수기업

### (1) 장수기업의 개요

본 절에서는 장수기업에 대한 정의나 개념을 정리하여 장수기업에 대한 개념을 살펴보고 본 권(卷)에서 사용된 장수기업에 대한 조작적 정의를 내리고 장수기업의 일반적인 특성과 장수기업들의 공통점에 대하여 살펴보고자 한다.

본 권(本卷)에서 정의하는 '장수기업'이라 함은 다음의 조건에 가까운 기업 으로 한다. 기본적으로 창립 100년 이상 기업이거나, 거의 100년 창업달성이 가능한 기업, 세습제와 그외의 기업 또는 동족기업, 혁신의 추구라는 의미에서 동일한 사업 또는 다른 사업에 진출하는 등 유효성 (시장, 고객, 기술, 노하우 등), 효율성(인재육성, 조직개혁 등) 측면에서 창업 시 변화하는 기업, 장기존속하는 기업이 아니라, 성장을 수반하고 현재에 이른 경위를 중시하고, 창업당시와 비교해 규모확대가 보이는 기업, 기본적으로 생업으로 색채가 강한기업 등 이상을 요약하면, 본 연구에서 정의하는 '장수기업'은 창업 100년을 경과하거나, 그 기간이 거의 달성가능한 것으로 보이는 기업으로, 사업내용에 혁신성이 있고, 규모확대가 보이는 기업으로 한다.

장수기업이란 근본적으로 생존기간으로 설명되어야 할 것이다. 따라서 기업이 몇 년을 생존해야 장수기업으로 볼 수 있는지를 절대적 기준으로 정하는 것은 많은 논란이 예상된다. 하지만 학술연구나 신용평가기관 등에서 장수기업의 기준을 선정하는 경우가 많아 이를 살펴보기로 한다. 장수기업을 인간의 환갑에 비유해서 일반적으로 기업의 창립으로부터 60년 이상 명맥을 유지하고 있는 기업을 장수기업이라고 정의하는 경우들이 많다. 안세연(2010)의 연구에 따르면 2007년 기준 한국증권거래소에 상장된 기업들의 평균연령은 34.7년이다. 한국증권거래소에 있는 기업등록 데이터를 보면 50년에 걸쳐 존재해왔던 한국기업들의 수가 대략 100개이다. 위에 모두 언급된 데이터를 고려하면서, 본 연구는 2010년 기준으로 한국증권거래소의 KOSPI시장 내에서 50년 이상 생존해 왔던 상장 중소기업을 상장 장수중소기업으로 조작적 정의를 내리고 상장유지와 상장폐지 중소기업들 가운데 설립이 가장 오래된 중소기업의 실제 데이터를 연구하기로 한다.

### (2) 장수기업의 정의

장수기업의 정의를 한 마디로 정리하기에는 다소무리가 있다. 장수의 기준을 어디에 두느냐에 따라 다르기 때문이다. 일반적으로 기업의 창립으로부터 60년 이상 명맥을 유지하고 있는 기업을 장수기업이라고 정의한다.

미국의 1957년 <포춘>이 선정한 세계 500대 기업의 평균수명은 40년에 불과하고, 일반기업을 포함하게 되면 그 수치는 낮아진다. 대한상공회의소에서 최근에 집계한 자료에 의하면 국내 1000대 기업의 수명은 28.9세로 그쳤다. 한국의 장수기업 중 그 역사가 100년을 넘은 기업은 두산그룹과 동화약품에 불과하다. 장수의 전통은 강점이자 약점이다. 오래되었다는 이유만으로 신뢰를 주는 반면 구태하다는 이미지도 있기 때문이다.

상품의 브랜드전략도 마찬가지이다. 장수적 전통이 강점으로 작용하는 것은 시대변화에 맞는 브랜드전략과 만날 때 가능하다. 소위 글로벌 기업이라고 불리는 기업들의 평균수명은 50년 정도된다. 한국기업의 평균수명은 24년이라고 한다. 기업의 평균수명은 시장에 따라 달라지지만, 여전히 기업이 얼마나 오래지속될 것인가는 중요한 문제이다. 지속가능 기업은 사회적인 이슈나 큰 트렌드에 관심을 갖는 회사이다. 특히 기업을 둘러싼 여러 이해관계자와 소통을 잘하고 배려하는 회사라고 분석된다.

한국기업의 평균수명은 24년이라고 할 수 있다. 글로벌 기업들의 평균수명에 절반밖에 미치지 못하는 수치이다. 이는 국내기업이 생겨나지만 곧 시장에서 사라진다는 것을 의미한다, 기업이 탄생하여 지속적인 성장을 해오다가 일정시점에서 사라진다는 것은 심각한 문제라고 할 수 있다. 기업에 속해있는 종사자들은 하루아침에 실직자가 되는 것이기 때문에 심각한 사회문제로 이어질 수도 있는 것이다. 기업이 경영활동을 지속하면서 많은 이익을 창출하게 되면 이는 사회전반으로 흘러가서 전체 사회발전을 가져오게 된다. 기업들이 늘어나고 성장함에 따라서 국가전체의 발전을 도모할 수 있는 것이다. 하지만 반대로 기업이 생겨났다가 경영실패로 인해서 시장에서 사라지게 된다면 이는 실업을 비롯한 다양한 문제를 야기하기 때문에 국가전체의 발전을 저하시키는 것이라고 할 수 있다.

기업이 시장에서 보다 오랫동안 존속하고 수익을 창출할 때에 그 기업의 가치가 있는 것으로 여겨진다고 할 수 있으며 이를 통해서 사회발전에도 공헌하게 된다. 기업의 성장이 곧 국가의 성장으로 연결되는 것이다. 기업의 가치와 영향력이 크다고 할 수 있는데 우리나라의 경우에는 장수하는 기업이 적기 때문에 이러한 가치의 창출이 제대로 이루어지지 못하는 상황이다. 기업이 보다 오랫동안 존속할 수 있는 방안이 필요할 것이다.

### (3) 향후 전망과 시사점

기업은 국가의 경제에 상당한 많은 영향을 미친다고 할 수 있다. 우수한 능력을 가진 기업이 많이 생기고 이러한 기업들이 지속적인 가치를 창출할 때에만 사회는 발전하고 국가의 성장이 달성된다. 기업은 일자리를 만들어내고 사람들의 삶의 질을 큰 폭으로 개선시킨다는 점에서 기업의 존재는 필수적이다. 기업이 지속적으로 존속하고 발전할 때에만이 주변사회의 발전을 증진시키게 된다.

기업이 주변사회에 미치는 영향이 큰 상황에서 우리나라의 기업은 외국의 기업과는 달리 그 수명이 매우 짧다는 문제점을 가진다. 외국의 기업의 경우에는 평균수명이 50년에 달하는데 비해서 우리나라의 기업은 24년 정도에 해당되기 때문이다. 기업이 얼마나 시장에서 오랫동안 존속하는지의 여부에 따라서 주변에 상당한 영향력을 미치게 된다. 기업의 경영실패는 실업과 같은 다양한 사회문제를 초래하는 부정적인 측면도 있다.

기업이 장수기업으로서 거듭나기 위해서는 먼저 이해관계자와의 소통을 활성화해야 한다. 원활한 소통으로 서로가 상충되는 요소들을 해결하고 협력을 증진시킬 수가 있는 것이다. 또한 기업이 자사의 이익만을 추구하는 것이 아니라 주변사회에 대한 공헌과 헌신의 노력이 필요하다고 할 수 있다. 주변사회와 함께 성장하려는 노력이 필요한 것이다. 그리고 기업은 시장의 변화와 사회의 변화트렌드를 신속히 읽을 수 있어야 한다. 사회는 급격히 변화를 하기때문에 도태되지 않고 사회의 변화에 순응하기 위해서는 지속적인 변화를 통해서 시장에서 살아남아야 하는 것이다. 기업들은 이러한 다양한 노력을 통해서만이 존속한다는 것을 인식해야지만 장수기업으로서 생존할 수가 있는 것이다.

기업이 가지고 있는 영향력은 이루 말할 수 없을 정도로 크다고 할 수 있다. 기업은 가치를 창출하는 역할을 하기 때문에 사회의 가치가 기업을 통해서 생산되는 것이다. 이러한 영향력은 긍정적인 영향일수도 있고 부정적인 영향일 수도 있게 된다. 기업이 경영활동을 통해서 제대로 된 역할을 수행할 때에는 긍정적인 영향을 끼치지만 그렇지 못할 때에는 사회에 부정적인 영향을 미치게 되는 것이다. 기업의 생존주기도 마찬가지라고 할 수 있다. 오랫동안 생존하고 사회에서 가치활동을 지속해온 기업만이 사회의 발전과 성장을 도울 수 있는 것이기 때문에 이러한 기업의 생산이 무엇보다 필요한 것이다. 앞서 말한 바와 같이 기업은 장수기업으로서 거듭나기 위해서 다양한 노력을 실시해야만 한다. 다양한 노력을 통해서 기업은 지속적인 이익을 추구하고 이를 통해서 기업의 이윤을 극대화시켜야 하는 것이다.

# 제3장 우리나라 기업의 발전과정

# 제 1 절 해방 후 기업의 태동과 활동

## 1.1 광복 후의 기업실태

### (1) 광복 후 실정과 기업의 실태

① 해방직후 우리나라의 실정

1945년 제2차 세계대전이 연합군의 승리로 일본이 무조건 항복함으로 우리 한민족도 억압의 굴레에서 벗어나 광복을 마주하게 되었다, 당시의 정치 및 경제적 실태는 국가건설에 유리한 여건이 되지 못했다. 우선, 정치적 환경으로는 남북으로 분단되어 미, 소군이 진주하여 군정을 실시하여 그들의 대립으로 우리국민이 바라는 통일정부는 즉시 수립될 수 없는 처지에 놓였다. 일제통치 하에서 경제적 기반이 빈약한 실정에서는 일제가 퇴각하며 남기고 간 경제적 유산들이 국민경제건설에 별로 도움이 되지 못하였다. 이러한 환경에서 미국은 남한에 진주하여 군정을 실시하면서 자유경제 체제를 채택한다고 발표하였다. 경제자유화 정책은 일시적으로 시장경기를 가열시켰으나, 생산활동이 마비되어 새로운 제품의 공급이 단절된 상황에서 시장경기의 호황은 일시적인 현상에 지나지 않았다.

생산활동이 마비되고 생활필수품의 품귀현상이 심화되어, 그것을 타개하는 긴급대책은 해외에서 물자를 도입하는 일이었다. 그러나 미군정 초기에는 무역이 제대로 행해질 수 없었으므로 무허가 사무역이라고 속칭되는 밀무역(密貿易)이 성행할 수밖에 없었다. 그나마 우리가 생활을 지탱할 수 있었던 것은 외국의 원조로서, 미군정 3년간 미국에서 약4억 634만여 달러의 무상원조를 받았기 때문이었다(한국민족문화백과, blog naver.com 기업).

② 1945년 해방 이후~기업태동과 실태

1948년 정부출범 이후 대한민국 정부가 가진 산업기반 시설은 경공업시설 뿐이었다. 해방후 이념갈등으로 인해 무뎌져 버린 사유재산 제도에 대한 개념을 확보해주는 것이 정부의 경제정책적 노력이었다. 이러던 와중의 닥친 6 · 25 전쟁은 그나마 존재하던 한국의 사회적, 경제적 기반을 송두리째 앗아버렸다.

우리나라 국민소득이 1인당 GDP가 67달러에 불과한 처참한 경제적 지표속에서 경제부흥을 시작하였다, 1950년대는 미국의 원조경제로 인해 삼백산업(三白産業) 즉 제분, 제당, 면방직 등의 산업으로 시발하여 성장을 도모하였으나 경제적, 사회적 환경은 좀처럼 나아지지 못하였다.

## (2) 우리나라 기업의 선구자들

◈ 경영의 신들의 활동

현재 한국경제의 중심이 되고 있는 주요기업들 현대, 삼성, LG 등 현재의 대기업들의 창업주들이 전설같은 일화들을 남기며 경제부흥의 씨앗이 심어지고 있었던 시기였다. 한국의 전자사업은 LG창업주 구인회 회장이 1958년 LG전자의 전신인 금성사가 1958년 창업하면서 시작됐다. 금성사가 설립될 당시 국내 가전산업은 불모지대나 다름없었다. 한국전쟁 당시 미군이 가져와 선을 보였던 '제니스' 라디오와 배편으로 몰래 들여온 일제 '산요'라디오가 일부 부유층의 안방에서나 볼 수 있는 귀한 물건으로 여겨졌던 시절이었다.

① 삼성그룹

이병철 회장은 1951년 부산에 삼성물산을 설립한 뒤, 1953년 제일제당. 1954년 제일모직 등을 설립하면서 정부의 삼백산업 추진에 걸 맞춰 본격적인 그룹규모의 사업을 펼치기 시작하였다(이병철에 대해서).

삼성그룹 창업주인 고(故) 이병철 선대회장은 조국이 일본에 강제병합된 1910년 태어났다. 다음달 12일이 탄생 100년이다. 이 선대회장은 단순무역업에 한계를 느끼고 제일제당과 제일모직 공장을 설립해 수입대체 산업선봉에 섰다. 조국산업화에 정열을 쏟은 것이다. 그는 기업가로 활동한 50여 년간 소비재 중화학 전자금융, 의료유통, 통신반도체 등으로 사업영역을 계속 넓혔다. 한 업종에 안주하지 않고 끊임없이 미개척지를 찾아 나섰다. 이 선대회장은 이 땅에 기업다운 기업을 처음으로 만들고 키운 산업화 선구자로 평가받는다. 그의 인생자체가 한국근대사이자 발전사인 셈이다. 무한탐구와 무한정진의 삶을 살다간 그는 21세기 경영교과서가 되었다.

삼성은 전 분야에서 원가경쟁력을 높였다. 불필요한 낭비요인을 줄이고 생산성을 높인 것이다. 이러한 삼성경영방침은 이병철 선대회장 가르침을 충실히 따른 것이다. 이 선대회장은 평소에 "호황일때 불황을, 불황일때 호황을 준비하라"며 "불경기에도 돌파구는 있다"는 얘기를 자주했다. 어려운 시기에 기업의 참다운 실력이 드러난다는 것이 그의 지론이었다.

### ◆ 창조경영을 실천한 CEO

1987년 타계한 이 선대회장 경영이 30년이 지난 요즘 다시 주목받고 있다. 그의 경영은 도전과 모험의 역사다. 이 선대회장을 거론할때 국내최초라는 수식어가 빈번히 등장하는 것도 이런 이유다. 이 선대회장은 무에서 유를 만들었다는 점에서 요즘 창조경영과 맥이 닿아있다며 "과거의 것을 개선하거나 혁신차원을 뛰어 넘었다"고 평가했다.

삼성은 1950년대부터 1~2년에 한 개씩 새로운 기업을 세웠다. 70대에는 노익장을 과시하며 반도체 창업을 총지휘했다. 그는 평소에 '보보시도장(步步是道場)'이라는 말을 즐겨썼다. 한 걸음 한 걸음이 인생이라는 생각아래 끊임없이 사업을 일으킨 것이다. 기업가정신을 창업정신 또는 개척정신으로 볼 수 있다며 "실패를 두려워하지 않는 벤처정신이 진정하게 발휘됐던 시절"이라고 말할 수 있다.

### ◆ 미래를 내다본 경영

삼성의 이병철 회장은 경영의 안목이 예지능력 탁월하여 10년 이상, 50년을 미리 내다봤다. 1982년 미국 보스턴대학 명예박사 학위수여 식장에서 소렌슨 당시 총장은 "이 회장이 새로운 사업을 일으킨 것은 항상 그 사업의 시장성이 가장 낮은 수준에 있을 때였고 극히 혼란한 환경에 처해있을 때였다"며 이 선대회장의 남다른 선견지명을 높이 평가했다.

한국전쟁 전흔이 가시지 않은 1953년과 1954년에 제일제당과 제일모직을 연이어 창업한 것도 이 선대회장이 시장을 미리내다 봤기때문이다. 남들이 무모하다며 말리는 사업이었지만 결과는 대성공이었다. 1960년대말 이 선대회장이 전자업계에 뛰어들었을 때 그는 경기도 수원에 공장용지로 땅 45만평을 확보했다. 걸음마 단계인 회사에 45만평은 너무 넓은 땅이어서 주위에서는 부동산 투기를 한다고 비난했다. 그러나 1980년대에 들어서자 45만평 용지는 비좁아서 부천에 다시 공장용지를 확보해야만 했다.

◆ 정보와 기술을 중시한 경영

삼성의 이병철 회장 1960년부터 해마다 연말연초에 도쿄를 찾은 것이다. 여기서 그가 한것은 정보수집이었다. 도쿄에서 매스컴과 지인들을 만나 변화하는 세계를 읽고 정보를 얻으며 새로운 사업을 구상한 것이다. 전자와 반도체, 항공산업진출 등은 모두 도쿄구상이 낳은 산물이었다. 최신정보가 기업의 생명이라는 것을 이 선대회장은 진작부터 알고있었던 것이라며 "그는 한국보다 정보가 빠른 일본에서 최신 트렌드를 접한 뒤 이를 경영에 적극적으로 활용했다"고 평가했다.

1986년 6월 27일, 이 병철 회장은 초여름 폭염이 기승을 부리는 경기도 용인에서 야심차게 추진한 삼성종합기술원을 짓는 첫 삽을 떴다. 이곳에서 이 선대회장은 "기술은 국력이며 기술을 지배하는 자가 세계를 지배하는 시대에 우리는 살고 있다"고 역설했다. 그는 기술중시 경영을 강조하며 매출 10%까지 연구개발(R&D)을 위해 쓰라고 했다. 또 삼성 CEO는 모두 최고 기술책임자가 되어야 한다는 것이 그의 지론이었다. 전후 척박한 환경에서 자라난 이공계 우수인재가 삼성에서 빛을 발한 것은 이 선대회장의 기술인 우대경영 정책때문이었다(이병철 어록 호암의 5대 결단이 오늘의 삼성을 일군 힘).

② LG그룹(樂喜)

기업가정신 락희그룹 창업자 (故)구인회 회장 전시에도 신사업에 전재산 투자 플라스틱 · 치약 · 라디오 · 전화기 · TV··· 도전정신으로 시장개척 우리나라 창업의 선구자들이 경영의 신들이 이런 상황에서 럭키금성은 마침내 1959년 6월에 우리나라 최초로 국산라디오를 생산해냈다.

◈ 전시에도 신사업에 전 재산투자

한국전쟁이 한참이던 1951년. 당시 락희화학공업사(현, LG화학) 사장으로 훗날 LG의 창업자가 된 연암 구인회 회장은 자사의 '럭키크림' 인기에 흐뭇해 하면서도 골치아픈 문제에 직면해 있었다. 제품은 날개돋친 듯 팔리고 있었지만 용기뚜껑이 자꾸 파손돼 반품이 잇달았던 것. 구 회장은 동생 태회와 일본에서 합성수지 책을 구해와 연구끝에 플라스틱이 해결책임을 알아낸다. 하지만 당시 한국에 개념조차 생소했던 플라스틱 제품을 만들기 위해선 미국에서 플라스틱 사출성형기를 들여와야 했다. 주변사람들은 전쟁중인데 무슨 투자냐며 구 회장을 말렸다.

그러나 그는 "어려운 일을 피하고 눈앞의 이익만 좇아서는 안 된다"며 "남들이 미처 생각하지 못한 사업에 착수해 성공한다는 게 얼마나 보람찬 일인가"라고 주변을 설득했다. 그리고 20여년간 사업을 통해 모아온 전 재산 3억원을 들여 사출기를 들여온다. 구 회장의 도전은 한국 최초로 플라스틱 제품을 생산하는 업적을 냈고 이는 기업의 성장동력뿐 아니라 한국의 화학산업을 일으키는 원동력이 됐다.

'최초'를 두려워하지 않고 이를 즐겨 기업을 성장시키는 기회로 삼았던 도전적 경영자가 바로 구인회 회장이다. 2000년대 인기를 끌었던 블루오션 경영을 이미 60여년 전부터 실천하며 도전·모험을 즐기는 기업가정신으로 가득찼던 사람이 그다. 경제위기를 핑계로 투자와 신시장개척을 주저하는 기업인에게 시사하는 바가 큰 대목이다.

### ◆ 손쉬운 경영사절

1967년 2월 열린 호남정유 여수공장 기공식에서 구인회 LG 창업회장은 발파스위치를 누르고 있다. 1957년 구 회장이 이끄는 락희화학공업사는 호황을 누리고 있었다. 한국 최초로 플라스틱 제품을 쏟아낸 데 이어 1955년 우리나라에서 최초로 치약을 생산하며 독보적 인기를 끌고있었기 때문이다. 시장에서 락희화학공업사의 입지는 탄탄했고 해오던 사업만 계속해도 회사는 계속 잘나갈 수 있을 것으로 보였다.

하지만 이때 구 회장은 새로운 칼을 빼든다. 바로 전자산업이다. 여기저기에서 신사업에 대한 정보를 모으던 중 선진국 전자산업에 대한 얘기를 듣고 도전을 결정한 것이다. '화학산업만 해도 잘나가는데 왜 잘 모르는 사업에 뛰어드느냐', '우리가 전자산업을 할 기술과 자본이 어디 있느냐' 등 반대의 목소리가 높았다.

그러나 구 회장은 "지금 머뭇거리면 앞으로 영원히 선두자리를 차지하기 힘들기 때문에 개척자 정신을 보여줄 때"라며 반대목소리를 잠재우고 전자산업에 뛰어든다. 1년이 넘는 자료수집 끝에 그는 한국 최초의 전자회사 금성사(현, LG전자)를 만든다. 이후 한국에서 처음으로 라디오·선풍기·전화기·냉장고·TV 등을 줄줄이 만들어낸다. 이후 전자는 회사의 성장동력이 됐을 뿐 아니라 한국전자산업을 일으키는 초석이 됐다.

### ◆ "한 번 믿으면 다 맡긴다"

구 회장이 도전·개척정신으로 만들어낸 사업분야는 얼마든지 더 있다. 1965년 전자·통신·화학 등에서 이미 큰 성공을 거뒀지만 그는 또다시 신성장동력을 찾아낸다. 다른 기업들은 생각지도 못하고 있던 정유사업이 그것이다. 석탄중심의 에너지 구조가 석유위주로 전환하면 성장성이 클 것이라는 판단에서다. 2년 이상을 준비한 끝에 구인회 회장은 정부허가를 얻어 국내 최초 민간정유사인 호남석유(현, GS칼텍스)를 설립했다. 특히 호남석유는 한국 최초로 외국자본과 합작으로 만들어진 회사다.

남들이 생각지 못한 것을 시도하는 '최초'의 생각은 인재육성에서도 나타난다. 구 회장은 창업초기부터 사람을 중시하며 '인화(人和)'를 강조했다. 또 '기업은 결국 사람이 경영하는 것이기 때문에 인재를 확보하지 못하면 미래는 없다'는 게 그의 생각이었다. 그는 인재확보를 위해 고민하던 1957년, 한국기업 중 최초로 공개채용을 실시했다. 혈연 · 지연 · 학연에 따른 특채가 주류였던 당시로서는 획기적인 일이었다.

'인화'와 사람을 중시하는 경영은 '한 번 믿으면 다 맡긴다'는 그의 철학에도 잘 나타난다. 이런 철학은 LG그룹에서 계열사 자율경영으로 유지되고 있다. 구 회장은 그룹의 주요 결정권을 계열사에 넘기는 것을 반대하는 사람들에게 "책임을 지면 사람은 최선을 다하도록 돼 있다. 모든 것을 믿고 맡겨야 한다"는 말을 남겼다.

◆ 연구개발(R&D)을 우선하는 경영

경영측면에서도 구 회장은 '최초'와 '도전'을 즐겼다. 그는 '기업은 개인소유'라는 인식이 있던 1969년 락희화학에 대해 8억원 규모 신주를 발행하며 국내기업 첫 기업공개를 단행하기도 했다. 구 회장은 현장을 중시하는 것으로 유명하다. 1957년 공채로 대졸 신입사원을 뽑았을 때 주위의 만류를 떨쳐내고 현장에서부터 교육을 시켰다. '기업을 하는 데 가장 어렵고 중요한 것이 현장'이라는 게 그의 지론이었다.

구 회장은 R&D를 중요하게 생각하는 것으로도 잘 알려져 있다. R&D라는 개념이 생소하던 1950년대 공장을 세우기 전에 연구소부터 설립했다. R&D에서도 개척정신을 발휘했고 이는 다른 기업들에도 많은 영향을 미쳤다.

③ 현대그룹

현대의 창업주 (故)정주영 회장 정주영 DNA 역발상으로 위기돌파

◈ 여의도 48배 서산 간척지 12월에 푸른잔디

현대의 정주영 회장은 한국전쟁 당시 부산에서 자동차 수리회사에서 현대토건으로 사업을 추가 변화시켰으며 현대토건은 이시기 미국 아이젠하워 대통령의 방한에 맞춰 한겨울에 미군묘지에 잔디입히는 일을 발주받았는데 다른 업체에서 전부 거절한 것을

정주영은 받아들인 것이다 일단 파란풀로만 덮으면 된다는 확인을 받은 후 트럭 30여 대를 동원해서 밭에 나있는 보리싹을 사다가 심어서 행사를 무사히 마쳤다.

부지런함을 최고덕목으로 여겼던 (故)정주영 창업주는 어둠이 깔린 새벽에 아들들을 청운동 자택으로 소집해 구 중앙청의 담을 끼고 현대 계동사옥까지 걸어서 출근하길 즐겼다. 정주영 회장을 통해서 깨닫게 된 것은 경영은 머리로 하는 것이 아니라는 것이다. 이론과 미리는 극히 일부분에 불과해요. 참기업가 정신은 머리가 아니라 거트(gut · 용기)로 하는 것이다. 정 회장님은 그런 점에서 거트를 타고난 분이다.

복잡한 이론도 단순하게 정리해 내는 정주영의 성공DNA는 드러커와의 만남에서도 빛을 발했다. 피터 드러커의 말처럼 정주영은 타고난 기업가로 통한다. 배고픔을 이기지 못해 아버지의 소판돈을 들고 가출을 감행했던 이 소년의 인생은 불확실성과 위험에 대응하는 기업가정신의 표본으로 자리잡았다.

◆ 불굴의 기업가정신

정주영의 인생은 '실패는 성공의 어머니'라는 격언을 교과서적으로 보여준다. 그가 인생의 중요한 고비마다 경험한 실패는 곧이어 나타날 성공의 주춧돌이 됐다. 그의 이 같은 경험이 실패를 두려워하지 않는 불굴의 기업가정신을 형성하는 자양분이 됐다. 정주영은 휴전직후인 1953년 아무기술과 경험없이 낙동강 고령교 복구공사에 뛰어들었다. 장비, 기술부족은 물론 홍수까지 겹쳐 몇 배의 공사비를 들여도 완공이 어려워진 상황이었다. 주위에서 모두 포기하라고 했지만 형제들 돈까지 모두 끌어들여 결국 공사를 완성했다. 그러나 이때 얻은 신용으로 정주영은 당시 전후 최대공사라는 한강인도교 복구공사를 수주해 현대건설의 기반을 구축하는 계기를 마련했다.

1965년 사상 첫 해외사업이었던 태국고속도로 건설에서도 그는 참담한 실패를 맛봤다. 현지의 엄청난 강우량과 악천후, 불리한 토질을 고려하지 못했을 뿐 아니라 언어와 풍습이 다른 현지 인력관리도 엄청난 문제를 야기했다. 그동안 국내건설 사업에서 번 돈을 다 털어넣다시피해 겨우 공사를 완료했다. 그러므로 태국고속도로 건설경험은 1968년 경부고속도로 건설의 주역으로 그를 다시 일으켜 세웠다.

이후 1972년 정주영은 울산미포만 사진 한 장만 손에 든 채 그리스 거물해운 업자 리바노스를 만나 26만톤짜리 배 2척을 주문받았고 조선소 건립과 동시에 2척의 배를 진수시킨 세계 조선사에 유일한 기록을 남겼다. 가난이 싫어 소판돈을 훔쳐 강원도 통천을 떠났던 소년 정주영이 60여년만인 1998년 소떼를 몰고 휴전선을 넘었다.

◆ 탁월한 창의성

정주영의 이 같은 성공모델을 두고 '개발독재시대 모델'이라는 평가도 나온다. 그러나 현대그룹 발전의 길목에서 정주영이 내놓은 아이디어는 '안 되면 되게 하라'는 단순한 추진력과는 확연히 대비된다.

서산 간척사업은 정주영의 창의성을 보여주는 사례이다. 농부의 아들 정주영은 1980년대 초 바다를 메워 옥토를 만드는 대규모 간척사업에 착수했다. 여의도 48배 면적의 바다를 메워 농토로 전환하는 프로젝트는 한국의 서해안 지도를 바꾸는 대규모 사업이었다. 서산 앞바다는 조수간만의 차가 너무 커 20만톤 이상의 돌을 구입해 매립해야만 물막이가 가능한 곳이었다. 이때 정주영은 폐유조선을 침하시켜 유속을 감속시키고 토사를 투하해 둑을 완성하는 '정주영 공법'이라는 기상천외한 발상으로 공사기간을 9개월이나 단축하고 공사비도 280억원이나 절감했다.

"제한된 자원을 선택과 집중을 통해 적절히 배치하고 복잡한 문제를 직관을 통해 단순화할 수 있는 능력은 창의성 없이는 불가능한 것"이라면서 "불확실성 아래에서 문제를 해결하는 정주영의 창의적 능력은 21세기에도 적합한 것"이라고 말했다.

◆ 경영민족주의

현대는 단순히 장사를 하는 단체가 아니라 국가의 발전을 위해서 분투하는 중추적인 역할을 하는 집단이다. 나는 자신있게 말하는데 현대그룹의 과거 50년 동안의 성장은 우리 현대자신을 위해서 노력했을 뿐만 아니라 국가경제를 일으키는 데 선도적 역할을 담당했다고 생각한다.

현대건설 창립 50주년이었던 1997년 정주영이 밝힌 경영관은 사업보국(事業報國), 식산흥업(殖産興業), 사회공헌(社會貢獻)의 정신과 맥이 닿아있다. 박태일 현대경제연구원 컨설팅본부장은 "정주영의 경영민족주의는 그 스스로 일개 경영자의 범주로 생각하지 않았음을 의미한다"고 말했다. 한국산업화 초기단계에서 정주영은 소비재보다 사회간접자본(SOC)과 중화학공업에 치중했다. 국가의 초석을 세우기 위해 서비스, 소비재보다는 국가의 기간산업을 육성해야 한다고 믿었기 때문이다.

정주영은 독자기술 개발을 고집해 선진국에 대한 기술 종속성을 줄이는 데도 심혈을 기울였다. 1967년 미국 포드사로부터 자동차 조립기지화 제안을 받았던 정주영은 이를 거절하고 포니와 같은 독자모델을 개발해 수출했다. 현대중공업도 일본의 미쓰비시로부터 선박건조를 5만톤급 이하로 제한하는 조건으로 기술이전 제의를 받았으나,

이를 거절하고 세계시장을 뛰어다니며 스스로의 힘으로 대형선박을 건조하여 수출했다(자료. 이땅에 태여나서 나의 살아온 이야기 정주영).

### (3) 광복 후 산업기반 구축

#### ① 노동집약적 경공업 설립과 발전

1960년대에 접어들면서 한일협정때 일본에서 받은 배상금과 베트남 전쟁때 파병한 군인들과 군사지원 용역에서 벌어들여오는 돈, 미국이 차관형식으로 지원한 돈 등을 기본자본으로 섬유산업, 신발산업, 가발산업 등 노동집약형 경공업 위주의 수출증대 전략으로 성장을 해 왔다. 1963년 경제정책의 대전환이 이루어지고 수입규제를 대폭완화하고 관세를 인하하며 외자를 유치하는 산업육성에 노력하였다. 때를 같이하여 포항제철 설립, 경부고속도로 건설 등 사회·경제적 기반시설 건설에 주력을 하였다. 이러한 국책산업을 유치하기고자 기업들은 수주경쟁에 뛰어 들었다. 이를 수주해낸 소수의 기업들을 중심으로 확장되기 시작하였다. 기업과 일자리가 있는 도시로 사람들은 몰리기 시작하였다. 1965년 GNP 100달러를 넘어 대한민국은 1969년에 1인당 GDP에서 북한을 추월하기 시작하였다(한국경제).

표 3-1 5 년도별 1인당 GNP 변동표 53-71

| 구 분 | 1953년 | 1962년 | 1971년 | 성장율 |
|---|---|---|---|---|
| 1인당GNP(천원) | 109 | 116 | 202 | 8.9 |
| 달러(US$) | 67 | 87 | 288 | 4.2 |
| GNP(10억원) | 2.205 | 3.07 | 6.962 | 9.5 |
| 수출(백만달러) | 19.12 | 55 | 1.068 | 39.0 |
| 투자율(%) | 15.4 | 12.8 | 25 | |
| 저축율(%) | 8.8 | 3.2 | 14.6 | |

자료: 표 1950년 ~~1960년. 대한민국 경제주요 지표.

#### ② 한미 경제원조 협정

해방 후 미군정하에서 1948년 5. 10 선거를 실시하여 우리의 손으로 1948년 8월 15일 대한민국 정부를 수립하였다. 정부는<한미 경제원조 협정>을 체결하고, 이듬해에는 <귀속재산처리법>을 제정, 실시하였으며, <농지개혁법>을 제정, 공포하여 실시하였다. 그리하여 경제재건이 본격적으로 진행되었으며, 미군정 3년간 들떠있던 한국 경제와 국민생활은 정부수립 후 점차 안정되는 추세를 보이기 시작하였다.

정치와 사회가 안정됨에 따라 국내생산활동도 재개되기 시작하였다. 특히, 대외무역을 위한 수출품으로서 광복 직후에는 일본인 회사창고에 보관되어 있던 잡다한 물품이 이미 바닥났으므로, 새로운 수출품이 개발되지 않을 수 없었다. 그리하여 등장한 것이 중석(重石)과 고령토(高嶺土) 등 광물이었고, 국제시장에서 한천(寒天: 우뭇가사리를 얼려서 말린 젤라틴 투명막)에 대한 수요가 증대하면서 수산업자들은 한천가공에 열을 올렸다. 광복후 비교적 일찍 재건된 공장공업으로는 면방직 공업을 포함한 삼백산업(면, 설탕, 밀가루)을 들 수 있다. 면방직 공업은 정부수립 후 정부의 특별지원을 얻어 시설을 개선하여, 6·25전쟁 직전에는 광복당시의 생산수준을 능가할 수 있었다. 또, 면방직 외에 동력원(動力源)과 광산분야도 건설이 촉진되었다(광복 후 자유경제 체제에서의 기업).

### ③ 휴전 후 생활산업 급격히 발전

휴전 후 전쟁피해를 복구하고 급격히 성장한 공업은 섬유공업 분야였다. 이 공업분야에서는 면방직 및 모방직이 비약적으로 발전하였을 뿐만 아니라, 나일론직물 등 신제품 생산시설도 도입되어, 1957년에는 이미 국내수요를 충당할 수 있게 되었다. 섬유공업 다음으로 활발한 투자가 이루어진 분야는 화학공업이었다. 화학공업 분야에서는 충주비료·나주비료 등의 대규모 공장이 건설되었고, 시멘트공장이 삼척공장의 보수와 더불어 문경에 새로 건립되었다.

제지 및 고무공장도 이 기간에 급속한 발전을 이룩하였다. 제지공업은 새로운 시설을 도입함으로써 수입에만 의존하던 신문용지 등을 전량자급할 수 있게 되었으며, 고무공업도 새로운 시설을 도입, 확충함으로써 고무신 생산중심에서 자동차 타이어와 고무호스 등 신종 산업자재 생산으로 전환하게 되었다. 유리공업 부문에서는 1953년에 국제연합 한국부흥위원단(UNKRA) 자금에 의하여 인천에 판유리공장을 건설하여 유리공업의 신기원을 이루었다. 이밖에 합성수지·화약·가성소다 및 일반화공약품 등 신규제품도 이 기간에 건설·공급되어 공업의 다양화가 이루어졌다.

1950년대 후반기에 가장 성행한 공업분야로는 제당·제분업을 들 수 있다. 제당업은 1958년 이래 급속히 발달해서 7개 공장이 경합, 건설되어 1960년대에 이르러서는 생산과잉 현상을 나타냈고, 제분업은 미국의 잉여농산물인 원맥도입에 자극받아 각 업자 간에 시설확대를 단행하다 보니, 역시 시설과잉 현상이 나타나 원맥확보를 위한 암투가 격렬하게 전개되었다. 이와 같이 국민생활에 필요한 소비재공업은 급속히 발전을 이루었으나, 제철·제강업 및 기계공업 분야는 이렇다 할 발전을 하지 못하여 낙후성을 면할 수 없었다(한국민족문화백과).

## 1.2 군사정권과 경제개발

### (1) 군사정부의 경제정책

① 개발경제 체제와 기업

1961년 5·16 군사정변으로 세워진 군사정권은 1963년말까지 약 3년에 걸친 군사정부 통치를 거쳐, 1963년말 총선거를 통해 민주공화당 정권으로 이어졌다.

5·16 군사정변 후 군사정부는 통치의 기본방향을 정치·경제의 질서를 확립하는데 두었다. 이에 따라 경제적인 면에서는 구정권과 결탁하여 구축된 경제세력을 거세하고, 새로운 양심적인 경제세력을 육성하는데 정책을 집중하였다.

군사정부 및 공화당 정권이 추진한 경제정책을 달성하기 위해서는 강력한 통치력이 필요하였고, 따라서 정치면에서는 자유민주 체제를 어느 정도 규제하는 정책을 택하였다. 경제활동에 대해서는 건설의 방향, 투자의 우선순위의 결정, 자원배분 등을 통한 규제가 강화됨으로써, 정부주도형의 개발전략이 채택되었다. 그리하여 공화당 정권의 개발정책은 혼합경제 체제로 특징지어지는 것이다. 즉, 정부가 주요 경제목표를 설정하고 그것을 향해 국민경제가 운영될 수 있도록, 정부는 금융·재정 및 조세지원 등의 정책수단을 동원하여 경제전체에 적극적으로 관여하였다.

② 경제개발 5개년 계획

이러한 경제운영의 기본방향에 따라 군사정부는 1962년부터 경제개발 5개년 계획을 실시하였다. 1962년부터 실시된 경제개발 5개년 계획은 1950년대의 한국경제 재건기와 비교할 때, 획기적인 정책전환을 단행한 것이라고 볼 수 있다. 그 성과는 정부가 추구한 성장목표 달성이란 측면에서는 일단 성공했다고 할 수 있다. 네 차례의 개발계획기간 중 국민총생산 성장률은 연평균 9.3%로서 괄목할 만한 성장세를 나타내었으며, 수출신장률 또한 연평균 39.9%라는 급속한 양적 확대를 보였다. 경제성장 면에서는 2차산업(공업) 부문이 1962~1978년 기간 중 연평균 19.1%의 성장률을 나타냈으며, 1979~1980년에는 7% 정도의 성장률을 나타내었다.

그 다음이 3차산업 부문이고, 농업을 포함하는 1차산업 부문은 같은 기간 중 연평균 5%에도 미치지 못하는 성장률을 보이고 있다. 2차산업 부문의 성장추세는 산업구조를 고도화해서 1960년의 산업구조, 즉 1차·2차·3차산업의 국민총생산 비중이 35.2 : 19.2 : 45.6이었던 것이 1978년에는 비율이 18.1 : 33.1 : 48.8, 1985년에는 13.8 : 29.6 : 56.6의 비율로 나타나, 농업 등의 1차산업 부문의 비중이 감소하고, 2차산업 부문이 급격히 증대한 산업구조의 고도화가 나타난다.

### (2) 경제정책과 산업구조 개혁

#### ① 1차산업에서 2차산업으로 구조변화

정부주도 하에 1960년대 이후부터 경제성장 목표를 주로 공업분야 성장정책에 의하여 주도되었다는 점을 확인할 수 있다. 이와 같은 2차산업의 높은 성장률은 정부의 집중투자, 조세·금융지원정책 등 정부의 공업화 정책의 결과였다. 즉, 수출주도형 공업화정책으로 점차 산업구조의 고도화도 달성되었으며, 이를 통하여 국민소득의 증대와 고용증대라는 국민경제의 확대 재생산을 낳았던 것이다. 다음으로 이 기간에 설립된 기업의 실태를 산업별로 보면 제조업 부문의 성장이 가장 두드러졌다. 제조업 부문의 사업체 수와 종업원 수는 1966년의 2만 2,718개소와 56만 6,665명에서 1970년에는 2만 4,114개소와 86만 1,041명, 1978년에는 2만 4,957개소와 171만 7,308명, 그리고 1980년에는 3만 823개소와 201만 4,701명, 1983년에는 3만 9,243개소와 221만 5,233명으로 나타나 있다. 이로써 양적인 면에서나 규모면에서 모두 급격히 증가하고 있음을 알 수 있다.

제조업이 국민소득에서 차지하는 비중을 보아도 1960년의 8.3%에서 1971년에는 19.6%, 다시 1978년에는 31.6%, 1984년에 30.4%로 증가하고 있어, 공업화가 급속히 진행되었음을 알 수 있다. 제조업 부문의 눈부신 성장은 수출위주의 공업화정책이 가져온 결과로, 정부는 경제계획 기간동안 수출공업에 대해 집중지원을 아끼지 않았던 것이다. 아울러 대단위 공업단지를 조성하고, 그에 대해 세제 및 금융면에서 여러 가지 특혜를 주어 공업화 정책을 강행하였다. 정부는 1960년대 경공업 중심의 수출산업육성정책에서 1970년대에는 수출의 선도산업으로서 중화학공업에 대한 지원을 강화하였다.

즉, 1972년부터 제3차 경제개발 5개년 계획이 실시되었는 바, 정부는 계획의 주축을 수출의 획기적 증대 및 중화학공업의 건설에 두고, 경공업에서 중화학공업 중심의 수출체제로 이행하였다.

② 경공업에서 중화학공업으로

이리하여 1970년대에 들어와서는 공업정책의 뼈대를 중화학공업 건설을 통한 공업화정책에 두고, 6개 전략산업을 선정하여 집중육성하는 데에 힘썼다. 6개 전략산업은 철강공업 · 비철금속공업 · 조선공업 · 기계공업 · 전자공업 및 화학공업이었다. 철강의 자급화와 다양화를 목적으로 설립한 포항종합제철은 1973년에 제1공장을 완공한데 이어 이 기간에 확장공사를 단행하여, 1979년까지 제철 526만 7천 M/T, 제강 862만 5천 M/T, 압연 935만 3천 M/T의 생산능력을 갖추게 되었다. 비철강공업에서는 중화학공업의 소재공업 개발을 목적으로 동제련(銅製鍊) · 연(鉛) · 알루미늄 공장 등을 건설하였다. 조선공업에서는 국내수요와 수출을 목적으로, 대형조선소 5개소, 중형조선소 2개소, 원양어선 조선소 2개소를 건설하였다.

③ 전자공업 체계로 발전

전자공업 부문에서는 구미공업단지를 건설하고, 1981년까지 11억 9천여만 달러를 투자하여 25억 달러의 전자제품 수출을 계획하였다. 화학공업 부문에서는 울산석유화학 공업단지를 국제규모로 확장함과 동시에 여수에 종합화학 단지를 건설, 석유화학 계열공업을 육성하도록 하였다. 자본규모면에서 이 기간의 기업실태를 보면, 1960년대 이후 재벌을 중심으로 한 대기업이 급속히 성장하였음을 알 수 있다. 대기업이 급속히 성장할 수 있었던 까닭은 정부주도형 경제정책아래 정부의 지원이 대기업에 편중되었기 때문이다.

정부는 1960년대 이후 수입대체 산업에서 전진하여 수출산업을 적극적으로 육성한다는 방침아래, 수출지원 체제를 다져나갔으며 이를 위해 금융 · 세제면에서 수출산업에 대해 집중적인 특혜를 주었고, 수출을 통해 이와 같은 특혜를 받을 수 있었던 것은 대기업이었다. 대기업의 성장이 현저했을 뿐만 아니라 수많은 기업을 거느리는 대규모 재벌의 성장이 특기할만 하였다.

## [요 약]

### ① 해방 이후~기업태동과 실태

1948년 정부출범 이후 대한민국 정부가 가진 산업기반 시설은 경공업시설 뿐이었다. 전후시기에 이념갈등으로 인해 무뎌져 버린 사유재산제에 대한 개념확보 사유재산을 확보해 주는것이 정부의 경제적 노력이었다. 이러던 와중의 닥친 6·25전쟁은 그나마 존재하던 한국의 사회적, 경제적 기반을 송두리째 앗아 가버렸다. 우리나라 국민소득이 1인당 GDP가 67달러에 불과한 처참한 경제적 지표속에서 경제부흥을 시작하였다.

### ③ 경영의 신들 창업활동

현재 한국을 경제의 중심이 되는 주요기업 현대, 삼성, LG등 현재의 대기업들의 창업주들이 전설 같은 일화들을 남기며 경제부흥의 씨앗이 심어지고 있었던 시기였다. 한국의 전자사업은 LG창업주 구인회 회장이 1958년 LG전자의 전신인 금성사가 1958년 창업하면서 시작됐다. 이병철 회장은 1951년 부산에 삼성물산을 설립한 뒤, 1953년 제일제당. 1954년 제일모직 등을 설립하면서 정부의 삼백산업 추진에 걸맞게 본격적인 그룹규모의 사업을 펼치기 시작하였다(이병철에 대해서).

### ④ 경공업에서 중화학공업으로

1970년대에 들어와서는 공업정책의 뼈대를 중화학공업 건설을 통한 공업화 정책에 두고, 6개 전략산업을 선정하여 집중육성하는 데에 힘썼다. 6개 전략산업은 철강공업·비철금속공업·조선공업·기계공업·전자공업 및 화학공업이었다. 철강의 자급화와 다양화를 목적으로 설립한 포항종합제철은 1973년에 제1공장을 완공하였다 비철강 공업에서는 중화학공업의 소재공업 개발을 목적으로 동제련(銅製鍊)·연(鉛)알루미늄 공장 등을 건설하였다. 조선공업에서는 국내수요와 수출을 목적으로, 대형조선소 5개소, 중형조선소 2개소, 원양어선 조선소 2개소를 건설하였다.

# 제2절 개발경제체제 정부주도의 기업육성

## 2.1 경제정책과 산업구조 개혁

### (1) 중화학공업으로 정책전환

① 정부주도로 중화학공업 육성

1970년대는 정부주도의 중화학 공업육성이 본격적으로 시작되면서 기업의 최대고객은 '소비자가 '아니라 '국가'였으며 국가의 국책산업이었다. 이시기 한국경제는 중화학 공업을 중심으로 본격적으로 육성을 추진하였다. 한국경제의 배경에는 저임금후발국의 경공업 부문을 추월하여야 된다는 인식이 되기 시작하였다.

남북이 군사적으로 대치에 따른 방위산업의 육성은 시대적 소명으로 인식되었고 경공업의 뚜렷한 성장에 한계가 있어, 지속가능한 산업을 육성하여야 된다는 것을 인식하였기 때문이었다. 1970년대 중반부터 컴퓨터 산업을 위해 인재양성에 들어갔으며 1979년 전길남 박사 주도하에 컴퓨터 네트워크 망에 대한 학습과 같은 시기에 정보-통신산업에 대한 준비를 시작하였다.

산업정책은 지극히 전통적인 수단이 동원되었는데 정부의 특별지원법 제정을 통한 전략산업선정 섬유, 석유화학, 전자, 철강, 조선기계 등 자본에너지 집약적 산업이 선정되었으며 정부가 주도하는 금융으로 선정된 산업의 대기업에 자본을 몰아주는 금융지원을 하였다. 산업 클러스터링을 위한 공업단지들을 조성육성하며 높은 무역장벽과 진입제한을 두어 투자된 기업의 활동을 정부가 보호해 주었다.

기업은 이러한 정부의 비호아래 사업다각화와 시장점유율 확대에 주력하기 시작했다. 기업은 규모의 급속한 확대를 가져와 대기업에게 경제력이 집중되는 현상을 가져왔다. 과잉과 중복투자로인한 만성인플레이션을 촉진시켰다. 에너지 다소비형인 중화학공업으로 인해한 1, 2차 오일쇼크 당시 국가가 휘청거리는 어려운 고비를 넘겨야 했다. 산업의 중심인 금융은 산업의 지원자 역할로 금융스스로의 자정능력과 중개기능을 갖지 못해 어려움을 겪어야 했다. 중소기업의 상대적 위축과 지역 간 불균형의 이중고를 경제적 성장과 함께 안고가야 하는 과제가 되어 버렸다.

② 전자공업 체계로 발전

전자공업 부문에서는 구미공업단지를 건설하고, 1981년까지 11억 9천여만 달러를 투자하여 25억 달러의 전자제품 수출을 계획하였다. 화학공업 부문에서는 울산석유화학 공업단지를 국제규모로 확장함과 동시에 여수에 종합화학단지를 건설, 석유화학 계열공업을 육성하도록 하였다. 자본규모 면에서 이 기간의 기업실태를 보면, 1960년대 이후 재벌을 중심으로 한 대기업이 급속히 성장하였음을 알 수 있다. 대기업이 급속히 성장할 수 있었던 까닭은 정부주도형 경제정책 아래 정부의 지원이 대기업에 편중되었기 때문이다.

정부는 1960년대 이후 수입 대체산업에서 전진하여 수출산업을 적극적으로 육성한다는 방침아래, 수출지원 체제를 다져나갔으며 이를 위해 금융·세제면에서 수출산업에 대해 집중적인 특혜를 주었고, 수출을 통해 이와 같은 특혜를 받을 수 있었던 것은 대기업이었다. 대기업의 성장이 현저했을 뿐만 아니라 수많은 기업을 거느리는 대규모 재벌의 성장이 특기할 만하였다.

표 3-2 연도별 1인당 GNP 변동

| 구 분 | 1971년 | 1979년 | 성장률 |
|---|---|---|---|
| 1인당GNP(천원) | 565 | 1,026 | 7.7 |
| 달러(US$) | 288 | 1,640 | 24.3 |
| GNP(10억원) | 18,564 | 38,503 | 9.6 |
| 수출(10억불) | 1.1 | 15.1 | 39.2 |
| 투자율(%) | 25.1 | 35.6 | |
| 저축율(%) | 14.6 | 28.1 | |

자료: 1970년대 주요 경제지표.

## (2) 중공업정착과 민간주도로 경제체제

① 중공업의 정착과 효과성

80년대 초 한국의 경제는 그동안의 성장중심의 노력이 쏟아지는 단물을 수혜받는 시기였으며 중공업 육성책이 서서히 효과가 들어나는 시기였다. 성장과 수출증가를 거치면서 전인구의 절대다수를 차지할 정도로 중산층의 비중이 두터워졌다. 이러한 1980년대의 중산층을 대변하는 이미지로 자기소유의 집에 갖출건 다 갖춘 둘리의 고길동의 모습이 당시 중산층의 생활상을 보여주고 있었다. 또한 '마이카'(My Car)가 유행어가 될 정도로 자가용 자동차를 갖추게 되는 가정 역시 이 시기에 부쩍 늘어나기 시작한다. 1985년의 한국의 GNP는 2310달러였다. PPP를 따지면 결코 적지않은 숫자였다. 80년대 그전까진 급히 달리고 몸집을 불리는데 신경썼다면 이제는 그 후유증을 극복하며 정부는 물가거품이 치솟아 가려는 경제를 안정화시키고자 하였다.

80년대 후반에 들어서 국민들의 민주주의에 대한 열망이 높아지기 시작하였고, 87년 민주화 선언을 계기로 노사분규 급증 및 높은 임금이 상승하기 시작했다. 제조업의 명목임금은 1988~91년간 연평균 22%의 큰 상승을 보여 왔다. 87년부터 압도적인 노사분규가 일어나기 시작했음을 알 수 있다. 당시 이러한 잦은 노사분규는 노조에 대한 부정적인 인식을 심어줬으나 노동자들의 입장에서는 그간 억압되어져 있었던 근로조건을 개선하기 위한 절호의 기회였다. 기업활동에 있어서 1987년은 기업의 정치적 비용의 감소와 근로조건 개선에 집중화와 임금제도의 현대화가 된 계기가 되었다. 그러나 이시기 급격한 임금상승은 당시 한국수출 제품의 경쟁력인 '저렴한 가격'이란 특징을 살리기 어렵게 되었다 결국 물가는 다시 치솟게되고 인플레는 오르게 되었다. 1989~90년 중 상품수출의 증가는 연 3%로 극히 저조해 졌다.

### ② 정부주도 경제에서 민간주도의 경제로

1990년대에 들어서 한국정부는 정부주도의 경제성장에서 민간주도의 경제로 천천히 전환되어지는 과도기의 과정이였다. 그러나 정부의 금융주도는 남아 있었다. 이는 과거의 기업채무를 정부가 보증하고 있어 압력을 가하는 수단에서 그간 기업을 도와주느라 쌓인 부채, 부실구조를 정부가 갚아 주어야 하는 입장이 되었다. 지속적으로 늘어나는 근로자 임금문제와 노사분규로 인해 기업의 해외진출이 본격화되었다. 이시기 산업의 구조는 노동집약적 산업에서 정보지식 집약의 고부가 가치의 산업으로 변화해 나갔다. 9%대의 높은 경제성장을 유지하였으나, 1992년에 경제성장률이 5%로 급격히 저하되기도하였으며 고임금화는 특히 제조업의 경쟁력 약화현상이 두드러져 전체산업에서 제조업이 차지하는 비중이 1992년에 27%로 낮아졌다. 이에 따른 수출부진까지 겹쳐 1990년부터 다시 무역적자로 반전되었다. 반면에 내수가 과열되고 과소비 현상도 일어나 1990~1991년의 소비자물가는 8~9%대로 상승하였다. 경제활력의 저하로 1992

년에는 기업의 설비투자 증가율이 마이너스를 기록하고 중소기업의 부도가 증가하였다.

경기회복을 위하여 당시 문민정부는 1993년에 「신경제 5개년계획」을 수립, 추진하였고. 이의 일환으로 1994년 8월 금융실명제 실시와 각종 행정규제 완화정책이 펼쳐졌다. 그리고 국가경쟁력 강화를 위하여 정부부문의 생산성 향상을 도모한다는 취지로 경제기획원과 재무부를 통합하여 재정경제원을 탄생시키는 등 경제부처를 중심으로 정부조직 개편을 단행하였다. 아울러 '사회간접자본에 대한 민자유치촉진법'을 제정해 투자활성화를 유도하였으며, 3D 업종에 대한 인력난 해소를 위하여 외국인 근로자의 유입을 대폭확대하였다. 이런 조치들에 힘입어 1994년 이후에는 8%대의 높은 경제성장을 이루었다. 그런데 1994~1995년은 경기활황기임에도 불구하고 업종 간의 양극화가 심화되었고 대기업중심의 고부가가치 산업은 호황을 누린 반면 중소기업 위주의 경공업 업종은 심각한 불황을 겪었는데 이를 탈피하고자 정부는 1996년 2월 중소기업청을 신설하여 중소기업의 자금난, 인력난, 기술개발 해외마케팅 지원을 본격화하였다.

## 2.2 기업의 체질개선과 성장

### (1) 기업의 체질개선과 기업의 활동

#### ① 수출산업 비약적으로 성장

2000년대 우리나라의 수출은 2000년대 들어서도 비약적인 성장을 거듭하였다. 세계경제의 흐름에 따라 부침을 겪기도 하였지만 규모면에서 상당한 성장세를 이룩하면서 세계무역을 이끌어가는 무역대국의 위상을 다지게 되었다. 2000년에는 전년대비 19.9% 증가한 1,723억 달러의 수출을 기록하였으나 2001년에는 세계경기의 침체와 반도체를 비롯한 IT제품 수출이 극도의 부진에 빠지기도 하였다. 경제개발 계획을 추진한 이래 수출이 감소한 것은 IMF때인 1998년 이후 처음이었고, 감소폭도 1998년의 −2.8%보다 훨씬 커 적잖은 우려를 자아냈다. 국민정부들어 밴처소규모 창업을 적극육성하여 신문화 컨텐츠 산업을 개발하였고 수직적 구조의 경직화된 기업의 구조가 수평적 능동적인 구조로 변화하게 하는 계기가 이 시기에 벤처기업을 중심으로 시작되어 졌다.

2004년에는 반도체, 자동차, 무선통신기기 등 주력품목의 수출이 동시에 호조를 보인결과 전년대비 무려 31%가 늘어난 2,538억 달러를 기록. 이로써 우리나라의 수출은

1995년에 1,000억 달러를 돌파한 이후 9년만에 세계에서 12번째로 2,000억 달러를 돌파하였다. 이런 실적에 힘입어 내수경기의 회복이 지연되는 가운데서도 수출은 경제성장을 이끄는 든든한 버팀목이 되었다. 내수경기는 신성장동력 문화, 컨텐츠 산업의 중요성이 부각되어지는데 문화사업에 있어서도 일본식 음악과 스타일 추구가 아닌 한국적인 특색을 갖추기 시작하였으며 벗기기, 삼류 조폭영화로 대변된 한국영화계가 1999년 쉬리를 기점으로 한국의 문화사업이 논이 될 수 있다는 변화를 불러 일으켰으며 사회-경제기반 시설확충을 넘어 인터넷, 무선통신의 보급으로 정보기반 시설투자가 활성이 되었다.

1999년 후반 벤처창업은 2000년대 초반에 젊은 사장그룹이 형성되어지며 2000년대 후반 전자기기, 게임, 문화, 컴퓨터 분야에서 두각을 나타난다. 이때의 대표적 기업가들이 월 12만원짜리 용산전자상가 점포로부터 시작하여 1992년 주식회사 법인으로 전환, 2000년 당시 3325억대의 매출을 내고 2001년에는 코스닥에도 상장되며 벤처성공신화로 떠올랐던 PC제조업체 현주컴퓨터의 김대성 사장, 삼성전자에서 나와 5명의 동료와 함께 '레인콤'이라는 이름의 회사를 세웠으며 총 직원 7명, 자본금 3억원으로 창립했지만 MP3분야 세계 2위의 점유율을 가졌던 아이리버 성공신화의 양덕준 등 젊은 기업인들이 등장했다.

그러나 주목해야 할 것은 현주컴퓨터는 이제 없는 회사이며 아이리버는 거의 몰락을 겪어 칫솔보관함까지 만드는 디자인 회사가 되어 최근 신시장개척 최근에 재기를 꿈구고 있다는 것이다. MP3, 저가형 PC산업이 같은 일시적 트렌드는 몰락하게 된 반면 네이버, 다음과 같은 포털사이트들과 다시같은 커뮤니티사이트, 넥슨, 한게임같은 게임업체, YG패밀리 같은 문화컨텐츠 기반산업은 현재까지 경영중이라는 사실이다. 트렌드에 유연하게 변화하기 힘든 제조업의 벤처들이 몰락한 것이다.

**표 3-3** 연도별 무역규모 추이

| 연 도 | 1962년 | 1967년 | 1974년 | 1988년 | 2006년 | 2011년 |
|---|---|---|---|---|---|---|
| 개요 | 제1차 경제개발 5개년계획 | 10억달러 돌파 | 100억달러 돌파 | 1000억달러 돌파 | 5000억달러 돌파 | 1조달러 돌파 |
| 무역액(억불) | 성장률 4.8 | 13.2 | 113.1 | 1.125.10 | 5.456.60 | 10.823 |

자료: 지식경제부.

## (2) 기업의 체질개선과 비약적인 성장

### ① 세계에서 12번째로 2,000억 달러를 돌파

2000년대 우리나라의 수출은 2000년대 들어서도 비약적인 성장을 거듭하였다. 세계경제의 흐름에 따라 부침을 겪기도 하였지만 규모면에서 상당한 성장세를 이룩하면서 세계무역을 이끌어가는 무역대국의 위상을 다지게 되었다. 2000년에는 전년대비 19.9% 증가한 1,723억 달러의 수출을 기록하였으나 2001년에는 세계경기의 침체와 반도체를 비롯한 IT제품 수출이 극도의 부진에 빠지기도 하였다.

경제개발계획을 추진한 이래 수출이 감소한 것은 IMF때인 1998년 이후 처음이었고, 감소폭도 1998년의 −2.8%보다 훨씬 커 적잖은 우려를 자아냈다. 국민정부들어 벤처소규모 창업을 적극 육성하여 신문화 컨텐츠산업을 개발하였고 수직적 구조의 경직화된 기업의 구조가 수평적 능동적인 구조로 변화하게 하는 계기가 이시기에 벤처기업을 중심으로 시작되어졌다. 2004년에는 반도체, 자동차, 무선통신기기 등 주력품목의 수출이 동시에 호조를 보인결과 전년대비 무려 31%가 늘어난 2,538억 달러를 기록. 이로써 우리나라의 수출은 1995년에 1,000억 달러를 돌파한 이후 9년만에 세계에서 12번째로 2,000억 달러를 돌파하였다. 이런 실적에 힘입어 내수경기의 회복이 지연되는 가운데서도 수출은 경제성장을 이끄는 든든한 버팀목이 되었다.

### ② 재벌시스템에 대한 규제강화

공정거래규제 강화 내부계열사간 지급보증을 금지하였다. 무리한 사업확장으로 연쇄부도가 초래되었기 때문이다. 기업집단의 결합재무제표 작성을 의무화했다. 재벌계열사 간 상호거래를 상쇄시켜 재벌들의 재무상황을 개별계열사들 재무상황의 단순합이 아니라 그룹전체가 한 기업인 것처럼 볼 수 있도록 한 것이다. 기업회계기준이 강화되자 그룹계열사가 자금부족을 우회하거나 매출규모를 부풀리는 것이 어렵게 되었다. 재벌 소유주들을 주요계열사들의 이사로 등재를 의무화(부실경영 등의 민형사상 소송의 대상이 되는 것을 의미, 책임강화)하고 전체이사의 4분의 1이상을 사외이사로 채우며 혈연관계는 제외하였다(기업감시 기능강화). 이밖에 기관투자자와 소액주주의 권한을 대폭강화하였다.

### ③ 수익성 위주의 경영과 질(質) 중심경영

1990년대 중반까지 외형확장에 초점을 두며 대규모의 투자를 감행했던 기업들이 외환위기 후 재무건전성을 추구하는 수익성 위주의 경영으로 전환하였다. 이러한 배경에는 금융시스템의 변화도 말할 수 있는데 국내은행이 신용도에 따라 대출금리를 차별화함으로써 수익성 위주의 경영을 할 수밖에 없는 것이었다. 이렇듯 내실있는 성장을 추구하고 그룹의 성과보다는 개별개열사의 성과가 우선시 되는 구조로 선회하면서 기업의 수익성과 재무안정성이 괄목하게 향상되었다.

또한 저임금 노동력으로 급부상하는 중국기업과의 가격경쟁력에서 도저히 경쟁할 수 없었던 한국기업은 새로운 방향을 모색했다. 즉, R&D 투자의 증가, 소프트 경쟁력을 강조하는 질(質)중심의 경영을 시작한 것이다. 20세기말 IT의 발전과 새로운 시장(브릭스, BRICs)의 대두는 한국 대기업들의 절호의 기회였다. 대규모 R&D 투자(기술개발)를 통해 제품경쟁력을 확보하고 디자인, 브랜드 등 소프트 경쟁력 확보를 위한 과감한 투자가 전개되었다. 소프트 경쟁력 강화에서 성과를 거둔 대표적인 기업이 삼성전자와 LG전자이다. 삼성전자는 휴대폰에 싱크마스터(SyncMaster), 애니콜(anycall)이라는 브랜드를 부여하여 성과를 거두었고, LG전자는 휘센에어컨으로 에어컨부문 세계시장 1위 자리에 올랐다.

## (3) 경제정책 우선순위 방향

로버트 배로 하버드大 교수, “하루아침에 바꿔선 안돼”

소득불평등 완화 · 혁신성장은 ‘투자 → 혁신 → 생산성 증가 선순환 구조만드는 게 중요…그 출발점은 세제 · 규제완화가 필요하다. 성장론자인 로버트 배로 하버드대 교수가 소득불평등 완화, 소득주도 성장, 혁신성장, 이전 지출확대와 같은 한국정부 주요 경제 어젠다 전반에 의문을 표시했다.

오늘날 한국이 겪고 있는 불평등문제는 미국 · 중국보다 낮고, 영국 · 독일 · 일본 등과 유사한 수준인데 왜 갑자기 정책우선 순위가 됐는지 의문이라며 “불평등 해소차원에서 이전지출을 늘리게 되면 소득세 · 법인세를 높여야 하는데, 그 경우 경제활동이 위축된다”고 밝혔다. 그는 “미국의 경우를 봐도 과거 경제불황 이후 회복세가 기대에 미치지 못하고 있고, 특히 이전지출의 기여가 거의 없다”고 지적했다. 그러면서 그는 “한국은 중국과 더불어 과거 고성장을 달성했던 국가인데, 합리적인 수준의 국내총생산(GDP) 성장률을 유지하기 위해 지금껏 이어져왔던 장기적인 비전과 방향을 하루아침에 바꾸는 것은 바람직하지 않다"고 덧붙였다.

혁신성장(Innovative Growth)을 위해서는 기술진보에 따른 생산성 증가에 집중해야 한다는 조언이다. 그는 "투자 촉진→기술 혁신→생산성 증가→투자증가로 이어지는 선순환 구조를 만들어야 한다"며 "그 출발점은 세제개편 및 각종 규제완화가 돼야한다"고 주장했다. 생산성 증가를 위한 환경으로 배로 교수는 ① 법치주의, ② 효율적인 세금 체계, ③ 공공 인프라스트럭처 등을 꼽았다. 그는 또 한국정부의 산업지원 정책이 특정 산업에 편중되었서는 안 된다고 꼬집었다. 그는 "특정분야, 특정산업에 대한 투자 유도를 하는 게 아니라 산업이 자체적으로 결정을 내릴 수 있도록 하는 게 필요하다"며 "이제 한국경제도 이러한 결정을 시장에 맡길만큼 성숙했다"고 말했다.

배로 교수는 향후 세계경제에 닥칠 리스크 요인으로 보호무역 주의와 더불어 또 다른 금융위기의 재발가능성에 주목했다. 그는 "미국이 자유무역 주의에서 보호주의로 돌아서지는 않겠지만, 내가 틀릴 수도 있다"며 "이 경우 한국, 중국은 물론이고 미국 경제에도 악영향을 미칠 것"이라고 내다봤다. 그는 또 "2008년 글로벌 금융위기 이후 이를 예방하기 위한 규제가 강화되면서 금융기관의 자본건전성은 좋아졌지만, 개혁의 정도가 충분하지 않았다"며 "또 미국의 모기지(주택담보대출) 시장에도 근본적인 변화는 일어나지 않았다"고 말했다.

미국 트럼프 행정부의 경제정책에 대해서는 일단 합격점을 줬다. 그는 "미국에서는 이미 에너지 · 환경 · 금융분야에서의 각종 규제완화가 진행되고 있다"며 "해외에 있는 자산을 모국으로 다시 가져오는 미국기업에 대한 인센티브 제공과 법인세 인하 등이 포함된 세제개편도 조만간 이뤄질 것"이라고 설명했다. 그는 "소득세나 복지 등 분야에서 다른 추가적인 경제정책 개편을 예상하고 있지 않다"면서도 "다만 인프라 투자의 경우 막대한 연방재정의 투입이 필요한 만큼 경제부양책과 연계될 것"이라고 예상했다.

## [요 약]

### ① 소득위주의 경제청책

국민소득에서 차지하는 제조업의 비중을 보아도 1960년의 8.3%에서 1971년에는 19.6%, 다시 1978년에는 31.6%, 1984년에 30.4%로 증가하고 있어, 공업화가 급속히 진행되었음을 알 수 있다. 제조업 부문의 눈부신 성장은 수출위주의 공업화정책이 가져온 결과로, 정부는 경제계획 기간동안 수출공업에 대해 집중지원을 아끼지 않았던 것이다. 아울러 대단위 공업단지를 조성하고, 그에 대해 세제 및 금융면에서 여러 가지 특혜를 주어 공업화 정책을 강행하였다.

### ② 경공업에서 중화학공업으로

1970년대에 들어와서는 공업정책의 뼈대를 중화학공업 건설을 통한 공업화 정책에 두고, 6개 전략산업을 선정하여 집중육성하는 데에 힘썼다. 6개 전략산업은 철강공업 · 비철금속공업 · 조선공업 · 기계공업 · 전자공업 및 화학공업이었다. 철강의 자급화와 다양화를 목적으로 설립한 포항종합제철은 1973년에 제1공장을 완공하였다 비철강공업에서는 중화학공업의 소재공업 개발을 목적으로 동제련(銅製鍊) · 연(鉛) · 알루미늄 공장 등을 건설하였다. 조선공업에서는 국내수요와 수출을 목적으로, 대형조선소 5개소, 중형조선소 2개소, 원양어선 조선소 2개소를 건설하였다.

### ③ 전자공업 체계로 발전

전자공업 부문에서는 구미공업 단지를 건설하고, 1981년까지 11억 9천여만 달러를 투자하여 25억 달러의 전자제품 수출을 계획하였다. 화학공업 부문에서는 울산석유화학 공업단지를 국제규모로 확장함과 동시에 여수에 종합화학단지를 건설, 석유화학 계열공업을 육성하도록 하였다. 자본규모면에서 이 기간의 기업실태를 보면, 1960년대 이후 재벌을 중심으로 한 대기업이 급속히 성장하였음을 알 수 있다. 대기업이 급속히 성장할 수 있었던 까닭은 정부주도형 경제정책 아래 정부의 지원이 대기업에 편중되었기 때문이다.

### ④ 정부주도에서 민간주도의 경제로

1990년대에 들어서 한국정부는 정부주도의 경제성장에서 민간주도의 경제로 천천히 전환되어 지는 과도기의 과정이었다 지속적으로 늘어나는 근로자 임금문제와 노사분규로 인해 기업의 해외진출이 본격화 되었다. 이시기 산업의 구조는 노동집약적 산업에서 정보지식 집약의 고부가 가치의 산업으로 변화해 나갔다. 1992년에 경제성장률이 9%에서 5%로 급격히 저하되기도 하였으며 고임금화는 특히 제조업의 경쟁력 약화현상이 두드러져 전체산업에서 제조업이 차지하는 비중이 1992년에 27%로 낮아졌다.

# 제 3 절 민주화와 기업체질 개선

## 3.1 민주화와 기업활동

### (1) 민주화선언이 기업에 미치는 영향

① 6 · 29선언으로 촉발된 민주화

1987년 민정당 노태우 대표의 6 · 29선언으로 촉발된 민주화는 기업경영에도 커다란 영향을 끼쳤다. 먼저, 노동운동이 자유화되면서 노사분규가 급증하고 임금이 크게 올랐다. 이는 노동환경 개선과 민주화로 인한 긍정적인 결과이긴 하나 이로 인해 원화의 가치가 상승하고(평가절상으로 인해 환율은 하락하고 이로 인해 수입은 증가, 수출은 감소한다.) 경제성장을 크게 둔화시키는 요인이 되었다. 또한 정부의 재벌정책이 강화되어 상호출자 금지와 업종전문화 정책이 추진되었지만 이는 소기의 목적을 달성하는데 실패했다.

② 한국의 노사분규

87년부터 압도적인 노사분규가 일어나기 시작했음을 알 수 있다. 당시 이러한 잦은 노사분규는 노조에 대한 부정적인 인식을 심어줬으나 노동자들의 입장에서는 그간 억압되어져 있었던 근로조건을 개선하기 위한 절호의 기회였다. 기업활동에 있어서 1987년은 기업의 정치적 비용의 감소와 근로조건 개선에 집중화와 임금제도의 현대화가 된 계기가 되었다. 그러나 이시기 급격한 임금상승은 당시 한국수출 제품의 경쟁력인 저렴한 가격'이란 특징을 살리기 어렵게 되었다 결국 물가는 다시 치솟게 되고 인플레는 오르게 되었다. 1989~90년 중 상품수출의 명목증가는 연 3%로 극히 저조해 졌다.

1990년대에 들어서 한국정부는 정부주도의 경제성장에서 민간주도의 경제로 천천히 전환되어 지는 과도기의 과정이었다. 그러나 정부의 금융주도는 아직 남아있었으나 이는 과거의 기업을 압력을 가하는 수단에서 그간 기업의 도와주라 쌓인 부채, 부실을 정부가 정권을 위해 가려줘야 하는 입장이 되었다. 지속적으로 늘어나는 근로자 임금

문제와 노사분규로 인해 기업의 해외진출이 본격화되었다.

### ③ 산업의 구조전환

이시기 산업의 구조는 노동집약적 산업에서 정보지식 집약의 고부가가치의 산업으로 변화해 나갔다. 9%대의 높은 경제성장을 유지하였으나, 1992년에 경제성장률이 5%로 급격히 저하되었으며 고임금화는 특히 제조업의 경쟁력 약화현상이 두드러져 전체 산업에서 제조업이 차지하는 비중이 1992년에 27%로 낮아졌다. 이에 따른 수출부진까지 겹쳐 1990년부터 다시 무역적자로 반전되었다. 반면에 내수가 과열되고 과소비 현상도 일어나 1990~1991년의 소비자 물가는 8~9%대로 상승하였다.

경제활력의 저하로 1992년에는 기업의 설비투자 증가율이 마이너스를 기록하고 중소기업의 부도가 증가하였다. 경기회복을 위하여 당시 문민정부는 1993년에 「신경제 5개년계획」을 수립, 추진하였고, 이의 일환으로 1994년 8월 금융실명제 실시와 각종 행정규제 완화정책이 펼쳐졌다. 그리고 국가경쟁력 강화를 위하여 정부부문의 생산성 향상을 도모한다는 취지로 경제기획원과 재무부를 통합하여 재정경제원을 탄생시키는 등 경제부처를 중심으로 정부조직 개편을 단행하였다. 아울러 '사회간접자본에 대한 민자유치촉진법'을 제정해 투자활성화를 유도하였으며, 3D 업종에 대한 인력난 해소를 위하여 외국인 근로자의 유입을 대폭확대하였다.

**표 3-4** 시대별 주요 수출품목과 비율

| 구분 | 1975년 | | 1985년 | | 1995년 | | 1997년 | |
|---|---|---|---|---|---|---|---|---|
| 순위 | 품 목 | 구성비 | 품 목 | 구성비 | 품 목 | 구성비 | 품 목 | 구성비 |
| 1 | 섬유류 | 36.2 | 섬유류 | 23.1 | 반도체 | 17.7 | 반도체 | 12.8 |
| 2 | 전자제품 | 8.9 | 선박 | 16.6 | 자동차 | 6.7 | 자동차 | 7.8 |
| 3 | 철강제품 | 4.6 | 전자제품 | 14.1 | 석유화학제품 | 4.6 | 석유화학제품 | 5.0 |
| 4 | 합판 | 4.1 | 철강제품 | 8.5 | 선박 | 4.4 | 선박 | 4.8 |
| 5 | 신발류 | 3.8 | 신발류 | 5.2 | 인조장 섬유직물 | 4.3 | 금속제품 | 3.6 |
| 6 | 원양어류 | 3.6 | 유류 | 3.0 | 의류 | 3.8 | 컴퓨터 | 4.7 |
| 7 | 선박 | 2.7 | 자동차부품 | 2.5 | 컴퓨터 | 3.5 | 인조장 섬유직물 | 4.3 |
| 8 | 금속제품 | 2.4 | 합성수지 | 2.4 | 철강판 | 3.0 | 철강판 | 2.9 |
| 9 | 석유제품 | 1.9 | 전기기기 | 2.0 | 영상기기 | 2.7 | 의류 | 2.9 |
| 10 | 합성수지제품 | 1.7 | 금속제품 | 1.8 | 건설기계 등 기타 기계 | 2.0 | 전자제품 | 1.9 |
| 소 계 | | 69.9 | | 79.4 | | 52.7 | | 50.7 |
| | | 100.0 | | 100.0 | | 100. | | 100.0 |

자료: 지식경제부.

## (2) IMF 외환위기와 구제금융

### ① 한국의 외환위기

1997년 한국의 외환위기는 국내는 물론 세계적으로도 충격이었다. 1961년 국민소득 82달러에서 불과 40년이 채 되지않은 1997년 1만 315달러로 증가하는 등 당시 한국경제는 성장의 성장을 거듭하고 있었기 때문이었다. 한국외환위기의 정확한 원인과 견해는 다양하다. 전반적으로 불안한 국외사정, 성급한 금융시장 개방으로 대량의 외국자본이 유입되고 기업들은 무리한 차입경영과 외형성장에 치중하였다. 이러한 상황에서 국가외환 보유액이 바닥을 드러내기 시작하고 외국자본이 빠져나가는 상황을 대처하지 못하고 정부는 IMF(International monetary Fund : 국제통화기금)에 금융지원을 요청하게 되었다(세계를 향한 KOTRA 50.1962~2012 제3권).

외환위기는 그해 12월 IMF(국제통화기금)를 비롯한 국제금융 기구로부터 총 570억 달러라는 엄청난 구제금융을 받음으로써 해결의 실마리를 찾게 된다. IMF 외환위기의 원인은 복합적이었다. 내부적으로는 한국경제의 구조적인 문제로 그간 정부주도의 금융부문의 낙후성, 특혜적 지원에 의해 성장한 재벌체제 및 재벌의 문어발식 경영의 폐단, 격렬한 노사쟁의에 따른 생산성 저하와 경영부실화, 정부의 불필요한 경제개입 및 규제 등이 주요요인으로 지적되었다. 또한 외부적으로는 동남아 몇몇 나라에서 야기된 외환위기 국면이 동아시아 경제위기로 확대되었다는 것으로, 홍콩과 태국의 경제위기가 말레이시아, 인도네시아, 필리핀 등 동남아 일대로 확산되면서 급기야 한국에까지 파급되었다는 시각이었다(무역편 50년. YS축배들었지만 환란한방에 쓴잔).

### ② 외환위기 극복위해 구조조정

1998년 정권교체와 더불어 시작된 외환위기 극복과정은 정부주도 아래 구조조정이 추진되었다. 구조조정은 금융, 기업, 노동, 정부부문 등 4개 부문에 걸쳐 추진되었다. 이 과정을 거쳐 우리나라는 경제구조는 물론 사회전반에 걸쳐 상당한 변화를 겪게되었다. 환율과 금리가 급등하였고, 1998년의 경제성장률은 사상 최악인 마이너스 5.8%에 달하였으며, 2만여 개의 기업이 도산하고, 금융 · 기업 · 공공부문 등 각 분야의 구조조정으로 180만여 명에 달하는 실업자가 발생하는 등 한국경제는 6 · 25 한국전쟁이래 최악의 고통을 수반하는 대변혁을 겪어야만 했다. 혹독한 시련을 안긴 외환위기는 결과적으로 한국경제의 체질을 전환하는 결정적인 계기가 된다.

먼저 한국적 특수성에서 오는 경제규제나 기업경영의 불합리한 요소를 척결하고, 자유시장 원리와 글로벌 스탠더드에 부합하는 경영시스템을 갖추게 되었다. 그리고 강도 높은 구조조정은 인원감축을 통한 인건비 부담이 대폭 경감되어져 기업의 생산성이 크게 향상되었다. 반면에 노동시장 유연화정책이 보편화되면서 정리해고는 물론 비정규직을 대량양산하였고 기업종사원은 과거같은 평생직장의 개념이 아닌 언제 정리해고 대상이 될지 모르게 되는 개인에게는 불안한 풍조가 있게 되었다. 이시기 혼합자본주의, 국가주도 형태를 유지해오던 한국의 경제는 기업과 시장주도의 경제의 혼합자본 형태를 띄게 된다. 정부는 주요산업에서 빅딜과 워크아웃을 추진하며 사업구조 조정을 주도예고하에 막대한 공적자금을 투입해 금융구조 조정을 시도하였다(공적자금 2006년까지 총 168조 3,000억원, 회수된 자금 84조 5,000억원).

### (3) 대외적으로 시장개방

① 금융시장 개방

1993년 김영삼 문민정부 출범과 함께 그해 6월 신경제 5개년계획 관련 대 국민특별담화를 발표하고 5년간 금융시장 개방과 관련조치의 내용과 금융자율화 및 시장개방계획을 발표한다. 또한 1994년 12월에는 3단계 외환자유화 계획을 발표 외환 및 자본거래를 자유화할 것을 발표하였다. 이로 인해 해외투자 및 외국인의 국내투자가 자유로워 졌다. 그러나 이는 다소 무리하게 추진된 결과 외환위기의 주요원인이 되었다. 금융산업 개편, 금리자유화, 규제완화, 시장개방, 국제화 등이 급속히 진행되면서 한국기업은 이것을 기회의 발판으로 삼아 일부기업은 세계적인 기업으로 성장할 수 있었으나, 한편으로는 외형성장 위주에 주력한 많은 기업이 파국을 향해 치달았다. 또한 자유화 물결로 인해 경영효율성 증대와 경영혁신 등을 위해 공기업 민영화가 대거 실시되어 한국전력, 포항제철, 담배인삼공사, 한국통신, 가스공사, 한국중공업 등이 민영화되었다. 하지만 리더십 문제와 이해관계자의 반발로 지연·실패된 사례가 많다.

② 유통시장의 개방

1980년대 이후 점차 실시된 유통시장 개방은 1996년 외국 대형할인점의 진출이 허용되면서 본격적으로 개방되었다. 월마트와 같은 외국의 우수 유통업체들이 들어오면서 위기를 느낀 국내 유통업체들은 한국적인 마케팅기법으로 놀라운 저력을 발휘하였다. 이러한 유통시장 개방은 국내업체들에게 대형할인점 시장으로 진출하는 새로운 기회를 제공하였고, 가격경쟁으로 인한 유통서비스의 생산효율성 향상, 제조업체가 장악하였던 폐쇄적인 시장구조에서 유통업체가 가격결정력을 갖는 시장구조로 전환됨으로써 구조개혁의 계기가 되었다. 한편, 대형할인점의 설립이 늘어남에 따라 중소규모 소매업체의 퇴출증가하는 문제점도 야기되었다.

**표 3-5** 유통시장 개방추이

| 시기 | 조치명 | 주요내용 |
|---|---|---|
| 1981.7 | 외국인 투자허용 제한실시 | 소매업종 단일품목에 한해 점포규모 100평 이하 허용 |
| 1982. 10 | 제한범위 확대 | 점포규모를 200평 이하까지 확대 |
| 1984. 7 | 취급품목 제한철폐 및 점포수 제한 실시 | 단일점포, 매장면적 700m2 미만 허용 |
| 1991. 7 | 유통시장 2단계 개방 | 10개 점포 이하, 점포당 매장면적 1,000m2 미만 허용 |
| 1993. 7 | 유통시장 3단계 개방 | 20개 점포 이하, 점포당 매장면적 3,000m2 미만 허용 |
| 1996. 1 | 유통시장 전면개방 | 점포 수 및 점포당 매장면적 제한 완전철폐 |

자료: 지식경제부.

③ 대외적인 환경과 세계화

대외적으로는 88서울올림픽과 냉전종식으로 공산권과의 교류가 확대되었다(헝가리, 폴란드, 체코, 루마니아 등과 대사급 외교관계를 수립하고 소련, 중국과 정식수교를 맺음). 중국, 소련과의 관계가 가까워지면서 이들 국가에 대한 기업의 진출기회도 증가하였다. 또한 미국과 소련의 양극체제가 무너지고 미국을 중심으로 하는 자유시장 경제가 전 세계적으로 확산되면서 '세계화(Globalization)'가 우리기업의 당면과제가 되었다.

## 3.2 기업의 체질강화 기업의 생존

### (1) 조직이 변화는 기업생존의 수단

기업의 기본구성 단위는 사람입니다. 높은 수준의 인적자원이 주인의식을 가지고 창조적으로 열심히 일할 수 있는 바탕이 제대로 마련될 때 기업은 발전하고 현대사회에서 빠르게 적응해 나아갈 수 있다. 21세기에는 20세기에 비해 경제와 기업의 환경이 근본적으로 바뀌었다는 데 그 이유가 있다. 20세기말부터 시작된 경제환경 변화는 21세기에 들어와 그 속도와 깊이가 급속도로 심화되어 가고 있다. 이런 급변하는 사회에 더 이상 옛날과 같은 경영방법과 사고방식은 기업을 망하게 하는 지름길이다. 시스템을 구축하는 것 못지 않게 중요한 것은 바로 그 시스템을 효과적으로 운용하는 인적자원을 확보하고, 개발하고, 유지하는 것이다. 기업의 전략목표를 달성하는 데 효과적으로 기여할 수 있는 유능한 인재를 확보하고 육성·개발하며, 이들에게 근무의욕을 고취하여 핵심역량을 강화하는 것이 인적자원관리의 가장 중요한 목표가 된다.

### (2) 변해야 생존하는 이유

기술의 발전, 정보화, 세계화로 인해 기업의 환경은 일반적 경쟁상황과 달리 경쟁의 방식과 범위, 속도 등에서 근본적 차이가 존재하는 초경쟁(Hyper−Competition)의 상황입니다. 초경쟁상황에서는 과거와 같이 느리고 안이한 기업경영 방식으로는 도저히 살아남을 수가 없기 때문에 기업은 변해야 한다.

미래기업의 활동에 가장 큰 영향을 주는 것은

첫째, 지식이 급변하고 있다. 기술의 발전속도는 점점 가속화하여 새로운 기술이 세계 각처에서 속속 등장하고 있고, 새로운 제품과 서비스가 시장에 출시되는 횟수가 더욱 빈번해짐에 따라 제품의 수명주기는 날이 갈수록 짧아지고 있다.

둘째, 정보화가 가속화 되고 있다. 정보화 사회에서는 산업사회에서 교통수단을 이용하듯 각종 정보기술, 특히 멀티미디어를 이용하여 정보를 획득하고 활용함으로써 시간적·공간적 제약을 해소하여 과거 산업사회의 어떠한 현상보다도 빠르게 발전하고 있다.

셋째, 세계가 하나의 시장으로 변하고 있다. 세계화란 경제적 의미의 국가구분이 사라지고, 기업활동이 통합되는 현상을 의미한다. 즉, 국적에 관계없이 상품을 자유롭게 개발, 생산, 유통, 판매하는 것을 의미한다. 다국적기업은 고도의 기술력과 경영기법을 소유하고 있기 때문에 우리기업들도 이들과 경쟁하기 위해서는 우리기업도 최신의 기술과 경영기법을 도입하고 그들의 것보다 더 앞서가는 기술과 경영기법도 자체적으로 개발하여야 한다. 문화와 정보도 세계화되어 가고있고 기술의 발전과 정보화도 세계화되어가고 이들은 서로 상호작용을 통해 상승효과를 창출한다고 할 수 있다.

정보기술이 발전함에 따라 정보화가 더 촉진되고, 정보화는 세계 각처의 기술과 지식의 신속한 이전과 활용을 가속화하여 세계화를 촉진하고 기술의 발전을 더욱 가속화 시켰다. 이와 같은 환경변화는 단순히 위협요인으로만 작용하는 것이 아니고, 기회요인으로도 작용한다는 점을 기억하고 맞서가야 한다. 세계의 다국적기업이 국내시장에 진입하듯이 우리의 기업도 해외시장에 진출할 수 있으며, 세계각처의 다양한 첨단기술을 우리도 개발하여 갖춤으로써 경쟁력을 향상시킬 수 있다는 것이다.

기술의 발전과 세계화, 정보화가 진행됨에 따라 소비자 욕구가 변하고 경쟁자와 경쟁의 범위가 증폭하고 공급자가 증가하고 사회환경이 변하고 있다. 이를 극복하고 기업이 성장하기 위해서는, 첫째, 기업활동 현장의 다양한 정보를 신속하고 정확하게 획득하고 이를 지식화하는 능력, 둘째, 수집한 정보를 분석·통합하는 능력, 셋째, 다양한 전략을 통해 독특한 핵심역량을 획득하고 지속적으로 개선하는 능력, 넷째, 이들 역량을 필요에 따라 통합하고 적재적소에 활용하는 능력, 다섯째, 의사결정과 반응의 속도를 향상할 수 있는 능력 등이 필요하다.

다시 말해 환경변화를 민첩하게 감지하고 적절하게 대응하되, 신속한 의사결정과 대응이 가능한 역동적이고 유연한 조직이 필요한 것이다.

### (3) 미래의 기업의 발전적 요건

기업은 그 규모에 상관없이 생존하기 위해서는 유연성(Flexibility), 대응성(Respon－siveness), 민첩성(Agility), 임파워먼트(Empowerment), 지식(Knoweldge) 등 다섯 가지는 필수적 요건이요 이 특성을 갖게될 때 급변하는 경쟁환경에서도 생존하고 성장할 수 있게 된다.

기업이 이런 특성을 가능한 많이 가지게 되기위해서는 먼저 유연성이 높아야 한다. 기업은 기존의 것에 집착하지 않고 탄력적이고 지속적으로 변화를 추구하는 유연성을 가져야 한다. 다음으로 대응성이 높아야 한다. 조직이 환경변화를 제대로 감지하기 위해서는 환경에 관련된 지식이 있어야 하고, 새로운 변화를 감지하려면 기존 가치나 질서에 얽매이지 않는 유연성도 필요하며, 나아가 조직원이 주인의식을 가지고 환경을 분석하고 그 분석결과에 대해 적절한 의미를 부여하려는 적극성도 있어야 한다. 또한 적절한 대응책을 마련하여 그것을 행동으로 옮기는 데에도 관련지식, 조직의 유연성, 구성원의 적극성 등이 필요한다. 다음으로 민첩성이 높아야 한다. 오늘날과 같이 실시간화 되어가는 시대에는 민첩함이 있어야 경쟁력을 현실화 시킬 수 있다. 다음으로 임파워먼트(Empowerment)를 잘해야 한다. 임파워먼트란 책임과 권한을 조직구성원에게 이양함으로써 구성원 스스로가 주인의식을 가지고 주어진 과업을 적극적으로 책임있게 수행하려는 심리적 믿음을 말한다. 임파워먼트는 조직의 민첩성, 대응성, 지식 등에도 불가결의 요소이다. 임파워먼트가 결여된 조직에서는 민첩성이 있을 수 없으며, 조직원이 열심히 학습하지도 않기 때문에 지식을 축적해 나갈 수도 없고, 그 결과로 인해 적절한 대응력도 생기지 않는다. 마지막으로 학습을 통한 지식축적에 강해야 한다. 조직이 환경변화를 감지하는 데 있어서 관련지식이 필요하고, 이에 대응해 나가기 위해 전략을 수립하고 실천해 나가는 데에도 지식이 필요하다.

위에서 제시한 다섯 가지를 영문의 첫 글자들로 조합하여 보니 'FEAR－K'라는 말이 된다. 그뜻은 '변덕스러울 정도로 변화에 잘 적응하는 조직'이라는 뜻으로 우리나라 기업들도 이와 같은 특성을 제대로 가지는 기업이 된다면 'FEAR－K'즉, '세계가 두려워할 한국기업'이 될 것이다.

## [요 약]

### 민주화와 노동운동

노동운동이 자유화되면서 노사분규가 급증하고 임금이 크게 올랐다. 이는 노동환경 개선과 민주화로 인한 긍정적인 결과이긴 하나 이로인해 원화의 가치가 상승하고 경제성장을 크게 둔화시키는 요인이 되었다. 또한 정부의 재벌정책이 강화되어 상호출자 금지와 업종 전문화정책이 추진되었지만 이는 소기의 목적을 달성하는데 실패했다.

### 한국의 외환위기

1997년 한국의 외환위기는 국내는 물론 세계적으로도 충격이었다. 1961년 국민소득 82달러에서 불과 40년이 채 되지않은 1997년 1만 315달러로 증가하는 등 당시 한국경제는 성장의 성장을 거듭하고 있었다. 기업들은 무리한 차입경영과 외형성장에 치중하였다. 이러한 상황에서 국가외환 보유액이 바닥을 드러내기 시작하고 외국자본이 빠져나가는 상황을 대처하지 못하고 정부는 IMF국제통화기금)에 금융지원을 요청하게 되었다(세계를 향한 KOTRA 1962~2012 제3권).

### 수출산업과 산업의 체질개선

수출산업은 2000년대에들어 비약적으로 성장을 거듭하였다. 세계경제의 흐름에 따라 규모면에서 상당한 성장세를 이룩하면서 세계무역을 이끌어가는 무역대국의 위상을 다지게 되었다. 2000년에는 전년대비 19.9% 증가한 1,723억 달러의 수출을 기록하였으나 2001년에는 세계경기의 침체와 반도체를 비롯한 IT제품수출이 극도의 부진에 빠지기도 하였다.경제개발계획을 추진한 이래 수출이 감소한 것은 IMF때인 1998년 이후 처음이었고, 감소폭도 1998년의−2.8%보다 훨씬 커 적잖은 우려를 자아냈다. 국민정부들어 벤처소규모 창업을 적극 육성하여 신문화 컨텐츠산업을 개발하였고 수직적 구조의 경직화된 기업의 구조가 수평적 능동적인 구조로 변화하게 하는 계기가 이 시기에 벤처기업을 중심으로 시작되어졌다.

### 기업의 체질개선과 경영기법

기업은 그 구조가 능동적이여야 하며 변화해 유연해져야 한다. 이는 젊은층의 대거 고용으로 수혈할 수 있는 것이 아닌 사원과 임원간 탈권위적 형태로 변화해야 한다. 과거 하나의 직무만을 수행하던 시대에서 다양한 직무를 수행할 수 있겠끔하여 근로자를 교육시켜야 하며 부서별 나누는 것이 아닌 특정업무 인사를 중심으로 다양한(영업, 물류)부서가 협동적 연계될 수 있는 기업조직 문화를 갖추어 나가야 할 것이다.

# 제4절 미래 한국기업의 발전과제

## 4.1 미래 한국기업의 발전예측

### (1) 기업의 성장과 윤리적 철학적 경영필요성 대두

#### ① 기업의 철학적 경영의 필요성

시장의 주요한 초점은 브랜드, 기술력, 디자인, 고객맞춤형 솔루션 제공역량 등 무형자산 위주의 경쟁으로 변화하고 있으며 기업은 승자독식 현상이 심화되어 지고 있으나 반면 이러한 무형자산의 지식을 활용하여 문화적 흐름과 정보의 기술로 1인 기업이나 소수경쟁력 있는 벤처기업은 꾸준히 증가하였다. 또한 과거에서처럼 재벌과 거대기업이 나오기는 힘들어졌어도 경쟁력 있는 소규모기업들은 창업이 용이하다는 것이다.

현재 인터넷 혁명에 비견되는 스마트폰, 태블릿 컴퓨터, 클라우드 컴퓨팅, 소셜네트워킹, 홀로그램 서비스의 급격한 확산으로 인한 '스마트 혁명'은 지식기반 경제가 급속히 스마트시대로 나아가며 디자인, SNS,게임, 위치기반 정보와 같은 지식정보 산업의 활성이라는 부가가치를 창출, 발전하고 있다. 애플의 아이폰, 아이패드로 대두되는 스마트시대의 독자적 혁신속에 앱스토어는 강원도 산골에 사는 누군가가 파리에 사는 사람에게 무형가치를 팔아 돈을 벌수 있다는 스마트시대의 패러다임 변화를 시켜왔으며 이 속도는 매우 빠르고 그 파괴력도 무시못할 수준이 되어져 가고 있음을 보여주고 있다.

#### ② 기업의 체질개선과 경영기법

기업은 그 구조가 능동적이여야 하며 변화해 유연해 져야 한다. 이는 젊은 층의 대거고용으로 수혈할 수 있는 것이 아닌 사원과 임원 간 탈권위적 형태로 변화해야 한다. 과거 하나의 직무만을 수행하던 시대에서 다양한 직무를 수행할 수 있게 하여 근로자를 교육시켜야 하며 부서별 나누는 것이 아닌 특정 업무를 중심으로 다양한 부서(영업, 물류)가 협동적 연계될 수 있는 기업조직 문화를 갖추어 나가야 할 것이다.

기업은 그 과거에서부터 지금까지 성공할 수 있었던 기업의 특징을 찾아보자면 제품을 만들어서 부자가 되는 것이 아니라, 가치를 이룩하기 위해 기업활동을 해왔다는 것이다. 현재 실패한 기업인인 김우중은 '기술은 사서오면 된다 '만들면 팔린다'와 같은 방만한 경영철학을 가지고 있었지만, '삼성 이건희는 새로운 시장연구 중심으로 삼성을 국내 제1의 혁신기업으로 만들어졌다', 애플의 스티븐 잡스는 '세상을 변화시켰다.' 현재 가장 많이 사용되어지고 있는 SNS 페이스북 창업자 마크 주커버그는 '동문들을 관리하는 프로그램을 만들어 보자'라는 생각으로 페이스 북을 만들어냈다.

현재는 기업활동이 과거처럼 단순하지 않으며 대기업이라도 정부로부터 일방적으로 비호를 받기 어렵다. 국민들의 수준이 높아졌으며 생활이 1950년대와는 다르게 윤택해졌다. 더 이상 추구하는 '가치'없는 기업이 자신에게 가치를 줄 수 없다고 생각하고 있다. 이제 기업은 이윤창출 지속가능성을 위해서라도 이제 자신의 존재의 의미에 대해 소비자에게 전달해야 하며 어떠한 가치를 제공해줄지에 대해 어필해 나가는 철학적 사고를 가지고 해 나가야만 경쟁력을 쌓아 나갈 수 있다 하겠다.

### (2) 미래 지향성과 경영철학

#### ① 기업의 철학과 발전예측

2010년대에들어 신자유주의 색체의 시장주도의 경제가 본격화되어 지고 있다. 그리고 더욱 빠르게 소비시장은 변화하고 있는 추세가 되었다. 소비자지향' 이제 유통마케팅의 지향점은 소비자지향이 되었다. 21세기 경제의 최대 패러다임 변화는 경제의 지식기반화는 가속화와 문화컨텐츠 산업의 대두 그리고 창조해낸 기술들의 빠른 보편화일 것이다.

#### ② 한국기업 발전과정의 특징

■ **무역업을 통하여 성장**

개항기의 객주에서부터 식민지 지배하의 경성방직, 화신의 무역활동, 해방 후 삼성물산, 삼호무역, 1960년대 정부의 수출장려 정책, 1970년대 중동건설 진출로 대기업화한 현대, 대림, 대우 등의 사례를 들 수 있다.

■ **경영요소의 대외의존성과 정경유착**

한국기업은 생성과정에서 경영요소의 대외의존성이 높았다. 보유한 자원이 없었기에 자본, 자원, 기술을 대부분 외국으로부터 수입하였다. 또한 정부로부터 많은 특혜적 수혜를 입고 발전하였기에 정경유착의 속성을 가진다.

■ **혈족중심의 경영세습**

삼성의 이병철→이건희, 럭키금성(LG)의 구인회→구자경→구본무, 현대의 정주영→정세영→정몽구・정몽준, 쌍용의 김성곤→김석원, 코오롱의 이원만→이동찬→이웅렬 등 수 많은 기업들의 혈족경영의 계승이 보여진다.

## 4.2 기업구조 개선의 효과

### (1) 미래 한국기업의 발전예측

① 기업의 철학적 경영의 필요성

2010년대에들어 신자유주의 색체의 시장주도의 경제가 본격화 되어지고 있다. 그리고 더욱 빠르게 소비시장은 변화하고 있는 추세가 되었다. '소비자지향' 이제 유통마케팅의 지향점은 소비자지향이 되었다. 21세기 경제의 최대 패러다임 변화는 경제의 지식기반화는 가속화와 문화컨텐츠 산업의 대두 그리고 창조해낸 기술들의 빠른 보편화일 것이다. 이러한 흐름의 변화의 예로 2000년대 초반만 해도 CD에 음악을 넣을려면 따로 부속장치를 사야했으며 동영상을 편집하려면 전문가에게 맡겨야 하지만 현재는 이런 작업들이 개인이 몇십분만 투자하면 해볼 수 있는 영역으로 보편화되어 지고 있다.

시장의 주요초점은 브랜드, 기술력, 디자인, 고객맞춤형 솔루션 제공역량 등 무형자산 위주의 경쟁으로 변화하고 있으며 기업은 승자독식 현상이 심화되어지고 있으나 반면 이러한 무형자산의 지식을 활용하여 문화적 흐름과 정보의 기술로 1인 기업이나 소수경쟁력 있는 벤처들도 꾸준히 증가하고 있다, 즉 과거에서처럼 재벌과 거대기업이 나오기는 힘들어졌어도 경쟁력 있는 극소 규모기업들이 발생한다는 것이다.

현재 인터넷 혁명에 비견되는 스마트폰, 태블릿 컴퓨터, 클라우드 컴퓨팅, 소셜네트워킹, 홀로그램 서비스의 급격한 확산으로 인한 '스마트 혁명'은 지식기반 경제가 급속히 스마트시대로 나아가며 디자인, SNS, 게임, 위치기반 정보와 같은 지식, 정보의 부산업의 활성이라는 부가가치를 창출발전하고 있다. 애플의 아이폰, 아이패드로 대두되는 스마트시대의 독자적 혁신속에 앱스토어는 강원도 산골에 사는 누군가가 파리에 사는 사람에게 무형가치를 팔아 돈을 벌수 있다는 스마트시대의 패러다임 변화를 시켜왔으며 이 속도는 매우 빠르고 그 파괴력도 무시 못 할 수준이 되어져 가고 있음을 보여주고 있다.

하드웨어와 소프트웨어, 콘텐츠의 융복합화와 제조와 서비스의 결합 등 컨버전스 현상도 가속화는 되어지고 있다. 이 과정에서 기업은 더 작은 조직 더 큰 이윤을 창출해 나가고 있으며 중소기업의 형태 또한 1인 기업의 형태가 다양한 부문에서 실현되어지고 있다. 과거 제조업 즉, 마츠코바 형태가 제조업을 이야기했다면 현재는 문화, 금융, 디자인, 방송과 같은 서비스산업에서 1인 기업들이 부각이 되고 있다. 산업과 산업의 경계는 이러한 추세에 더욱더 모호해 질것이다. 기존 상품, 기술, 비즈니스 모델이 무너져 와해적 혁신에 직면할 확률은 급속도로 높아지고 있고. 이 모든 변화는 글로벌한 차원에서 전세계적으로 일어나고 있다. 초국적 거대기업이 주도하는 세계화 추세가 더욱 가속화되기 시작할 것이며 산업국경을 초월한 경쟁상황이 전개되어져 갈것이다. 기업의 초국적화가 진행되고 있다. 거대인구를 보유한 신흥시장의 급속한 경제성장은 필연적으로 국가간 전쟁으로 이어질 위험이 커지며 이에 대응하여 신재생에너지 개발 등 그린 이코노미로의 전환과 안보산업이 두각을 보일 것이다.

② 기업의 체질개선과 경영기법

기업은 그 구조가 능동적이여야 하며 변화해 유연해져야 한다. 이는 젊은 층의 대거고용으로 수혈할 수 있는 것이 아닌 사원과 임원간 탈 권위적 형태로 변화해야 한다. 과거 하나의 직무만을 수행하던 시대에서 다양한 직무를 수행할 수 있겠끔 하여 근로자를 교육시켜야 하며 부서별 나누는 것이 아닌 특정업무 인사를 중심으로 다양한 부서(영업, 물류)가 협동적 연계될 수 있는 기업조직 문화를 갖추어 나가야 할 것이다.

현재는 기업활동이 과거처럼 단순하지 않으며 대기업이라도 정부로부터 일방적으로 비호를 받기 어렵다. 국민들의 수준이 높아졌으며 생활이 1950년대와는 다르게 윤택해졌다. 더 이상 추구하는 '가치' 없는 기업이 자신에게 가치를 줄 수 없다고 생각하고 있다. 이제 기업은 '이윤창출' 지속가능성을 위해서라도 이제 자신의 존재의 의미에 대해 소비자에게 전달해야 하며 어떠한 가치를 제공해 줄지에 대해 어필해 나가는 철학적 사고를 가지고 해 나가야만 경쟁력을 쌓아 나갈 수 있다 하겠다.

## (2) 기업의 철학과 발전예측

### ① 시장의 주요초점은 브랜드

기술력, 디자인, 고객맞춤형 솔루션 제공역량 등 무형자산 위주의 경쟁으로 변화하고 있으며 기업은 승자독식 현상이 심화되어지고 있으나 반면 이러한 무형자산의 지식을 활용하여 문화적 흐름과 정보의 기술로 1인 기업이나 소수경쟁력 있는 벤처들도 꾸준히 증가하고 있다, 즉 과거에서 처럼 재벌과 거대기업이 나오기는 힘들어졌어도 경쟁력 있는 극소규모 기업들은 발생한다는 것이다. 현재 인터넷 혁명에 비견되는 스마트폰, 태블릿 컴퓨터, 클라우드 컴퓨팅, 소셜네트워킹, 홀로그램 서비스의 급격한 확산으로인한 '스마트혁명'은 지식기반 경제가 급속히 스마트시대로 나아가며 디자인, SNS, 게임, 위치기반 정보와 같은 지식, 정보의 부산업의 활성이라는 부가가치를 창출 발전하고 있다.

애플의 아이폰, 아이패드로 대두되는 스마트시대의 독자적 혁신속에 앱스토어는 강원도 산골에 사는 누군가가 파리에 사는 사람에게 무형가치를 팔아 돈을 벌수 있다는 스마트시대의 패러다임 변화를 시켜왔으며 이 속도는 매우 빠르고 그 파괴력도 무시못할 수준이 되어져 가고 있음을 보여주고 있다. 하드웨어와 소프트웨어, 콘텐츠의 융복합화와 제조와 서비스의 결합 등 컨버전스 현상도 가속화는 되어지고 있다. 이 과정에서 기업은 더 작은 조직 더 큰 이윤을 창출해 나가고 있으며 중소기업의 형태 또한 1인 기업의 형태가 다양한 부문에서 실현되어지고 있다.

이러한 변화에 걸맞주기 위해서는 기업의 경영은 다음과 같아야 한다고 생각한다. 기업은 그 구조가 능동적이여야 하며 변화해 유연해져야 한다. 이는 젊은 층의 대거 고용으로 수혈할 수 있는 것이 아닌 사원과 임원간 탈권위적 형태로 변화해야 한다.

현재는 기업활동이 과거처럼 단순하지 않으며 대기업이라도 정부로부터 일방적으로 비호를 받기 어렵다. 국민들의 수준이 높아졌으며 생활이 1950년대와는 다르게 윤택해졌다. 더 이상 추구하는 가치' 없는 기업이 자신에게 가치를 줄 수 없다고 생각하고 있다. 이제 기업은 이윤창출 지속가능을 위해서라도 이제 자신의 존재의 의미에 대해 소비자에게 전달해야 하며 어떠한 가치를 제공해 줄지에 대해 어필해 나가는 철학적 사고를 가지고 해 나가야만 경쟁력을 쌓아나갈 수 있다 한다.

② 한국기업 발전과정의 특징

◈ 무역업을 통하여 성장

개항기의 객주에서부터 식민지 지배하의 경성방직, 화신의 무역활동, 해방후 삼성물산, 삼호무역, 1960년대 정부의 수출장려 정책, 1970년대 중동건설 진출로 대기업화한 현대, 대림, 대우 등의 사례를 들 수 있다.

◈ 경영요소의 대외의존성과 정경유착

한국기업은 생성과정에서 경영요소의 대외의존성이 높았다. 보유한 자원이 없었기에 자본, 자원, 기술을 대부분 외국으로부터 수입하였다. 또한 정부로부터 많은 특혜적 수혜를 입고 발전하였기에 정경유착의 속성을 가진다.

## (3) 기업인적 쇄신

① 기업은 사람이다. 제대로 관리해야 한다

인적자원 패러다임이 바뀌고 있다. 기업이 유능한 인재를 확보하고 그들이 잠재능력을 최고로 발휘할 수 있는 바탕을 만들어 주면 기업은 성장하게 되어 있다. 그러나 많은 기업이 인적자원관리 미숙으로 어려움을 겪고 있다. 기업에 필요한 시스템을 설계하는 것도 중요하지만 조직을 운영하는 인적자원의 확보와 활용 및 의식의 관리도 중요하다. 급변하는 환경아래 경쟁력을 가진 기업으로 생존하기 위해 필수적으로 요구되는 생산성 향상, 제품의 품질개선, 시장대응 능력, 혁신능력 등을 배양하기 위해서도 우수한 인력을 확보하고 관리하는 것이 필수적이라고 할 수 있다. 그리고 지식기반 기업이 되기위해 반드시 요구되는 흡수능력을 구성하는 '사전지식'도 인적자원의 뇌와 몸에 체화되어 있으며, '노력' 역시 인적자원의 태도와 행동으로 나타나기 때문에 미래환경과 조직에 적합한 인적자원관리는 미래기업의 성패를 좌우하는 요소가 된다.

세계의 빠른 흐름에 맞추어 대기업의 인적자원관리 역시 기존의 인적자원관리에서 상당한 변신을 추구하여야 한다. 그 조직을 운영하는 경영진과 구성원이 그것을 운영할 만한 의식과 지식을 갖추어야 하기 때문에 인적자원관리가 함께 따라가야 하는 것이다. '대규모의 기업은 조직의 규모가 크고 기존 시스템으로부터 변화해야하는 폭이 크기 때문에 복잡한 조직설계의 문제에 봉착하게 되며, 조직변신의 문제가 복잡한 것과 유사하게 이를 효과적으로 지원하는 인적자원관리 상의 변화도 폭이 크고 복잡하게 마련이다.

② 만사는 재인 인적자원관리의 중요성

기업의 목표달성 자원은 인적자원관리이다. 이 목표를 달성하기 위해 인적자원을 통해 기업의 전략을 실현할 수 있는 체제를 형성고 지원하는 것이 필요하다. 과거와 같이 인적자원관리의 개별기능간 상호 연계성을 무시하고 각 기능을 독립적으로 수행하는 것이 아니라, 이들 개별기능들이 통합된 하나의 번들(Bundle)로써 인적자원관리를 인식하는 것이 필요하게 되었다. 이와 같은 전략적 인적자원관리 역할을 수행하기 위한 기능은 비전의 제시, 기업문화의 구축, 변화관리 그리고 인적자원관리 프로세스를 구축하는 것이라고 할 수 있다.

기업의 사업방향, 미래의 위치, 중요 가치관이나 이념, 타 기업과 차별화된 이미지 등을 총칭하는 비전을 제시하고 조직문화를 잘 구축하여야 한다. 그리고 변화관리의 중심에 서서 지속적인 변화관리를 이끌어 가야 한다. 그리고 웹상에서 인터넷, 인트라넷, 및 Integrated voice response 등의 e-economy 도구와 개념들을 가리키는 인적자원관리의 계획, 프로세스, 서비스 제공의 효과를 급진적으로 향상시키는 인적자원관리 프로세스를 말한다.

인재확보와 활용에 적극적으로 사용되고 있고, '맞춤형 교육체제'를 구축하고, 전문적인 인사지원 체제를 구축하게 되었으며, 지리적 거리를 제거하였을 뿐 아니라 신분의식의 괴리를 축소시켰으며 정보흐름의 벽을 제거하면서 관리자를 효과적으로 지원하는 역할을 하고 있다.

## 4.3 한국기업의 미래

### (1) 한국 5대 산업에 안주에서 창조적 혁신으로

규제완화로 신산업의 활로 열어 신생동력을 찾아야 한국기업의 미래는 다가오는 산업구조에 어떻게 대응력을 갖추느냐가 흥망성쇠를 가름할 것으로 내다보고 있다. 첫째는 국내적으로 구조개혁이나 환경개선에 의한 기업하기 좋은 터전을 만들어주는 것이고 발전의 키－워드는 4차혁명에 의한 스마트한 공장조성과 원활한 에너지 사용 R&D 에의한 창조적 산출물이라 할 것이다.

외환위기 이후 20년이 흐른 2017년, 한국의 산업생태계는 어떻게 바뀌었을까. 전문가들은 외환위기 이후 정부가 강력한 구조조정을 단행했지만 '좀비 기업'퇴출을 미루면서 연명하는 기업만 늘고있다고 진단한다. 반도체, 조선, 자동차, 석유・화학 등 투자주도형 산업이 여전히 한국경제를 떠받치고 있다는 의미다. 정부는 덩치만 크고 생산성이 떨어진 대기업을 과감히 정리하기보단 정책금융 기관을 동원해 연명시켰고 결국 경제전반에 활력이 떨어졌다는 것이다.

이런 경향은 외환위기 이후 더욱 고착했다. 1997년 외환위기 당시 한국의 5대 수출품은 반도체・자동차・조선・귀금속・2001년 삼성・LG전자의 활약으로 휴대폰, 2005년부터 유가상승에 힘입어 석유제품이 5대 수출품에 들어온 뒤 2017년까지 한국의 주력 수출품은 변함없이 반도체・자동차・조선・휴대폰・석유제품 등 이었다. 2008년 글로벌 금융위기를 거치면서 정부는 주력산업을 철저히 보호하는 정책을 펴왔다.

산업구조 재편이 실패한 것은 포퓰리즘에 기댄 역대정부의 안이한 대처탓이 크다는 지적이다. 글로벌경쟁이 격해진 까닭도 있지만 특정 산업이 밀집한 지역의 유권자 눈치를 보면서 정책금융을 동원해 퇴출을 막으면서 결국 좀비기업으로 변모했다는 분석이다. 이 때문에 '산업・기업생태계'는 선순환을 이루지 못하고 있으며 이 결과 한국경제는 동맥경화 환자처럼 산업생태계 곳곳에 찌꺼기가 끼면서 원활하게 순환이 이뤄지지 않고 있다.

특히 산업순환 단계마다 정부가 무원칙하게 개입하면서 대기업은 정책금융에, 중소기업은 보조금에 기대연명하는 경우가 많다는 분석이다. 김 전 원장은 "정부가 창업부터 퇴출까지 산업생태계의 전 과정에 개입하다보니 기업들의 '정부의존 병'만 부추겼다"며 "정부차원의 재정・세제지원은 한계기업의 수명연장이 아닌 연구개발(R&D)과 기업혁신 지원에 집중해야 한다"고 제안했다. 이를 통해 자율주행차, 사물인터넷(IoT), 인공지능(AI) 등과 같은 신산업육성에 대해 기업들이 스스로 적극적으로 투자하고 협업하도록 유도해야 한다는 설명이다.

정부와 정치권에 국내 대기업에 대한 착시현상을 걷어내고 적극적인 규제개혁에 나서야 한다는 충고도 많다. 지난해 1590조원 규모의 국내총생산(GDP)과 견주면 삼성, 현대차 등 5대그룹 자산은 GDP의 60%, 매출은 GDP의 46%에 해당한다. 하지만 경제협력개발기구(OECD)에서 대기업 분류기준으로 삼은 상시 근로자 250인 이상으로 범위를 넓히면 한국의 대기업 비중은 OECD 34개국 가운데 그리스를 제외한 최하위다. 지난해 OECD 분석에 따르면 대기업 비중이 각각 1·2위인 스위스와 미국은 기업 1만개당 대기업 수가 78개, 59개에 달한다. 각각 한국(1만개 당 8개)의 9.5배, 7.2배다.

한국의 대기업 비중은 이탈리아(8개)와 같고, 그리스(6개)에만 앞선다. '초(超)' 대기업 5곳에 가려 경제의 '허리'가 없다는 점이 간과되고 있다는 지적이다. 10대 그룹의 한 고위임원은 "정부의 산업육성방안이 대기업 견제를 통한 신산업육성으로 가서는 안 된다"며 "제로섬 상태인 기존 산업을 대·중소기업이 나눠 갖는 인위적인 개편보다는 후발 신산업기업들을 대기업으로 키워 자연스럽게 산업구조 개편이 이뤄지도록 해야 한다"고 말했다.

### (2) 제조업 혁신 이끄는 스마트공장 …

세계경제 3패권 가른다. 스마트 팩토리 최종 목표, 단순한 '공장자동화' 아냐 시시각각 변하는 고객니즈에 유연히 대처하는 것이 핵심이다.

제조업의 미래는 4차 산업혁명시대 제조업은 단순히 공장'자동화'를 의미하는 것이 아니다. 눈으로 보이지 않는, 고객이 만족할 수 있는 시스템을 만드는 것이 필요하다.

독일의 '인더스트리 4.0'으로 촉발된 4차 산업혁명의 파도가 전통적인 제조업 강국을 위협하고 있다. 독일은 2000년대 초반부터 제조업 위기가 닥쳐 올것을 예상하고 공장자동화를 뜻하는 '인더스트리 4.0'정책을 펼쳐왔다.

값싼 노동력을 앞세운 동아시아 국가들과의 경쟁에서 살아남기 위해서다.

독일계 유명컨설팅 회사인 롤랜드버거의 드니 드푸 부회장은 이날 독일이 진행하고 있는 '인더스트리 4.0'은 혁명이 아니라 '전환'이라고 이야기 했다. 세계경제포럼(WEF) 설립자인 클라우스 슈바프 회장이 창안한 것으로 알려진 4차 산업혁명은 사실 독일 '인더스트리 4.0 정책집'에 처음 등장했던 용어다. 독일은 2006년부터 범정부 차원에서 제조업 혁신을 위한 연구개발 전략을 세우고 2013년 '플랫폼 인더스트리 4.0'이라는 정책을 통해 제조업 자동화를 넘어 국제표준을 만들고 있다.

드푸 부회장이 이야기하는 인더스트리 4.0시대의 제조업은 단순히 '자동화'만을 의미하는 것이 아니다. 그는 "인더스트리 4.0은 단순자동화와 원가절감을 넘어 고객이 원하는 제품을 만들어낼 수 있는 유연생산과 이를 통해 자기자본 이익률(ROE)을 높이는 것"이라며 "분석결과 한국과 미국 등은 자동화의 길로 향하고 있는 것으로 조사됐다"

고 말했다. 하지만 인더스트리 4.0은 아직 태동기인 만큼 모든 국가에 여전히 '매력적인 기회'가 될 수 있다고 덧붙였다.

자율주행차와 3D프린터의 세계적 석학으로 알려진 호드립슨 미국 컬럼비아대 기계공학과 교수는 4차 산업혁명시대 인간을 바꾸는 것이 '인공지능'이라고 이야기했다. 그만큼 인공지능을 제대로 파악하고 있어야 제조업은 물론 사회전반에 미치는 영향을 예측할 수 있다는 설명이다. 그는 "많은 사람들이 4차 산업혁명 시대가 불확실하고 혼란스러운 시대라고 말한다"며 "이를 움직이고 있는 것이 바로 인공지능"이라고 말했다.

미국 외교전문지 '포린폴리시'가 선정한 세계 100대 석학중 한 명으로 현재 철학과 교수인 닉 보스트롬 옥스퍼드대 인류미래연구소 소장은 변화의 흐름이 빠르게 진행되는 만큼 인류가 이에 대비를 해야 한다고 이야기했다. 불과 100년전만 해도 컴퓨터가 없었을 뿐 아니라, 우리가 보고 있는 모든 것들이 등장한 것은 70년이 채 되지 않았다. 이러한 변화의 속도는 기술개발과 함께 상당히 빨라질 전망이다. 그는 "인간은 현재 문제를 해결하느라 미래를 내다보고 건설적인 예측을 하는 데 서툴렀다"며 "하지만 그럼에도 우리가 받아들이고 분석해야 하는 기술이 반드시 존재한다"고 말했다(호드 립슨 미국 컬럼비아대 기계공학과 교수, 넥스트 모바일 저자).

### (3) 4차 산업혁명 '전기의 시대'

에너지정책 신중해야 한국은 2030 전력수요 전망 2년만에 오히려 줄여…전기차 · 4차 산업혁명 등 수요증가 요인 고려안한 것 선진국 · 글로벌 에너지 업체, 전기차 충전업체 인수등 전력수요 변혁 발빠른 대처해가고 있다. 에너지원을 다양화하는 동시에 에너지 믹스의 균형을 맞추는 것이 중요하다고 강조했다. "지난해 에너지 분야에서 전기관련 투자규모가 석유를 제치고 1위를 차지했다. 로열더치셸, 토탈 등 석유회사들은 전기자동차 보급에 대응해 주유소가 아닌 전기차 충전소를 짓고 있다."

파티 비롤 국제에너지기구(IEA) 사무총장은 4차 산업혁명과 전기차의 도래로 전 세계 전기수요가 계속 늘어나고 있다며 '전기의 시대'를 예고했다. 110년 전 토머스 에디슨과 니콜라 테슬라가 전기를 발명한 이래 에너지 분야에서 전기관련 투자금액이 처음으로 석유관련 투자액을 뛰어 넘었고 산업발전 방향에 따라 전기소비는 갈수록 늘어날 것이다. 늘어나는 전기수요에 맞춰 "에너지원을 다양화하는 동시에 에너지 믹스균형을 맞추는 것이 중요하다"고 강조했다. 그는 "올해말이면 세계 전기차가 100만대까지 늘어날 전망"이라며 "한국을 포함한 세계의 전기소비는 꾸준히 늘어날 것"이라고 내다봤다.

전기차 보급과 4차 산업혁명에 따라 전력수요가 늘어날 것이라는 국제에너지계 전망과 반대로 한국에너지 당국의 전력수요 전망은 낮아지는 추세다. 지난달 제 8 차 전력수급 기본계획, 수요계획 실무소위원회는 2030년 기준 전력수요를 100.5GW로 전망했다. 2015년 수립된 7차계획의 113.2GW보다 12.7GW나 낮춘 것이다. 위원회는 경제성장률 전망이 낮아지고 누진제 완화로 인한 전력수요 증가요인이 크지 않다는 근거를 제시했다. 하지만 전기차 증가속도, 4차 산업혁명에 따른 추가수요 등을 소극적으로 해석했다는 지적이 나오고 있다. 일각에서는 신규발전소 건립의 필요성을 배제해 새 정부의 탈원전 · 탈석탄정책 시나리오를 뒷받침하는 것이라는 비판도 제기된다.

기후변화와 온실가스 대응의 중요수단으로 전력과 냉난방을 공급할 수 있는 분산형 전원인 열병합 발전을 확대하는 게 한국과 같은 선진국의 에너지 정책에 중요하다고 조언했다. 그는 에너지 전환국면에서 환경적 지속가능성, 에너지 안보, 경쟁력 등 세 가지 요소를 고려해 에너지믹스의 균형을 찾아야 한다고 강조했다(글로벌 에너지 패러다임, 파티 비롤 IEA 사무총장).

### (4) 대한민국은 R&D 공화국

발전의 전망 혁신성장시대 "4차 산업혁명시대, 기술만이 살길이다." 투자는 산물이다. 뜻이 있는 곳에 길이 있다. 필사의 노력은 필생의 도가 있다. 대 · 내외 열악한 경영환경에서도 한국의 기업들은 4차 산업혁명시대가 일으키는 거대한 변화의 파고위에 올라타기 위해 지금도 고군분투하고 있다.

한국의 글로벌 '1등 기업'들을 타깃으로 글로벌 보호무역 주의마저 노골화하고 있지만 삼성 · 현대차 · SK · LG · 롯데 등 주요 그룹들은 과감한 연구개발(R&D) 투자와 혁신 노력으로 새로운 미래 먹거리 기회를 창출하고 있다. 삼성전자, SK하이닉스, LG전자 같은 국내 정보기술(IT) 업체들의 매출액대비 R&D 투자비는 글로벌 IT '공룡'인 애플(4.4%)을 가볍게 뛰어넘고 있다.

한국산업기술진흥협회에 따르면 국내기업 부설연구소는 2009년 1만 8772곳에서 지난해 말 기준 3만 7631곳으로 두 배가 증가했다. R&D 투자에 기업의 생존이 걸렸음을 단적으로 보여주는 수치다. 이런 가운데 고용창출 투자세액 공제율 축소 등 R&D 관련

세제혜택은 줄고 있어 학계와 정치권에서는 "4차 산업혁명시대에 기업 R&D 투자가 위축되지 않도록 세제환경을 개선해야 한다"는 목소리도 커지고 있다.

삼성그룹은 대표기업인 삼성전자가 세계 최고수준의 R&D 투자로 '글로벌 제조업 1등'임을 확인시켜 주고 있다. 지난해 14조 7,900억원의 R&D 투자를 단행해 세계 1위인 폭스바겐 그룹과 어깨를 나란히 하고 있다. 여기에서 그치지 않고 올해 상반기에만 8조원을 투자하는 등 올해에도 역대 최고수준의 투자를 단행하고 있다. 서울 우면동에 위치한 '삼성서울 R&D 캠퍼스'는 최신시설을 고루갖춘 최첨단 R&D시설을 자랑한다. 제품디자인과 소프트웨어(SW) 경쟁력을 강화하는 '소프트파워의 중심지'로도 불린다.

삼성전자 디바이스솔루션(DS) 부문에 소속된 메모리, 시스템 LSI, LED 3개 사업부와 생산기술연구소의 연구인력이 집결해 연구시너지 효과를 내고 있다. 삼성전자 서울 R&D 캠퍼스에서 열린 '삼성 오픈소스 콘퍼런스'는 회사의 R&D역량을 공개하며 협업을 추동하는 최고의 행사다. 올해 콘퍼런스에는 역대 최고수준인 2,000명 이상 개발자가 참가신청을 했다.

현대자동차 그룹은 최근 '차세대 수소전기차'를 세계 최초로 선보이며 확고한 기술력을 과시했다. 4차 산업혁명 시대의 핵심산업으로 부상한 자율주행차와 커넥티드카 기술개발에도 박차를 가하고 있다. 2020년 고도자율주행차 양산, 2030년 완전자율주행차 상용화라는 목표를 이행하고 있다.

SK이노베이션은 한 번 충전으로 700㎞까지 갈 수 있는 배터리를 2020년 초까지 출시할 계획이다. 혁신을 이루기 위한 조직의 딥체인지도 가속화해 지난 8월 배터리 사업본부 신설 등 조직개편을 통해 배터리 · 화학사업 부문을 강화하고 '배터리 연구소'를 확대개편했다. SK하이닉스는 기술혁신을 바탕으로 이탈리아 · 미국 · 대만 · 벨라루스 등 4개국에 걸쳐 글로벌 R&D센터를 구축했다.

LG는 2014년부터 4조원을 투자해 서울 마곡지구에 국내 최대규모 융복합R&D 단지인 'LG사이언스파크'를 건설 중이다. 이와 더불어 올레드(OLED), 고부가가치 기초소재 등 주력사업의 경쟁력을 강화하고 신성장 사업을 육성하기 위한 R&D 투자를 지속한다는 방침이다.

## [요 약]

① 기업의 철학과 발전예측

2010년대에 들어 신자유주의 색체의 시장주도의 경제가 본격화 되어지고 있다. 그리고 더욱 빠르게 소비시장은 변화하고 있는 추세가 되었다. 소비자지향' 이제 유통마케팅의 지향점은 소비사지향이 되었다. 21세기 경제의 최대 패러다임 변화는 경제의 지식기반화는 가속화와 문화컨텐츠 산업의 대두 그리고 창조해낸 기술들의 빠른 보편화일 것이다. 이러한 흐름의 변화의 예로 2000년대 초반만 해도 CD에 음악을 넣으려면 따로 부속장치를 사야했으며 동영상을 편집하려면 전문가에게 맡겨야 하지만 현재는 이런 작업들이 개인이 몇십분만 투자하면 해볼 수 있는 영역으로 보편화 되어 지고있다.

③ 기업의 체질개선과 경영기법

기업은 그 구조가 능동적이여야 하며 변화해 유연해 져야 한다. 이는 젊은 층의 대거 고용으로 수혈할 수 있는 것이 아닌 사원과 임원간 탈권위적 형태로 변화해야 한다. 과거 하나의 직무만을 수행하던 시대에서 다양한 직무를 수행할 수 있겠끔 하여 근로자를 교육시켜야 하며 부서별 나누는 것이 아닌 특정업무 인사를 중심으로 다양한 부서(영업, 물류)가 협동적 연계될 수 있는 기업조직문화를 갖추어 나가야 할 것이다.

④ 제조업의 미래는

4차 산업혁명시대 제조업은 단순히 공장자동화를 의미하는 것이 아니다. 눈으로 보이지 않는, 고객이 만족할 수 있는 시스템을 만드는 것이 필요하다.

독일의 '인더스트리 4.0'으로 촉발된 4차 산업혁명의 파도가 전통적인 제조업 강국을 위협하고 있다. 독일은 2000년대 초반부터 제조업 위기가 닥쳐올 것을 예상하고 공장자동화를 뜻하는 인더스트리 4.0 정책을 펼쳐왔다.

⑤ 대한민국은 R&D 공화국

발전의 전망혁신 성장시대 "4차 산업혁명시대 기술만이 살길이다." 투자는 산물이다. 뜻이 있는 곳애 길이 있다. 필사의 노력은 필생의 도가 있다. 대 · 내외 열악한 경영환경에서도 한국의 기업들은 4차 산업혁명시대가 일으키는 거대한 변화의 파고위에 올라타기 위해 지금도 고군분투하고 있다.

# 제4장 장수기업의 조건

제1절 다생과 조기폐업의 기업구조

제2절 장수기업의 결정적 요인

제3절 기치창조와 공유가치 창조

제4절 창조성과 기업가정신

# 제 1 절 다생과 조기폐업의 기업구조

## 1.1 불확실성 속에서 소상공인 창업

### (1) 산업구조의 변화

우리나라의 생산산업 구조는 노동집약적 산업에서 지식집약적 산업으로 구조변혁의 과정에서 경쟁력을 상실하는 기업과 생산지를 외국으로 이전하는 과정에서 필연적으로 나타나는 유휴인력이 늘어나면서 생계형 창업이 급진적으로 생겨나고 있다. 시대흐름에 따라 쇠퇴되어가는 업종들도 업종갱신을 하지 못하고 경영난의 숲속으로 빠져드는 형상으로 나타나고 있다.

이들 쇠퇴기의 업종들은 중소기업 보호정책의 사각지대에 존재함에 따라 사회복지정책에서 방치할 경우 사회경제 전반에 파급될 문제로 부각될 우려를 갖고 있다. 또한 예측을 불허하는 급변하는 사회적 기업환경에서 혁신을 선도하던 제조업이나 서비스업일지라도 어느 순간 불황의 경영난에 의하여 한계기업이 될 수 있는 것이 현실적인 실정이며 이러한 사태가 발생할 경우 폐업에서 발생하는 실업인력들은 창업하기 쉬운 진입장벽이 낮은 생활형 개인서비스 부문으로 진입할 가능성이 매우 높아진다는 것이다.

매년 새로 생기고 사라지는 자영업자들의 수는 불확실하게 많은 수자를 나타내고 있다. 한국외식산업협회, 소상공인 진흥원에서 발표한 자료에 의하면 자영업자 통계자료에는 매년 60만개의 업체가 창업되고 비슷한 규모인 58만개의 업체가 폐업된다고 한다. 그야말로 끊임없이 새로 생기고 사라지는 것이 반복되고 있다. 이렇게 자영업이 다산다사 구조를 갖게 된 원인으로는 여러 가지가 있을 것이다. 과연 그 이유는 무엇일까?

단적으로 말하면 창업하기 용이하고 진입장벽이 타 업종에 비해서 비교적 낮아 소자본으로 창업하기 쉽기 때문에 창업에 대한 준비나 세부사항의 검토가 미흡한 상태에서 창업을 시작한다는 것이다. 이로 인해 유사업체의 난립으로 경쟁이 치열해지면서 휴폐업이 늘어난 것으로 분석된다. 매년 수많은 영세상공인이 생겨났다가 폐업하여 사라지는 것을 막기 위해서는 지역 또는 개개인의 특성에 맡는 다양한 업종을 개발하여 창업자의 적성에 맡는 사업을 전개함으로서 효능성이 발휘되어 개개인의 특성에 맞는 창업수요를 늘려가도록 하는 것이 필요한 방법의 하나로 제시되고 있다. 무작정 창업에 뛰어들기 보다는 철저한 시장조사후 진입하여 보다 안정적이게 출발하는 것이 필수요건이다.

## (2) 창업신드롬, 메가스타트업이 관건

2012년 상반기 새로 생긴 신설법인 수가 4만 6천개에 이르렀다. 연말에 이르면 9만개에 달할 전망으로 15년래 최고치에 이를 전망이다. 중국은 직영업자를 제외하고 창업자 수가 하루 1만 1천개의 창업이 이루어져 상반기에만 200만개가 넘는 숫자에 이른다. 지금 세계는 창업(startup)열풍이 불고 있다. 이로 신생동력을 찾고 있다. 기업사는 역사적으로 창업을 촉진하여 많은 기업을 탄생시켰고 국가경제력을 키우는 원천이 되었다. 많은 사람들은 앞다투어 기업을 창업하였고 정부는 이를 지원했다. 그 결과 오늘날에 와서 기업들은 일자리의 80%를 제공하는데 이르렀고 생산의 94%를 차지하게 되었다. 미국을 위시하여 독일, 일본 등이 선진국으로, 그리고 한국의 부흥, 중국의 G2등극, 인도의 소프트웨어 대국으로의 발전도 모두가 창업과 기업성장을 촉진한 결과에서 이루어졌다.

기업인들에게 "한국처럼 창업하기 좋은 나라가 어디 있냐?" 하는 말을 듣게 된다. 말로만 그런 것이 아니다. 중소기업청이 창업투자 대책을 내놓고 미래창조부, 금융위원회의 지원정책. 기획재정부 등 각 부처가 초기창업을 지원하며 나섰고 있다. 창업투자는 활발하다. 지난해 보다 벤처창업 투자를 받은 초기기업은 48%가 늘었다. 금년(2013)상반기 투자액은 전년 동기대비 38%이상 증가한 1조원에 달한다. 금년(2013)말이면 사상 최고기록인 2.1조원에 이를 것으로 전망된다. 사상최대의 투자펀드 조성, 크라우드펀딩(crowd funding) 관련법 통과, 코스탁 분리, 투자규제의 완화와 창업과 투자의 선순환계 조성에 큰 도움을 주고 있다.

제반정부의 지원정책과 완화정책에 힘입어 청년창업자들이 늘어나고 있다. 최근에 와서 사업계획하는 예비창업자들이 창업관련 교육이나 세미나 행사에 참가하며 창업을 준비하는 젊은 예비창업자가 눈에 띄게 늘어나고 있음을 보이고 있다. 정부통계에 따르면 30대미만 젊은 청년의 창업이 28.7%나 증가했다. 특히 젊은이에게 유리한 ICT 서비스나 모바일광고 및 유통분야의 창업에 대한 투자도 강세를 보이고 있다. 정부가 수년간 청년창업을 촉진한 정책수행 효과가 현장에서 나타나고 있는 것이다. 이 많은 젊은 창업자들이 충분한 준비를 거쳐 창업의 효과가 지속되어 경제의 새로운 동력형성에 근간(根幹)이 되어 주기를 소망하게 된다. 그러나 또 한편으로 과다한 창업이 가져오는 형태는 다산다사(多産多死)의 전형을 이루어 사회안전에 좋지 못한 영향을 주지 않을 것인지? 이러한 점에서 정부와 사회가 반드시 유념해야하며 대책이 필요한 부분이다.

정부의 지원책으로 구체적인 준비없이 무분별한 창업은 자기손실을 가져오므로 숙고선택(熟考選擇)해야 한다. 창업의 붐을 타고 단견적인 생계형 창업은 결과적으로 생계를 더 어렵게 만드는 게기가 될 수 있기 때문에 유의하여야 한다. 또한 내가 잘되면 상대도 잘된다는 공영(共榮)의 의식이 아니라 내가 잘되면 상대가 망하는 제로섬(zero sum)의 창업은 성공할 수 없으며 창업분위기에 편승하여 나도(me too) 창업, 남들 잘되는 것 보고 따라하는 창업은 손실을 자초하는 결과를 가져오므로 심사(深思)하여 착수하여야 한다.

## (3) 창업의 부류

실제로 창업실태를 보면 두 가지 부류로 구별된다. 연령별로는 20대, 30대의 신세대 청년층과 베이비부머 세대인 50대후반, 두 그룹으로 구별되며 젊은 20, 30세대는 자기의 목표성취를 위해 창업도전하는 부류와 직장을 구하다 시기를 놓쳐 할 수 없이 창업의 길을 택하는 그룹으로 분류되며 정년퇴직 후의 연령층은 재직중 연마한 기술축적된 경험을 발산하고자 창업하는 부류와 퇴직금을 효율적으로 사용하고자 하는 기대속에 창업을 하는 부류로 구별되어 나타나고 있다.

창업의 성공확률은 2030세대에 비해 베이비부머 세대가 훨씬 높게 나타나고 있다. 20대와 30대의 청년세대들은 새로운 교육을 배경으로 장년세대들이 생각지 못했던 기발한 아이디어를 창출하는 자원을 갖고 있다. 젊음의 활력과 패기, 번득이는 참신한 아이디어와 행동의 재치 등을 재산삼아 놀라운 성과로 성공을 이루는 젊은 창업자도 있다. 특히 이들이 성공하는 분야는 첨단 IT분야로 사업은 우리 장년세대들이 따라갈 수 없을 정도로 빠르다. 그러나 한편으로는 이들 청년세대들에게는 장년기의 베이비부머 세대들이 갖고 있는 자원인 경륜과 지혜, 인맥, 결단력, 인내심, 조심성, 자금 등이 장년기 세대에 비해 부족하다. 사업에 성공하려면 시련기를 거쳐 토대가 구축되고 신뢰가 쌓여 사업영역을 넓혀 나가게 된다. 일반적으로 새로운 사업의 방향은 시류에 민감하고 유행성 짙은 사업에 뛰어들어 매장이나 인테리어 등에 초기자금을 지나치게 많이 투자하게 되면 빨리 큰 성과를 얻으려는 마음이 조급하게 행동을 재촉하여 안정적인 사업에 방해요소가 된다.

청년창업자의 초기 창업자금은 대부분 자기자본보다는 부모의 도움을 받거나 차입자본으로 시작하는 경우가 많다. 사업은 치밀한 계획에서 단계적인 발전이 순리이나 젊은 창업자들은 앞뒤를 가리지 않고 통크게 투자하여 성업을 원하지만 매출이 뒤따르지 못하여 일희일비하며 쉽게 좌절하는 예도 상당수 있어 유의할 점이다. 또 자신이 창업한 사업을 평생사업이라는 애착이나 장인정신을 갖고 정성을 다하는 것이 아니라 일시적으로 폼나게 장사해서 웃돈을 받고 넘길 얄팍한 생각으로 기회만 엿보며 영업하다가 반짝하는 유행기가 지나면 헐값에 처분하게 되는 등 파산의 결과를 가져오는 시련을 당하게 된다.

이 세상에서 쉽게 이루어지는 일은 없는 것 같다. 농부들이 농사로 수확되는 벼도 여든여덟 번의 손길이 가야 우리가 먹을 수 있는 쌀로 정미(精米)된다고 한다. 사람이 살아가면서 선택의 기회가 있다. 이 선택을 어떻게 하느냐에 따라 삶의 질이 달라진다. 즉 학문의 선택, 직업의 선택, 배우자의 선택 등 자신이 결정하여야 할 중요한 사항이다. 창업의 업종선택에 있어서도 시류의 호화스러움만 보지말고 자신의 역량과 분수에 맞고 성격과 취향에 맞으며 평생토록 할 수 있는 사업을 선택하여야 단계적인 발전으로 영역을 넓혀 성공가도를 달릴 수 있다. 그리고 엄밀히 검토결과 선택을 하면 근면과 끈기로 정성을 다하면 고객들이 내 진정성을 인정하게 되고 신뢰와 소통이 이루어져 교류의 열매가 얻어지는 것이다. 이것이 바로 많은 경험의 경륜에서 시작되는 것이다. 우리 5, 60대 장년세대들의 사고적 장점이며 이렇게 하면 많은 실패를 줄일 수 있는 것이다.

모든 일에 시작은 도전성이 없으면 착수조차 어렵다. 장년기 창업을 두려워한다면 그것은 용기와 도전성이 없는 것이며 '나는 늙었다. 이 나이에 무슨 창업?'이라고 하는 잠재의식에 세뇌된 선입견에 사로잡혀 있다. 실제로 몸은 건강해도 정신이 쇠약해지면 쓸모없는 인간으로 전락하고 만다. 많은 사람들 중에는 아직 체력도 건강하고 사고력도 소프트하여 충분히 일할 수 있는 조건임에도 불구하고 미리 마음이 늙어 의욕도 열정도 쇠퇴하여 재취업이나 창업을 두려워하는 사람들이 없지 않다. 생각을 바꾸어야 길이 생긴다. 혁신적인 의식개혁만이 미래도생(未來道生), 앞으로의 길이 생긴다.

## 1.2 기업의 환경변화와 조기폐업

기업환경은 과거와는 다르게 상이한 환경으로 변화하였으므로 이를 인식하고 이에 따른 경영의 상위개념인 경영이념이나 경영철학이 확립되고 이를 바탕으로 사업을 전개하여 나아가야 한다. 인사는 만사요 사업의 성패는 재인(在人)이라 하였다. 이러한 환경적 조건아래에서 인적자원의 중요성에 대한 경영자의 인식과 관리의 방법에 따라 효율성이 달라진다. 그러므로 어떻게 인적관리를 수행하느냐에 따라 기업의 흥망성쇠(興亡成碎)가 이루어진다고 볼 수 있다. 기업의 환경변화에는 내부적인 환경과 외부적인 환경변화를 들 수 있다.

### (1) 내부환경의 문제

① 제조상태

다양한 고객변화에 따라 수요의 다양성에 적응하기위해 생산시스템도 소품종 대량생산에서 다품종 소량생산 체제로의 전환은 불가피한 환경변화가 도래하고 있다. 이에 따라 생산하는 구성원도 단순작업보다는 기능적 전문성의 숙련공이 필요하며 업무에 대응하는 창의성을 필요로 하게 되었다.

② 구성원

다양한 고객층에 적응하기 위해서는 구성원 역시 고차원적 욕구를 실현할 수 있는 인적구성으로의 재편이 요구된다. 생산조직은 고객요구 수준에 적절히 대응하는 능력을 갖추고 있는 인원으로 조직을 운영해야 한다. 고객만족을 도모하기 위한 방편으로 구성원에 대한 근본적인 인격적 시각과 업무평가에 대한 세분화 등과 함께 항시 학습을 통한 능력개발과 자아실현의 조직문화가 필요하다.

③ 신·구세대 간

신·구세대 간의 의식적 사고의 괴리감은 급변하는 사회환경과 기술적 진보에서 파생되는 필연적인 출현으로 신·구세대 간 상호 간의 인식의 차이를 가치관으로 조절하고 융화(融和)시켜 새로운 에너지의 산출이 요구된다.

④ 기존의 인사관리

종래의 인사관리제도는 수직적인 제도로 상명하종(上令下從)의 피동적, 비생산적 제도에서 경쟁사회에서의 효과성을 높이기 위해 수평적인 조직으로 창의성 위주의 결과 평가제도 전환운영되고 있으나 단기성과 실현의 병폐를 안고 있다. 새로운 인사관리는 철학과 비전이 내재된 인사운영 시스템이 필요하게 되었다. 이로 말미암아 조직의 업무재구성 대두되고 새로운 인재상이 필요한 실정이다.

## (2) 외부의 환경변화

① 세계무역 구조

세계교역 질서의 변화이다. 세계무역 패턴은 어떻게 변하고 있는가? 세계무역의 자유화 다변화의 기류의 형성으로 기업들은 교역국의 문화와 풍습을 숙지하지 못하면 대응력 적응력이 떨어지게 됨으로 교역국의 타문화에 대한 적응력은 필수항목으로 대두되고 있다. 세계와 교역하기 위해서는 타문화에 대한 폭넓은 이해와 인식의 필요성이 새롭게 대두되고 있다는 것이다.

② 세계교역과 정부의 역활

자유무역화로 교역영역이 세계화로 확대되면서 지도와 규제의 정부역할이 중요시되고 있다. 기업은 교역상대국 간 행정상, 법률상 상호작용이 중요한 역할을 하고 있기 때문에 정부의 도움이 절실히 요구된다. 우리의 교역이 정상에 올라가려면 기업은 교역상 의존적인 사고를 버리고 기업자체의 역량으로 창의적인 능력과 전문적인 지식으로 교역업무 수행역량을 배양해야 할 것이다.

③ 시장이 기업에 대한 변화요구

시장은 시대변화에 따라 욕구가 달라지고 있다. 지난날의 시장형성은 물질적인 재화만의 생산, 공급하는 역할이었으나 자금의 고객만족을 위해서는 비물질적인 측면까지 포함하여 다양성이 추구되고 있다. 시장은 다양한 외부의 압력을 받게됨으로써 기업은 제품의 생산, 공급과 함께 다양한 서비스를 제공하는 통합시스템 구성이 요구된다.

④ 정보기술의 발달

정보없이는 생산도 판매도 원활히 수행될 수 없다. 조직은 정보기술의 발달에 의하여 내·외부 간, 지역 간 일정한 상호연계적 업무수행이 가능해짐에 따라 업무속성의 시스템구성이 실현화로 활성적 기반이 마련되었다. 정보기술에 대한 재교육 및 재훈련이 필요하게 되었다.

⑤ 기업에 대한 사회적 요구

기업은 영리성을 가지고 있지만 한편으로는 사회성을 가지고 있다. 장기적인 안목으로 보면 사회성에 임하는 것이 결국 기업발전에 도움이 된다. 기업이 목전의 이익만을 추구하지 말고 이익의 사회적 환원의 정신에 따라 구성원에 대한 이익환원과, 더 나아가 사회에 대한 공헌으로 새로운 가치관을 세우는 것이 필요하다.

## 1.3 중소기업의 인적자원

### (1) 중소기업의 인력확보 측면에서

인사는 만사이다. 적재적소에 인력이 확보되면 업무의 효율성은 자연이 높아진다. 인적자원 확보측면에서 중요성을 갖는 것은 조직목표를 달성하기 위하여 업무를 수행할 수 있는 능력있는 자를 선발하는 것이다. 그러나 지난 과거를 살펴보면 우리나라 기업들은 인사관리 원칙인 적재선발 적소배치의 기본적인 원칙을 크게 고려하지 않고 신입사원을 학벌위주로 채용하는 방식을 주로 사용했다. 즉 전공과 재능보다는 유명 대학출신을 우선하여 일반적인 인력을 채용확보하고 나서, 직무배치하는 관계로 직원이 장기근속하지 못하고 그에 따른 조기퇴사의 부류가 발생하게 된다. 인력은 그 회사의 재원인바 유능한 자원의 집합은 그 조직의 미래가 밝아져 경쟁력이 보이는 것이다.

유능한 인재의 확보는 그 기업의 자산의 확보로 미래추구의 동력의 근간이 된다. 유능한 인재란 유명대학 출신만인가? 유능이란 목적산물 형성에 있는바 이는 창조적 기능에 의하여 이루어짐을 유의할 필요가 있다. 무조건 유능한(유명대학 선호) 사람을 많이 확보하고 본다는 것은 기업이 추구하는 성과실현에 맞지 않는 비효율적 방식이다. 따라서 인선채용의 경우 출신학교보다는 개개인의 적성, 목적실현의 가능성을 보고 개별적 선택이 업무추진에 효과적일 것으로 본다.

### (2) 중소기업 폐업을 가져오는 원인

① 전략의 부재

기업의 상태는 생물과 같아 적기에 필요요소를 공급하지 못하면 생명이 위태로워진다. 어떻게 필요요소를 적기에 공급할 것인가가 기업의 전략이다. 전략은 정확한 정보에 바탕을 두고 변화는 경영환경에 맞게 수립되어야 효과적이다. 그러나 많은 기업들이 변화는 환경에 적응치 못하고 쇠퇴의 슬픔과 함께 도산이라는 치명적인 결과를 초래하게 된다.

기업이 도산하는 가장 대표적인 이유는 경영자의 예지능력 부족에 있다. 물론 자금의 불확실시대에 미래변화를 예지하고 대비한다는 것은 어려운 일이나 눈앞에 이익만을 급급하다보면 시장의 잠재적 변화를 못 읽어 유효한 타이밍을 놓치고 만다는 것이다. 중소기업에게는 항상 변화에 적응하는 기업가정신으로 창조적 도전만이 새로운 발판을 구축하는 계기가 된다. 기업은 지속적으로 신시장의 개척을 위하여 새로운 제품을 개발하여야 하지만 남이 잘된다고 하여 뛰어들었다가는 낭패를 보기가 쉽기 때문에 신중하여야 한다.

② 리더십의 부재

중소기업의 구성요소는 가족적인 면이 많으며 운영역이 가족적인 분위기가 많다. 이는 장점도 있으나 동시에 단점도 유발하게 된다. 이러한 경우 경영자의 사생활 및 일상의 업무를 종업원들과 같이하는 경우가 많이 생긴다. 그러므로 경영자의 자질이나 성실도는 전체 종사원에 영향을 주며 경영사의 도덕관은 그 조직의 질서와도 연관성을 이룬다.

③ 자금력의 부족

기업의 자금력은 그 회사의 생명력이다. 자금의 순환구조는 그 회사의 제품력과 비례한다. 자금관리상의 문제에서 기업은 실패하는 경우가 많다. 거래처의 도산으로 인한 불량채권의 발생으로 연쇄도산을 하게 되고, 판매대금의 회수부진은 자금계획에 차질을 가져온다. 따라서 미약한 자금조달력은 자금압박으로 도산하는 경우의 가장 큰 원인으로 지적되고 있다.

④ 인력확보의 문제

유능한 인재속에 유효한 아이템이 있다. 인재확보는 기업의 발전요소이다. 중소기업이 경쟁우위나 차별화를 위해서는 인적자원의 활용도를 중요시해야 한다. 그러나 중소기업은 고용환경의 열악함으로 인한 만성적인 인력부족에 직면해 있다. 이를 극복하는 수단은 기업의 고유적 가치와 차별화에 있다.

⑤ 설비투자의 과다

기업의 승패는 예측능력에 달려있다. 현재의 부진을 타개하고자 미래를 전망하며 과대한 시설확장으로 부채가 많을 경우, 시기적으로 수요증가가 적중되지 않았을 때 기업은 채무를 감당키 어려운 경지에 들어가게 된다. 향후 경기전망이 불확실한 상태에서 안정경영이란 투자대비 수익성을 찾아내야 함으로 개발제품의 선택과 세부적인 검토와 전략이 핵심이다.

⑥ 생산제품 수요격감

제품판매의 부진으로 중소기업이 위기에 직면하고 있는 큰 원인중의 하나가 생산제

**표 4-1** 기업들이 당면하고 있는 공통적 위협

| 위험종류 | 의 미 | 사 례 |
|---|---|---|
| 고객위험 | 기업은 매출로 성장한다. 고객은 기업운영의 원천이다. 다원적인 사회구조에서 다양성의 제품으로 만족을 제공하지 못하면 고객은 이탈하고 만다. 이윤은 축소되어 기업운영의 위험은 증가한다. | 악성부채 발생과 불량제품 발생과 제조물 책임제 강화의 대비, 산재발생방지, 안전관리 최우선 순위로 |
| 인력위험 | 인력은 기업의 재산으로 인적자원관리를 소홀히 하면 충성심은 사라지며 태만과 갈등으로 생산성은 떨어지고 정보는 새나간다. | 전종업원과의 경쟁<br>핵심인력의 양성의<br>교육강화 미래에 대비 |
| 재산위험 | 재산의 손실방지는 안전관리에 있다. 재난원인은 90% 이상이 인재에서 야기된다.<br>화재나 부실채권 발생은 재산관리에 위협이 된다. | 자연재해 및 인재방지<br>불확실한 고객과 종사원 |
| 시장위험 | 가장 흔한 기업위험으로 목표시장과 마케팅노력에서 나타나는 부정적인 변화로 야기되며 그 특성상 완전히 파멸될 때까지 매일 서서히 진행된다. | 납품업자의 장해<br>경제여건의 악화<br>상품수표의 감퇴<br>상품믹스의 태만 |

자료: GRI 경기개발연구원 2014년.

품의 판매부진으로 야기되는 사항이다. 그 원인은 시장의 수요변화를 기업이 못 따르고 있다는 것이다. 고객이 원하는 차별성의 제품이나 서비스는 신시장개척의 디딤돌이 될 수 있다. 이에 대한 마케팅능력을 강화함으로서 부진한 제품판매가 개선의 실마리를 잡아낼 것이다.

### (3) 현재기업들의 일반적인 조기폐업의 문제점

**■ 철저한 적합성 분석**

다산다사(多産多死)구조의 가장 큰 첫번째 원인은 철저한 준비와 검토없이 창업한다는 것이 원인이며, 둘째로 뚜렷한 목표의식과 사명감, 최선을 다하는 성실도와 기술이나 기능을 수반한 전략적 경영능력의 부재를 지적하고 있다.

**■ 능력있는 인력확보의 문제**

유능한 인력확보가 확보되면 경쟁력 있는 아이디어 도출된다. 운영자본이 취약한 중소기업이 경쟁에서 이겨 나가기 위해서는 시장은 작으나 독특성이 있는 차별화된 제품고유의 판매전략에서 방도를 차자야 한다. 이를 전문성 있는 인적자원이 해결점을 제공하게 된다. 그러므로 능력있는 인력확보가 중요시 된다. 그러나 중소기업은 고용환경의 열악함으로 인해 만성적인 인력부족에 직면하는 것이 풀어야할 과제이다.

**■ 차별화된 제품개발과 시장성**

신제품개발과 제품판매의 부진측면에서 현재 직면하고 있는 큰 애로사항 중의 하나가 판매전략 부족이다. 특히 경기가 침체되고 수요가 격감되는 환경에서는 고객필수의 제품으로 대응하지 못하면 경쟁력은 퇴보할 수밖에 없다. 그래서 시장은 작으나 틈새를 노리는 다품종으로, 중소기업은 마케팅전략의 세분화 실현이 필요하다. 제품판매가 부진하게 되면 재고가 늘어나고 유통이 원활치 못해 자금압박을 가져와 조업을 단축하면 생산비가 격증하여 결국 폐업위기를 맞는 기업들이 많이 발생하게 된다.

**■ 경영전략과 실행전술이 부재**

경영의 실체를 보면 전략에서 이기고 선술에서 실패하여 성공하지 못하는 사례들을 볼 수 있다. 이는 조직의 상층은 강하나 실행의 하부조직의 약화로 시행실적을 올릴 수 없어 기업이 경영난을 초래하는 경우이다. 이는 변화하는 시장환경을 따라가지 못하여 매출의 위축으로 기업은 도산이란 치명적인 결과를 가져온다. 기업의 생존은 항상 끈임없이 도전하고 개척하는 기업가 정신으로 기반을 구축하며 변화하는 미래시장에 대비하여야 한다.

■ **도덕적 리더십의 부재**

상호신뢰의 바탕은 도덕성에서 이루어진다. 기업경영에 있어서도 품격경영만이 상구의 지속성이 있다고 한다. 이것은 인간의 신뢰가 품질의 신뢰보다 중요함을 말하고 있다. 자고로 인품이란 지인용행예덕(知仁勇行禮德)을 겸비한 사람을 말하는 것으로 종사 간의 관계에 있어서도 상호존중과 예를 지킴으로서 올바른 가치관을 정립하고 신뢰를 도출하는 품격경영의 기초가 마련될 것이다. 반대로 불건전한 경영자의 생활습관은 종업원들에게 피해의식과 불신감을 심어주게 되고 결국은 조직의 일체감을 무너뜨리게 된다. 결과적으로 경영자 개인의 능력과 도덕관이 기업경영의 리더십에 크게 영향을 주고 있다.

## [요 약]

① 불확실 속에서 창업

매년 새로 생기고 사라지는 자영업자들의 수는 불확실하게 많은 수자를 나타내고 있다. 한국외식산업협회, 소상공인 진흥원에서 발표한 자료에 의하면 자영업자 통계자료에는 매년 60만개의 업체가 창업되고 비슷한 규모인 58만개의 업체가 폐업된다고 한다. 그야말로 끊임없이 새로 생기고 사라지는 것이 반복되고 있다. 이렇게 자영업이 다산다사 구조를 갖게 된 원인으로는 여러 가지가 있을 것이다. 과연 그 이유는 무엇일까?

② 전략의 부재

기업의 상태는 생물과 같아 적기에 필요요소를 공급하지 못하면 생명이 위태로워진다. 어떻게 필요요소를 적기에 공급할 것인가?가 기업의 전략이다. 전략은 정확한 정보에 바탕을 두고 변화는 경영환경에 맞게 수립되어야 효과적이다. 그러나 많은 기업들이 변화는 환경에 적응치 못하고 쇠퇴의 슬픔과 함께 도산이라는 치명적인 결과를 초래하게 된다.

③ 철저한 적합성 분석

다산다사(多産多死) 구조의 가장 큰 첫번째 원인은 철저한 준비와 검토없이 창업한다는 것이 원인이며, 둘째로 뚜렷한 목표의식과 사명감, 최선을 다하는 성실도와 기술이나 기능을 수반한 전략적 경영능력의 부재를 지적하고 있다.

④ 시장이 기업에 대한 변화요구

시장은 시대변화에 따라 욕구가 달라지고 있다. 지난날의 시장형성은 물질적인 재화만의 생산, 공급하는 역할이었으나 자금의 고객만족을 위해서는 비물질적인 측면까지 포함하여 다양성이 추구되고 있다. 시장은 다양한 외부의 압력을 받게됨으로써 기업은 제품의 생산, 공급과 함께 다양한 서비스를 제공하는 통합시스템 구성이 요구된다.

⑤ 경영전략과 실행전술이 부재

경영의 실체를 보면 전략에서 이기고 선술에서 실패하여 성공하지 못하는 사례들을 볼 수 있다. 이는 조직의 상층은 강하나 실행의 하부조직의 약화로 시행실적을 올릴 수 없어 기업이 경영난을 초래하는 경우이다. 이는 변화하는 시장환경을 따라가지 못하여 매출의 위축으로 기업은 도산이란 치명적인 결과를 가져온다. 기업의 생존은 항상 끈임없이 도전하고 개척하는 기업가 정신으로 기반을 구축하며 변화하는 미래시장에 대비하여야 한다.

# 제2절 장수기업의 장수요인

## 2.1 한국기업의 낮은 평균수명

### (1) 기업의 환경과 기업장수

기업의 성쇠는 글로벌 경쟁이 치열해지고 시장환경이 변화함에 따라 경영환경이 이를 대응하는 능력을 길러내지 못할 때, 경영역량이 감퇴하여 경영악화를 초래하게 된다. 매킨지 보고에 따르면 1935년 90년에 달하던 기업의 평균수명이 1975년에는 기업의 평균수명이 30년, 1995년에는 22년으로 단축될 것을 보여주고 있고, 2015년에는 그 수준이하로 단축될 것으로 보고되고 있다(POSRI보고서인용). 국내기업들은 1965년 100대 기업 중 2012년까지 수성한 기업은 6개사에 불과하다(월간 현대경영 2005. 4 참고). 장수기업은 말 그대로 장기적으로 존속하는 기업을 가리키며 우리나라에서는 장수기업(長壽企業). 일본에서는 시니세(しにせ; 老鋪) 영어로는 Old Company라 불리며 세계적으로는 창업 1000년이 넘는 업령(業令)을 가진 기업들도 상당수 존재하고 있으며 일본 · 오스트리아 · 이탈리아 · 프랑스 · 네덜란드 · 독일 등 수백년의 역사를 자랑하는 기업들이 존속되고 있다. 특히 일본의 최장수 기업은 사찰건축의 곤고구미(金剛組)로 무려 1400년의 역사를 자랑하고 있다.

창업 200년이 넘는 장수기업들이 전 세계 41개국에 5.586개사가 산재 현존운영되고 있다. 지역별로는 아시아 3,214개사(57.41%), 유럽 2.345개사(41.98%)이며 국가별로는 일본이 3.146개사(56.3%)이며 독일 837개사, 네덜란드 222개사, 프랑스 196개사, 영국 186개사의 순이며 미국은 14개사로 전체의 0.25%에 그치고 있다. 일본은 창업 100년이 넘는 장수기업들이 2만 5천개사가 현존함으로 장수기업 대국을 장악하고 있으나 중국이 자유경제체제로 전환하여 장수기업 실태가 조사되면 판세는 달라질 수 있을 것이다.

미국의 100년 이상 지속성장한 글로벌 장수기업중 대표적인 기업은 GE. 엑슨모빌, 쉐브론텍사코, 씨티글룹, 알트라그룹, JP모건체이스, 파이자 P&G, 존슨앤존슨 등 미국의 매출액과 싯가 총액, 30대기업 17개중 9개사가 100년을 넘긴 기업들이다. 한국에서는 두산그룹이 최고의 장수기업으로 1896년 박승직 상점으로 설립된 것이 최초이며 4대째 경영을 승계되고 있다. 또한 동화약품이 1897년 동화약방이라는 이름으로 창업하였으며 창업한 민병호씨는 당시 궁중선전관으로 궁중에서 한약을 달여 올리던 탕약의 비방에 양약을 가미해 달이지 않고 바로 마실 수 있는 소화액 활명수를 개발하였다. 생명을 살리는 물이란 뜻으로 활명수(活命水)라 이름지었고 1897년 첫선을 보였으며 부채표 상표는 1910년 만들어져 활용하기 시작하였다.

### (2) 장수기업의 문화적 조직체계

기업이 장수하려면 경영자의 뚜렷한 경영철학과 그 기업의 기업문화가 옳게 조성되었을 때 가능하다는 것은 여러 선행연구자들이 실증하고 있다. 기업이 장수한다는 것은 지속적인 연구개발이 뒤를 받쳐주어 시대변화에 대응하는 적응력이 배양되었을 때 기능하고 실용성이 나타난다. 장수기업은 그 기업의 기업문화 조성에서부터 시작된다.

① 기업이 장수하려면 직원의 복지부터

기업문화가 구성원의 보람을 주는 체제로 조성되어야 한다. 행복한 장수기업이 되

**그림 4-1** 장수기업은 기업문화 조성

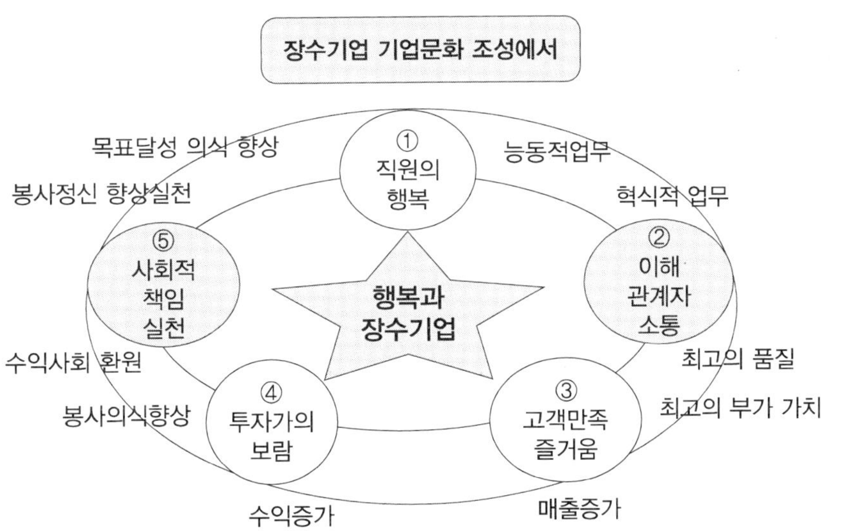


자료: 모형 성장기업의 법칙 名和高司 著 P235 참고 재도.

기 위해서는 직원이 먼저 행복을 느낄 수 있도록 기업문화의 토양이 잘 이루어지면 자진솔선하는 미풍으로 자유로운 소통에서 창의적인 도전성이 창출된다.

② 이해관계자들과 소통

어려울 때 같이 협력하고 좋을 때 같이 즐기는 상조의 정신은 경쟁력을 제고하는 틀이 만들어 진다. 이해관계자들과의 소통이 잘 이루어져 관계성의 순환이 원활하게 작동하면 수요공급의 치밀성으로 최고의 품질과 최고의 수익이 창출된다.

③ 사용자의 만족, 공급자의 즐거움

최고의 품질과 최고의 서비스에 고객은 만족한다. 고객이 만족하면 재구매량이 늘어나 매출이 신장된다. 고객에게 만족을 주려면 고객의 욕구변화에 적응하는 품질개선 개발이 지속되어야 한다. 매출의 신장은 수익의 증가로 공급자도 즐거움이 온다.

④ 투자자의 보람

최고의 품질로 고객에게 즐거움을 더해주고 기술개발로 최고의 부가가치를 창출함은 투자의 보람이라 할 것이다. 그러므로 기업은 이익의 일부를 사회에 환원함으로써 공영사회를 만드는데 사회적 책임을 다할 수 있을 것이다.

⑤ 기업의 사회적 책임

조직의 운명은 조직원이 결정한다. 기업이 장수하려면 구성원의 인품이나 도덕성이 선행되는 기업의 고유문화가 자리잡아 지속적인 개발투자와 공정한 평가와 배분으로 일터가 즐겁고 종사원들이 행복감에 젖어 있을 때 창조적 발상의 도출로 기업을 발전으로 이끌어 불멸의 장수기업으로 행진을 계속하는 것이다.

### (3) 기업이 장수하려면

기업이 장수하려면 끊임없이 연구개발 수요창출의 성장단계별로 혁신적 적용이 이루어져야 가능함이 나타난다. 앞의 선행연구자들의 연구를 바탕으로, 기업의 성장단계를 Smith Mitchell과 Summer(1985)의 3단계 성장을 기반으로, 전략적 변곡점이라는 시그모이드 곡선(Sigmoid Curve)의 관점을 적용하여 창업기, 성장기, 성숙기, 쇠퇴기, 도약기의 5단계 성장단계로 구분한다. 기업경영에 있어서 전략적 변곡점이라는 인텔의

CEO였던 앤드류 그루보 회장이 경영부문에서 처음사용한 단어로서, 쇠퇴기로 접어들기 전 시점에 새로운 제2의 도약을 하기 위한 혁신적인 사고의 틀이라고 할 수 있다.

기업에게 있어서 시작단계, 성숙단계 등을 거쳐 쇠퇴단계에 이르는 것은 자연스러운 현상으로 설명할 수도 있겠으나 기업이 지속적으로 경영을 하려면 기업성장 곡선이 다시 쇠퇴하기 전에 기업의 미래를 결정지을 전략적 변곡점을 만들어 새로운 시그모이드 곡선을 창출함으로써 계속적인 성장을 위해 노력해야 한다. 이 과정에서 기업은 다양한 경영혁신과 이에 따른 혁신활동을 수행해 나감으로써 기업경영은 영속적으로 장수기업의 기틀이 기반의 구축이 마련되는 것이다.

## (4) 연구개발이 뒷받침되어야

이를 뒷받침해주는 연구로 Hoy(2006)는 기업의 성장단계를 생물학적 유추에서 파생된 것으로서 전략적 적용에 있어서 매우 유용한 도구로 정의내리고, 혁신적 차이로서 엔트로피(entropy)를 들었다. 즉, 유기적인 조직은 결국 쇠퇴하고, 이러한 쇠퇴를 피하고 재활성화(revitalize)시키기 위한 엔트로피(entropy)의 반전(reverse)이 필요하다고 말했다. 성장단계에 따라 적용시켜볼 기업의 경영혁신 방법을 가치혁신, 기술혁신, 프로세스 혁신측면에서 대표적 장수기업의 역사적인 변화를 살펴보고, 성장단계별 혁신활동의 비교를 통해 혁신이 어떻게 기업에 영향을 미쳤으며, 어떻게 진화해 나갔는지 살펴볼 것이다.

또한 성장단계별 장수기업을 형성하는 그밖의 요인들을 살펴보고 장수기업이 될 수 있었던 요인이 무엇인지 분석해 보고자 한다. 경영혁신 활동은 경영혁신의 개념이라기보다는 경영혁신을 위해 이루어지는 일련의 제 활동들이라고 말할 수 있다. 경영혁신활동은 경영활동이 이루어진 가운데 끊임없이 개발되고 개선되어 많은 활동이 개발되고 적용되어 왔다. 이러한 경영혁신활동 등에 대해 정의함으로써 본서에서는 기업의 성장단계에 따른 경영혁신 유형과 그에 적용될 수 있는 경영혁신 활동이 어떻게 이루어져 왔는지 정의하고자 한다.

## 2.2 협력업체와 기업의 장수

### (1) 이해관계자와 소통

기업의 소통은 지속가능의 경영의 관계를 잘 나타내준다는 것이다. 기업이 원가절감을 안정성보다 우선하면서 원료공급 업체들을 지속적으로 제조원가 절감을 위하여 납품단가를 인하를 일방적으로 요구할 경우 부실품이 납품될 수밖에 없다. 상호생존의 소통을 필요로 한다. 이해관계 당사자들과 교류와 소통은 필연적인 요소의 하나이다.

기업이 장수하지 못하는 이유 중에 하나는 이해관계자와의 소통부족 때문이라고 할 수 있다. 기업은 경영활동을 함에 있어서 다양한 이해관계자들과 영향력을 행사하게 되는데 이들과의 소통이 부족함에 따라서 문제가 나타나는 것이다. 기업이 경영활동을 하기 위해서는 막대한 자본이 필요하다고 할 수 있으며 다양한 기술의 확보도 필요하다고 할 수 있다. 특히 규모가 큰 기업일수록 이러한 자본과 기술력이 많이 요구된다.

규모가 큰 기업일수록 경영활동을 함에 있어서 여러 가지 능력의 확보가 필요하다고 할 수 있는데 이러한 능력을 갖추기 위해서는 다른 업체들과의 협력이 필수적인 것이다. 이해관계를 맺고 있는 다른 업체들과의 협력을 통해서만이 능력을 확보할 수 있기 때문이다. 협력을 강화시키기 위해서는 결국 소통이 활성화 되어야만 한다. 다양한 협력업체들과의 관계를 형성하고 있는 기업은 해당 업체들과의 서로 입장이 다르다고 할 수 있다. 각자가 처한 상황이 다르고 이권이 다르기 때문에 소통을 통해서 이러한 문제를 해결해야 하는 것이다.

원료나 부품을 공급하는 업체는 이를 구매하는 업체보다 의사결정권이 상대적으로 약할 수밖에 없는 일이다. 의사결정권에 있어서 약한 업체가 있기 때문에 일방적으로 계약을 체결하게되면 한쪽이 유리한 방향으로 의사가 진행되는 것이다. 그렇기 때문에 소통을 통해서 이러한 의사결정의 불합리함을 극복해야만 한다. 상대방을 배려하는 자세로 지속적인 소통의 과정을 거쳐야만 상대방의 입장에 대한 존중이 이루어지기 때문이다. 소통의 활성화는 서로의 이해관계를 일치시켜주고 이를 통해서 경영성과의 향상을 가져오게 됨으로 결과적으로 기업장수의 초석이 다져지는 것이다.

## (2) 정보체계와 유대강화

### ① 대화는 정보의 창구

항상대화의 창을 열어 두어라 장기적인 목표는 관리자들이 기업이 현재 어떠한 일을 하고 있으며 미래에 어떤 일을 할지 운영의 모든 측면(재정적인 측면을 포함한 모든 부분)을 꿰뚫고 있도록 하고 소유주와 관리자 뿐만 아니라 모든 이해관계자들의 입장을 파악하도록 하라. 성과적 수치에만 집착하지 말고 창의적인 넓은 시야를 가져라 거의 모든 위대한 기업들이 지닌 철학은 사명을 따라가면 경제적 보상이 따라온다는 것이다. 재정적인 문제를 장기적인 관점으로 보는 이유는 훌륭한 정보체계가 없어서가 아니다. 위대한 가족기업들은 뛰어난 정보체계를 보유하고 있다. 이들 기업의 정보체계는 일정한 틀속에 갇혀 있지않으며 재정관련 정보 이외의 다양한 지표를 활용한다. 직급을 막론하고 모든 관리자들은 현장에서 많은 시간을 보내며 직접 공장을 살펴보고 고객, 직원, 납품업체들과 대화를 나눈다.

이들은 품질, 고객만족, 새로운 기회와 같은 중요한 문제들에 집중하려고 많은 양의 데이터를 수집할뿐 아니라 질적으로도 우수한 데이터를 수집한다. 이렇게 모은 정보들은 경제적인 성과를 나타내는 중요한 지표가 되는 동시에 앞으로 어떤 활동을 해야할지 이끌어주는 지침이 된다. 쿠어스나 홀마크 같은 위대한 가족기업들은 고객취향과 같은 주관적인 품질지표를 측정하는 데 많은 정보를 활용했다. 중요한 정보들이 묻혀서 사라지게 내버려 두지 않고 잘 활용하려면 전문가의 판단력과 직관이 필요하다.

데이터는 주요 이해관계자별로 구분되어야 한다. 고객과 관련된 데이터로는 시장점유율, 서비스에 대한 만족도, 품질, 가격 등이 있다. 개별고객의 취향별로 정보를 수집하면 고객에게 더 나은 서비스를 제공하고 고객의 충성도를 높이는 데 도움이 된다. 직원들과 관련된 데이터로는 업무만족도, 이직률, 기술력 등이 있으며 납품업체나 제휴사들과 관련된 데이터로는 평가, 재계약, 관계의 확장과 지속 등이 있다. 가벼운 일시적인 정보들을 모으는 방안을 제도화하면 유용하게 활용할 수 있다. 이를 테면 직원들의 의견을 듣고, 고객의 불만에 관한 데이터를 수집하는 노력 등이 방안에 포함될 수 있다. 훌륭한 제안을 하거나 뛰어난 정보수집능력을 발휘하는 직원들에게 보상을 해주는 것도 한 방안이 될것이다.

### ② 정보를 종합하고 공유하라

정보가 너무 세분화되면 전체를 보지 못하고 단편적인 부분에만 집중하기 쉽다. 어떤 경우든 기업의 전체성과에 대한 궁극적인 공헌도가 어느 정도인지에 초점을 모아야 한다. 다시 한 번 강조하지만, 재정성과 이외의 다양한 정보들을 활용하고 장기적인 관점에서 어느 정도 공헌을 하고 있는지 살펴보는 것이 중요하다. 장기적이 관점으로는 가능성이 있는 제품이나 부서라 하더라도 단기적인 관점에서보면 기업에 손실만 초래하는 것처럼 보일 수도 있다. 왜곡된 정보에 속아서는 안 된다. 정보를 널리 공유하고 소통과 공감을 유지하라, 그러면서 협력이 소생한다.

위대한 가족기업들은 기업의 현황과 필요한 개선점에 대한 정보를 모든 직원들과 공유하며 승리, 과감한 결정, 직원들의 성공담 등 정보를 함께 나눈다. 이때 사내신문이 정보체계의 중요한 부분을 차지한다. 아무리 좋은 정보라도 적시에 적합한 사람들에게 전해지지 않으면 쓸모가 없다.

### ③ 직원들의 참여공감 창출

CEO와 관리자들에게만 장기적인 시각이 필요한 것은 아니다. 기업의 모든 직원들이 동참할 필요가 있다. 조직전체의 헌신적인 태도, 성실, 관대함, 배려정도에 따라 조직원들이 장기적인 시각을 가질 수 있을지 여부가 결정된다. 이에 동참하기를 원하는 직원들을 위한 행동지침은 다음과 같다.

**열정을 가지고 따르라**

개인적으로 의미가 있는 목표를 설정하라. 자기자신을 억지로 업무에 끼워맞추는 대신 적합한 업무를 찾아라

**창의력을 발휘하라**

기술을 잘 활용하여 넓게 생각하고, 자신의 업무가 무엇인지 생각하기보다 어떤 일을 해야 하는지 생각하라. 기업에 더 많이 공헌하라

**작은 부분도 놓치지 마라**

자신이 하는 업무중에서 조금만 노력을 더하면 커다란 변화가 나타나는 부분이 있다. 일반적으로 기업의 사명과 밀접하게 관련된 부분인 경우가 많다. 주요 고객과 직무에 더 많은 시간을 할애하고, 디자인이나 사업계획에 완벽을 기하고, 거래에 필요한 데이터를 수집하는 일 등이 이 범주에 속한다.

**단기간의 목표와 장기간의 목표를 모두 설정하라**

단기간에 해결해야 하는 일이라 하더라도 장기적인 목표를 염두에 두어야 한다. 눈앞의 일을 해결하는 데 급급해 하지말고, 더 나은 인재를 찾아라

**새로운 고객과 관계를 구축하라**

도움이 되는 동반자를 찾아내고, 새로운 모험을 시도하고 조직을 개선하라, 자신의 편을 만들어라, 도움을 요청하기 전에 먼저 손을 내밀어라, 상대방을 아낌없이 도와주면 관계를 구축하는 데 도움이 된다. 요구하기 전에 먼저 베풀어라

**직접 얼굴을 보고 대화하라**

겸손하면서도 편안하게 대화하라, 상대방과 가까운 거리에서 눈높이를 맞춘 후에 대화하라

**혜택에 대해 깐깐하게 굴지마라**

자신의 성장가능성과 재능에 대해 더 많은 관심을 가져라. 모든 것은 모든 것은 열정과 실적으로 말하라

**진면목을 보여주어라**

자신의 성격과 원칙을 보여주는 결정을 내려야 한다. 자신이 일하는 회사와 맞지 않는다면 실력을 발휘할 수 있는 다른 곳을 찾아보는 편이 낫다.

④ 장기적인 윈윈관계를 형성하라

기업이 뛰어난 성과를 지속적으로 유지하려면 기업과 모든 이해관계자들에게 장기적으로 도움이 되는 행동을 해야 한다는 것이다. 첫째, 이사진과 고위경영자들이 장기적인 안목을 가지고 과감하게 행동할 수 있도록 동기를 부여해야 한다. 둘째, 실질적이며 오랜 기간 이어 갈 수 있는 사명에 집중하고 이를 지켜나가는 데 많은 투자를 하여야 한다. 셋째, 기업전체의 이익을 위해 창의성을 발휘하며 협동적이고 가치를 중시하는 직원들을 고용해야 한다. 마지막으로, 외부협력사들과 지속적인 윈윈관계를 만들어 나가야 한다.

위대한 기업들의 뛰어난 점들을 비 가족기업에서 모방하기 힘들다는 주장에 반대하는 사람들도 있을 것이다. 그러나 비가족기업에서는 최고관리자들과 이사회에서 가족끼리 형성되는 신뢰감을 찾기도 힘들고 인내심이 있는 주주들을 찾아보기도 힘들다. 따라서 지배구조에 관한 우리의 제언은 공허한 외침에 그칠 수도 있다. 우리의 제언을 따르기에는 많은 어려움이 있다는 사실도 잘 알고 있다. 그러나 전혀 무익한 것은 아니

다. 위대한 가족기업들이 이루어 낸 성과를 보면 기업의 소유주, 직원, 고객, 동반자, 사회전체를 위해서도 도전해볼 만한 가치가 있는 일이다. 오늘날 기업들의 자신감이 무너지고 있는 현실과 경제적 어려움들은 단기적인 접근방식의 위험을 일깨워 주며, 이제는 다른 방법을 모색할 때가 되었음을 말해준다.

## 2.3 장수기업들의 경영철학

리더에게는 기업과 이해관계자들에게 가장 도움이 되는 일을 추구하는 대단한 책임의식, 사명을 이어 나가려는 열정, 역량구축을 위한 노력 등이 필요하다. 이런 자질을 모두 갖춘 경영자가 올바른 정책을 시행할 때에 기업은 최고의 성과를 거둘 수 있다. 이 책의 장수기업 사례들은 그 기업이 장수기업이 되어 오늘에 이르기까지 어떠한 철학을 가지고 경영하고 있는지 참고되기 바란다.

### (1) 경영자의 도전의식과 책임의식

기업은 실무이사진에 의하여 운영된다. 운영자의 자질은 운영의 성과로 나타난다. 이사회는 자질을 갖춘 리더를 선발하고 장기적인 안목으로 실질적인 성과를 중요하게 여겨야 하며, 기업의 CEO가 용기있게 리더십을 펼칠 수 있도록 도와주어야 한다. 생소한 방식으로 과감한 결정을 내리고 성과가 느리게 나타나더라도 CEO가 미래를 위해 올바른 일을 할 수 있도록 도와주어야 한다. 새로운 사업모델, 결단력 있는 투자, 탁월한 자원배분 등을 통해 이러한 CEO의 용기가 들어난다.

그러나 용기보다 더욱 중요한 것은 기업에 대한 책임감이다. 특히 CEO는 위험관리를 신중하게 해야 한다. 이를 테면 필요한 분야에 많은 투자를 하더라도 부채는 최소한으로 줄이고 다양한 방법으로 위험이 없는 자금을 조달해야 한다. 사업모델은 전통적인 형태를 벗어날 수 있지만 시장의 요구에 부합할 수 있도록 끊임없이 조정하고 개선함은 필수의 요건들이다.

책임의식에서 가장 중요한 요소 중 하나는 남의 이야기에 귀를 기울이는 것이다. 장수하는 최고의 기업들에서 살펴볼 수 있는 가장 뛰어난 용기는 잘못을 인정하는 것이다. 기업문화가 잘못을 용인하는 분위기라면 실수를 인정하기가 한결 쉬울 수도 있다.

모든 경영자들이 자신의 실수를 인정할 수 있을 만큼 내면의 강인함을 기할 필요가 있다. 뛰어난 리더들은 오만과 독선으로 나서지도 않을 뿐 아니라 성공을 했다고 해서 흥분하지도 않고 자만하지도 않는다.

### (2) 경영자의 배려깊은 사명감

한 기업을 대표는 경영자는 그의 역량에 따라 그 기업의 미래의 흥망성쇠를 가름하게 된다. 최고의 리더들은 사회적, 경제적으로 중요한 의미가 있고 시장의 요구에 부합하며 수십 년 동안 이어 갈 수 있는 사명을 중심으로 기업을 운영한다. 이들은 기업의 사명에 절대적으로 공감한다. 사회철학, 윤리적 믿음, 종교적 신념의 결과로 사명을 받아들이는 경우도 있다. 기업의 특별한 역량과 시장의 기회와 더불어 이와 같은 굳건한 신념이 있기 때문에 사명이 탄생한다. 이들의 사명감은 논리나 분석을 넘어서며 핵심역량과 경쟁우위에 대한 논의를 초월한다. 기업의 사명은 감성과 근본적인 가치기준에 호소한다.

성실은 최상의 능력이다. 사명의식은 열정을 탄생시킨다. 조화로운 사회를 위한 홀마크의 노력과 베어링ML 마모를 줄이려는 팀켄의 노력, 대중에게 정보를 알리는 수단이 되고자 하는 <뉴욕 타임스>의 헌신적인 자세에서 보는 것처럼 기업의 사명은 위대하다. 또는 더욱 아름다워지고 싶은 여성들의 욕구를 채워주려는 에스티 로더의 헌신, 기본적인 소비재에 가치를 더하고자 하는 S.C. 존슨의 노력과 같이 기업의 사명은 단순하기도 하다. 어떤 쪽이든 사명을 수행하려면 직원들에게 목적의식을 불어넣을 수 있을 만큼 구체성을 띠워야 하고, 시장의 관심을 끌만큼 관련성이 있어야 하며 계속해서 쇄신해 나갈 수 있을 만큼 범위가 넓어야 한다. 수익과 매출목표는 뒷전으로 밀려나거나 전혀 언급되지 않는다.

물론 리더들은 사명뿐 아니라 사명을 수행하는데 필요한 제반의 역량이 필요하다. 즉 명확한 전략, 정확한 원칙, 행동의 방안 등을 구체화해야 한다. 예를 들어 품질이 뛰어난 제품을 만들고자 하는 팀의 사명은 완벽한 제품, 공정, 부품의 기준에서 이와 같은 요소들이 드러난다. 제조기기와 직원교육에 많은 돈을 투자하는 팀의 정책은 사명을 뒷받침하며, 베어링내 구성개선율, 고객충성도, 신규 수요확보 등은 팀의 사명을 얼마나 잘 수행하고 있는지 평가하는 척도가 된다.

### (3) 역량축적과 기반구축을 위한 노력

인간에게는 만능이란 없다. 보다 전문성이 필요하다. 특정한 분야에 역량을 집중할 때에만 사명을 달성할 수 있다. 여기서 집중이라는 단어가 의미하는 바는 기업의 사명을 달성하고 시장의 요구를 충족시키는 데 역량을 결집해야 한다는 뜻이다. 이를 위해서는 경쟁업체들 보다 많은 자원을 장기간 투입해야 하며 역량을 향상시키고 활용하는 노력을 기울여야 한다. 우리는 역량구축을 위해 노력한 십여 개의 기업에 대해 자세히 설명했다. 미쉐린은 공정과 제품의 연구개발에 경쟁업체들보다 많은 투자를 하였고, 에스티 로더는 브랜드구축을 위해 어떤 경쟁업체보다 많은 자원을 투입하였다.

한 분야에 대한 연구역량 집중의 결과물은 타 경쟁업체들이 쉽게 모방하지 못하는 가치를 지닌다. 경쟁우위를 유지하려면 독창적이고 남들이 모방하지 못하는 역량을 개발해야 한다. 오랫동안 역량강화를 위해 헌신적으로 노력하다보면 남들이 모방할 수 없는 독특한 자원과 역량이 생긴다. 이것이 바로 많은 가족기업들이 오랜 기간 살아남을 수 있었던 이유이다. 누가 감히 초대형 개발공사 부문에서 벡텔과 경쟁을 하고, 포장부문에서 테트라 팩과 경쟁하고 유리관련 기술에서 코닝과 경쟁을 하려 하겠는가?

## [요 약]

### 기업이 장수하려면

기업이 장수하려면 끊임없이 성장단계별. 혁신적으로 창조력이 적용이 이루어져야 가능함이 나타난다 기업의 성장단계를 시그모이드 곡선(Sigmoid Curve)의 관점을 적용하여 창업기, 성장기, 성숙기, 쇠퇴기, 도약기의 5단계 성장단계로 구분한다. 기업경영에 있어서 전략적 변곡점이라는 인텔의 CEO였던 앤드류 그루보 회장이 경영부문에서 처음 사용한 단어로서, 쇠퇴기로 접어들기전 시점에 새로운 제2의 도약을 하기위한 혁신적인 사고의 틀이라고 할수 있다.

### 이해관계자와 소통협력 강화

기업장수의 기본은 협력적 소통을 지속가능의 경영의 관계를 잘 나타내 준다는 것이다. 기업이 원가절감을 안정성보다 우선하면서 원료공급업체들은 지속적으로 제조원가 절감을 위하여 납품단가를 인하를 일방적으로 요구할 경우 불실품이 납품될 수밖에 없어진다. 상호생존의 소통이 필요로 한다. 이해관계 당사자들과 교류와 소통은 필연적인 요소의 하나이다.

### 기술정보수집과 기업의 품질

이들은 품질, 고객만족, 새로운 기회와 같은 중요한 문제들에 집중하려고 많은 양의 데이터를 수집할뿐 아니라 질적으로도 우수한 데이터를 수집한다. 이렇게 모은 정보들은 경제적인 성과를 나타내는 중요한 지표가 되는 동시에 앞으로 어떤 활동을 해야할지 이끌어 주는 지침이 된다. 쿠어스나 홀마크 같은 위대한 가족기업들은 고객취향과 같은 주관적인 품질지표를 측정하는 데 많은 정보를 활용했다. 중요한 정보들이 묻혀서 사라지게 내버려 두지 않고 잘 활용하려면 전문가의 판단력과 직관이 필요하다.

### 중 · 단기계획과 실천

단기적인 목표와 장기적인 목표를 모두 설정하고 이행하라, 단기적으로  해결해야 하는 일이라 하더라도 장기적인 목표를 염두에 실행하여야 지속성이 유지된다. 눈앞의 일만 해결하거나. 목전의 이익만 급급하게되면 단기효과는 이룰 수 있으나 장기적으로는 지속하기 어려워 진다. 더나은 결과를 추구한다면 더 나은 인재를 찾고, 조직을 개선하고, 새로운 고객과 관계를 구축하고, 도움이 되는 동반자를 찾아내고, 새로운 모험을 시도하라, 자신의 편을 만들어라, 도움을 요청하기 전에 먼저 손을 내밀어라, 상대방을 아낌없이 도와주면 관계를 구축하는 데 도움이 된다. 요구하기 전에 먼저 베풀어라.

# 제3절 가치창조와 공유가치 창조

## 3.1 가치창조

### (1) 가치혁신

① 성공한 기업의 공유가치관

성공한 기업들이 경쟁자보다 우위에 있어야 한다는 가치혁신(valueinnovation)이라는 전략적 사고의 논리를 가지고 있다는 것을 발견했다. 또한 이어지는 연구에서 Kim & Mauborgne(1999)은 시장을 창출하기 위해 경영자는 다음과 같은 질문에 대해 고려해 새로운 가치곡선을 창출해야 한다고 밝혔다.

(a) 업에서 어떤 요인들이 산업기준 이하가 되어야 하는가?

그림 4-2 공유가치 조성의 모형도

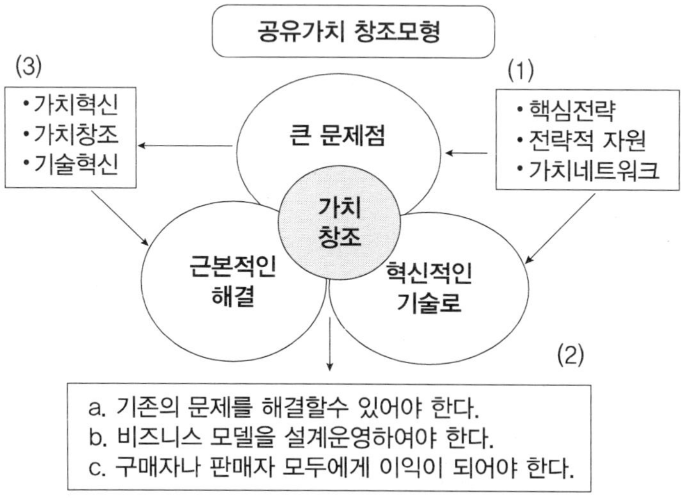


자료: 모형은 장수기업의 법칙 名和高司 著 P 167 참고 재도.

(b) 업에서 어떤 요인들이 산업기준 이상이 되어야 하는가?
(c) 업에서 받아들여지는 요소 중 제거되어야 할 요소는 무엇인가?
(d) 업에서 완전히 새롭게 창출되어야 하는 요소는 무엇인가?

이와 같은 체계적인 관찰을 통해 새로운 가치곡선을 창출함으로써 새로운 가치를 부여할 수 있다. 또한 유사한 개념으로 동일한 경쟁에서 경쟁기업을 패배시키는 것만 신경쓰게될 경우 기업들은 경쟁사보다 조금 더 나은 운영을 하기위해 기업들의 에너지를 계속적으로 허비하게 될 뿐이며, 그런 방식으로는 기존 기업과의 경쟁에서 궁극적으로 승리할 수 없다. 그러므로 기업들은 기존의 게임룰을 부정하거나 경쟁자체에서 벗어나 시장공간을 창출하여 산업에서의 지배적인 전략이나 게임의 룰(rule)을 뒤엎을 수 있으며, 이렇게 더 많은 가치를 창출하는 새로운 전략을 만드는 것이 전략적 혁신(strategic innovation)이다.

② 고객의 필요와 차이

전략적 혁신은 산업내의 포지셔닝 맵에서 다른 경쟁자가 지나친 새로운 고객을 발견하거나, 다른 경쟁자가 잘하지 못하는 것 중 고객이 원하는 새로운 니즈(needs)를 발견하거나, 고객을 위한 새로운 방법을 발견했을 경우의 차이(gap)를 알아내 그 차이를 줄이기 위해 노력함으로써 새로운 시장이 형성되면서 발생한다. 또한 Markides는 고객(Who: customer), 제품 및 서비스(What: products, service), 방법을 재정의해야 한다고 설명하고 있을 것이라 했다(Markides, 1997).

한편 비즈니스 모델은 정보기술의 발달로 벤처기업 붐이일던 당시 자금조달을 위한 가설에 기초한 수익성 모델을 투자자에 제시하기 위해 나타난 조금은 생소한 용어였다(Magretta, 2002). 하지만 지금은 경영전략에서 중요하게 다루어지고 있으며, 사업의 유형이 달랐던 기존의 온라인 기업들만의 e-비즈니스 분야 뿐만 아니라 다른 오프라인 기업들에서도 적용될 수 있는 개념이다. 이러한 맥락에서 생각해 볼 때, 가치혁신을 잘 설명해 줄 수 있는 개념이 비즈니스 모델혁신이라고 할 수 있다. 여러 연구에서 거론되고 있는 비즈니스 모델의 성공조건을 요약하면 다음과 같다(Johnson & Christensen & Kagermann, 2008).

첫째, 기존의 문제를 해결할 수 있어야 한다. 현재 가지고 있는 문제를 해결함으로써 새로운 비즈니스 모델을 만들 수 있는 기회를 가질 수 있다.

둘째, 기존과 다른 비즈니스 모델을 설계하고 운영해야 한다. 같은 비즈니스 모델을 가지고서는 후발기업들은 선발기업들을 따라잡기가 매우 어려우며, 경쟁에서 힘든 상황을 초래하게 된다.

셋째, 새로운 비즈니스 모델이 구매자와 판매자 모두에 이익이 되어야 한다. 서로에게 이익이 되어 수익을 창출할 수 있어야 한다.

넷째, 비즈니스 모델과 적합한 운영방식이 필요하다. 만약 비즈니스 모델이 유사한 경우라면 적합하면서도 다른 운영방식을 통해 수익을 창출할 수 있다.

③ 비즈니스 사명제품과 시장

이러한 조건을 만족시키는 비즈니스 모델은 회사나 조직이 모든 이해관계자들을 위해 어떻게 가치를 창출하고 성과를 낼 수 있을지 그 방법을 담은 가정들을 모아 놓은 것이며(Magretta, 2002), 어떤 상품을 누구에게 어떤 방식으로 판매할 것인가를 결정하여 기업이 어떻게 시장의 가치를 창출하는가 하는 개념이다(이동현, 2003).

Hamel(2000)은 비즈니스 모델은 핵심전략, 전략적 자원, 고객과의 접점, 가치네트워크로 구성된다고 규정했다.

핵심전략은 기업의 경쟁의 토대가 되며 비즈니스 사명, 제품 및 시장의 영역, 차별화 기반 등으로 이루어 진다. 전략적 자원은 핵심역량, 전략적 자산, 핵심 프로세스 등으로 이루어지며, 고객과의 접점은 실행, 지원, 정보와 통찰력, 관계동태성 및 가격책정의 요소들이 있다. 마지막 가치네트워크는 기업 간 관계로서 기업은 직접적으로 모든 자원을 관리할 수 없으며 공급업자나 파트너 등과의 연계로 서로를 보완 및 확장할 수 있게끔 해야 한다. 이와 같이 전혀 다른 비즈니스 방식으로 차별화하는 능력이 비즈니스 개념의 혁신이다(Hamel, 2000).

또한 이동현(2003)의 연구는 기존의 전략과는 다른 기업전체의 통합적 시각을 제시해 주는 새로운 분석단위로서 기업 내·외부의 독특한 비즈니스 시스템으로서 고객을 위한 새로운 가치를 창출한다고 밝혔다. 이동현은 비즈니스 모델을 고객선택 핵심가치, 핵심역량, 가치네트워크로 정의하였다.

첫째, 고객선택은 타깃

둘째, 핵심가치는 경쟁자는 다르게 제공될 수 있는 차별화된 사업의 가치이고,

셋째, 핵심역량은 가치를 제공하는데 기업이 가져야 할 핵심역량에 대한 요소이다. 마지막으로 가치네트워크는 외부기업이나 파트너의 관계설정에 대한 내용이라고 할 수 있다.

기존의 연구들을 종합하여 보면 비즈니스 모델은 기업이 갖고 있는 내·외부의 모든자원을 이용하여 모든 이해관계자들을 위해 기업전체의 통합적 시각을 제시해주는 방법으로서, 기존의 방식과는 다른 비즈니스 방식을 통해 차별화 함으로써 새로운 가치를 창출하는 것이라고 할 수 있겠다. 종합하여 볼 때 가치혁신이란 경쟁우위를 확보하고자 하는 것이 아닌, 근본적으로 새롭고 우월한 가치를 제공하여 소비자의 가치를 높여 경쟁과는 무관한 시장을 만드는 것이다.

### (2) 기술혁신(Technology Innovation)

기술은 지식, 도구, 방법 및 행동을 통하여 투입물을 산출물로 변화시키는 것이다(Daft, 1978). 이는 제품제조를 위한 지식, 노하우, 기법을 아우르는 것으로서, 제품과 공정개발의 실용적 측면과 제품의 개발 및 생산방법에 관한 지식의 집합체로 정의할 수 있다(Dhalman & Westphal, 1981). 기술혁신이란 기업가가 생산과정에서 새로운 결합을 시도하는 활동으로 생산방식, 자원, 시장, 조직 등의 변화로 이루어지는 개념으로 시대에 따라 불규칙하게 발생하고, 기술혁신이 우선 한 번 있게 되면 동시다발적으로 경제활동에 큰 영향을 미친다(Schumpeter, 1961).

Bower와 Christensen(1995)은 기술이나 시장변화를 맞으면 산업에서 우위를 보이던 리더 기업들이 실패하는 일관성 있는 패턴이 있다고 말하면서, 이러한 이유는 가장 인기있고 가치있는 경영의 새로운 흐름에 리더기업들이 굴복하여, 현재 확보하고 있는 고객에만 가까이 있으려는 경향때문이라고 설명했다. 이들은 기술이나 시장의 변화를 기술혁신의 두 종류로 설명했는데, 지속성 기술과 와해성 기술이 그 개념이다. 지속성 기술은 개선비율을 일정하게 유지하는 경향을 가지는데, 이것은 그들이 이미 알고 있는 가치속성에 무언가 더 많거나 더 나은 것을 가져다 준다. 반면에 와해성 기술은 전통적으로 가치를 두는 주류로부터 매우 다른 속성을 제시하는 것을 말한다.

보통 주류를 따르는 소비자들은 와해성, 제품의 어플리케이션에 대한 지식과 이해를 이용하는 것을 꺼려한다. 그리고 후에 와해성 기술은 새로운 시장이나 새로운 어플리케이션에서만 사용되고 가치를 인정받는 경향이 있다. 일반적으로 와해성 기술은 기존 업체에게는 수익 및 비용구조에서 매력적이지 못한데, 가시적인 수입이 얼마되지 않을 뿐 더러 향후의 시장규모를 예측하기 어렵기 때문이다. Bower와 Christensen이 설명한 와해성 기술은 현저히 다른 성능을 보이고 초기단계에서 기존의 고객들에게 높은 평가를 보이지 못하지만, 초기단계를 지나면 새로운 기술이 기존 시장에서 주류 고객들을 끌어들이게 된다. 이 때 주류고객들은 그 기술을 원하며 이러한 와해성 기술을 개발한 기업들이 시장을 지배하고, 초기에 시장을 지배하던 기술은 뒤처지게 된다.

이러한 기술혁신의 선택여부는 미래에 예측할 수 있는 기술적 경로를 정의하는 것이다. 이것은 기술의 탐색과 기술의 활용개념과 연관해 볼 수 있으며, 기업들은 경로에서 벗어나 새로운 것을 창조해야 하는가, 기존의 것들을 개선하고 보완함으로써 더 효율적인 경영을 추구할 것인가를 선택하게 된다. 하지만 하나의 기술패러다임이 장기간 시장에서 지배적인 위치에 있더라도, 언젠가는 기술패러다임의 개선이 이루어질 수 없는 한계점이 도래하기 때문에 기업의 이익을 창출해낼 수 있는 기회가 줄어들게 되므로 새로운 기술을 탐색하게 된다.

### (3) 프로세스 혁신과 고객 (Process Innovation)

기업 간의 경쟁이 치열해짐에 따라 소비자들이 선택할 수 있는 기업의 제품들은 자연스럽게 많아졌다. 이러한 현상으로 소비자위주의 시장이 형성됨에 따라 소비자의 선택폭이 넓어졌다. 기업들은 자연스럽게 소비자에게 최상의 제품이나 서비스를 공급하되, 경쟁기업들보다 더 빨리 공급하기 위한 여러 가지 방법을 찾고 실행하게 되었다. 이렇게 정해진 사업결과물(output)을 달성하기 위해 수행되는 논리적으로 관련된 과업을 비즈니스 프로세스라고 한다. 또한 그러한 비즈니스 프로세스를 더 빠르고 효율적으로 수행할 수 있도록 프로세스를 개선하여 생산성을 향상시키는 과정을 프로세스 혁신이라고 할 수 있다. 즉, 프로세스 혁신은 생산성을 높이거나 생산효율성을 높이기 위하여 방법, 장비, 배치, 배열 등 사업의 시작에서 끝까지 새롭게 변화시키려는 것을 말한다. 또한 비즈니스 프로세스 이노베이션(business process innovation)이라는 개념은 비전의 설정 및 실제의 프로세스 디자인 활동을 아우르며, 기술적 · 인간적 · 조직적 차원에서의 혁신노력들을 의미하고 있다(Davenport & James, 1990).

## (4) 고객을 가장 먼저 생각하라

미국기업들의 윤리의식에 근본적인 질문을 던진 엔론, 월드컴 스캔들이 터진뒤 내로라 하는 기업들이 앞다퉈 마치 유행처럼 기업윤리와 사회적 책임의식을 외치고 있다. 그러나 존슨 앤 존슨은 기업의 사회적 책임과 윤리의식이라는 개념이 정립되기 훨신전인 지난 1943년에 이미 전세계 기업윤리 강령의 모태가 된 '우리의 신조'를 세상에 선보였다. 우리의 신조는 존슨 앤 존슨 창업자의 아들인 로버트 우드 존슨 전 회장이 당시에는 전혀 새로운 개념인 기업윤리에 기초해 만들었다. 그 동안 몇 차례 문구수정을 거쳤지만 기업의 사회적 책임을 강조한 내용은 면면히 이어져 내려와 2003년 60번째 생일을 맞게 됐다. 존슨 앤 존슨이 신뢰경영의 원조로 불리는 것도 이 때문이다. 대리석에 적혀있는 우리의 신조는 이렇게 시작된다.

우리의 첫 번째 책임은 우리상품과 서비스의 수요자인 의사, 간호사, 환자와 자녀를 가진 아버지와 어머니를 비롯한 모든 사람(고객)들에 대한 것으로 믿는다. 존슨 앤 존슨 신뢰경영의 출발점은 이처럼 고객이다. 소비자에 대한 소임을 다한 뒤에 직원, 지역사회, 주주에 대한 책임에 충실하도록 강조하고 있다. 미국기업들이 열이면 열 모두 주주중시 경영을 내세우고 있는 것과는 달리 주주를 맨 뒷자리로 끌어내려 푸대접을 하고 있는 점이 흥미롭다. 대다수 미국기업들은 이익을 많이 내 주가를 끌어올리고 주주에게 배당금을 한 푼이라도 더 많이 주는 것을 최고선으로 생각한다. 기업경영자들이 단기적인 실적 목표달성에 급급해하는 것도 이같은 맥락에서 이해할 수 있다.

하지만 존슨 앤 존슨 윌리엄 웰던 회장은 "고객을 중시하느냐 아니면 주주를 중시하느냐는 결국 경영진이 기업의 장기적인 생존전략을 선호하느냐 아니면 단기성과에 집착하느냐의 차이"라고 말한다. 그는 "단기적인 성과만 좇아 고객에 대한 책임을 소홀히 할 경우 단기적 이익을 얻을지 몰라도 기업에 대한 장기적인 신뢰는 무너질 수밖에 없다며 지속적인 기업활동을 영위하는 회사가 되기 위해서는 고객에 대한 책임을 우선시하는 장기전략에 집중해야 한다"고 강조했다. 존슨 앤 존슨이 창립 후 117년간 생존해왔듯 앞으로 수백년을 더 존속할 자신을 갖는 것도 존슨 앤 존슨에 대한 고객의 신뢰가 강하기 때문이라는 이야기이다.

존슨 앤 존슨의 생각은 이렇다. 우리의 신조에 따라 고객에게 좋은 제품을 제공하는 우리의 책임을 지킬 때 제품에 대한 고객의 신뢰는 높아진다. 기업이 직원에 대한 책임감을 다할 때 직원들 사이에 열심히 하자는 동기부여가 이루어지고 노동생산성은 높아진다. 또 지역사회에 대한 사회적 책임을 다하면 지역사회 발전에 도움이 되는 한편 기업이미지가 높아져 제품수요가 늘어난다. 이처럼 신뢰가 형성될 경우 기업의 지속가능한 성장이 담보된다는 이야기이다. 결국 기업만 성장하는 것이 아니라 고객, 직원, 지역사회가 모두 함께 성장하는 공생의 관계를 만드는 것이 바로 존슨 앤 존슨의 경영철학이다. 이렇듯 고객, 직원, 지역사회에 대한 책임을 완수할 경우 주주도 자연스럽게 혜택을 보게되는 것은 물론이나.

주주보다 고객을 중시하는 '우리의 신조'에 따른 존슨 앤 존슨의 경영방침에 대해 불평하는 주주나 직원을 찾아보기 힘들다. 고객을 우선시하는 존슨 앤 존슨의 신뢰경영은 말로만 주주중시 경영을 펼치는 기업보다 실제로 주주에게 더 큰 혜택을 돌려줬기 때문이다. 기업성과의 결실인 배당금을 살펴보자. 이 회사는 40년째 단 한해도 거르지 않고 주주배당금을 전년에 비해 더 많이 준 유일한 미국기업이다. 또 지난 1944년 뉴욕증권거래소에 상장한 후 한 번도 빠지지 않고 매 분기마다 주주에게 배당금을 지불했다.

## 3.2 미래를 위한 장수전략

### (1) 신뢰는 이익으로 돌아온다

이 회사 임직원들은 존슨 앤 존슨을 단순한 상표로만 보지는 않는다. 존슨 앤 존슨은 임직원에게 신뢰의 상징이라는 의미를 갖는다. <월스트리트 저널>설문조사 결과 지난 3년연속 존슨 앤 존슨이 가장 존경할만한 미국기업으로 선정된 것도 이 때문이다. 존슨 앤 존슨에 대한 이 같은 평가는 지난 117년간 존슨 앤 존슨이 고객과 임직원들로부터 받아온 좋은 평판과 신뢰의 결과물이다. 웰던 전 회장은 "신뢰경영은 기업에 대한 소비자들의 확신을 키우는 행위"라며 "제품판매에 있어 중요한 것은 신뢰와 좋은 평판"이라고 강조했다. 기업신뢰와 평판은 단순히 주어지는 것이 아니라 부단한 노력을 통해 얻어내는 것이라는 점도 덧붙인다.

존슨 앤 존슨은 또 직원들이 회사의 대표로서 주인의식을 갖고 행동하도록 독려한다. 이미 고객과 상당한 신뢰를 쌓아 놓은 상태이지만 고객의 신뢰와 존경을 얻기위한 활동이 지속돼야 한다는 믿음때문이다. 이같은 신뢰경영은 곧바로 기업이익으로 연결된다. 존슨 앤 존슨에 대한 신뢰는 곧바로 존슨 앤 존슨 제품에 대한 신뢰증가로 이어져 제품수요를 확대하는 결과를 낳기 때문이다. 존슨 앤 존슨은 100여년이 넘도록 쌓아온 이같은 신뢰를 회사의 커다란 자산이라고 본다. 그리고 이같은 기업신뢰는 고객을 끌어모으고 우수한 직원들을 유인하는 자석과 같은 역할을 하고 있다고 믿고 있다.

## (2) 연구신기술 개발

### ① 연구개발에 투자

내일을 위해 투자하라 장기적인 목표, 최첨단의 제품을 판매하고 제품라인을 항상 새롭게 한다. 단기간에 성과를 나타내는 사업과 장기간의 노력이 필요한 사업을 동시에 진행하라 오랜 기간 살아남고 싶다면, 단기간에 성과가 들어나는 사업과 장기간의 노력이 필요한 사업을 동시에 수행할 필요가 있다. 여러 사례를 들어 설명하였지만 이 원칙은 아무리 강조해도 지나치지 않다. 코닝, 모토로라 등은 서로 다른 기간을 필요로 하는 다양한 연구개발 사업을 진행했다. 수십년 후에 결실을 맺어 상업화에 성공하는 제품이 있는가 하면 연구개발을 시작한지 채 2년이 지나지 않아 수익을 벌어들이는 제품도 있다. 이론적인 연구는 성과가 나타나기까지 오랜 시간이 걸리지만 응용연구 분야는 단기간내에 성과가 나타날 수도 있다.

### ② 연구는 다양하게

연구분야의 다양화 범위를 넓혀라, 최고의 기업들은 다양한 것을 연구하고 개선하려고 노력한다. 연구개발이라는 것은 마음 상태, 즉 사업을 하는 데 있어 더 창의적이고 더 뛰어난 방법으로 미래에 대비할 수 있는 철학이라고 볼 수 있다. 물론, 새로운 제품과 공정을 개발하려는 끊임없는 노력이 필요하지만 판매, 유통, 조직구성, 협력관계 등에 대한 새로운 접근방식만으로도 커다란 변화가 생길 수도 있다. 가끔은 불가능해 보이는 일에 도전하고 영광스러운 패배를 칭찬하라, 코닝의 한 수석과학자는 최고의 연구는 제품연구가 아니라 아이디어와 기술이 중심이 되는 연구라고 얘기했다. CEO인 제이미 호튼은 신기술이 초기단계에 있을 때 시장가치를 알아차리는 것은 불가능한 일이라며 수석과학자의 의견에 동의했다. 그는 장기적인 개발을 목표로 하여 예측불가능한 결과를 탐구하는 연구방식을 칭찬했다.

일반적으로 큰 수확은 예상치 못한 분야에서 얻어지는 것이 보통이다. 그래서 최고의 기업들은 남들이 미처 손대지 못한 분야를 찾아 헤맨다. 물론, 미쉐린에서 바퀴가 무게를 지탱하지 못하는 우스꽝스러운 기관차를 만든 사례에서 보듯이 실패라는 엄청난 대가를 치르기도 한다. 그러나 리더들은 결과에 관계없이 직원들의 용감하고 적극적인 노력을 칭찬해 주어야 한다. 리더의 격려가 없다면 누구도 모험에 도전하려 하지 않을 것이고 오늘과 다름없는 내일만이 눈앞에 펼쳐질 것이다. 이것이 바로 고어에서 연구과제가 끝날때마다 성공여부와 관계없이 항상 열광하며 자축하는 이유이다.

③ 자유로운 연구영역을 보장

실수없이 성공없다. 열정을 가지고 연구하고 실수를 용인할 때 혁신이 가능하다. 상업적 가능성이라는 목표를 달성하려면 시장의 요구가 수렴되어야 한다. 수평적이고 커뮤니케이션 체계가 잘 구축된 조직에서는 각 부서, 사업단위 간의 의사소통이 원활하게 이루어진다. 그래서 코닝의 마케팅 담당직원들은 제품개발 초기부터 직원들을 찾아다니며 아이디어를 공모하고, 이를 연구개발 및 담당부서 직원들에게 전해준다. 고어에서는 팀의 규모가 작고 다양한 기능을 하도록 구성되어 있기 때문에 직원들이 연구, 생산, 마케팅을 두루 담당한다. 그 덕분에 연구원들은 새로운 아이디어를 얻고 새로 개발한 제품을 시장에 출시하는 적절한 방법을 찾는 데 큰 어려움을 느끼지 않는다. 업무자체가 광범위하기 때문에 모든 사람이 신제품개발에 참여할 수 있으며 주제넘게 나선다는 인상을 줄까봐 걱정하지는 않는다. 코닝에서는 연구개발을 더욱 장려하려고 고객, 대학, 다른 기업 등 다양한 조직들과 협력하여 다양한 아이디어를 얻고 제품을 개발하도록 한다. 공간을 공유하여 필요한 인재들이 협력할 수 있도록 하는 경우도 있다.

## (3) 건전한 재정확보

① 보수적으로 자금운영

미래를 수호하기 위해서는 재정안전은 필수적인 요건이다. 기업의 재력은 사력(社力)이다. 장기적인 목표인 역량개발에 투자하고 기업이 건전성을 유지하도록 하며 향후 수년동안 재정적으로 건실한 상태를 지속하도록 하라. 수익성 향상이 아닌 장기적인 목표를 위해 재정적인 수단을 활용해야 한다. 보수적으로 자금은 운용한데, 그러나 새로운 투자는 과감하게 기업전략과 경쟁환경에 따라 재정정책이 달라지지만 장수하는 가족기업들은 대부분 보수적인 자금운용 정책을 고집했다. 위험한 자금조달을 피하고 현금보유량을 늘렸으며 자금차입은 필요악이거나 불필요한 요소라고 여겼다. 최신 업무방식, 사무실, 호화로운 자동차, 사치품, 심지어 컴퓨터시스템까지도 불필요한 투자는 하지 않았다. 최고 경영진에게 주어지는 급여와 배당도 적정한 수준을 넘어서지 않았다. 장수하는 가족기업들은 결코 방탕하게 돈을 낭비하지 않았다. 그러나 필요한 부분에는 투자를 아끼지 않았다. 개별기업의 전략에 따라 역량, 인프라구축, 연구개발, 마케팅, 직원교육 등에 경쟁업체들보다 많은 투자를 하였으며 투자의 성과가 나타날 때까지 인내를 갖고 오랜 시간을 기다렸다. 불필요한 지출을 최소한으로 줄였으며 오너가족들이 수익의 대부분을 기업에 재투자하였기 때문에 과감한 투자가 가능했다.

② 수익성에 지나치게 집착하지 마라

기업이 당장의 수익성에 집착하면 미래 고객창출에 소홀해서 지속적인 발전에 장해를 가져오게 될 우려가 있다. 많은 기업들이 수치뒤에 숨은 내용은 고려하지 않고 비용과 수익에만 관심을 갖는 등 무형의 소득에는 소홀히 하는 경향을 가지고 있다. 수익성에 따라 기업이 어떤 분야에 집중해야 할지 그리고 직원들에게 어느 수준으로 보상해야 할지 결정하기 쉬운데, 직원들은 이런 제도를 악용하기 시작하고 결국 역량이 줄어든다. 이것이 바로 비용절감을 중시하는 사람들이 경영권을 넘겨받은 제너럴 모터스와 포드에서 수십 년 동안 일어난 일이다. 제너럴 모터스는 품질에 더 많은 관심을 가졌던 일본의 경쟁업체에게 제조와 시장점유율의 우위를 모두 내주고 말았다. 여기서 우리가 배울 수 있는 한 가지 교훈은 수익성과 성장률은 사명을 실현하고 역량을 구축해 나가는 과정에서 자연적으로 발생하는 결과물이지 그 자체로서 목표가 될 수 없다는 점이다.

## 3.3 장수기업으로 향하여

### (1) 장수기업들의 실태를 살펴라

장수기업들이 무슨 경영전략으로 활동을 하였는지 살피는 것은 어떤 처방보다 더 중요한 의미를 갖는다 하겠다. 몇마디 말로 사람들에게 의욕을 불어넣어 줄 순 없지만, 이 책의 제6장에서 10장까지의 5개국 30개 장수기업들의 생존의 수록에서 나오는 성공전략들에 대한 자세한 설명은 기업을 운영하는 경영자들을 고무시키기에 충분하다.

장기적인 접근방식에는 여러 측면이 있으며 숱한 어려움을 이겨낸 후에야 승리를 맛볼 수 있는 것들이다. 따라서 모든 직급의 관리자들과 이사들이 자신들의 기업에서 활용할 수 있도록 장수기업의 구체적인 활동사항들을 요약, 정리할 것이다.

장수기업 기업들은 조화롭게 완전성을 추구했기 때문에 성공할 수 있었다. 즉 특정한 전략에 맞는 우선순위와 업무추진 방식을 활용하고 부족한 점을 보완했으며, 극단으로 치닫지 않도록 균형을 유지하려고 노력했다. 따라서 각 기업의 활동 하나하나를 나열하고 보편적인 조언을 제시하는 것은 장수하는 기업의 성공을 복합적인 요소들이 결합으로 이루어짐을 알 수 있다.

전술된 성공한 장수기업들이 대부분 가족기업으로 이어지는 전통으로 경영의 승계가 되고있기 때문에 특히, 비가족기업일 경우 어려움이 더 클 수 있다. 소유주 가족이 기업의 경영을 맡고 있을 경우 최고 관리자들은 멀리 내다보고, 모든 면을 세심하게 고려하고, 관대하게 행동할 수 있다. 이런 요소들이 오랜 기간 기업을 운영하는 데 실질적인 우위로 작용한다. 이런 우위를 갖지 못하는 기업의 경영자들은 단기주주들을 만족시켜야 한다. 이것이 바로 기업성장의 한계가 된다. 만일 개인기업 또는 가족기업을 직접 운영한다면 참으로 좋은 기회가 아닐 수 없다. 경쟁업체들과는 달리 경쟁우위를 만들어 나갈 수 있는 권한이 손에 있을 수도 있기 때문이다. 다른 기업과의 차이를 소중하게 여기고 잘 활용하기 바란다.

경영상층부에서부터 생산직 사원에 이르기까지 모든 직원들이 기업의 수명연장을 위해 어떤 일을 할 수 있는지 살펴볼 것이다. 기업지배 구조와 관련된 일부제안들은 실천하기 어려울 수도 있지만, 개인적 차원이나 기업의 기능적 측면과 관련된 제안들은 거의 모든 회사에서 실현가능한 내용들이다. 그래서 활동범위가 더욱 넓은 곳으로 옮기려 할 필요도 없다.

본장에서는 기업이 장수하는데 필요한 전제조건들을 살펴볼 것이다. 기업이 오랜기간 살아남는데 가장 필수적인 요건들은 최고위층(이사회, CEO, 최고경영팀)의 인센티브 및 평가기준이다. 그 다음에는 장수비법 적용에 필요한 기업철학과 조직구성을 살펴볼 것이다. 그런 다음 인적자원관리, 마케팅, 운영, 연구개발, 자금조달, 정보기술 등 각 분야별 행동방침을 제시할 것이다. 마지막으로 장수하는 기업을 위해 조직구성원 모두가 견지해야 하는 자세와 자발적인 노력에 대해 이야기할 것이다.

### (2) 장수기업의 지배구조

장수하는 장수기업의 지배구조는 가족기업의 경영자들로 성공을 중시하는 출세주의자가 아니라 내실을 추구하는 경영기법을 구사하며 효율을 전제로하는 관리자처럼 행동한다. 이들은 기업의 장기적인 이익, 모든 이해관계자를 중시하며 주주보다는 직원, 고객, 사회를 더 중시한다. 모든 이해관계자들을 세심하게 배려할 때 주주들이 가장 큰 이익을 누린다는 역설적인 사실을 기억해야 한다. 장수하는 가족기업의 경영자들은 성공을 중시하는 출세주의자가 아니라 관리자처럼 행동함으로서 신뢰와 신망을 얻어 기업을 효율적으로 운영한다.

◈ 수직적인 구분을 최소화하라

위대한 가족기업들은 직원들이 모두가 하나의 팀에 속한다고 느낄 수 있도록 배려했다. 가능한 한 직위, 권력, 부를 드러내지 않고 동료애를 느끼도록 했다. 경영진의 집무실을 지나치게 화려하게 꾸미거나 급여나 비용계정을 지나치게 높게 설정하지도 않았으며, 리무진을 타는 경우도 거의 없었다. "최고 경영진이 사치를 해서는 안 된다. 모든 직원들이 지켜본다."라는 것이 장수하는 가족기업의 모토이다. 대화의 창을 항상 열어두어 하급직원들이 자유롭게 상사와 대화를 나누고 심지어 직속상사보다 더 높은 직급의 관리자와도 자유롭게 대화할 수 있었다. 고위간부들도 매장 또는 현장의 직원들과 직접대화를 나누는 데 많은 시간을 할애해야 했다.

### (3) 주주들의 거시적 안목과 태도

기업은 많은 주주들로 운영된다. 주주들의 안목은 태도로서 표출된다. 오늘날 많은 주주들이 마치 증권거래 업자처럼 단기간 주식을 보유했다가 수익을 벌어들인 후 팔아버린다. 이들은 빠른 시간내에 수익률을 끌어올리고 수익률 향상에 기여하는 경영진에게 많은 보상을 주는 기업을 선호한다. 설령 이렇게 벌어들인 수익으로 인해 기업의 장기적인 건전성이 훼손되더라도 개의치 않는다. 이런 태도를 지닌 사람들이 기업의 소유권을 갖고 있으면 CEO가 먼 미래를 내다보고 행동하기 힘들다. 다시 말하면 단기차익을 바라는 주주가 많으면 미래지향적 장기투자가 어려워진다.

주주들에게 장기적인 건전성을 염두에 두고 기업을 운영하는 것이 모두에게 도움이 된다는 사실을 인식시켜야 한다. 가족기업들이 비가족 기업보다 오랜 기간 살아 남았을 뿐 아니라 주주에게 돌아가는 배당과 수익성도 높다는 것을 보여준다. 또한 장기적인 안목을 지닌 뛰어난 투자가 장기적인 건전성을 염두에 두고 운영하는 기업(정직한 방법으로 품질이 뛰어난 제품을 팔고, 인프라 유지에 안색하지 않으며, 많은 사람들이 일하고 싶어하는 기업)의 주식을 많이 보유하고 있다는 사실을 알아야 할 것이다. 기업의 장기적인 운영을 중시하는 주주들이 많은 기업이 안정적으로 미래를 내다보며 경영전약을 수립할 수 있다. 벤저민 그레이엄, 피터 린치 등 주식전문가들도 오랜 기간 주식을 보유하면서 재정실적 이외의 성과들까지 포괄적으로 관찰하는 것이 중요하다고 주장한다.

주주들은 단기수익을 추구하는 것이 얼마나 위험한지 깨달아야 한다. 엔론, 월드컴 그리고 닷컴기업, 첨단기술기업 등의 붕괴로 얼마나 많은 똑똑한 투자자들이 쓰디쓴 패배를 맛보아야 했는가? 어떤 주식을 살지 고르는 것이 어렵다면 언제살지를 결정하는 것은 더욱 어렵다. 거품이 사라진 오늘날의 시장여건에서 투자자들은 오랜 기간 살아남을 수 있는 내실 있고 건전한 기업들을 찾으려고 더 많은 노력을 기울일 것이다. 마지막으로 가장 중요한 사실은 단기수익만을 추구하다 보면 엄청난 사회적, 경제적 비용이 발생한다는 점이다. 부실한 제품, 노동재의, 비인간적인 업무, 와해된 공동체로 인해 현대의 경영자와 기업에 대한 믿음이 사라져 가고 있다. 단기수익에 집착하면 개인투자자와 기업뿐 아니라 사회전체에 막대한 비용이 가중된다는 사실을 알아야 한다.

## [요 약]

### 장수기업의 경영철학

리더에게는 기업과 이해관계자들에게 가장 도움이 되는 일을 추구하는 대담한 책임의식, 사명을 이어 나가려는 열정, 역량구축을 위한 노력 등이 필요하다. 이런 자질을 모두 갖춘 경영자가 올바른 정책을 시행할 때에 기업은 최고의 성과를 거둘 수 있다. 이 책의 장수기업 사례들은 그 기업이 장수기업이 되어 오늘에 이르기까지 어떠한 철학을 가지고 경영하고 있는지 참고되기 바란다.

### 경영자의 도전과 책임의식

기업은 실무이사진에 의하여 운영된다. 운영자의 자질은 운영의 성과로 나타난다. 이사회는 자질을 갖춘 리더를 선발하고 장기적인 안목으로 실질적인 성과를 중요하게 여겨야 하며, 기업의 CEO가 용기있게 리더십을 펼칠 수 있도록 도와주어야 한다. 생소한 방식으로 과감한 결정을 내리고 성과가 느리게 나타나더라도 CEO가 미래를 위해 올바른 일을 할 수 있도록 도와주어야 한다. 새로운 사업모델, 결단력 있는 투자, 탁월한 자원배분 등을 통해 이러한 CEO의 용기가 드러난다.

### 장수기업의 마케팅전략

기업의 명예를 높이고 고객들과 바람직한 관계를 형성하라. 장기적인 목표, 명성을 쌓는 데 도움이 되는 뛰어난 제품을 만들고 판매하며, 고객과 장기적인 관계를 구축하라. 마케팅은 화려하게 포장하는 것이 아니라 가치를 표현하는 방법이며, 일회적인 매출상승이 아니라 고객의 충성심을 높이는 데 목적이 있다.

### 자사의 역량집중과 제휴협력

한 분야에 집중하는 동시에 외부업체들과 협력하면 고도로 효율적인 운영방식이 탄생한다. 장수하는 가족기업들은 자신들이 최고라고 자부하는 공정과 제품에 집중하고 중요도가 떨어지는 부문은 외부업체와 협력했다. 예를 들어, 벡텔은 수익률이 높은 디자인과 금융부분에 집중했다. 건축부문에 뛰어난 역량을 가진 협력업체가 있었기 때문에 가능한 일이었다. 협력관계의 이점은 예상외로 크다. 이러한 이유로 월마트와 이케아같은 기업들은 협력업체들이 더 뛰어난 기량을 발휘할 수 있도록 많은 투자를 한다. 장기적인 관점으로 볼 때 모두에게 도움이 되기 때문이다.

# 제4절 창조성과 기업가정신

## 4.1 창조성과 기업가정신 정의 중요성

### (1) 기업가정신의 정의

기업가정신이 미래 경제전쟁을 좌우한다.

글로벌 금융위기 이후 새로운 질서재편 과정에서 기업가정신이 다시 주목받고 있다. 세계경제의 주도권을 두고 전 세계가 각축을 벌이는 가운데 기업가정신이 기업들의 사활을 결정하는 핵심요인으로 간주되고 있기 때문이다. 기업가정신(entrepren eurship)은 새로운 사업을 만들어내는 도전과 개척정신을 의미한다. 창업정신, 혁신정신, 벤처정신 등과 맞닿아 있다.

애플의 창업자 스티브 잡스는 2005년 미국 스탠퍼드대 졸업축사에서 졸업생들에게 헝그리 정신을 가져라(stay hungry)고 주문했다. 창업을 통해 새로운 사업을 일구라는 격려, 즉 기업가정신을 주문한 것이다. 국가가 주도해서 위기를 극복했고 이제 일자리를 만드는 건 궁극적으로 기업의 몫이라며 기업인들의 분발을 촉구했다. 기업가들의 도전정신과 통찰력이 지배했던 지난 반세기의 영광을 재현해달라는 주문이다.

미국은 2000년 들어서도 구글, 페이스북, 유튜브 등 세계를 호령하는 기업을 속속 배출해 내고있다. "반면 우리나라는 최근 들어 기업가정신의 실종을 경험하고 있다."

상공회의소가 발표하는 '기업가정신 지표'도 100을 기준으로 1977년 72.3으로 정점을 기록한 뒤 최근에는 5.0 안팎에 머무르고 있다. 세계적인 경영학자인 피터 드러커가 1996년 '넥스트 소사이어티'라는 저서에서 "한국은 기업가정신이 살아있는 나라"라고 했던 극찬이 무색해진다.

1950~1960년대 암울한 시기에도 기업가정신을 토대로 기업을 일군선인들이 있었다. 대표적으로 삼성을 창업한 이병철, 현대그룹을 세운 정주영, 오늘의 LG를 있게한 구인회 · 구자경 부자, SK그룹을 키운 최종현 회장 등이다. 기업가정신이 실종된 우리 모습을 보면 선인들은 후세들을 질책할게 분명하다. 21세기의 미래 한국경제를 이끌어갈

창업자들을 부르기 'Can Do(할 수 있다)' 정신으로 무장한 창업 1세대를 조명한다.

기업가정신(entrepreneurship)이란 학자에 따라 또는 주장하는 관점에 따라 여러 가지로 정의될 수 있으나, 가장 일반적으로 '전에 없던 분야에서 현재 추진중인 사업활동을 창시한 기량'이라고 할 수 있다. 이에 따라 기업가(entrepreneur)도 '무로부터 현재 경영하고 있는 기업을 창업한 사람'이라고 할 수 있다. 그러나 진정한 기업가는 '새로운 사업을 창업하고 연이어 급성장을 도모한 모험심이 왕성하며 기업심이 강한 사람'이라는 면에서, 단순한 사업가 뿐만 아니라 전문경영인이나 관리자와도 구별된다.

### (2) 왜 기업가정신인가?

◈ 기업가정신만이 중소기업의 살길이다

기업가정신에 대해선 다양한 정의가 가능하나 여기서, "기업가정신"이란 시장경제하에서 시장과 경쟁의 원리를 믿으며 성공과 실패의 원인이 자기자신에 있음을 인지하고 끊임없는 도전정신으로 기업을 하고 성장시키고자 하는 마인드(의식)와 이를 실현할 수 있는 능력으로 정의하고자 함에 있다.

모든 것이 변화하는 환경속에서 유일하게 변하지 않는 것은 '경쟁력은 오로지 경쟁적 구조에서만 나온다'는 명제뿐 기업가의 인식과 행동기준이 미흡하기 때문이다. 의존적 경영에서 탈피하여 기업의 경쟁력을 바탕으로 한 자구적 독립경영을 유지발전시킬 수 있는 의식과 능력은 기업가의 행동기준은 정부의 시그널이 아닌 시장의 시그널 즉, 경쟁자의 행동과 수요자의 선택에 의하여 이루어진다.

환경변화가 위기로 될지, 기회로 될지 여부는 기업가정신에 의해 좌우된다. 우리나라 중소기업은 대기업과 비교하면 기업가정신이나 그 결과로서의 성과가 미약한 것처럼 보이지만, 중소기업만의 국제비교로 보면 위기속에서 기회를 발견하고 그것을 성과로 만들어내는 능력에서 비교우위를 보여주는 측면도 있다.

정책적 측면에서는 지금까지 한국경제의 고도 경제성장을 뒷받침한 동력이 더 이상 유용하지 못함을 인식하고 '기업가정신'의 관점에서 새로운 성장동력을 모색할 필요성이 있다. 선진국에서는 기업가정신이 국가경쟁력의 핵심요소임을 인식하고 이를 고양시키기 위한 정책을 경쟁적으로 발전시키고 있음이 중요하다.

## 4.2 기업가정신의 중요 3요소

### (1) 관계개선

긍정적인 메시지를 던져라 협상은 관계에서 시작된다. 상대방과 소통하기 위한 첫 단계가 관계형성이기 때문이다. 하지만 협상에서 많은 사람이 범하는 오류는 '관계를 위해 신뢰를 쌓아야 한다'는 전제를 버리지 못한다는 것이다.

팔카오 교수는 "신뢰가 없어도 협상이 가능할 것인가에 대해 많은 사람들은 불안감을 가지지만 오히려 이 불안감이 긴장을 가져다줘 협상에 악영향을 미친다"고 조언한다.

"누군가와 관계를 구축하는 데 정말 신뢰가 필요할까요. 오바마와 힐러리를 봅시다. 이 둘은 몇 년 전까지 치열하게 경쟁하며 서로를 비방했습니다. 마지막 경선에서는 특히 비방전이 거셌기 때문에 서로 적대감을 가지고 있었죠. 하지만 오바마는 대통령에 당선되자마자 힐러리를 선택했어요. 자기주변에 그녀만큼 파워가 있으면서도 실력있는 인재가 없다고 생각했기 때문이지요. 힐러리를 딱히 신뢰했기 때문은 아닙니다. 기억하세요. 협상을 포함한 모든 사회적인 관계에서 '동지'란 우리를 좋아하는 사람이 아닙니다. 우리와 같은 세계관을 가지는 사람이에요. 함께할 때 혜택을 같이 느낄 수 있는 게 좋은 관계입니다. '당신을 믿습니다'나 '당신이 좋아요'라는 말보다는 '이번 협상을 통해 양측 모두 혜택을 얻게 될 것'이라는 긍정적인 메시지를 던지세요."

### (2) 소통은 원활하게

협상에서 리더가 돼라. 관계설정이 끝나면 다리를 놓아야 할 때다. 가치를 논하고, 해결책을 제시하는 협상에서 실질적인 단계를 통과하기 위해서는 '소통(Communication)'이라는 다리를 놓는 게 먼저다. 팔카오 교수는 "협상이라는 것은 캄캄한 밤에 숲속을 헤매는 것과 비슷하다"고 말했다. 모두들 앞이 보이지 않는 위험한 상황에서 빨리 벗어나고 싶어한다. 무리속에서는 이 상황을 컨트롤하고 싶어하는 사람들이 저마다 의견을 내놓기 시작한다.

"캄캄한 숲속에서 많은 이들은 두려움에 우왕좌왕하게 됩니다. 이때 지도를 가지고 있는 사람이 리더가 돼 나머지를 이끌어야 합니다. '지도를 손에 쥔 자'가 바로 당신이어야 합니다.

협상에서 부딪칠 많은 단계들을 당신이 알고 있다는 걸 보여줘야 하지요. 만약 누군가가 '당장 당신이 원하는 가격이 얼마냐'고 다짜고짜 말한다면 우리는 '나는 아직 당신에게 최적의 가격을 제시할 수가 없습니다. 아직 당신이 무엇을 원하는지 자세히 알지 못하기 때문이에요. 괜찮다면 먼저 당신이 원하는 가격조건을 이야기한다면 보다 적절한 합의점을 찾을 수 있을 듯 한데요'라고 대답하는 거죠. 리더가 돼 지혜롭게 협상단계를 밟아 나가면서 상대방이 '저 사람이 나보다 더 현명하구나'라고 생각할 수 있도록 하는 게 소통의 출발점입니다."

### (3) 가치향상

상대방이 원하는 가치를 부여하라 소통의 다리를 놓은 후에는 실질적으로 서로가 필요로 하는 가치를 논해야 한다. 이때 주의해야 할 점은 '상대방이 진짜 원하는 가치'가 무엇인지를 속속들이 파악하는 것이다.

상대방이 의견을 내놓을 때 우리가 알 수 있는 부분은 빙산의 일각일 뿐이에요. 그 이면에는 엄청나게 다양한 것들이 얽혀 있지요. 가령 상대편이 20% 디스카운트를 요구한다면 무조건 '우리에게는 무리입니다'라고 얘기하기 전에 이면을 따져보고 생각해야 합니다. '우리 쪽에서 10%를 할인해 주는 대신 질이 더 좋은 물건을 주는 게 어떨까요?'라는 답도 생각해 볼 수 있지요.

하지만 반드시 생각해야 할 게 있어요. 협상에서는 이해 당사자가 단순히 둘만있는 게 아니에요. 상사나 협력업체들, 고객, 팀원 등 많은 사람이 협상에 관여돼 있어요. 우리 쪽도 마찬가지지요. 단순히 상대방 입맛을 끌 수 있는 제안을 하며 가치를 조정한다고 해도 다른 관계자들 이해를 건드리면 협상은 결렬됩니다. 협상에 임하기 전에 가능한 한 전면에 등장하지 않는 다른 모든 사람에 대한 가치를 이해하고 공부해 두어야 합니다.

## 4.3 기업가정신의 발전단계

### (1) 기업가정신은 무에서 유를 창조

기업가정신은 무에서 유를 창조하는 것으로 표현한다. 허나 현실적인 조건을 무시할 수 없다. 기술적 요소가 낮은 상황에서는 첨단산업을 시작할 수 없는 것처럼 기업가의 혁신적 능력은 의지와 노력만으로 이루어지는 것이 아닌 일정한 발전단계를 거쳐야 한다.

① 창조적 혁신

완전히 새로운 기술이나 생산체제의 도입 또는 새로운 결합에 의해 기존의 기술이나 생산체계에서 벗어나 새로운 시장과 고객을 창출하는 것이다. 새로운 기술의 도입에 대한 사례로는 1908년 미국의 헨리 포드에 대한 T형 자동차의 대량생산과 대량소비 시스템을 들 수 있다. 창조적 혁신은 다음과 같은 특징을 가지고 있다.

① 기회에 초점을 둔 전략적 경영을 추구한다.
② 기회를 포착하면 신속하고 과감한 행동을 취한다.
③ 필요에 따라 임기응변적으로 자원을 확보한다.
④ 비공식 네트워크를 적극적으로 활용하는 수평적 관리방식을 선호한다.
⑤ 가치창조 중심의 보상체계를 선호한다.

② 통상적 혁신

창조적 혁신에 의해 태어난 새로운 제품과 산업은 성숙과정에서 제3 상한의 통상적 과정으로 이행된다. 통상적 혁신은 기존의 기술과 생산체계를 더욱 세련되게 하는 동시에 기존의 시장과 고객과의 연결을 유지하고 강화하는 혁신이다. 통상적 혁신의 본질은 새로운 발견이나 발명에 있는 것이 아니고, 이미 존재하는 것을 보다 저렴하게 그리고 보다 양질의 제품을 생산하고 판매하는 것이다. 통산적 혁신의 특징은 다음과 같다.

① 기업의 계속성을 유지・강화하기 위하여 장기전략을 수립하고 실행하는 과정에서 연구개발・제조・판매의 각 단계에서 점진적인 혁신을 추구한다.
② 대량생산에 의한 규모의 경제를 실현하면서 한편으로는 고품질을 유지하는 생산과 판매시스템을 선택한다.
③ 종업원들이 회사에 대한 애착심을 갖게하고, 자발적인 혁신을 지속적으로 수행할 수 있는 조직관리를 한다.

③ 틈새시장 창조형

틈새시장 창조를 통한 혁신은 기존의 기술과 생산체계를 결합하거나 세련시킴으로써 새로운 시장을 개척하거나 또는 판매조직의 강화와 기존의 유통채널을 새롭게 결합하여 완전히 새로운 시장을 개척하는 혁신을 말한다. 틈새시장 창조형의 혁신을 수행하는 데 필요한 기업가정신은 다음과 같다.

① 시장과 소비자들의 새로운 요구를 분석하거나 직관적으로 파악할 수 있어야 한다.
② 기존의 기술과 생산체계를 바탕으로 새로운 제품을 나들어 낼 수 있는 능력이 있어야 한다.

④ 혁명적 혁신

혁명적 혁신은 기존의 기술이나 생산체계를 완전히 파괴하면서도 기존의 시장이나 소비자들과 연결을 강화하는 혁신을 말한다. 혁명적 혁신에는 두 가지 형태가 있다. 첫째는 기존의 산업을 크게 활성화 시키는 혁신이 있고, 둘째는 그러한 혁신이 나타난 산업에 커다란 영향을 미치는 것과 동시에 창조적 혁신의 단계로 이행하여 새로운 산업의 창조까지 도달하는 혁신이 있다. 혁신의 발전과정으로 보면, 전자는 혁명적 혁신으로부터 통상적 혁신으로, 후자는 혁명적 혁신으로부터 창조적 혁신으로 이행되었다. 이러한 혁명적 혁신에 필요한 기업가정신은 다음과 같은 특징이 있다.

① 기술의 응용에 머무르지 않고, 기초과학에 대한 이해력을 갖는 과학기술 지향적이다.
② 과학기술 지향적 경영자는 사업화 능력이 부족하므로 기술자와 협력하여 기업을 운영하는 경우가 있다.
③ 혁명적 혁신이 창조적 혁신으로 승화되기 위해서는 기업가적 경영자의 자질이 요구된다.

⑤ 혁신의 발전

혁신의 유형은 크게 네 가지로 구분되며 서로 다른 형태의 기업가정신을 필요로 한다. 일반적으로 창조적 혁신이나 혁명적 혁신에서 통상적 혁신으로, 혁명적 혁신에서 창조적 혁신으로, 그리고 통상적 혁신에서 틈새시장 창조형의 혁신으로 발전한다. 그러나 항상 이러한 방향으로 진행되는 것은 아니다. 특히 통상적 혁신으로부터 창조적 혁신이나 혁명적 혁신으로의 이행이 어렵다. 그 이유는 각각의 혁신은 독특한 환경요인이 존재하고, 그것은 국가별 · 시기별로도 서로 다르기 때문이다. 그러나 혁신은 환경요인에 의해서 제약을 받는 것만은 아니다. 혁신의 초기에는 환경요인이 분명히 제약조건으로 작용하는 측면이 있지만, 어떠한 계기에 의해서 혁신이 나타나면 그것은 환경요인에 반작용하여 새로운 환경요인을 만들어가게 된다.

### (2) 기업가정신의 경제성장

기업가정신(entrepreneurship)이 경제성장을 가져오는 가장 중요한 조건으로 지적되어야 할 것이다. 프랑스의 경제학자 장세는 일찍이 1800년에 "경제적 자원을 효율성이 낮은 영역에서 높은 영역으로 전환시키는 사람"을 기업가로 정의하고, 이런 기업가들이 있음으로 해서 자원의 사용이 효율화되고 그 결과 사회전체적으로 생산성의 증가와 함께 경제성장이 일어난다는 점을 설파하였다. 조지프 슘페터도 새로운 것을 만들어내기 위한 기업가들의 끊임없는 혁신이 생산성을 증가시키는 핵심적 요인이라는 점을 밝힌 바 있다.

이런 관점에서 이용호 · 윤태식 · 진승현 게이트 등 최근 진행되고 있는 각종 게이트에 대한 보도를 지켜보고 있으면 참으로 답답한 생각이 든다. 대부분의 신문과 방송이 이 사건에 연루된 대통령의 친인척이 누구인지, 어떤 정치인이 얼마나 해먹었는지에 대해서만 관심을 집중시키고 있기 때문이다. 언론이 이러한 문제에 관심을 가지는 것은 당연하다. 또 그것을 샅샅이 파헤치는 것은 언론의 고유 임무이기도 하다. 그러나 문제를 일으킨 기업가들이 기업가정신을 결여한 채 수단과 방법을 가리지 않고 자신의 이익만을 추구했다는 점을 지적하는 데 소홀했다는 느낌이 든다. 이들 기업인이 어떤 방식으로 주변의 인맥을 이용하여 문제를 일으켰는지를 좀 더 속속들이 추적해야 할 것이다.

기업가들이 기업가정신을 상실하면 결코 소망스러운 경제성장이 일어날 수 없다. 많은 기업가들이 기업가의 탈을 쓰고 빽과 연줄을 동원하여 이윤이 아니라 이권을 추구하게 되면 사회는 '지대추구 사회(rent-seeking society)'로 전락하여 경제적 쇠퇴를 겪게 된다. 언론들은 바로 이 점에 주목해야 할 것이다. 언론이 균형감각을 회복하여 얼치기 정치가와 함께 사이비 기업가들을 철저히 감시해야만 부패가 줄어들고 경제적 번영이 오게 된다.

## [요 약]

### 기업가정신

기업가정신(entrepreneurship)이란 학자에 따라 또는 주장하는 관점에 따라 여러 가지로 정의될 수 있으나, 가장 일반적으로 '전에 없던 분야에서 현재 추진중인 사업활동을 창시한 기량'이라고 할 수 있다. 이에 따라 기업가(entrepreneur)도 '무로부터 현재 경영하고 있는 기업을 창업한 사람'이라고 할 수 있다. 그러나 진정한 기업가는 '새로운 사업을 창업하고 연이어 급성장을 도모한 모험심이 왕성하며 기업심이 강한 사람'이라는 면에서, 단순한 사업가 뿐만 아니라 전문경영인이나 관리자와도 구별된다.

### 기업가정신의 발전배경

로마시대에는 부자가 되는 수단으로 많은 토지를 보유하여 수확물을 경작하거나 고리대금업을 하거나 정치관료의 부정 · 부패된 행위 등을 통해서 얻어졌다고 한다. 즉 지도층인 정치지도자 및 군부엘리트만이 부자가 될수 있다는 사실에서 그 시대상을 엿볼 수 있다. 또한 노예신분을 벗어날 수 있는 방법도 부자가 됨으로써 가능하였기에 다양한 상업행위를 통한 부자상인들이 출현하였다. 그렇지만 로마시민권을 획득하기는 결코 쉽지 않았다.

### 기업가정신의 중요성

경제활동을 하는 사람들은 많은 경우 독자적으로 사업을 일으킴으로써 경제적 부를 누리고 성취감을 맛보려는 욕구를 가지고 있다. 이러한 욕구는 산업발전과 자본주의 사회의 성장에 원동력이 되어왔다. 또한 기존 기업들도 급속한 환경변화에 대응하여 보다 혁신적이고 도전적 자세를 견지하려 하고 있다. 이 연구에서 다루고자 하는 기업가정신은 바로 이와 같은 개인의 창업활동과 기존 기업들의 혁신적 행위를 주 내용으로 한다.

### 창조적 혁신

완전히 새로운 기술이나 생산체제의 도입 또는 새로운 결합에 의해 기존의 기술이나 생산체계에서 벗어나 새로운 시장과 고객을 창출하는 것이다. 새로운 기술의 도입에 대한 사례로는 1908년 미국의 헨리 포드에 대한 T형 자동차의 대량생산과 대량 소비시스템을 들 수 있다. 창조적 혁신은 다음과 같은 특징을 가지고 있다.

① 기회에 초점을 둔 전략적 경영을 추구한다.

② 기회를 포착하면 신속하고 과감한 행동을 취한다.

③ 필요에 따라 임기응변적으로 자원을 확보한다.

④ 비공식 네트워크를 적극적으로 활용하는 수평적 관리방식을 선호한다.

# 제 2 부

# 세계적인 장수기업 성공사례



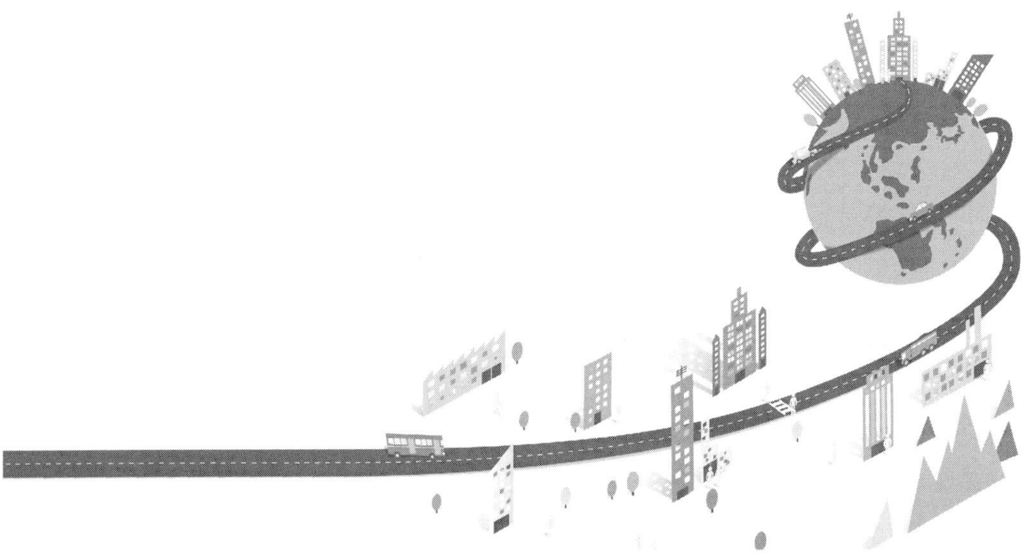

# 제5장 한국의 장수기업

# 제 1 절 한국의 기업문화와 역사

## 1.1 한국의 기업문화

### (1) 고려후기의 상업구조와 부세대납 제도

사람이 살아가는데 의식주(衣食住)가 필수요건이 되는 것은 옛날이나 지금이나 마찬가지인 것 같다. 좀 더 나은 환경에서 살아보고 싶은 욕망도 변함이 없는 것 같다. 인간의 욕구가 늘어나면서 자연경제적 활동도 양상이 달라진다. 생필품을 전달하는 경제질서가 변화하는 가운데 도시에는 상설점포가 생기고 지방에는 행상이 발달하여 상행위를 하는 경제적 풍토가 생겨났다. 관헌은 부납제도를 실시하면서 공물대납 상인이 출현하는가 하면, 국가가 각염제를 실시하여 소금의 생산과 유통과정을 장악하는 현상이 발생하였다.

조직에는 직위가 있고 계층이 있다. 운영에는 제도와 자금이 필요로 한다. 고려후기에는 부납(賦納)제도를 실시하였다. 부세대납은 의종 원년 양계지방의 군사물자를 운반하는 과정에서 처음으로 나타났다. 공물에서 시작된 부세대납은 공부(공적부과세)가 제때에 납부되지 않아 국가재정이 궁핍해진 데서 생겨난 일시적인 현상이었으나, 충숙왕 무렵에는 녹전에까지 확산되었다. 관사는 공부가 미납되면 의례 해당 군현의 주경자(住耕者)에게서 대신 징취(徵取)하였다. 대납은 공물을 수집하여 비축할 수 있을 정도로 생산유통 구조가 성장하고 대납상인의 자본이 축적된 상태에서야 가능했기 때문이다. 한편 대납제는 역으로 유통경제를 활성화 시키는 계기가 되었다. 국가는 유통경제에 깊숙이 개입하면서 통제와 보호의 정책을 병행하였다. 상업에 대한 통제는 상업을 국가가 장악하려는 의도에서 추진하였다. 조직이나 제도란 잘 운영되면 효과적이나 잘못하면 병폐를 가져오는 양면성을 지니고 있다. 상인 부세대납(賦稅代納)제도는 징수하는 관리측은 편리한 제도이나 부세를 납부하는 납세자의 입장에서는 이중부담이 되는 바람직한 제도는 아닌가 싶다.

### (2) 부세납부 방법과 상업발달의 촉진

고려후기의 부세대납은 공물수취 체제의 모순에 기인하는 것이지만, 대납제의 시행으로 생산과 유통이 촉진되는 효과를 가져왔다. 국가의 정책도 상업발달의 요인이 되었다. 고려는 상업을 부업으로 취급하면서도 장려하는 정책을 일정하게 견지하고, 상인을 보호하였다. 상업을 재정원의 하나로 파악하고 부를 증가하는 활동으로 인식되었다.

그러나 도시상업과 지배층 중심의 상업이 발달한 데 비해 일반농민을 중심으로 한 유통은 여전히 활발하지 못하였다. 그것은 기본적으로 농민이 궁핍한데다가 농민의 생산잉여를 수취하는 구조가 달리 형성되어 있었기 때문이다. 지속적인 생산력 발전에도 불구하고 그로 인한 생산의 잉여는 상업지대의 형태로 일부권력층에 독점되고, 농민은 수혜로부터 소외되었다(고려전기 상업의 구조와 발달).

오히려 농장주의 가혹한 수탈과 국가의 과도한 수취로 인하여 자신의 경지를 유지하기도 어려워 농장의 전호(田戶)로 전락하는 농민이 많았다. 또한 지배층은 억매(抑買)의 방법으로 농민의 잉여를 수탈하였다. 전주-전객제의 토지소유 구조에 기반을 둔 이러한 강제교역과 농장을 매개로 하는 유통기구의 존재, 그리고 사원을 중심으로 하는 상업활동은 유통경제의 발달을 억제하는 구조적 요인이었다.

## 1.2 조선시대 사농공상

### (1) 장수기업이 많지 않은 역사적, 문화적 배경

사농공상(士農工商)이란 '농사는 선비스러운 것이고 상공은 천인이 하는 것이다'라는 그릇된 풍토가 조선후기까지 자리잡고 있었다. 그래서 상업을 하는 사람은 장사꾼, 공업을 하는 사람은 쟁이로 호칭하여 천시하는 경향이 있었다. 반대로 농은 천하지대본(農天下之大本)이라 하여 농경사회를 이어갔다. 예로부터 우리나라에서는 조선시대 후기까지도 사농공상이라 하여 상업을 천시하여 발전을 저해하는 풍습이 있었다. 다시 말해서 상업은 이문을 남기기 위해 물건을 사고팔기 때문에 천한 일이라 생각하였던 것이다. 이러한 사회풍조 속에서 조선후기에 상업을 상도(商道)의 경지로 이끈 인물이 의주상인 임상옥이었다. 조선제일의 거상이었으며, 당시 최대의 무역상인이었던 그는 이(利)를 따르기보다는 의(義)를 따름으로써 궁극적으로 부처(富處)에 이르고자 하였다. 즉 임상옥은 200년전인 19세기에 상업이 사농공상의 맨 아래에서 천대받던 시대에 상업의 도(商道)를 이루었던 인물이다. 소설『상도(商道)』가 바로, 조선최고의 무역왕이자 최고의 거부였던 의주상인 임상옥에 대해 말하고 있다.

### (2) 시대적 배경과 독점상 출현

조선후기에 이미 내부적으로 근대사회로의 움직임을 보여 주는 모습들이 정치·경제·사회의 모든 부분에 걸쳐 나타나고 있었다. 세계적으로는 영국에서 시작된 산업혁명이 국제적으로 파급되어 각국의 생산력이 획기적으로 증가되고 있는 상황이었다. 농업생산력이 급증하여 사회변동의 토대를 마련하였고, 상공업에 있어서도 상업자본의 성장이 나타나고 있었다. 또한 양반사회의 신분구조가 붕괴되는 가운데 새로운 사상체계로서 실학이 발생하여 근대화의 방향을 제시하였다.

독점도매상의 등장은 우리나라에도 근대적인 상업자본이 형성되고 있었음을 말해준다. 사회적인 면에서는 신분간의 상하이동이 심하게 일어나고, 서얼과 노비에 대한 속박이 느슨해지는 등 종래의 폐쇄적이고 세습적인 신분제도가 붕괴되고 있었다. 신분간의 상하이동이란 농민과 중인 등은 양반으로 상승하는 한편, 기존의 양반은 대거 몰락한 현상을 말한다. 조선후기 농업과 상공업이 발달하는 과정에서 부를 축적한 일부농민과 중인이 공명첩이나 납속 등을 통하여 양반신분을 획득하였다.

실학은 현실문제의 해결능력을 상실한 성리학에 반발하여, 토지제도의 개혁과 신분제도의 철폐 등 농민의 입장을 대변한 사회개혁 방안을 제시하였다. 조선전기에는 유교적 관념에 잡혀서 사농공상 중 상업이 가장 낮은 단계에 있었으나 후기로 오면서 실학사상을 수용하면서 적극적인 상업활동이 전개되었다. 천주교는 평등사회와 개인의 자유를 내세움으로써 성리학적 사회질서에 위협이 되었다. 동학은 농민층과 결합하여 현실개혁의 사회운동을 전개하였다.

이와 같은 근대사회로의 움직임은 우리 민족내부에서 자율적이고 주체적인 형태로 전개되었다는 점에서 큰 의미가 있다. 그리고 이때 국민은 전반에 걸친 교육의지와 한글창제로 인해 당시의 다른 나라 사람들에 비해 문자활용이 뛰어났으며 이는 상업의 발전에 기여할 수 있는 요소이며 선진기술의 습득에 유리할 수 있었음을 알 수 있다(조선후기의 근대지향적인 움직임－이경찬의 역사교실).

## 1.3 실학의 발생과 상업의 획기적 성장

### (1) 실학의 출현

생산성과 연관된 굵직한 축이 있다.

① 첫 번째 축은 실학의 출현(實學出現)이다

숙종, 영조, 정조시대 노론과 소론의 탁상공론적인 당파싸움에 회의를 느낀 실리주의적 학자들(대표적으로 유형원, 정약용, 이익)의 반란으로 나타났다. 그들은 종래의 공상적 관념론을 일체배제하고 실사구시(實事求是)를 강조하며 실질적 연구를 하였다. 특히 우리에게 잘 알려진 다산 정약용(1762~1836)은 성호학파의 계승자로 박지원, 박제가 등이 용후 생학파의 선진적인 생산기술인 혁신론을 배우며 실학의 대표적 인물로 꼽힌다. 정약용은 끊임없이 합리성을 강조하였다. "농사기술이 정교하면 차지한 땅은 적어도 곡식소출이 많으며, 그 힘들인 것은 가벼워도 곡식은 좋고 실할 것이다, 베짜는 기술이 정교하면 드는 물자는 적어도 실은 많이 나고, 빨리 짜더라도 포백은 올이 베고 결이 고울 것이다."라고 하였다.

즉 제품의 품질개선, 물자절약 내지는 생산능률의 향상을 위해서는 인습적, 전통적, 보수적 저해요인을 제거하고 진보적이며 창조적인 혁신을 주장하였다. 이처럼 조선시대 실학이라는 학파는 결코 관념적이고 이론적인 학문이 아닌 실용적이고 철저히 민생과 관련된 내용이 주류를 이루었다. 유교적 조선사회에서 사농공상의 직업에 따른 사회계급이 정해지던 시기에 실학의 등장은 실학자들에겐 엄청난 모험이었고 시대를 앞선 도전이었다. 그럼에도 불구하고 조선시대 실학의 등장으로 파생된 엄청난 경제적, 생산적 부가가치와 현재까지 영향을 미치는 실학정신이라는 개념은 충분히 논의될 가치가 있다고 본다.

② 두 번째는 상업의 획기적 성장이다

조선시대 상업의 발전은 여러 요인들이 복합적으로 작용한다. 고려시대의 관영수공업은 노동급부 형태로 가장 발전된 형태를 띠고 있었다. 하지만 조선시대로 내려오면서 관영수공업은 궁중 및 중앙관청 위주의 수공업 조직으로 축소되고 전속된 독립적 수공업자가 공역을 담당하였다. 곧이어 임진왜란과 관장에 대한 대우 불충분 등 여러 요인들로 관영수공업은 붕괴되었는데 이러한 관영수공업의 붕괴는 자연스레 사영수공업의 발달과 발전을 촉진시켰다. 또한 화폐경제 및 교환경제의 발달, 생산성 향상의 노력 등으로 사영수공업(민간, 자영수공업)의 발달을 부채질 하였다. 이러한 상업의 발달은 조선시대 대규모 상단의 모습으로 나타나는 결과로 만들어낸다.

임상옥의 개성상인 송상, 평양상인 유상, 한성의 경강상인, 왜와의 무역을 독점했던 동래(지금의 부산일대) 상인내상이 유명하다. 또한 현재로 봤을 때 삼성격인 의주상인 만상은 중국과 독점적으로 인삼거래권을 가졌던 대표적 상인집단이다. 예나 지금이나 이러한 상단들도 비용의 최소화, 생산성의 향상을 위해 무든히 고민하였다. 이처럼 조선시대 실학의 등장과 상업의 성행은 결코 우연이 아니었다. 실학의 등장은 화폐경제와 상품경제를 더욱 활성화 시켰으며 더불어 나타난 생산성의 향상 등은 필연적으로 상업을 성행시킨 촉매제의 역할을 한 것이다. 그렇다면 이러한 생산성 향상의 구체적 내용과 생산성 향상을 직접적으로 주도한 주인공들은 누구였는지 살펴보도록 하자.

### (2) 사농공상

사농공상(士農工商)의 순서는 신분제도의 순서 그대로이다. 사는 선비를 뜻하고, 농은 농민을 뜻하며, 공은 공장을 뜻하며, 상은 상인을 뜻한다. 선비들을 가장 고귀하게 생각했으며, 꼭 필요한 식량을 만들어내는 농민들이 그 뒤를 이었다. 쓸모있는 도구를 만들어내는 공장(장인)이 그 뒤를 이었으며, 아무것도 안 만들어내고 물건팔아 이득을 내는 상인들을 잉여취급하는 이념이었다.

유교에 의해 통치되는 조선사회의 특징과도 같은 사회계급으로, 생각해 보면 조선은 이를 너무 융통성 없이 적용하여 현실의 변화를 인정하지 않아 망했다는 주장도 있다. 현대에는 '사'만 놔두고 농공상이 거꾸로 상공농이 되었는데, 그 덕분에 현재 국제원조 수혜국에서 수여국으로 진화한 세계적인 유일한 케이스가 한국이 된것을 보면 이 주장은 충분히 설득력이 있어 보인다.

조선조는 현실의 변화에 적응치 못하여 망했다는 설에 의미를 두나 살펴보면 임오군란 이전까지 상당히 근대화가 진행되고 있었기 때문이다. 갑오개혁안은 1880년대 초에 이미 논의된 내용이다. 또한 사농공상이 그렇게 엄격하였으면 정조때 수원에서 연암일파 등 일부학자들이 주장하던 양반의 상업종사가 실제로 일어난 사실을 보면 조선조에서도 시도하였으나 결과는 별무하다.

### (3) 농은 천하지대본

농은 천하지대본(農天下之大本)이라는 이념은 농업기반의 사회에서 생산력을 유지하기 위한 하나의 수단이었다. 실제로 자기 집에서 농사짓고 사는 사람이 많으면 소출이 늘고, 그렇게 되면 세금도 늘어나니 큰 변화가 있을리 없는 농경시대에는 이러한 규칙이 효율적으로 먹혀들어간 것. 또한 '어쨌거나' 농사는 밥줄이라는 것이다.

또한 당시 현실을 살펴보자면 사실 사(선비)만 양반이었고 농공상은 양인이었기 때문에 농공상 사이의 차이는 얼마나지 않았다. 더군다나 상인중의 일부는 상인생활을 하다 외국어를 익혀 역관이 되며 중인으로 신분상승을 하기도 하고 공장중에 재능있는 사람은 관직을 받기도 했기 때문에 기회가 없는 농민이 제일 불쌍한 것일지도 모른다.

사해창생 농부(四海蒼生 農夫)들아 일생신고 한(一生辛苦 恨)치마라. 士農工商 생긴후에 貴重할손 農事로다… 신농씨 무삼일로 교인화식(敎人火食) 내어놓고 농부들을 곤(困)케 하노, 우장(雨裝)을 두르고 삿갓을 써라. 서마지기 논빼미가 반달만큼 남았네. 네가 무슨 반달이냐 초생달이 반달이지. 모시야 적삼 안섶안에 연적같은 저것 보소, 많이 보면 병이나네 담배씨 만치만 보고 가소…"

조선후기 문제는 제대로 된 정치이론이나 학문은 내팽겨 두고 권력다툼에 여념이 없었던 자들 당연하지만 기득권 층의 권력사용은 그들에게 유리한 현실에 대한 현상유지를 목적으로 할 수밖에 없고, 이 과정에서 발전이란 것이 있을 리가 없었으며, 결국 사농공상의 개념은 점점 더 막장으로 흘러갔다. 결국 결과는 우리가 배우는 근대사와 같다. 그러니까 기술을 무시하고 인간을 존중치 못하는 풍토가 되고 말았다.

우리는 조선시대 다양한 분야에서 어떻게 생산성을 향상시키는지 알아 보았다. 그렇다면 서두에 제시한 조선시대 생산성 향상의 주인공이자 주역은 누구였을까? 탁상공론에 매진하던 선비들이었을까? 아니다. 생산성 향상의 위대한 주인공들은 바로 사회적 계급상 가장 낮은 신분의 김개똥이나 김아무개 같은 기술자나 장인들 또는 서자들이였다. 조선시대에 실리적 정신에 입각한 개혁은 손에 꼽을 정도였다. 대표적으로 정조의 규장각 제도는 사회적 계급을 무시하여 이름 없는 기술자들과 과학자들을 발굴해 냈으며, 세종의 과학기술 정책은 장영실 등 수많은 과학자들에게 빛을 보게 하였다. 그러나 여전히 사회의 주류층은 이념적이고 관념적인 사상론에 매진하던 사람들이었다.

이런 사람들이 아닌 실학의 정신인 실용성과 효율성을 중시하던 김개똥이나 김아무개 같은 사람들에 의해 조선시대가 돌아갔다면 아마 영국의 산업혁명이나 과학적 관리운동이니 하는 것들은 우리나라에서 먼저 시작됐을지도 모르겠다고 생각된다. 이런 측면에서 오늘날 우리사회의 주류층은 누구인지 진지하게 생각해 보아야 한다.

### (4) 1930년대 과학혁명이 일어나

생산성 향상, 과학기술 향상들이 조선이 일본에서 독립하고 발전하는 실임을 인지했기 때문이다. 오늘날도 과학과 기술에서 선진국 대열에 선 나라는 부강하게 되고 그렇지 못한 나라는 후진국으로 전락하고 만다. 현재 우리나라는 세계적 기술을 많이 보유하게 되었고 국력은 무려 260개 나라에서 9위를 차지하는 거대한 나라가 되었다. 그러나 과학기술과 성장을 위한 발전만을 생각한 나머지 왜 과학과 기술이 발전되어야 하는지 그리고 진정으로 인간과 지구를 위한 생산성의 향상 또는 과학기술에 대해서는 어떤 방향을 가질지 생각할 겨를이 없었다. 가령 인간에게 어떤 위험이 가해질지 모르는 유전자 조작 통한 생산성의 향상들은 제재되어야만 한다.

조선시대 이름 없는 장인들과 기술자들의 인간중심적이고 생태중심적인 그들의 정신에서 우리는 자연과 인간에게 건강하고 유익한 생산성의 향상만을 추구해야 한다. 즉 과거의 생산성 향상이 생태계를 파괴시키고 인간의 배타적인 이익만을 강조한 것이었다면 앞으로의 생산성의 향상은 자연파괴의 최소화를 유지하면서 어떻게 하면 더 좋은 생산성과 질을 향상시킬 수 있을까? 하는 것이다. 더 "많은" 더 "좋은" 사회로 가는 길을 기대하여 본다.

## [요 약]

### 우리나라 사회문화

우리나라는 왜 장수기업들이 없을까? 우리나라에서는 사업을 하지 않고 살아왔다는 것인가? 자문하게 된다. 역사를 돌이켜보면 조선시대 사농공상(士農工商)이라는 사회풍조를 찾아볼 수 있다. 농은 천하지대본(農天下之大本)이라 하여 농사를 지으면 선비요 상공을 하면 천인으로 여기는 사회풍조가 경제발전을 가로막고 있었다는 것을 알 수 있다. 다시 말해서 상업은 이윤을 남기기 위해 물건을 사고팔기 때문에 천한일이라 생각하였던 것이다.

### 상도(商道)의 시발

이러한 사회풍조 속에서 조선후기에 상업을 상도(商道)의 경지로 이끈 인물이 의주상인 임상옥이었다. 조선제일의 거상이었으며, 당시 최대의 무역상인이었던 그는 이(利)를 따르기 보다는 의(義)를 따름으로써 궁극적으로 상도인에 이르고자 하였다. 즉 임상옥은 200년전인 19세기에 상업이 사농공상(士農工商)의 맨 아래에서 천대받던 시대에 상업의 도(商道)를 이루었던 인물이다.

### 실학의 출현

실학의 출현이다. 생산성과 연관된 굵직한 축이였다. 숙종, 영조, 정조시대 노론과 소론의 탁상공론적인 당파싸움에 회의를 느낀 실리주의적 학자들 (대표적으로 유형원, 정약용, 이익)의 반란으로 나타났다. 그들은 종래의 공상적 관념론을 일체배제하고 실사구시(實事求是)를 강조하며 실질적 연구를 하였다.

다산 정약용(1762~1836)은 성호학파의 계승자로 박지원, 박제기 등 후생학파의 선진적인 생산기술인 혁신론을 배우며 실학의 대표적 인물로 꼽힌다. 정약용은 끊임없이 합리성을 강조하였다. "농사기술이 정교하려면 땅은 적어도 곡식의 소출이 많아야 하며, 베짜는 기술이 정교하면 드는 물자는 적어도 실(綿絲)은 많이 나고, 빨리 짜더라도 포백(布絔)은 올이 베고 결이 고울 것이다" 라 하였다.

### 사해창생 농부들아

조선시대에 시대변화에 적응하지 못하고 순진하고 무심하게 살아가는 농촌실정을 보며 문객이 읊은 구절인가 봅니다. 사해창생(四海蒼生) 농부들아 일생신고(一生辛苦)한치마라. 士農工商 생긴 후에 귀중할손 농사로다… 신농씨 무삼일로(無心一路)교인화식(敎人火食) 내어놓고 농부들을 곤(困)케 하노, 우장(雨裝)을 두르고 삿갓을 써라. 서마지기 논빼미가 반달만큼 남았네. 네가 무슨 반달이냐 초생달이 반달이지. 모시야 적삼 안섶매에 연적같은 저것 보소, 많이 보면 병이 나네 담배씨 만치만 보고 가소…"

# 제 2 절 한국기업 문화의 특성

## 2.1 우리의 생활의식

### (1) 한국기업의 기본 – 의식해결 수단

우리의 의식생활을 역사적으로 볼 때 어쩌면 당연규결이라고 보여 진다. 만약 우리가 과거를 떠올려보라고 한다면 분명 열에 아홉은 무명옷을 입고 농사를 짓는 사람을 떠올리게 될 것이다. 그만큼 우리가 생각하는 과거에는 농업이 사회의 전반적인 부분을 맡고 있었다. 그러나 시간이 흘러 사회가 많이 바뀌게 되었고, 인간의 의식 또한 자기발전의 단계를 거쳐 좀 더 쉽고 좀 더 나은 방향으로 가려고 한다. 이것은 역사적 속성이자 인간의 본성이기 때문에 어쩔 수 없다고 본다. 시간은 흘러가고 시대가 바뀌면서 그 사회사람들이 갖고 있는 학술적 사회변동 요인에 따라 그 사회는 점차 발전하는 단계로 진화하여 간다.

그것은 역사적 속성이고 곧 현재에 이르게 만든 이유일 수도 있겠다. 이 농업이란 것도 실은 그것의 존재보다 훨씬 이전으로 소급하여 생각한다면 수렵과 채집으로 생존하던 인류의 자기발전에 따라 더 편하고 나은 것을 찾는 단계에서 얻어진 결과일 것이다. 그리고 그다음 단계로 현재가 이어진 것이다. 일제식민기와 한국전쟁을 거쳐 한국사회는 더 이상 쌀을 생산하지 않아도 벌어들이는 돈으로 그 쌀을 사먹을 수 있을 만큼 진화하였다.

### (2) 농사보다 상공업으로

① 수익성 높은 상공업으로

수익성을 따라 쌀을 생산(農事收穫)하는 것보다 그 쌀을 사먹을 돈을 버는 다른 생산수단이 더욱 많이 남는 것이기 때문에 이익추구라는 본성을 가진 인간은 농업보다 더 나은 직업을 찾아 나서게 된 것이고 이로 인해 작금의 문제가 발생하였다고 본다.

시대가 변화한다는 것을 이해하는 사람이라면 농업의 쇠퇴 또한 이해해야 할 것이다. 흘러가는 것이 역사이고 시간이며 현재이기 때문이다. 계속적으로 흘러가 발전을 하고 더 좋은 것이 있다면 그곳으로 발전하여 원래 남아있던 것은 쇠퇴하고, 우리의 현재는 이런 역사위에 세워진 것이다. 그러나 우리가 가만히 생각해봐야 할 문제는, 아직까지는 주식(主食)인 쌀문제가 수입을 통해 값싸고 편하게 해결되어 지고 있지만 시간이 지나 식량에 대한 자급자족이 더 이상 이루어질 수 없게 됐을 때 쌀 수출국이 쌀값을 미친듯이 올리지말란 법은 없다. 앞서 말해듯이 이익추구는 순자의 말처럼 인간이 가지는 본연의 성질이다. 그것이 동양인 서양인 가릴것 없이 모든 인간에게 적용된다는 것이다.

② 주식의 의존도 미래재앙 우려

1980년대 69.6%였던 식량자급 자족율이 1996년 52.4%로 내려갔다. 그리고 현재 2005년, 다시 미래에는 얼마나 더 떨어질지 모른다. 이러한 관점에서 우리는 농업생존에 대한 최소한의 방법을 강구해야 하지 않을까 하는 우려를 갖게 된다.

과거 춘추전국시대 군주들이 자신들의 이상을 실행하기 위한 방법으로 변법개혁을 내세우듯, 우리도 생존이라는 우리들의 이상을 실행하기 위한 방법으로 농업문제에 대한 개혁을 추진해야 할 것이다. 앞서 말한 농촌사회의 인식변화를 위한 문화시설 보급이라든가 농업의 수익률 향상을 위한 품종개발, 새로운 시장의 개척, 정부의 적극적인 자세를 통해 이를 극복할 수 있지 않을까?

## 2.2 한국 장수기업의 기본요소

### (1) 한국 장수기업 정보다 능력우선

장수기업은 끈끈한 정보다는 경영능력에 있다. 그 비결은 잘짜여진 가족 거버넌스에 있다. 가족을 이끄는 원칙과 합의체가 효과적으로 굴러간다는 뜻이다. 첨예하게 갈등을 빚곤하는 경영권의 향방역시 가족 거버넌스의 원칙이 해결한다. 경영후계의 양성은 가문에서 최적의 사람을 밑에서부터 경영수업을 받아야 경영권을 얻을 수 있는 반면 경영에 참여치 못한 가족은 소유주식에 따라 배당을 받는 제도확립의 필요성을 말한다. 창업자의 가치를 지키는 노력도 가족 거버넌스의 몫이다. 일상의 경영에 참여하지 못하는 가문의 사람들은 패밀리 오피스를 통해 창업의 가치에 어긋나지 않도록 경영을 조언. 견제하며 가족 거버넌스는 경영의 수칙승계에 대한 사전합의 틀을 만든다.

### (2) 바람직한 기업인의 표상

우리는 세계 10위권의 경제수준을 가지고 있으면서도 부패수준은 47위를 맴돌고 있다. '기업은 망해도 기업가는 망하지 않는다'라는 말이 있을 정도다. 그만큼 기업윤리나 사회적인 책임보다는 자신의 이익이 우선시 되어온 것이 실정이라 하겠다. 이런 결과로 인해 지난날 IMF라는 결과를 초래하게 되었다. 또 우리나라 창업기업가들의 왕성한 기업가정신 역시 IMF이후 크게 퇴조하였다. 우리나라의 경제성장 과정에서 보여지던 족벌식 경영체제, 협조적이 아닌 대립적 노사관계, 기업은 망해도 기업주는 살아남는다는 기업가에 대한 국민들의 불신 등은 기업생존을 위해 개선되어야하는 가장 중요한 부분이라 할 수 있을 것이다. 기업경영에 있어 윤리는 이윤과 양립할 수 없는 것처럼 보이지만 장기적으로 볼 때는 기업의 생존을 위한 필수적인 요소이다.

이윤의 극대화가 기업의 기본적인 목표이긴 하지만 단기적이고 극단적인 이윤의 추구는 기업의 장기적인 성장과 유지에 오히려 장애가 되기 때문이다. 기업의 장기적인 생존을 위해서는 기업경영에 있어서의 윤리적 원칙이 바탕이 되어야 한다.

앞으로 21세기의 글로벌 스탠더드에 맞는 기업경영을 위해서는 '윤리적인 경영'이 중요하다. 이제 도덕성이 없는 기업은 시장에서 퇴출될 수밖에 없다. 지금 한국기업은 기업경영에 높은 수준의 윤리적 기준과 책임을 도입해야 하는 전환기에 처해있다. 세계경제기구가 부패척결과 공정한 경쟁체제를 구축하기 위해 법적·사회적 규제를 강화하고 있는 만큼 경제윤리와 기업의 윤리에 대한 경제학적 지식을 습득하는 한편 기업의 사회적 역할에 대해 한번쯤 되돌아 보아야 할 것이다.

### (3) 기업의 사회적 책임의식

'재상평여수 인중직사형(財上平如水 人中直似衡)재물은 평등하기가 물과 같고, 사람은 바르기가 저울과 같다'며 전 재산을 사회에 환원한 그는 사회에 대한 기업의 책임에 대해 시사하는 바가 크다 할 수 있다. 사회적 책임의식 면에서 기업활동의 사회경제적 비중이 커지면서 그에 걸맞는 사회적 책임을 강조하기 시작하였다. 피터 드러커는 현대사회의 중추적인 지위를 차지하는 대기업이 그의 목적으로 극대이윤을 추구할 것이 아니라 보다 좋은 상품과 서비스를 사회에 제공함으로써 국민의 생활수준을 향상시킨다는 사회적 책임을 강조하였는데, 자본주의는 그것이 경제적으로 실패하거나 정치적으로 과오를 범하기 때문에 실패하는 것이 아니라 윤리적 지주를 상실함으로써 실패하는 것이라고 지적하였고, 기업이 극대 이윤추구의 목표를 버리고 경제의 창조적 혁신을 기업경영의 이념으로 삼아야 한다고 주장하고 있다.

### (4) 인간존중의 기업경영

만사는 재인이요 상은 측인이라 임상옥 등 거상들은 인재가 곧 성공이라하여 "사람이야말로 가장 큰 사업번영과 이윤추구"의 방법이라고 했던 기업가였다. 인간을 존중하는 경영에서 기업의 수명은 길어지고 생산성 역시 극대화되며, 글로벌 스탠더드에 걸맞는 경영방식을 도입실천하였다. 임상옥 등이 인지(認知)실천한 상즉인(商卽人)은 21세기 경영패러다임과 부합되는 선각자적 실천한 기업도(企業道)라 할 수 있다. 정확한 판단력과 과감한 추진력 상도(商道)에서 임상옥이 시사하는 가장 중요한 것은 판단력과 추진력이라 할 수 있다. 몇 년전 대우그룹의 경우를 보면, '대우그룹이 왜 해체되어야만 했는가?' 그 이유는 기업가가 주위환경을 잘못 판단한 것이 가장 큰 원인이었다. 이처럼 기업가의 잘못된 의사결정 때문에 망하게 된 경우이다. 성공한 기업가들의 공통점을 보면 그들은 한 기업의 CEO로서 변화하는 주변환경을 정확하게 인식하여 조직이 나아갈 방향을 제대로 제시하고 있다. 그리고 자신이 제시한 방향으로 조직원들이 움직이게 하기 위하여 조직을 관리하고 있으며, 항상 변화하는 환경에 능률적으로 대처하기 위하여 항상 자기관리를 통해 노력하고 있다.

## 2.3 한국 장수기업의 윤리경영

### (1) 윤리경영의 필요성

① 윤리는 종사 간 예의와 도덕관

기업윤리란 일반적으로 종사 간(從使間) 윤리적 도덕관을 말하는 것으로 즉, 경영자나 임직원이 기업활동에서 갖추어야할 예의적 관렴을 의미하는 것이다. 기업이 윤리를 지키고 있다는 것은 기업에서의 의사결정이 경제원칙에만 기초로 하는 것이 아니라, 환경적 윤리적인 판단을 전제조건으로하여 의사결정이 내려진다는 뜻이다.

윤리경영이란 회사경영의 기업활동에 있어 인간관계의 도덕적 개념은 인본주의(人本主義) 최우선 가치로 생각하며 모든 업무활동의 기준을 윤리도덕(倫理道德)'에 두고 공정(公正)하며 합리적인 업무수행을 하는 것이다. 또한 윤리경영이 추구하는 가치는 기업의 고객, 직원, 주주, 협력업체, 지역사회 모두가 함께 성장하며 가치를 나눌 수 있는 21세기 초일류 기업을 만드는 것이다. 이러한 기업은 궁극적으로 믿음과 신뢰를 받을 수 있는 기업활동을 해야만 한다.

윤리경영에 있어 기업은 단순히 생존하기 위해 시장에 제품과 서비스를 공급하는 주체로만 보지 않는다. 기업은 경영활동에서 얻은 이익을 고객, 종업원, 주주들의 삶을 개선시키는데, 즉 사회에 환원해야 할 의무를 강조하고 있는 것이다. 윤리경영에서 말하는 기업은 기업주와 경영진만을 위한 기업이 아닌 관련된 모든 사람들을 위한 기업이란 의미를 가지고 있는 것이다. 기업이 윤리를 따르지 않는다는 것은 기업경영과 조직생활의 본질이 무너진다는데 문제가 있는 것이다.

② 비윤리적 행위는 경영의 부정

비윤리적 행동은 기업경영을 부정하는 것으로 첫째, 생산성이 떨어진다. 생산성이란, 투입분에 대한 산출분이다. 부정으로 인해 투입이 제대로 들어가지 않았다면 당연히 산출이 떨어지고 생산성이 떨어지게 된다.

둘째, 부정이 있으면 품질을 회복하는 비용이 많이 든다. 기업이 제품을 생산하는데 있어서 비용절감을 위해 값싼 자재를 쓰고, 값싼 다른 부품을 쓰게 된다면 그 제품은 쉽게 고장이 날 것이고 제품의 수명역시 단축될 것이다. 이는 기업의 이미지 뿐만 아니라 그것을 고치려하는 소비자들에까지 훨씬 더 많은 비용을 초래하게 된다.

셋째, 생산성과 품질에 대한 피해보다도 더 심각한 문제는 기업과 인간관계에 신뢰가 깨어진다는 것이다. 부정이 누적되면 자연스럽게 조직이 와해되고 만다. 따라서 조직과 사회에 윤리를 회복하는 것은 철학적인 문제일 뿐만 아니라, 경제적인 문제이기도 한 것이다. 기업의 비윤리 구조에서 발생하게 되는 소모적인 비용은 기업과 사회의 경쟁력을 저하시킬 뿐만 아니라 그 소모적인 비용을 서로가 부담해야만 하는 비효율적인 부분을 만들게 된다. 따라서 글로벌 경쟁환경 하에서 비용을 절감하고, 고품질을 얻기 위해서 기업윤리를 회복하지 않으면 안 된다.

## (2) 글로벌 스탠더드로서의 윤리경영

① 국내기업 윤리경영 추세

국내의 기업들이 윤리경영에 대한 변화추세를 인식하고는 있으나 시급한 경영과제로 받아들이지 않고 있는 실정이고, 대부분의 국내기업들은 이제 기업발전 단계중 제2단계(준법단계)에서 제3단계(대응단계)로 이행하는 중이다.

**그림 5-1** 기업윤리적 발달단계

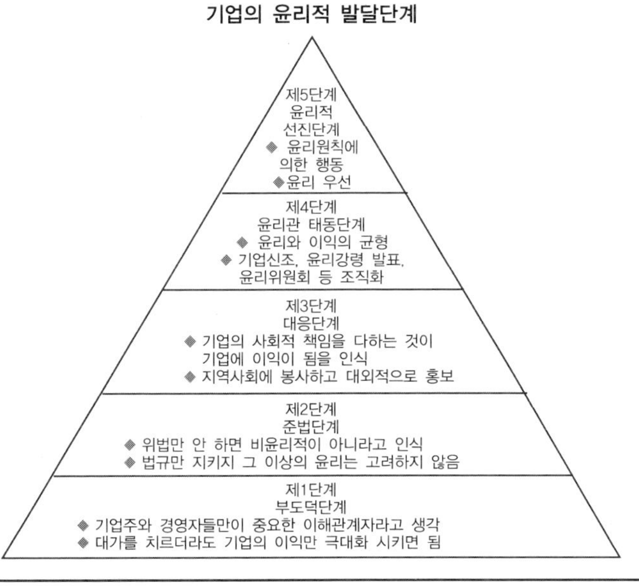


자료: R. E. Reidenbach and D. P. Robin(1991). "A Conceptional Model of Corporate Moral Development," Journal of Business Ethics, April.

앞으로 기업들은 윤리경영에 대한 관심을 일시적 구호에 그치지 않도록 선진기업들의 윤리경영 시스템을 적극 벤치마킹하여, 지속적이고 일관성 있는 윤리경영의 추진방안 검토가 필요하다. 이제는 윤리강령이나 행위준칙을 제정하는 초보적 단계를 벗어나 구체적인 윤리경영 시스템의 요소와 운영노하우를 체화해야 한다.

## [요 약]

### 기업의 태동

한국기업의 태동은 기본적으로 의식(衣食)의 해결수단으로 시발되었다. 우리의 의식생활을 역사로 볼 때 어쩌면 당연한 규결이라고 보여 진다. 시간이 흘러감에 따라 사회가 많이 발전되었고, 인간의 의식 또한 자기발전의 단계를 거쳐 좀 더 쉽고 좀 더 나은 방향으로 가려고 한다. 이것은 역사적 속성이자 인간의 본성이기 때문에 사람들이 갖고 있는 학술적 사회변동 요인에 따라 그 사회는 점차 나은 단계로 진화하는 과정에 상공이라는 요소가 필연적으로 대두하게 된다.

### 기업의 경영관

우선으로 끈끈한 한국 장수기업의 기본요소는 정보다 능력을 정보다는 경영능력에 있다. 그 비결은 잘 짜여진 가족 거버넌스에 있다. 가족을 이끄는 원칙과 합의체가 효과적으로 굴러간다는 뜻이다. 첨예하게 갈등을 빚곤하는 경영권의 향방 역시 가족 거버넌스의 원칙이 해결한다. 경영후계의 양성은 가문에서 최적의 사람을 밑에서부터 경영수업을 받아야 경영권을 얻을 수 있는 반면 경영에 참여치 못한 가족은 소유주식에 따라 배당을 받는 제도확립의 필요성을 말한다. 창업자의 가치를 지키는 노력도 가족 거버넌스의 몫이다.

### 일본인의 기업관

일본경영의 역사 인간존중의 기업경영 장수기업으로 이어져 만사는 재인이요 상은 측인이라 임상옥 등 거상들은 인재가 곧 성공이라 하여 “사람이야말로 가장 큰 사업번영과 이윤추구”의 방법이라고 했던 기업가였다. 인간을 존중하는 경영에서 기업의 수명은 길어지고 생산성 역시 극대화되며, 글로벌 스탠더드에 걸맞는 경영방식이 도입실천하였다. 임상옥 등이 인지(認知)실천한 상즉인(商卽人)은 21세기 경영패러다임과 부합되는 선각자적 실천한 기업도(企業道)라 할 수 있다.

### 가치창출과 윤리

사회에 공존하는 가치창출의 윤리경영에 있어 기업은 단순히 생존하기 위해 시장에 제품과 서비스를 공급하는 주체로만 보지 않는다. 기업은 경영활동에서 얻은 이익을 고객, 종업원, 주주들의 삶을 개선시키는데, 즉 사회에 환원해야 할 의무를 강조하고 있는 것이다. 윤리경영에서 말하는 기업은 기업주와 경영진만을 위한 기업이 아닌 관련된 모든 사람들을 위한 기업이란 의미를 가지고 있는 것이다.

# 제 3 절 한국의 장수기업

## 3.1 한국 두산그룹

설립년도: 1896년

소재지: 한국 서울

설립자: 박승직

업태: 종합

업종: OB맥주, 식품부문, 두산상사(무역), 두산경월, 두산백화, 두산개발, 두산동아, 두산기계, 두산전자, 두산정보통신 등

자료: 두산그룹 제공

## (1) 회사의 경위

### ① 두산그룹의 태동

1896년 8월 1일 배우고개(지금의 종로4가) 두산그룹의 모체인 박승직(朴承稷) 상점이 문을 열었다. 박승직 상점을 창업한 점주(店主)는 경기도 광주땅에서 농사꾼의 아들로 태어나 17세 때 거상(巨商)의 꿈을 안고 풍운의 시대를 맨몸으로 헤치며 오직 꿈을 실현하기 위하여 근면과 절약으로 자수성가한 매헌(梅軒) 박승직이었다. 박승직의 일생이 바쳐진 박승직 상점은 격동의 구한말과 혹독한 일제강점기 속에서 고난을 인내하며 극복의 의지를 다지는 목표가 있는 자만이 이룰 수 있는 대장정이라 하겠다. 또한 목표를 성취하기 위한 기업전략과 자본을 축적하는 과정은 실로 오늘날 두산그룹 100년 역사의 토대를 다지는 끈질기고도 어기찬 창업정신이라 하겠다.

### ② 격랑의 세월

박승직이 성장하고 이상을 펼쳐나간 시대는 국가적으로나 개인적으로 참담하고 어두운 시절이었다. 국내적으로는 탐관오리들이 극에 달한 가렴주구(苛斂誅求)의 민란이 전국적으로 확산되어 나라의 기강은 어지러운 상태였다. 국외적으로는 서양제국주의 열강들의 세력이 극동지역으로 뻗쳐 마침내 조선도 병인양요(1866). 신미양요(1871)를 겪어야 했으며 1876년 일본과 강화조약이 체결되어 부산. 원산. 인천항이 개항되고 일제의 경제침탈은 시작되었다. 1884년 한로 통상조약이 체결됨으로 조선은 청. 일. 로 3개국의 이권쟁탈의 각축장이 되고 말았다.

### ③ 상인의 꿈

박승직은 자신이 처한 현실에 대한 냉철한 비판이다. 박승직은 양반가문에서 태어났지만 남의 전답에서 소작농이나 부칠 정도로 가난을 면치 못했다. 화전을 일구면서 괭이질을 하다 튀는 돌에 무릎을 다친 사건은 그로 하여금 새로운 길을 모색하게 만든 결정적 계기가 되었다. 즉 농사꾼에서 장사꾼으로의 터닝포인트가 이루어지는 순간이었다. 그는 바로 자기현실에 대해 직시하였다. 소작농이나 화전을 일궈서는 아무리 노력해도 그것으로부터 벗어나기 어렵다는 것을 깨달음이 그에게 새로운 길을 모색하는 동기부여가 되었다. 그의 냉철한 판단은 그가 양반신분임에도 사농공상 (士農工 商)의 사(선비사)를 버리고 상(商)장사를 택하게 되었다. 얼마후 그는 75냥을 어렵게 마련하여 광주에서 서울 배오개로 갔다. 이 돈으로 석유통 지게와 석유 따르는 도구 등을 구입하여 석유행상을 시작했다. 근자성공(勤者成功) 박승직의 소신이었다.

④ 자수성가(自手成家)

10여년간 계속된 박승직의 환포상 외길은 그가 거상으로 발돋움하는 포석인 박승직 상점설립까지의 치열하고도 의욕에 넘치는 자본축적의 과정이었다. 또한 그의 나이25세 상인으로 변신한지 8년후였다. 1888년 광주 대왕면 둔전리(둔(屯田里)에 30여석을 추수할 수 있는 전답을 사서 임의실 일가에 경작을 의뢰했다. 화전민에서 지주로 변신 근자성공(勤者成功)의 결실이었다. 사업은 욕구에서 분출하며 착수는 현실을 직시하고 시대변화를 읽는 데서 출발한다. 사업을 하려는 사람은 우선 자기자신이 처한 현실을 정확하게 파악할 줄 알아야 한다. 현실의 난관을 타개하려는 시도가 바로 사업의 시작이기 때문이다. 사람은 누구나 자신에게 고통이 주어졌을 때 이를 극복하려는 변화의 꿈을 꾼다. 변화란 그 고통으로부터 벗어나기 위한 본능적인 삶의 행위일 다름이다. 고통은 삶을 풍요롭게 하는 자극제이며 활력소가 되기도 한다. 입에 쓴약은 몸에 좋다고 한다. 고통을 극복하는 지혜로 사용하면 인생을 살맛나게 하는 명약이 되는 것이다. 시대의 변화를 꿰뚫는 빼어난 안목과 현실감각은 박승직이 상인의 길을 걷겠다는 결단을 내린 것은 깊은 깨달음이 있었기에 가능한 일이었다.

⑤ 거상의 포석 박승직 상점

1896년 8월 1일 박승직은 마침내 종로4가 15번지에 자신의 이름을 딴 박승직 상점을 개설하였다. 10년동안 전국 방방곡곡을 누비며 오로지 근면과 절약으로 이룩해낸 꿈의 실현이요, 일의전심무불성사(一意全心無不成事)의 입증이기도 하다. 박승직이 이해(1896)를 상점개업 시기로 잡은 것은 우리 근대사의 흐름으로 보아 매우 시기적절한 결정이었다. 1894년에 단행된 갑오개혁(甲午改革)은 육의전(六矣廛)폐지라는 변화를 가져왔다. 육의전의 시전인(市廛人)들은 자신들이 취급하는 상품들은 일반상인들이 거래하지 못하도록 하는 특권제도였다. 시대변화에 대한 대처능력이다. 박승직은 시대변화에 민감한 감각을 소유하고 있었다. 그는 개항과 함께 밀려들어오는 청국과 일본상인들이 상권을 장악, 많은 물건들이 거래되는 시장에서 감지했다. 한 장소에서 거래되는 자국의 물품과 외국의 물품들이 동서양의 문화교류임을 직감으로 깨달았다. 박승직이 처음장사를 시작하면서 택한 품목이 석유이다. 그의 안목이 상징적으로 보여주듯

석유는 외국에서 들어오는 상품이지만 국내에서도 필수적인 제품으로 수입에 의존하다보니 수요는 늘어나 공급량이 부족하니 장사는 잘될 수밖에 없었다. 미래지향적이고 진취적인 안목을 가진 박승직은 전국을 무대로 활동했던 경험적 지혜와 도도한 개화의 물결을 예리한 통찰력으로 배오개에 좌처를 정하게 이르렀을 것이다.

⑥ 두산의 도약

두산(斗山)의 초대회장 박두병(朴斗秉, 1910~1973), 연강(連崗) 박두병(朴斗秉) 초대회장은 기업가정신의 실천적 선구자였다. 1910년 두산의 창업자인 매헌(梅軒) 박승직(朴承稷)의 장남으로 태어났다. 구한말 두산의 시초가 된 박승직 상점을 창업한 부친의 개척자적 창업정신을 이어받은 박 회장은 경성고등상업학교(서울대 상대의 전신)를 졸업하고 은행에서 4년간 실무를 익힌 뒤, 1936년 박승직 상점의 경영에 참여한다. 이후 인화와 신용을 핵심경영 철학으로 삼아 두산을 현대적인 기업으로 성장, 발전시켰다. 해방 후 박두병 회장은 박승직 상점을 무역업체로 재탄생시키고자 했다. 우선 무역업과 직접 관련있는 운수업으로 사업영역을 확대하며 '두산상회로 사명을 변경하였다. 두산은 창업주 매헌이 새로운 사업을 시작하는 박회장을 위해 지어준 상호였다. 박회장 이름의 가운데 자인 '말두(斗)에 뫼산(山)을 붙여 만든 것으로"한 말 한 말 차근차근 쉬지 않고 쌓아 올려 산같이 커져라"는 의미를 담고 있다. 이는 가업인 면포상점에서 당시로서는 신사업분야인 운수업으로 업종전환을 인정하고, 새로운 도전을 격려하는 말이기도 했다.

### (2) 두산그룹의 장수전략과 비결

① 인화의 기업정신으로 인재육성

성·불성사는 재인이라 평소 기업경영에서 사람을 중요하게 여겼던 박두병 회장은 반목과 갈등은 결국 파멸을 가져오고, 화목은 영원한 발전을 의미한다며 인화의 필요성을 강조했다. 1950년대에 이미 독일과 미국 등지로 직원들을 유학보낸 것은 인재중시 경영에 일찌감치 눈떴음을 읽게 하는 덕목(德目)이다. 고객중시와 품질우선 역시 그가 늘 내세운 경영이념이었다. 참된 기업인은 자신이 진출한 분야에서 최선을 다해 최고 품질의 제품을 만드는 사람이라고 강조한 그의 경영이념은 오늘날 두산이 글로벌 기업으로 성장하는데 밑거름이 되었다. 박회장은 1960년대에 맥주산업에 견주어 상대적으로 뒤쳐져 있던 무역, 기계, 포장, 식음료 등 각종 연관사업에 투자함으로써 해당 산업분야에서 최고 기업으로 발전하는 기반을 마련했다. 1966년에는 경영난에 빠진 합동통신사를 인수해 한국언론의 현대화를 촉진시키는 등 1952년부터 1973년 타계할 때까지 모두 13개의 회사를 설립 또는 인수하며 두산의 매출액을 349배 성장시켰다.

② 한국기업의 세계화 선도

박두병 회장은 8·15 해방후 격변하는 정치환경 속에서도 기업가로서의 자세를 잃지 않았다. 기업경영에서 지름길을 찾지 않는다는 것은 그가 줄곧 지켜온 기업가적 신념이자 내실중시 정신의 발현이었다. 박회장은 복지사회 건설을 위해 경제발전이 선행되어야 한다는 믿음아래, 1967년 이후 외자도입 심의위원으로 활동하며 한국경제 현대화에도 크게 이바지 했다. 박두병 회장의 국제활동이 본격화된 때는 대한상공회의소 제6대 회장으로 선출된 1967년부터였다. 제1차 경제개발 5개년 계획을 성공적으로 끝낸 다음해이자, 한국이 원조경제 체제에서 자립경제체제로 전환할 수 있다는 자신감이 생겼던 때이기도 하다. 박회장은 한국의 경제개발 과정에서 절실했던 선진국과의 자본 및 기술협력을 위해 태평양경제위원회(PBEC) 참여도 적극 모색했다. 그 노력에 힘입어 한국은 1969년 10월 PBEC에 옵저버로 가입할 수 있었으며, 박회장은 1970년 제3차 정기총회부터 매년 한국대표로 참석했다. 특히 그는 한국인 최초로 1970년 아시아 상공회의소 연합회 회장에 피선돼 일본·대만·필리핀 등 아시아를 대표하는 재계의 리더로 자리매김하며 한국기업의 국제적 위상을 한층 높였다. 박회장이 뿌린 이런 세계화 노력의 씨앗들은 경제성장기 한국경제와 상공업계의 발전을 떠받치는 기둥이 됐다.

③ 두산의 상품전략

두산의 장수비법은 신제품개발과 품질향상으로 맥주의 세계화를 주도하는 력량을 집중하다. 박두병은 동양맥주 창립초기부터 맥주의 품질향상을 통해 국내시장에서 외국맥주를 추방하겠다는 목표를 세웠으며 더 나아가 해외시장 진출에 성공 글로벌시장에서 당당하게 세계유명 브랜드의 맥주와 경쟁하겠다는 야망의 도전이었다. 품질향상은 세계화의 지름길 소신의 경영관이다. 주력사업을 키우면 부대사업도 동반성장한다. 나무는 자라나면서 스스로 가지를 뻗으며 제 모양새를 갖추어 가며. 보이지 않는 땅속에서 뿌리의 가지를 뻗어간다.

나무뿌리와 가지는 대칭을 이루고 있어 뿌리가 튼튼한 나무는 가지도 쑥쑥 무성하게 자라며 나뭇가지마다 열매를 맺어 종족보전을 하기 위해서 지속적으로 생명을 유지하고 성장하는 표현이라 할 것이다.

④ 업종의 다양화

주력업종 바꾸는 혁신단행, 두산은 동양맥주의 기반을 공고히 다짐과 더불어 건설기계 · 음료 · 무역 · 유리병 등 연관사업은 동양맥주라는 모사와 더불어 튼튼히 뿌리를 내려가며 성장발전되어 나갔다. 원래 두산산업은 창업자인 박승직 상점을 기반으로 무역판매업이 시발이나 2세 경영자인 박두병은 동양맥주를 주력업종으로 키웠다. 이처럼 주력업종을 바꾸고 업종을 다각화한 것은 2세대 경영인의 탁월한 선택이었고, 경영능력이었다. 기업의 이윤을 사회에 환원하는 경영철학으로 합동통신을 인수하였다. 인수한 합동통신은 동양맥주와는 전혀 연관성이 없는 사업이었다. 과도한 부채로 부도위기에 처한 합동통신을 동양맥주 이사회에서 반대함에도 이를 설득하여 인수하였다. 이것은 기업의 이윤을 사회에 환원하겠다는 깊은 뜻이 담긴 결단이라 볼 수 있다. 박두병은 합동통신을 되살려 한국 최대통신사로 만드는데 성공하였다.

두산그룹의 경영이념은 '고객은 우리의 스승이다'라는 고객지향주의 경영이다. (주)두산은 고객의 만족을 위해 고객중심에서 판단하고 생활하는 자세를 중시한다. 고객의 만족을 통해서만 기업의 생존이 보장되기 때문에 부서나 직위에 관계없이 기업내 모든 판단의 기준은 고객이어야 한다는 점을 (주)두산은 강조한다. 고객이 원하는 것은 무엇이고 무엇때문에 불만스러운지, 고객들의 문제는 무엇이고 그것이 어떻게 변하고 있는지, 그들을 만족시킬 수 있는 방법이 무엇인지는 기업내의 모든 직원이 항상 염두해야 할 질문들이다.

⑤ 품질은 회사의 자존심

품질은 우리의 자존심이다. 품질본위의 영업확장, (주)두산은 지속적인 기술투자와 완벽한 품질관리 시스템을 통해 최고의 품질을 추구한다. 완벽한 품질관리란 기술적인 품질을 넘어 소비자의 취향에 철저하게 영합함으로써 고객의 만족도를 최대한 보장하는 것이다. 혁신은 우리의 생활이다. 혁신의 생활화로 (주)두산은 다양하게 변화하는 소비자의 욕구를 충족하기 위해 끊임없이 노력한다. 소비자의 욕구는 물론 기술환경이 빨리 변화하고 있는 만큼 고객들에게 항상 최고의 만족을 가져다주기 위해서는 기업내의 모든 사원들이 날마다 새로워지기 위해 노력해야 한다. 인재는 우리의 보배다. (주)두산은 인재지향 정신을 바탕으로 종업원의 능력개발 및 의욕고취를 위해 노력한다. 최고의 품질을 만들어내고 고객을 만족시키는 일은 결국 사람을 통해 이뤄지기 때문에 능력있는 인재가 없이는 이러한 목표는 결코 달성될 수 없고, 기업의 성장과 발전도 있을 수 없다는 것이 (주)두산의 생각이다.

⑥ 치밀한 계획으로 실천하며

경영자의 생활철학은 조직의 리더로서 조직의 문화조성의 선구자가 된다. 연강 박두병은 후회없는 미래의 삶을 위하여 치밀한 계획으로 실천하며 현재의 삶에 충실할 것을 결심하였다. 그는 지식인으로 성공한 기업가였지만 항상 솔선수범하는 자세를 잃지않고 근면하고 검소하며 겸손한 생활속에서 성실한 삶을 살아왔다. 나라는 개인보다는 우리라는 공동체 의식으로 기업경영에 임하였으며 더불어 사는 우리가족 우리회사를 위하여 노력하는 것이야 말로 우리가 사는 사회뿐만 아니라 국가발전의 밑거름이 된다는 신념으로 살아왔다. 그는 부친 매헌이 이룩한 상업자본을 산업자본화하여 두산그룹을 일으킴으로서 국민경제 발전에 기여하면서 산업보국의 신념을 펼쳤으며 두산그룹 발전문화의 초석이 되었다.

## (3) 금후의 기업경영과 전망

① 21세기를 향하여

친환경기업으로 변신하여 환경보전 강령을 제정실천하는 21세기 선두기업을 지향하였다. 우리두산은 건강한 자연이 곧 우리의 생명이라는 정신으로 맑고 깨끗한 생활환경을 선도적으로 조성하기 위하여 다음과 같이 환경보전 강령을 제정준수한다.

- 우리의 자연, 자연의 상태로 되돌려 놓는다.
- 우리의 제품, 고객과 사회를 위한 환경품질을 보증한다.
- 우리의 자세, 환경개선은 내가 먼저 5S운동을 생활화한다.
- 우리의 노력, 5R(Reformulation, Redesign, Reuse, Reduce, Recycle)을 체계화한다. 5R이란 제품의 재구성 설비의 재배치, 재사용, 감량화, 재활용을 의미하는 것으로 환경적합 제품의 생산, 공급에서 필연적인 공정개선 운동이라 하겠다.

② 기업체질의 첨단화, 세계화

경영관리 시스템의 첨단화추구와 첨단기술을 바탕으로 한 상품의 고부가 가치화를 추구한다.

상품, 상표의 일류화 전략은 고유상품 개발 및 자기상표 개발에 주력하고 이들을 집중적으로 키움으로써 궁극적으로 세계일류 상품들과 국·내외에서 경쟁토록 한다. 사업거점의 세계화로 상사기능의 강화를 통해 세계정보망을 구축하고 이를 발판으로 사업무대를 세계화로 확대하여 다양한 지역의 다양한 기업들과 제휴 및 합작을 통해 역량을 배양하고 세계를 망라하는 사업거점을 구축한다. 그룹의 새로운 비전을 제시로 비전실현을 위한 범그룹적인 공감대 형성과 실천역량의 결집을 위해 경영이념을 새로 제정하였다 그룹내 경영자들의 새로운 준칙이자 조직관리의 기본정신인 동시에 전임직원의 행동이념적 바탕이 될 새경영이념은 1992년 12월 19일 선포와 1993년 전통 100년, 도전 100년이라는 슬로건아래 실천단계에 들어갔다.

경영이념 고객은 우리의 스승이고, 품질은 우리의 자존심이며. 혁신은 우리의 생활이고, 인재는 우리의 보배이다. 새경영이념은 고객이 등 돌리면 기업도 존립할 수 없다는 고객중심 사상을 바탕으로 삼았다.

사원정신은 우리는 두산인으로서 긍지(Pride)를 갖고 모든 일에 전문가적(Pro－fessional)이고, 열정적(Passionate)이며. 긍정적인(Positive)자세로 사고하며 행동한다. 여기서 중요시하는 덕목은 전문가적 자세이다. 프로근성을 가지고 완벽을 추구하는 자세로 자신이 맡은 일에 임하는 것을 말한다.

③ 창업2세기 그룹경영구조

두산그룹은 한국에서 가장 오랜 역사를 지닌 전통기업으로 정직과 신뢰를 바탕으로 기업의 사회적 책임을 다해왔다. 사업구조 조정후 개편에 따른 두산그룹의 사업군별 전체계열사 현황을 보면 다음과 같다.

생활문화 사업군(5개사): OB맥주, 두산백화, 두산씨그램, 두산경월, 두산음료
기술소재 사업군(6개사): 두산건설, 두산기계, 두산전자, 두산유리, 두산제관, 삼화왕관
정보유통 사업군(7개사): 두산상사, 두산동아, 오리콤, 두산정보통신, 두산기업, 두산개발 OB베어스 등 총 18개사의 기업군을 이루고 있다.

두산은 방대한 그룹을 효율적으로 관리운영하기 위하여 인재의 발굴과 육성. 세계적인 브랜드의 개발 등 응용연구 사업도 적극적으로 추진 인재기술개발원을 설립운영하고 있다.

④ 경영과 자본의 분리

두산의 장수비법은 신제품개발과 품질향상으로 맥주의 세계화를 주도역량을 집중한데 기인하다. 박두병은 동양맥주 창립초기부터 맥주의 품질향상을 통해 국내시장에서 외국맥주를 추방하겠다는 목표를 세웠으며 더 나아가 해외시장 진출에 성공글로벌 시장에서 당당하게 세계 유명브랜드의 맥주와 경쟁하겠다는 야망의 도전이었다. 생산품의 품질향상으로 세계시장에 도전에 성취하다. 경영의 효율성을 높이기 위하여 자본과 경영을 분리해 투명한 회사를 만들다. 기업의 힘은 일차적으로 자본에서 나온다. 그래서 창업초기에는 자기자본을 가지고 출발한 창업자의 막강한 리더십이 반드시 필요로 한다. 그러나 기업이 발전하고 연관사업과 새로운 분야를 개척하다보면 자연스럽게 전문경영의 참여가 절실해지게 된다.

기업의 사회적 책임을 다하는 기업가정신을 발현, 기업을 경영하면서 자기생각을 마음속에 가둬두지 않고 실천하여 보여주었다. 특히 자식을 놔두고 정수창을 사장으로 영입하는 일은 기업혁신의 일단계의 일이다. 뿐만 아니라 박두병은 기업공개를 단행하면서 주식을 분산, 사회적 기업으로 면모를 갖추어 나아갔다. 신의를 지킬줄 아는 인격이 머리보다 우선이다. 정직과 성실이 바탕이 된 인화의 정의로운 사람과 사람 사이를 끈끈하게 연결해주는 정서적 가치라 할 수 있다. 박두병의 인화라는 철학속에는 정직과 성실이라는 단단한 씨앗이 숨어있다. 정직하고 성실한 마음을 갖추어야 향기를 내뿜는 인화가 발산되며 그때 비로소 사람들에게 전파되면서 조화로운 사회가 형성되는 것이다.

⑤ 우보천리 붕정만리

우보천리(牛步千里) 붕정만리(鵬程萬里)라는 명구는 두산그룹의 장수의 비결이 고스란히 담겨있다. 사람이 미래라는 인재중시 철학으로 혁신을 거듭하다. 두산그룹은 21세기로 들어서면서 M&A로 성장엔진을 새롭게 바꿔, 기업의 꿈을 키워나가고 있다. 두산그룹의 M&A를 주도적으로 이끌어 온 박용만 회장은 이것을 혁신프로그램으로 인식하고 적자생존의 글로벌시대에 스피드를 무기로 한 21세기에서 선진기술력 확보를 통해 한발 더 앞서가면서 미래에 대한 비전을 제시하고자 노력하고 있다. 두산그룹은 혁신을 통해 기업을 생동감 있게 만들고 지속적으로 성장해 목표를 달성하고 새로운 꿈을 키워나간다. 이것이 바로 119년의 역사를 자랑하는 두산그룹의 성장장수의 비결이다. 두산그룹은 현재(DooSanGroup)규모는 38개국에 진출교역을 하고 있으며, 직원수는 4만 3천명에 달하며 매출규모는 년간 26.3조원에 달한다. 두산그룹은 진정한 글로벌 기업으로 2020넌 세계 200대 기업에 신입을 복표로 역량을 집중하고 있다.

## [요 약]

### 자수성가(自手成家)의 교훈

거상일렴의 박승직은 환포상 외길은 그가 거상으로 발돋움하는 포석인 박승직 상점 설립까지의 치열하고도 의욕에 넘치는 자본축적의 과정이었다. 또한 그의 나이 25세 상인으로 변신한지 8년후였다. 1888년 광주 대왕면 둔전리(둔(屯田里)에 30여석을 추수할 수 있는 전답을 사서 임의실 일가에 경작을 의뢰했다. 화전민에서 지주로 변신 근자성공(勤者成功)의 결실이었다. 사업은 욕구에서 분출하며 착수는 현실을 직시하고 시대변화를 읽는데서 출발한다. 사업을 하려는 사람은 우선 자기자신이 처한 현실을 정확하게 파악할 줄 알아야 한다. 현실의 난관을 타개하려는 시도가 바로 사업의 시작이기 때문이다. 사람은 누구나 자신에게 고통이 주어졌을 때 이를 극복하려는 변화의 꿈을 꾼다. 변화란 그 고통으로부터 벗어나기 위한 본능적인 삶의 행위일 따름이다.

### 인화의 기업정신으로 인재육성

성, 불성사는 재인이라 평소 기업경영에서 사람을 중요하게 여겼던 박두병 회장은 반목과 갈등은 결국 파멸을 가져오고, 화목은 영원한 발전을 의미한다며 인화의 필요성을 강조했다. 1950년대에 이미 독일과 미국등지로 직원들을 유학보낸 것은 인재중시 경영에 일찌감치 눈떴음을 읽게 하는 덕목(德目)이다. 고객중시와 품질우선 역시 그가 늘 내세운 경영이념이었다. 참된 기업인은 자신이 진출한 분야에서 최선을 다해 최고품질의 제품을 만드는 사람이라고 강조한 그의 경영이념은 오늘날 두산이 글로벌기업으로 성장하는데 밑거름이 되었다.

### 우보천리 붕정만리

우보천리(牛步千里) 붕정만리(鵬程萬里)라는 명구는 두산그룹의 장수의 비결이 고스란히 담겨있다. 사람이 미래라는 인재중시 철학으로 혁신을 거듭하다. 두산그룹은 21세기로 들어서면서 M&A로 성장엔진을 새롭게 바꿔, 기업의 꿈을 키워나가고 있다. 두산그룹의 M&A를 주도적으로 이끌어온 박용만 회장은 이것을 혁신 프로그램으로 인식하고 적자생존의 글로벌시대에 스피드를 무기로 한 21세기에서 선진기술력 확보를 통해 한발 더 앞서 가면서 미래에 대한 비전을 제시하고자 노력하고 있다. 두산그룹은 혁신을 통해 기업을 생동감 있게 만들고 지속적으로 성장해 목표를 달성하고 새로운 꿈을 키워나간다. 이것이 바로 119년의 역사를 자랑하는 두산그룹의 성장장수의 비결이다.

## 3.2 대림산업

설립년도: 1939년
설립지: 인천 부평
설립자: 이재준
업태: 제조
업종: 종합토목건설

선택과 집중으로 최장수 종합건설업체

### (1) 회사의 경위

① 젊은 세 사람 꿈을 키우려

1939년 10월 10일, 허허벌판이던 인천 부평역전에 세 명의 청년이 모였다. 스물 두 살의 이재준과 그의 고종사촌 형 이석구, 그리고 이석구의 매제인 원장희였다. 이날은 사업가로서의 꿈을 키워 가던 세 사람이 힘을 합쳐 건자재 판매업체인 부림상회를 설립해 출범하는 날이었다. 자본금 3만원에 종업원 7명의 단출한 규모였다. 순수민족자본으로 출발해 우리나라에서 가장 오랜 건설회사이자 재계 18위(2016년, 공기업 제외) 기업군을 일궈낸 대림산업 70여년 역사의 첫 출발이었다.

경기도 시흥출신의 대림산업 이재준(1917~1995) 창업주는 일찌감치 부친으로부터 경영수업을 받았다. 서당에서 한문을 배우다가 보통학교를 졸업한 그는 서울로 올라와 상급학교 진학을 준비했으나, 일제치하에서 공부해서 말단관리가 되기보다는 사업으로 성공하고 싶어 진로를 돌린다. 마침 고향에서 농사를 짓던 부친이 서울로 올라와 정미소를 경영하게 되자 이재준은 자연스레 일을 거들며 장래 기업가로서의 수업을 받게 된다. 그는 부친으로부터 많은 것을 배웠다.

② 부친의 훈(訓) 신뢰와 약속

그의 부친은 사람은 사귀되 쉽게 버려서는 안 된다는 교훈을 주었다. 다소의 손해를 보더라도 약속은 반드시 지켜라' 멀리 내다보고 일을 도모해라' 등의 말을 귀에 못이 박히도록 들려주며 상인이 갖춰야할 자질을 익히도록 했다. 이재준이 평생의 사업원칙으로 지켜온 '정직'성실' 신용'등의 가치관은 모두 정미소시절 부친으로부터 물려받은 것이었다. 또한 수금을 잘하려면 새벽같이 나가야 한다는 것을 경험을 통해 알게 되고, 부친으로부터 받은 월급으로 돈을 불리는 재미를 맛보며 근검절약을 생활화하게 된다. 초창기 자재판매만 하던 부림상회는 점차 원시림개발과 원목생산, 제재업까지 하게 된다. 해방직전에는 직원 150명에 제재소와 원목생산 현장에 딸린 인부와 고용인까지 합하면 상시 3,000~4,000명의 직원을  거느릴 정도로 크게 성장했다. 그러나 해방이 되고 남북이 분단되면서 벌목장 등 북한지역의 모든 부동산이 몰수당하는 바람에 큰 피해를 입게되자 충북 단양 등지의 원목생산에 착수했다. 다행히 주택건설을 위한 목재 수요가 늘어나며 부림상회는 조금씩 회복됐다.

## (2) 대림의 장수전략과 비결

### ① 상호를 부림상회에서 대림산업으로

이재준은 사업기반이 어느 정도 안정된 1947년 회사이름을 '대림산업'으로 바꾸고 건설업에 본격적으로 진출했다. 건설회사로서의 첫 출발은 인천 부평경찰서 신축공사였다. 주한미군 공사수주도 활발했다. 이재준은 현장인부들과 한솥밥을 먹으며 기업을 키웠다. 꼭두새벽부터 늦은 밤까지 직접 무거운 짐을 나르는 중노동도 마다하지 않았다. 1949년부터는 건설이 목재 등 건자재보다 비중이 커져 주력업종으로 자리잡게 된다. 하지만 이듬해 발발한 한국전쟁으로 순조롭게 커가던 대림산업도 휘청댔다.

그러나 위가는 기회였다. 부산으로 내려간 이재준은 어수선한 분위기 속에서도 피난 내려온 대림직원들을 모아 피난민 수용소 공사를 하며 재기했다. 전쟁이 끝난뒤 복구공사가 본격화되면서 건설업은 일대호황을 맞게 된다. 이재준은 기회를 놓치지 않았다. 대형 국책사업을 잇따라 수주해 경쟁회사들을 따돌렸다. 이미 전쟁전인 1949년에 해방이후 최대의 국책사업인 영암선(영동선의 일부구간인 영주~철암철로) 공사를 따낸데 이어, 1952년에는 약 3Km의 제방을 쌓는 반월 염전공사를 수주했다. 이어 청계천 복개공사, 여수항 건설, 춘천댐 건설 등 굵직굵직한 공사를 해내며 성과를 높여갔다.

### ② 위기는 기회로 토목건설 집약

1950년대 대림은 업계 1, 2위를 다툴 정도로 커졌다. 경제개발 5개년 계획이 시작된 1960년대 대림은 비약적으로 성장하여 갔다. 1963년 사장에 취임한 이재준은 영월 제2

화력발전소, 울산항 제1부두, 부산 · 동해화력발전소 등의 공사를 잇달아 따낸다. 대림은 1966년 국내건설 업체 도급순위 1위에 올라 재계를 놀라게 했다. 부평에 있던 본사도 그해 서울로 옮긴다. 산업구조 고도화가 진행되던 1970~80년대에는 중화학공업 분야와 플랜트 건설에서 성가를 높인다. 이후 각종 고속도로 공사에 참여하는 것은 물론, 세종문화회관 · 독립기념관 · 88서울올림픽 메인스타디움 · 서울광화문 광장 등 랜드마크가 될 만한 각종 건축물을 잇달아 완공했다.

국내에서 자리잡은 대림은 해외시장에도 일찌감치 진출한다. 1966년 초, 미 해군에서 발주한 베트남의 항만공사를 수주하고 착수금 4만 5,000달러를 한국은행에 송금한다. 해외건설 외화획득 1호였다. 해외시장 개척은 1970년대 더욱 활발해진다. 쿠웨이트와 이란(1975년)새로운 시장을 개척해 중동붐을 일으키는 선봉적 역할로 한국건설 업계의 이미지를 쇄신해 나갔다. 1975년 남아프리카 공화국 정유공장 건설공사를 수주하여 한국기업으로는 처음으로 아프리카에 진출하는 계기가 되었다. 2016년 현재까지 미국, 사우디, 아랍에미리트(UAE), 이란, 헝가리, 중국, 브루나이, 필리핀 등 총 35개 국가에서 사업을 진행했으며 플랜트, 댐, 도로, 항만, 공공주택 건설 등 다채로운 실적을 보유하고 있다.

해외시장 진출은 2세 이준용이 주도했다. 창업주의 장남인 이준용은 경기고와 서울대 상대, 미국 덴버대학교 대학원을 졸업한 뒤 국내대학에서 교편을 잡다 1966년 대림에 입사했다. 본격적인 해외시장을 앞두고 국제감각을 갖춘 인물이 필요하다는 부친의 뜻에 따른 것이었다. 이로써 대림의 2세 경영은 자연스레 이뤄지게 된다. 이준용은 창업주를 도와 국내외 공사현장을 누볐다. 유창한 영어로 해외공사 수주에 앞장섰고, 내부적으로 업무전산화를 도입하는 등 기업체질 개선도 적극추진했다. 1979년 사장에 취임하며 사실상 그룹총수 역할을 하며 사업다각화에 본격적으로 나섰다.

### ③ 토목공사와 건축공사로

아파트 시장에 진출해(1978년) 토목과 플랜트 중심의 사업영역을 넓힌데 이어, 호남에틸렌을 인수해(1979년) 석유화학 분야에 진출한다. 지금과 같은 건설 · 유화양대 사업구도는 이때 마련됐다. 창업주가 건자재상에서 출발해 건설업으로 키웠다면, 이준용은 여기에 유화부분을 더해 양대사업을 구축함으로써 안정과 성장을 동시에 추구했다. 1981년에는 기아기연(지금의 대림자동차 공업)을 인수했다.

이준용은 창업주와 성격과 경영스타일 등 여러 면에서 닮았다. 기업규모는 갈수록 커졌지만, 새로운 사업진출에는 지극히 신중했다. 항상 주력사업인 건설이 중심이었다. 보수적인 성격이 기업경영에 그대로 투영된 결과다. 사람을 중요시하고 청탁을 받아들이지 않는 원칙도 고스란히 물려받았다. 오로지 기업경영에만 매달렸다. 이준용은 2006년 연말인사에서 명예회장으로 추대되며 경영일선에서 물러난다. 대신 전문경영인이 회장을 맡았다.

### (3) 향후 기업경영의 전망

#### ① 소유와 경영분리. 전문경영인 체계로

소유와 경영의 분리를 통한 전문경영인 제도를 도입한 것이다. 2010년 대림산업은 또 다른 실험에 들어간다. 이준용의 맏아들인 이해욱이 부회장으로 승진해 '전문경영인 회장과 오너 부회장의 공동경영'이라는 새로운 시스템이 시작됐다. 3세 이해욱은 아버지가 다니던 미국 덴버대학을 졸업하고 콜롬비아 대학에서 MBA를 받은 뒤 대림에 입사해 건설과 유화부분을 오가며 경영수업을 받아왔다.

대림은 70여년의 오랜 연륜에도 불구하고 다른 기업에 비해 별다른 위기없이 성장해 왔다. 창업이래 줄곧 국내 100대 기업에 들정도로 탄탄한 경영을 해왔다. 이는 창업주 이재준이래 지속돼온 신뢰경영과 오랫동안 축적해 온 건설분야의 노하우에서 찾을 수 있다. 많은 건설사들이 새로운 사업에 뛰어들며 몸집 불리기에 나설때도 대림은 내실 다지기에 집중했다. 1980년 국내건설 업체로는 처음으로 기술연구소를 설립하는 등 뛰어난 기술력을 자랑한다. 일찌감치 '선택과 집중'을 실천함으로써 자신의 전문분야에서 역량을 키워온 것이다. 이런 대림의 경영스타일에 대해 재계에서는 '돌다리를 두들겨 보고도 안 건넌다'고 표현할 정도다.

#### ② 사업품종 다양화로

사업구조는 크게 나눠 건설과 유화부분이다. 재계 20위권의 비슷한 기업과 비교할 때 단순하기 짝이 없다. 외환위기 당시 다른 기업보다 재무구조가 양호했음에도 구조조정 차원에서 흑자기업인 서울증권과 대림요업을 매각하고 건설부분에 역량을 집중했을 정도다. 원칙을 앞세운 경영스타일이 대물림된 것도 우량 장수기업으로 남게 된 배경이다. 창업주 이재준은 전형적인 유교집안에서 교육받았고, 기업경영에서도 원리원칙을 강조해, 과거 많은 기업들이 정치적인 사건에 연루돼 어려움을 겪었지만 대림은 구설수에 휘말린 적이 없었다.

이재준의 형이 거물정치인 이재형 전 국회의장이란 점을 감안하면 고개가 끄덕여지는 대목이다. 1966년 이재준은 갓 입사한 이준용을 전쟁터인 베트남 항만공사 현장으로 보내기도 했다. 3공화국시절 청와대의 인사청탁에 대해서도 자신이 경영일선에서 물러나기 전에는 불가하다며 거절하기도 했다. 이준용의 경영스타일도 창업주를 빼닮아 사람을 중요시하고 인시청탁은 철저히 배제했다. 경엉진 가운데 오너 친인척은 거의없다. 전문경영인 양성시스템이 활발해졌고, 기업경쟁력 강화로 자연스레 연결됐다. 국내 최장수 건설업체로서 독특한 기업이념을 지켜온 대림이 조만간 본격화될 3세 경영에서는 어떤 모습을 보여줄 것인지 주목된다.

③ 대림산업의 변신

대림산업은 공사를 수주해 설계하고 시공하는 건설회사에서 프로젝트 자체를 발굴해 시공부터 운영까지 총괄해 수익을 창출하는 ‘디벨로퍼’로 영역을 확장하고 있다. 특히 해외 사회간접자본(SOC) 사업과 호텔, 임대주택, 석유화학 등 사업전반에 걸쳐 리드 디벨로퍼(Lead Developer)로 적극나설 계획이다.

대림에너지가 파키스탄 풍력발전을 인수하는 등 디벨로퍼 사업의 성과를 거뒀다. 디벨로퍼 분야를 건축 · 토목 · 유화 · 에너지 등으로 확장하고, 기획부터 운영까지 총괄하는 선도디벨로퍼 프로젝트를 발굴할 예정이다. 이를 위해 디벨로퍼로 선도적 역할이 가능한 국가와 영역을 우선 순위화하는 한편 해외지사와 유기적 협력체계를 구축해 전사의 인적역량과 현지 네트워크를 목표로 프로젝트에 집중할 계획이다.

대림이 추진하는 디벨로퍼 사업의 대표적인 분야가 민자발전이다. 민자발전이란 민간회사가 투자자를 모집해 발전소를 짓고, 일정기간 소유 · 운영하며 전기를 팔아 투자비를 회수하는 모델이다. 대림은 전력소비가 급증하는 동남아, 인도, 중남미 등 신흥시장을 중심으로 대규모 민자발전 발주가 이어질 것으로 전망하고 민자발전을 그룹의 중장기적인 성장동력으로 육성하고 있다.

호텔사업은 대림이 그룹역량을 결집시키는 또 다른 분야다. 대림은 2014년 국회의사당 인근에 ‘글래드(GLAD) 여의도’를 열며 자체개발한 호텔브랜드를 시작했다. 올해는 서울 마포 공덕과 강남 논현동에 호텔 2곳을 추가로 개관할 예정이다.

글래드에는 대림그룹의 호텔시공 · 운영능력이 결집됐다. 사업기획과 개발부터 시공에서 운영까지 가치사슬(Value Chain) 전 과정을 그룹이 맡는다. 대림이 사업기획과 개발을 주관하고, 그룹내 건설업을 하는 대림산업과 삼호가 시공을 담당한다. 운영과 서비스는 그룹내에서 호텔과 리조트사업을 하는 오라관광이 맡는다. 대림은 '콘래드서울'과 '그랜드하얏트 인천', '포시즌즈 서울' 등 굵직한 호텔을 건설한 경험도 있다.

④ 고정관념 버리고 브랜드를 효과적으로

회사설립 77년을 맞는 대림산업은 차별화된 브랜드설계로 주택시장의 신선한 경쟁을 유도하며 기본원칙을 바탕으로 내실경영하여 55년간 연속10대 건설사를 유지하고 있다. 경인, 경부, 호남 고속도로에서부터 서울지하철, 포항제철, 세종문화회관, 국회의사당, 잠실올림픽 주경기장, 독립기념관, 한국은행, 청계천, 광화문광장, 이순신 대교까지 대한민국을 대표하는 건축물은 대림의 손길을 거치지 않은 것이 없을 만큼 대림의 역사는 곧 대한민국 건설의 역사였다.

대림산업은 고정관념을 버리고 아파트 브랜드를 효과적으로 소비자 인식속에 포지셔닝할 수 있다면 새로운 기회가 될 수 있다고 판단했다. 백지상태에서 6개월에 걸쳐 아파트 시장에서 소비자 니즈를 파악하고 경쟁사들의 마케팅전략을 분석했다. 아파트 시장이 건설사 위주에서 브랜드 중심의 경쟁시대로 돌입할 것이라는 전망은 자연스러운 결론이었다. 2000년 1월 'e편한세상'이라는 브랜드가 탄생한다. 국내 최초의 아파트 브랜드다.

대림산업, 초미세 먼지도 잡는 건강한 아파트 공기청정 환기시스템, 국내 건설업계 첫 개발…모델이 스마트홈 애플리케이션으로 공기청정 환기시스템을 설정하고 있다. 대림산업은 올해초 초미세 먼지를 제거할 수 있는 '공기청정 환기시스템'을 개발해 공개했다. 건설업계에서 공기청정 환기시스템을 개발한 것은 국내처음이다. 공기청정 환기시스템 개발은 최근 공기질에 대한 사람들의 관심이 늘면서 시작됐다. 봄과 겨울 황사와 미세먼지 문제가 심각한 데다 최근에는 요리 등을 통한 실내공기 오염도 요주의 대상이 되고 있다. 하지만 일반적인 공기청정기는 정화능력에 한계가 있다. 기기에 따라 다르지만 기기주변 공기만 집중적으로 정화하거나, 공기를 정화할 수 있는 범위가 좁기 때문이다.

## [요 약]

### 위기를 기회로

파도가 높은 곳에 큰 고기가 있다.

위기가 있는 곳에 기회도 있다. 대림은 위기를 기회로 토목건설 역량을 집약시켜 경제개발 5개년 계획이 시작된 1960년대 대림은 비약적으로 성장하여 갔다. 1963년 사장에 취임한 이재준은 영월 제2화력발전소, 울산항 제1부두, 부산·동해 화력발전소 등의 공사를 잇따라 따낸다. 대림은 1966년 국내 건설업체 도급순위 1위에 올라 재계를 놀라게 했다. 부평에 있던 본사도 그해 서울로 옮긴다. 산업구조 고도화가 진행되던 1970~80년대에는 중화학공업 분야와 플랜트 건설에서 성가를 높인다. 이후 각종 고속도로 공사에 참여하는 것은 물론, 세종문화회관 · 독립기념관 · 88서울올림픽 메인스타디움 서울 광화문광장 등 랜드마크가 될 만한 각종 건축물을 잇따라 완공했다.

### 시대변화에 진보적 적응

시대는 변화를 요구한다. 다양해지는 사회의 부름에 호응하기 위하여  대림산업도 변신의 진보를 시작한다. 대림산업은 공사를 수주해 설계하고 시공하는 건설회사에서 프로젝트 자체를 발굴해 시공부터 운영까지 총괄해 수익을 창출하는 '디벨로퍼'로 영역을 확장하고 있다. 특히 해외 사회간접자본(SOC) 사업과 호텔, 임대주택, 석유화학 등 사업전반에 걸쳐 리드 디벨로퍼(Lead Developer)로 적극나설 계획을 수행한다. 대림에너지가 파키스탄 풍력발전을 인수하는 등 디벨로퍼 사업의 성과를 거뒀다. 디벨로퍼 분야를 건축 · 토목 · 유화 · 에너지 등으로 확장하고, 기획부터 운영까지 총괄하는 선도디벨로퍼 프로젝트를 발굴할 예정이다.

### 고정관념 버리고 진취적으로

진취적인 사고는 미래를 내다보는 초석이 된다. 앞서가는 기업만이 성공의 열쇠를 가져온다. 대림산업은 고정관념을 버리고 아파트 브랜드를 효과적으로 소비자 인식속에 포지셔닝 할 수 있다면 새로운 기회가 될 수 있다고 판단했다.  브랜드 중심의 경쟁시대로 돌입할 것이라는 전망은 자연스러운 결론이었다. 2000년 1월 'e편한세상'이라는 브랜드가 탄생한다. 국내 최초의 아파트 브랜드다. 대림산업, 초미세 먼지도 잡는 건강한 아파트 공기청정 환기시스템, 국내 건설업계 첫 개발모델이 스마트홈 애플레이케이션으로 공기청정 환기시스템을 설정하고 있다. 대림산업은 올해초 초미세 먼지를 제거할 수 있는 '공기청정 환기시스템'을 개발해 공개했다.

## 3.3 동화기업

일업백년(일(一業百年), 국내 유일무이한 최장수 기업

초대사장 은포 민강　　제 5대 사장 보당 윤창식　　명예회장 가송 윤광열

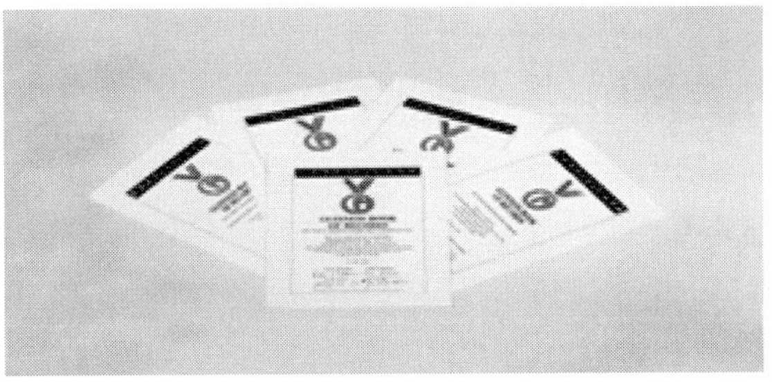

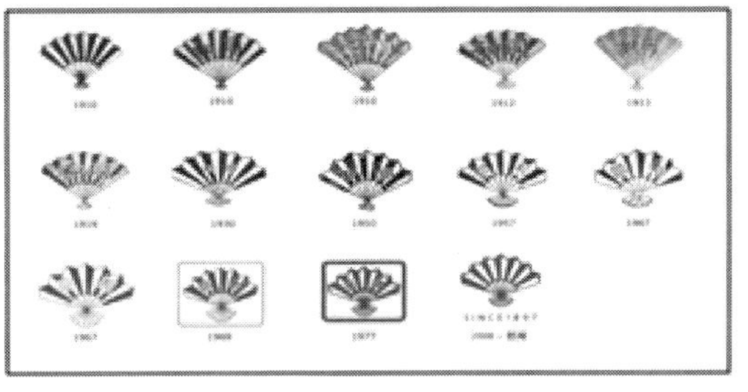

▶국내 최초의 등록상품 '활명수', '부채표', ▶동화약품 CI 변천사 국내 최초의 제조회사 및 제약회사 기네스북 인증서

자료: 동화약품제공(동화약품 공장전경).

설립년도: 1897
설립지: 서울 중구 순화동
설립자: 민병호(閔並浩)
업태: 제조
업종: 의약품

### (1) 회사의 경위

① 우리나라 최초의 신약

활명수의 개발– 활명수는 조선왕조 고종임금께서 대한제국 황제로 즉위하시던 1897년 당시 궁중 선전관으로 있던 민병호 (閔並浩)선생께서 궁중에서만 복용되던 생약의 비방을 일반국민에까지 널리 보급하고자 서양의학을 접목하여 개발한 우리나라 최초의 신약이며, 양약(洋藥)이다. 일업백년(일(一業百年), 국내 유일무이(唯一無二)한 최장수기업 동화약품(회장 윤도준)은 119년(2016년 기준)의 세월을 동일한 상호로 동일한 제품을 만들며 전통을 유지해 온 한국기업 경영사에 손꼽히는 기업이다. 동화는 국내 최초의 등록상품인 '활명수'를 비롯해 최초의 등록상표 '부채표', 국내 최초의 제조회사 및 제약회사까지 4개 부문에서 기네스북에 올라있으며, 여기에 국내 최장수 상장기업(000020)으로서 최고(最古) 타이틀만 5개를 갖고 있다. 동화약품의 창업이 곧 대한민국 자본주의 시작점이며, 활명수의 개발과 출시가 바로 브랜드역사의 효시라 할 수 있다.

우리의 속어(俗語)에 말대로 되고 생각대로 된다는 말이 있다. 사람의 이름을 회사명, 브랜드명 등 왜 중요한가? 많은 사람들이 그리 불러주기 때문에 그리 이루진다는 것이다. 장수기업 동화약품의 동화(同和)라는 기업명은 주역의 二人同心其利斷金(이인동심 기리단금)에서 '동(同)'자를 취하고, 時和年豊 國泰民安(시화연풍 국태민안)에서 '화(和)'자를 취하여 만든 것이다. '두 사람이 마음을 합하면 그 예리함이 쇠(金)도 자를 수 있다. 나라가 화평하고 해마다 풍년이 들면 나라가 부강해지고 국민이 평안해진다'는 뜻을 가지고 있다.

동화약품의 상표 부채표는 시전(詩傳)의 "紙竹相合 生氣淸風(지죽상합 생기청풍)" 즉, "종이와 대나무가 서로 합하여 맑은 바람을 일으킨다"는 뜻에서 비롯되었다. 상호인 '동화'와 마찬가지로 "민족이 합심하면 잘 살 수 있다"는 민족정신을 내포하고 있다.

많은 장수기업들 중에서 그 사례를 찾아보기 힘든 단일업종으로 백여년을 계승하여 오며 발전하고 있는 것은 유일하게 동화약품 뿐인가 싶다.

대한제국 원년인 1897년에 창업해 일제강점기의 수탈과 억압, 한국전쟁으로 인한 고난과 허탈, 급격한 산업화의 격동속에서 동화약품이 현재까지 발전하며 성장을 이어온 것은 민족과 나라를 사랑하는 남다른 기업문화가 있었기 때문인가 싶다.

### ② 최초의 국산 약, 활명수의 탄생

제약보국(製藥輔國)의 정신으로 민족을 위해 헌신하는 동화약품은 100년전부터 사회공헌을 실천하다. 동화약품 성장의 원동력은 활명수(活命水)라는 우수한 제품과 민족정신에 기반을 둔 기업창립 이념을 실천하려 한 끊임없는 노력에 기반을 두고 있다. 부채표 활명수는 상품의 수명주기가 100년을 넘어 이어오는 것은 세계에서 유례(類例)를 찾아볼 수 없다. 세계에서 가장 제품의 수명주기가 오래된 코카콜라도 부채표 활명수를 따라오기에는 시간이 멀다.

대한제국 원년인 1897년은 급체와 토사광란으로 사람들이 목숨을 잃었지만 적당한 약을 구할 수 없던 시절이었다. 이 때 궁중선전관 민병호 선생은 궁중비방에 서양의학을 접목시켜 최초의 국산 약 활명수를 개발한다. 오로지 민중들의 생명을 구하겠다는 '제약보국(製藥輔國)'이라는 숭고한 의지에서 개발된 활명수는 소화불량에 효과가 있으면서도 복용이 간편해 국민들의 소중한 생명과 건강을 지키는 명실상부한 '생명을 살리는 물'로 자리잡았다.

동화약품은 제약보국과 더불어 독립운동의 선구적 원천 '서울연통부'는 1919년 3.1운동 직후에 체계화된 독립운동을 위해 수립된 상해 대한민국 임시정부와 국내와의 연락을 위해 만들어진 지하비밀단체이다. '서울연통부'의 당시 행정책임자는 동화약방(현, 동화약품)의 사장인 민강선생이 맡았다. 국내외 연락은 물론 정보활동 등의 활동을 담당했다. 또한 '서울연통부'는 독립운동가들의 활동자금 마련에도 한몫을 담당했다. 당시 활명수 한 병 값은 50전으로 설렁탕 두 그릇에 막걸리 한 말을 살 수 있는 비싼 가격이었다. 독립운동가들은 중국으로 건너갈 때 돈대신 활명수를 휴대했다가 현지에서 비싸게 팔아 자금을 마련했다고 전해진다.

1995년 '서울연통부'는 광복 50주년을 맞아 항일의거 유적지로 선정돼 현재의 동화약품 사옥에 기념비 건립이 확정되었다. 이듬해 광복절에 제막한 기념비에는 연통부의 활약상과 설립의의 등이 상세하게 포함되어 있다.

자료: 동화약품 제공. ▶ 광복 50주년 기념 서울 연통부 기념비

③ 베를린 올림픽 승전보 축하광고

일제 강점기 당시, 풍전등화의 상황에서도 동화약품은 나라와 민족을 위한 헌신을 아끼지 않았다. 1936년 8월 9일, 독일 베를린 올림픽 마라톤 경기에서 금메달과 동메달을 획득하자 승전보를 알리는 축하광고를 조선일보에 8월 11일 게재하였다. 당시 광고에서 조선청년의 의기충천(意氣衝天)을 알려, 암울한 시대에 국민들의 자부심을 북돋았다. 1936년 8월 11일, 조선일보. 동화약방(現 동화약품) 활명수 광고내용 광고의 내용은 다음과 같다.

손기정, 남승룡, 양선수 우승축하 건강한 체력, 견인불발하는 내구력의 근원은 오직 건전한 위장에서 배태된다. 건강한 조선을 목표하고 다같이 위장을 건전케 하기위하여 활명수를 복용합시다.

이 광고가 신문에 게재된 이후, 조선중앙일보(8월 13일)와 동아일보(8월 13일, 25일)에서 일장기를 지운 마라톤 우승자의 사진을 싣고 일제의 탄압으로 휴간, 정간되는 사건이 벌어지기도 했다(일장기 말소사건, 1936년). 당시 동화약방(현, 동화약품)은 민강 사장이 독립운동에 투신하다 갑작스럽게 사망하고 큰 경영위기를 겪고 있었다. 그럼에도 불구하고 건강한 체력의 근원이 건전한 위장이며 이를 위해 "건강한 조선을 목표로 하자"는 민족의 아픔을 위로하고 격려하는 메시지를 담은 광고를 게재한 것은 동화약품의 남다른 민족정신을 보여주는 예라고 할 수 있다.

### ④ 경영자이자 독립운동의 선구자

활명수는 '독립운동 자금을 대던 소화제'로, 활명수를 생산하는 동화약품은 투철한 민족정신을 가지고 우리민족의 자주독립에 힘썼다. 은포 민강 초대사장, 보당 윤창식 5대 사장, 가송 윤광열 명예회장 등 역대 경영자 3명이 독립운동가 출신이다. 독립을 위한 물적지원 뿐 아니라 직접 독립운동에 투신할 정도를 나라를 사랑하는 마음이 지극했다. 동화약품의 초대 사장인 민강(1883~1931) 선생은 조국광복을 위해 힘쓰고, 2세 교육에 힘쓴 것으로 알려져 있다.

1909년 청년들을 중심으로 대동청년당을 결성해 적극적으로 독립운동에 나섰으며, 소의학교(현, 동성중・고교), 조선약학교(현, 서울대 약대) 설립에도 앞장섰다. 이후에도 독립운동 단체인 대동단에 가입하고, 연통부를 국내 독립운동의 거점으로 제공해 나라를 독립시키려고 노력한다. 여러 차례 옥고를 거듭했지만, 뜻을 굽히지 않을 정도로 민족과 국가를 생각하는 마음이 투철했다.

독립운동으로 인해 사세가 기울어 경영이 어려워진 동화약품의 뜻을 이어받은 5대 보당 윤창식(1890~1963) 사장 역시 독립운동에 투신했다. 민족과 국가를 생각하는 마음, 높은 인품, 경영인이 지녀야 할 능력까지 갖춘 윤창식 사장은 1915년, 서울의 지식청년들 130여 명이 중심이 되어 경제자립을 통한 국권회복을 목적으로 '조선산직 장려계'를 결성했다.

1917년 조직이 경찰에 적발되어 옥고를 치른 후에도 빈민계층을 도왔던 보린회' 사업에 깊이 참여해 1920년부터 1959년까지 이를 전폭적으로 지원했다. 민족운동 단체인 신간회에도 많은 자금을 지원하는 등 나라의 독립과 어려운 이웃을 위한 헌신적인 노력들을 아끼지 않았다. 윤창식 사장의 대를 이은 윤광열 명예회장(1924~2010)은 보성전문학교(현, 고려대학교) 재학시절, 일제에 학도병으로 강제징집 당했다가 탈출하여 중국 상해에 있는 정부군을 찾아가 주호지대 광복군 5중대 중대장 직을 맡았다. 동화약품의 기틀을 세운 초대 민강 사장이 독립운동으로 수차례 옥고를 치르다 숨을 거두자 동화의 사세는 크게 위축되었다. 하지만 1937년 보당(保堂) 윤창식(1890~1963) 선생은 회사를 인수하여 5대 사장으로 취임한 후 제2창업을 이루며 발전의 기틀을 마련했다.

### (2) 동화기업의 장수전략과 비결

① 순수 민족자본으로 재건한 민족기업

광복후, 1948년 대한민국 정부가 수립되면서 제약업계는 잠시동안의 안정기를 맞았지만 바로 한국전쟁이 발발하고 만다. 전쟁으로 인한 의약품에 대한 수요는 엄청났고, 윤 사장은 마산에서 임시로 공장을 세우고 활명수의 생산을 멈추지 않았다. 전쟁으로 폐허가 된 한국경제의 재건을 지원하기 위해 마련된 미국의 원조계획으로 미국 국무성의 대외원조기관 ICA(international Cooperation Administration, 국제협력단)에서는 매년 2~3억 달러의 자금을 제공했다. 당시 제약업계에 배정된 원조자금은 약 46만 5000달러. 하지만 이 자금을 배당받기위해 업체 간에 과당경쟁이 심해지고 배정방식의 불공정성에 대한 논란과 갈등이 지속되는 상황이었다.

하지만 윤창식 사장은 "민족기업의 긍지는 순수민족 자본으로 재건될때만 지킬 수 있다"며 자금받는 것을 거부했다. 일제의 혹독한 탄압하에서도 굳건히 지켜온 동화가 외국자본에 기댈 필요없다는 생각이었다. 이때부터 윤 사장은 이윤을 완전히 재투자하는 방식으로 회사를 재건해 나갔다. "좋은 약이 아니면 만들지 말라. 동화는 동화식구 전체의 것이요, 또 이 겨레의 것이니 온 식구가 정성을 다해 다같이 잘살 수 있는 기업으로 이끌어라"는 윤창식 사장의 경영철학은 후대 경영자들에게도 이어져 현재까지 동화약품 경영이념으로 자리잡고 있다.

② 우리나라 브랜드가 해외에 공식진출한 선구적 사례

윤창식 사장은 전문경영인 제도, 사규제정 등으로 경영근대화를 이룩했으며, 특히 만주지방으로 국내 브랜드의 첫 번째 해외진출을 이뤄냈다. 당시 민족주의자이자 박애주의자였던 윤창식 사장은 흩어져 살아가는 많은 우리동포에게 좋은 약의 공급과 독립운동 자금지원이 수월한 곳인 만주지방을 해외진출의 교두보로 마련했다. 1937년 7월 27일 '부채표 활명수'를 만주국 봉천 중앙특허사무소에 특허출원하고, 1938년 12월에 안동시에 지점을 개설했다. 1930년대에 우리나라 브랜드가 해외에 진출해 상표를 등록한 앞선 행보를 보여준 사례라 할 수 있다. 이때는 제약업계 역사상 최악의 암흑기라 할 수 있는데, 이 시기동안 윤창식 사장은 이처럼 만주진출을 비롯해 국내 의약품 시장 안정화를 위해 노력하는데 앞장섰다.

혁신적인 경영방식으로 산업변화 주도하는  한편, 윤창식 사장의 대를 이은 윤광열 명예회장(1924~2010)은 1949년 동화약품 입사, 1967년에 활명수에 탄산을 더한 '까스활명수'를 발매하여 국내 액제소화제 시장의 획기적인 트렌드를 만들었다. 또한 덴마크 레오사, 프랑스 덱소사, 일본의 산쿄사 등 세계적인 제약회사들과의 기술제휴와 교류를 통해 대한민국 제약산업의 발전을 이끌었다.

그의 혁신적인 경영방식은 대한민국 산업의 변화를 주도하였다. 70년대 생산직 근로자들의 어려운 상황을 파악하고, '월급 한번 받아봤으면 좋겠다'는 그들의 바람을 경영방식에 녹여내, 전 사원월급제를 시행하였다. 이는 국내에서 최초로 실행된 당시로서는 파격적인 제도로, 타 기업들의 모범이 되었다.

③ 국내유일의 희귀약품 센터설립

1973년에는 '약을 구하지 못해 고통받는 사람이 없었으면 좋겠다'는 신념으로 국내 유일의 희귀약품 센터를 설립하여 24시간 운영하며 제품을 염가로 공급하였다. 당시 국내에서는 진단이 내려져도 의약품을 구하는 것이 어려웠던 시절이었기에, 이 같은 센터의 설립은 더욱 큰 의미가 있었다. 희귀약품 센터는 그전부터 정부와 의학협회가 설립을 검토해 왔으나 이윤확보가 어렵다는 점 등 현실적인 이유로 의약품 수입상들의 협조를 얻지 못하고 사회적인 문제로까지 비약하고 있던 시점이었다. 동화약품은 이 사업의 추진을 위해 1973년 초반부터 외국 제약업체와의 상담과 의사협회나 관계당국과의 절충을 시도하는 등 전력을 다했다. 윤광열 명예회장은 당시 공익을 위해 추진하는 사업인 만큼 영리적인 면은 배제해줄 것을 실무진에게 당부했다. 그래서 센터의 약품공급 가격은 수입가에 제반세금만을 더한 실비수준으로 정해졌다.

윤 명예회장은 당시 언론과의 인터뷰에서 희귀약품 센터의 설립취지를 다음과 같이 밝힌 바있다. "생명의 존중함과 비례해서 인간이 개발한 약품으로 한 생명을 구한다는 것이 얼마나 보람되고 영광스러운 일이겠습니까? 우리 회사가 희귀약품 센터를 설립, 국민건강 복지에 조그마한 이바지를 하려고 노력한다는 것도 이런 데서 비롯된 것이다."

## (3) 향후 기업의 경영전망

소비자 기호에 맞는 끊임없는 변화와 노력으로 최장수 기업의 명예를 갖다.

① EU GMP 획득으로 세계수준 설비입증

동화약품은 2009년 충주산업단지에 미국 우수의약품 제조기준, 즉 cGMP를 충족하는 최첨단 생산시설을 완공하였다. 초창기 가내수공업적인 생산체제에서 생산되던 활명수는 이제 전자동 액제 생산라인에서 연간 1억병이 생산되고 있다. 또한 공장에서 생산되는 판토프라졸(API, 원료의약품)이 유럽연합 우수의약품 제조관리 기준(EU GMP) 인증을 획득, 세계수준의 설비를 입증한 바 있다. 국산 신약 23호, 자보란테개발 이러한 연구개발 분야의 지속적인 투자로 연구성과는 점차 가시화되고 있다. 신약개발 분야에서는 당사의 세계최초 방사성 간암치료제 "밀리칸주"가 식약청으로부터 신약으로 품목허가를 취득하여 판매되고 있으며 2001년 11월에는 산업자원부로부터 "차세대 세계 일류상품"에 선정된바 있고, 밀리칸주의 치료범위와 시장성을 넓히고자 전립선암을 대상으로 동물을 이용한 효능과 안전성 시험을 서울대 병원과 여의도 성모병원에서 수행하고 있으며, 또한 류마티스 관절염 치료제 개발을 위하여 3상 임상시험을 진행하고 있으며, 홀뮴을 이용한 피부암 치료제 상용화 과제가 진행중에 있으며 기술수출을 추진중에 있다.

자료: 동화약품제공 ▶ 동화약품 연구소

2010년, 연구소를 경기도 용인에 신축, 이전해 연구기반을 한차원 높이고, 신약과 신제품 연구개발에 한층 더 매진하고 있다. 2016년 3월, 국산신약 23호로 허가받은 퀴놀론계 항균제 자보란테를 출시했다. 자보란테는 만성폐쇄성 폐질환의 급성악화(AE-COPD, Acute Exacerbation of Chronic Obstructive Pulmonary Disease) 치료제다. 2015년 보건복지부가 인정하는 '보건신기술'로 선정되었으며, 지역사회 획득성 폐렴환자를 대상으로 한 임상 3상계획에 대한 미국 식품의약국(FDA)의 허가를 받았다. 지난

4월에는 남아프리카 공화국의 오스텔 레버토리즈와 자보란테의 라이선스 아웃(기술 수출) 업무협약(MOU)을 체결하며 해외진출을 초석을 쌓았으며 아시아, 러시아를 포함한 CIS(독립국가연합)국가, 라틴아메리카, 유럽 및 미국 등과 같은 선진시장 진출을 지속적으로 협의중이다.

② 부채표 가송재단

동화약품의 윤광열 명예회장과 부인인 김순녀 여사가 사재를 출연해 설립한 부채표 가송재단은 "기업이윤은 사회에 환원해야 한다"는 기업이념을 적극실천하고 있다. 윤광열 의학상(대한의학회 공동제정), 윤광열 약학상(대한약학회 공동제정), 윤광열 치과의료봉사상(대한치과의사협회 공동제정)을 제정하여 학술연구를 지원한다. 우리나라 고유의 문화유산인 접선(접는 부채)의 가치를 알리고자 '여름생색은 부채요, 겨울생색은 달력이라'라는 속담에서 비롯된 이름의 "여름생색 展"을 개최하고, 부채를 모티브로 한 가송예술상을 제정하여 신진작가들의 발굴에 앞장서고 있다.

③ 맑은바람 캠페인

맑은바람 캠페인은 '종이와 대나무가 서로 합해 맑은바람을 일으킨다(紙竹相合 生氣靑風, 지죽상합 생기청풍)'는 의미의 기업로고 '부채표'에서 비롯된 동화약품의 사회공헌 활동을 아우르는 말이다. 가정과 사회, 세상에 건강한 바람을 불러일으키고자 하는 동화약품의 바람을 담아 다양한 사회공헌 활동들을 전개하고 있다. 밥상머리 캠페인'을 실천하여 가정을 대상으로 한 밥상머리 교육인식 조사, 아동청소년 전문가 초빙강좌 등을 비롯 사내 소셜다이닝, 도시락 데이 등 소통이 함께하는 식문화를 정착시키기 위해 노력하고 있다.

생명을 살리는 물 캠페인은 물(활명수: 살릴活 생명命 물水) 캠페인'은 활명수 한정판의 판매수익금으로 유니세프 한국위원회, 초록우산 어린이 재단과 함께 전세계 물부족 국가 어린이들에게 깨끗한 물을 전달하는 사회공헌 활동이다. 이 캠페인을 통해 활명수는 이 시대의 생명을 살리는 물로서의 역할을 수행하고자 한다.

## [요 약]

### 제약보국의 정신으로

국내에서 최초의 명약, 활명수의 탄생 제약보국(製藥輔國)의 정신으로 민족을 위해 헌신하는 동화약품은 100년 전부터 사회공헌을 실천하다 동화약품 성장의 원동력은 활명수(活命水)라는 우수한 제품과 민족정신에 기반한 기업창립 이념을 실천하려 한 끊임없는 노력에 기반을 두고 있다. 부채표 활명수는 상품의 수명주기가 100년을 넘어 이어오는 것은 세계에서 유례(類例)를 찾아볼 수 없다. 세계에서 가장 제품의 수명주기가 오래된 코카콜라도 부채표 활명수를 따라오기에는 시간이 멀다.

### 애국심과 제약보국

애국지심 보국제약 동화약품은 제약보국과 더불어 독립운동의 선구적 원천 서울연통부'는 1919년 3·1 운동 직후에 체계화된 독립운동을 위해 수립된 상해 대한민국 임시정부와 국·내와의 연락을 위해 만들어진 지하비밀 단체이다. 서울연통부의 당시 행정책임자는 동화약방(현 동화약품)의 사장인 민강선생이 맡았다. 국·내외 연락은 물론 정보활동 등의 활동을 담당했다. 또한 서울연통부는 독립운동가들의 활동자금 마련에도 한 몫을 담당했다. 독립운동가들은 중국으로 건너갈 때 돈대신 활명수를 휴대했다가 현지에서 비싸게 팔아 자금을 마련했다고 전해진다.

### 부채표와 가송재단

부채표 가송재단을 설립하여 학술연구와 문화사업에 기업이윤을 환원하는 사회적 역할을 선도하고 있다. 동화약품의 윤광열 명예회장과 부인인 김순녀 여사가 사재를 출연해 설립한 부채표 가송재단은 "기업이윤은 사회에 환원해야 한다"는 기업이념을 적극실천하고 있다. 윤광열 의학상(대한의학회 공동제정), 윤광열 약학상(대한약학회 공동제정), 윤광열 치과의료 봉사상(대한치과의사협회 공동제정)을 제정하여 학술연구를 지원한다. 우리나라 고유의 문화유산인 접선(접는 부채)의 가치를 알리고자 '여름생색은 부채요, 겨울생색은 달력이다'라는 속담에서 비롯된 이름의"여름생색 전(展)"을 개최하고, 부채를 모티브로 한 가송예술상을 제정하여 신진작가들의 발굴에 앞장서고 있다.

## 3.4 (주) 정식품

설립년도: 1973
설립지: 충북 청주
설립자: 정재원
업태: 제조
업종: 식품

우리나라 두유역사의 첫 장을 연 ㈜정식품

기업가정신과 제품의 품질은 장수기업으로의 전망을 가져온다.

경영자의 헌신적인 기업가정신과 생산되는 제품의 품질은 그 회사미래의 전망을 가늠하게 된다. 또한 장수기업으로의 가능성을 보여주고 있다. 한 기업제품의 품질은 회사구성원의 수준과 정신의 표현이요 영영자의 신념의 산물이라 하겠다.

업령(業領)43년에 불과한 정식품을 선택하여 한국의 장수기업에 기술하는 것은 세계 장수기업들의 성장실태를 보고 정식품이 창업후 고난을 극복하며 입지를 튼튼히 구축한 것이야말로 모범적인 장수기업으로의 길을 가고있고 성장일로에 있기 때문이다.

또한 한국사회의 실정은 중년창업(시니어창업)은 시대흐름이 요구되는 과정이라 하겠다. 불패의 사업자가 되기위해서는 정식품의 사례를 참고하며 사업계획과 사업전략을 수립하는 것이 유용하리라 사료되어 기술하는 것이다.

### (1) 정식품 태동

정식품은 1973년 창업자이신 의학박사 정재원 회장께서 소아과 의사로 재직중 많은 아이들이 모유 및 우유속에 들어있는 유당성분을 소화하지 못하는 유당불내증으로 고통받는 모습을 보고 이들에게 적절한 영양을 제공할 목적으로 개발한 것이 베지밀의 시초였다. 정식품은 한마음으로 인류건강을 위해 몸바쳐 정성을 다함을 시대적 사명으로 여기고 기업운영에 헌신코자 한다. 특히 국내 첫 두유로 1973년에 처음 출시되어 43년간 두유업계 1위를 지키고 있는 정식품의 대표브랜드 '베지밀' 한 병에는 끊임없는 연구와 노력이 담겨있다.

① 우리나라 두유역사의 첫 장을 연 정식품

정 명예 우리나라 두유역사의 첫 장을 연 ㈜정식품은 1973년 설립되어 지난 43년 동안 국내 및 세계의 두유산업을 선도해온 두유전문회사이다. 유당불내증의 고통에서 벗어나기 위해 개발한 것이 베지밀의 시초이다. 영양실조로 죽어가는 아기들의 생명을 살리겠다는 사명감으로 43세의 나이에 유학을 결심한 정 명예회장은 영국과 미국에서 유학생활을 하던 중, 모유나 우유에 함유된 유당성분을 정상적으로 소화시키지 못하는 '유당불내증'이 유아사망의 원인이 된다는 것을 알아냈다. 한국으로 돌아온 회장은 어린시절 어머니께서 끓여 주시던 콩국이 대안이 될 수 있다는 아이디어를 얻어 유당이 없고 3대 영양소가 풍부한 콩을 이용한 최적의 모유대용 치료식을 개발했고, 덕분에 원인모를 합병증과 영양실조로 죽어가는 아기들의 생명을 구할 수 있었다. 국내두유의 시초이자 1970년대부터 선풍적 인기를 끌기 시작한 두유'베지밀'은 이렇게 탄생했다. 한 소아과 의사의 환자를 살리기 위한 노력과 사명감으로 탄생한 두유는 지금까지도 어린아이부터 성인까지 남녀노소의 건강을 생각하는 명실상부 건강음료로 자리잡게 되었다.

② 정식품의 성장기

(주)정식품은 특유의 식품개발 연구중심의 기업이며 식품개선의 문화창달의 기업이다. 제품의 영양과 품질로써 고객에게 인정받기 위해 1985년 자체 중앙연구소를 설립하여 제품개발과 품질개선을 위한 노력의 고삐를 늦추지 않고 있다. 당시 변변한 연구시설없이 제품을 개발하는데 익숙했던 식품업계에서는 매우 드문 시도였지만 소아과 의사출신이자 학자인 정재원 명예회장이 연구개발에 공을 들이고자 했던 의지에 따라 연구소 설립을 추진한 것이다. 연구소에서는 두유의 주원료인 콩에 대한 기초연구부터 신제품개발, 세계적인 식품기술 동향파악에도 힘써 경쟁력 있는 업계리더로 정식품이 자리매김하는데 혁혁한 공을 세웠다. 서구화되어 가는 현대인의 식생활에 있어 부족되기 쉬운 식물성 영양을 공급하기 위한 고급영양 음료인 베지밀류, 여러 형태의 환자들이나 영양보충을 필요로 하는 일반인들을 위한 특수 의료용도 식품인 그린비아류가 생산되어 고객들의 사랑을 받고 있다.

대량생산과 품질향상을 위한 연구소 설립은 두유시장의 공급확장을 위한 기업의 성장전략 으로 대응력 향상의 수단이기도 하다. 중소기업에서 연구개발 노력하여 시장이 형성되면 대기업의 조직력 네트워크를 이용 시장을 잠식하려는 그릇된 풍토로는 국가 성장을 방해하는 요소일 뿐만 아니라 창조경제에 독소적인 행위라 할 것이다. 정식품의 영업활동은, 고객과의 직접 만남을 통해 고객의 의견수렴과 보다 많은 정보제공 및 베지밀 홍보와 개선을 위해 노력하고 있다. 대한민국 두유업계의 선두주자 정식품은 국내에서 뿐만 아니라 세계에서도 인정받는 한국기업이 되기 위해 그리고 국민의 건강만을 목표로 결코 외롭지 않은 외길질주를 위해 임직원 모두가 끊임없이 노력할 것이다.

③ 인본주의(人本主義)와 사람의 건강

정식품의 CI는 사람이 우주와 대자연의 중심에 있다'는 '천 · 지 · 인' 사상을 근간으로 하는 생명존중 및 인본주의 정신을 담고있다. 하늘(天) 땅(地). 사람(人)을 상징한다. 이 세 가지 요소가 조화롭게 어우러져 청명한 하늘과 비옥한 대지의 가운데 푸르른 기운을 머금은 생명의 숭고함을 표현하였고, 그 안에 자리잡고 있는 정식품 로고타입은 인류건강 문화에 기여하고자 건강식품의 보급에 힘쓰는 정식품의 기업정신을 담았다. 또한, 하단에 위치한 정식품의 영문표기 Dr.Chung's Food는 아이들의 생명을 구한 정소아과에서 시작된 기업의 정통성을 담고 있다.

## (2) 정식품의 장수전략과 경영비전

열정은 신체적 장수와 기업을 장수체계로 이어져

① 100세의 노장 정재원 회장

열정은 신체적 장수와 기업을 장수체계로 이어져 인간수명은 장수의 길로 접어들어 100세 시대를 맞이하게 되었다. 1917년 생으로 올해 100세를 맞은 정재원 정식품 명예회장은 고난의 시간을 이겨낸 의지의 사람이다. 여전히 눈빛은 세상을 향해 빛났고 정신은 맑다. 요즘도 그는 돋보기로 영어를 공부하고 책을 읽는다. 연구소 개발과제와 두유업계 현황을 보고받는 것도 중요한 일과다. 정 명예회장은 콩에 대한 열정과 후학을 위한 관심이 매우 높다. 2014년에는 국내최초 콩 세계과학관(영주시 부석면) 건립을 후원했다. 콩과 관련된 교육, 체험, 연구와 국제적 정보교류의 장을 마련해 콩의 다양한 이용의 정보 등  발전상을 전파해 인류건강 문화를 위하여 노력하시고 정식품 창업이념을 실천하고 계신다. 또한, 정 명예회장은 후학양성에도 열정이 있어 본인이 1984년 설립할 혜춘장학회는 많은 후학들에게 장학금을 지급하고 있다.

정 회장은 100세 노익장인데도 "좀 더 공부하고 싶은데 눈과 귀가 어두워져 마음만큼 따라가지 못한다"며 창밖 하늘을 쳐다보며 가는 세월 아쉬워 한다. 그는 책을 보다 머리가 어지러워지면  뉴스를 보며 새로운 정보를 얻어낸다. 산업은 변화에 대응력을 가져야 경쟁력을 갖는다. 여기서 피고지는 생멸의 구조변화를 가져오게 된다. 인생을 살아가면 희노애락(喜怒哀樂)체험하며 살아가듯 사업의 기업사도 흥망성쇠(興亡盛衰)파도속에서 생존번영을 위하여 연구개발에 투자하며 끊임없이 경영전략을 세워나가는 것이다.

② 우리는 진리속에 살아가

최악의 취업난 앞에서 '흙수저'를 한탄하는 젊은이들 뉴스를 접할 때 정재원 회장은 가장 안타깝다고 했다. "타고난 금수저나 흙수저는 없어요, 뜻을 세우고 굽히지 않으면 길이 생기고 소원이 이루어진다." 현실에 안주하는 무기력한 삶을 살기보다는 끊임없이 도전해 스스로 운명을 개척해 나가야 한다. 지금 힘들어도 좌절하지 말고 도전정신으로 극복하여야 된다. 정 명예회장은 "단 한번 인생인데 흙수저라 한탄하며 시간을 보내기엔 인생이 짧다"며 "많은 시련과 절망이 있을 수 있겠지만 끝까지 실천하면 반드시 그 뜻을 이룰 수 있다"고 젊은 세대들에게 조언했다. 한 세기를 헤쳐 온 파란만장한 정 명예회장의 삶이 그 증거다. 진리는 우리를 외면하지 않는다. 다만 본인이 진실한 노력이 뒤따라야 될 뿐이다. 오늘의 처지나 환경을 탓하지 말자. 미래를 추구하며 무엇을 할 것인가 찾아야 한다. 배가 고팠기에 밥의 중요성을 알고  가난했기에 부(富)의 그리움을 느끼며 무식했기 때문에 학문의 필요성을 느껴 이를 극복하여 성공하는 사람을 보자 .....대표적인 생존모델이 정식품의 정재원 회장님이 아니던가?

③ 정재원 회장의 어린시절

정재원 회장은 황해도 은율산골에서 태어난 그는 두 살 때 부친을 여의고 목욕탕 청소부와 모자가게 사환을 전전해야 했다. 하지만 가난에 굴복하지 않았다. 15세에 평양 기성의학 강습소에서 교재를 등사(복사)하는 사환일을 하면서 그 책으로 공부했다. "하루종일 3000장을 복사하면 손목이 시큰하고 어깨가 빠근했어요." 그런데 어느 날부터 책을 눈여겨보기 시작했고 내용이 머리에 들어오기 시작하였다. 그리하여 의사고시에 도전한 그는 새벽 눈보라를 헤치며 달려가 가장 먼저 도서관 책을 빌려 공부했다. 밥먹는 시간도 아까워 엿으로 허기를 달래가며 파고든 결과, 1937년 6월 19세에 의사검정고시 전 과목에 합격했다. 명동 성모병원 견습의사시절 그의 인생방향을 바꾸는 사건이 일어났다. 생후백일도 안 된 사내아기가 의식을 잃은 채 실려 왔다. 온몸이 축 늘어진 채 묽은 녹색변만 줄줄 나오는데 병의 원인을 알 수 없었다. 아무런 치료도 못 받고 허망하게 세상을 떠난 아기를 보면서 죄책감에 시달려야 했다.

④ 사명감에 43세에 유학길

마음의 빚에 짓눌려 살던 그는 43세이던 1960년 영국 런던 대학원으로 유학을 떠났다. 만학도 부담이었지만 아내와 6남매를 남겨두려니 발걸음이 더 무거웠다. 유학은 말할 수 없는 고통으로 다가왔다. 6개월 코스로 갔는데 영어가 서툴러 강의내용을 알아들을 수 없었다. 그대로 돌아올 수 없어 6개월씩 연장하다보니 3년 6개월이 흘렀다. 여전히 장기 설사병의 원인을 알지 못한 채였다. 정재원 명예회장은 여기서 포기할 수 없었다. 소아 알레르기 질환을 전문적으로 연구하는 미국 샌프란시스코 UC메디컬 센터로 갔다. 도서관을 헤매던 중에 유당불내증 연구논문을 발견했다. 유당불내증이란 우유속의 유당을 분해하는 효소인 락타아제를 선천적으로 갖지 못하는 병이다. 대장속 세균이 소화하지 못한 유당을 먹고 이산화탄소와 수소이원소 부산물을 만들어 창자점막에 염증을 일으키고 구토와 설사를 반복하다 영양실조로 죽게 된다. 그가 손도 못 쓴 채 떠나보낸 장기설사병 아이들 죽음의 원인이었다.

### (3) 새로운 아이디어 발견

"엄마 젖이나 우유에 들어 있는 유당이 함유되지 않은 대용유액을 만들면 가능하지 않을까"하는 생각이 불현듯 머리를 스쳤다. 우유 못지 않게 단백질이 풍부한 대체식품으로 콩의 유효성을 찾아냈다. 국민건강의 필수요소라고 생각하였다.

모유나 우유에 함유된 유당성분을 정상적으로 소화시키지 못하는 '유당불내증'이 유아사망의 원인이 된다는 것을 알아낸 정재원 명예회장은 곧바로 귀국해 아기치료식 개발에 나섰다. 그가 주목한 것은 다름아닌 콩이었다. 어릴적 어머니가 자주 끓여주시곤 했던 콩국이 유아를 위한 3대 필수영양소(단백질 40%, 탄수화물 35%, 지방 20%)를 풍부하게 함유하고 있는 반면 유당성분은 전혀 없음을 알아낸 것이다. 아이들에게 적절한 영양을 제공할 방법을 찾아나선 정재원 명예회장은 3년간의 연구끝에 1967년 콩을 갈아만든 부족한 영양소들을 보강하여 국내 최초의 두유개발에 성공, 68년 발명특허 및 영양식품 허가를 받았다.

① 창업의 고난과 성장

식물성 밀크 (Vegetable Milk)라는 의미의 '베지밀 (Vegemil)'로 명명된 이 제품은 처음엔 소아과에서 치료식으로 지급했으나 입소문을 타며 찾는 사람들이 많아지게 되었다.

소규모로 생산공급하던 정재원 명예회장은 소비자들의 수요가 점점 늘어나자 1973년에 경기도 신갈에 공장을 건설하여 일일 20만병의 생산규모를 갖춘 제조회사를 설립하여 (주)정식품으로 설립하였다. 그럼에도 불구하고 베지밀의 공급이 부족해지자 1984년 청주에 자동화 생산설비를 갖추어 일일 250만본의 베지밀을 생산할 수 있는 공장을 추가로 짓게되어 오늘날에 이르게 되었다.

정식품은 지난 해(2015년 기준) 매출액 약 1,800억 원을 달성하며 국내 두유업계 1위(시장점유율 48.7%) 자리를 확고하게 지킬뿐만 아니라 아시아와 유럽, 서아프리카, 중동 15개국에 수출하고 있다. 또한 현재까지(2016년 4월기준) 베지밀 두유의 누계판매량은 약 136억 본(팩기준) 이상으로 이를 일렬로 세워보면 서울에서 부산까지 약 1,670번 왕복할 수 있으며 지구를 35바퀴 돌고도 남을 규모다.

특히 최근 웰빙흐름을 타고 두유가 다이어트, 각종 성인병 예방 등 건강관리에 도움이 된다는 사실이 알려지면서 소비자들 사이에서 건강식품으로 더욱 인기를 얻고 있다. 이러한 변함없는 사랑에 힘입어 한국능률협회 컨설팅선정 한국산업 브랜드파워(K－BPI) 두유부문에서 2003년 인증시작 후 14년 연속 1위에 선정되는 등 업계내 독보적인 위치를 차지하고 있다.

② 창업정신에 일념

정 명예회장은 베지밀이 43년 이상 꾸준히 사랑받는 비결로 '정직'과 '안전'을 꼽는다. 그는 "정식품 창업이념은 '인류건강에 이 몸 바치고자' 입니다. 이를 실천하기 위해 '정직'과 '안전'을 최우선 가치로 삼았지요. 큰 돈을 벌려 하기보다는 많은 사람들 건강에 도움이 될 수 있는 제품을 개발하고 보급하기 위해 노력한 결과라고 생각한다."라며 "50년 넘게 콩과 인연을 맺고 아기들을 치유하고 국민건강에 도움이 되는 두유를 만들어 왔다. 앞으로도 능력의 범위내에서 콩의 우수성을 알리는 데 계속 노력할 것이다." 라고 전했다. 정식품은 그게 성장 한계의 원인이라는 지적에도 불구하고 사업다각화에 에너지를 분산하지 않고 베지밀 한길만을 고집해왔다. 정재원 명예회장의 소원은 "성인들의 유당불내증 치료"라고 말한다.

무리한 확장의 덫에 빠지지 않고 우리가 가장 잘할 수 있는 두유에 열중했어요. 콩으로 만들 수 있는 여러 종류 건강식품과 또 다른 식물성 영양까지 폭넓게 연구개발을 진행하고 있어요. 전문경영인들이 급변하는 시대에 맞춰 새로운 먹거리를 준비하고 있지요. 하지만 기본에 충실하자는 생각을 항상 마음에 품어야 한다.

정식품의 창업정신을 지키기 위해 공채로 입사해 20년넘게 경영수업을 받아온 임원을 전문경영인으로 발탁해 회사경영을 맡기고 있다.

### ③ 시대별 소비트렌드 반영

최근 정식품은 시시각각 변화하는 소비자의 니즈를 충족하기 위해 영양은 기본이고 새롭고 독특한 맛과 재미까지 더한 신제품을 속속 출시하고 있다. 정식품에서 신제품 출시를 활발히 하는데에는 최근 건강트렌드가 지속되면서 양질의 고단백을 함유한 두유가 중·장년 층은 물론 젊은 층의 건강음료로도 인기를 얻고 있기 때문이다. 정식품은 제품군을 다양화하여 기존 소비자층의 선택권을 확장하는 동시에 젊은 소비자의 입맛까지 사로잡겠다는 전략이다.

이에 정식품은 최근 웰빙, 힐링을 넘어 '새로운 맛'을 찾는 젊은 소비자들의 니즈를 충족하기 위해 영양은 기본이고 새롭고 독특한 맛과 재미까지 더한 신제품들을 속속 출시하고 있다. 2014년 7월 말 출시한, 두유에 애플망고 과즙과 복숭아·나타드코코 알갱이를 넣어 두유의 알찬 영양에 과일알갱이의 톡톡 씹는 재미를 더한 '베지밀 과일이 꼭꼭 씹히는 애플망고 두유'가 바로 그 제품이다. 그간 두유는 고소한 맛만 낼 수 있다는 고정관념을 지닌 소비자들에게 '상큼하고 깔끔한 맛의 두유'알갱이가 씹히는 재미있는 두유'라는 호평을 받으며 두유시장에 새로운 바람을 일으키고 있다.

### ④ 본인을 대상으로 효능도 검사

100세를 맞이한 정 명예회장이 건강관리를 위해 신경쓰는 부분은 바로 식단이다. 정 명예회장 식단의 특징은 하루 3팩씩 식전에 꾸준히 마시는 '베지밀 두유'와 '식물성 위주의 소식'이라고 말한다. 요즘은 본인을 임상시험 대상으로 삼아 두유효능을 검증하고 있다. 하루 3팩씩 베지밀을 마시면서 매년 사진을 찍어 노화를 가늠한다. 유학시절 식사대신 설탕을 먹으면서 공부한 탓에 당뇨병이 생기고, 나이들면서 찾아온 심근경색에 척추협착증, 하지정맥류까지 잘 이겨냈다. 나이에 비해 주름과 검버섯도 적은 편이다. "베지밀 덕분에 콜레스테롤 관리가 잘되고 있다." 백발이 흑채로 바뀌는 것도 같고… 매일 마시는데도 항상 똑같은 맛이고 물리지를 않는다.

정식품의 창업자 정재원 회장의 소원은 "성인들의 유당불내증 치료"라고 답했나. 미국 MIT조사 결과 한국성인 75%가 유당을 소화하는 데 문제가 있다고 한다. 정 명예회장은 "유당불내증이 있는 사람이 우유를 마시면 자칫 큰 탈이 생길 수도 있다"며 "종합건강 검진항목에 유당불내증을 꼭 넣어야 한다."고 강조했다. 한여름 땡볕과 서리를 견디고 더욱 단단해진 콩처럼 모진 세월을 살아온 그는 가장 힘들었던 순간으로 피란시절과 아내의 죽음을 꼽았다. 한국전쟁은 그가 일궈온 모든 것을 송두리째 앗아갔다. 제주도까지 피난 갔다가 서울로 돌아오니 병원과 집이 폐허였다. "모두 불타버린 자리에 풀만 무성했지요. 그때 심정이 제일 답답했고 어려웠다."

정 명예회장이 22세에 가톨릭재단 혜성병원장으로 발령났을 때 수녀원에서 실습나온 17세 견습간호사였다. 3세에 아버지를 잃고 어머니가 재혼하는 바람에 고아원에서 자란 가련한 여인이었다. "일을 너무 열심히 하니까 제 눈에 들어왔죠." 웃을 때 오목하니 들어가는 보조개가 참 예뻤죠. 하루는 종기가 났기에 치료해주다가 저도 모르게 키스를 했어요. 그러니까 나한테 바짝 달라붙어 차츰 친해졌었다. 아내의 일본대학 과정과 유학비를 댈 정도로 열애를 했다. 1942년 그 결실을 맺어 결혼식을 올린 두 사람은 6남매를 낳아 기르며 60년동안 해로했다.

## [요 약]

### 유당이 없는 건강식품

우리나라 두유역사의 첫장을 연 ㈜ 정식품은 1973년 설립되어 지난 43년동안 국내 및 세계의 두유산업을 선도해온 두유전문 회사이다. 유당불내증의 고통에서 벗어나기 위해 개발한 것이 베지밀의 시초이다. 영양실조로 죽어가는 아기들의 생명을 살리겠다는 사명감으로 43세의 나이에 유학을 결심한 정 명예회장은 영국과 미국에서 유학생활을 하던 중, 모유나 우유에 함유된 유당성분을 정상적으로 소화시키지 못하는 '유당불내증'이 유아사망의 원인이 된다는 것을 알아냈다. 유당이 없고 3대 영양소가 풍부한 콩을 이용한 최적의 모유대용 치료식을 개발했고, 국내두유의 시초이자 1970년대부터 선풍적 인기를 끌기 시작한 두유'베지밀'은 이렇게 탄생했다.

### 연구중심의 기업

정식품의 성장기에 이어 성숙기에 접어든 것은 특유의 식품개발 연구중심의 기업이며 식품개선의 문화창달의 기업이다. 제품의 영양과 품질로써 고객에게 인정받기 위해 1985년 자체 중앙연구소를 설립하여 제품개발과 품질개선을 위한 노력의 고삐를 늦추지 않고 있다. 연구소에서는 두유의 주원료인 콩에 대한 기초연구부터 신제품개발, 세계적인 식품기술 동향파악에도 힘써 경쟁력 있는 업계리더로 정식품이 자리매김하는데 혁혁한 공을 세웠다.

### 국민건강을 위한 식물성 밀크베지밀

식물성 밀크(Vegetable Milk)라는 의미의 '베지밀(Vegemil)'로 명명된 이 제품은 처음엔 소아과에서 치료식으로 지급했으나 입소문을 타며 찾는 사람들이 많아지게 되었다. 베지밀이 43년 이상 꾸준히 사랑받는 비결로 '정직'과 '안전'을 꼽는다. 그는 "정식품 창업이념은 '인류건강에 이 몸 바치고저'입니다. 이를 실천하기 위해 '정직'과 '안전'을 최우선 가치로 삼았지요. 큰돈을 벌려 하기보다는 많은 사람들 건강에 도움이 될 수 있는 제품을 개발하고 보급하기 위해 노력한 결과라고 생각한다."

### 타고난 흙수저, 금수저는 없다

우리는 진리(眞理)속에 살아간다 '흙수저'를 한탄하는 젊은이들 뉴스를 접할 때 정재원 회장은 가장 안타깝다고 했다. "타고난 금수저나 흙수저는 없어요." 뜻을 세우고 굽히지 않으면 길이 생기고 소원이 이루어진다. 끊임없이 도전해 스스로 운명을 개척해 나가야 한다. 지금 힘들어도 좌절하지 말고 도전정신으로 극복하여야 된다. 정 명예회장은 "단 한 번 인생인데 흙수저라 한탄하며 시간을 보내기엔 인생이 짧다"며 "많은 시련과 절망이 있을 수 있겠지만 끝까지 실천하면 반드시 그 뜻을 이룰 수 있다"고 젊은 세대들에게 조언했다.

# 제4절 한국 장수기업의 핵심포인트

## 4.1 한국기업의 수난과 발전요약

### (1) 조선왕조 멸망의 원인

한국의 민족사를 1910년은 조선왕조 멸망으로부터 2010년, GDP 2700불 수출순위 세계 13위에 이르는 100년 과정을 돌이켜보고 반성하고 창조하며, 우리가 어찌하면 불멸의 장수기업을 육성하여 산업보국의 나침반을 만들어 볼 수 있을까? 하는 것이 본권의 저술목적이요, 본 절의 핵심전략 포인트라 할 것이다.

1910년 조선왕조의 몰락(沒落)은 1884년 갑신정변을 비롯한 자주국가 건설시도가 잇따라 좌절하고 실패하면서, 망국(亡國)은 민족전체를 이민족의 발굽 아래로 몰아넣었고, 짓밟히는 결과를 초래하였다. 반면 일본은 후진의 족쇄를 끊고 선진을 향해 내달린 것으로, 1868년 메이지(明治)유신이 성공하면서 국가체제의 개조를 단행하면서 혁신적으로 국력을 신장시켰다.

조선과 일본 사이의 이런 개화(開化)의 시간적 격차로  조선은 쇠퇴하고 일본은 성장하여 국력은 격차를 초래하였고, 일본이 조선을 식민지로 굴러 떨어지게 한 원인이었다. 그 후 일본은 조선을 자국의 식민지로 통치하며 착취와 굴욕을 강요하였다.

독선적 쇠국(衰國)주의와 개방적 개화주의가 흥망성쇠(興亡盛衰)의 어떠한 결과를 가져오는가? 유의하여야 할 것이며 우리에게 준 뼈아픈 교훈이다. 기업경영 전략에 있어서도 시기를 놓치면 쇠퇴하고. 경쟁사에 침범과 낙오를 가져온다.

### (2) 은원의 공조시대(恩怨共助時代)

100년 전 가해자와 피해자라는 은원(恩怨)관계로 묶였던 한국과 일본은 동아시아 21세기들어 협력적 공존시대의 파트너 관계형성을 재촉받고 있다. 20세기 일본·한국·중국 순서로 달리던 레이스의 모습도 중국·일본·한국순으로 바뀌어가는 양상이다. 중국은 19세기 말 이후 100년 가까이 일본을, 1970년대 이후 한국을 발전의 교과서로 삼아왔던 국가발전 전략을 벗어나, 중국은 자국의 중국판(版) 발전교과서를 새로 써 가고 있는 과정으로 변하며 발전하여 가고 있다.

100년 전이나 지금이나 '좁은 국토의 면적, 적은 국민의 수 지리적 위치는 달라진게 없다. 21세기 세계속에서 살아남기' 위해서는 세계의 선두주자로 바뀌어야 한다. 여기서 한국이 발전하려면 국력의 뒷받침이다. 국력의 자원은 국토의 크기와 국민의 수가 무게중심이 되어주고 있음을 보여주고 있다. 우리의 역사는 1.500년전 삼국을 통일하여 통일신라를 이루었다. 하지만 국토를 절반이상 당나라에 제공하고 절반도 못되는 국토의 면적으로 통일정부를 이룬 것이 자랑이냐 부끄러운 민족사냐? 다시한번 민족사를 조명하여 우리의 현실을 직시하면서 마음을 가다듬을 필요가 있다.

### (3) 탈아(脫亞)입구에서 동아세아 공동체로 회귀

일본은 아시아에서 구라파로 탈아입구(脫亞入歐)의 정책에서 다시 동아시아 공동체 구상을 공동의 화두(話頭)로 나눠 갖자고 한국과 중국을 설득하며 일본의 진로를 '아시아를 벗어나 서양으로'에서 '서양을 벗어나 다시 아시아로' 또 한 번 크게 돌고 있다. 중국은 세계문제를 미국과 단둘이 논의하는 현재의 G2 위상(位相)에 만족하지 않고 미국을 제치고 세계를 선도하겠다는 '팍스 차이나(PAX CHINA)' 중국의 시대를 계획하고 있다. 이 와중에 한국의 생존과 번영은 누가 보장할 것인가?

세계 2위, 세계 3위의 경제대국인 일본과 중국 사이에 있는 우리나라의 통일의 시기와 방법을 우리의 자의적으로 확정짓기 어려운 상황에서 대한민국의 활로는 국민의 지적 역량을 배가(倍加)하는 교육혁명밖에 없다. 이로 인해 기술혁명, 산업혁명으로 세계 선두주자로 국력을 배양하고 국위를 드높이는 국민총 생산성을 높이는 길이라 하겠다. '세계속에서 살아남기'에 일정한 성과를 이룬 지금이야말로 '세계의 선두에 나서기'로 나라의 틀을 바꿔야 하고, 그 핵심이 교육혁명이다.

### (4) 변방국(邊邦國)이 통일한국에 우호적인가

중국의 한반도 통일관(統一觀)이 결코 우리에게 우호적이라고 할 수만은 없는 상황이다. 북한의 중국 의존도가 높아질수록 한반도 통일에 대한 중국의 영향력은 강화되고, 통일문제의 중국화(中國化)도 가속화될 것이다. 따라서 우리국민의 번영은 지식기반의 산업구조 개선과 기술도약이 핵심적 요소를 전략으로 짜는데 지혜를 모아야 한다. 궁극적으로 우리의 생존과 번영은 통일밖에 없으며, 통일은 북한의 대한민국 의존도를 다양한 방법으로 높여가는 과정에서 눈사태가 녹아내리듯 소리없이 닥쳐올 것이라는 공통인식이 긴요하다.

우리에게 밀러드는 긴급한 화두는, 어떻게 하면 한국이 중국과 일본 그리고 세계의 다른 나라와 겨뤄 21세기 선두에 나설 수 있느냐는 것이다. 지난 100년사는 망국의 슬픔, 전쟁의 폐허와 혁명의 소용돌이를 겪으면서 21세기 경제대국의 반열에 오른 나라는 한국밖에 없다. 세계의 선두에 나서기라는 시대의 과제를 우리 모두가 허심탄회하게 받아들이는 순간, 선진화산업의 질서와 역량은 헝클어진 실타래를 풀어가듯 실마리가 자연스럽게 떠오르는 창의적인 발상을 가져올 것이다. 산업혁명도 세계의 선두에 나서기라는 시대적 명제(命題)를 수용하는 데서 출발하지 않으면 안 된다. 산업의 흐름에 빨리 편승하여 숙제를 먼저 풀어가는 자가 승리자가 될 것이다.

망국과 전쟁과 혁명의 각기 다른 주기(週期)가 돌고 또 돌아 한곳에 모인 2017년, 우리 모두 망국의 설움을 건국의 기틀로, 전쟁의 폐허를 경제대국을 향한 정신적 에너지로, 거리에 뿌린 혁명의 젊은 피를 성숙한 민주국가로 뻗어가는 대로(大路)를 닦는 힘으로 전환시켰던 민족의 저력(底力)을 '세계의 선두에 나서기'에 다시 쏟아 넣겠다는 각오로 매진한다면 우리의 자생적 보위력의 틀이 마련될 것이다. 유비무환(有備無患)이라 하였다. 준비하고 노력하는 자에게만 승리의 월계관은 씌워지는 것이다

산업의 흐름은 4차 혁명기로 접어들었다. 우리가 갖고 있는 무형자원을 최대한으로 활용하면 세계에서 선두를 달리는 산업국이 될 것이다. 일자리 창출이라는 내국적 시야에서 벗어나 세계도처에서 일할 수 있는 적재를 길러내는 것이 미래를 해결하는 요건이다. 세계인력 시장을 복습모 있는 인재양성의 정책적 배려가 요망된다 하겠다.

우리국민의 총체적 역량은 산업입국의 본산이요 통일의 초석이며 안전생활의 진원이다. 정치경제의 안전적 성장은 기업의 안정적 발전의 요소요 조기폐업의 실태를 막고 장수기업으로 가는 길을 닦아 약진하는 산업한국을 이룰 것이다.

## 4.2 한국 장수기업의 특징과 기업문화

### (1) 한국의 기업사

우리나라 기업의 역사는 어느 나라에서도 유례를 찾아보기 힘든 근성의 뿌리를 갖고 있다. 다른 나라 기업성 장사는 그 나라의 정책적 지원과 그 사회가 기업을 존중하는 미풍 속에서 안정적인 성장을 이룰 수가 있었음을 볼 수 있다. 그러나 우리나라의 과거 기업사는 기업을 지원이 아니라 박해를 가했으며 사회풍토 역시 배타적이며 천시(賤視)풍습에 젖어 있었다. 조선말기 1910년대의 기업의 생태와 경제적 가치는 별로 성과를 이루지 못하였다. 정책을 수립집행하는 정부(朝政)는 기업의 가치를 인식치 못하여 정책적 배려는 전무하였고 사회풍토는 사농공상(士農工商)으로 농사는 선비롭고 공상은 천인시하는 풍습의 문화가 잔존함으로 상공의 발전을 방해하였다.

농은 천하지대본으로 농사가 우등의 대본의 업으로 국가정책이나 사회풍토는 농경사회에서는 당연한 풍조일 것이다. 조정의 중신들은 1차산업인 농산물 생산에만 치중 2차 산업인 공상분야에는 무지와 무관심이 겹쳐 있었다. 우리는 개화의 물결을 받아들이지 못하는사이 일본은 명치유신에 성공함으로써 국가체계를 개화체계로 변혁하여 국력을 배양하여 마침내 조선을 식민지화하고 중국을 반식민지화 하기에 이르렀다.

### (2) 선구자 실사구시 강조

우리나라 개화의 선구자(先驅者)는 일찍이 실사구시(實事求是)를 강조한 실학파 정약용은 농업의 합리적 증산은 물론 생산기술 혁신 등 전통적 보수적 저해요인을 제거하고 진보적, 창조적 혁신을 주장하였다. 또한 상도(商道)를 교시하는 거상 임상옥은 상(商)은 즉 인(人)이요 만사는 재인이며, 인중직사형(人中直似衡)이라 사람은 바르기가 저울과 같아야 하기에 인사관리의 중요성을 강조하였다.

우리나라는 36년간 일본의 식민지 통치로 수탈을 당하고 해방 5년후인 1950년 동족상잔의 비극을 겪으면서 민족경제는 도탄에 빠져 민생고에서 허덕이는 참상의 원인은 어디에 있는가? 이 해결책이 반미. 반일의 데모행렬로 해결될 것인가? 우리는 자성하며 극일극미(克日克美)의 정신으로 웅지(雄志)의 도전이 필요하다. 약육강식(弱肉强食)이란 동물세계에만 존재하는 것이 아니라 인간사회에도 존재함에 유의하여야 한다. 우리의 자생, 자립, 자결권을 어찌 지켜나갈 것이며 존립의 가치를 높여나갈 것인가? 자립역량의 배양은 숭외사상이나 의타심에서 벗어나 독자적 생존능력이 축적되는 차별성으로 선진화를 이루는 것이다. 선진화로 세계선봉의 기업이 되기 위해서는 기업스스로 미풍양속의 윤리경영을 함으로써 한국이 직면하고 있는 사회적 풍토가 개선됨으로 기업들이 존경을 받으며 지속성으로 성장해 장수화가 이루어 질 것이다.

### (3) 한국이 직면한 다섯 가지 위험징후

① 다섯 가지 위험징후

| | |
|---|---|
| 1 | 갈등조장하는 비포용적 정치체제의 개혁사회 풍토 |
| 2 | 무분별한 포퓰리즘 입법방지와 기업발전 촉진법 제정 |
| 3 | 구조조정 실패 등 산업경쟁력 추락, 자생적 역량강화 |
| 4 | 문제해결 못하면서 국민부담만 늘리는 정부, 절제생활의 사회풍조 |
| 5 | 인구절벽 대비 못한 저출산정책 차세대 경쟁력 준비 |

자료: 경제발전과 부패방지, 강철규.

국가발전을 가로막고 발전저해를 초래하는 5대 한국병 왜 위험한가?

국민을 쪼개는 풍조와 정치, 경쟁을 막는 경제기업정책 '악순환의 덫' 포용적 정치·경제순환 구조 끊겨…중산층 붕괴, 빈부의 양극화, 노조·의료·법조집단 이기주의가 공정경쟁을 가로막는 것과 같은 발전의 저해요소를 제거하고 새로운 사회문화가 조성되어 기업하기 좋은 사회, 누구나 공영(共榮)할 수 있는 평화로운 사회를 이루기 위해서는 그 사회의 구성원들이 좀 더 노력을 해야 한다.

② 발전과 장수전략

장수기업들의 공통점은 역경을 체험하면서 이를 극복하는 원천은 예지적 능력과 인간존중의 기업경영이었다. 정확한 판단력은 도전정신으로 이어져 끈임없는 연구개발로 신시장개척이 이루어졌고 윤리경영으로 상호존중의 사풍은 이탈자의 발생이 멈추었고, 기술기능이 축적되어 경쟁력이 제고됨으로 궁극적으로 기업은 장수하게 되었다.

그림 5-2 변형의 선순환 한국의 실상

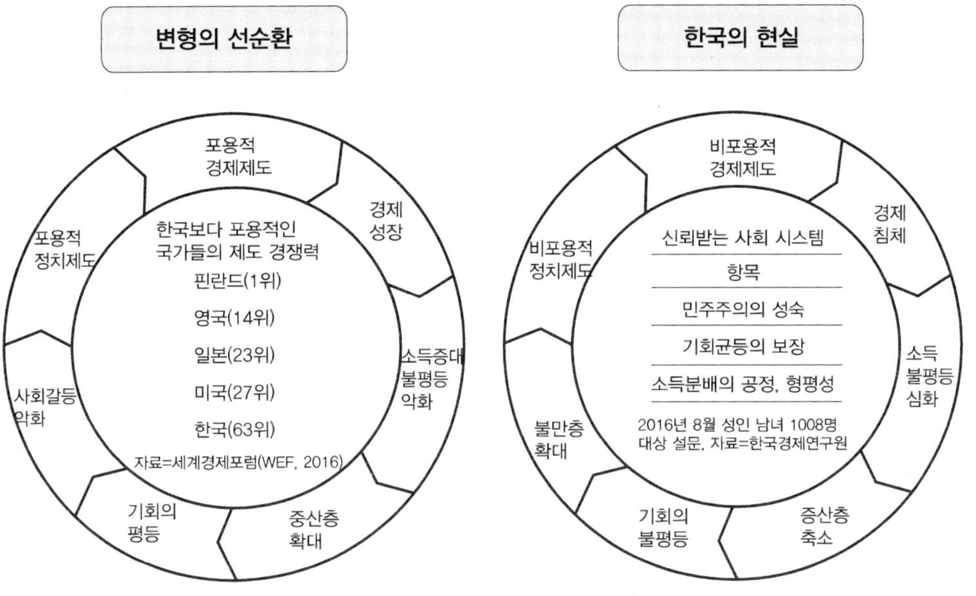


자료: 윤경포럼 세미나 부패방지 위원회 2003 참고 재도.

신뢰받고 활력있는 사회시스템의 조성은 그 장해적 요소들이 무엇인지 찾아내어 제거함으로써 재활의 기회가 제공될 것이다. 우리나라 민주주의의 성숙도는 어느 고지에 올라와 있는지, 기회는 균등하게 보장되어 있는지. 소득분배는 공정하고 형평성 있게 배분되고 있는지. 사회안전과 발전을 위하여 필수사항들이다.

이를 저해하는 요소들은 뭇엇인가?

한국경제의 현실은 비포용적으로 경제는 침체화 되고 소득불평등으로 빈부의 차이가 벌어져 중산층이 무너지고 사회적 불안이 야기되고 있다 이러한 현실을 타파하는 것은 사회구성원 각자가 자각하여 책임의식을 가지고 사회의 구동력이 되고자 력량을 뱌양하는 노력에서 길은 찾을 수 있을 것이다.

## 4.3 한국기업 미래와 장수의 길

### (1) 기술진보를 촉진

기업을 창업하여 성장으로 가기 위해서는 그 사회의 문화적 배경과 정부의 정책이 직·간접적으로 영행을 미친다. 한기업이 장수하기 위해서는 그 기업의 기술보유와 조직문화가 뒷받침하였을 때 가능해진다. 미국은 어찌하여 선진기술을 갖고 있고 강한 기업조직으로 운영되고 있는가? 미국 랜드그랜트(Land Grant) 대학이 좋은 사례다.

미국은 1860년대부터 각 주에 랜드그랜트 대학(정부가 무상으로 토지 등을 제공해 설립된 대학)을 만들었다. 유럽식 학문적 대학이 아닌 실용적 문제해결 능력을 키우는데 중점을 뒀다. MIT와 퍼듀대가 그중 하나인데 이들 대학은 20세기 초 화학공학이라는 새로운 학문을 만들어냈다. 2차 세계대전 종전까지만 해도 영국과 독일이 기술선진국이었지만 이들 대학에서 개발한 기술과 연구인력을 통해 석유화학 분야에서 미국이 세계 리더로 등극할 수 있었다. 성장잠재력에 영향을 줄만한 기술진보를 위해 교육시스템 변화를 과감히 이행하여야 할 것이다.

정책빈곤에서 가져온 국력소모는 발전저해를 가져온다. 한국은 창의적인 스타트업 성장을 도와 대중적 기술집약적 시스템을 이룰 것인지, 아니면 재벌을 중심으로 한 경제집중화를 유지발전할 것인지 고민해봐야 할 것이며, 다가오는 4차 산업혁명 시대에 대비하여야 할 것이다. 미국의 반독점법은 역사가 깊다. 특정기업의 독점보다는 분할경쟁이 발전적 질량의 변화를 보여주고 있다. 전화사업자인 AT&T 전화기 독점권을 해체해 통신시장의 혁신을 이끌어낸 사례는 혁신촉진책이 제대로 작동하고 있다는 걸 보여줬다. AT&T 해체로 많은 신생기업이 성장하는 계기가 됐다.

### (2) 파괴적 빅뱅시대…

생각이 달라야 길이 있다. 리더도 달라져야 새 길을 찾는다. 기술에 대한 이해와 기업가정신으로 미래를 타개함이 필요하다. 한국 10대 그룹 3·4세 34명 경력을 보니 경영전공자 일색이고 후계수업의 강도는 낮아 보인다. "미래 기업경영자에게 필요한 덕목은 기술에 대한 이해, 기회포착 능력, 신속한 의사결정, 모험을 감수하는 기업가정신이다." 국내대표 경영학자 50인이 미래기업 리더의 조건으로 뽑은 덕목이다.

기술의 발전과 함께 '빅뱅 디스럽션(빅뱅파괴)'이 나타나는 시대를 헤쳐나가기 위해서는 기술에 대한 명확한 이해와 미래의 비전이 필요하다. 또 이를 실행에 옮기는 실천력 있는 기업가정신의 기본적인 철학이 있어야 한다. 적이 누구인지도 모르는 상태에서 전쟁을 치러야 하는 이시대의 경영은 살아남기 위해서는 방향과 전략을 세우고 실행할 리더가 가장 중요하다.

글로벌 기업들은 이러한 시대흐름에 대비해서 적재를 발굴하고 육성하기 위해서 새로운 채용과 교육방식을 도입하고 있다. 유비무환(有備無患)의 정신은 회사를 더욱 공고(鞏固)이 하고 있다. 준비하고 대처하는 능력이 리스크를 막을 수 있고 미래를 창조하는 도략의 장수기업으로 기반을 조성하게 된다. 구글의 실태를 보면 학벌과 높은 IQ로 대표되는 스펙으로 무장한 '모범생 인재'를 거부하고 나섰다. 기존에는 구글역시 유명대학에서 인재를 우선 채용했다. 그러나 모범생 인재들이 실패로부터 학습하는 능력, 격론 후 건설적인 대안마련 등에서 부족하다는 점을 발견했다. 구글은 이를 개선하기 위해 '겸손'과 '학습능력' 등을 포함한 '종합적 인지'능력을 평가항목에 포함했다. 채용대상 학교도 늘렸다.

애플은 지난해 여성직원을 늘렸다. 흑인직원과 히스패닉계 직원의 고용도 각각 늘렸다. 애플측은 "다양한 인력구성 풀을 통해 다양성을 확보해야 향후 새로운 시장개척 및 신사업개발에서 더 기민하게 반응할 수 있다"고 설명했다. 다양한 인종인품들이 융합됨으로 새로운 에너지를 산출한다는 것이다. 한국과 비슷한 가족경영의 형태를 유지하는 글로벌기업들도 새로운 시대에 맞는 리더양성에 초점을 맞추고 있다. 기업은 장기적인 포석을 다침으로 불멸의 기업으로 지속될 것이다.

### (3) 파괴적 혁신

기업은 현재의 성업상태에 만족해하면 미래가 위태로워져 장수기반을 약화시킨다. 끈임없는 도전과 혁신이 이어졌을 때 영생불멸의 기업기반이 구축된다. 파괴적 혁신이라는 개념에 대해서 다양한 시각이 있다. 대체로 이는 '위대한 기업이 경영이 잘되고 있다는 그 사실때문에 실패할 수 있다'는 의미다. 크리스 텐센 교수는 내가 '수요측면'이라고 부르는 소비자에게 초점을 맞췄고, 다른 이론은 내가 '공급측면'이라고 부르는 내부조직의 파괴적 혁신에 초점을 맞췄다.

기업이 장수번영하기 위해서는 자기파괴와 혁신이 필요하다. 앞서간다는 스티브 잡스와 빌게이츠의 행적을 살펴보자. 스티브잡스는 풀었다, 빌게이츠는 못 풀었다. 구조를 건드리지 않는 혁신은, 결국 성과를 얻지 못한다. 신규 진입자가 저가제품을 통해 기존 시장질서를 흔들고 새로운 시장을 만드는 것을 설명하기 위해 이 개념을 사용했다. 이런 틀에서 보면 애플도 에어비앤비도 '파괴자(Disruptor)'와는 거리가 먼 기업이 된다. 그는 '기존에 기업을 성공하게 만들었던 것을 그대로 하는 일이 거꾸로 기업을 망하게 히는 현싱'이 왜 발생하는지에 대해 의문을 던진다. 그는 기업이 '파괴적 혁신'의 희생자가 되는 것은 인식의 잘못으로 시장을 바꾸는 새로운 기술이 등장했을 때 이에 맞춰 조직을 변화시키지 못하였기 때문이다. 이른바 '구조적 혁신(Architectual Innovation)'을 하지 않았기 때문이다.

애플의 아이폰이 등장했을 때, 기존 스마트폰 시장을 장악했던 노키아와 블랙베리는 위험성을 깨닫고 대응책을 내놨다. 블랙베리는 터치가 가능한 블랙베리 폰 '스톰'을 내놨지만 처참히 실패했다. 스톰의 터치스크린은 오타율이 엄청나게 높았다. 과거 블랙베리에 최적화된 조직을 유지했기 때문에 아이폰에 비교해 형편없는 제품을 내놓은 것이다. 애플은 블랙베리처럼 성급하지 않았다. 아이폰이 처음 출시될 때 사용된 기술(터치인터페이스, 모바일 인터넷)은 이미 기존에 다른 스마트폰에서 쓰이던 것이었다. 애플은 이 기술을 결합해 뛰어난 완성도와 기가막힌 상품성을 갖춘 제품을 내놨다. 이 과정에서 애플이라는 조직은 새로운 제품과 완전히 통합됐다(integrated). 디자인부터 서플라이 체인관리, 마케팅까지 다른 기업들이 따라올 수 없는 유무형의 경쟁력을 갖춘 것이다.

### (4) TQC의 정신으로 마케팅 시장개척

기업이 자유시장에서 살아남을 수 있는 조건의 하나는 구매자의 마음(필요치)을 어떻게 파악하고 이해하며 이에 대응하는 적응역량에 있다 하겠다. 기업품질을 향상시키는 테마로 한 TQC의 기본정신은 마케팅개척 정신이라 할 수 있다. 생산제품의 소비자인 고객들이 무엇을 원하느냐를 기점으로 TQM경영은 시작된다.

#### ■ 마케팅형 경영으로

생산된 제품을 파는 시대가 아니라 팔리는 제품을 만드는 시대가 도래하였다. 팔릴 수 있는 가격과 원가내에서 고품질 고서비스가 발휘될 수 있는 체질을 만들어 가는 것이 TQC 경영정신이다. 마케팅형 경영은 수요창조를 테마로 한다. 수요는 기대하기만 하면 진전되지 아니한다. 한발 앞서 수요를 창조하는 발상으로 전개하여 나아가야 한다. 수요발상은 고객창조요 시장개척으로 상품서비스로 연결되어 기업발전의 초석을 이룬다.

**■ 고객은 기업의 재산이다**

안정된 거래기반 고객은 기업의 사업적 기반으로 영업적 재산이 된다. 기업은 수요의 만족을 위하여 수요의 가치를 제공하는 창조성을 부여하여야 한다. 세일즈의 개념에서 마케팅의 발상으로 진화되어야 한다. 이것이 시대환경에 적응하는 것이다. TQC는 수단이지 목적이 아니다. TQC는 지식경영의 집대성으로서의 의미와 합리적인 기업으로 정착시키는 체질로 승화시키는데 수단적 가치가 있으며, 전사적 도전과 개척정신이 성공의 요건이 된다. TQC는 수단이지 목적이 되어서는 아니된다. 자칫하면 수단이 목적처럼 보일 수 있다. 수단과 목적을 분간하지 못할 때 좌절이 생길 수도 있다. 자사의 경영이념과 경영방침을 정확히 인지시켜야 한다.

# 제6장 일본의 장수기업

# 제 1 절 일본의 기업문화

## 1.1 일본의 기업문화

### (1) 일본 장수기업의 발전사

① 일본 장수기업의 기준연령 100년 이상

장수기업을 한 마디로 정의하는 것은 어렵지만, 본고에서는 대체로 창업 100년 이상 기업을 장수기업으로 보고 요약, 정리, 편집하고자 한다. 일본의 정치사를 요약하면 현재 2017년에서 100년 전으로 거슬러 올라가면 1917년이 되며, 메이지유신(明治維新)을 거쳐 다이쇼(大正) 사이에, 폐번치(廢藩置)현, 국회설립, 헌법제정 등, 급속히 근대국가로의 체제가 정비됨과 동시에, 청일, 러일전쟁 등을 거쳐, 철도부설 등의 인프라 정비나 식산(殖產)흥업화로 중공업화가 진행되는 등, 크게 변모해 온 시대이다. 그런 의미에서도 에도시대와 메이지 이후에는, 스스로 경제사회로 변하였기 때문에 창업경위 및 비즈니스 모델 등은 동일하지 않다. 에도시대부터 장사를 계속하였던 사업자는, 지금까지 대명(大名)이나 지방 거주자를 상대로 하였지만, 신정부하에서는 기업이나 정부 등과의 새로운 상업을 하기에 이르렀다. 이러한 역사를 거듭해, 지금 현재 도쿄에는 사업내용 및 규모 등이 다양한 수 많은 장수기업들이 승계운영되고 있다 장수기업들은 주력사업을 중심으로 가격경쟁에 말려들지 않고, 다른 곳에는 없는 브랜드가치(품질이나 온리원의 제품)를 계속하여 제공함으로써, 높은 점유율을 획득하고 있는 사업자는 많다.

② 고유의 브랜드로 전통이어가

오랜 세월 쌓아온 브랜드는, 타사에서는 쉽게 뿌리내릴 수 없는 제품(품질이나 온리원 제품)을 지속적으로 제공함으로써, 사업자가 높은 점유율(시장점유)을 획득할 수 있게 해준다. 오랜 세월 길러온 '익숙한 브랜드의 신용은 타사에서 쉽게 따라 잡을 수 없는 무형의 자산이며, 이것은 오랜 시간에 걸쳐, 거래처 및 고객과 쌓아온 신뢰관계로 형성된 것이므로, 대기업처럼 비용과 대량생산, 대량소비로는 대응할 수 없는 특유성이 있는 것이다. 옛 전통을 지키면서 지금까지 계속하고 있는 기업은, 틈새시장에서 활약하고 있는 기업으로, 제품을 고기능화로 차별화하는 기업, 고객의 목소리를 존중한 제품의 개발을 하고 있는 기업 등, 시대의 변화로 인해 취급이 줄어드는 상품을 다루는 사업자도 있다. 서구화에 따라, 시대변화 등으로 경사옥(經師屋), 핵가족화 등에 따라 줄어드는 불단옥(佛壇屋) 등은, 수요감소와 함께 대를 이어가는 장인이 줄어드는 심각한 실정에 놓이는 경우도 있다. 전통을 이어져야 할 가치가 있는 기술과 제품인 "전통공예품"등은 국가 및 지방도시의 지원이 필요한 곳도 있다.

③ 가족기업 사명감으로 난제극복

그러나 제작할 수 있는 사람이 제한되고 전달의 어려움도 있으며 채산성이 맞지 않는 등 해결하여야할 과제가 많은 곳도 있다. 그러한 기업의 대부분은 소규모 가내공업으로 사업을 영위하는 기업은 거의 가족기업이다. 대기업은, 주주와 경영을 담당하는 경영자가 반드시 일치하지 않지만, 가족기업은 많은 수가 창업자에 의한 소유와 경영이 일치하여 이루어지고 있는 것이다. 가족기업 경영의 경우, 창업자가 주식의 과반수를 소유하여 운영하고 있다. 가계(家系)가 확고하면서 분쟁없이 매우 긴밀한 경우가 많다. 친족이라면 바로의 암묵지식(상호 알고 있어 대화하지 않고도 통하는 지식, 이심전심의 뜻)을 생활속에서 이렇게 효과적으로 친족에 전승하는 등은, 경영의 계속성과 통치면에서 효과적이다. 그러나 다른 한편으로, 가족 사이의 문제와 회사의 사유화 등에 의해 어이없게 붕괴하는 경우도 있다. 장수기업의 많은 수는 가족기업 경영으로, 사업확대와 함께 가족의 범위내에서 머무르고 있다. 또한 가족경영을 떠난 기업으로 사업체제로 전환할 것인가의 결정도 강요당하고 있다. 후계자 양성과 사업연계를 어떻게 할 것인가도 장수기업이 경영을 계속하는데 있어 큰 과제이다. 이러한 과제를 해결하기 위해서는 세금제도를 포함, 한층 제반제도에 대한 충실함이 요구되는 실정이다.

## (2) 일본의 비즈니스관, 기업관

① 일본인의 독특한 비즈니스관

일본인은 독특한 비즈니스관과 기업관이 있다. 즉, 일본인은 사업의 목적을 단순한 돈벌이가 아니라, 사회적 의미가 있는 것으로 생각해왔다. 또한 일본인은 기업조직을 소유관념에서 생각하지 않았다. 기업우선의 가업으로, 대대로 이어진 것으로 생각해

왔다. 장기기업의 경영자가 누구인가라는데 대해서는, 자신들은 릴레이경기의 런너(주자)와 같은 것으로, 선대로부터 물려받은 바톤을 후대에 확실히 전하는 것이 사명이라고 이야기 한다. 또한, 기업의 오너나 경영자가, 기업은 돈벌이의 도구에 지나지 않고, 자신이 무엇이든 마음대로 해도 좋다는 것이 아니고, 마찬가지로 일하는 직원도 회사를 자신은 거기에서 노동을 팔아, 밖으로는 생계의 자본을 얻기 위한 것이라던가, 혹은 기업은 자본가의 것으로, 사본가와 노동자는 적대적인 관계에 있는 것이 아니다라고 많은 일본인은 기업이나 직장에서 자기실현과 자기충족을 얻을 것으로 기대하고 작업에 임하고 있다. 돈은 중요하지만 돈보다 중요한 것은, 자신이 얼마나 충실한 직장생활을 거기서 보낼 수 있을까 하는 것이라고 생각하고 있다. 이런 생각에서 보면, 당연히 직원은 회사에 나름의 애정을 느낄 것이다. 이상과 같이 일본인의 비즈니스관, 기업관은 기업의 영속을 촉진하는 방향으로 작용해온 것으로 보인다. 기업영속의 가치법칙이 명확한 사명과 장기적인 관점이긴 하지만, 모든 기업이 살아남는 것은 아니지만, 수많은 위험을 극복하면서 살아남은 것은, 한정된 기업군인 것이다.

② 명확한 사명과 비전

그러면 이러한 개별기업에 맞추어 생각해 볼 때, 그 지속의 비결은 어디에 있다고 보면 좋을까? 첫째는, 명확한 사명과 비전을 가지고 있다는 것이다. 그 사업의 목적이 무엇인지, 자사가 잃어버려서는 안 되는 강점은 무엇인가? 경영자 또는 사업을 이어갈 사람으로 유의할 것은 무엇인가라는 것에 대한, 명쾌한 지침이 있고, 실천이 있다. 지침이란, 가훈과 같은 형태로, 명확하게 기록한 것을 남겨두면, 구전, 비법전수와 같이 후계자에게만 대대로 전하는, 심볼 뷰(Symbol view/인쇄물)이다. 일본내 수많은 장수기업의 생존방법은, 인류가 지금 향하고 있는 새로운 산업사회나 기업의 존재 사이에서, 무엇인가 시사하는 바가 있다고 생각된다. 왜냐하면, 그들이야말로 이 지속가능성을 [가장 중시하는 가치]로 생각해온 인간집단이기 때문이다. 따라서 이 장수기업의 생존법에 대해, 연구의 가치가 있다고 생각한다. 일본에는, 많은 장수기업이 존재한다. 이 중 많은 수는 몇 대에 걸쳐 같은 가족으로 이어져, 지속되고 발전시켜 갔다.

③ 장수의 이유 생활밀접형 가족기업 전통문화

통계에 따르면 전국 124万社 중 창업 100년 이상 회사가 약 2만 5천여개사, 이중 2백년 이상 1200사, 3백년 이상 400사, 5백년 이상 30사, 천년 이상 7사이다. 장수기업

이 많이 존속되는 업종의 경향으로는

(1) 생활밀접형의 업종

(2) 가족단위의 사업

(3) 전통문화와 공존하는 것 등을 들 수 있다.

첫째는 식품이나 약품, 즉 화과자(일본과자), 장유(된장), 조미류, 한방약 등이다.

둘째는 전형적인 예로, 여관이나 지류, 주물 등 직업적인 기능을 요하는 분야이다.

셋째는 천황가, 영주, 사찰부처님, 찻집 등의 전통문화에 필요한 도구나 장비를 만드는 사업으로, 가장 알려진 것은 [千家 十職]이라고 하는 찻집용 도구를 만들어 온 가족기업이다.

## (3) 일본에 장수기업이 다수 존속하는 이유

일본에 많은 장수기업이 현존하는지, 그 이유는 다음 세 가지로 요약된다.

- 일본이 위치한 지리적 조건과
- 과거 역사속에서 형성되어 온 사상과 종교관
- 독특한 비즈니스관, 기업관의 세 가지 각도에서 생각해 보고자 한다.

① 일본의 풍물풍토

대해(大海)중 고독한 열도라는 점. 따뜻하고 비가 많고, 좁은 곳에 비해 변화무쌍한 지형을 이루고 있는 것을 그의 특징으로 들 수 있다. 대해(大海)에 홀로 있는 것은 이민족의 침입을 받을 위험이 적었다는 점이다. 이것은 끊임없이 이민족의 침입에 노출된 중국과 유럽 등 대륙국가와는 다른 점이다. 그리고 온난하고 비가 많은 기후는 벼농사를 할 수 있도록 하는 조건이고, 좁은 국토에 많은 사람이 살 수 있게 한 것이다.

② 일본인의 사상과 종교

이질적인 것을 배제하지 않고, 공존하는 경향이 있다. 가장 상징적인 표현이 원수(元首)로서는 세계의 오랜 역사를 가진 천황의 존재이다. 우리나라에는 중국 전통사상인 '역성혁명(逆成革命)'이라는 발상이 아니라, 천황가는 '萬世一系'임을 제창하고 있다(만세일계: 영원무궁의 뜻을 부여).

또한 사상적으로는 복합성이라고도 하지만, 신, 유교, 불교의 평화적 공존속에서 일본인은 살아온 것이다. 이러한 세계에서는, 一神교 세계에서 살아가는 배타적인 피로 피를 씻는 것 같은 종교전쟁은 발생할 수 없고, 실제로 일어나지도 않고 있다. 무원칙 불철저라고도 할 수 있지만, 그것은 화합을 더하여 관용을 소중히 하는 풍토를 낳은 것이다 더 적극적인 사업을 통해 사회에 공헌하는 자세가 기본이 되고 있다.

③ 변화를 두려워하지 않는 혁신

변화를 두려워하지 않고 소박하고 검소하면서 끊임없는 혁신을 목표로 하는 노력의 자세이다. 과거의 성공체험으로 부터의 탈피라고 해도 좋을 것이다. 사회의 변화, 고객 요구의 변화에 부합하여 변화해 가는 것과, 변화하지 않을 것을 확인하는 것, 그것이 장수의 비결인 것은 틀림없다. 소박과 절약의 제안이다. 일본에서는 원래 자원을 낭비하는 것은 "아깝다"라고 하여, 기업경영과 자신의 삶에서도 강조한 것이 소박과 검약이다. 절약은 미래의 투자를 위해 돈을 절약하는 것이고, 이에 대해, 저축은 물건을 팔은 돈을 저축하는 자체를 목적으로 하는 것이다. 더 중요한 것은 소박, 검약의 관행을 경영자나 기업에도 적용하여, 사업에서 불가결한, 정직하고 성실한 조직풍토를 형성하는데 큰 도움이 된다는 점이다.

④ 가치관의 승계와 조화

가치관을 승계하는 노력이다. 마지막 원칙은 위의 가치관과 경영방식을 조직내에서 유지하고, 계승해가는 노력에 태만하지 않는 것이다. 장수기업에서는 다양한 기회와 절차, 의식 등이 있으며, 이런 자리를 통해 사업을 전해온 것이다. 어려운 시대에 손을 잡고 살아온 직원과의 후대(後代)에 전하기 위해 노력하는 것이다. 이상을 요약해 보면, 장수기업의 법칙은 살아가는 목적, 미션을 명확히 하고, 적절한 조건과 사회변화에 적응하는 능력을 가지고, 기업도 사회의 일원으로, 사회와 함께 사회에 살고 있는 것이라는 생각으로, 장기적으로 자기능력을 높여가는 노력을 계속하고, 실질적으로 세상을 건너간다는 것이다.

## 1.2 장수기업 대국일본

세계 제일의 장수인은 누구일까요?

교토부 경단후시(京丹後市)의 기무라지로 우위문(右衛門)씨는 115세다(2015년). 일본은 장수국가로 알려져 있으며, 세계 장수순위에는 일본노인이 정말 많다. 일본은 세계적으로 유명한 장수국이다(장수랭킹 1위).

### (1) 세계 제일의 장수기업

세계 제일의 장수기업도 일본에 있다. 그 기업은 [금강조]이다. 금강조는 사찰건축사업을 영위하는 기업으로, 창업은 아스카시대 서기 578년이기 때문에, 올해로(2017년) 기준으로 1439년간이나 계속되고 있는 기업이 된다. 다음은 금강조회사 연혁발췌이다. 성덕태자의 명을 받아, 바다건너 백제국에서 세 명의 장인이 일본에 초대되었다. 이 중 한 사람이 금강조(곤고구미) 초대 금강시게미츠이다. 장인들은 일본 최초의 관사찰(官寺)인 시텐노지(4천왕사) 건립에 참여했다.

성덕태자(쇼토쿠 태자)와 관련이 있는 기업은 굉장한 장수이다. 재미있는 것은 일본노인이 세계의 장수목록에 있는 것처럼, 세계기업의 장수목록에도 일본기업이 꽤 많이 실려있다. 실제로 일본에는 창업 100년이 넘는 장수기업이 2만 4천 792개(제국데이터뱅크 집계)가 있고, 창업 1000년이 넘는 기업도 금강조를 포함하여 7개사가 있다. 일본은 보기드문 장수기업 국가인 것이다.

## 1.3 일본 100년 장수기업의 성공비결

### (1) 상인이 존중받는 사회분위기

일본은 전 세계에 원천기술과 부품을 수출하며 많은 외화를 벌어들이고 있다. 일본은 어떻게 해서 원천기술과 부품을 많이 갖추게 됐는가? 일본의 100년 장수기업에서 답을 찾을 수 있다. 일본경제대학 고토(後藤)교수의 데이터에 따르면 창업 100년 이상된 기업은 일본전역에 52,000개(2011년 현재)가 있다. 그 중 200년이 넘는 기업은 3,937

개, 300년이 넘은 1,938개, 500년이 넘은 기업은 147개이며, 1,000년 이상이 된 기업도 21개나 존재한다. 업종별로 보면 일본과자, 양조, 여관, 음식점 순으로 이들이 전체의 31%를 점하고 있다.

국가별로 보아도 장수기업은 일본이 단연 최고이다. 전 세계 200년 이상 기업은 독일이 1,850개, 영국이 467개, 프랑스가, 376개 등 58개 나라에 7,212개가 있어 일본이 전체의 54.6%를 차지하고 있다. 아시아권에서는 중국이 2개, 인도는 4개가 있다. 우리나라의 경우 200년 이상 기업은 없고 두산 118년, 동화약품 117년 등 2개 사만이 100년을 넘기고 있다 이렇게 일본에 장수기업이 많은 데에는 먼저 일본만의 독특한 사회문화에서 그 이유를 찾을 수 있다. 예로부터 일본은 상업과 상인이 존중받는 사회풍조가 있다. 직업에 귀천을 두지 않고 상인과 기술을 가진 사람이 존중받아 왔다. 장수기업에 제조업이 많은 이유도 기술을 가진 직업인이 존중받는 의식때문이다. 다음으로 가계제도(家系制度)를 예로 들 수 있다. 가업승계는 기본적으로 혈연이 한다. 하지만 가족 중에 적절한 승계자가 없으면 데릴사위나 양자를 들여 사업승계를 한다. 이는 사업승계에 있어 혈연보다도 사업체(家)를 우선으로 하기 때문이다. 우리나라도 하루빨리 장인들이 존중받을 수 있도록 국가적 차원에서 환경과 문화를 만들어 갈 필요가 있다.

### (2) 장수기업에는 투철한 직업의식과 장인정신

음식점도 100년 장수기업이 많다. 동경시내 니혼바시(日本橋)에만 1863년 창업한 일본요리 전문점<갓뽀도요다>을 비롯 24개 점포가 있으니 일본전역으로 1만 점포가 넘을 것으로 추정된다. 투철한 직업의식과 장인정신을 가진 조리사가 많은 것이 일본을 장수음식점 대국으로 만든 이유일 것이다.

자신이 하고 있는 일에 자부심을 갖고 정통하고자 하는 조리사들, 그들은 수십 년 혹은 대를 이어 계속기술을 갈고 닦는다. 일본에 현존하는 90세 최고령 스시장인 오노 지로씨의 “제가 원하는 것은 오로지 더 좋은 스시를 만드는 것이다. 75년 이상 스시를 만들어 왔지만 아직 완벽하다고 생각하지 않는다. 좀 더 높은 정상에 도달하려고 애쓰고 있다. 매일같이 스시를 만드는 일에 황홀함을 느끼고, 그런 나 자신의 모습을 사랑한다.”라는 말에서도 그의 대단한 장인정신을 엿볼 수가 있다.

이런 장인정신과 그 실천노력이 그가 운영하는 스시전문점을 최고의 음식점으로 만들어 놓았다. 그가 운영하고 있는 동경 긴자 스키야바시 건물 지하 1층 초밥전문점

<스키야바시 지로>은 좌석이 10개밖에 안 되는 작은 점포다. 하지만 1인 한끼 식사비가 30만원으로 보통 1~2개월 전에 예약해야 한다. 이곳은 1994년 해럴드 트리뷴 인터내셔널 잡지에 세계 6위 레스토랑으로 선정됐다. 2007년엔 '그 음식점을 방문하기 위해 그 나라를 방문할 가치가 있다고 하는 미슐랭가이드 별 3개'를 받은 이후 매년 같은 개수의 별을 받고 있다. 얼마전 미국 오바마 대통령이 방문했을 때 아베 수상과 식사하는 장소로도 선정돼 '스시정상 회담장소'로 유명세를 타기도 했다.

미슐랭가이드 총괄책임자 사장 장 류크 나레는 '일본요리 요리사의 경우 몇 세대 수백년에 걸쳐 전해진 요리사 고유의 기술과 전통을 계승하고 전문성을 추구한다.'고 일본요리 전문점이 미슐랭가이드에 많이 등재되는 이유를 밝혔다. 일본경제를 지탱해온 뿌리는 바로 장수기업이라 할 수 있다. 20년넘게 경제적으로 어려움을 겪어왔지만, 장수기업이 생산한 원천기술과 부품 그리고 장인정신이 일본을 지탱해 주었다고 감히 말하고 싶다. 우리나라에서도 모든 업종에서 장수기업이 많이 탄생할 수 있도록 국가, 기업 그리고 개인이 힘을 합쳐 노력하면 좋겠다.

## 1.4 장수기업의 생존법과 중시하는 가치

### (1) 장수기업의 생존법

일본에는 창업백년 이상 된 기업이 약 2만 5천개 사에 달한다. 이 수많은 장수기업의 생존방법은, 인류가 지금 향하고 있는 새로운 산업사회나 기업의 존재 사이에서, 무엇인가 시사하는 점이 있다고 생각된다. 왜냐하면, 그들이야말로 이 지속가능성을 [가장 중시하는 가치]로 생각해온 인간집단이기 때문이다. 따라서 이 장수기업의 생존법에 대해 다음과 같이 생각한다.

일본국 내에는 많은 장수기업이 존재한다. 이중 많은 수는 몇 대에 걸쳐 같은 가족으로 이어져, 지속되고 발전시켜 오고 있다. 통계에 따르면 전국 124만 사 중 창업 100년 이상 회사가 약 2만사, 이중 2백년 이상 1200사, 3백년 이상 400사. 5백년 이상 30사, 천년 이상 7사이다.

### (2) 변화를 두려워하지 않고 소박하고 검소

변화를 두려워하지 않고 소박하고 검소한 생활경영으로 끊임없는 혁신으로 목표를 설정이행하는 자세이다. 과거의 성공체험으로 부터의 탈피라고 해도 좋을 것이다. 사회의 변화, 고객요구의 변화에 부합하여 변화해 가는 것과, 변화하지 않을 것을 확인하는 것, 그것이 장수의 비결인 것은 틀림없다.

소박과 절약의 제안이다. 일본에서는 원래 자원을 낭비하는 것은 "아깝다"라고 하여, 기업경영과 자신의 삶에서도 강조한 것이 소박과 검약이다. 절약은 미래의 투자를 위해 돈을 절약하는 것이고, 이에 대해, 저축은 물건을 팔은 돈을 저축하는 자체를 목적으로 하는 것이다. 더 중요한 것은 소박, 검약의 관행을, 경영자나 기업에도 적용하여 사업에서 불가결한, 정직하고 성실한 조직풍토를 형성하는데 큰 도움이 된다는 점이다.

가치관을 승계하는 노력 그리고, 마지막 원칙은, 위의 가치관과 경영방식을 조직내에서 유지하고, 계승해가는 노력에 태만하지 않는 것이다. 장수기업에서는 다양한 기회와 절차, 의식 등이 있으며, 이런 자리를 통해 사업을 전해온 것이다. 어려운 시대에 손을 잡고 살아온 직원과의 유대, 그러한 것을 기억하면서 음미하고, 후대에 전하기 위해 노력하는 것이다.

이상을 요약해 보면, 장수기업의 법칙은 살아가는 목적, 미션을 명확히 하고, 적절한 조건과 사회변화에 적응하는 능력을 가지고, 「기업도 사회의 일원으로, 사회와 함께 사회에 살고 있는 것이다」라는 기분으로, 장기적으로 자기능력을 높혀가는 노력을 계속하고, 실질적으로 세상을 건너간다는 것이다.

## [요 약]

### 일본사회의 기업문화

일본에 장수기업 많이 존재할수 있는 이유는 일본인의 비즈니스관, 기업관에도 영향이 크다 하겠다. 일본인은 독특한 비즈니스관과 기업관이 있다. 즉, 일본인은 사업의 목적을 단순한 돈벌이가 아니라, 사회적 의미가 있는 것으로 생각해왔다. 또한 일본인은 기업조직을 소유관념에서 생각하지 않았다. 장수기업의 경영자가 누구인가라는데 대해서는 선대로부터 물려받은 바톤을 후대에 확실히 전하는 것이 사명이라고 이야기 한다.

### 상인이 존중받는 사회

일본 장수기업의 성공비결은 상인이 존중받는 사회분위기가 장수기업 이끌어 일본은 전 세계에 원천기술과 부품을 수출하며 많은 외화를 벌어들이고 있다. 일본은 어떻게 해서 원천기술과 부품을 많이 갖추게 되었는가? 일본의 100년 장수기업에서 답을 찾을 수 있다. 일본경제대학 고토(後藤)교수의 데이터에 따르면 창업 100년 이상 된 기업은 일본 전역에 52,000개(2011년 현재)가 있다. 그 중 200년이 넘은 기업은 3,937개, 300년이 넘은 1,938개, 500년이 넘은 기업은 147개이며, 1,000년 이상이 된 기업도 21개나 존재한다.

### 일본은 장수기업 대국

일본에 어떻게 많은 장수기업이 현존하는지, 그 이유는 일본이 위치한 지리적 조건과, 과거 역사속에서 형성되어 온 사상과 종교관, 독특한 비즈니스관, 기업관의 세 가지 각도에서 생각해 보고자 한다.

첫째 일본의 풍물풍토, 대해(大海)중 고독한 열도라는 점. 따뜻하고 비가 많고, 좁은 곳에 비해 변화무쌍한 지형을 이루고 있는 것을, 그 특징으로 들 수 있다.

둘째, 일본인의 사상과 종교중 이질적인 것을 배제하지 않고, 공존하는 경향이 있다. 그 가장 상징적인 표현이 원수(元首)로서는 세계의 오랜 역사를 가진 천황의 존재이다. 천황가는 '萬世一系'임을 제창하고 있다.

셋째, 변화를 두려워하지 않고 소박하고 검소하면서 끊임없는 혁신을 목표로 하는 자세이다. 과거의 성공체험으로부터의 탈피라고 해도 좋을 것이다. 사회의 변화, 고객요구의 변화에 부합하여 변화해 가는 것이 장수의 원동이 된다

넷째. 가치관을 승계하는 노력이다. 마지막 원칙은 위의 가치관과 경영방식을 조직내에서 유지하고, 계승해가는 노력에 태만하지 않는 것이다. 장수기업에서는 다양한 기회와 절차, 의식 등이 있으며, 이런 자리를 통해 사업을 전해온 것이다. 어려운 시대에 손을 잡고 살아온 직원과의 후대(後代)에 전하기 위해 노력하는 것이다.

# 제 2 절 일본 장수기업의 특징

## 2.1 일본이 장수기업 대국이 된 이유

### (1) 왜 일본이 장수기업 대국이 되었을까?

그 이유는 무엇일까? 크게 나누어 세 가지 요소가 있다고 생각된다.

첫째, 기업의 내부적 요인으로, 현대적인 각종 경영시스템의 존재가 중요하다. 이미 에도시대에 일본에서는 인사・교육(番頭제도, 사환(丁稚奉公), 사내교육), 재무・회계(복식부기, 본점・지점연결 예산관리, 결산) 마케팅(大福帳, 광고홍보, 지속적인 제품 개발・개선), 위험관리(가훈 각종 적립금 제도) 등의 지혜가 축적되어 실천되고 대대로 계승되어 왔다.

둘째, 기업을 둘러싼 외부요인으로, 경제의 지속적인 성장을 지적 할 수 있다. 에도시대의 전반은 고도성장시대였고, 후반은 정체가 이어졌으나 1600~1800년의 경제성장률은 평균 0.1%였다. 신규창업 및 기존 기업의 생존을 가능하게 하는 조건이 존재했다.

셋째, 가업을 계속하고 승계, 경영승계야말로 가장 큰 요인으로 생각한다. 가업을 계속・승계하는 의사는 일본에서는 당연시 되고 있지만, 다른 나라에서는 상황이 다르다. 해외와의 차이점에 대해 처음으로 느낀 것은, 이웃나라 한국에 착안했을 때였다. 한국에는 100년을 초과한 기업이 2개밖에 존재하지 않는 것은 왜일까? 그것은 한국에 강한 영향을 끼쳐온 유교가 상업활동을 멸시했기 때문임에 틀림이 없다. 상업활동을 살기위한 필요의 악이라고 여기고, 일정한 재산을 축적했다면, 그 곳에서 손을 씻고, 학자의 길로 돌아가라는 가르침이 있었기 때문이다.

이것은 차세대에 계승하는 의사를 부정하는 것과 다름없다. 유럽에서는 일정한 재산을 축적하면 가업을 매각하는 사례가 많았는데, 예를 들어 이탈리아와 스위스의 슈퍼 100년 기업을 살펴보면, 창업가와는 다른 패밀리에 소유권이 이전되는 비율이 매우 높다. 프랑스에서는 사업승계 전체에서 차지하는 친족내 승계비율은 10%대에 지나지 않는다. 실은 세 번째 요인은 일본에서도 문제되고 있으며, 게다가 사태는 급속히 심각도를 더하고 있는 점이다. 즉 친족내 승계의 감소이며, 승계전체에서 차지하는 비율이 최근 20년간 20%포인트 감소하였다고 중소기업 백서(2006년판)에 보고되었고, 이미 약 10년이 경과하고 있다. 이 사실을 직시하면, 일본에서도 세 번째의 요인을 심각하게 받아들여야 할 필요가 있음을 통감한다.

그런데, 세 번째 요인인 기업계속 승계의사를 더욱 탐구해 보면, 장수경영의 사상적 배경이 떠오른다. 이시다梅岩(1685 <貞享 2>, 1744 <延 亭元>을 일본의 상업윤리의 원점이라고 판단된다. 梅岩은 정당한 상업활동을 긍정하고 이윤의 획득을 사무라이 봉록(俸祿, 월급)과 동일하게 평가했다. 그가 제창한 유교, 불교, 신도를 융합한 이론은 석문심학(石門心學)을 발표하였고, 상인이 다루는 범주의 상업윤리 뿐만 아니라, 막부의 지원으로 서당, 번교 등 각종 교육제도를 통해, 무사나 流人(보통 다니는 사람)까지를 포함한 전국 각층에 침투했다.

## (2) 보덕사상과 도덕경제 합일설

니노미야 손토쿠(二宮尊德)(1787~1856)의 보덕사상(報德思想), 또는 시부 사와에 이이치(1840~1931년)의 도덕경제 합일설도 부합하고 있다. 전자는 농촌부흥 정책을 지도한 농정가정. 사상가, 후자는 약 500 기업에 관련된 사업가로 유명하지만, 이시다梅岩와 석문심학의 주장을 높게 평가하고 있던 사실은, 그다지 알려져 있지 않을지도 모른다. 양자를 거쳐 석문심학의 발표는 현대의 기업경영에까지 영향을 미치고 있다는 사실에 있다.

기업은 사회의 '공기(公器)'라는 개념은 지극히 일본적이다. 이 표현을 누가먼저 사용했는지는 확실치 않으나, 그 사상적 원천을 이시다 梅岩에게서 찾아낼 수 있다고 생각한다. 왜냐하면 梅岩가 정당한 상업활동과 이윤의 획득을 정당시하면, 사회에 도움을 준다는 것을 전제로 삼고 있기 때문이다. 이시다 梅岩을 원천으로 하는 '사회공기' 사상이 있기 때문에 가업을 계속승계할 의사가 사회적으로 인정되고 평가된다. 사리사욕을 위한 가업이라면, 이의 계속승계가 사회적인 평가를 받을 수 없다. 고객, 직원, 공급자, 지역사회 등 기업을 둘러싼 이해관계자를 소중히 하는 사상은, 오미(近江)상인인 "三方요시"가 극단적인 말을 하였다. 이러한 '사회공기' 사상의 뒷받침이 있기 때문에,

가업을 계속 승계하는 것은 사회로부터 지지되고, 당사자의 의지와 생각도 강력하게 된다. 여기에서 사업의 계속승계는 사회적 인사업이 되었는데 그 실현은 시대정신인 셈이다.

### (3) 일본기업 장수의 비결은 무엇일까?

석유메이저 로열 더치 쉘은 1970년대의 석유위기의 경험에서, 기업지속에 관한 연구를 1980년에 실시하고 있으며, 다음과 같은 점이 중요하다고 지적하고 있다.

(a) 환경의 변화에 민감하다.
(b) 사업의 독자성과, 종업원들의 결속성이 있다.
(c) 분산적 경영을 하여, 자유도가 있다.
(d) 재무적으로는 보수적이다.

① 환경변화에 민감

일본기업들은 변화에 대응력이 강하다는 것은, 과거의 성공경험에 묶이지 않고, 변화를 두려워하지 않는 "변화에 대한 대응"을 받아들이는 것과 관계있다. 실제로 일본의 오래된 기업은, 핵심사업은 지키면서 시대에 따라 조금씩 변화시키는 것으로, 기업연령을 거듭해 오고 있다. 핵심은 확고하게 지켜가면서 시대에 맞는 혁신을 받아들이는 자세를 항상 간직하고 있었던 것이다. 또한 중요한 포인트이기도 하다. 로열 더치 쉘이 지적한 첫째는 "환경의 변화에 민감하다"는 것은, 외부요인에 포함된 것일 수도 있지만, 다른 3개는 내적인 요인이다. 실제 기업은 불황이나 전쟁이라는 외적요인에 의해, 그 생명을 잃기보다는 오히려 조직내부의 요인에 의해 끝을 맞이하는 것이 많다. 예를 들어 과거에 성공업적을 늘려온 기업은, 그 성공체험에 매달리어 변화가 곤란한 케이스가 많고, 이것으로 인해 악화되어도, 대응할 수단이 없거나, 또는 변화를 받아들이지 못하고 도산하는 경우이다.

이와 같이 변화하지 못하는 것은, 조직내부의 요인인데, 아무리 변화에 민감해도, 조직이 변하지 않으면, 기업은 살아남지 못하는 것이다. 일본기업이 장수인 것은, 외부요인보다는, 오히려 내적인 요인에서 특징이 있다. 근강상인(近江商人)의 마음가짐인 [세 가지 선행]은, 판매자에게 좋고, 구매자에게 좋고, 세상(사회)에게도 좋은, 즉 모두에게 만족하면서 사회공헌도 할 수 있는 것이 좋은 상업행위라고 하였다. 이것은 현대의 CSR에 적합한 이념이다. 사실, 이러한 지속가능한 경영감각이 일본기업에는 옛날부터 존재해 왔다. 창업자의 정신은 그 기업의 가치관을 상징하는 것으로 어떤 행위나 의식(儀式)을 전해온 것이다. 그러나, 거의 예외없이 말하고 있는 것은, 기업이 목표로 하는 가치관이나 기축(基軸)이 없는 장수기업은, 존재할 수 없다는 것이다.

② 사업을 장기적 관점에서 경영

장수기업에는 역사의 무게라는 것이 있다. 2백년을 이어온 기업은 2백년 앞을, 5백년을 이어온 기업은 5백년 앞을 보는 것이다. 따라서 경영의 기본은 단기이익이나, 돈벌이에 우선하는 것이 아니라 장기적 영광을 목표로 하는 것이다. 그리고 장기적 번영의 증거인 [기업의 신용준수]을 최우선으로 하고 있다. 즉, 브랜드에 상처를 내는 것은 하지 말라는 것이 된다. 고전을 중시하는 일본사회 풍토. 후쿠시마현 와카 마츠시에 있는 오래된 여관, 동산온천 (무카이 타키)은 에도시대에는 주민들의 보건소로 이용되었고, 1873년 여관으로서 창업하고, 이토 히로부미 등, 메이지元勳에서 노구찌英世박사, 가인 與謝野晶子, 최근에는 小泉純一郎 元首相까지 많은 저명인사가 방문하였다. 메이지의 모습을 간직한 술조건축은, 국가등록 유형문화재이다.

③ 원칙과 인재중시의 경영

인간경영 고객지향적 사회성은 인간을 우선시하는 경영, 말하자면 인간경영이다. 많은 장수기업은, 종업원이 단순한 기계부품이 아니라 성장하는 주체로 생각한다. 따라서, 기업내 교육에 열성적이고. 장기적인 관점에서 인재의 판별등용이 이루어지고 있었다. 그중에는, 종업원과 가업이 일체화하고 번영하는 것을 명시하고 있는 곳도 있다. 한편, 경영자측도, 인재중시의 자세를 관철해 온 것도 유의할 만하다. 특히 코포레이션 거버넌스(지배구조)에 대한 것으로, 많은 기업에서 경영톱으로서 자질이나 의욕결여를 배제하는 구조이다(후계자설정, 제왕학실시, 친족회의 장소에서 실격자의 배제). 또한 소유와 경영을 분리하는, 요즘 말하는 집행이사 제도에 가까운 조직의 구조로 돼왔다.

④ 품질과 고객지향적

고객지향의 철저이다. 기업은 규모에 관계없이, 고객의 존재로 시작이 성립하고, 비로소 지속되는 것은 말할 필요가 없다. 그러나 이익을 생각하지 않고, 전통에 병이들어, 고객을 소홀히 하는 경향이 있는 것도 장수기업의 깊은 경계의 대상이다. 일본의 애주가라면 모르는이 없는 “飛露喜”라는 여과하지 않은 생원주, 무여과생원주(生元酒)는 저장이 어려워 출하량이 한정되었기 때문에, 일부지역 전문점에서밖에 구할 수 없는 -환상의 술-로 알려져 있다. 蔵元의 “廣木酒造”는 후쿠시마현 會津盆地의 서쪽, 會津坂下(반게) 마을에서 에도시대 중기부터 이어져 온 전통점

## 2.2 장수기업의 경영법칙

장수기업의 경영에서 배울점은 바로 교훈의 보고(寶庫)이다. 얻어지는 교훈에 기초하여, 장수기업의 경영법칙을 세울 수 있다. 이것은 여섯 가지 요소로 구성되어 있으며, 각각의 머리글자를 맺고 VIDOGRRES라고 부른다.

### (1) 장수기업의 경영의 법칙과 비전

① 경영법칙(經營法則) 최고의 도전정신을 조성한다.

경영법칙

1. 기업은 자사 고유문화를 창출한다.
2. 대가족주의에 따르면 총력경영을 목표로 한다.
3. 자사 독창적인 경영법칙수립 준수한다.

② 경영비전(Vision)

(a) 비전 (Vision), 즉 경영이념이며, 장기적 시점에서 경영의 기본이 된다.

(b) 우위성(Dominance)의 구축과 강화이다. 평소부터 자사의 강점을 살릴 수 있는 사업에 자원을 집중할 뿐 아니라, 우위를 발휘할 수 있는 기술분야로의 사업다각화가 필수적이다.

(c) 통치체제(Governance)이다. 사업의 조직을 구축하고, 정보공유 등을 함께 병행하고, 가족기업의 경우는, 친족간 가족통치경영(페미리 가버넌스)도 중요하다.

(d) 안전성의 구축((Risk management)이다. 재무면에서 자기자본을 충실히 하고, 경영면에서 독립성이 필요불가결하다.

(e) 이해관계자들과의 장기관계성(Relationship)의 중시이다. 고객, 종업원, 납입업자,

지역사회와의 장기거래는 신용제일을 철칙으로 한다.

(f) 승계(succession)이다. 승계의 내용은 경영, 자산, 기술 등 광범위하지만 모두 장기적 계획이 필수적이다.

사실 이러한 여섯 가지 요인이 모두 "사회공기"(社會公器)라는 사상과 밀접한 관련을 가지고 있는 점에서 주의를 기울이게 된다. 제1의 요소인 경영이념과 장기적인 관점에서는, 경영의 시간축이 길어지면 시야가 확대하고, 경영동기는 사욕(사적욕구)에서 공욕(공적욕구)로 승화된다.

공욕(公欲)이란 석문심학의 용어이며, 사회에 도움을 의미한다. 제4의 전성에는, 회로부터의 지원이야말로 최대의 방어가 되는 것이다. 제5의 이해관계자와의 장기관계성은, 다시 말해 신용중시이며, 바로 三方良: 세 가지 좋은 점과 다름 없다. 100년간의 장기간에 발생하는 경영상 위기는, 스스로의 힘만으로는 넘지 못한다. 장수기업은 다난한 시대를 겪어온 선대, 선선대의 교훈을 배우고 익혀, '사회공기'의 사상과 실천이 갖는 중요성을 체감해 온 것이다.

### (2) 기업톱의 도전정신

기업의 존속은 발전의 방향성을 감안할 때, 그것은 유망한 것으로 생각되는 제품서비스에서 출발하고, 처음에는 해당분야에서 사업이 성립하지만, 언제까지나 거기에 머무르고 있을 수 없다. 왜냐하면 어떤 제품 · 서비스에도 수명이 있으며, 그것에 의존하는 것이 곤란하게 되기 때문이다. 그래서 다음 단계로 새로운 시장과 고객을 찾아 새로운 제품 · 서비스 창출을 통해 지속성을 유지해 간다. 이 경우 기업이 존속 · 발전해 나갈 방향에는 어떤 것을 알기 쉽게 설명하는 것이 성장의 빅데이터이다. 그러나 이러한 기업행동을 실천하려면, 기업의 최고경영자 자신이 도전정신을 양성하고, 새로운 것에 도전하는 기개가 요구된다. 다시말하면, 최고경영자 자신의 풍토개선을 실천하는 것이 필요하다.

동일분야에 특화하는 전문연구개발에 에너지를 부어 고부가가치의 개발에 의해 이익을 내고, 그리고 특허에 계속 손을 대는 것에 게을리 해서는 안 된다. 이러한 [네 가지 포인트를 실천하는 유일한 기업] 小野谷기공주식회사의 小野谷 사주는 "차세대 안경은 어떤 것일까? 어떤 기능이 요구되는 것인지, 항상 미래를 위한 상품개발에 몰두하

기업성장의 방향

| | |
|---|---|
| 3. 신 시장개척 | 4. 신 분야진출 |
| 1. 경영기반 강화 | 2. 신 기술개발 |

기존 시장노하우 신규

자료: 사카키바라清則 저(1992). 「경영학 입문」 일본경제신문사.

는 增永" 안경주식회사 增永사장의 사례이다.

아울러 [창조형 기업으로서 CVS를 기본으로 하는] 새로운 업태개발에 도전하는 주식회사 오츠 가게(大津屋)의 고가와(小川)사장의 삶과 같이, 많은 것을 배울 수 있었다. 즉, 외부환경의 변화에 맞도록 하는데, 시장 · 고객, 유통, 기술수술 노하우 등 경영자원의 혁신성은 중요하면서, 그 원동력은 어디까지나 "톱 스스로의 풍토개혁"을 차제에 실천하고, 도전정신을 양성하는 것이야말로 중요한 요소가 될 것이라고 지적하지 않을 수 없다.

## 2.3 가족경영과 고유문화 창달

### (1) 대가족주의 총력경영

일본기업의 경영스타일을 돌이켜 보면, 그 1960년대 고도성장기의 일본형 경영시스템을 들 수 있다. 당시 이 시스템은 일본기업을 활성화하고 존속 · 발전시키기 위한 시스템으로 큰 기능을 했다고 말한다. 구체적으로는 고용면의 특징인 '종신고용'이나 '연공서열', '기업별 노조'는, 고용의 안정을 제공했으며, 기업에 대한 귀속의식을 높이고 기업에서는 기술과 노하우의 축적을 촉구했다.

기업관계에서 특징인 '계열화'는 하청기업과 모기업의 장기적이고 지속적인 거래관계를 안정화시킨 것 외, 주식상호보유(株式相互保有)도 안정한 주주의 존재를 배경으로, 경영자는 중장기적인 관점에서 경영방침을 결정할 수 있었다. 또한 자금면의 특징인 주거래 은행제도는 주요 금융기관에서의 자금배분하여 안정적인 자금공급과 그에 따른 높은 성장을 가능하게 했다. 그러나 1990년 전후(前後)의 동서냉전 종결에 의한 세계화(글로벌화)의 진전, 회계기준 또는 경영의 글로벌 스탠다드에 대한 대응, 규제완화, IT사회의 도래 등, 다양한 구조변화 속에서 '일본형 경영시스템'으로 대응하는 것이 매우 어려운 시대를 맞았다. 예를 들어, '일본형 경영시스템'은 고용면에서 종업원측 고용안정으로 이어지지만, 기업에서 보면 꼭 필요로 하는 인재를 구하지 못하는 고용탄력성이 없다.

기업관계 면에서는 '계열화'나 주식상호 보유는 다양화하는 시대변화에는 유연한 대응을 할 수 없다. 자금조달 면에서 '주거래 은행제'는 간접금융에 비해 안정한 자금공급은 가능하지만, 주거래은행의 기대가 더해져 기업의 의사결정에 영향을 미치고, 계열과 마찬가지로 유연한 대응을 할 수 없는 등이다.

이런 가운데 일본기업은 세계적인 구조변화에 대한 대응과 경영시스템화 효율을 구현하고, 경쟁력을 높이기 위해, 구미형의 경쟁원리를 최우선적으로 경영시스템에 도입했다. 그러나 이러한 경영시스템은, 대체로 보면 귀속사회에 익숙한 일본기업에 도저히 맞지않는 시스템이었던 것이다.

그것에 의해 초래된 것은 '잃어버린 20년'으로 대표되는 저성장시대의 연장이었다. 이러한 결과현상을 보면, 역시 요구되는 것은 "일본형 경영시스템"의 일부기능을 캡처하면서 시대에 맞는 경영시스템 '네오 일본형 경영시스템의 도입일지도 모른다. 이번 기업청취에서 배운 "기업은 대가족주의, 운명공동체"를 모토로 한 카라야 주식회사의 야마모토 사장의 말 또는, 자사만이 아닌 비즈니스스쿨의 개교로 지역인재의 육성]에 도전한 주식회사 大津屋의 고가와 사장, 아이들에게 [읽고, 쓰고, 주판]을 가르치는 인재교육에 주력한 增永안경의 창시자, 增永옹의 삶에 장수기업의 힌트가 숨겨져 있는 것 같다.

세계적인 기업 간 경쟁이 격화되는 가운데, 톱이나 소수의 노력만으로는 어려운 시대, 사원개개인이 목표를 향한 불타는 노력, 탑(top)과 직원의 입장을 넘어서는 관계의 구축이 필요하며, 다시말하여, 과거의 일본기업에 보였던 "총력경영 차세대 인재육성도 시야에 두는 경영"을 다시금 고려하는 것이 필요할지도 모른다.

### (2) 자사의 고유문화 창달

일본기업의 경쟁력은 무엇인가? 이 질문에 대해 “독자의(고유의) 기업문화”라고 하는 기업인도 적지 않다. 기업풍토, 즉 그것은 기업문화와 대체할 수 것이다.

과거 일본기업은 기업문화가 가장 경쟁력이 있었던 것이다. 그러면, 기업문화란 무엇인가. 그것은 직원들이 가지고 있는 공통의 이념이나 가전가치관이며, 직원의 행동을 방향짓는 것이다.

이번에 방문한 기업을 보면, 신규업태의 개발과 인재교육에 도전을 이어가는 주식회사 大津屋, 온리 원(유일)의 기술개발・물건만들기에 매진한 小野谷 기공주식회사나, 주식회사 코바－도(コバード)직원중시 경영에 의한 지역밀착형 경영스타일을 확립한 카라야 주식회사, 안경만들기 자체를 지역에 뿌리내리게 한 “帳場제”도입 등 독자적인 경영을 통해 지속적으로 시장 요구를 예측하는 구조에 도전한 增永 안경주식회사 등 독자적 기업문화의 뿌리를 내린다.

그리고 ‘기업은 사람이다’, ‘운명공동체’, ‘대가족주의’라고 선대, 대대로부터 이어져 온 기업문화를 해외에서도 실천하는 日華化學 주식회사 등, 각각의 기업은 자신의 기업문화를 가지고 있어, 그것은 최대의 강점이 된 것을 알게 되었다.

그리고 자신의 기업문화가 전사적인 의사통일을 낳게 하고, 어느덧, 탑(Top)과 직원의 마음을 연결하여, 자사전체적으로는 의지와 생각이 통하는 집단으로 변신한다. 그것은 곧, 거래처 또는 고객 등 이해관계자도 말려들게 되는(공감케 되는), 체제의 구축은, 누가 봐도 하나의 생각을 가진 집단, 기업으로서, 자사에 대한 뜨거운 신뢰로 이어지는 것일지도 모른다.

## [요 약]

### 시대변화에 대응능력

일본에 장수기업 많이 존립하는 비결은 환경변화에 민감하다는 것이다, 과거의 성공경험에 묶이지 않고, 변화를 두려워하지 않는 "변화에 대한 대응"을 받아들이는 것과 관계있다. 실제로 일본의 오래된 기업은, 핵심사업은 지키면서 시대에 따라 조금씩 변화시키는 것으로, 기업연년을 거듭해 오고 있다. 핵심은 확고하게 지켜가면서 시대에 맞는 혁신을 받아들이는 자세를 항상 간직하고 있었던 것이다. 또한 중요한 포인트이기도 하다.

### 장수기업 경영원칙

1. 기업은 자사 고유문화를 창출한다.
2. 대가족주의에 따르면 총력경영을 목표로 한다.
3. 자사의 독창적인 경영법칙을 세워 최고의 도전정신을 조성한다.

### 일본기업의 경쟁력은 무엇인가?

"기업문화"라고 하는 기업인도 적지 않다. 기업풍토, 즉 그것은 기업문화와 대체할 수 있는 것이다. 과거 일본기업은 기업문화가 가장 경쟁력이 있었던 것이다. 그러면, 기업문화란 무엇인가? 그것은 직원들이 가지고 있는 공통의 이념이나 가치관이며, 직원의 행동을 방향짓는 것이다.

### 기업은 사람이다

운명공동체라는 "대가족주의 경영양식의 선대", 대대로부터 이어져온 기업문화를 해외에서도 실천하는 등, 각각의 기업은 자신의 기업문화를 가지고 있어, 그것은 최대한의 강점이 된것을 알아 실행하고 성과를 이루고 있다.

자사의 기업문화가 전사적인 의사통일을 낳게 하고, 어느덧, 탑(Top)과 직원의 마음을 연결하여, 회사전체적으로는 의지와 생각이 통하는 집단으로 변신한다.

# 제 3 절 일본의 장수기업

장수기업 표본조사 작성순서

회사명, 창업년노, 자본금, 종업원 수, 사업내용

◈ 회사의 경위

◈ 장수기업의 전략과 비결

◈ 향후의 기업경영 전망

### ◈ 조사 선정된 4개사

| No | 회사 명 | 창업년도 | 종업원수 | 자본금 | 사업내용 |
|---|---|---|---|---|---|
| 1 | (주) 大津屋 | 1578 | 정20계250 | 5阡萬圓 | 편의점, 각종제품 공급 |
| 2 | (주) カラヤ | 1868 | 176명 | 9阡一百萬圓 | 철재 2차가공, 건설자재 기계공구, 전기기구 수도용품 |
| 3 | (주)日華化學 | 1941 | 1,115명 | 28億9854萬圓 | 섬유공업 금속, 제지, 도료염료, 합성수지 |
| 4 | (주)增永眼境 | 1905 | 146명 | 7,200萬圓 | 안경제조 판매 |

자료: 일본장수기업 분석(日本長壽企業分析).

### ◈ 장수기업의 연구프로젝트

| 적 요 | 적 응 |
|---|---|
| 장수기업이란 무엇인가? | 어떤 기업을 장수기업이라 부르는가 |
| 가설(요인)제시 | 장수기업은 왜 존속할 수 있는지. 그 요인은 무엇인지 |
| 가설(요인)검증 | 가설입증을 위한 기업방문에 의한 사례연구의 실시 |
| 가설과 관련된 이론적 근거의 추출 | 방문기업의 정, 경제환경계의 현황분석과, 장수기업을 목표로 한 과제 향후 방향·방책의 정리 |

자료: 일본장수기업 분석(日本長壽企業分析).

이상의 활동목표(가설설정, 검증의 내용, 연구흐름)을 바탕으로, 전국 약 2만 6천개사가 있다고 하는 장수기업 중에서 후쿠이 현에 존재하는 장수기업(추정 약 120개) 6개사에 초점을 맞추어, 이러한 장수기업을 방문하여 장수기업의 법칙을 다음의 제언으로 정리한다. 덧붙여서 이번 기업시청(히어링, 청취)은, 향후 기업경영 방향에 대해 참고로 할 수 있는 매우 흥미로운 이야기를 많이 탐문(탐색)할 수 있었다. 그 중, 여기서는 동위원회의 2011년도 2012년도 활동방침에 따라,

a. 외부환경에 적응능력과 시대를 선점하는 시장창조형 기업으로의 변신이 가능한 원동력은 어디에 있었는가?
b. 내부의 혁신, 즉 인재육성, 조직체제 등, 내부체제의 충실에 여하히 노력하고, 그것이 어떤 효과를 이끌어 냈는가?
c. 업종, 업태, 기업규모를 초월한 기업의 보편적 법칙(기업의 존속발전을 위한)이란 무엇인가?

## 3.1 大津屋 주식회사

창업년도: 1573년 (天正元年)
자본금: 5,000만엔
종업원 수: 정규직 20명 계약직, 파트아르바이트 직원 250명
사업내용: "편의점 오렌지 BOX", 식당편의점 레보 스테이션, 쌀밥과 반찬가게 올레버, 주방 술안주와 함께 식사를 잘 제공하는 곳, 교육사업 오레보비즈스학교– 새로운 업태의 개발·인재육성에 계속 도전하는 창조형 전통기업 (資料 大津屋 提供)

### (1) 회사의 경위

주식회사 大津屋은 후쿠이 현에서 처음으로 편의점(이하 CVS로 약칭)을 설립한 기업으로 유명하다. 항상 대기업 프랜차이즈(이하 FC로 약칭)와는 구별을 분명히 한 독창적인 CVS 경영외에도 새로운 업태를 개발하는 등 다양한 노력을 전개하고 있다. 회사의 뿌리는 매우 오래되어, 1573년 (덴쇼 원년)에까지 거슬러 올라간다. 바로 전통회사 중에서도 전통회사이다. 덧붙여서 덴쇼 원년은, 에치젠(越前)의 한조다니 아사쿠라(一乘谷朝倉)씨가 오다 노부나가(織田 信長)에 멸망한 해이기도 하다. 에도(江戶)시대

에는 주조업과 환전상을 하였고, 또한, 쇼와(昭和)에 들어서는 전쟁과 후쿠이 지진의 불황속에서 가게를 재건하고 1976년까지 양조장을 영위해왔다. 다음은 주류소매업으로 전환. 그리고 현재 사장인 고가와 아키히코(小川明彦)가 1981년(쇼와 56년)에, FC에 가입하지 않고 독자적인 경영노하우를 구사한 후쿠이형 CVS를 출범시킨 것이다.

대기업 3사의 독점화가 진행되는 편의점(Convenience Store, CVS) 업계에, 중소편의점의 경영환경은 어려운 상황이 이어지고 있다. 그런 가운데 후쿠이현에서 편의점 6개 점포를 전개한 오오쓰야(大津屋)의 고가와 사장은 고객으로부터 큰 지지를 얻고 있다. 그 독자적인 대처에서 중소편의점의 생존힌트를 찾아보자.

1일 판매 80만엔 초과 독자업태 다이닝콘비(식사편의점, CVS)

편의점(CVS) 오오쓰야(大津屋)는, 후쿠이 현내에 6개 점포 외에도 반찬전문점과전국의 특산품을 모은 전문점 등 총 9개 점포를 운영하고 있다. 편의점의 본점은 [오렌지 BOX 오쓰야(후쿠이현 후쿠이 시)와 최신 포맷의 (오레보 스테이션) 5개 점포를 운영. 후쿠이 현민으로부터 "오레보"라는 애칭으로 사랑받고 있다. 현민에게서 지지되는 지표의 하나로 편의점의 1일 매상고가 있다. 매출상위 점포는 평균 1일 판매고 80만엔을 넘는다. 대기업 편의점에서 평균 1일 매상고 가장 높은 곳은 세븐 일레븐(7.11 도쿄도의 古屋一樹사장)의 65만 6000엔(2016년 2월)이어서, 오오쓰야의 수준이 어느 정도인지 알 수 있다.

후쿠이 현에는 대기업 3개사의 CVS만으로 약 280점포(2016년 2월말 현재)가 있는 가운데, 어떻게 오쓰야가 높은 매상을 올릴 수 있을까? 그 이유는 기존의 CVS와는 다른 독특한 영업형태에 있다. 오레보 스테이션 미송점(米松店=고메마쓰덴)(후쿠이현 후쿠이시)를 방문해 보면 낮의 피크타임에는 평일에도 불구하고 주차장은 만차상태이다. 이 점포의 1일 평균 고객수는 약 750명이 넘는다. 가게에 들어가면 우선 눈에 띄는 것으로 반찬 뷔페코너이다. 큰 접시에 담긴 '새우 뻬리마요', 고대네나 「흑초 탕수육」등 약 3O SKU가 나란히 하고 있어, 아름다운 전문점으로 보인다. 점포에는 넓은 주방이 있어 대부분은 상점내의 조리로 제공한다.

또한 매장에는 Eat in Space(좌석)이 약 90평의 매장면적에 약 40석이 있어, 일반 CVS와 비교하면 상당한 공간을 확보하고 있다. 또한 "오레뽀 식당"이라고 하여 쟁반메뉴로 덮밥, 정식메뉴도 판매한다. 식사를 주문하면 주문이 자동으로 주방에 입력되고 식사는 탁트인 공간으로 전달, 제공된다.

오레보 스테이션은 "편의점과 "전문점 "식당"이 일체가 된 업태이다. 독자적인 표현으로 식당콘비니라고 부르고 있으며, 반찬과 식당매출 구성비는 전체의 70%정도이다. 고가와 사장은 "고객이 요구하는 것을 추구하고 모아서 현재 비즈니스 형태로 이어졌다"고 말했다.

지금의 업태를 출범시킨 요인은, 오가와(小川) 사장이 게이오대학 상학부에서 근대적 경영학을 공부하고, 현지에 돌아와 오오가게(大津屋)의 후계자가 된 후, 구태의연한 술집에서 장래의 불안을 느끼고, 그것이 발단이 되었다고 한다. 오가와 사장은 CVS사업 초기를 이렇게 회고했다. 다만 그무렵 CVS사업을 알고 주류를 취급 CVS를 자사 독자적으로 할 수 없을까 연구하고 있었다. 한번은 FC5사에 자료요청 편지를 내어보았는데, 5개사 모두 호쿠리쿠에 출점은 적어도 5~6년 걸린다는 답변이 왔다. 좋아, 그렇다면 5년 사이에 만든다는 결심을 하고, 이듬해 "오레인지 BOX 오오쓰야"를 출점했다. 당시 후쿠이에서는 편의점이라는 업태에 익숙해지고, 그래서 자신의 저축에서 TV 광고를 이용했는데, 점차 매출이 늘어나 하루의 매상고 8만엔 정도였던 것이 30만엔까지 되었다. 이렇게 오가와 사장은 기존 주점의 사업에 새로운 바람을 불어넣고, 더욱 연구를 열심히 하여 [음식]을 단면으로 한 새로운 스타일의 가게를 차례로 만들어 갔다.

### (2) 주식회사 大津屋의 장수전략과 비결

회사는 주조업과 환전상에서 주류소매업, 그리고 현재의 주류도 취급하는 CVS로 업태를 전환하고도, 일관되게 가족의 경영을 계속해 왔다. 전국시대부터 계속된 가문의 전통점은 선대로부터 인수한 것을 지키고, 다음 세대에 전달하는 것이 중요하다고 생각함과 동시에, 영구지속을 위해, 현재 사장처럼, 주류를 취급하는 기반에 축을 두면서, 시대흐름에 도전하는 것도 필요로 하였다. 가족사업에 대해 오가와 사장은 아이가 아들인 경우, 딸 데릴사위를 취하는 경우와, 또는 자녀가 없는 경우도 있지만, 모두 경영에 흔적을 잇는 인물의 성격이 크게 영향을 준다.

리스크를 가지지 않으려는 사람도 있고, 다소의 위험은 두려워하지 않고 도전정신이 있는 사람도 있다. 요점은 경영을 할 수 있는 인물로 키우는 것이 불가결하다고 여겼다 이러한 생각에서, 최근 '올에버 비즈 스쿨'(영구직업 학교?)이라는 이름의 세미나를 개강하고 '음식'과 관련된 분야의 인재교육을 새로운 사업으로 시작했다. 세미나는 일방적으로 가르치는 것이 아니라 스스로 생각하도록 하는 교육을 실시한다. 그 중에서도 가장 큰 특징은 실천을 중요시 하는 것이다.

### 약 30년 전부터 점포내 요리(料理)에 매진

오오쓰야의 창업은 1573년 전에는 주점과 환전상을 영위하고 있었고, 전쟁후 주로 숙박시설과 음식점 용으로 주류를 판매했다. 오가와 사장은 1979년 친가 오쓰야에 입사 81년에는 주류뿐만 아니라, 생활관련 제품을 판매하는 편의점(CVS)이 되어 "BOX 오오쓰야"를 개점했다. "당시 현내에는 CVS가 존재하지 않았지만, 반드시 사회에 필요한 사업으로 성장할 것이라고 예상하고 있었다"(고가와 사장). 그러나 85년경이 되고, 현 내에 대기업이 진출해 경쟁이 격화했다. 그래서 오가와 사장은 CVS에서 구입하는 상품의 대부분이 반찬인 점에 주목한다. 큰 메이커의 도시락이나 반찬의 대부분은 작업효율과 원가억제를 위해 공장에서 만들어졌다. 이에 대해 오오쓰야는, 점포내 조리에 도전하여 차별화 시도의 길을 선택하였다.

시설투자와 인건비가 추가로 들지만, 점내에서 바로 조리한 반찬이 맛있고 첨가물이 적어서 위생적이다. 고객이 정말로 요구하는 것을 제공하면 결과는 후에 따라올 것이라고 생각했다(오가와 사장). 우선, 후쿠이 시내의 쇼핑센터 내에 반찬상점을 개업하고 자사의 조리노하우를 구축한다. 그리고 86년 당시 영업을 하던 "오렌지BOX"가 점내 주방을 도입, 진출하여 편의점(CVS)을 개장했다. 이 가게는 개업 직후부터 번성하여, 약 55만엔이었던 1일 매상이 약 2배에 달하는 약 98만엔으로 신장한다. 이 성공을 계기로 회사는 다른 점포에도 주방시설을 갖추고 서비스를 진화시켜 현재 영업의 스타일에 이르게 되었다. 그러나 단순히 점포내 반찬조리나, 식사를 제공하는 것만으로는 높은 지지를 얻을 수 없다 오레보 스테이션 고매마쓰점의 예이다. 구체적인 매력에 대해 소개한다.

미송점(고메마쓰점)은 JR(일본철도) 후꾸이역에서 북동쪽으로 1.8㎞위치에 있다. 점포의 동족에는 국도 8호선이 통하고, 상업시설과 전문점들이 늘어서 있다. 점포내에는 반찬 200 SKU외 청과나 정육, 당일 배송제품, 가공식품, 주류, 생활용품 등이 약 3000 SKU가 가지런히 있다. 강점을 가진 반찬은, 만들어낸 것을 바로 제공하게 한다. 12~13시 사이의 피크시간에는 직원 6~7명이 메뉴를 단번에 나란히 진열한다. 미송점의 반찬매장에는 대면식 카운터가 있고, 볶음류 등은 고객의 눈앞에서 구워 제공한다.

간판상품이라고도 말할 수 있는 것으로는, 메뉴를 요청 시 주문을 받아 따뜻한 식사를 제공하는 서비스도 실시한다. 반찬은 상품기획에서 개발까지 모두 자사에서 실시한다. 이 회사는 자사의 반찬공장을 가지고, 이곳에서 재료를 일괄구입한다. 단시간에 최종조리가 되도록 반찬용 키트를 준비하고 각 점포에 보내고 있다. 재료는 지역산물을 도입하고, 처음부터 첨가물이나 착색제, 보존제를 추가하지 않고 만든다. "목표로 하는 것은 가정의 맛을 그대로 내는것이다. 안심하고 자기가족에게 먹이는 것이라 생각하고 제공한다"(오가와 사장).

고메마쓰점(米松店)은, 철저하게 지역의 산물을 상품에 반영하고 있다. 예를 들어 빵 매장에서는 후쿠이 현 전문점 "마루사빵"이나 빵업체인 오카와빵(후쿠이 현/오가와 사장) 상품이 공간의 절반이상을 차지한다. 반찬매장에는 후쿠이 현에서 옛날부터 먹어왔던「에치젠 소바와 오므라이스 위에 돈가스를 얹은 보루나 라이스」등이 늘어서 있다. 제품은 지역농산물을 적극적으로 도입하고 있어 '돼지생강구이 덮밥'에는 후쿠이 현의「에치젠 향돼지」를 사용하였다. 오오쓰야의 단골메뉴인 '다시마끼'는 후쿠이 산 쌀기름에 구워낸 것이다. 그 외, 후쿠이 현의 특산품을 모은 '오레보의 선물'코너를 설치하고 있다. 후쿠이 현 오이마치의 절임이나. 현내의 프랑스 요리전문점 의한 [세이코 파스타 소스] 등 특산품 중에서도 특히 제법과 맛이 특이한 상품을 약 50 SKU진열하고 있다. 점포 수가 많은 대기업 편의점 체인에서 취급하기가 곤란하고, 수량이 한정된 것을 판매하여 차별화를 기하고 있다(오가와 사장).

고객만족도를 향상시키기 위한 노력과 고객의 만족도를 향상시키는 노력을 적극적으로 한다. 우선, 고객이 선호하는 상품을 진열한다. 고메마쓰점(米松店)은 매장의 중앙에 행사코너를 마련하고 화제가 되는 상품을 정렬하였다. 취재 시 코스트 코포세일 재팬(Cost Corposeil Japan)(카나가와 현 /겐테리오 사장 : 이하, 코스트코)의 인기상품을 집합시킨 코너를 설치하였다. 후쿠이 현에 코스트코는 입점하지 않았으나, [오레보 스테이션]상점에서 상품을 구매할 수 있게 하였다.

다음으로, 자신의 포인트 카드(오레보 포인트 카드)로 대금을 지불할 때 제시하면 세금별도 100엔당 1포인트가 부여된다. 여기까지는 일반적인 포인트카드와 같지만 회사카드로 정산하면 정상가격보다 3%정도 저하되는 것이 회원가격이다. 또한 카드회원이 세금별도 500엔 구입때마다 계산대에 설치된 모니터 위의 슬롯이 회전한다. 이것으로 회사매장에서 혜택을 받을 수 있는 전자머니를 선물하는 기획을 상시 실시하고 있다. 가게를 이용할 수록 혜택이 있는 구조로 하여 고객의 로열티를 높여 주고 있다. 미송점 노력에서 알 수 있듯, 오오쓰야 편의점은 대기업에서는 할 수 없는 구색을 추구하고 차별화를 꾀하고 있는 것이다. 또한 지역수요에 대한대응과 고객에 대한 서비스에 충실하여, 다시 방문하고 싶도록 하고 있다.

신상품개발에서 재료구입, 원가계산, 매장만들기와 결산까지 모든 학생들이 하고,

실제로 고객의 앞에 서서 성공과 실패를 하면서 문제해결 능력도 기른다. "제반반찬(總菜蔬) 비즈니스의 실제매장을 경영하는 기업의 세미나는 전국에서도 우리뿐이라고 생각하였다. 이 학교에서 의욕있는 젊은이들이 성장하고, 지역기업에 취직해 힘을 발휘하면, 그것이 지역전체의 활성화에도 연결된다. 그리고 자사의 지역기여도가 늘어난다. 지역이 잘되면 우리의 고객이 늘어난다."라고 말했다.

### (3) 향후의 기업경영 전망

"올에버 비지니스 스쿨"에 대해서는, 헤세이(平成) 29년(2017년)에 전문학교로 승격을 목표로 현재 준비가 진행중이다. 장래에는 "거기에서 배운 인재라면 꼭 채용하고 싶다."고 말하는 인재교육의 장으로 하고 싶은 열정을 불태우고 있다.

이러한 형태의 토대에 있는 것은, 과거 CVS에 주방을 통합한 것으로, 당시 다른 곳에는 없었던 형태로 형성된 것과 다름없다. 모방할 수 있는 사례가 없는 가운데, 하나하나를 사장과 직원들이 고생을 함께 하면서 생각하고, 어느 때는 실패하고, 또한 개선에 개선을 거듭하여 성공한 그 경험으로 배우는 것이 크다고 한다. 바로 전체경영의 실천이다.

#### 반찬을 온라인으로 판매

오오쓰야(大津屋)는 새로운 서비스 제공에 도전하고 있다. 4월 28일 JR(일본철도)후쿠이 역전에 복합상업 시설 [하피린]이 있다. 오오쓰야는 1층에 신점 [오레보 키친과 이것 맛있다 오오쓰야]을 출점하고 있다. 오오쓰야(大津屋)가 후꾸이 현에서 처음 편의점(CVS)을 열었을 때, [장래에 중소편의점이 살아남을 가능성이 없다]라는 의견도 있었다. 분명히, 현재 일본전역에 5만개 이상의 cvs점포가 있는데, 대기업CVS 이외에 채산성이 있는 CVS기업은 매우 적다. 나는 중소기업이 살아 남기위해 필요한 것은, 다른 회사에는 없는 새로운 가치를 제공하는 것과 "고객이 진정기쁨을 느끼게 하는 것이다"라고 생각한다.

특히 후자는 선대로부터 이어진 이념이며 항상 경영의 근간으로 하는 것이다. 예를 들어, 눈앞에서 만든 주먹밥을 금방 먹는것이 가장 맛있다. 그렇다면 이것을 실천하기 위해, 고객의 주문을 받고나서 손으로 만든 주먹밥을 제공하는 서비스를 시작했다. 이처럼 고객이 기쁨을 갖도록 하기위해 [본래의 취지]를 소중히 생각하고 있다. 당사의 독자업태 [오레보스테이션]의 최대 특징은 점포내의 요리(조리)이다. 이 비즈니스 모델은 인구가 많은 도시에서는 적합하지 않다.

매장면적이 제한되어 주방공간이 확보되지 않는 데다 고객이 너무 많을 경우, 품절이 많아지면서 고객에게 금방제품을 제공할 수 어렵다. 자주 질문되는 것이지만, 타지역 진출에 대한 것인데, 우리는 후쿠이 현 외부에 출점할 생각은 하지 않고 있다. 후쿠이 현 내에서도 점포 수를 늘리는 것을 목표로 하고 있지 않다. 다점포 전개를 하게되면 매뉴얼을 작성하여 어느 점포에도 같은 작업을 할 수 있게 할 필요가 있게 된다. 그런데, 각 점포는 어느 정도 자유재량으로 점포를 만드는 것이 고객에게 즐거움을 주고, 진정으로 즐거운 서비스를 제공할 수 있기 때문이다. 우리는 대기업이 할 수 없는 개인상점 경영을 더욱 강화해 나갈 것이다.

"오레버스테이션"을 향후 더욱 발전시켜 나갈 생각이다. 이미 세상에 존재하는 업태는 반드시 경쟁이 발생하게 된다. 전례없는 서비스를 제공할 수 있도록 직원을 한 덩어리로 뭉치게 하고, 도전하게 하는 것이 오오쓰야의 기업문화이다. 또 오츠(오오쓰)가게에서 소중히 하고 있는 것이 「자기주장」이다.

사내에 지식이나 기술이 없는 신규사업도 외부에 위탁하지 않고 자사에서 도전하고 내부에서 만든다. 이렇게 하면 사내에 노하우가 축적되고 종업원 각자의 연구로 좋은 것이 나오도록 하는 것이다 현재 우리의 강점인 독자개발품으로 [채소요리법]이나 장시간 저온가열에 의한 높은 신선도를 가진 [세미 레토르트 제법]은 자기주장 원리에 의해 태어난 것이다. 일본은 향후 저출산 고령화와 인구감소가 진행되어, 중식수요는 더 늘어날 것이다. 기업간 경쟁이 격화하는 가운데, 당사는 [고신선도세미레트로트 제법]에 의한 반찬의 상품화를 추진하고 차별화를 도모하려고 한다. 당사는 경영비전으로 "풍부한 식사문화를 제안하는 기업"을 내걸고 손님에게 진실로 맛있는 음식을 제공하는 것을 목표로 하고 있다.

기획에 의한 산지위장이나 식품표시 문제가 많이 소문으로 떠돌고 있지만, 그런 조직에서는 직원의 업무에 대한 동기가 추락하고, 고객에게도 좋은 서비스와 물품을 제공할 수 없다. 미래에는 지역에 애정을 가진 사람이 응원하고 싶어지는 기업이 되려고 생각하고 있다. 고교야구에서 지역을 응원하고 싶어지는 것과 같이, 일본인은 근본적으로 고향에 대한 애정을 반드시 가지고 있다. 그 향토애에 영향을 주는 서비스를 제공하는 것은 필요불가결의 것이다.

전에는 해산물 구이의 판매만 하였다. "사자에"와 활전복 등을 고객의 눈앞에서 구워 제공하였다. 또한 같은 시설의 지정관리자로, 후쿠이시 관광물 산관을 운영하던 사람은, 자신의 구매루트를 활용한 전통공예품과 지자체와 공동개발한 특산품을 관광객을 향해 후쿠이 현의 매력을 표시하는 역할을 담당하였다. 점포사업 이외에 2016년 4월에는 반찬전문 온라인 숍을 오픈했다. 매장에서 판매하는 반찬을 파우치 포장하고 가정에 배달하는 서비스를 한다. 세품에 대한 독자적인 기술 "높은 신선도 세미 레토르트 공정"을 활용하고 있다. 이 공정은 낮은 온도에서 천천히 가열하여 살균하고, 소재가 열화되는 것을 방지한다. 본래의 맛에 가까운 맛을 남긴 채 음식을 저장할 수 있다고 한다. 이 회사는 2014년부터 기업에 반찬도매 사업을 전개하고 있으며, 반찬을 더 맛있는 상태에서 고객에게 전달하기 위해 독자적으로 연구를 거듭하여 이 기술을 만들어 냈다.

온라인 쇼핑은 소포장반찬 파우치세트 외에도, 매월 셋째 토요일 배송하는 "임의정기 편"(8종 11봉지 세금별도 3700엔) 등의 코스도 준비하였다. "후쿠이 현에는 인근점포가 없어 구매에 불편을 느끼는 지역도 많아, 주민들의 생활에 공헌할 수 있는 기업을 목표로 하고 싶다"(오가와 사장). 자체 CVS(편의점)를 전개하여 지지를 얻어온 이 당사는, 지금까지의 노하우를 살려 새로운 같은 영역으로 사업을 넓혀 더욱 성장하는 것을 목표로 하고 있다.

또한 CVS 사업의 향후는, 전국적으로 포화상태에 있는 가운데, 핀포인트(pin point)에서의 출점이 있을지도 모르지만, 오히려 다른 곳에 진출하기 보다는, 현재상점에서 "식사를 하거나, 포장판매, 반찬까지도 판다." 등 외식(外食)과 중식(中食), 내식(內食) 세끼를 커버하는 가게만들기에 역점을 두고싶다고 말했다. 또한, 올에버 식당의 맛있는 음식만드는 노하우를 살려, 고급재료로 후쿠(福井)이의 식재료를 사용한 반찬의 판로개척도 생각하고 있다. 전통에서 있음에 양반다리를 하지 않고, 프론티어 정신과 꿈을 가지고 의욕적으로 도전하는 톱의 모습이 떠오른다.

## [요 약]

### 성공은 사고의 전환에서 온다

생각을 바꾸어야 길이 있고 성공은 사고의 전환에서 온다. 안 된다는 데서 되는 것을 찾아내는것이 능력이요 역량이다. 대기업 3사의 독점화가 진행되는 편의점(Convenience Store, CVS) 업계에, 중소편의점의 경영환경은 어려운 상황이 이어지고 있다. 그런 가운데 후쿠이 현에서 편의점 6개 점포를 전개한 오오쓰야(大津屋)의 고가와 사장은 고객으로부터 큰 지지를 얻고 있다. 그 독자적인 대처에서 생존 중소편의점의 힌트를 찾아보자.

1일 판매 80만엔 초과 독자업태 다이닝콘비(식사편의점, CVS)

### 오오쓰야(大津屋)의 기업관(企業觀)

大津屋의 장수전략과 비전은 주조업과 환전상에서 주류소매업, 그리고 현재의 주류도 취급하는 CVS로 업태를 전환하고도, 일관되게 가족의 경영을 계속하는 것이다. 선대로부터 인수한 것을 지키고, 다음 세대에 전달하는 것이 중요하다고 생각함과 동시에, 영구지속을 위해, 현재 사장처럼, 주류를 취급하는 기반에 축을 두면서, 시대흐름에 도전하는 다양한 변화가 필요로 하였다. 가족사업에 대해 오가와 사장은 리스크를 가지지 않으려는 사람도 있고, 다소의 위험은 두려워하지 않고 도전정신이 있는 사람도 있다. 요점은 경영을 할수 있는 인물로 키우는 것이 불가결한 책무이다.

### 오오쓰야의 개척과 도전정신

새로운 시장에 도전 반찬을 온라인으로 판매시작 오오쓰야(大津屋)는 새로운 서비스 제공에 도전하고 있다. JR(일본철도) 후쿠이 역전에 복합상업 시설 [하피린]이 있다. 오오쓰야는 1층에 신점 [오레보 키친과 이것 맛있다 오오쓰야]을 출점하고 있다. 오오쓰야(大津屋)가 후꾸이 현에서 처음 편의점(CVS)을 열었을 때, [장래에 중소편의점이 살아남을 가능성이 없다]라는 의견도 있었다. 분명히, 현재 일본전역에 5만개 이상의 cvs점포가 있는데, 대기업CVS 이외에 채산성이 있는 CVS기업은 매우적다. 중소기업이 살아 남기위해 필요한 것은 다른 회사에는 없는 새로운 가치를 제공하는 것과 고객이 진정기쁨을 느끼게 하는 것이다.

## 3.2 가라야(カラヤ) 주식회사

창업년도: 1868년 (明治元年)

소재지: 越前市 中央2－6－5

대표자: 山本仁左衛門氏

자본금: 9,100만엔

종업원수: 175명

사업내용: 강재・2차 가공판매, 건축자재・기계기구 기계공구・전기기구 판매, 수도용품・일반철물 판매, 건축토목 공사의 설비시공 냉난방 설비의 설계, 가정용품 소매, 건설기계 임대

직원중시 경영에 의한 지역밀착형 장수기업

### (1) 회사의 경위

명치초기인 1868년대에, 후구이시 봉래마을(福井市逢萊町) “창고 츠지”지구에서 철물점으로 창업한 회사. 천주사카이(현, 오사카부 사카이시)에서 중국. 한국 등의 무역제품(唐物)을 취급하는 가게가 카라야의 전신에 해당하며 ‘카라야’라는 상호의 유래이기도 하다. 가라야사는 그동안 포목, 기름, 종이, 당물(唐物) 등을 취급품종(상재(商材)이 여러 번 바뀌었다. 또한 ‘카라야’의 이름의 유래는 중국의 무역제품, 이른바 당나라 물품(唐物)을 다루는 당나라 집(唐屋＝카라야)이라고 하였다. 또한 쟁기와 괭이를 제조판매하는 柄屋(카라야)가 되었다고 한다. 다양한 설이 있는 것도 사실이다.

현재의 가라야사의 기초를 만들어 놓은 것은 현 사장 야마모도(山本)씨의 아버지이신 仁左衛門씨 이다. 1955년대부터 40년간 고도의 성장기에 토목건축의 호황기를 계기로 비약적인 발전을 이룩하게 되었다. 취급상품은 철물뿐만 아니라 철사와 합판, 수도용 파이프 공구 등의 철관련 제품을 광범위하게 취급하게 되었다. 후쿠이시와 쓰루가시, 오바마시로 영업거점을 확대해 나갔다. 또한 건설토목 공사에서 파생되는 냉난방 설비의 설계 및 건설기계의 임대업무를 다루는 등 폭넓게 사업영역을 확대하여 나아갔다.

그러나 야마모토씨는 고도성장기 이후 지금까지의 경영상태는 순탄하지만은 않았다. 1945년대 초반의 전재(戰災))나 지진 등으로의 시련은 직접적인 피해는 입지 않았

지만 기업발전에 큰 장해적인 요소를 가져왔다. 1973년의 오일쇼크 이후 70년대~80년대에 걸쳐 이 회사를 둘러싼 산업환경 자체가 어려운 시기였다고 한다. 시대의 격랑을 헤쳐오는 가운데, 회사가 소중히 해온 것은 '사람없이는 기업도 없다.'라는 선대의 가르침이었다. 야마모토 사장은 "품격있는 인재가 모이면 사회도 가족도 좋아져 행복하여진다. 품격있는 사람들이 모여 키우는 것이 경영의 안목이라고 생각한다."라고 말한다.

일본전국을 보아도 장수기업이 많은 곳은 후쿠이 현 아닌가 싶다. 수많은 장수기업들이 창업의 전통을 이어 100년 이상 3대 이상 계승하며 오늘에 이르고 있으며 현지 수요자의 신뢰를 받으며 경영을 계속하고 있다. 카라야 주식회사의 본사가 있는 에치젠시(越前市)는, 나라시대에 국부가 위치하고, 이후 시대에도 장사가 번성한 마을로서 발전해 온 역사를 가지고 있다. 그러한 에치젠시에서 전국(戰國)말기까지 뿌리를 추적할 수 있는 상가가, 이 회사의 사장은 야마모토 山本仁左衛 가문이다.

장수(長壽)라는 단어는 세간에 많이 통용되는 말이다.

경영의 혁신적 다각화를 제2의 창업으로 노사의 관계와 기업가정신 등의 4개 요인과 가훈비법 등 외부에서 보이지 않는 DNA와 같은 배경이다. 이들이 플러스 작용으로 순풍이 될 때 승승의 성장의 결정은 이루어져 장수의 길로 진입하게 된다. 기업창업해서 왜100년 영속하는 것일까? 장수기업으로 200년, 300년 생존할 수 있는 이유는 무엇입니까? 그 요인을 크게 나누면 장수기업의 형체 · 정치 · 경제 · 체제, 천재지변 등, 지역요인 현지자원, 교통인프라, 지역생산과 소비 등 매니저 멘토요인이다

현재 가라야 주식회사로 이어진 유래의 원천은 철물상으로부터이며 이는, 메이지 원년(明治元年=1868년)의 일이다. 메이지 20년(1888년)에 발행된 「후쿠이현하 상공편람」에 보면 동사가 게재되어 있으며, 거기에서 만철물(萬鐵物), 공구도구, 서양못, 손톱, 서양철강 문자를 볼 수 있다, 널리 철제품을 취급하는 상점인 것을 알 수 있다. 이 철에 관한 상재는, 창업 140년 이상이 지난 현재도 주력자재로 취급되고 있다. 그리고 전혀 다른 분야의 산업으로 이동은 하지 않고, 철관련 분야의 사업영역을 넓혀왔다.

현재의 사업을 크게 나누어 보면, 철 및 비철금속(알루미늄 샤시)관련 공구관련, 수도공사 관련으로 나누어진다. "건설기계 임대에 대해서도 대형중장비가 아닌 수도공사에 사용하는 소형물건을 취급하고 역시 철물관련 산업사용자를 위한 것이다." 이 회사 사장인 야마모토(山本仁左衛門)씨는 말한다.

## (2) 가라야 주식회사의 장수전략과 비결

무리한 수치목표를 내걸고 않고 사훈과 사원훈을 지키며 현 임무에 충실함이 최선이다. 그 방침은 “스스로 품성의 도야(陶冶)에 훈련되어 건강한 심신에서 기업활동을 통해 도덕적 사회건설에 매진하라”는 사훈과 「감사의 보은」, 「솔선하며 개발」, 「명랑활달」의 3본의 기본에 의해 이루어진 직인훈에 나타나고 있나. 예를 들어 감사보은의 실천은 직원 개개인에게 일상업무를 끝낼때 “주위에 오늘의 자신은 올바른 판단과 움직임을 했는지? 회상을 하도록 부과하고 있다.” 경영에 매출목표는 숫자가 있는 것이지만, 야마모토(山本) 사장은 숫자만 쫓기전에 영업정신이 중요하다고 강조했다. “창업 150년이라는 긴 세월동안 꾸준히 신뢰를 얻으며 성장할 수 있었던 것은 사훈과 사원훈에 충실하였던 결과라 여겨진다. 지금에 와서 연간매출 150억엔을 목표로하고 있지만, 목표의 달성과 할당량과 다르다는 것이 자신의 생각이다. 목표는 각 영업소의 노력에 의해 달성할 수 있는 현실적인 숫자여야 한다.” 무리한 수치설정은 사훈과 사원훈을 범하고 있는 행동을 이끌고 있기 때문이라고 한다.

회사의 영업소는 현재 후쿠이시・에치젠시・쓰루가시・오바마 시내에 총 9곳 개설되어 있으며 현실적 가능한 수치로 목표를 설정하고 이행하고 있다. 영업거점의 고객들과 커뮤니케이션이 좋은 것이 바로 거점자체의 실적개선으로 이어질 수 있다. 지역밀착형으로 거점을 늘려 매출을 신장하는 경위도 있어 회사전체 직원규모에서 보면 거점 수가 많아 각 거점의 직원도 5명에서 20명 정도이다. “비효율적인 것이라는 견해도 있지만 소규모이기에 장점도 있다.”

야마모토(山本)사장의 이야기를 들어보면, 회사의 영업체제는 몇 가지 특징이 있음을 알 수 있다. 그 하나는 후쿠이 현내 4개시에 각각 복수의 영업소를 두고, 사업종목별에 영업소를 나누고 있는 것이다. 그 이유를 묻자 “영업사원이 지역의 고객과 신뢰관계를 구축하고, 긴교섭을 꾸준히 해 나가는 형태도 소중히 한다고” 대답한다. 이런 영업은 전문성을 가진 영업사원이 고객과의 관계가 깊어, 우월한 지역고객 밀착이라는 영업스타일로 임하는 것이 중요하고, 회사상업 정신의 기본이라고도 할 수 있는 이 스타일을 관철해온 것이다.

두 번째는, 영업사원이 직접 매입을 실시하는 데에 있다. 연간매출 131억엔(平成24년1월 실적)의 기업에서, 굳이 구매부문을 별도로 분류하지 않는 체제를 취하고 있다. 구입과 판매처 양자를 소중히 하고 신뢰관계를 가지는 것을, 회사의 세일즈맨에게는 필수로 하고 있는 것이다. 1965년대 전 회장의 시대에는, 임원전원이 영업소의 책임자로, 대표권과 함께 인감 및 계산서도 맡기고 있었다고 한다.

매우 큰 담력(재량)이지만, 각 영업소 지역과의 연결속에서 움직이기 쉬운 체제를 중시한 것으로 추측된다. 이것을 성립케 하는 것은, 회사와 사원간에도 강한 신뢰관계가 대전제가 되고 있다. 회사는 직원들을 믿고 소중히 하는 한편, 직원들은 소중히 해주는 회사를 소중히 생각하고 구입에서 판매까지 책임지고 관리하고 이익을 내려고 노력하는 "에치베이션"으로 연결된다. 예를 들어 연말이나 명절의 물건은 회사에 닿는 물건뿐만 아니라, 임원의 집으로 배달된 선물용 제품도 회사에 가져와서 모든 직원에게 동등하게 분할하였다.

사소한 것이라도 직원을 소중히 하고 있는 것이, 어떻게든 전해진다. 이근처 재래상가에서 진행되어온 경영노하우의 냄새를 느끼게 된다. 아마도 이 회사에는, 수백 년에 걸쳐 이어져온 오래된 사시(社示)의 독특한 생각이, 지금도 기업경영의 유전자로 숨쉬고 있는 것은 아닐까 한다.

### (3) 향후 기업의 경영전망

후쿠이 기업에 대한 기대의 메시지는 오늘날 국가의 인구는 감소되고, 저출산 고령화로 도시집중화 양상으로 일어나 노년층 활약과 지방창생이 주장되고 있다. 지방이 활성화되기 위해서는 신규벤처기업 개업율의 상승효과와 공공부문의 투자확대가 물론 중요하지만 후쿠이 현에 있는 기업의 지속적 번영을 유도하는 것이 무엇보다 중요하다. 크지 않아도 된다. 유명하지 않아도 된다. 오랫동안에 걸쳐 납세, 고용, 신규개발 지역공헌을 계속할 수 있는 지방의 발전과 안전에 기본요소가 된다. 장수기업의 형체 수성(守盛)경영의 본보기가 되는 부분이 많이 보이는 것은. 그 노력과 이념을 팁에 후쿠이의 지리적 이점을 살려 지속을 목표로 하는 것을 원하는 것이다. 그리고 후쿠이의 전통은 지역산업의 대표로서 호쿠리쿠 개발의 리더로서 지역사회에 공헌하며 살기를 원하는 것이다.

그리고 후쿠이 현내 기업들에게 대한 기대는 먼저 장수기업을 중심으로 네트워크 플랫폼을 제대로 구성하여 단결하는 것. 둘째, 현(縣)의 위상을 올리기 위하여 지역의 인재를 등용, 기술을 개발, 자원을 활용, 정보를 이용하여 혁신적의 신규사업을 일으키는 것. 셋째, 인터넷에 철저하게 활용하여 인바운드와 외주를 가져올 것. 이 3개 항이 중요과제로 생각한다. 회사는, 2005년 판매, 재무, 공사관리 시스템을 일신하고, 그룹전체의 통제를 기획하는 시스템을 도입했다. 각 영업점에 제공하는 것을 네트워크로 연결하여, 시스템을 공유하고 엄청난 수의 취급품목을 신속, 정확하게 주문과 납품을 하는 체제를 강화하고 있다.

사업은 좋은 때, 나쁠 때가 반드시 있는 것이고, 직원들이 안심하게 살 수 있도록 하는 것이 중요하다. 따라서 경영형태가 상사가 커지거나 작아지기도 하지만 무엇보다 고객에게 피해를 주지 않고, 직원들이 안심하게 살도록 하는 것이 중요하다. 우리가 140년 이상 오래된 것은 한 마디로 무너지지 않았을 뿐, 요점은 안정적인 경영이라는 것. 앞으로도 그 자세를 무너뜨려서는 안 된다고 생각한다.

"세 걸음 더 나아가 두 걸음 후진하는" 정도가 딱 좋다. 야마모토 사장은 미래에도 역시 꾸준히 하는 장기적인 사업을 중시하고 있다. 500년 이상의 역사에 비춰보면 일시적 기복은 당연한 것이라고 할 수 있다. 기업을 둘러싼 경제환경이 빠르게 변화하는 시대에, 사장이하 모든 직원이 지역에 단단히 뿌리를 둔 인간력(신뢰를 바탕으로 한 사람관계)에 의한 사업이, 장수기업의 토대를 지원하는 힘이 되고 있다.

기업은 "날아 오르지 않는다"가 장수기업의 안목으로 미래를 보라. 야마모토 씨가 5대 사장으로 취임후 리먼쇼크와 철강시장이 급등락(亂高下)에 직면하여 중요한 경영판단이 요구되는 때가 적지 않았다. "결국 마지막에 남은 근거(根居)가 된 것은 사훈과 사원 훈이었다. 선대경영인 할아버지라면 이 어려울 때 어떻게 판단했을까. 고뇌와 숙고의 시간이었다. 물론 고전의 어려움은 있지만 넘을 수없는 시련은 없다"는 마음가짐으로 일을 낙관적으로 생각하며 임하게 되더라는 것이다. 지금까지의 전개(展開)에 대하여 시대를 예측하고 확장이라기보다는 시대의 요청의 필연성에 맞추어 사업을 넓혀 나갔다고 한다. 야마모토 사장은 장수기업이 되기 위해서는 비상(飛上)이란 없다 라는 생각이 중요하지 않나 생각한다. 좋을때나 나쁠때나 양면성으로 표리(表裏)일체이다. 경쟁사가 잘나갈 때 무심코 초조해하는 경향이 있지만, "다른 곳 뒷전을 구축해보라. 좀 더 대범하게 구성하여 허비가 없는 경영을 진행하라"고 권유한다.

## [요 약]

### 柄屋(카라야)의 태동과 발전

당나라 물품(唐物)을 다루는 당나라 집(唐屋= 카라야)이라고 하였다. 또한 쟁기와 괭이를 제조 판매하는 柄屋(카라야)가 되었다고 한다. 양설이 존립하여 금일에 이르렀다 가라야사의 기초를 만들어 놓은 것은 현사장 야마모도(山本)씨의 아버지이신 仁左衛門씨이다.

### 취급상품 다양화

1955년대부터 40년간 고도의 성장기에 토목, 건축의 호황기를 계기로 비약적인 발전을 이룩하게 되었다. 취급상품은 철물뿐만 아니라 철사와 합판, 수도용 파이프 공구 등의 철 관련제품을 광범위하게 취급하게 되었다 또한 건설토목 공사에서 파생되는 냉난방 설비의 설계 및 건설기계의 임대업무를 다루는 등 폭넓게 사업영역을 확대하여 나아갔다.

### 가랴야 주식회사의 장수 전략과 비결

무리한 수치목표를 내걸고 않고 사훈과 사원훈을 지켜며, 현 임무에 충실함이 최선이다. 그 방침은 “스스로 품성의 도야(陶冶)에 훈련되어 건강한 심신에서 기업활동을 통해 도덕적 사회건설에 매진하라”라는 사훈과 「감사의 보은」, 「솔선하며 개발」, 「명랑활달」의 3본의 기본에 의해 이루어진 사원훈에 나타나고 있다.

### 안전주의 경영실상

오늘날 국가의 인구는 감소되고, 저출산 고령화로 도시집중화 양상으로 일어나 노년층 활약과 지방창생이 주장되고 있다. 지방이 활성화되기 위해서는 신규벤처기업 개업율의 상승효과와 공공부문의 투자확대가 물론 중요하지만 후쿠이 현에 있는 기업의 지속적 번영을 유도하는 것이 무엇보다 중요하다. 크지 않아도 된다. 유명하지 않아도 된다. 오랫동안에 걸쳐 납세, 고용, 신규개발 지역공헌을 계속할 수 있는 지방의 발전과 안전에 기본요소가 된다.

## 3.3 日華(Nicca)化学 주식회사

창업년도: 1941년 9월
자본금: 28억 9854.5만엔
종업원 수: 1,115명
사업내용: 섬유산업용 계면활성제의 제조판매, 금속제지, 도료염료, 합성수지용, 계면활성제의 크리닝, 업무용 세제제조, 화장품, 약품의 제조판매
세계를 잡은 옛 상가의 "대가족주의"

### (1) 회사의 경위

닛카화학(日華化學)의 창업은 아모리 상점(江守商事 주)의 2대째 경영자 모리 청지희 씨가, 1941년에 경영곤란에 빠져있었던 "미야시타 정련제공업소(宮下精練劑工業所)"경영에 참여하면서 섬유유제와 아미노산을 제조함으로 시작되었다. 회사연역(會社年歷)78년 1938(昭和 13년) 당사 창업자가 미야 시타씨가 공업소 요원으로 직접 경영에 참여하여 섬유유제와 아미노산의 제조를 시작 1941(소화 16년)日華化學공업 주식회사로 개편하고, 상호를 변경하고 현재의 소재지로 이전하였다.

① 종합연구소 설립(1967)

1948(소화 23년) 후쿠이 현은 대지진과 홍수로 인해 사옥과 공장이 많이 파괴되어 큰 피해를 보았다. 그러나 좌절하지 않고 재건하여 동년말부터 본격적으로 조업을 재개하여 성장일로로 발전하였다. 1967년에는 연구소(구 종합연구소)를 창립 완성하여 연구개발 프로젝트를 수행하기 시작하였다. 1968년 대만과 합작하여 대만 日華化學공업 유한공사를 설립하여 사세를 외국으로 확장하여 나아갔다.

1971년에는 한국에 합작회사 산케이日華化學주식회사를 설립하여, 대구에 공장완공하고 1974년 한국정밀화학주식회사로 상호를 변경하여 1995년 자회사화 하였다. 1974년 태국에 합작회사 SIAM TEXTILE CHEMICAL CO., LTD.를 설립하고 동년 인도네시아에 합작회사 PT. INDONESIA NIKKA CHEMICALS CO., LTD.를 설립(1994년 PT. INDONESIA NIKKA CHEMICALS로 상호변경과 함께 자회사화 하였다.

② 화장품 사업부 설립(1988)

1981년 데미화장품 사업부(현, 데미화장품)를 설립 1988년 미국에 NICCA USA, INC.를 설립하고, 홍콩 日華化學 유한공사를 설립하였으며 1993년 중국 광저우 日華化學 유한공사를 설립하고 나고야 증권거래소에 상장하였다. 1995 중국 항주 日華化學 유한공사를 설립하고 1996년 합작 중일주식회사를 설립하였다. 1998년 로디아 일화성 주식회사(2014년 솔베이 일화주식회사로 상호변경), 2002년 중국에 日華化學기술 자문 유한 공사를 설립 (2009 (상해) 유한공사로 상호변경) 2004년 베트남 NICCA VIETNAM CO., LTD.를 설립 2010년 카시마 공장 제1기 공사완성 (이바라키 현 카미스시) 2012년 한국에 DEMI KOREA CO., LTD.를 설립, 2015년 도쿄증권거래소 상장 제2부 상장하였다.

③ 日華化學工業所 합자회사 설립

이후 신제품개발과 중국으로의 수출을 기반으로 실적이 회복되었고, 이듬해에는 일본의 "날 日"과 당시 중화민국의 '華'자를 합하여 합자회사 日華化學공업소라고 개칭 후, 그리고 창업 70여년, 현재 중국을 중심으로, 해외 7개국 10곳에 자회사 및 거점시설을 전개하는 세계기업이 되고 있다. 또한, 그 창업의 모체인 아모리상사(江守商事)는 창업장수를 넘어, 아모리그룹 약 20개사 체제로 다양한 제품(상업재료)를 세계 각국의 거점에서 제공하고 있다 이렇게 양사를 전후(戰後)부터 현재에 이르기까지, 지원발전시켜온 현 회장 모리미키오씨는, 모리상점 창업자 모리기요시 씨에서 3대째에 해당한다. 입사당시는, 日華化學이 70명 정도, 江守商事이 40명 정도의 회사였다. 당시는 옛 상가제도가 아직도 남아, 직원교육은 매우 엄격했고, 월3회, 불경을 외우는 과정을 두고 정좌하여 40분, 길때는 1시간에 이르는 것도 있었다.

이러한 것을 통해, 사원교육을 하고 있었다. 그것은 소중한 사원을 마련한다는 점에서 아버지의 역할을 한다는 생각의 발현이었다고 한다. 또한 독신자에 대해서는 저축통장을 보관, 결혼할 때 통장을 반환했다. 당시 "江守商事의 직원들은 결혼할 때 집을 지었다고 말했다"고 모리회장은 당시를 회고했다. 회사직원과 경영자가 부모처럼 가족적인 관계를 가진 회사였다고 보인다. 사실 가족적인 관계를 소중히 하는 기업문화는, 옛날과 지금형태야말로 다르지만, 양사가 지금까지 계승된 정체성인 동시, 발전을 가져다 준 근원적인 사고방식이었기 때문이다.

### (2) 닛카화학 주식회사의 장수전략과 비결

日華(Nicca)化學 주식회사 이 비전미션은 회사는 전 구성원의 "운명공동체"이고 "대가족주의"라고 모리회장은 말한다. 이 모리회장의 생각은 기본적으로 해외 지사운영에서도 내국경영전략과 똑같이 전개하고 있다. 후쿠이 시내의 소방대회에서의 일이다. 참가한 직원들이 우승을 놓친 2위를 차지했음을 회장은 심각하게 분노했다. 직원은 그래서 분발, 다음해 우승을 손에 넣을 수 있었고, 모두 매우 기뻐했다고 한다. 열정의 전파라는 에피소드이다.

#### 닛카(日華)화학 계면과학과 화장품

日華化學은 계면과학 및 두발화장품을 주로 업무용 전문적인 제품을 공급하는 업체이다. 세계 고객의 가치를 창조하는 기업활동은 사람들의 생활을 풍요롭게 하는 것을 기업이 추구하는 목표로 하고 있다. 지구환경을 보호하고 사회에 공헌함으로써 소비자의 신뢰를 높이고 사회가 선정하는 글로벌 바루베스토 기업그룹을 목표로 한다. 당사의 사업내용은 계면활성제 및 고분자를 중심으로 하는 표면과학(계면과학)과 모발과학을 중심으로 하는 생명과학 섬유산업을 기반으로 하는 가공을 비롯해 금속가공, 종이펄프, 화장품, 의약품 등 다양한 분야의 고객에게 제품과 기술서비스를 제공하고 있다.

일본의 거의 중앙에 위치하는 후쿠이 현에 본사를 두고 1960년대와 일찍부터 해외진출을 도모하고 있으며, 현재 해외에서는 아시아, 북미 등 총7개 국가에 지사가 있고 세계 고객의 요구에 신속하고 안정적으로 공급에 부응하고 있다. 요약하면 세계 유수의 섬유산지를 배경으로 섬유산업에 필수적인 섬유가공 약품에서 시작된 중일화학은 업계를 선도하는 선구적인 섬유가공용 약품을 개발함과 동시에 그 실현기술을 공급하고 있다. 또한 금속 및 제지, 제약, 청소, 두발화장품 등의 분야에 진출 를 실현하고 왔다. 핵심기술로 계면 활성제의 첨단산업으로의 확대와 그리고 동시에, 日華化學는 단계적으로 꾸준히 노력해 왔다.

제품 및 서비스 우리는 모든 산업의 각종 계면활성제를 제조판매하고 있다. 섬유가공용 약품 오이린구제, 정제, 표백제, 킬레이트 분산제, 침투제, 소포제, 캐리어 방지제, 유연제 均染劑 올리고머 제거제, 날염용 약제, 발수발유제, 防汚劑 난연제, 유연제, 탈취제 등 특수화학제품 도료용 첨가제, 라텍스 플라스틱용 약제, 기타 처리제 등 펄프용 약재 脫墨劑저밀도 불투명 건조기 박리제, 펠트세제, 유연제, 방염제 등 홈 클리닝 용

약세탁용 약제습식용 약제, 드라이 클리닝용 약제, 다스콘 용약제 등과 화장품 모발관리제, 헤어칼라제, 루뿌관리제, 스타일링제 등 시장에서 매출동향을 보면 2015년 지역별 매출 (단위: 백만엔) 일본 21,253, 동남아시아 22,771, 북미 1,794, 기타 707 합계 46,526로 집계되고 있으며 각종 산업용 계면활성제 중에서도 특히 섬유가공용 정보기록지용 클리닝용 살롱을 위한 두발화장품에서는 업계 최고수준이다.

"이것을 터득하면 장수기업이라는 것이 있는지, 또는 없는지는 어려운 질문이지만, 경영자는 강한 마음, 패기, 경영자 영혼이라는 것이 필요하다. 머리가 좋은 직원은 있지만, 경영자는 머리의 좋고 나쁨보다 강한 마음"이라고 말한다. 제품의 주기가 짧아지고 또한 세계화시대를 맞아 환경변화의 스피드도 빠른 시대이기에, 더욱 경영자의 기력과 패기가 중요하다고 한다. "경영자가 톱 외교를 해야 실적이 성장한다. 경영자는 몸을 혹사할 정도가 아니면 일은 없다"라고 말한다. 엄격한 제도의 직원교육을 바탕으로 밑바닥부터 경험을 쌓아, 몇 번이고 어려운 시기를 극복해온 경영자의 말에는 무게가 있다.

### (3) 향후 기업의 경영전망

닛카화학(日華化學)은, 2000년 7월 대만 타오위엔현(桃園현)에, 대만 자회사의 신공장을 완성했다. 아시아 전체의 제품전개의 거점이 되기도 하는 시설이다. 또한 한국에는 DEMI KOREA CO. LTD를 설립 해외 10개소에 본사를 두고 계면과학이 가진 다양한 기능의 조합에 따라, 고객의 요구에 대응할 수 있는 새로운 기술의 개발 · 기존 기술의 응용에 주력한다. 한편, 江守商事도 2000년 6월 필리핀에 EMORI PHILIPPINES, INC를 설립 화학부문에서는 특히 중국, 태국을 중심으로 한 글로벌 사업개발을 도모하고 있다.

日華化學는 70년 동안 섬유가공을 비롯해 금속가공, 종이펄프, 클리닝 링, 화장품, 자동차, 친환경 등의 각 분야에서 업계를 선도하는 제품을 개발하고 왔다. 현재는 핵심기술이다. 계면과학을 핵심응용 분야를 환경, 보건, 천연물, 에너지, 신소재까지 넓혀 새로운 기술을 창출하고 있다. 또한 대학 국내 · 외 연구기관이나 기업과 제휴해 공동연구도 실시하고 있다. 당사의 연구개발의 특징은 연구원 스스로가 고객의 현장에서 살아있는 정보를 얻어, 연구에 반영하고 있다는 것이다. 다기능 다품종 제품군을 배경으로, 고객의 문제와 요구를 현장에서 직접 분석한 후 제품개발이 이루어지고 있다. 해외거점에서도 연구원이 상주하고 현장고객의 문제와 요구를 파악하고, 문제해결, 응용

연구를 진행하고 있다.

**닛카(日華)그룹 기본전략**

"NICCA 브랜드를 침투확대하고 글로벌 베스트 된다"전사적 기본비전으로 지속적으로 성장해 나가는데 필요한 경영축을 다음 세 가지로 정하고 있다.

① 철저하게 효율화 된 강한기업이 되기(Efficiency)

② 미래를 풍요롭게 하는 기업이 되기(Innovation)

③ NICCA 브랜드가치를 창출하는 기업이 되기(Sustainability)

**그룹 기본전략**

① 화학사업의 심화 기본방침: 뛰어난 기술개발력과 고객대응력 강화하여 핵심사업에서 압도적 NO 1을 목표로 A. 섬유화학 글로벌 NO 1 B. 신규사업의 창출 C. 저비용 운영의 실현

② 화장품 사업확대 기본방침: 미용전문가 수준을 견지하고 고객으로부터 압도적인 지지를 얻어서 성장 A. 후보전략 店販전략 B. 멀티브랜드 전략 C. 다각화 타국 전략

③ 경영기반의 강화기본방침: 지속적인 성장을 지원경영 기반을 정비하고, 그룹 지배구조을 철저하게 강화 A. 재무체질의 강화 B. 차세대 인재육성 C. 그룹정보의 전략적 활용 D. 위기관리 체제의 강화

또한 미국이나 유럽에 거점을 두고 회사로 토레디링 네트워크를 세계로 넓혀 고객의 비즈니스를 해외와 국내에서 원활히 연결하는 역할에 중점을 두고있다고 한다.

하나의 뿌리에서 크게 성장한 두 줄기는, 모두 세계를 상권으로 가지를 뻗어나가고 있다. 마지막에 모리 회장은 이렇게 말했다. "모리상점에서 오랜 역사속에서 무엇이 좋아냐면 좋은 사람을 만날 수 있었던 것이다."라고 한다.

불교에 "변화의 사람"이라는 말이 있는데, 그러한 변화의 사람에게 축복이라 말할 수 있다. 할아버지도 변화의 사람이었다. 좋은 사람 만나고 그 사람의 힘을 빌리면서 회사는 커졌다. 어떻게 변화의 사람들을 만나는가, 그리고 만난 후 어떻게 접하는 것인가가 중요하다. 운명공동체 대가족주의를 관철 사람과 사람과의 연결을 중시하는 모리 회장의 마음이 전해지는 한마디였다.

## [요 약]

### 어려울 때 박차를 가하는 日華化學

1948(소화 23년) 후쿠이 현은 대지진과 홍수로 인해 사옥과 공장이 많이 파괴되어 큰 피해를 보았다. 그러나 좌절하지 않고 재건하여 동년말부터 본격적으로 조업을 재개하여 성장일로로 발전하였다. 1967년에는 연구소(구 종합연구소)를 창립완성하여 연구개발 프로젝트를 수행하기 시작하였다. 1968년 대만과 합작하여 대만 日華化學공업 유한공사를 설립하여 사세를 외국으로 확장하여 나아갔다.

### 日華(Nicca)化學의 사업전략

日華化學은 계면과학 및 두발화장품을 주로 업무용 전문적인 제품을 공급하는 업체이다. 세계 고객의 가치를 창조하는 기업활동은 사람들의 생활을 풍요롭게 하는 것을 기업이 추구하는 목표로 하고 있다. 지구환경을 보호하고 사회에 공헌함으로써 소비자의 신뢰를 높이고 사회가 선정하는 글로벌 바루베스토 기업그룹을 목표로 한다.

### 日華化學의 연구개발의 특징

日華化學는 70년 동안 섬유가공을 비롯해 금속가공, 종이펄프, 클리닝 링, 화장품, 자동차, 친환경 등의 각 분야에서 업계를 선도하는 제품을 개발하여 왔다. 현재는 핵심기술이다. 계면과학을 핵심응용 분야를 환경, 보건, 천연물, 에너지, 신소재까지 넓혀 새로운 기술을 창출하고 있다. 당사의 연구개발의 특징은 연구원 스스로가 고객의 현장에서 살아있는 정보를 얻어, 연구에 반영하고 있다는 것이다. 다기능 다품종 제품군을 배경으로, 고객의 문제와 요구를 현장에서 직접 분석한 후 제품개발이 이루어지고 있다.

### 닛카(日華)그룹 기본전략

“NICCA 브랜드를 침투확대하고 글로벌 베스트 된다.” 전사적 기본비전으로 지속적으로 성장해 나가는데 필요한 경영축을 다음 세 가지로 정하고 있다.

① 철저하게 효율화 된 강한 기업이 되기(Efficiency)

② 미래를 풍요롭게 하는 기업이 되기(Innovation)

③ NICCA 브랜드가치를 창출하는 기업이 되기(Sustainability)

## 3.4 增永眼鏡 주식회사

창업년도: 1905년 6월 1일(메이지 38년)
자본금: 7,200만엔
종업원 수: 146명
사업내용: 안경테의 제조 · 판매
"흔들리지 않는" 경영에 철저히

대표이사 사장, 增永 悟(마스나아 사토루)

### (1) 회사의 경위

마스나아(增永)안경태 동

지금부터 110년 전, 1905년 6월 1일 마스나아 안경이 탄생했다. 때는 일러 전쟁중이였다. 후쿠이 현 아소츠무라 자쿠노(현, 후쿠이 현 쿠노쵸 現 福井縣生野町)는 그 해도 눈이 많이 오는 계절이었다. 영농하는 농가의 마을사람들은 초목이 시드는 겨울, 수입과 양식의 어려운 생활을 강요당하는 매일매일이었다. 그런 현상을 어떻게든 타개하려고 할 무렵 마을회 의원이었던 마스나아고사고몬(增永五左工門)은 겨울에도 할 수 있고 마을을 일으킬 산업을 찾고 있었다. 그에 앞서 이전 오사카의 공직에 있던 사람과 고사고몬(五左工門)의 만남에서 "오사카에서 안경이 사회의 필수품이 되는 날이 가깝다는 이야기를 들었다. 고사고몬은 조속히 상황을 확인하러 오사카로 향했다. 지금까지 안경은 박래품(舶來品, 귀중품). 부유층만이 사용하는 것이라고 현지에서 듣게됨으로, [고사고몬]은 앞으로 안경이 일반시민에게도 보급될 것이라는 가능성을 확신하게 되었다. 고사고몬은 마을로 돌아와 즉시 우수한 인재검색을 시작했다. 하지만 당시 국내에서 안경을 생산하려는 생각을 가진 사람은 당연히 없었고, 모인 사람은 [고사고몬]을 포함해 겨우 4명이었다. 그 무렵 그는 자기가 만든 것이 나중에 세계에서 평가받는 기업이 될 것이라는 미래를 상상하게 되었다. 이것이 마스나아 안경[增永眼鏡]탄생의 동기였다.

마스나아 안경은 성장에 성장을 거듭하여 후쿠이 현에서, 세계에 자랑할 수 있는 산업을 하나 꼽는다면 그것은 안경프레임 사업이다. 그리고 이 땅에 안경프레임 제작 기술을 들여온 인물이야말로, 회사의 설립자 아소츠 무라쿠노(현 후쿠이시 이쿠노쵸)의 부호, 增永 五左工門 옹(翁)이다. 시기는 1905년 6월의 일이었다. 당시 후쿠이 지역은 이렇다 할 산업도 없이 가난한 주민생활 모습을 보다 못한 五左工門翁은, 겨울철에 수익성이 있는 수가공 작업인 안경프레임에 착안한 것으로 알려져 있다. 지역의 리더로서 부흥의 선두에 선 五左工門翁는 자신이 교육자였으므로, 산업육성뿐만 아니라 인근청소년, 어린이들에게 "읽기, 쓰기까지 가르치는 지역의 인재육성에도 주력했다"고 한다. 당시 안경프레임 제조는 이미 도쿄 · 오사카 등에 있었지만, 그것이 왜 현지에 뿌리를 내렸는지, 가장 큰 요인은 五左工門翁이 도입한 '帳場制'라 하는 생산시스템이었다.

그래서 기술력과 품질의 향상을 고려한 [고사고몬]은 帳場制를(책임제) 도입했다. 우선 [고사고몬]이 공장의 대장(공장장)으로, 재료와 값비싼 도구를 모두 모았다. 그리고 그 아래에 엄격한 도제제도(徒第制度: 팀별 책임제)에서 기술을 연마한 장인 몇 사람이 감독이 되어, 제자장인을 안고 팀을 결성하고 안경을 만든다. 감독은 자신의 팀이 만든 안경에 따라 임금을 받을 수 있으므로 각 감독끼리 기술을 경쟁하게 된다. 그리고 한 사람분의 역할이 가능한 팀에게는 독립을 지원하고, 동기를 부여하였다. 중세유럽의 [길드제]와 유사한 제도를 도입한 것으로, 마스나아[增永]안경의 기술력은 비약적으로 향상되어, 창업 6년 후 1911년에는 현 내에 13개 분공장을 보유하는 성장을 했다. 그리고 같은 해 국내 공산품 박람회에서 일등 상패컵을 수여받았다. 처음 대외적으로 평가되는 실적도 남겼다.

이 수상이후 후쿠이 안경을 3류라고 부르는 것은 점점 사라졌다. 그리고 현재 후쿠이 현 안경협회에 가맹점만해도 330개, 약 6000명이 안경산업에 종사하는, 세계 3대안경의 산지라는 말을 듣는데까지 발전했다. 그 모든 것은 마스나아[增永]안경에서의 고안 분투의 결과이다. 이 제도는 1기생을 중심으로 엄격한 도제제도(從弟制度)로 기술을 가르치는 스승 몇 명이 장인과 따르는 제자를 데리고 안경만들기에 임해, 만들어진

제품을 총대장인 五左工門옹에게 납품하고, 거래량에 따라 품삯을 받는 방식이다. 이 방식으로 帳場간의 경쟁은 치열해지면서 자연히 기술, 제품의 질 향상으로 이어졌다. 현재도 제품의 독창성을 겨루는 후쿠이 산지의 특색은, 회사가 도입한 [창장제]에 유래하고 있는 것이 아닐까 한다.

## (2) 마스나아안경 주식회사의 장수전략과 비결

안경프레임을 만드는 공정은 세세한 것까지 합치면 약 200 공정에 이른다. 그래서 소량 다품종이 주류를 이루는 현대에, 금속이나 플라스틱 소재의 단계에서 절단 및 접합, 연마, 그리고 도장까지의 전 공정을 한 곳에서 하기에는 너무 생산성이 떨어진다. 현재 안경의 산지인 후쿠이에서는 기본적으로 부품이나 공정마다 분업에서 각 기업이 협력하여 하나의 안경을 완성시키고 있다. 그런 가운데, 재료부터 제작, 완성까지 일관되게 자사에서 실시하는 일본유일의 공장을 가지는 것이 마스나아[增永]안경의 꿈이었다. 전 공정의 일관생산의 조건은 세부사항의 품질에서 나타난다. 예를 들어, 안경의 접합부에는 한치의 오차도 만들지 않는다. 각 부품간의 궁합도 항상 눈으로 보면서 확인한다. 또한 완성하지 않고는 모르는 감각적인으로 심지(心地)부분의 개선점이 나와도 전 공정에 다시 즉시 수정을 한다. 또한 디자인설계・제조는 직접 얼굴을 맞대고 논의를 하는 등 조건설정은 철저하다. 여기에는 자신들이 납득할 수 있는 품질의 제품을 고객에게 도달할 때까지 책임을 지고, 관리하는 것이 회사의 책무이다. 이것이 창업초기부터의 사훈이다.

그런데, 이야기는 현대로 옮겨가지만, 회사는, 후쿠이 산지중(產地中)에서도 일찍부터 말레시아, 중국, 유럽 등에 진출한 글로벌기업으로도 유명하다. 현재는, 매출의 50% 이상이 해외라고 한다. 또한 자체브랜드를 보유한 기업이 적은 동업계에서 회사의 "KOKI/MASUNAGA"브랜드는 국가에서 각종 상을 수상할 정도로 품질, 디자인 등 모든 면에서 높은 평가를 받고 있다. 그 배경에는 소재개발에서 제작까지 안경만들기의 각 방면에서 장인정신을 바탕에 둔 높은 기술력을 보유하고 있음은 물론 이러니와 그 외에, 현 사장인 增永사토루씨의 시대를 앞서가는 선견성과, 생각하면 움직이지 않는 강한 의지력, 장인정신, 고집이 있어서 자기자신의 오감으로 시장의 트렌드를 읽고, 자신의 의사로 움직임 새로운 것을 생각해가는 것이 중요하다고 增永사장은 장담한다.

품질관리에 있어서 예를 들어, 거의 완성의 안경에 개선점이 발견되면, 처음부터 다시 제작하여 지금까지의 비용이 낭비되지만, 그래도 품질을 추구한다. 물론 이익을 내야하는 것이 기업의 전제이지만, 그렇게까지 해서라도 품질을 고집하는 것이 창업시부터 변함없는 회사의 자세이다. 또한 이런 에피소드도 있다. 스위스 대리점에서 당신들 안경의 완벽성 때문에 매출이 떨어지고 있다. 더 깨지기 쉬운 물건을 만든다면 어떨까. 라고 말한 적이 있어, 그 때 "그런 짓을 하면 당신의 신용이 끊어진다."라고 대답했다고 한다. 자사 브랜드를 가지고 함으로써 최종 사용자에게 직접적으로 책임을 갖게 되었다. 마스나아[增永]안경은 품질에 세심한 주의를 기울이고, 개선도 매일 이루어지고 있다.

또한 소량 다품종에 대응하고 세밀한 작업을 요하는 공작기계 및 지그(치공구) 등, 많은 것을 스스로 만들고 있으며, 그 수는 공장직원 1인당 몇 대분에 이른다. 한번, 대기업 자동차 메이커의 담당자가 공장을 견학온 적이 있었지만, 사람수에 대해 기계의 많음에 놀라 아무 말도 않고 돌아갔다. 그들은 어떻게 기계를 줄일것인가 생각하고 있기 때문이지만, 마스나아[增永] 안경은 기술을 요하는 미세한 제작에서, 입사후 1주일 된 직원도 10년된 사람과 동일한 품질로 만들 수 있는 구조를 갖추기 때문에 기계에 집착하는 것이다 . 다만, 한편으로 사장 마스나아(增永)는 말한다. "기계는 어디까지나 도구이므로 기계가 멈추면 제조업이 멈춘다. 기계가 할 수 있는데 까지는 기계로 하고, 다음은 우선 손으로 하면 된다. 일 뿐이다." 역시 100년 동안의 기술과 노하우의 축적이 만들어내는 세상은 결국 기계가 아닌 손으로 만들어지고 있다는 것이다 거기에는 자신의 오감으로 시장의 트렌드를 읽고, "흔들리지 않는" 경영에 철저한 增永사장 특이의 경영철학이 엿보였다. 반면 增永 사장에서 이와 같은 말도 튀어 나왔다. 자사브랜드 100%로 좋은가라고 하면, 그건 아니다. 이상적으로는 20%정도 OEM도 필요하다. 그러는 편이 세상의 움직임을 알 수 있지 않을까.

### (3) 향후 기업의 경영전망

마스나아[增永]안경 4대째 사장인 마스나아 사토루[增永 悟]씨는 창업자의 손자에 해당한다. 스스로는 지기를 지극히 싫어한다는 사람이라고 칭하고 웃는 그는, 2대째 인 아버지와 3대째인 형의 뒤를 이어 1989년에 사장에 취임했다. 사토루씨는 대학졸업 후 독일유학을 거쳐 마스나아[增永]안경에 입사하지만, 입사후 바로 경영적인 업무에 착수한다. 당시는 아직 시급제였다. 농업과 겸업하는 노동자가 많았기 때문에 어쩔 수 없었다. 회사는 평가제도도 조직도 없었다. 이래서는 안돼라고 생각하고, 우로가야할지 좌로가야할지 모르는 가운데, 제도의 구축 등을 시작하였다. 다행히 당시 1부(一部)상장기업의 조언을 들어 최첨단의 제도나 구조를 배우고 자사가 도입하여 나날이 익혀가고 있었다. 본래 입사한 지 얼마 안 되는 젊은 경험이 부족한 자이지만, 앞으로 기업으로 번영하기 위해서는 이대로는 안된다고 생각하는 모델이었다. 장인적인 기술도 소중히 남기면서 회사이름과 구조를 구축한 것은, 회사의 본사공장을 견학하면, 순금 등의 고급소재 프레임 외에도, 앤티크한 분위기를 자아내는 원형프레임에 눈이 멈춘다. 이것은 1933년에 쇼와 일본천황이 후쿠이 방문시 기념품으로 헌상한 프레임의 리메이크 모델로, 2005년 창업 100주년 기념한정 모델로 복각한 결과, 이 프레임이 인기를 끌면서 지금은 레귤러 제품으로 제작되고 있다고 한다.

사토루가 사장이 되고 마스나아[増永]안경이 크게 달라진 점이다. 또한 마스나아[増永]안경을 세계 브랜드로 키운것도 그이다. 앨런미구리 등 당시 안경에서 세계적으로 유명한 디자이너가 모두 외국에 있던 그 사실이 그의 오기에 불을 붙였다. "안경의 세계 3대 산지인데, 세계에서 이름을 날리는 디자이너가 일본에는 없다. 이에 화가나서, 우리가 키우기로 생각했죠." 이때 타이밍 좋게 후쿠이 현 출신 디자이너 [카와사키 카즈오]씨가 안경을 함께 만들어보고 싶다고 온 것이 계기가 되고 "Kazuo Kawasaki" 브랜드가 태어났다. 이 브랜드가 세계에 본격적으로 진출하는 계기가 된것이 버클식 탈착기술을 안경에 도입한 것이었다. 어느날 시계의 탈착을 보고 떠올랐다. 사장이 이 원리를 그대로 안경에 도입한 수법은 당시 전 세계 대리점에서 환호를 받고, 외국에서 취급점포 수가 극적으로 늘어난 것이다. 후일의 담화이지만, 안경판매점에게 혁신적이지만, 구매자에게는 이전 Kazuo Kawasaki라는 브랜드가 태어났다. 이 브랜드가 세계에 본격적으로 진출하게 된 것은 바클식 탈착기술을 안경에 도입한 후이다.

회사가 제시한 테마는 "과거, 현재, 미래를 말하는 상품만들기"를 관철하는 것이다. 프레임은 과거를 말하는 제품의 하나로서 태어난 모델이다. 한편, 회사는 미래를 말하는 상품만들기 기획 · 개발에도 여념이 없다. 그 하나로 개발된 모델이 깜박임을 감지하는 윙크유리이다. 프레임에 센서를 붙여, 5초 동안 깜박하지 않으면 보이지 않을 구조로, PC시대에 살아가는 사람에게는 빼놓을 수 없는 프레임이 될지도 모른다. 안경의 기능은, 시력교정 뿐만 아니다. "차세대 안경이란 무엇인가", 안경의 기능은 시력교정 뿐만 아니다. "차세대 안경이 무엇인지, 어떤 기능이 요구되는 것인가" 増永사장의 말은 항상 미래를 향한 제품개발이 미래에 통용된다. 미래에 통용되는 미래가 요구하는 안경을 추구하는 자세가 드러난다.

어떤 의미에서 브랜드 만들기 위해서는 구매자 뿐만 아니라 판매자도 선호하지 않으면 의미가 없다는 증명이 된 것이지만. Kazuo Kawasaki를 훌륭하게 일본을 대표하는 디자이너로 세계와 어깨를 나란히 하기까지 길러낸 것이다. 지금 일본에서 가장 오래된 역사를 가진 안경제조 업체는, 50~100년을 바라보고 있다. 전후부터 지금까지 다양한 산업제품이 다른 차원이라고도 할 수 있는 진화해온 반면, 안경의 외형은 기본적으로 변하지 않았다 하지만, 앞으로는 떨어진 시력을 보충하는 기구로서의 안경을 만들필요가 있다. 마스나아[增永]안경은 전문적 연구부서를 사내에 보유하고 다른 기술을 도입한 안경개발에도 적극적이다. 영화와 영상을 볼 수 있는 웨어러블 모니터식 안경과 눈 깜박임을 감지하는 안경은 이미 상품화되어 있다. 또, 2.0에서 4.0 등 시력을 향상시키는 안경줌이 있는 안경 등의 실험을 거듭하고 있다. "지금은 아직 놀이단계이지만 생각이 즐겁다." 역사를 만든 기업을 인수하면서도, 앞으로 새로운 역사만들기도 내다본다는 이야기를 하는 마스나아[增永]사장의 눈은 소년처럼 빛나고 있었다.

현재, 이 회사는, 도쿄, 나고야에 자사의 직영점을 보유하고, 시장의 트렌드를 읽고 장치도 완성되어 있다. "자사브랜드를 가지고 자사에서 개발하고 자사에서 팔아간다" 이 전략을 관철하는데 시대의 변화에 어떻게 맞춰가는지, 그런 增永사장의 경영자세도 간파했다.

## [요 약]

### 후쿠이 현 자랑스러운 토종기업

마스나아(增永)안경은 성장에 성장을 거듭하여 후쿠이 현에서, 세계에 자랑할 수 있는 산업을 하나 꼽는다면, 그것은 안경프레임 사업이다. 그리고 이 땅에 안경프레인 제작기술을 들어온 인물이야 밀로 회사의 설립자 아소츠 무라쿠노(현, 후쿠이시 이쿠노쵸)의 부호, 增永 五左工門 옹(翁)이다. 시기는 1905년 6월의 일이었다. 당시 후쿠이 지역은 이렇다 할 산업도 없이 가난한 주민생활 모습을 보다 못한 五左工門翁은, 겨울철에 수익성이 있는 수가공 작업인 안경 프레임에 착안한 것으로 알려져 있다.

### 국제적인 안목과 브랜드기술

增永眼境회사는, 후쿠이 산지중(產地中)에서도 일찍부터 세계시장에 진출하였다. 즉, 말레시아, 중국, 유럽 등에 진출한 글로벌기업으로도 유명하다. 현재는, 매출의 50% 이상이 해외라고 한다. 또한 자체브랜드를 보유한 기업이 적은 동업계에서 회사의 "KOKI/MASUNAGA"브랜드는 국가에서 각종 상을 수상할 정도로 품질, 디자인 등 모든 면에서 높은 평가를 받고 있다. 그 배경에는 소재개발에서 제작까지 안경만들기의 각 방면에서 장인정신을 바탕에 둔 높은 기술력을 보유하고 있기 때문이다

### 미래를 생각하며 기업경영

회사는 미래를 말하는 상품을 만들기획으로 개발에도 여념이 없다. 그 하나로 개발된 모델은 깜박임을 감지하는 윙크유리이다. 프레임에 센서를 붙여, 5초동안 깜박하지 않으면 보이지 않을 구조로, PC시대에 살아가는 사람에게는 빼놓을 수 없는 프레임이 될지도 모른다. 안경의 기능은, 시력교정 뿐만 아니다. "차세대 안경이란 무엇인가?, 안경의 기능은 시력교정 뿐만 아니다." "차세대 안경이 무엇인지, 어떤 기능이 요구되는 것인가" 增永사장의 말은 항상 미래를 향한 제품개발이 미래에 통용된다. 미래에 통용되는 미래가 요구하는 안경을 추구하며 경영하는 것이 마스나아안경의 경영방침이다 .

# 제 4 절 일본 장수기업 핵심포인트

## 4.1 일본 장수기업 특유의 기업문화

### (1) 본절의 핵심포인트

일본은 왜? 장수기업이 세계에서 장수기업이 많으며 장수기업이 일본경제의 근간이 되어 경제대국을 이루며 그 특징은 무엇인가? 우리가 눈여겨 보아야 할 점이며 일본 장수기업에서 배울점을 찾아보는데 의의가 있다 하겠다. 어느 나라나 그 역사를 보면 자국의 발전을 위하여 노력하였다.

일본은 어찌하여 세계에서 경제적으로 앞서가는 나라가 되었나? 역사를 돌이켜보면 동아시아 3국 가운데서 제일먼저 후진의 족쇄를 끊고 선진을 향해 내달린 나라가 일본이다. 그를 가능케한 것은 1868년 메이지(明治)유신으로 국가체계를 개혁함에 성공하여 통치역량이 강화되고 산업의 선진화로 경쟁력이 높아져 국력이 신장되었기 때문이다. 반면에 조선(한국)은 1884년 갑신정변을 비롯한 자주국가 건설시도가 잇따라 좌절하고 혁신에 실패함으로 조정의 쇄국정책(衰國政策)으로 국력은 약해지고 말았다. 또한 중국 역시 1898년 변법자강(變法自彊)혁명이 미완성으로 주저 앉아 개화를 이루지 못하여 국력을 통합하지 못하였다. 일본은 개화유신에 성공함으로 국력이 웅성(雄城)하여졌고, 조선과 중국은 개화에 실패함으로 국력이 쇠퇴(衰退)하여 조선과 중국은 일본의 식민지와 반(半)식민지로 굴러 떨어지고 말았다.

### (2) 일본에 장수기업이 많은 이유

일본에 장수기업이 많이 존재하고 있는 이유는 일본이 위치한 지리적 조건과, 과거 역사 속에서 형성되어 온 풍토적 사상과 신봉하는 종교관, 독특한 비즈니스관, 기업관의 세 가지 각도에서 찾아 볼 수 있다. 일본을 지리적 조건에서 보면 대해(大海)중 고독한 열도라는 점, 따뜻하고 비가 많고, 변화무쌍한 지형을 이루고 있는 것을, 특징으로 들 수 있다.

일본인의 사상과 신앙은 이질적인 것을 배제하지 않고, 공존하다고 하나 상징적인 것은 세계에서 가장 오랜 역사를 가진 천황의 순배사상의 존재이다. 천황가는 만세일계 (萬世一系)임을 제창하고 있다. 신, 유교, 불교의 평화적 공존속에서 일본인은 살아온다 하지만 그 존재는 미미하다. 一神교적 세계에서 살아가는 배타적인 정신세계에서는 갈등을 가져오는 종교적 분쟁이나 사회적 분쟁이 발생할 수 없고, 발생하지도 않는다. 그것은 화합을 더하여 관용을 소중히 하는 풍토이며 더 적극적으로 사업을 통해 사회에 공헌하는 자세가 기본이 되고 존경의 대상이 되기 때문이다.

기업경영과 자신의 삶에서도 강조한 것이 소박과 검소와 절약이다. 절약은 미래를 위한 투자이다. 더 중요한 것은. 소박, 검약의 관행을, 경영자나 기업에도 적용하여 사업에서 불가결한, 정직하고 성실한 조직풍토를 형성하는데, 큰 도움이 되어 장수기업으로 이어진다는 점이다. 기업이 장수하려면 기업특유의 가치관이 바르게 승계됨으로 지속성이 유지된다는 것이다.

경영의 원칙과 가치관은 조직내에서 유지하고, 계승하며 어려운 시대에 손을 잡고 살아온 직원과의 후대(後代)에 이어지는 노력이 장수기업 많은 일본의 풍토이다. 이상을 요약해 보면, 장수기업의 법칙은 살아가는 목적, 미션을 명확히 하고, 적절한 조건과 사회변화에 적응하는 능력을 가지고, 기업도 사회의 일원으로, 사회와 함께 사회에 살고 있는 것이다라는 생각으로, 장기적으로 자기능력을 높혀가는 노력들이 일본장수기업들의 실상이라 하겠다.

### (3) 일본 기업의 장수비결

기업장수의 비결은 시대변화에 맞추어 적응력을 길러가는데 있다. 일본 장수기업들의 역정(歷程)보면 과거의 성공에 만족하지 않고, 변화를 두려워하지 않으며 "변화에 대응능력을 길러가는 것과 관계가 있다." 실제로 일본의 장수기업은 기본적인 핵심사업은 지키면서 시대변화에 따라 조금씩 변화시키는 것으로, 기업연령을 거듭해 오고 있다. 핵심은 확고하게 지켜가면서 시대에 맞는 혁신을 받아들이는 자세를 항상 간직하고 있음이 중요한 포인트이기도 하다.

기업이 장수하려면 환경의 변화에 적응력을 길러간다는 것은 외부요인에 의한 것이지만 또 다른 요인은 내적인 요인이다. 실제로 기업은 외적요인에 의해, 그 생명을 잃기보다는 오히려 조직내부의 요인에 의해 끝을 맞이하는 예가 많다는 것이다. 예를 들어, 과거에 성공업적을 늘여온 기업은 그 성공체험에 매달리어 변화가 곤란한 케이스가 많고, 이것으로 인해 악화되어도, 대응할 수단이 없거나, 또는 변화를 받아들이지 못하고 도산하는 경우이다. 일본기업이 장수인 것은, 외부요인보다는, 오히려 내적인 요인에서 특징이 있다. 창업자의 정신은 그 기업의, 가치관을 상징하는 것으로 어떤 행위나 의식(儀式)을 전해온 것이다. 그러나, 거의 예외없이 말하고 있는 것은, 기업이 목표로 하는 가치관이나 기축(基軸)이 없는 장수기업은, 존재할 수 없다는 것이 일본의 기업문화이다.

### (4) 일본 기업의 거시적 안목과 사회성

장수기업에는 역사의 무게라는 것이 있다. 2백년을 이어온 기업은 2백년 앞을, 5백년을 이어온 기업은 5백년 앞을 본다는 것이다. 따라서 경영의 기본은 단기이익이나, 돈벌이에 우선하는 것이 아니라 장기적 영광을 목표로 하는 것이다. 그리고 장기적 번영의 실현은 기업의 신용준수를 최우선으로 하고 있다. 일본 장수기업의 경영원칙은 인간중심 경영이고 고객지향적 사회성 경영이다. 많은 장수기업은, 기업에 종사자를 성장하는 주체로 생각함에 따라 기업내 교육에 열성적이고. 장기적인 관점에서 인재를 육성기용 전략이 이루어지고 있었다. 고객은 기업의 재산이다. 일본의 장수기업들은 고객지향성이 철저이다. 기업의 규모에 관계없이, 고객의 존재로 시작이 성립하고, 비로소 지속되는 것은 말할 필요없이 중요한 요제이다. 그러나 기업번영을 생각하지 않고 전통에 병이 들어 고객을 소홀히 하는 경향이 있는 것도 장수기업의 깊은 경계의 대상이다.

## 4.2 일본 장수기업에서 배우기

### (1) 장수하는 전통의 비결

일본에는 수많은 장수기업들이 창업의 전통을 이어 100년 이상 3대 이상 계승하며 오늘에 이르고 있으며 현지 수요자의 신뢰를 받으며 경영을 계속하고 있다. 지속경영

포인트는 현재 장수기업의 노력과 그의 배경, 그리고 기업으로서의 이념, 경영전략, 추진력 등 비결은 무엇인가? 그 요인을 크게 나누면 장수기업의 형체. 정치, 경제체제, 천재지변 등과 지역요인, 현지자원, 교통인프라, 지역생산과 소비 등 매니즈멘트 요인, 경영의 혁신적 다각화 제2의 창업 등, 조상 친척후계자 노사 기업가정신 등의 4개 요인과 그리고 가훈비법 등 외부에서 보이지 않는 DNA와 같은 배경들이다. 이들이 플러스 직용으로 순풍이 될 때 흥망성쇠는 결정된다.

장수기업으로 200년, 300년 생존할 수 있는 이유는 회사의 창업이념, 산업특성, 지역사정 사회변혁 등을 선택하고 철저이 집중하는 것이 장수기업의 터전이다. 그 중에서도 회사의 간판이라 할 수 있는 주제하나로 '거버넌스'를 확실히 하는 것이 중요하다. 지금 그대로가 좋으면 그대로 유지하고 불편을 느끼면 철저히 세상이 바뀐다고 보고 새로운 혁신유행을 타는 것이다. 이것이 보수와 혁신의 방향이자 형체를 계승하는 공존의 수성이다.

일본의 장수기업들은 지역의 특성과 연관성을 지니고 있다. 후쿠이 지역기업에 대한 기대 메시지는 인구감소, 저출산 고령화 사회에 집중적 활약이 지방창생으로 주장되고 있다. 지방이 잘되기 위해 벤처기업 개업율 상승과 공공투자 확대도 물론 중요하지만 현존하는 기업의 지속적 번영이 무엇보다 중요하다. 크지 않아도 된다. 유명하지 않아도 된다. 오랫동안에 걸쳐 납세, 고용, 신규개발 지역에 공헌을 계속할 수 있는 지방의 전통과 형체의 수성은 경영의 본보기가 되는 부분이 많이 보이는 것, 그 노력과 이념을 지리적 이점을 살려 지속을 목표로 하는 것이 장수기업의 사명으로 하고 있다. 그리고 전통은 지역산업의 대표로서 개발의 리더로서 지역에 공헌하고자 하는 것이다. 그리고 기업에 대한 기대는 먼저 전통을 중심으로 네트워크를 제대로 구성단결하는 것이 중요시 하고 있다. 지역의 인재, 기술, 자원, 정보를 활용하여 혁신의 발전에서 신규사업을 일으키는 것을 기본으로 하고 있다.

### (2) 무리한 목표를 내걸지 않고 사훈에 충실

일본의 장수기업의 성장배경을 보면 무리한 목표수치보다 내실과 사훈에 충실하였음을 보여준다. 시대의 격랑을 헤쳐 온 가운데, 회사가 소중히 해온 것은 사람없이는 기업도 없다. 품격있는 인재가 모이면 사회도 회사도 가족도 좋아져 행복하다. 품격있는 사람들이 모여 키우는 것이 경영의 안목이요 회사의 지향함이다. 그 방침은 스스로 품성이 도야(陶冶)되어 훈련되고 건강한 심성으로 기업활동을 통해 도덕적 사회건설에 매진하라는 사훈과 감사의 보은, 솔선하며 개발, 명랑활달의 기본에 의해 이루어진 직원 훈의 이행이다. 예를 들어 감사보은의 실천은 직원 개개인에게 일상업무를 끝낼 때 "주위에 오늘의 자신은 올바른 판단과 움직임을 했는지? 회상을 하도록 부과하고 있다." 경영에 매출목표는 숫자가 있는 것이지만, 숫자만 쫓기전에 영업정신이 중요하다는 것이 일본 장수기업의 정신이다.

### (3) 안목은 "날아오지 않는다"

장수기업은 왜 안목이 필요한가? 기업의 운영의 과정에서 급등락(亂高下)에 직면하여 중요한 경영판단이 요구되는 때가 적지 않았다. 이럴 때마다 어떤 안목으로 미래를 내다보며 결정하여야 할 것인지 "결국 마지막에 남은 근거(根居)가 된 것은 사훈과 사원 훈이었다. 선대경영인라면, 이 어려울 때 어떻게 판단했을까. 고뇌와 숙고시간이었다. 물론 고전의 어려움은 있지만 넘을 수 없는 시련은 없다"는 마음가짐으로 일을 낙관적으로 생각하며 임하게 되더라는 것이다. 지금까지의 전개(展開)에 대하여 시대를 예측하고 확장이라기보다는 시대의 요청의 필연성에 맞추어 사업을 넓혀나갔다고 한다. 장수기업이 되기 위해서는 비상(飛上)이란 없다는 자세가 중요하지 않나 생각된다. 좋을 때나 나쁠 때나 양면성으로 표리(表裏)일체다. 경쟁사가 잘 나갈 때 무심코 초조해하는 경향이지만, 다른 곳 뒷전을 구축해보라. 좀 더 대범하게 구성하여 허비가 없는 경영을 진행하라고 권유한다.

### (4) 경영자원 효율적 활용

기업이 장수함에 있어 경영자원은 외부에서 조달이 용이한 정도에 따라 가변적인 자원과 고정적인 자원으로 분류된다. 전략상 중요자원으로 되는 것은 금전지불에 의해 쉽게 손에 넣는 가변적인 자원이 아닌, 고정적인 자원이다. 고정적 자원중에서도 가장 경쟁상 차별화 요인이 되어 얻어지는 정보적 자원은, 극히 고정성이 높고, 축적하는데 시간이 걸린다. 장수기업은 대부분이 제조업으로 정보적자원이 필요한 제품개발에 대해서는 자사내에서 한다. 이것은, 정보적 자원이 가격을 붙이기 어렵다는 것, 배우고 전수하는 것이 요구되는 패키지(Package)화가 불가능함에 따라, 시장거래에 흔들리지 않기 때문에 기업을 장수화로 이끈다.

경영자원의 부족을 보충하는 가장 단순한 방법은, 부족한 경영자원을 시장에서 조달하는 것이다. 최근에는 아웃소싱(Outsourcing)방식이 주목을 받고 있다. 특히, 벤처비지니스 분야에서는 새로운 아이디어를 상품화하는 스피드(속도)에 따라 성패가 갈리므로 철저한 아웃소싱 방식이 사용되고 있다. 실리콘벨리 네트워크 기기(機器)의 최대 메이커인 시스코시스템에서는 제조의 대부분이 아웃소싱이 되고 있는 실정이다. 아웃소싱이란 부족한 경영자원의 조달이나 일부기능을 외부의 기업에 외주한다는 것으로 어떤 새로운 개념이 아니다. 그러나 경제의 글로벌화 진전에 따라 기업은 자사의 사업재구축이 어쩔 수없이 되어 자사의 도메인(domain) 재정의(再定議)를 해야 하는 과정에서, 신뢰의 중심으로 경영자원의 중점적 배분과 필요로 하는 경영자원의 외부의존을 전략적으로 활용하게 되는 것이다.

## 4.3 일본 장수기업에서 배우는 경영승계 비전

### (1) 장수기업의 성공과 불역유행(不易流行)

본 내용은 일본 경영승계 연구회의 중소기업 진단사 長谷川 勇씨의 기고애용 요약이다. 창업자는 자신이 일으킨 사업이 장수기업으로 후세에 영속하기를 바란다. 장수기업의 기업문화는 불역의 진리를 실증하고 있다. 불변이란 해학의 철학으로 불변은 영원이 변치않는 전통과 유행은 새로움을 요구하고 시대변화에 대응하는 불변과 유행을 풍미하는 마음에서 장수의 근원을 같이 하고 있다.

창업자의 경영이념은 고객의 충성을 받는 탄탄한 이념적 철학을 가지고 스스로 실천하는 행동적 결과자이다. 창업정신을 후세에게 전하는 첫 걸음은 창업정신과 경영이념을 경영에 반영시켜 종업원과 공유하는 기업문화를 성숙시키고 후계자 경영을 승계하면 자연적으로 대를 이어가는 장수기업의 연역이 쌓아진다. 불변의 유행시대 변화에 관계없는 보편적 원리원칙으로 전통적 기업문화가 이루어진다. 장수기업은 시대변화에 견딜 수 있는 경영철학이 있을 때 가능해 진다.

기업이 살아남기 위해서는 외부환경 변화에 적응하는 대응능력이 필요하다. 그러므로 기업을 둘러싼 외부환경을 분석하고 경영방향성을 판별함이 중요하다. 불역유행에 해당하는 시대변화에 유연하게 대응하는 역량구축이 요구된다. 불행을 자초하는 기업은 불역의 경영이념은 잊고 유행에만 매달이다 어려움에 시달리는 경우가 있다.

세상을 구한 유익한 참된 길은 지성(至誠), 큰 목표를 달성하기 위하여 작은 일을 쌓는다. 각각의 분수를 지키고 상응의 분도를 확립하는 것이 장수의 맥을 이어가는 길이다.

### (2) 장수기업 지속경영의 공통요인

① 환경변화에 민감하다.
② 사업의 독자성이 있다
③ 종사원의 결속력이 있다.
④ 기업경영을 분산적으로 자유도가 있다.
⑤ 재무관리는 보수적이다.

많은 기업은 환경의 변화속에서 경쟁을 거듭하며 장수기업으로 이어지기 위하여 노력하고 있다. 장수기업이 되기 위해서는 기업고유의 독특한 기업문화가 자생적으로 이루어져야 한다. 장수기업은 사람을 소중이 함으로서 가능해진다. 사람은 빵만으로 살아갈 수 없다. 실적이 침체되는 기업은 종업원의 감정이 황폐화되고 의욕과 사기가 떨어져 생산성이 낮아지고 기업이 쇠퇴하게 된다.

반대로 기업을 반면교사로 장수기업의 전통과 인간을 소중히 여기는 경영풍토로 전환하면 즉, 불역유행이 이루어져 장수기업으로의 길이 닦아진다.

### (3) 기업이 장수하려면 계속적인 경영혁신

유행의 경영혁신은 지속되어야 하나 재무적 관리는 보수적으로 하는 것이 바람직하다. 수지 맞는 생활은 보덕(報德)의 사상이요 분도의 원칙으로 공통성이기 때문이다. 장수기업의 상당수는 비상장기업으로 보수적인 재무정책을 채택하고 있다. 외부자금에 의존하지 않고 한정된 자금을 효율적으로 사용하며 검소하고 절약하며 재무적 모험을 피하고 있다. 장수기업의 상당수는 중소기업으로 가족경영을 하고 있다.

기업이든 국가이든 계속적인 혁신이 없으면 자연적으로 도태의 길을 가게 되어 있다. 영고성쇠(榮枯盛衰)는 자연의 이치이다. 경제사회는 발전, 유지, 쇠퇴의 과정을 거치게 된다. 쇠퇴를 막으려면 계속적인 혁신이 이어져야 한다. 경영의 혁신은 불역유행에서 유행을 따라야 지속이 유지된다. 기업은 생명력이 있고 생명체에는 수명이 있다. 비즈니스 모델은 수명이 있고. 상품에도 수명이 있다. 비즈니스 모델의 수명과 제품수명 총합이 기업의 수명이다. 외부환경 변화에 대비하고 경영혁신을 지속적으로 실시한 기업은 생명주기를 극복하고 장수기업으로 진입한다. 장수기업은 환경변화에 민감하고 경영에 자유도의 한 기업문화가 성숙하여 진다.

### (4) 초지불변의 신(信), 성(誠), 계(繼)

창업자의 경영이념은 기업을 창업하여 30년 이상 지속하고 발전한다는 것은 창업자의 생각이 고객에게 지지를 받고있다는 증거이다. 창업의 초지(初志)를 경영이념으로 문서화하고 종사자에게 주지시키는 것이 선대 창업자의 훈도를 받아 사업을 승계하는 미덕이 이루어진다. 장수기업에서 가훈(家訓). 사훈(社訓). 사시(社是)는 전통을 이어가는 장수기업으로 중요시되는 것은 신(信)－信賴와 信用. 성(誠)－誠實과 眞實. 계(繼)－事業의 承繼 등으로 心・和・變・新・忍・質・續이 장수의 경영철학의 내재적 요소라 하겠다.

기업의 지속적 발전의 열쇠를 쥔 요소는 무엇인가? 경영이념과 업적의 상관관계는 경영이념을 변경하지 않은 기업에 비해 변경한 기업이 실적을 향상되었음을 알 수 있다. 시대흐름에 맞도록 융통성있게 불변과 유행에 맞게 균형을 유지하는 기업이 더 성장하고 있다. 쇠퇴의 궁극적인 원인은 외적진입 및 기술혁신 등 외부요인 그 자체가 않이라 경영능력 배양에 충실치 못한 노력부족에 기인됨이 큼으로 장수기업에서는 전통과 혁신의 균형잡힌 기업문화를 정착시키는 것이 중요하다.

**기업성공 포인트**

① 창업의 마음을 경영이념으로 종사원과 공유하는 것이 장수기업의 첫 걸음이다.
② 불역과 유행의 철학을 장수기업에서 배우고 기업문화의 성숙함을 후계자에게 승계한다.
③ 불역과 유행의 균형을 잡고 시대의 파도를 넘는 것이 장수기업이다.
④ 경영이념 자체는 보수적이지만 유연하게 대응함으로 성장으로 이어진다.

# 제7장 독일의 장수기업

# 제 1 절 독일의 장수기업 문화

## 1.1 독일경제가 강한 이유

### (1) 독일경제는 왜 강한가

① 세계시장에 선두주자

세계화에 관련된 중요지표에서 독일은 규모가 큰 모든 국가를 큰 차이로 따돌리고 있다. 하버드대 비즈니스 스쿨(Harvard Business School)의 저명한 마케팅대가 시어도 어레빗(Theodore Levite)교수는 1983년(Harvard Business Review)에 실린 획기적인 논문을 통해 세계화라는 개념을 세간에 널리 알린바 있다.

독일처럼 작은 나라가 그처럼 엄청난 규모의 수출을 달성할 수 있었던 이유는 무엇인가? 독일인구는 세계인구의 1.2%에 불과한 작은 인구의 국가이며 고부가 가치창출 면에서도 독일은 전 세계 국내 총생산에 기여하는 비율은 5%에 불과할 뿐이었다. 1986년 독일은 사상최초로 미국을 세계 수출챔피언 자리에서 몰아냈다. 지난 25년동안 독일은 수출분야에서 10번이나 세계 1위의 자리를 차지했다(히든챔피언 p.83).

세상의 어떤 나라도 독일만큼 세계시장 선두주자를 가지고 있는 나라는 없다. 컨설턴트들과 학자들은 독일의 성공의 비결을 찾으려는 노력을 기울여 왔다.

"왜 독일의 수출은 항상 잘 나가는가"라고 내게 질문한 것이 1986년 이었다. 그 후 2011년에는 1조 유로돌파라는 새로운 기록을 세우기도 했다. 독일의 복지와 낮은 실업률은 내수가 아닌 수출때문이다. 그러나 '독일모델'이 오늘처럼 관심을 받았던 적은 없다.

② 독일의 강한 경쟁력의 뿌리는 무엇인가?

첫번째는 모든 것을 설명해주는 단일한 요인은 없다는 것이다.

두번째는 대기업에 의한 것이 아니라 중견기업 또는 중소기업이라는 점이다.

미국의 포춘지 글로벌 500대기업 숫자를 보면 미국은 독일의 4배, 일본은 2배에 달하며 프랑스도 독일보다 많다. 독일수출의 지속적인 성공의 주된 요인은 독일중견기업

(Mittelstand), 정확이 말하면 엘리트 중견기업에 있다고 할 수 있다.

잘 알려지지 않은 중견기업 세계시장 선도기업의 이름을 수집해왔다. 정리한 목록은 이제 2,734개에 달하는데 이중 독일기업이 1,307개사이다. 히든챔피언은 독일수출의 거의 1/4을 담당한다. 이는 전세계적으로 유일한 현상이다. 독일에는 인구 100만명당 16개의 히든챔피언이 있다. 반면 프랑스는 1.4개, 미국은 1.2개, 일본은 1.7개에 불과하다. 오스트리아와 스위스만이 14개로 독일과 비슷한 수치를 보이고 있다. 왜 독일에는 이렇게 많은 히든챔피언이 있는 걸까. 이 질문에 답하기 위해 이제 그 요소들을 살펴보기로 한다.

### (2) 끈질기게 혁신에 매달려

혁신없이 미래없다. 끈질기게 연구개발에 매달리는 히든챔피언이 세계시장을 지배하는 원인의 요소이다. 혁신은 히든챔피언들이 보유한 시장지배권의 바탕이 되는 요소들 가운데 하나다. 히든챔피언들은 지속적으로 유지되는 높은 수준의 혁신능력을 통해서 두각을 드러낸다. 그들은 매우 끈기있는 자세로 혁신을 추진한다. 혁신은 최근 들어 시장점유율 상승의 주요원인으로 자리잡았다. 고도의 효율성과 결합된 고도의 R&D 강도는 미래를 낙관적으로 바라볼 수 있는 근거를 제공한다. 이 장에서 우리는 다음과 같은 사실들을 확인할 수 있었다.

모방경제로는 한계가 있다. 창조적 노력만이 혁신을 통해 세계시장 선도기업이 될 수 있고, 또 그 자리를 지킬 수 있다. 순수한 모방만으로는 결코 그렇게 할 수 없다. 혁신은 반드시 고객 편익향상이나 비용절감에 기여해야 한다. 이렇게 하기 위해서는 혁신활동을 제품과 기술에만 국한해서는 안 된다. 고객들과 관련된 각종 과정도 혁신활동에 포함시켜야 한다. 사업활동의 모든 측면이 개선의 단초를 제공하는데, 실제로 히든챔피언들은 이것을 훌륭하게 활용하고 있다.

제품개선 및 그와 결부된 R&D 그리고 특허가 특히 중요한 역할을 수행하는 업계와 관련된 각종 지표들을 살펴보면 히든챔피언들이 업계전반이나 대기업에 비해서 탁월한 혁신성과를 올리고 있다는 것을 알 수 있다. 장치산업(Process industry)과 서비스 영역에서도 히든챔피언들은 혁신가로서의 면모를 드러내고 있다. 그러나 이 부문에서는 제품혁신처럼 명료한 지표는 없다.

성공적인 혁신을 위해서는 시장과 기술이라는 원동력을 한데 통합해야 한다. 히든챔피언의 3분의 2가 이런 통합을 완수했다. 그러나 대기업의 경우에는 고작 20퍼센트만이 그렇게 하고 있다. 세간의 관심을 끄는 획기적인 혁신만을 추구해서는 안 될 것이다. 많은 히든챔피언들이 그토록 큰 성공을 구가하는 이유는 바로 그들이 매우 끈기 있는 태도로 사소하고 단계적인 개선을 지속적으로 이어나가기 때문이다. 그리고 이런 작은 개선들이 한데 모여 최고의 수준과 우월함으로 귀결된다.

기술변혁은 한 기업에게 극노의 혁신능력을 요구한다. 기업들 가운데는 그런 급변사태를 고도의 테크닉을 통해서, 그것도 여러 번씩 극복한 기업들이 있다. 그러나 그런 기업보다는 기술급변으로 이내 실패를 경험하는 기업이 더 많다. 반드시 사장이 혁신을 주도해야 한다. 최고경영진이 능동적인 자극제공자가 되어 혁신을 이끌고 관철해야 한다. 이렇게 하려면 반듯이 집중과 깊이가 하데 결합되어야 한다. 이런 때에 한해서 사장은 온갖 세부사항을 충분히 인지하고 혁신을 효과적으로 추진할 수 있다.

모두가 수긍하는 전략과 부서들 간의 순조로운 공조작업은 혁신과정에 따른 부담을 덜어주고 혁신과정을 가속화 한다. 이것은 특히 공정혁신에서 뛰어난 결과를 가져온다. 혁신을 성공으로 이끌기 위해서는 예산보다는 인력과 전문적인 능력이 훨씬 더 중요하다. 연속성은 지속적인 개선을 위한 요소, 궁극적으로는 완벽에 도달하기 위한 필수요소이다. 고객은 매우 중요한 아이디어 원천이다. 따라서 혁신과정에 고객을 최대한 끌어들여야 한다. 이를 위해서는 신뢰가 전제되어야 한다. 히든챔피언들은 제한된 인적, 재정적 역량에도 불구하고 탁월한 혁신가로서의 면모를 보인다. 그들의 혁신 효율성은 대기업보다 몇 배나 더 높다. 그들이 이렇게 할 수 있는 까닭은 혁신과정의 형태가 다르기 때문이다. 히든챔피언들의 최대 성장동력원은 세계화다. 반면 그들의 경쟁입지 강화는 무엇보다도 혁신에 근거하고 있다. 히든챔피언들은 글로발리아에서 펼쳐질 혁신경쟁에 대비하여 최적의 무장상태를 갖추고 있다.

## 1.2 히든챔피언의 특징은 무엇인가

### (1) 경쟁우위를 관철하라

히든챔피언들의 경쟁전략은 각종 서적에서 자주 접할 수 있는 이상적인 해결책을 따르는 것이 아니라 뚜렷한 독립성을 특징으로 한다. 히든챔피언들이 활동하는 시장은 주로 소수독점적인 구조다. 전 세계를 기준으로 삼아도 주요 경쟁업체 수가 평균 6개에 지나지 않는다. 전 세계적으로 20개 이상의 경쟁업체가 있다고 생각하는 히든챔피언은 소수에 불과하다.

히든챔피언들의 경쟁구조와 경쟁에 임하는 태도는 비교적 매우 안정적이다. 마이클 포터가 제시한 '다섯 가지 경쟁요인'의 관점에 비추어보면, 대부분의 히든챔피언들이 처한 상황은 전체적으로 양호한다. 그러나 '다섯 가지 경쟁요인'에 의거한 평가가 호의적이지 않은 업계를 들여다보면 스스로 자초한 감이 없지 않은데, 기존 업체들 간의 생산경쟁과 가격전쟁 그리고 고객들이 보유한 강력한 권력입지 등이 이런 부정적인 평가의 원인으로 작용하고 있다.

고객의 권력입지를 변화시키기란 매우 힘든 일이다. 반면 생산량을 조절하는 것은 가능한 일이다. 따라서 그런 업계에서는 생산량을 좀 더 현명하게 조절해야 할 것이다. 일반적으로 그런 시장에서는 이익대신 시장점유율이나 규모를 강력하게 저항하는 현상이 나타난다. 기존 업체들 간의 경쟁강도가 높다. 경쟁은 가격영역보다는 주로 성능과 혁신영역에서 이루어진다.

놀랍게도 히든챔피언들은 자신과 경쟁업체가 서로 비슷하지 않다고 평가한다. 이런 평가는 히든챔피언들의 강한 고집에 따른 것이다. 히든챔피언들의 경쟁구도는 매우 복합적이다. 일반적으로 그들은 다수의 전략적 경쟁우위를 보유하고 있으며, 이것들을 시장에서 철저하게 관철시킨다. 제품품질은 경쟁상의 장점으로서 탁월한 의미를 지닌다. 반면 가격은 경쟁에 불리하게 작용한다.

### (2) 매개변수에서 입지개선

확정된 서비스라는 매개변수에서 히든챔피언들의 경쟁입지가 크게 개선되었다. 특히 컨설팅과 시스템통합 부문에서 새로운 경쟁우위가 창출되었다. 사용의 편의성도 경쟁상의 장점으로서 중요성을 획득하고 있다. 새로운 경쟁상의 장점들은 모방하기가 한층 더 어렵다. 그것들은 진입장벽을 높이는 작용을 한다. 따라서 경쟁우위의 지속시간이 줄었다기보다는 오히려 더 늘어났다고 추측해 볼 수 있다.

히든챔피언들은 수많은 등대 프로젝트를 통해서 그들이 보유한 경쟁상의 우월함을 전 세계에 과시한다. 만약 어떤 기업이 그런 기회가 주어진다면, 그 기업은 반드시 그 기회를 포착하여 대·내외적인 커뮤니케이션 메시지로 활용해야 할 것이다. 회사명이나 브랜드명칭이 카테고리 개념으로 탈바꿈하는 경우, 다수의 수상경력, 다른 기업들이 특정 기업명칭을 벤치마킹 대상으로 이용하는 경우, 오랜 전통 등은 경쟁상의 우월함을 나타내는 또 다른 지표들이다.

히든챔피언들도 지속적으로 비용에 관심을 기울이면서 그것을 합리화해야 할 것이다. 비용합리화의 목적은 비용과 가격을 전략적 경쟁우위로 만드는 데 있는 것이 아니라, 시장에서 퇴출당하는 사태를 방지하는 데 있다. 세계화에도 불구하고 인근지역에 강력한 경쟁업체들이 자리잡고 있는 것은 앞으로도 계속 장점으로 작용할 것이다. 왜냐하면 그런 업체들은 경쟁적합성 단련을 위한 트레이닝 파트너로'서 유익한 기능을 수행하기 때문이다. 과도한 경쟁지향적인 태도와 공격적인 태도는 금물이다. 가장 크게 관심을 기울여야 할 대상은 경쟁업체가 아니라 고객들과 전문적인 역량이다. 시장의 최정상에 서서 위풍당당하게 행진하고 싶다면, 경쟁업체의 기준을 넘겨받을 것이 아니라 반듯이 자신만의 고유한 기준을 설정해야 한다.

경쟁은 생존을 위한 영원한 투쟁이다. 히든챔피언들도 다른 기업들과 동일한 위험에 내던져져 있으며, 다른 기업들과 동일한 수단을 가지고 싸움을 한다. 그들의 무기고에는 비밀병기나 기적의 무기같은 것은 없다. 그러나 모르긴 해도 건전한 인간의 이성에서 비롯된 몇몇 규칙들을 다른 기업들보다 충실하게 따르는 것 같아 보인다. 그들은 자신들이 보유한 경쟁우위를 철저하게 관철시키며, 고객들에게 월등한 제품품질과 서비스 품질을 제공한다. 컨설팅, 시스템통합, 사용의 편의성 등 매우 중요하면서도 모방하기 어려운 시적측정 변수를 중심으로 경쟁입지를 강화한다. 고객들은 그처럼 개선된 서비스에 대해서 합당한 가격프리미엄을 지불할 준비가 되어 있다. 그러나 그런 태도에도 한계가 있기 때문에 늘 원가관리를 게을리 해서는 안 된다. 히든챔피언들의 경쟁상의 우월함은 한 가지 원인에 의한 것이 아니라, 그들의 많은 것을 끊임없이 개선해 나간다는 사실에 의거한 것이다. 이처럼 단순한 원칙을 주목하고 단호하게 실행에 옮기는 기업이라면, 경쟁을 지나치게 두려워할 필요가 없다(출처, 히든챔피언 글로벌 원정대 지은이, 헤르만지몬 배진아 옮김).

## 1.3 독일기업의 역할

### (1) 독일기업의 역할은 독보적이다

세계화와 관련된 주요 지표에서 독일은 규모가 큰 모든 국가를 큰 차이로 따돌리고 있다. 독일처럼 작은 나라가 그처럼 엄청난 규모의 수출을 달성할 수 있었던 이유가 무엇일까? 독일인구는 기껏해야 세계 인구의 1.2%에 불과했고, 가치창출 면에서도 독일이 전 세계 국내총생산에 기여하는 비율은 잘해야 5%에 불과할 뿐이었다. 그런데 1986년 바로 그해에 독일은 사상 최초로 미국을 세계수출 챔피언 자리에서 몰아냈다. 그 후에도 계속해서 상황은 크게 바뀌지 않았다. 지난 25년 동안 독일은 수출분야에서 10번이나 세계 1위에 자리를 차지했다. 미국은 13번 1위 자리를 차지했는데, 그것도 2002년이 마지막이었다. 미국은 독일보다 국민경제 규모면에서 4배는 더 큰 나라다.

① 독일수출의 탁월성

국가별 1인당 수출액을 비교해보면 한층 더 의미있고 인상적인 결과를 알 수 있다. 그러나 이런 비교적인 비교는 어디까지나 규모가 큰 나라에만 의미가 있다. 비교대상이 된 나라들 가운데 독일이 차지하는 입지가 얼마나 독보적인지 그저 놀라울 따름이다. 한국도 마찬가지로 보다 현저하게 높은 수준을 기록하고 있으며, 프랑스와 이탈리아. 영국과 스페인도 이들 모두 독일에겐 한참 뒤쳐져 있다. 1인당 수출액의 비교는 세계무역의 향후 성장잠재력 예측을 뒷받침해 준다.

② 독일, 수출만이 살길이다. 인식의 전환

독일의 수출성적이 그처럼 탁월하다는 사실을 아는 사람들은 그리 많지 않았다. 그러나 이처럼 지속적인 성공은 필연적으로 반작용을 수반했다. 금융위기가 발생하자 독일이 수출을 억제하고 유럽의 이웃국가들 또는 미국과 수준을 맞추어야 한다는 목소리가 터져 나온 것이다. 독일이 수출을 지나치게 많이 하는 바람에 경제적인 불균형을 유발했다는 것이다. 이런 상황은 언뜻 직장내에서 다른 직원들보다 더 높은 성과를 올림으로써 암묵적인 기준을 무너트린 직원과 그 바람에 동료들에게 따돌림을 당하는 직원의 예를 떠올리게 한다. 직장에서는 어렵지 않게 볼 수 있는 현상이다. 그리하여 워싱턴 국제경제연구소에 소속된 미국인 전문가 애덤 포슨(Adam Posen)은 독일의 임금상승을 최상의 방안'으로 간주했다.

그러나 독일과 독일기업들은 절대 이런 충고를 따라서는 안 된다. 왜냐하면 위의 전문가들이 충고는 명백하게 한 가지 사실을 오해한 데서 비롯되었기 때문이다. 그것은 바로 독일의 경우 (다수 이웃국가들의 무기수출이나 국영기업과는 달리) 수출역량 및 성적의 근간이 국가가 아니라 민간기업이며, 그 중에서도 주로 중소기업과 히든챔피언들이었다는 사실이나. 이들 기업은 그들의 제품을 찾는 고객들, 설령 제품의 가격이 매우 비싸다고 느껴진다고 해도 기꺼이 돈을 지불할 준비가 된 고객들을 찾아 전 세계를 헤맸다.

독일은 국가적으로 수출역량과 수출지향 기조를 지속적으로 유지해야 할 것이다, 복지수준을 그대로 유지하려면 다른 선택의 여지가 없다. 국내소비와 서비스 부문이 크게 성장한다면 가장 바람직하겠지만, 사실 이런 생각은 현재로서는 그저 수출이 용이하기 때문이다. 독일처럼 고령화와 인구감소 속도가 빠른 사회는 성장가도를 달리는 젊은 사회보다 소비수준이 낮을 수밖에 없다. 이는 불가피한 현상이다. 제아무리 국가적으로 조치를 취한다고 해도 이런 상황은 근본적으로 바꾸기는 어렵다.

### (2) 독일기업의 구조와 실태

독일기업들은 이미 오래전부터 수출지향적 구조를 유지해왔으며, 일반적인 제품보다는 주로 특수한 제품과 그 시장에 주력하고 있다. 특히 히든챔피언들의 경우에는 더욱 그렇다. 바로 이런 집중화 전략이야말로 독일제품이 세계 최고수준을 갖추게 된 밑거름이다. 그러나 집중화 전략은 국가별 시장을 협소하게 만들며, 심지어 틈새시장만을 상대하는 독일기업도 적지 않다. 이것은 히든챔피언들에게 거의 일반적으로 통용되는 사실이다.

이처럼 규모가 작은 기업이 규모가 큰 시장으로 진출하는 유일한 방법은 바로 제품의 품질로 세계 각지에 수출하는 것뿐이다. 그래서 집중화전략과 세계화는 독일의 시장선도 기업들에게는 핵심적인 양대전략이며 동시에 서로 뗄 수 없는 불가분의 관계에 있다. 이런 사실은 개별기업들의 수출비율에도 반영된다. 개별기업들의 경우 수출이 전체 매출액의 80퍼센트 이상을 차지한다. 독일이 자국민의 고용률을 높이고 현재 수준의 복지수준을 계속 유지하려면 독일기업들은 앞으로도 더욱 강력하게 수출에 매진해야만 한다. 수출, 그 밖에 무슨 방법이 있는가?"라는 슬로건을 대신할 대안은 없다.

그런데 흥미롭게도 다른 나라의 수출중심 기업들도 같은 문제에 직면해 있다.

요컨대 독일기업은 미래에도 수출에 주력해야만 한다. 독일의 경제구조는 국제시장에 맞추어져 있다. 히든챔피언들은 국내수요만으로는 먹고 살 수가 없다. 어떻게 이런 구조를 갖추게 되었는지 궁금하다면 19세기까지 거슬러 올라가야 한다. 결국 경제구조는 한 국가나 기업의 필요에 의해 단기간에 바뀌기 어렵다는 것이다.

## [요 약]

### 독일의 강한 경쟁력의 뿌리는 무엇인가?

첫번째는 모든 것을 설명해주는 단일한 요인은 없으며 복합속에서 찾아야 한다.

두번째는 대기업에 의한 것이 아니라 중견기업 또는 중소기업이라는 점이다.

미국의 포춘지 글로벌 500대 기업숫자를 보면 미국은 독일의 4배, 일본은 2배에 달하며 프랑스도 독일보다 많다. 독일수출의 지속적인 성공의 주된 요인은 독일 중견기업(Mittelstand), 정확히 말하면 엘리트 중견기업에 있다고 할 수 있다.

### 끈질기게 혁신에 매달려

혁신은 히든챔피언들이 보유한 시장지배권의 바탕이 되는 요소들 가운데 하나다. 히든챔피언들은 지속적으로 유지되는 높은 수준의 혁신능력을 통해서 두각을 드러낸다. 그들은 매우 끈기있는 자세로 혁신을 추진한다. 혁신은 최근 들어 시장점유율 상승의 주요 원인으로 자리잡았다. 고도의 효율성과 결합된 고도의 R&D강도는 미래를 낙관적으로 바라볼 수 있는 근거를 제공한다.

### 매개변수에서 입지개선

확정된 서비스라는 매개변수에서 히든챔피언들의 경쟁입지가 크게 개선되었다. 특히 컨설팅과 시스템 통합부문에서 새로운 경쟁우위가 창출되었다. 사용의 편의성도 경쟁상의 장점으로서 중요성을 획득하고 있다. 새로운 경쟁상의 장점들은 모방하기가 한층 더 어렵다. 그것들은 진입장벽을 높이는 작용을 한다. 따라서 경쟁우위의 지속시간이 줄었다기보다는 오히려 더 늘어났다고 추측해볼 수 있다.

### 독일수출의 탁월성

국가별 1인당 수출액을 비교해보면 한층 더 의미있고 인상적인 결과를 알수 있다. 그러나 이런 비교적인 비교는 어디까지나 규모가 큰 나라에만 의미가 있다.

비교대상이 된 나라들 가운데 독일이 차지하는 입지가 얼마나 독보적인지 그저 놀라울 따름이다. 한국도 마찬가지로 보다 현저하게 높은 수준을 기록하고 있으며, 프랑스와 이탈리아. 영국과 스페인도 이들 모두 독일에겐 한참 뒤처져 있다. 1인당 수출액의 비교는 세계무역의 향후 성장잠재력 예측을 뒷받침해 준다.

# 제 2 절 독일 장수기업의 히든챔피언

## 2.1 독일의 위기극복의 근원적 자원

### (1) 위기극복의 강점

① 뛰어난 중소기업과 탄탄한 과학기술기반

위기국면에서 독일의 강점이 부각되면서 무엇이 그것을 가능하게 했는가 하는 연구도 많이 이루어지고 있다. 미국의 저널리스트 Range는 독일전역을 취재한 후 한델스블라트지에 기고한 '모범국가 독일'이라는 장문의 기사(2012.8.7)에서, 높은 경쟁력을 가진 제조업 제품, 뛰어난 중소·중견기업, 탄탄한 과학기술기반, 학교에서의 직업교육시스템 등을 그 요인으로 들었다.

아마도 경쟁력 있는 독일 중견기업을 나타내는 가장 대표적인 단어는 우리에게도 잘 알려진 '히든챔피언'일 것이다. 우리나라에도 다녀간 헤르만 지몬(Hermann Simon)은 그의 저서 「21세기의 히든챔피언」(2007)에서 세계시장에서 1~3위의 점유율을 차지하고 있지만 대중에게 잘 알려져 있지 않은, 매출액 일정규모(당시 40억달러) 이하의 기업을 히든챔피언이라고 이름지었다. 2012년에는 부제만 바꾼 개정판 「히든챔피언: 새로운 미래로의 출발」을 내면서 프랑크푸르터 알게마이네지에 "독일의 13가지 강점"이라는 글을 기고했다(2012.10.15.) 그 기사를 완역해서 소개하기로 한다.

② 독일기업의 강점

세상의 어떤 나라도 독일만큼 세계시장 선두주자를 가지고 있는 나라는 없다. 컨설턴트들과 학자들은 독일의 성공의 비결을 찾으려는 노력을 기울여왔다.

'글로벌화'라는 표현을 일반화시킨 하버드 대학의 Ted Levitt교수가 "왜 독일의 수출은 항상 잘 나가는가"라고 내게 질문한 것이 1986년이었다. 그 후 25년간 독일은 10차례 수출 세계 1위를 기록하는 등 강세를 보였다. 2011년에는 1조유로 돌파라는 새로운 기록을 세우기도 했다. 독일의 복지와 낮은 실업률은 내수가 아닌 수출때문이다. 그러나 '독일모델'이 오늘처럼 관심을 받았던 적은 없다.

③ 독일의 강한 경쟁력의 뿌리는 무엇인가?

먼저 두 가지를 이야기를 해야겠다.

첫째는 모든 것을 설명해주는 단일한 요인은 없다는 것이다.

둘째는 대기업에 의한 것이 아니라는 점이다.

포춘지 글로벌 500대 기업숫자를 보면 미국은 독일의 4배, 일본은 2배에 달하며 프랑스도 독일보다 많다.

독일수출의 지속적인 성공의 주된 요인은 독일 중견기업(Mittelstand), 정확히 말하면 엘리트 중견기업에 있다고 할 수 있다.

## (2) 히든챔피언의 특징은 무엇인가?

① 주로 제조업을 기반으로 한 유형의 전문기술을 보유하고 있다

지배구조 측면에서는 가족소유 기업이 많고, 경영자들의 리더십이 지속적이며, 고성과를 추구하는 기업문화가 특징이다. 직업훈련과, 평생학습 체계, 산학연계 직업훈련체계가 뿌리내려 있다. 일자리 나누기와 사회책임경영, 혁신 및 기업가정신도 특징이다. 회사설립 초기부터 수출에 주력해 세계화에 앞서있고, 유사업종의 기업들이 한 지역에 밀집해 있는 클러스터와 중소기업 간 협력네트워킹이 발전돼 있다.

② 히든챔피언과 대기업과의 차이점은?

다임러 · 지멘스 같은 대기업들은 규모가 크고, 사업영역도 다각화되어 있다. 지배구조도 훨씬 다양하다. 히든챔피언들은 대부분 비상장으로, 소도시나 농촌지역을 근거지로 하는 반면 대기업은 대도시에 근거한 상장기업인 경우가 많다.

③ 히든챔피언의 역사는 얼마나 됐나

회사가 설립된지 얼마안된 곳부터 7~8세대까지 이어온 곳까지 다양한데, 대략 50~60년의 역사를 자랑한다. 오래된 곳은 지금과 같은 독일의 형태가 갖춰지기 시작한 19세기 말까지 거슬러 올라간다. 당시 수많은 중소기업들이 설립됐는데, 1950년대 들어 일본의 급부상으로 경쟁이 치열해지면서 많은 수가 문을 닫았다. 하지만 중저가 위주의 일본제품과 차별화해서 제품의 특화와 고급화에 성공해 틈새시장을 장악한 중소기

업들이 히든챔피언으로 성장했다.

④ 히든챔피언이 가족소유가 많은 데도 오랜 역사를 갖고 있는 게 흥미롭다

독일에서도 가족소유 기업이 3대정도 가서 망하는 경우가 많다. 많은 경우 가족간 분쟁이 원인이 된다. 그래서 중소기업끼리 서로 네크워크를 구성해서 지원하고 협력한다. 가족분쟁은 어떻게 해결하고, 경영승계 규칙은 어떻게 정하는지 등에 대해 서로 경험을 공유한다. 규모가 작은 기업은 소유자가 직접 경영을 하는 경우도 있지만, 히든챔피언 전체로 보면 소유-경영이 분리된 기업이 많다. 소유자는 주로 뒤에서 회사의 가치를 유지하고, 외부압력에 대해 바람막이 역할을 하면서 전문경영인들이 자율성을 갖고 경영에만 집중할 수 있도록 한다.

⑤ 1세대는 창업하고 2세대는 현상유지를 하고

3세대는 말아먹는다는 말이 있다. 엄격한 경영승계 프로그램은 히든챔피언의 특성 중 하나다. 소유자는 2·3세들이다. 다른 회사에서 5~6년씩 근무하며 경험을 쌓도록 한다. 그 뒤에는 회사에 들어와서 신규사업 같은 구체적인 프로젝트를 맡는다. 이런 과정을 5~10년정도 거치며 자질과 능력을 테스트해서 경영승계 여부를 결정한다. 평가가 안 좋은 데도 2·3세라고해서 무조건 승계하는 일은 없다. 대안은 1차적으로 가족안에서 찾고, 그래도 없으면 히든챔피언을 맡은 경험이 있고 능력있는 전문경영인을 영입한다. 이 경우 소유자는 전문경영인을 동업자 대우를 해주고, 일종의 파트너십을 이룬다. 히든챔피언의 경영자들이 장수한다고 했는데, 한국에서는 전문경영인의 경우 불과 몇 년을 버티기가 힘든 실정이다. 전문경영인도 한번 최고경영자가 되면 대체로 20~30년씩 한다. 독일기업들의 이직률이 평균 7% 정도인데, 히든챔피언은 2%에 불과하다.

### (3) 경제위기는 어떻게 극복했나

① 2008년도 경제위기 시

일부상장 대기업들은 대규모 감원을 단행한 곳들도 있다. 하지만 히든챔피언 등 중소기업들은 일감이 주는데도 인력구조 조정을 하지 않았다. 경제위기 이후 독일의 실업률이 크게 높아지지 않은 건 이 때문이다. 고용유지를 위한 정부의 지원정책도 큰 도

움이 됐다. 메르켈 정부와 사민당, 기업은 대타협을 통해 고용유지를 하는 기업에는 근로자 급여일부를 정부가 지원하는 특별조치를 18개월간 실시했다. 이를 위해 정부는 총 50억 유로(한화 약 7조 2천억원)를 집행했다. 노동자들도 고통분담 차원에서 일부 급여 삭감을 감수했다. 이렇게 해서 숙련노동자들의 고용을 유지할 수 있었고, 수출이 다시 늘어나자 빠른 경제회복을 이룰 수 있었다. 이는 독일의 오랜 전통으로 과거 1980, 90년대 위기때도 비슷한 노력들이 있었다. 이러한 독일사례를 보며 우리의 정책 당국자와 노동계지도자, 경영자 등이 심고의 필요를 갖는다.

② 히든챔피언의 교육과 직업훈련 체계

독일경제의 성공비결은 독특한 직업훈련에 있다. 그것이 독일모델의 핵심이다. 다른 유럽국가들의 청년실업률이 수십 %에 달하는 상황인데도, 독일은 단 5%에 불과하다. 독일의 대학진학률은 50%가 채 안 된다. 독일학생들은 굳이 대학을 갈 필요가 있느냐고 말한다. 그들은 10년간의 교육과정을 끝내면 16~17살의 어린나이에 히든챔피언 회사에 들어가 3년간 직업훈련을 받는다. 일종의 견습과정 기간중에는 회사에서 3~3.5일 일하고, 2~2.5일은 이론과 실무훈련을 받는다. 그 다음에는 몇 년 더 숙련기능공 직업훈련 과정을 거쳐 해당분야의 명장(마이스터)으로 성장한다.

한국에서는 대학진학률이 80%를 넘는다. 학력차가 승진, 급여차별은 물론 심지어 배우자 선정에서도 큰 영향을 미치기 때문이다. 얼마전 한 독일신문에서 기획기사를 다뤘다. 두 명의 고교졸업생 중에서 하나는 직업훈련 과정을 선택하고, 다른 하나는 대학진학을 선택했는데, 10년 뒤 모습이 어떻게 달라졌는지에 대한 내용이었다. 그런데 전자는 값비싼 포르쉐 자동차를 타고 다니고, 후자는 20년 된 녹슨 폭스바겐 차를 타고 다닌다고 하더라. 그러니 어른들도 자식들에게 책대신 일을 하라고 권하는 것이다.

③ 히든챔피언들의 평생학습 체계는 어떤가

평생학습 제도는=명장과정 이후에도 회사를 다니면서 대학에 진학할 수 있다. 3개월은 회사에서 일하고 3개월은 대학에서 공부한다. 학비는 모두 회사에서 부담한다. 이렇게 2~3년 지나면 대학졸업장을 취득할 수 있다. 또 독일기업에는 다양한 평생학습 지원제도가 있다. 한 예로 법으로 1년에 최소 1주 이상을 평생학습을 위해 쓸 수 있도록 보장하는데, 비용은 정부에서 지원한다. 많을 사람들이 이런 평생학습을 통해 석사학위를 취득한다.

**2010년 사회책임의 국제표준인 'ISO 26000' 출범 이후 사회책임경영의 흐름이 더욱 빨라질 것으로 봤는데, 실제로는 어떤가**

19세기말 독일의 전기·전자기기 및 자동차 부품회사인 보쉬를 창립한 로버트 보쉬는 '내가 돈이 많아 임금을 많이 주는 것이 아니라, 임금을 많이 주기 때문에 돈이 많은 것이다'라는 말을 했다. 그는 생전에 직원들에게 주거시설을 지어주고, 일과 가정이 양립할 수 있도록 근무체계를 개선하고, 젊은이들을 위한 통합직업 훈련을 시작하고, 자산의 대부분을 재단에 기부하는 등 다양한 사회책임 경영으로 국민들의 존경을 받았다. 보쉬는 독일기업의 사회책임경영의 본보기가 되고 있다.

## 2.2 독일기업들이 수출에 성공하는 이유

### (1) 중소기업 주도형 수출

독일경제의 뛰어난 수출성적은 대기업 덕분이 아니라는 것이다. 왜냐하면 독일 대기업들도 근본적으로 다른 나라에 있는 경쟁자들과 크게 다르지 않기 때문이다.

독일에는 국제적으로 두각을 드러내는 대기업 수가 비교적 적다. 최근에 실시된 한 조사에 따르면, 가장 가치가 높은 세계 100대 기업가운데 독일기업은 고작 4개에 불과한 것으로 나타났다. 지멘스(55위), SAP(79위), 폭스바겐(85위), 바스프BASF(92)가 바로 그 기업들이다. 요컨대 전 세계적으로 볼 때 독일 대기업이 맡은 역할은 그리 크지 않다. 모든 산업선진국에는 엄청나게 많은 상품을 수출하면서 국제적으로 활동하는 기업들이 있다. 대부분은 독일보다 그 수가 많다. 그럼에도 불구하고 이들 나라는 수출에서 저조한 성적을 기록하고 있다.

독일이 보유한 지속적인 수출우위의 원천이 바로 '중소기업'이라는 사실을 거듭 입증한다. 물론 모든 중소기업이 수출에서 성공적인 성과를 거두는 것은 아니다. 그러나 경제에 대해 어느 정도 지식이 있는 사람이라면 아는 바와 같이, 중간규모의 기업들 가운데 해당 시장에서 세계시장 선도기업 혹은 유럽시장 선도기업으로 올라선 독일기업이 매우 많다는 것만은 분명한 사실이다. 이런 시장주도 기업들이 독일의 수출성적을 지속적으로 유지하고 한층 더 강화하는 데 결정적으로 기여했다는 사실과 그들이 대외적으로 독일경제의 선봉을 이룬다는 사실에는 의심의 여지가 없다. 이것은 지난 25년

동안 거의 변하지 않는 사실이다. 오히려 세계화 과정이 진행되면서 그들의 역할은 더욱 중요해졌다.

### (2) 역사적 소국분립 주의와 전통적 경쟁력

① 군소국가 집단의 역사적 배경

한 가지 가능한 설명은 19세기 말까지 독일은, 프랑스나 한국처럼 민족국가가 아니라 군소국가 집단으로 이루어져 있었다는 사실에서 찾을 수 있다. 이런 상황에서 성장을 꾀했던 기업들은 국제화를 강요받을 수밖에 없었다. 바이에른기업이 작센이나 뷔르템베르크에 있는 고객들에게 제품을 납품하는 경우, 그것은 곧 국제무역이라고 볼 수 있었다. 아마도 이런 상황에서 개방성과 국제화 역량이 생성되었을 것이다. 이것이 바로 규모가 훨씬 더 큰 민족국가와 다른 점이다.

2010년에 출간한 저서 "새로운 산업혁명The New Industrial Revolution"에서 규모가 작은 국가가 규모가 큰 국가보다 더 효과적으로 기업가정신과 국제화를 장려한다는 추측을 제기했다. 규모가 큰 나라의 기업가들이 국제화가 필수적인 일로 간주하지 않는 경우도 있다. 특히 미국 중소기업 주들사이에서 이런 견해를 빈번하게 접한다. 이런 회사들 가운데 다수가 우수한 역량과 경쟁력을 갖춘 상품을 보유하고 있음에도 불구하고 국제무역을 거의 추진하지 않는다. 그 이유에 대해 물으면 미국시장이 크기 때문에 충분하다는 전형적인 답변을 듣게 된다. 또는 국제무대는 모든 것이 훨씬 더 복잡한데다 외국어도 익숙지 않기 때문에 차라리 내수시장으로 활동폭을 제한하는 편이 더 낫다는 답변이 돌아온다. 오히려 그 반대로 모든 기업이 국제적인 파이의 한 조각이라도 베어 물기위해 안간힘을 쓴다. 이것은 히든챔피언들과 수출이 함께 성장할 수 있는 토대가 된다. 국제화에 대한 선제적인 태도의 뿌리는 독일의 역사적인 소국분립주의로 거슬러 올라간다.

② 전통적인 역량과 경쟁력

독일의 많은 지역들은 전통적으로 뛰어난 역량을 보유했고, 그것은 현재까지도 이어지고 있다. 예컨대 슈바르츠발트(Schwarzwald) 지역에서는 수백 년 전부터 시계를 만들었다. 시계산업은 고도의 정밀기계학적 역량을 요구한다. 영국 역사학자 루이스 먼포드(Lewis Munford)는 이 업계를 가리켜 '현대 산업화시대의 핵심기계로 명명한다.

그러나 정밀기계학적 역량을 바탕으로 하여 새로운 산업이 생성되었다. 슈바르츠발트 지역의 가장자리에 자리잡은 투틀링엔(Tuttlingen)에는 현재 의용공학분야, 그중에서도 특히 외과용기구 제작분야에서 활동하는 기업이 400개도 넘는다. 이 분야에서는 정밀기계학적인 역량이 핵심적이다.

괴팅겐(Gottingen) 지역을 중심으로 정상적으로 밀집해 있는 계측공학 관련 회사들은 뿌리가 조금 다르다. 이곳은 요컨대 학문적인 뿌리에 기반을 두고 있다. 그곳에서는 39개의 기업이 서로 협력하여 하나의 연합을 이루고 있는데, 사람들은 실리콘밸리(Silicon Valley)를 본따 그 연합을 계측밸리(Measurement Valley)라고 부른다. 최정상급 계측역량을 갖춘 기업들이 이곳에 집결하게 된 데에는 한 세기에 걸쳐 수학부문에서 세계적으로 주도적인 위치를 점했던 괴텐겐대학에 그 기원을 두고 있다. "독일은 21세기에 성공을 구가하기 위해 중세에 기원을 둔 기술적 기반을 활용한다." 돌핀 테크롤로지 주식회사(Dolphin Technology AG) 감사위원장이고, 마찬가지로 계측기술분야에서 활동하는 페터 렌너(Peter Renner)는 이렇게 말했다. "독일은 오늘날에도 여전히 거대한 기술자 사무실이다. 요컨대 어떤 일들은 변함없이 지속되는 법이다.

## (3) 지역적 분산의 특수성과 인금

많은 나라에서 우리는 인재, 기업, 행정관청이 인구밀집 지역에 강하게 집중되어 있는 현상을 찾아볼 수 있다. 프랑스 파리, 일본 도쿄, 영국 런던 혹은 한국 서울 등이 대표적인 예다. 독일처럼 분산적인 구조를 지닌 나라는 거의 없다. 이런 공간분포는 히든챔피언들에게서 나타나는 중요한 특징이다.

독일 전역에 히든챔피언들이 매우 균등하게 분포되어 있다고는 말할 수 없다. 왜냐하면 몇몇 지역에 부분적인 집중현상이 나타나. 독일의 모든 주에 히든챔피언들이 자리 잡고 있다. 그중에서도 베를린, 함부르크, 브레멘을 제외한 나머지 주에 특히 많이 분포되어 있다. 새로운 연방주에 자리잡은 히든챔피언들의 수가 아직까지 비교적 적다는 사실을 지적하기에 앞서, 먼저 독일이 통일이후 20년이라는 세월이 흘렀지만 아직 세계시장 혹은 유럽시장의 주도권을 획득하기에는 짧은 시간이라는 사실을 반드시 고려해야 할 것이다. 어쨌거나 새로운 연방주에 이미 45곳의 히든챔피언들이 존재한다는 것은 분명 기분좋은 일이다.

다른 나라들과 비교해보았을 때 독일은 각 지역의 인재들을 활용하고 그들을 지역

중심지 뿐만 아니라 각각의 해당지역에 배치하는데 좀 더 유리한 고지를 점한 것으로 보인다. 독일 특유의 이런 분산현상은 커다란 장점인 동시에 이 나라에 많은 수의 히든 챔피언들이 존재하는 이유이자 탁월한 수출성적에 대한 이유이기도 하다.

낮은 단위노동 비용은 노동비용과 업무생산성 간의 관계를 바탕으로 하여 산출된다. 많은 사람들이 지난 10년간 독일의 수출성적이 단위노동 비용이 낮은 수준으로 유지된 덕을 톡톡히 보았다고 주장한다. 이런 주장을 반박하기란 어려운 일이다. 2002년부터 2010년까지 독일의 단위노동 비용은 거의 매년, 극단적인 위기가 닥쳐왔던 2009년을 제외하고는 온건하게 상승하는 수준에 그쳤을 뿐만 아니라 심지어 5년간 하락했다.

같은 기간 동안 다른 나라 특히 유럽국가들의 단위노동 비용은 큰 폭으로 상승했다. 프랑스는 심지어 26.0%나 상승했다. 반면 독일의 단위노동 비용 상승률은 고작 6.3%에 불과했다. 그 결과 관찰기간 동안 독일기업들의 경쟁력은 현저하게 개선되었다. 그 이전 몇 년 동안 독일의 경쟁력은 악화일로를 걸었다. 국내구매력을 지나치게 손상시키지 않으면서 국제적인 경쟁력을 유지하는 것, 바로 이것이 우리가 풀어야 할 문제의 핵심이다. 어쨌거나 독일내부의 고용상황은 성공적인 수출과 수출성공을 장려하는 낮은 단위 노동비용의 덕을 톡톡히 보고 있다.

## [요 약]

### 뛰어난 혁신력과 창조력

독일은 유럽특허청 등록특허의 절반을 보유하고 있다. 독일의 1인당 특허건수는 프랑스의 2배, 이탈리아의 4배, 영국의 5배, 스페인의 18배, 포르투갈과 그리스에 비교해서는 무려 56배, 110배에 달한다. 스위스와 스웨덴만이 독일에 앞서고 있다. 독일의 혁신력은 유럽에서 독보적이며 세계기준으로도 탁월한 것이다.

### 치열한 국내경쟁

국내경쟁이 치열 할수록 국제경쟁력이 강화되는 모습을 보이는데(M.Porter) 독일 히든챔피언의 1/3은 가장 강력한 경쟁자는 독일내에, 그리고 특히 인접한 지역에 있다고 생각하고 있다. 치열한 국내경쟁은 독일기업의 수출경쟁력에 결정적으로 기여하고 있다.

### 독일이 경제강국인 비결을

중소기업에서 찾는다. 독일에는 다임러 · 지멘스 등과 같이 평판좋은 대기업도 많지만, 전체사회 · 경제적으로 볼때 직전 20년 간 견고한 경제성장이 가능했던 것은 중소기업 때문이다. 독일은 소수의 대기업이 경제를 지배하는 것이 아니라 다양하고 수많은 중소기업들이 중요한 역할을 하고 있다. 독일의 전체사업체 중에서 중소기업이 차지하는 비중은 93%이고, 근로자 비중은 50%를 넘는다(한국의 중소기업 사업체 수 비중은 99%, 근로자는 88%이다). – 한국이 오랫동안 수출 대기업위주의 성장전략을 고수해온 것과 대비된다.

### 히든챔피언의 특징으로

교육과 직업훈련 체계를 꼽았으며 독일경제의 성공비결은 독특한 직업훈련에 있다. 그것이 독일모델의 핵심이다. 다른 유럽국가들의 청년실업률이 수십 %에 달하는 상황인데도, 독일은 단 5%에 불과하다. 독일의 대학진학률은 50%가 채 안된다. 독일학생들은 대학을 갈 필요가 있느냐고 말한다. 그들은 10년 간의 교육과정을 끝내면 16~17살의 어린나이에 히든챔피언 회사에 들어가 3년간 직업훈련을 받는다. 일종의 견습과정 기간중에는 회사에서 3~3.5일 일하고, 2~2.5일은 이론과 실무훈련을 받는다. 그 다음에는 몇 년 더 숙련기능공 직업훈련 과정을 거쳐 해당분야의 명장(마이스터)으로 성장한다. 한국의 대학진학율과 졸업 후 미취업율을 보면 많은 참고사항이기도 하다.

# 제 3 절 독일의 장수기업

## 3.1 Joh. Barth and Sohn GmbH and co. KG

소재지: 본사. 독일 뉘른베르크
Freiligrathstr: 7/9. 90482 Nrnberg. Germany
설립년도: 1794년.
업태: 제조
업종: 천연 맥주원료, 홉(HOP)

### (1) 회사의 경위

독일 뉘른베르크에 본사를 두고 있는 Joh. Barth and Sohn사는 1794년 설립되어 창업자의 8대 후손이 경영하는 가족기업이다. 동사는 맥주에 쓴맛을 내는 천연원료인 홉(Hop)을 생산가공하여 맥주제조 업체에 공급하는 기업으로서 세계시장의 30%를 점유하고 있다. 이 기업은 경험을 통하여 얻은 교훈을 바탕으로, 사업영역을 확장하기보다는 '우리가 잘하는 것을 더 잘해 나간다'는 확고한 경영방침을 고수하고 있다. 동사의 전임 CEO는 30대 중반 아버지로부터 경영권을 승계받고 미국시장 확대를 위하여 자사의 고유제품인 홉 이외에 사과를 원료로 하는 음료사업을 추가하였다. 미국시장에서 홉 제품의 사업은 지속적으로 성장했지만. 새로이 진출한 사과음료 시장에서는 기대한 만큼의 성과를 내지 못하고 몇 년간의 노력끝에 철수를 하였다. 이후 동사는 자사의 전통적인 사업영역인 홉관련 분야에 역량을 집중하였으며, 그 결과 홉의 생산 및 가공과 유통분야에서 세계 1위 자리를 확보할 수 있었다.

동사는 '세계 최고의 제품과 가장 효과적인 홉 제품의 유통'이라는 목표를 실현하는데 필요한 원천기술을 보유하고 있는 이외에도, 더 나은 R&D활동을 목적으로 전문기술연구소를 런던에 자회사형태로 설립하여 운영하고 있다. 대학 및 연구소와도 공동으로 기술개발 활동을 전개하고 있다. 생산현장에서도 고객의 의견을 들어 작은 규모의 비핵심적인 연구개발 및 개선활동을 상시적으로 진행한다. 1970년대 초반부터는 홉 아카데미를 운영해 오고 있는데, 여기에서는 홉과 기타 원부자재를 활용하여 보다 맛 좋은 맥주를 생산하는데 필요한 자제개발 기술을 자사의 고객인 맥주제조업체 직원들을 대상으로 교육·전수하고 있다.

### (2) Joh. Barth and Sohn GmbH의 장수전략과 비결

#### ① 수출산업 육성과 외국기업 인수확장

이 회사는 1868년 미국으로 첫 수출을 시작하였으며, 1976년 미국의 기업을 인수한 이후 홉 분야 세계시장 리더로서의 지위를 확보할 수 있었다. 현재는 미국, 호주, 중국 등에 11개의 현지법인 및 지사와 농장을 두고 그 대부분을 현지인력이 경영하는 현지화 전략을 실천하고 있다. 실질적인 현지화 전략이 해외시장에서 직면하는 문화 및 관습의 차이를 극복하는데 용이하고 새로운 고객을 확보하는데 훨씬 유리하기 때문이다. 동사는 빠른 성장보다는 탄탄하고 안정적인 성장을 중시하는 경영을 추진하면서 주주에 대한 배당은 최소화하고 내부유보를 최대한 확대하는 방식으로 자기자본 충실화를 도모한다. 경기불황으로 기업이 어려움에 처할 경우에도 견뎌낼 수 있는 가장 효과적인 방안이 부채를 줄이고 자본금을 늘리는 것이라는 사실을 220년에 달하는 오랜 역사를 통해 경험하였기 때문이다. 현 CEO의 아버지인 이사회 의장은 동사가 장기간 건실한 장수기업으로 살아남을 수 있었던 가장 주된 요인으로, 기업의 위기대응능력을 높여주는 자기자본의 충실화를 들고 있다.

#### ② 탁월한 혁신력과 경쟁력

유럽특허청이 2010년 부여한 특허건수를 근거로 독일의 탁월한 혁신력을 구체적으로 살펴보자. 당연히, 특허건수는 한 나라가 보유한 혁신력의 일부분만을 반영한다. 그래도 결과는 매우 눈길을 끈다. 유럽특허청이 교부한 국가별 특허건수를 보여준다. 2010년 유럽특허청이 교부한 특허가운데 미국과 일본이 각각 12,506건과 10,580건을 차지했다. 특허건수에서 보면 독일이 특별하게 앞서 나간다. 반면 스위스는 인구 100만명당 특허건수에서 선두를 달린다. 각 나라별 특허건수 차이가 극단적으로 벌어져 있다. 규모가 비교적 큰 나라들을 비교해보면 독일의 인구 100만명당 특허건수는 프랑스보다 2배 이상 많고 이탈리아보다는 4배 이상, 영국보다는 5배 이상 더 많다. 독일어권에서는 스위스가 독일보다 혁신력이 더 강하고 반면 오스트리아는 더 약한 것으로 드러났다.

③ 첨예한 경쟁력 강화

포터(Poter)는 소위 국제경쟁력 다이아몬드를 이용하여 첨예한 내부경쟁이 한 나라의 국제경쟁력을 강화하는 데 결정적으로 관여한다는 사실을 지적했다. 포터의 '다이아몬드'는 생산요소, 경쟁, 수요 그리고 지원산업과 관련하여 한 나라가 갖춘 조건들을 평가한다. 포터의 핵심명제는 이 모든 다이아몬드들이 한 업계내지는 한 기업의 성공에 기여하는 것은 사실이지만, 그중에서도 특히 경쟁이 두드러진 역할을 한다.'는 것이다. 포터는 이렇게 말했다. 연구에서 도출된 가장 경험적인 결과들 가운데 하나는 바로 한 업계에서 벌어지는 치열한 국내경쟁과 경쟁우위의 창출 및 지속성 간의 연관성이다. 세계를 주도하는 국가들을 보면 흔히 다수의 강력한 지역라이벌이 있다.

독일의 경우, 대부분의 분야에서 경쟁이 매우 치열하다는 것은 의심할 여지없는 사실이다. 아마도 이것은 국제적으로 비교했을 때 독일기업들의 매출수익률이 오랜 기간에 걸쳐 낮은 수준을 기록하고 있는 것에 대한 한 가지 원인일 것이다. 다른 한편으로는 바로 히든챔피언들이 포터가 제시한 조건, 즉 해당업체에서 세계시장 선도기업이 되려면 반드시 한 나라안에 다수의 강력한 경쟁자가 존재해야 한다는 조건을 충족한다. 히든챔피언들 가운데 3분의 1 이상이 바로 독일내부에서 세계에서 가장 첨예한 경쟁을 하고 있다. 이어지는 단락에서는 특정한 역량이 지역적으로 집중되어 있는 현상에 대해 이야기할 것이다. 치열한 내부경쟁이 독일기업들의 경쟁력을 강화하는 데 기여하고 있다.

### (3) 금후의 기업경영전망

① 교육에 투자역량강화

동사는 종업원을 '가장 소중한 자산'으로 인식하고, 적극적인 교육투자와 함께 종업원 개인별 역량과 기대를 반영한 경력관리 제도를 일찍부터 도입하여 시행해 오고 있다. 종업원에 대한 평생교육 프로그램을 운용하고 있으며, 특히 40~50대 초반의 직원을 대상으로 다양한 교육을 실시함으로써 이들이 인생 후반전을 준비할 수 있는 기회를 제공한다. 그 결과 직원들은 장기근무를 하고 있으며 이직률은 1% 미만으로 근로의 안정성과 생산적인 노사관계를 유지하고 있다. 지난날 기업사정이 어려웠을 당시 30명의 직원을 정리해고 한 경우가 있었지만, 나중에 상황이 개선되면서 희망자의 전원을 재고용하였다. Joh. Barth and Sohn사는 '조상으로부터 물려받은 것을 잘 관리하고 더 좋은 것으로 만들어 후손에게 전한다'라고 하는 가족가치 및 목표를 착실하게 실천해 오고 있다.

사업승계에 관한 장기계획을 세워 철저하게 준비·관리하고 안정적으로 추진해 나간다. 유능한 후계자 양성을 중시하고 있는 동사는 후계자가 갖추어야 할 조건을 문서로 규정하고 있다. 후계자로 선정되기 위해서는 관련분야의 학업을 마치고 4개국 언어를 자유로이 구사할 수 있어야 하며, 가족기업에 들어오기에 앞서 5년동안 다른 기업에서 근무한 경험이 있어야 한다. 소정의 조건을 갖춘 후계자에 대하여는 입사후 여러 나라에 흩어져 있는 현지법인 및 해외지사에서 업무경험을 쌓게 한 후, 본사의 다양한 사업분야에서 일반직원들과 동일한 조건으로 근무를 하게 한 다음 역량이 인정되는 시점부터 경영활동에 참여한다. 소유권 승계와 관련하여서는 정부의 가업승계 관련 조세지원 제도가 있어 활용을 하지만, 기업차원에서도 장기적인 계획을 세워 체계적으로 준비를 하기 때문에 승계과정에서도 별다른 어려움은 없는 실정이다. 주거래은행과는 장기안정적인 거래관계를 유지하고 있는데, 필요한 자금은 장기간 거래해온 주거래은행으로부터 원만하게 조달하고 있으며 은행의 다양한 정보 및 컨설팅 서비스도 활용하고 있다.

② 정신적, 문화적 국제화

역사를 들여다보면 국제적인 사업활동이 이루어질 때마다 늘 그에 참여한 사람들의 문화적인 지평이 함께 확장되었음을 알 수 있다. 문화적인 지평의 확장은 사업국제화를 위한 전제조건인 동시에 결과이기도 하다. 그 같은 경험은 고대 페니키아인들과 마르코에게까지 거슬러 올라간다. 그 옛날, 당시 알려진 세계전체를 자신의 무역반경으로 삼았던 안톤푸거는 이렇게 말했다. "최고의 언어는 바로 고객의 언어이다. 국제적으로 성공을 거둔 기업가들은 외국어를 섭렵하고 다른 민족의 문화를 익히고 도화적인 세련미로 두각을 드러낸다. 그 어느 때 보다도 오늘날 이런 요건들이 절박하게 요구된다. 그렇다면 독일어권 기업들은 이 부분에서 얼마나 뛰어난 성적을 기록하고 있을까? 스위스는 4개 국어를 사용한다는 이유만으로도 이미 정신적, 문화적 국제화에서 앞서 나간다. 룩셈부르크의 상황도 이와 비슷하다. 오스트리아는 문화적, 언어적 다채로움에 빛나는 위대한 전통을 지녔다. 비록 그중 많은 부분이 20세기에 접어들어 상실되기는 했지만 말이다. 독일도 규모가 큰 다른 나라들과 비교했을 때 성적이 그리 나쁘지 않다. 도로 밀링머신 제작부문에서 세계시장을 이끄는 비르트겐의 창립자인 고 라인하르트 비르트겐은 이미 오래전에 내게 이렇게 말했다.

"우리에게는 늘 세계 어느 곳이든 단기적으로 투입할 수 있는 팀이 필요하다. 현재 우리는 그런 파견업무를 수행할 만반의 준비가 된 사람들을 충분히 확보했다. 알래스카든 사하사막이든, 우리는 최단시간 안에 파견팀을 꾸릴 수 있다. 국제적으로 비교해보았을 때 이것은 경쟁상 큰 장점으로 작용한다."

고등학생, 대학생 혹은 실습생 자격으로 쌓은 해외경험도 세계화를 위한 중요한 정신적인 기반을 제공한다. 이 때 우리는 두 방향을 동시에 관찰해야 할 것이다. 2009년을 기준으로 약 11만 5,500명의 독일대학생이 외국대학에서 공부를 했다. 이는 전체 독일대학생의 6.2%에 해당하는 수치다. 비록 1980년 이후로 그 수가 7배 가까이 늘어나긴 했지만, 대학재학 기간동안 해외경험을 하는 대학생 수가 예나지금이나 매우 미미한 수준에 불과한 것이 사실이다.

국제적인 인력개발과 관련해서는 기업들 간에 큰 차이가 있다. 이는 히든챔피언들에게도 마찬가지로 적용되는 사실이다. 해외경험을 경영진의 자격요건 중 하나로 명시적으로 언급하거나 이것을 승진을 위한 필수조건으로 요구하는 기업은 소수에 불과하다. 그러나 글로벌리아 시대가 다가오면 해외경험은 더 높은 지위로 승진하기 위한 필수조건이 될 것이다. 국제적인 전략, 아주 근사하고 현대적인 느낌을 자아내는 말이다. 그러나 그것을 실천에 옮기려면 국제적으로 생각하고 느끼고 행동하는 직원들이 필요하다. 바로 이런 이유로 정신적, 문화적 세계화는 국제적인 전략을 성공적으로 이행하기 위한 필수 전제조건이 된다. 따라서 전략을 이행하기에 앞서서 반드시 정신적, 문화적 세계화가 최소한 몇 년 정도는 선행되어야 한다. 다른 나라들과 비교해보았을 때 이 부분에서 독일기업들은 우수한 성적을 거두고 있다. 이런 사실은 글로벌리아에서, 그러니까 과거와 현재보다는 미래에 성공을 거두기 위한 중요한 토대들 가운데 하나다.

## [요 약]

### '잘하는 것을 더 잘해 나간다'는 확고한 경영방침

이 기업은 경험을 통하여 얻은 교훈을 바탕으로, 사업영역을 확장하기보다는 '우리가 잘하는 것을 더 잘해 나간다'는 확고한 경영방침을 고수하고 있다. 동사의 전임 CEO는 30대중반 아버지로부터 경영권을 승계받고 미국시장 확대를 위하여 자사의 고유제품인 홉 이외에 사과를 원료로 하는 음료사업을 추가하였다.

### 세계최고의 제품을 위하여

필요한 원천기술을 보유하고 있는 이외에도, 더 나은 R&D활동을 목적으로 전문기술연구소를 런던에 자회사 형태로 설립하여 운영하고 있다. 대학 및 연구소와도 공동으로 기술개발 활동을 전개하고 있다. 생산현장에서도 고객의 의견을 들어 작은 규모의 비핵심적인 연구개발 및 개선활동을 상시적으로 진행한다

### 첨예한 경쟁력 강화속에서

포터의 '다이아몬드'는 생산요소, 경쟁, 수요 그리고 지원산업과 관련하여 한 나라가 갖춘 조건들을 평가한다. 포터의 핵심명제는 이 모든 다이아몬드들이 한 업계내지는 한 기업의 성공에 기여하는 것은 사실이지만, 그중에서도 특히 경쟁이 두드러진 역할을 한다.'는 것이다. 포터는 이렇게 말했다.

### 정신적, 문화적 국제화

역사를 들여다보면 국제적인 사업활동이 이루어질 때마다 늘 그에 참여한 사람들의 문화적인 지평이 함께 확장되었음을 알 수 있다. 문화적인 지평의 확장은 사업국제화를 위한 전제조건인 동시에 결과이기도 하다. 국제적으로 성공을 거둔 기업가들은 외국어를 섭렵하고 다른 민족의 문화를 익히고 도화적인 세련미로 두각을 드러낸다. 그 어느 때 보다도 오늘날 이런 요건들이 절박하게 요구된다.

## 3.2 HiPP AG

소재지: 남부 농촌지역 소도시

Georg-Hipp-Str. 7. D-85276 Pfaffenhofen(Ilm). Germany.

설립년도: 1899년

업태: 제조

업종: 이유식

자료: HiPP AG社 제공

### (1) 회사의 경위

Pfaffenhofen 1899: J. HiPP의 Rusk Flour 공장설립

모든 성공 스토리는 훌륭한 아이디어로 시작된다. 우리 가족회사는 Joseph Hipp이 유아식을 위한 러스크 가루를 처음생산하고 그의 빵집에서 그것을 판매했을 때 시작되었다.-HiPP 유아식 레인지의 탄생으로 진일보하였다.

Hipp가족은 자연과 공예에 대한 그들의 사랑을 대대로 전달했다. 그들의 조상은 밀랍양초와 벌꿀로 빵을 만들었다. 19세기 말, Pfaffenhofen에 있는 과자장인 Joseph Hipp는 당시에 혁명적이었던 생각을 가지고 있었다. 그의 아내가 쌍둥이를 양육하는데 문제가 있을 때, 그는 손으로 분쇄된 러스크와 우유를 사용하여 첫 번째 아기 시리얼을 만들었다. 그의 성공에 관한 뉴스가 확산되었고, J. HiPP의 Rusk Flour의 노란색과 검은색 패키지가 설립된 브랜드가 되어 가족회사의 기반을 마련했다. 밀가루가 인기를 얻음에 따라 아들 Georg은 부모님의 부지가 너무 작아서 1932년에 자신의 회사를 설립할때까지 뮌헨에서 집집마다 제품을 판매했다.

Pfaffenhofen 1956: Georg Hipp는 유기농업의 개척자가 되었다

HiPP AG사는 남부독일 조용한 농촌지역의 소도시에 위치하고 있으며 HiPP사는 1899년에 설립되어 창업자의 4대 후손이 경영하고 있는 바이오 이유식분야 유럽 1위의 기업이면서 독일국내에서는 40%에 달하는 시장을 확보하고 있는 히든챔피언이다. 기업의 주식은 다섯 명의 가족구성원들이 분산해서 소유하고 있는데, 현역에서 은퇴한 아버지는 회장으로서 자녀들의 기업경영 활동을 돕고 2명의 아들은 CEO 및 임원으로 가족기업을 경영하고 있으며, 3명의 딸 또한 R&D와 웹디자인 등 자신의 적성에 맞는 분야에서 경영에 참여하고 있는 전형적인 가족기업이다.

일찍부터 해외시장을 개척해 온 동사는 독일 이외에 러시아, 헝가리, 오스트리아, 스위스 등에 생산기지를 두고 있는데, 해외사업의 최고 책임자는 모두 현지인이고 근로자의 대부분도 현지인으로 활용하고 있다. 이는 현지의 상관습과 법제도에 대한 이해 및 활용, 마케팅활동, 고객니즈 파악 등에서 현지인이 더 좋은 성과를 실현하기 때문이다. 1956년 Georg Hipp는 항아리에 유아용 식품을 제조하는 새로운 산업공정을 개발했다. 점차적으로 제품범위를 넓히면서 그는 1959년 HiPP병을 실용적이고 위생적인 포장형태로 출시했다. 스위스 생물 유기농업의 개척자인 한스 뮐러(Hans Müller)와의 만남은 과일과 채소를 위한 생태생산 방법을 채택하도록 고무시켰다. HiPP 제품의 첫 번째 원료는 1956년 이후 생태양식장에서 재배되었다. 첫 번째 단계로 Pfaffenhofen 인근에 있는 Ehrensberger Hof는 전적으로 유기농법으로 전환되었다.

Pfaffenhofen 1967: 클라우스 히프(Claus Hipp)가 가족회사의 경영권을 인수하다

게오르그 히프(Georg Hipp)가 사망한 후 29세의 아들 클라우스(Claus)는 회사의 경영을 이어 받아 아버지의 생태적 아이디어를 점차 넓혀갔다. HiPP는 농부들의 시야를 확보하기 위해 농장에서 농가로 여행해야만 했던 반면, HiPP는 현재 6,000명 이상의 계약농가로 구성된 네트워크를 통해 유기농으로 생산된 원자재 중 가장 큰 프로세서 중 하나이다. Claus, Georg 및 Paulus Hipp의 세 형제의 관리하에 HiPP유아식은 생태적, 경제적 및 사회적 지속가능성에 따라 독일에서 가장 유명한 브랜드 중 하나로 성장했으며 기업운영의 상징으로 성장했다. "자연의 최고. 자연에 가장 적합함"이라고 말하면서 가족회사의 성장과 제품범위가 영구적으로 측정되는 기준이 되었다. 동사는 외형

중심의 단기적인 성과창출이나 빠른 성장보다는 안정성장을 중시함으로써 경영상의 리스크를 최소화하면서 기업의 영속성 확보를 중시하고 있다. 동사는 자신이 잘 할 수 있는 고유사업 분야인 이유식분야에만 집중하는 사업전략을 창업 이후 지금까지 고수해 오고 있는데, 특히 동사의 핵심역량에 해당하는 바이오 친환경 이유식 제품분야에서 차별화된 경쟁력을 확보하고 있다. 이 분야에서 경쟁우위를 지속적으로 유지해 나가기 위해서 이유식 제품의 주원료를 공급하는 6천여 농가 등을 대상으로 친환경·고품질의 원재료 생산에 필요한 교육과 노하우를 전수하는 데 많은 노력을 기울이고 있다.

Pfaffenhofen: HiPP는 품질과 지속가능성의 선두주자이다

HiPP의 이름은 50년넘게 생태농업과 지속가능한 가치를 상징한다. 이 회사는 환경 및 생태조직과 긴밀하게 협력하여 미래가 유전공학으로부터 자유롭고 생물다양성을 보호하기 위해 "우수기업 이니셔티브의 생물다양성"에서 적극적인 역할을 수행한다. HiPP는 EMAS 기반의 환경관리시스템을 도입한 최초의 유럽 주요식품 생산업체였으며 지속적으로 환경균형을 개선했다. 이 시스템은 1995년에 시행된 이래로 물소비량을 2/3로 줄이고 에너지 소비량을 절반이상 줄였다. 모든 폐기물의 97%가 현재 재활용되고 독일, 오스트리아, 헝가리의 HiPP 사이트는 생산량이 두 배로 늘어났지만 제품의 범위는 260개가 넘는 제품으로 확장되었으며 탄소중립적으로 운영된다. HiPP사의 중요제품 품질은 지속가능성으로 공신력을 갖고 있다. 주요 제품군은 ① 아기우유, ② 아기음식과 음료, ③ 아기용품과 엄마용품이다. 일찍부터 해외시장을 개척해온 동사는 독일 이외에 러시아, 헝가리, 오스트리아, 스위스 등에 생산기지를 두고 있는데, 해외사업의 최고책임자는 모두 현지인이고 근로자의 대부분도 현지인으로 활용하고 있다. 이는 현지의 상관습과 법제도에 대한 이해 및 활용, 마케팅활동, 고객니즈 파악 등에서 현지인이 더 좋은 성과를 실현하기 때문이다.

### (2) HiPP AG의 장수전략과 비결

① 입지적 조건과 경쟁력

독일의 뛰어난 수출역량에 대한 또 다른 원인은 독일어권이 전략지정학적으로 중심지에 자리잡고있다는 사실이다. 이런 입지는 다른 서유럽국가들과 비교했을 때는 큰

장점으로 작용하지만 미국이나 아시아와 비교하면 확실히 독일에게 유리하다. 독일은 유럽뿐만 아니라 지구전체에서 전략지정학적인 중심지에 자리잡고 있다. 이런 점에서 독일어권의 위치는 가히 독보적이라고 할 수 있다. 전 세계적인 차원에서 보았을 때 중도의 제국은 중국이 아니라 독일어권 국가들 그리고 그와 국경을 접한 국가들이다. 글로발리아에서는 시간대를 초월한 커뮤니케이션과 지식 및 정보의 교환, 여행과 협력이 증가할 것이다. 이미 지금도 각 기업들은 더욱 빨라지기 위해서 개발프로젝트를 태양과 함께 전 세계를 빙돌아 이동시키고 있다. 머나먼 여러 나라에 콜센터가 들어서 있다. 언제나 지구 그 어딘가는 낮이다. 기업들은 이것을 십분활용한다. 이 모든 일들을 가능하게 해주는 전 세계적인 커뮤니케이션 인프라가 최근 몇 년 사이에 대규모로 구축되었다. 오늘날에는 세계에서 가장 동떨어진 오지에도 텔레커뮤니케이션과 인터넷, 비행항로가 닿아 있다. 팩스, 이메일, 보이스메일 덕분에 비동시적인 의사소통이 가능해졌고, 그 결과 지금은 동시적인 근무시간에 의존하지 않게 되었다. 텔레커뮤니케이션 비용도 무시해도 좋을 만큼 낮아졌다. 이를 통해서 국제적인 분업이 제공하는 여러 가지 장점들이 전례없이 활발하게 이용되고 있다. 거리, 시간차, 국경이 전통적인 의미를 부분적으로 상실했다. 혹자는 벌써부터 한껏 행복감에 도취된 어조로 거리와 시간차의 소멸을 입에 올린다.

② 세계화, 시장화로

세계화는 전 세계가 곧 시장임을 의미한다. 이런 사실은 고도의 고객친화성, 그중에서도 특히 고위층 고객에 대한 고도의 친화성과 결합하여 전 세계적인 커뮤니케이션과 여행을 불가피한 요소로 만들고 있다. 따라서 입지가 전략지정학적인 차원에서 새로운 중요성을 획득하게 되었다. 그리고 이 부분에서 독일어권 국가들은 독보적인 이점을 보유하고 있다. 독일어권 국가들과 그와 경계를 접한 국가들은 근무시간을 조금 늘리기만하면 근무시간 내에 유라시아 대륙 및 아메리카 대륙전역과 커뮤니케이션을 할 수 있는 유일한 지역이다. 이렇게 할 수 있는 이유는 지구가 '삼각형 형태'이기 때문이다. 유라시아 대륙과 대서양 양쪽 그리고 태평양 지역이 이 삼각형의 세 면을 구성한다. 그중 유럽은 정확하게 양쪽 '육지'의 중간에 자리잡고 있다 이처럼 전략지정학적인 중심지라는 독보적인 위치는 독일어권 내에 그처럼 많은 세계시장 선도기업이 존재하는 한 가지 중요한 요인이 된다. 이곳에서는 세계 어느 지역보다도 간단하고 수월하게 세계시장에 접근할 수가 있다. 이처럼 변하지 않는 사실을 근거로 우리는 세계적인 기업들이 점차 서유럽에 거점을 두리라고 예측한다.

수많은 독일기업들이 유럽의 중심부이자 전략지정학적인 중심부로서 독일이 지닌 이점을 활용하여 명백하게 이득을 보았다. 세계화 추세가 점차 강화됨에 따라 유럽 및 세계의 중심부라는 입지적인 장점이 한층 더 강하게 부각될 것이다.

③ 환경친화적인 기업으로

HiPP AG의 전략적 비결은 특히 1990년대 중반부터 사회책임 경영과 윤리경영을 적극적으로 실천해 오면서 기업시민의 일원으로서 지역사회발전에 크게 공헌해 왔다. 이 회사는 대표적인 환경친화적인 기업으로 지난해에는 지속가능 경영부문에서 독일 1위를 차지하였다. 동사는 유아용 이유식 제품에 대한 24시간 고객대응 시스템을 구축하고 국·내외 모든 고객 및 잠재고객에 대하여 맞춤형 서비스를 제공함으로써 EU지역 어머니들의 육아관련 토탈서비스를 제공하는 것으로도 잘 알려져 있다.

이 기업은 50여명의 전문인력으로 구성된 연구소를 운영하면서 핵심 기술자원은 철저하게 자체조달 원칙을 고수해 오고 있다. 대학 및 외부의 전문연구기관과 공동으로 기술개발 활동을 전개하기도 하지만 자시의 부족한 분야의 역량을 보완하는 범위 내에서 제한적으로 활용한다. 이는 자사경쟁력의 원천에 해당하는 핵심기술이나 고유정보 및 노하우가 외부로 유출되는 것을 방지하기 위함이다.

## (3) 향후 기업의 경영전망

① 기업의 발전은 종업원 수준과 비례

동사는 종업원들이 일만 잘하는 것이 아니라 사회생활도 건전하게 잘 영위할 수 있도록 다양한 교육기회를 제공하는 기업으로 잘 알려져 있다. 이는 '개인이 행복해야 조직도 행복할 수 있다.'는 창업자의 경영철학에서 비롯되었다. 동사가 종업원들에게 제공하는 교육프로그램은 직원의 업무역량 강화를 위한 기술 및 경영관련 교육 이외에도 경제·경영·법률분야의 폭 넓은 지식, 인간관계와 건강 및 여가에 관한 교육을 포함한 사회인으로서 살아가는 데 필요한 다양한 분야의 교육을 포함하고 있다. 직원교육이 항시적으로 이루어지고 있고 개별근로자에 대하여는 매년 7일 정도의 교육을 실시한다. 그리고 재임기간 중 근로자 각 개인에게 3회의 재교육 기회를 제공함으로써 본인이 희망하는 경우 재교육을 통한 기업내 업무분야 이동을 원활하게 한다. 동사의 경우 독일의 직업교육 시스템인 듀얼시스템(Dual System)을 통해서 잘 훈련되고 기업에 대한 충성심이 강한 인력을 용이하게 확보함과 동시에 확보한 인력에 대하여는 기업 자체의 평생교육 프로그램을 통해서 직원들의 성장기회를 다양하게 제공한다. 그 결과 직원의 이직률은 0.5% 이하의 매우 낮은 수준이고 평균 재직기간은 30년이며 대부분의 근로자들이 정년인 65세까지 근무한다. 지역에 소재하는 좋은 기업이라는 특성에서 기이한 것이기는 하지만 대를 이어 근무하는 근로자들도 적지 않다. 생산적인 노사관계가 정착되어 있고 직원의 연봉은 대기업보다도 높게 업계 최고수준을 유지하고 있다.

② 기본적인 조건과 독일의 미래 Made in Germany

'Made in Germany'라는 원산지 표시는 1887년 영국인의 압박으로 도입되었다. 당시 영국인은 독일산 상품을 질적으로 수준이 크게 떨어지는 상품으로 부각시키려는 의도를 품고 있었다. 그러나 세월이 흐르면서 'Made in Germany'라는 표시가 최상급 품질 인증마크로 변모했다. 이것은 처음에 이 표시를 도입한 사람들이 의도한 바도 아니었고 또 예상했던 일도 아니었다. 오늘날 'Made in Germany'가 지닌 가치의 이면에는 독일기업들의 최고수준이 숨겨져 있다. 독일경제연구소 소장 미하엘 휘터는 이와 관련하여 이렇게 말한다. "독일 산업계가 보유한 수출능력은 무엇보다도 제품의 품질을 통해서 설명될 수 있다." 'Made in Germany'와 그 배후에 숨겨진 우수한 품질이 독일의 지속적인 수출 성공에 근본적으로 기여했다는 것만큼은 의심할 여지없는 사실이다. 영국의 압박이 독일기업의 반사적 대응능력을 촉진시켜 독일번영의 촉진제역할이 되었다.

③ 국가는 왜 실패하는가

제임스A. 로빈슨이 2012년 출간한 저서에서 도출해낸 가장 중요한 인식은 다름아닌 제도의 중요성이다. 사실 이것은 이 책에서 심도깊게 다루기에는 지나치게 복잡한 주제다. 다만 사유재산권과 사법권 독립, 법적 안정성, 부정부패의 부재, 공정한 세금 체계, 선택의 자유 등이 복지와 국제경쟁력 제고를 위한 필수불가결한 요소라는 사실 정도만 지적하고 넘어가도록 하겠다.

비록 독일관료주의의 복잡함을 비판하는 목소리가 많은 것은 사실이지만, 그럼에도 불구하고 전체적으로 보면 그에 찬사를 보내야 마땅할 것이다. 한 가지만 예를 들어보겠다. 지금까지 세계 약 20개국에서 회사설립의 절차를 보면 독일보다 간단한 나라는 단 한 곳도 없었다. <미래의 경제트렌드>를 보면 독일관료주의의 효율성을 입증하는 또 다른 일련의 예들이 제시되어 있다.

④ 기업이 극복 못할 도전은 없다

성공과는 반대로 위기는 어찌 대처하였을까? 물론 위기는 많았죠. 두 번의 전쟁, 다섯 번의 통화개혁이 있었다. 독일의 역사를 보면 대략 50년마다 위기가 있었던 것 같다. 돌아보면 1945년에는 독일은 폭격을 당해서 건물 대부분이 무너지고 황폐화 되었다. 다만 이런 위기속에서 독일은 계속 이어질 수 있었던 이유는 끊임없이 같은 질문을 했기 때문이라고 생각한다. '오늘 우리가 하는 일이 미래에 어떤 의미가 있을까라는 질문덕에 머크는 언제나 빨리 변했고, 미래를 대비하는 사업포트폴리오를 가질 수 있었다. 머크라는 회사나 우리회사 직원들의 특징은 늘 미래성장 분야에 참여하고 싶어하는 장점을 가지고 있다.

## [요 약]

### 성장보다는 안정성장을 중시경영

외형중심의 단기적인 성과창출이나 빠른 성장보다는 안정성장을 중시함으로써 경영상의 리스크를 최소화하면서 기업의 영속성 확보를 중시하고 있다. 동사는 자신이 잘할 수 있는 고유사업 분야인 이유식 분야에만 집중하는 사업전략을 창업이후 지금까지 고수해 오고 있다.

### 핵심역량인 친환경 이유식 차별화

동사의 핵심역량에 해당하는 바이오친환경 이유식 제품분야에서 차별화된 경쟁력을 확보하고 있다. 이 분야에서 경쟁우위를 지속적으로 유지해 나가기 위해서 이유식 제품의 주원료를 공급하는 6천여 농가 등을 대상으로 친환경·고품질의 원재료생산에 필요한 교육과 노하우를 전수하는 데 많은 노력을 기울이고 있다.

### HiPP AG의 전략적 비결은

특히 1990년대 중반부터 사회책임 경영과 윤리경영을 적극적으로 실천해 오면서 기업시민의 일원으로서 지역사회 발전에 크게 공헌해 왔는데, 대표적인 환경친화적인 기업으로 지난해에는 지속가능 경영부문에서 독일 1위를 차지하였다.

### 토탈서비스를 제공시스템

동사는 유아용 이유식 제품에 대한 24시간 고객대응 시스템을 구축하고 국내외 모든 고객 및 잠재고객에 대하여 맞춤형 서비스를 제공함으로써 EU지역 어머니들의 육아관련 토탈서비스를 제공하는 것으로도 잘 알려져 있다.

### Made in Germany 영국인의 압박으로 도입

'Made in Germany'라는 원산지 표시는 1887년 영국인의 압박으로 도입되었다. 당시 영국인은 독일산 상품을 질적으로 수준이 크게 떨어지는 상품으로 부각시키려는 의도로 원산지 표시제도를 실시하였다.

### 독일국민이 묵계적 실천결과

그러나 오늘의 Made in Germany라는 표시가 최상급 품질인증 마크로 변모했다. 이것은 독일국민이 전쟁에는 졌지만 산업에서는 이겨야 한다는 무언의 실천이었다.

오늘날 'Made in Germany'가 지닌 가치의 이면에는 독일기업들의 최고 수준이 숨겨져 있다. 독일경제연구소 소장 미하엘 휘터는 이와 관련하여 이렇게 말한다. "독일 산업계가 보유한 수출능력은 무엇보다도 제품의 품질을 통해서 설명될 수 있다."

## 3.3 Mueller GmbH

소재지: 사이팬(Seifen)

Industrieweg 5. 79618 Rheinfelden. Germany.

설립년도: 1899년

실립사: 마이스터인 E.Mueiier

업태: 제조

업종: 목각 공예품

### (1) 회사의 경위

Mueller GmbH사는 구 동독지역 체코와의 국경지역인 사이팬(Seifen)에 소재하는 이 기업은 예술품에 가까운 목공예 제품을 생산하는 중소규모의 히든챔피언이다. 1899년 선반공(Drechsler) 분야의 마이스터인 E. Mueiier에 의해 설립된 이후 현재까지 4대째 목공예 분야의 마이스터 자격을 가진 후손이 경영하는 기업으로 창업초기부터 예술성이 강한 크리스마스 장식용 목각공예품을 전문으로 생산해 왔다.

동사의 비전은 목재와 나무에 대한 열정과 애정을 갖고 계속 새로운 제품을 개발해 나가는 것이다. 창업자의 뜻에 따라 목각인형 제품분야에 집중하되, 예술성이 강한 창조적인 디자인과 제품의 고급화에 집중함으로써 다른 경쟁업체들과 차별화를 시도해 오고 있다. 독특한 디자인을 자랑하는 창의적이고 질 높은 제품만을 고집하는 생산활동과 함께, 사장이 다양한 고객의 소리를 들어 제품생산에 반영할 목적으로 직접 담당하는 A/S전략을 통해서 고객과의 신뢰관계를 구축하고 있다.

그 결과 동사의 주력제품인 피라미드와 회전공예물 등 크리스마스 장식용 목각인형 제품을 취급하는 전 세계상인의 대부분이 동사제품의 우수성을 인정하고 있으며, 최근 고객들을 상대로 한 브랜드 인지도 조사에서 89%라는 높은 인지도를 확인하였다. 동사의 경우 1926년 라이프치히에서 열린 국제전시회에 참가하여 스칸디나비아 국가에 인형가구를 수출한 것이 최초의 수출이었다. 주요시장은 독일이지만 북미, 아시아 등 해외 여러 나라에 제품을 수출한다.

### (2) Mueller GmbH사의 장수전략과 비결

#### ① 끊임없는 혁신과 외부자원 활용

동사는 끊임없는 혁신 및 기술개발과 외부자원을 적극 활용함으로써 규모의 열세를 극복해 나가고 있다. 매출액의 2~3%를 R&D 비용으로 투자하면서 현장 근로자들과 목공예분야 마이스터인 사장을 포함하여, 장기근속한 생산 및 디자인부문의 장인들이 수시미팅과 정보교류를 통해 현장의 필요한 기술과 신제품을 개발한다. 자체적으로 해결하기 어려운 기술의 개발은 지역에 소재하는 대학과의 협력 및 공동개발을 통해 해결하고 있는 동사는 29건의 국내 및 국제특허를 보유하고 있다.

동사는 중소규모 가족가업이라는 특성을 살려 종업원 중시의 가족적 경영을 실천하고 있다. 전체 종업원과의 정례모임을 통해서 회사의 주요현안과 경영성과 등 경영정보를 공유하고 직원들의 의견을 정기적으로 청취한다. 가족적인 노사관계를 유지하고 있고 근무직원의 만족도와 자긍심 및 애사심은 높은 수준으로 이직률이 거의없고 장기근속자가 대부분이다.

종업원에 대하여는 각개인의 재능에 따라 주로 작업현장에서 단계적인 교육을 실시하고 있으며, 직업교육을 완료한 젊은 장기근속 직원들에게는 마이스터 자격취득에 필요한 교육기회를 제공한다. 직업교육생을 위한 수련장을 제공함으로써 이 분야에 관심과 적성을 보유한 젊은 직원을 훈련하면서 사업장 인근에 위치한 목공예 직업학교를 졸업한 인재를 적극 채용하고 있다.

#### ② 직업교육 시스템으로 능력향상, 경쟁력 강화

까다로워질수록 이런 능력이 갖는 중요성도 더욱 커진다. 2010년에 실시된 한 조사에서 경제협력 개발기구는 17개 국가의 직업교육 실태조사에서 독일이 그 분야에서 매우 뛰어나다는 결론을 내렸다. 독일 교육연구부 장관인 안네테 샤반은 그런 조사결과에 대해서 다음과 같이 논평했다. “직업교육은 독일 교육시스템에서 가장 중요한 부분이다.” 독일의 직업교육은 독일기업의 제품품질과 생산성의 근간을 이루는 가장 중요한 토대다. 양질의 전문인력을 독일만큼 많이 보유한 나라는 그 어디에도 없다. 고도의 능력은 노동자나 대학교육을 받은 인력에게 매우 중요한 위치를 점하고 있다.

독일의 직업교육은 단지 국내에서만 평판이 좋은 것이 아니라 세계적으로도 좋은 평판을 받아왔다. 브뤼셀에 있는 독일산업무역 상공회의소 EU대표단에서 직업교육과 교육정책을 담당하는 바르바라 파비안은 다음과 같이 평가한다. 전 세계적으로 독일산 직업교육에 대한 문의가 빗발치고 있다.

③ 독일기준에 부합하는 직업교육

독일식 본보기를 따른 새로운 방식의 직업교육 계획건수와 규모가 상당한 수준에 이른다. 이때 독일기준에 부합하는 직업교육을 받은 전문인력에 대한 독일회사의 수요가 핵심 원동력으로 작용한다. 한 마디로 다른 나라에서는 그 같은 전문인력을 찾을 수가 없다. 이런 상황에서 자체적으로 그런 인력을 교육하는 것보다 더 좋은 방법이 어디에 있겠는가? 대부분의 경우 이런 교육은 다른 독일기업들 그중에서도 특히 히든챔피언들이나 교육계획을 적극적으로 지원하는 상공회의소와의 협력하에 이루어진다.

전 세계적으로 교육의 상업화 현상을 목격하고 있다. 이런 상황에서 이원적인 직업교육이라고 해서 안 될 이유가 있는가? 공공민간 파트너십을 구축하여 이것을 추진할 수도 있고 순수하게 민간기업 차원에서 이를 행할 수도 있다. 교육비 지급주체는 직업교육 대상자보다도 오히려 고용주가 될 것이다. 인터넷이 국제적으로 계획된 그 같은 프로젝트의 실행을 수월하게 만들어주는 한편 그것을 지원해줄 수 있다. 그런데 과연 직업교육으로 수익창출도 가능할까? 이 질문에 대해 아직 명확한 답변은 없다. 그러나 한 번쯤 시도해볼 만한 가치가 있는 것만은 분명하다. 어쩌면 이를 통해서 독일기업들이 수출뿐만 아니라 전 세계를 대상으로 한 교육활동에서도 지속적인 성공을 구가할 수 있는 토대가 마련될 수도 있다. 심지어 이 부분에서 새로운 히든챔피언이 탄생할지도 모를 일이다.

## (3) 향후 기업의 경영전망

① 존경받는 골든 마이스터(Golden Meister)

4대째 가업을 모범적으로 승계한 이 기업의 전임CEO는 목공예 부문의 존경받는 골든 마이스터(Golden Meister, 마이스터 자격취득 후 50년간 해당분야에서 전문성을 발휘하며 일한 사람에게 주어지는 자격)로서 목공예 제품분야의 다양한 기술을 개발하여, 동사를 이 분야의 명품기업으로 발전시켰다. 창업자의 4대 후손인 현 CEO는 1994년 경영권 승계와 함께 회사지분을 물려받았다. 동사의 후계자로 선정되기 위해서는 가업에 대한 애정과 열정을 갖고 목공예 분야의 수공업능력(목재를 가지고 공예품을 개발하고 제작할 수 있는 능력)과 경영능력을 겸비한 마이스터로서 직원들로부터 존경받고 종업원을 리드해 나갈 수 있는 인격과 자질을 갖추어야 한다. 현 대표자 역시 일찍이 수공업분야의 직업교육을 마치고 아버지가 운영하는 가족기업에서 일하던 중 마이스터 자격을 취득하고 경영분야의 직업교육을 받았으며, 현재는 해외시장 개척역량을 강화하기 위해서 마케팅분야의 석사학위 과정을 이수하고 있다.

동사가 소재하는 지역은 최고 수준의 품질을 자랑하는 목재가 대량으로 생산되는 관계로 양질의 원자재를 손쉽게 구할 수 있으며, 그 결과 204여 개의 목공예 생산업체들이 집단적으로 존립하는 클러스터를 형성하면서 성장해 오고 있다. 이 지역에는 오래 전부터 목공예 전문인력을 양성하는 학교가 운영되고 있는데 이 학교는 세계유일의 목공예분야 전문직업학교로서 관련분야의 직업교육 및 마이스터 양성프로그램을 운영하고 있다. 이와 함께 지역내에 상당규모의 오래된 목공예 박물관이 위치하면서 200여 년 전부터 이 지역에서 활동해 온 목공예산업의 역사와 발전과정 등을 알리고 이 산업에 대한 새로운 인식과 다양한 아이디어를 제공함으로써 지역의 전통산업 발전에 기여하고 있다. 지역의 수공업자 조합이나 업계단체 및 상공회의소 등도 이 지역 목각공예제품을 국내외 소비자와 고객에게 알리고 공동기술 개발 및 판매사업, 정보제공, 해외시장 개척 등을 적극 추진한다.

② 경영자로서 리더십에 대한 철학

첫 번째 가장 중요한 것은 균형이다. 현대기업에서 협업과 한 팀이라는 마음가짐은 늘 중요하죠. 하지만 동시에 리더로서 마지막 결정을 내려야 할 때도 있다. 다시 말해 함께 토론할 때와 결정할 때 사이의 균형을 잘 아는 것이 리더십의 핵심이라고 생각한다.

두 번째 균형은 이윤추구와 사회적 가치사이의 균형이다. 우리는 자선기관이 아니지만 동시에 사회의 가치를 반영하지 않고는 살아남을 수가 없다.

세 번째 균형은 시간의 균형이다. 미래에 투자하는 일은 즐거운 일지만 동시에 단기이익을 내야합니다. 기업이란게 결국 사람이 사람을 위해 만든 지적구조(intellectual structure)라고 본다. 기업을 운영하는 철학 역시 인간에 대한 철학과 같다고 생각해요. 인간사의 모든 것이 음양으로 이뤄져 있듯 기업역시 그런 균형을 찾는 일이 중요하다고 생각한다.

③ 기업의 전망 독일의 미래

오늘날의 세계에서 독일이 수행하는 역할을 주로 과거와 현재의 측면에 비추어 분석해 보았다. 그러나 이보다 더 흥미로운 문제는 글로발리아에서 독일에게 주어질 역할이 어떤 형태를 취할 것인가, 또 취해야 할 역할이 무엇인지다. 이 문제 및 그 배후에 숨겨진 도전과 관련해 무엇보다도 중요한 것은 세계의 발전과 독일의 역량을 조화롭게 일치시키는 일이다. 이 같은 도전은 강도 높은 적응을 요구한다. 그러나 적응의 형태는 혁명적이기보다는 오히려 진화적인 형태를 취할 것이다. 이미 확인한 바와 같이 독일과 독일기업은 세계적인 경쟁에서 우수한 성적을 기록하고 있다. 경제규모가 큰 국가들, 그러니까 소위 G7국가 가운데 독일은 2011년에 이른바 세계화 지표에서 영국을 앞질렀고, 현재는 세계화가 가장 강도높게 진행된 나라로서 자리잡고 있다.

과거에 독일에게 성공을 안겨준 독일의 국제화 능력은 미래에도 그대로 유지되어야 한다. 독일은 2007년 이후에 찾아온 위기를 다른 산업 선진국들보다 훨씬 더 효과적이고 신속하게 극복해냈다. 이 일을 계기로 외부에서 독일을 바라보는 시각도 완전히 달라졌다. 유럽의 환자에서 유럽의 기관차로 변모한 것이다. 이런 맥락에서 전 세계가 독일경제, 그중에서도 특히 중소기업에 대해 강한 관심을 갖게 되었다. 생산기반은 이제 후진성의 징표가 아니라 장점으로 간주된다. <파이낸셜 타임스> 특파원이자 국제적인 경쟁상황에 정통해 있는 피터 마쉬는 독일 중소기업과 관련하여 다음과 같은 결론을 내렸다. 틈새기업들은 새로운 산업혁명이 확고하게 정착될 때면 성공대열에 끼게 될 것이다.

독일기업들은 이미 강도 높게 국제화되어 있고, 많은 시장에 진출해 있으며, 주도적인 시장 입지를 점유하고 있다. 의심할 여지없이 경쟁, 특히 중국 같은 개발도상국과 경쟁이 앞으로 더욱 더 치열하고 첨예하게 펼쳐질 것이다. 독일의 우선적인 과제는 강자의 입지를 유지하는 선에서 그치지 않고, 계속해서 그것을 확장해 나가는 것이다. 이렇게 하려면 독일의 내부역량을 강화하는 한편 이에 병행하여 새로운 목표시장으로 역량을 이전하는 일이 동시에 요구된다. 여기에 덧붙여, 무엇보다도 독일인구가 점점 줄어드는 상황에 직면하여, 전 세계 최고 인재들을 확보하고 영입해야만 한다. 이것은 대기업과 중소기업 모두 동일하게 요구되는 사항이다.

## [요 약]

### 창조적인 디자인으로 차별화 고급화

창조적인 디자인과 제품의 고급화에 집중함으로써 다른 경쟁업체들과 차별화를 시도해 오고 있다. 독특한 디자인을 자랑하는 창의적이고 질 높은 제품만을 고집하는 생산활동과 함께, 사장이 다양한 고객의 소리를 들어 제품생산에 반영할 목적으로 직접 담당하는 A/S전략을 통해서 고객과의 신뢰관계를 구축하고 있다.

### 부족한 자원, 외부자원활용 끊임없이 혁신

Mueller GmbH사는 끊임없는 혁신 및 기술개발과 외부자원을 적극 활용함으로써 규모의 열세를 극복해 나가고 있다. 매출액의 2~3%를 R&D 비용으로 투자하면서 현장 근로자들과 목공예분야 마이스터인 사장을 포함하여, 장기근속한 생산 및 디자인 부문의 장인들이 수시미팅과 정보교류를 통해 현장의 필요한 기술과 신제품을 개발한다.

### 직업교육 강화로 경쟁력 향상

직업교육은 독일 교육시스템에서 가장 중요한 부분이다. 독일의 직업교육은 독일기업의 제품품질과 생산성의 근간을 이루는 가장 중요한 토대다. 양질의 전문인력을 독일만큼 많이 보유한 나라는 그 어디에도 없다. 고도의 능력은 노동자나 대학교육을 받은 인력에게 매우 중요한 위치를 점하고 있다.

### 존경받는 골든 마이스터(Golden Meister)

4대째 가업을 모범적으로 승계한 이 기업의 전임CEO는 목공예부문의 존경받는 골든 마이스터(Golden Meister, 마이스터 자격취득 후 50년간 해당분야에서 전문성을 발휘하며 일한 사람에게 주어지는 자격)로서 목공예제품 분야의 다양한 기술을 개발하여, 동사를 이 분야의 명품기업으로 발전시켰다. 창업자의 4대 후손인 현 경영자는 1994년 경영권 승계와 함께 회사지분을 물려받았다.

## 3.4 머크(Merck)

설립년도: 1668년

설립자: 프리트리히 야콥 머크

업종: 제약. 화학약품

머크가문이 13대째 소유, 67개국 진출, 4만명 고용

### (1) 화사의 경위

머크(Merck)는 1668년 리드리히 야콥 머크가 세운 약국(Engel Apotheke · 천사약국)에서 시작했다. 1827년 하인리히 엠마뉴엘 머크는 이 약국을 키워 대규모 생산설비를 갖춘 제약 · 화학회사로 탈바꿈시켰다. 1차 세계대전 때 미국 지사(현재, 미국 머크사)를 통째로 미국정부에 빼앗기는 아픔을 겪었지만, 현재도 머크그룹은 전 세계 67개국에 진출해 4만여 명이 일하고 있다.

머크사처럼 계속 성장한 경우는 드물뿐만 아니라, 창업자 가문이 지금까지도 소유권을 유지하고 있는 경우는 더 드물다. 현재 머크사 지분의 70%는 머크가족들이 소유한 E. 머크사(社)가 가지고 있다. 나머지 30%는 개인투자자와 보험사나 투자회사 같은 기관투자자가 보유하고 있다. 과거에는 머크가(家)가 회사지분을 100% 소유했지만 1995년 투자를 더 확대하기 위해 회사지분의 일부를 증시에 상장해 외부투자자를 받아들였다.

인간이란 생로병사(生老病死)의 순서에 따라 태어나 성장하다가 어느 순간 성장이 정체되고 늙음이 와서 죽는 게 생명체의 운명이다. 기업도 초기에는 새로운 제품과 서비스를 내놓아 성장하지만 제품의 수명주기에 따라 성장기, 성숙기, 쇠퇴기가 오고 만다. 기업도 마찬가지로 성장에서 쇠퇴기로 이어진다. 그래서 모든 기업이 혁신을 외치는 이유도 조금이라도 더 살아남기 위해서다. 그런 점에서 영원한 기업은 모든 기업인의 꿈인 셈이다.

머크사는 어떻게 340년이 넘는 기간에 살아남을 수 있었을까? 홍보담당인 필리스 카터(Carter)씨는 과거와 미래를 연결하는 작용에 의미를 둔다. 긴 역사만큼이나 머크본사는 과거와 미래가 뒤섞인 모습이었다. 역사관 건물에는 100여년 전 머크가 세계 최

초로 개발·판매한 액정과 1920년대까지 약품으로 쓰였던 미라가루가 보관돼 있는 반면, 다른 한편에는 최근 완공한 OLED(유기발광 다이오드) 연구시설이 정렬되어 있다.

머크를 이끌고 있는 칼 루드비히 클레이(Karl-Ludwig Kley·60) 회장은 머크 가문 사람은 아니다. 하지만 비(非)머크가문 경영자로서는 가장 오래 회사를 이끌고 있다. "머크가 사람들은 임직원을 채용할 때 입양(adopt)한다는 표현을 자주 쓴다. 저는 11대 사람들의 사촌으로 입양되었죠, 가족과 같이 동화되기 위하여." 창업 이후 3대 이상 생존한 가족기업이 드물다. 머크가 이토록 오랫동안, 그것도 성공적으로 운영될 수 있었던 비결은 무엇인가?

머크사 가문은 아주 독특한 특징은 무엇일까?

첫째, 가족 사이에 일종의 계약이 있다.

지분을 가지고 있는 가족들이 그 지분을 팔고나가는 것보다 지분을 가지고 배당을 받는 게 더 유리하도록 해놓은 계약이다(가족의 지분은 가족내에서만 팔 수 있다). 그 때문에 오랜 시간 머크사 가족사람들을 하나로 묶을 수 있었다.

둘째, 회사경영에 관여할 대표를 뽑는 방식에 있다.

다시 말해 어떤 사람이 어떤 계보에 있기 때문에 반드시 가족을 대표해야 한다는 식이 아니라는 뜻이다. 머크사람들은 오로지 능력이 있는 사람, 그 자리에 적합한 사람을 가족의 대표로 내세운다.

셋째, 머크가는 승계를 위하여 젊은 세대가 일찍관여

머크가는 젊은 세대가 일찌감치 가문의 사업에 관심을 갖도록 교육프로그램을 마련하고 있다. 예를 들어 머크가의 아이들은 15~20세, 그리고 20~25세처럼 연령에 맞춰 회사의 전반을 알 수 있도록 하는 수업을 듣는다. 다시 말해 아주 어릴때부터 가문의 사업을 접할 수 있게 해주는 것이다. 그런 점에서 머크가는 단지 기다리면서 배당만 챙겨가는 것이 아니라 넓은 의미에서 적극적으로 사업에 참여하고 있는 셈이다. 이 세가지가 머크가가 그토록 오랫동안 회사의 소유권을 지켜갈 수 있었던 이유라고 본다.

340여년이 넘은 기업이고, 창업자 가문이 여전히 대주주인 회사라 어딘가에 머크 가문의 사진이나 그림이 있을 것이라 생각했기 때문이다. 하지만 어디에도 머크가의 흔적은 없었다. 책장에 꽂혀 있는 머크가에 대한 책 몇 권이 다였다. 클레이 회장이 웃으며 말했다. "머크가 사람들이 130명이 넘지만 사실 모회사(E. 머크)의 파트너 위원회 사람 5명을 제외하면 1년에 한 번 볼까말까 하다. 머크가문과 회사는 따로 분리할 수 없지만 그렇다고 다른 머크가 사람들이 회사운영에 관여하지 않는다."

### (2) 장수기업의 전략과 비결

머크사라는 회사가 오랫동안 성공할 수 있었던 데도 몇 가지 특징이 있다. 어떤 기업이든 340년의 오랜 세월 운영되고 있다면 뭔가 잘하는 게 있었기 때문이다.

첫째, 변신의 능력을 갖고 있다.

오랜 기간 사업을 해왔지만 머크는 사업포트폴리오를 빠르게 변화시킬 수 있는 능력이 있다. 지난 6년간 머크사는 2개 주요한 사업을 팔고 2개의 분야를 추가했다.

둘째, 혁신과 전문성을 지니고 있다.

혁신과 직원들의 전문성이다. 길을 가다가 머크직원을 잡고 물어보면 현재 자신이 하는 일을 쉽게 설명해 줄 것이다. 보통사람이 알아들을 수 있는 용어이다. 머크는 절대 우리가 확실히 이해하지 못하는 사업을 하지 않는다. 현재 이 회사의 지분을 가진 머크가 사람은 130명 정도다. 이들은 가족회의(Partners' Assembly)를 열어 가족위원회(Family Board) 위원을 선정하고, 이들이 다시 5명의 파트너 위원회 위원을 임명해 가문의 이익을 대변한다. 이들은 비(非)머크가 위원 4명과 함께 머크그룹의 전략을 결정한다. 물론 이들 외부위원도 머크가에서 임명한다.

복잡한 구조는 의사결정의 속도를 늦추고 분쟁의 소지를 늘린다. 당연히 사업포트폴리오를 빨리 바꾸기에 불리하다. 회사 홈페이지나 논문만 보면 머크의 지배구조가 아주 복잡해 보이지만 사실 아주 단순하다. 사실 회사의 주요 결정사항은 E. 머크(머크의 모회사)의 파트너 위원회에서 승인되면 바로 집행할 수 있다. 클레이 회장은 머크에 합류하기 전에 바이엘을 거쳐 루프트한자(항공사)의 최고 재무책임자(CFO)로 일했던 경험을 비교해 설명했다.

"회사경영을 총괄하는 회장을 상대해야 할 머크가문 사람은 5명뿐이다. 그리고 이들은 오랫동안 머크라는 회사의 비즈니스를 잘 이해하는 사람이에요. 이런 구조는 불필요한 커뮤니케이션을 줄이고 빠른 결정을 할 수 있게 해준다." 그는 2010년 미국의 의학·실험장비 업체인 밀리포아를, 한 해 매출에 가까운 70억 달러(약 10조원)를 들여 인수했을 때 머크가를 포함한 주주의 동의를 얻는데 걸린 시간은 4주에 불과했다고 한다. 많은 기업이 좋은 기회를 보고도 결정을 내리는데 너무 많은 시간을 허비해 결국 기회를 놓친다. 하지만 머크는 대주주인 머크가와 외부의 전문경영진이 지속적으로 이야기를 나눠왔다. 그렇게 빨리 결정할 수 있었던 이유도 새로운 사업포트폴리오의 방향을 꾸준히 논의해 왔기때문에 가능한 일이었다.

회사가 계속 발전하려면 결국 주식을 가진 머크일가가 사업을 얼마나 잘 이해하느냐가 관건이라는 생각이 들었다. 더구나 몇 대를 걸쳐 이런 전통을 잇는 것이 얼마나 어려울까? 더구나 가장 어려운 게 자녀교육아닌가.

#### 머크가에서 자녀를 가르치는 특별한 방식?

머크가는 젊은 세대들에게 늘 자신들의 가문이 정확히 어떤 사업을 하는지 이해시키기 위해 노력한다. 예를 들어 우리 회사는 항암제(얼비툭스)도 파는데, 머크가 사람들은 자기자녀를 하이델베르크 대학에 보내서 암관련 강의를 듣도록 한다. 물론 머크가 사람중에는 의학을 연구하는 사람들이 있는데, 이분들이 강의하기도 한다. 그 밖에 회사의 인턴프로그램을 듣게하기도 한다. 다시 말해 기업의 모든 측면을 이해할 수 있도록 기회를 주는 것이다. 머크가는 많은 돈을 회사에 투자하고 있기 때문에, 자녀를 가르치는 것을 멈추지 않는다.

이 회사직원들에 따르면 머크가 사람이 회사신입 직원이나 중간관리자로 고용되는 경우가 드물다고 한다. 머크가 사람이 회사에서 일할 수 있는 유일한 길은 다른 회사에서 경력을 인정받아 임원으로 승진한 뒤 가문의 인정을 받아 머크사에 입사하는 길뿐이라는 것이다. 대주주인 머크가 사람이 정작 회사(머크)에 들어가는 길은 훨씬 더 좁다는 이야기다. 한 가문이 오래 경영권을 행사하려면 역시 상속이 걸림돌이 되는데 상속세 문제는 어떻게 해결할까?

머크가에는 미래의 세금(상속세)을 내기위해 어릴때부터 저축하는 전통이 있다. 회사에서 배당을 받게되면 루이뷔통이나 카르티에를 사는 대신 저축을 한다. 사실 이곳(다름슈타트) 주변에는 머크가 사람들이 많이 살고있지만 부(富)를 드러내는 경우는 거의 없다. 머크가 사람들이 개인적인 삶을 어떻게 사느냐는 자유지만 일단 회사와 관련된 문제에서는 검약과 기업가정신을 앞세우는 게 머크가의 전통이자 문화라고 할 수 있다. 머크가는 장기적인 이해를 추구하고, 일반주주는 단기적인 이해를 추구할 가능성은 있다. 예를 들어 연구개발에 막대한 투자를 한다고 했을 때 이해가 나뉠 수 있다. 하지만 대부분의 일반주주들 역시 장기적인 투자가 필요한 우리사업의 특성을 이해하는 경우가 많다.

좋은 지배구조는 영원한 기업의 필요조건이지만 충분조건은 아니다. 결국 새로운 제품과 서비스를 계속 내놓느냐가 기업의 수명을 결정한다. – 역사가 길고 전통이 쌓이면 변화는 더욱 어렵다. 외견상 머크는 화학과 제약이라는 두 분야를 벗어나지 못했다. 머크의 성장전략은 무엇일까? 우리는 사업포트폴리오를 바꿀 경우에도 우리가 잘 아는 분야에서 한다. 다시 말해 머크가 가진 제약과 화학이라는 두 분야의 외연을 계속 확장하는 방식이다.

### (3) 향후 기업의 경영전망

머크는 내일 당장 자동차를 만드는 식으로 사업하지 않는다. "혁신이란 게 꼭 지금과는 전혀 다른 사업을 한다고 해서 얻어지는 것은 아니라고 생각한다. 제약과 화학에서도 우리는 충분히 기업가정신을 발휘할 수 있다. 그리고 머크는 오랜 시간 축적되어 온 전문성과 능력을 가지고 있기 때문에 같은 분야에서도 계속 혁신할 수 있다. 외부인들이 우리직원들을 만나면 전문성이 높아서 놀란다는 이야기를 자주해요. 혁신이란 게 꼭 새사업을 하거나 새 프로세스를 도입한다고 해서 얻어지는 게 아니라고 저는 믿는다. 혁신의 핵심은 사람이다. 그리고 저희는 직원들이 혁신할 수 있도록 여유를 준다. 모든 것이 규제된 상황에서는 창의성이 나오기 어렵다. 창의성에는 자유가 필요하고 경영자로서 제 역할, 또 조직으로서 회사의 역할은 직원들의 자유를 잘 관리하는 일이다. 생각해 보면 혁신이 매년 이뤄지는 게 아니고, 때로는 10년을 연구해도 새로운 발견을 못 할 때가 있다. 장기적인 관점에서 직원들에게 자유를 주고, 그들이 창의성을 발휘할 수 있도록 북돋아주는 게 필요하다."

클레이 회장이 말한 전략은 번하드 슈에블러(Bernhard Scheuble, 2000~2004년) 회장시절부터 시작된 집중된 다각화(focused diversification) 전략과 일맥상통한다. 1982년 머크에 연구원으로 입사한 슈에블러는 2000년 회장이 된 이후, 전임회장 때 사들였던 전기화학 분야 등 비(非)핵심 분야를 팔고 제약연구 시설을 통합·확충했다. 경영학에서 자주 쓰는 비유로 보자면, '많은 것을 아는 여우보다는 하나의 큰 것을 아는 고슴도치의 전략'을 택한 것이다.

하지만 기업의 역사를 보면 때로는 확실히 버릴 줄 아는 게 필요할 때도 있다. 필립스가 의료기기 같은 신규사업을 하기 위해 '필립스의 심장'이라던 반도체 사업부를 버렸듯 때로는 기존의 사업을 과감히 정리해야 한다. 결국 머크는 제약과 화학의 범주에만 머문게 아니냐고 하자 클레이 회장은 곧장 반론을 펼쳤다.

걸보기에 머크는 제약과 화학이라는 두 축에서 성장했다. 하지만 내용을 보면 사업모델이 엄청나게 변했다. 우리가 인수한 밀리포아의 경우 각종 실험장비를 파는 동시에, 바이오의약품 제조기기 분야에서 선두업체입니다. 화학과 제약의 양쪽분야 모두를 포괄한다고 할 수도 있죠. 회사가 미래를 어떻게 준비하느냐는 모든 경영자의 공통된 고민이지만, 각 회사가 내놓은 답은 모두 다른 것 같다.

기업이 연속장수로 이어지려면 항시 다음 사업모델에 대해 고민하며 창출하여야 한다. 하지만 우리가 내일 당장 차를 만드는 것처럼 전혀 다른 사업을 한다고 해서 성공하는 것은 아니라고 생각해요. 반대로 우리가 제약과 화학을 오래했기 때문에 앞으로도 영원히 성공하리란 생각도 안 한다. 중요한 것은 고객과 시장의 요구를 끊임없이 반영하는 것이에요. 똑같이 약을 만드는 일이라도 고객과 시장에 따라 사업모델도 늘 새롭게 정의될 수 있다고 생각한다."

머크가 전체시장에서 차지하는 위치를 검토하고 내린 결정입니다. 원칙은 간단합니다. '우리가 힘을 쏟을 분야는 혁신적인 사업이지 범용재(commodity)가 아니다.' 복제약은 이미 범용재가 됐습니다. 범용재의 경쟁력은 결국 가격이죠. 기업입장에서는 가격, 가격, 가격 그리고 또 가격을 외쳐야 합니다. 머크가 편하게 느끼는 분야가 아닙니다. 물론 복제약에 대규모 투자를 해서 생산규모를 늘린다면 시장에서 수성(守城)이 가능할 겁니다. 하지만 우리는 혁신에 집중해야 한다고 생각했고, 사업 포트폴리오를 바꾸게 됐습니다. 물론 이런 과정이 하루아침에 이뤄지는 건 아니고요."

—가족기업(가족이 직접 경영하거나 대주주인 기업)에 대한 조사에 따르면 가족기업은 상대적으로 부채비율이 낮고, 위험을 감수하지 않는 경향이 있다고 합니다. 하지만 때로는 과감한 투자가 필요할 때도 있습니다. 가족기업이라는 점이 경영전략에 영향을 미치지는 않습니까?

"우리 회사는 최근 3년간 수십억 유로를 들여서 2개 회사를 인수했습니다. 세계적으로 봤을 때 저희는 경제위기 이후 맨 먼저 큰 규모의 투자(기업 인수)를 한 회사입니다. 그런 사실이 가족기업은 투자에 소극적이라는 점이 오해라는 걸 증명한다고 봅니다. 물론 재정건전성은 중요한 이슈예요. 이미 두 번의 큰 인수를 했기 때문에 우리 회사는 아마 올해는 또 다른 인수에 나서지는 않을 겁니다. 앞서 인수를 위해 빌린 돈을 갚으면서 다시 체력을 비축해 다음번 투자에 나서는 것이죠."

2006년에 셰링을 인수하려다 경쟁사인 바이엘에 빼앗겼습니다. 셰링은 머크사와 사업 분야가 많이 겹치는 회사지요. 하지만 그 뒤에 인수한 회사(세로노, 밀리포아)들은 분야별로 좀 더 전문적인 회사들입니다. 인수전략에 변화가 있었습니까?

"셰링인수 시도는 제가 경영을 맡기 이전입니다만 이렇게 말씀드릴 수 있겠네요. 당시 셰링은 인터페론(항바이러스 약품) 같은 바이오의약품 분야에서 두각을 나타냈습니다. 머크는 그런 분야에서 경쟁력을 확보하길 원했죠. 모든 기업인수에는 그때마다 목적이 있고 따라서 장·단점이 있지요. 하지만 (셰링과 그 이후에서) 전략이 달라진 것은 아닙니다. 즉 규모를 키우기 위한 것이 아니라 우리가 남과 다른 차이를 낼 수 있는 분야에 초점을 맞추는 전략이다.

### 머크사, 다음 100년의 전망

언제나 난제는 있다. 극복을 하고 못함은 자신들의 역량에 있는 것이다. 제가 가장 싫어하는 말이 '지금이 역사상 가장 어려운 시기'라는 말입니다. 그건 헛소리예요. 여기 머크가 가계도를 보세요. 수백 명이 있죠. 340년이 넘는 머크의 역사에서 모든 세대에는 그 나름의 특별한 도전이 있었을 것입니다. 그리고 매세대 그걸 극복하고 있음을 가르쳐주고 있다. 기업도 마찬가지이다. 기업이 극복하지 못한 도전은 없습니다."

## [요 약]

### 머크(Merck)의 교육프로그램

머크가는 젊은 세대가 일찌감치 가문의 사업에 관심을 갖도록 교육프로그램을 마련하고 있습니다. 예를 들어 머크가의 아이들은 15~20세, 그리고 20~25세처럼 연령에 맞춰 회사의 전반을 알 수 있도록 하는 수업을 듣습니다. 다시 말해 아주 어릴 때부터 가문의 사업을 접할 수 있게 해주는 것이죠. 그런 점에서 머크가는 단지 기다리면서 배당만 챙겨가는 것이 아니라 넓은 의미에서 적극적으로 사업에 참여하고 있는 셈입니다. 이 세 가지가 머크가가 그토록 오랫동안 회사의 소유권을 지켜갈 수 있었던 이유라고 봅니다.

### 좋은 지배구조 필요조건이나 충분조건 아니다

지배구조는 영원한 기업의 필요조건이지만 충분조건은 아니다. 결국 새로운 제품과 서비스를 계속 내놓느냐가 기업의 수명을 결정한다.－역사가 길고 전통이 쌓이면 변화는 더욱 어렵습니다. 외견상 머크는 화학과 제약이라는 두 분야를 벗어나지 못했습니다. 머크의 성장전략은 무엇일까? 우리는 사업포트폴리오를 바꿀 경우에도 우리가 잘 아는 분야에서 합니다. 다시 말해 머크가 가진 제약과 화학이라는 두 분야의 외연을 계속 확장하는 방식이다.

### 신입사원에서 18년만에 회장으로

1982년 머크에 연구원으로 입사한 슈에블러는 2000년 회장이 된 이후, 전임회장때 사들였던 전기화학 분야 등 비(非)핵심분야를 팔고 제약연구시설을 통합·확충했다. 경영학에서 자주 쓰는 비유로 보자면, '많은 것을 아는 여우보다는 하나의 큰 것을 아는 고슴도치의 전략'을 택한 것이다.

### 겉보기와 내용은 다르다

겉보기에 머크는 제약과 화학이라는 두 축에서 성장했습니다. 하지만 내용을 보면 사업모델이 엄청나게 변했습니다. 밀리포아의 경우 각종 실험장비를 파는 동시에, 바이오의약품 제조기기 분야에서 선두업체입니다. 화학과 제약의 양쪽분야 모두를 포괄한다고 할 수도 있죠. 회사가 미래를 어떻게 준비하느냐는 모든 경영자의 공통된 고민이지만, 각 회사가 차별화로 내놓은 답은 모두 다른 것 같습니다.

# 제 4 절 독일 장수기업 핵심포인트

## 4.1 독일이 앞서가는 핵심요소

### (1) 독일의 지정학적 위치와 경쟁력

독일의 뛰어난 수출역량에 대한 한 요인은 독일어권이 전략적 지정학적으로 중심지에 자리잡고 있다는 사실이다. 이런 입지는 다른 서유럽 국가들과 비교했을 때는 큰 장점으로 작용하고 있다. 아시아에서 장수기업이 제일 많은 일본도 지리적 입지의 조건이 장수기업을 많이 탄생시키고 있다. 독일은 유럽뿐만 아니라 지구전체에서 전략적 지정학적인 중심지에 자리잡고 있어 수출산업에 이점을 지니고 있다.

지금 세계화는 전 세계가 곧 하나의 시장임을 의미한다. 이런 사실은 고도의 고객친화성, 특히 고위층 고객에 대한 고도의 친화성과 결합하여 전 세계적인 커뮤니케이션과 불가피한 요소로 만들고 있다. 따라서 생산자 입지가 전략적 지정학적인 차원에서 새로운 중요성이 대두되고 있다. 그리고 이 부분에서 독일어권 국가들은 독보적인 이점을 보여주고 있다.

이처럼 전략적 지정학적인 중심지라는 독보적인 위치는 독일어권 내에 그처럼 많은 세계시장 선도기업이 존재하는 중요한 요인이다 이곳에서는 세계 어느 지역보다도 간단하고 수월하게 세계시장에 접근할 수가 있다. 이처럼 변하지 않는 사실을 근거로 세계적인 기업들이 점차 서유럽에 거점을 둘 것이라고 예측한다. 수많은 독일기업들이 유럽의 중심부이자 전략적 지정학적인 중심부로서 독일이 지닌 이점을 활용하여 많은 이득을 보고 있다. 세계화 추세가 점차 강화됨에 따라 유럽 및 세계의 중심부라는 입지적인 장점이 한층 더 강하게 부각될 것이다.

### (2) 문화적 지역확장과 사업의 국제화

역사를 돌이켜보면 문화적인 지역의 확장이 사업의 국제화를 위한 전제조건인 동시에 결과이기도 하다. 국제적으로 성공한 기업가들은 외국어를 섭렵하고 다른 민족의 문화를 익히고 도전적인 세련미의 두각을 나타낸다. 역사적으로 어느 시기보다 오늘날 이런 요건들이 절박하게 요구된다. 그렇다면 독일어권 기업들은 이 분분에서 얼마나 뛰어난 성적을 기록하고 있을까? 스위스는 4개 국어를 사용한다는 이유만으로도 이미 정신적, 문화적 국제화에서 앞서 나간다. 룩셈부르크의 상황은 이와 비슷하다. 오스트리아는 문화적, 언어적 다채로움에 빛나는 전통을 지녔다. 독일은 규모가 큰 다른 경쟁 국가들에 비교했을 때 성적의 우월성을 지니고 있다.

현재 독일은 기술적으로 지원하는 파견업무를 수행할 만반의 준비가 된 사람들을 충분히 확보하였다. 알래스카든 사하사막이든, 최단시간 안에 파견팀을 꾸릴 수 있습니다. 국제적으로 비교해보았을 때 이것은 경쟁상 큰 장점으로 작용한다.

국제적인 인력개발과 관련해서는 기업들 간에 큰 차이가 있다. 이는 히든챔피언들에게도 마찬가지로 적용되는 사실이다.

그러나 글로발리아 시대에 있어 해외경험을 더욱 필요로 하고 있다. 국제적인 전략에 있어, 아주 근사하고 현대적인 느낌을 자아내는 말이다. 그러나 국제적인 업무의 효율성을 높이기 위해서는 국제적으로 생각하고 느끼고 행동하는 직원들이 필요하다. 이런 이유에서 정신적, 문화적 세계화는 국제적인 전략을 성공적으로 이행하기 위한 필수적인 전제조건이 된다. 다른 나라들과 비교했을 때 이 부분에서 독일기업들은 우수한 성적을 거두고 있다. 이런 사실은 글로발리아에서, 미래에 성공을 거두기 위한 중요한 토대가 된다.

### (3) 독일이 수출챔피언이 된 이유

독일은 1986년 사상 최초로 수출 세계챔피언 타이틀을 획득하였다. 이후로 독일은 전 세계적인 경쟁에서 두드러지는 위치를 계속 점하고 있다. 가장 중요한 사실들을 요약하면 다음과 같다.

독일은 수출면에서 규모가 큰 나라들을 크게 앞서가고 있다. 미국과, 일본과의 비교에도 그렇지만, 서유럽에 있는 이웃국가들과 비교해도 결과는 마찬가지로 크게 앞서가고 있다. 독일은 주변국들과는 전략적 지정학적인 입지적 조건이 유사함에도 불구하고 독일에 크게 앞서가는 이유는 무엇일까?

독일은 수출력을 향상시킬 것이다. 앞으로도 계속해서 독일은 수출에 전념하여 시장을 확대하여 나갈 것이다. 독일기업들은 마케팅전략을 주로 시장이 협소한 분야에 초점을 맞추고 있기 때문에 충분한 승산을 가지고 있다 독일은 다품종 소량생산으로 고객의 차별적 만족도를 높이거나 전통적이면서도 독특한 전문성의 제품으로 세계시장을 공약하고 있기 때문이다.

### (4) 수출기반을 중소기업 제품으로

독일의 성공적인 수출성과는 대기업보다는 중소기업에 기반을 둔 산업기반이기 때문이다. 그중에서도 히든챔피언들의 활동상은 특별히 돋보인다. 독일은 다른 어떤 나라보다도 많은 히든챔피언을 보유하고 있고 산업에 공헌도가 높다. 독일에 유독 히든챔피언이 많은 데는 여러 가지 이유가 있다. 19세기 소국분립주의, 독일이 보유한 전통적인 역량은 지방분권적인 특징 등이 이에 해당한다. 특히 기업들이 나라전체에 비교적 균등하게 분산되어 있다는 것이다.

독일의 지속적인 수출성공에 대한 또 다른 원인은 제2차 세계대전 후 지속적인 품질개선과 질적 향상에 노력한 결과 독일제품의 품질의 우수성은 세계인이 인정단계에와 독일제품이 지닌 높은 명성과 품질(Made in Germany)과 단위 노동비용의 온건한 상승은 강력한 생산기반을 구축하여 경쟁력을 제고 하고 있다. 전략지정학적 중심부라는 입지와 이원적 직업교육 시스템은 독일을 거점으로 한 세계적인 산업운영을 한층 더 용이하게 해주는 한편 미국과 아시아를 거점으로 하는 경우와 비교했을 때 경쟁상의 이점을 제공한다.

국제적인 사업의 중요한 기반인 정신적인 세계화 진행사항을 살펴보면 규모가 큰 다른 나라들보다도 독일이 앞서고 있다. 독일의 강점과 역량은 글로발리아 에서도 중요한 역할을 할 것이다, 앞으로 중요도는 더욱 커질 수도 있다. 문제의 핵심은 독일의 강점과 역량을 세계적인 발전노선과 결합하는 것이다. 이렇게 함으로서 독일내 역량이 강화되고 수출량은 늘어날 것이다.

## 4.2 독일이 경쟁우위를 갖는 역량

### (1) 경쟁우위 구축조건

(a) 고객이 원하는 것을 먼저 인지하고 제공한다.
(b) 고객이 실제로 필요하고 가치성이 인정되어야 한다.
(c) 고객이 차별적인 제품으로 인식되어야 한다.
(d) 쉽게 모방이 어려운 것으로 지속력이 있어야 한다.
(e) 품격있는 이미지가 있어야 한다.

경쟁우위를 구축하고 선도기업으로 세계시장에서 활력을 높이기 위해서는 이상의 다섯 가지 조건들이 충만하였을 때 경쟁우위는 지속할 수 있는 수단적 매개가 된다. 경쟁의 선두는 품질이며 품질의 주도권에 일치된다. 이와 수반하여 서비스나 제품 소프트웨어와 관련된 매개변수들이 자리잡고 있다. 확장이란 제품에 수반된 서비스. 소프트웨어. 정보를 모두 포괄하는 개념으로 통합된 시스템을 의미한다. 경쟁우위가 좁은 의미의 제품에서 확장제품으로 옮겨가고 있음을 의미한다. 제품을 둘러싼 무형의 변수들이 새로운 차별화의 기회를 제공하고 있다. 변수들보다 모방하기가 훨씬 어려운 제품들을 독일은 지니고 있어 경쟁우위의 역량을 갖고 있다.

### (2) 경쟁우위 근원

독일제품의 우월한 성능에 대한 인식과 더불어 전략적 경쟁우위를 형성하고 있으며 경쟁우위의 지속성과 그 근원은 서로 연결되어 있다. 생산공정과 조직의 비밀유지와 보호는 경쟁우위 지속성을 한층 오래 유지토록 한다. 가장 모방하기 어렵고 그만큼 가장오래 지속되는 경쟁우위는 직원들의 자질과 가치체계에 바탕을 둔 경쟁우위이다. 내적능력과 가치시스템은 정보를 얻기 매우 어려우며 히든챔피언들의 새로운 경쟁우위는 컨설팅이나 시스템 통합의 범주에 속하는데, 그 이유는 직원들의 우수한 자질과 조직적인 능력에 바탕을 두고 있는 것이 경쟁우위의 근원이다.

히든챔피언들은 대다수가 등대 프로젝트를 통해 그들의 우월한 경쟁력을 과시한다. 히든챔피언들은 다른 기업들보다 더 빠르게 등대 프로젝트에 참여하여 탁월한 전문역량을 입증한다. 이상적인 것은 등대 프로젝트에 적합한 유일한 기업으로 인식되고 독보적인 커뮤니케이션 메시지를 확보하게 된다. 등대 프로젝트는 업계와 고객의 관심을 받기때문이다. 반면 실패하면 엄청난 타격의 손실을 보게 된다(등대 프로젝트는 독일에서 실시하는 국가에서 선정하는 시범프로젝트).

### (3) 히든챔피언의 경쟁력

치열한 경쟁속에서 치밀한 경쟁력이 생긴다. 경쟁을 두려워하지 않는 히든챔피언 서로 치열하게 경쟁을 벌이는 히든챔피언들 그들의 관계는 밀접한 협력의 관계에서부터 적대적인 경쟁과계로 그 양상은 다양하게 노출되고 있다. 히든챔피언들은 세계적인 관점에서 경쟁하며 능력을 길러가고 있다. 그들은 경쟁의 적합성을 갖추기 위한 트레이닝 파트너로서 지역에 위치한 기업 간에도 강력한 경쟁함은 경쟁우위의 확보적 근원을 말해주고 있다.

힘없는 경쟁자보다 강력한 경쟁자와 경쟁하는 것이 장기적인 안목에서 볼 때 경쟁의 내성을 경쟁력을 높이는 결과를 가져올 것이다. 최고수준의 선수라 할지라도 최상급 선수들과 지속적으로 맞붙어야만 신예선수가 되어 금메달을 딸 가능성이 높아진다. 기업에도 이와 유사한 법칙을 적용할 수 있다. 여기서 중요한 사실은 경쟁은 성능의 영역과 혁신의 영역에서 펼쳐야만 기업역량이 커진다는 것이다.

### (4) 사장 소수의 독점적 구조

① 히든챔피언 경쟁정략의 시장은 소수의 독점적이 구조이다 전 세계를 기준으로 삼아도 중요경쟁 업체의 수가 평균 6개사를 지나지 않는다. 히든챔피언의 경쟁구조와 경쟁에 임하는 태도는 비교적 안정적이다.

② 히든챔피언들은 기존 업체들 간에 경쟁강도가 아주 높다. 경쟁은 가격영역이 아니라 성능영역과 혁신역역에서 이루어진다. 일반적으로 그들은 다수의 전략적 경쟁우위를 보유하고 있으며 시장에서 철저히 관철하고 있다.

③ 제품품질상의 장점으로 탁월한 의미를 지닌다. 확장된 서비스라는 매개변수에서 히든챔피언들의 경쟁입지가 크게 개선되어 특히 컨설팅과 시스템 통합부문에서 새로운 경쟁우위를 창출되었다.

④ 히든챔피언들은 수많은 등대 프로젝트를 통해서 그들이 보유한 경쟁상의 우월함을 전 세계에 보여준다. 그들은 또 다른 기회가 포착되면 대내적인 커뮤니케이션 메시지로 활용할 것이다.

⑤ 히든챔피언들은 지속적으로 비용절감에 노력하면서 합리화의 방안을 연구할 것이다. 비용합리화의 목적은 가격전략과 경쟁우위전략에 있기보다는 시장에서 퇴출을 방지함에 목적이 있다. 가장 크게 관심을 기울여야 할 대상은 경쟁업체가 아니라 고객들과 전문적인 역량이다

⑥ 경쟁은 생존을 위한 영원한 투쟁이다. 히든챔피언들도 다른 기업들과 마찬가지로 동일한 위험과 조건에서 경쟁을 하고 있다. 그들은 자신들이 보유한 경쟁우위를 철저하게 관철시키며 고객들에게 월등한 품질의 제품과 서비스를 제공한다. 컨설팅 통합시스템은 사용의 편의성이 매우 중요하면서도 모방하기 어려운 실적측정변수를 중심으로 경쟁입지를 강화하고 있다.

## 4.3 독일기업이 주는 교훈

### (1) 리더는 영감을 주라

히든챔피언을 이끌어가는 리더는 많은 사람들에게서 찾아볼 수 있는 공통의 특징이 있다 그 특징중에서 다섯 가지를 꼽자면 ① 인물과 사명의 일치, ② 집중적으로 목표에 매진하는 태도, ③ 대담함과 실천력, ④ 활력과 지구력, ⑤ 타인에게 영감을 불어넣는 능력으로 좀 더 광범위한 국제경험과 세련된 처세술 등으로 귀결된다.

히든챔피언들이 보유한 큰 장점은 경영의 연속성이다. 히든챔피언 경영자들이 정상에 머물러있는 기간이 평균 20년을 넘고 있다. 히든챔피언들이 지속적으로 큰 성과를 거두는 이유의 뿌리는 세계정상으로 이끌어가는 경영자이다. 인생의 많은 것들이 그렇듯이 지도의 역량도 좋은 목적과 나쁜 목적을 위해 사용할 수 있다. 사람들을 효율적으로 이끄는 능력은 개인의 내면 깊숙한 인격속에서 나온다.

히든챔피언을 이끌어가는 사람은 어떠한 성격과 특징의 인품을 겸비하였을까? 지도자의 내면에서 타오르는 불꽃은 그들의 기업이 세계시장에서 선도기업으로 뛰어오를 수 있도록 만들어내는 능력을 가진 자이다. 히든챔피언 지도자들은 똑같은 부류로 분

류할 수는 없다. 그럼에도 불구하고 일치된 사명, 목표에 집중, 대담한 끈기와 타인에게 영감을 불어넣는 능력은 공통점을 갖고 있다.

### (2) 중단없는 개혁정신

모방 아닌 혁신적 창조를 통해서만이 세계시장에서 선도기업이 될 수 있다. 혁신을 추구하는 불굴의 자세와 지속적으로 창의적 개선을 통해서만이 정상에 설 수 있다. 히든챔피언들은 탁월한 혁신가이며, 그들은 일반기업에 비해 연구개발비를 2배이상 투자하고 있다. 중요한 것은 획기적인 혁신보다 점진적인 개선이 중요하다 중단없는 개혁만이 좋은 열매를 맺을 수 있다.

히든챔피언의 혁신관은 기술과 제품에 국한된 것이 아니라 사업활동 전 영역에 포괄한다. 공정혁신은 품질의 개선으로 이어지고 소요시간 단축은 편의성 증대로 귀결되어 고객만족도를 증대시킨다. 고객의 비용을 줄여주는 혁신은 시장에서 성공할 확률이 높아진다. 유통과 판매, 마케팅혁신은 다양한 기회를 열어주며 가치창출사슬 연장에 도움을 준다.

혁신을 성공적으로 이끌기 위해서는 예산보다 인력과 전문적인 능력이 훨씬 더 필수요건이다. 연속성은 지속적인 개선을 위한 수단적 과정으로 궁극적으로는 완벽에 도달하기 위한 필수요소이다. 히든챔피언들은 제한된 인적자원과 재정적 역량에도 불구하고 탁월한 혁신가로 면모를 보인다. 그들의 경쟁입지 강화는 혁신에 근거하고 있다. 히든챔피언들은 글로발리아에서 펼쳐질 혁신경쟁에 대비하여 최적의 무장상태를 갖추고 있다.

### (3) 변화를 주시하고 대응하고 변화하라

■ **SIE MENS 사례**

독일의 지멘스(SieMens)는 세계적인 전기전자 기업으로 166년의 역사를 가진 장수기업이다. 지멘스는 철강회사로 출발하여 성업하였으며 제2차 세계대전까지는 전선, 전기분야의 기업으로 성장하여 왔다. 1980년대 와서는 가전제품과 통신장비로 1990년대에는 반도체, 발전기, 의료기기 등으로 다각화하여 명실상부한 세계최고의 기업으로 발전하였다. 1990년대 후반들어 일부사업이 수익성이 악화되자 2000년대 초반까지 대규모의 사업영역 조정을 추진하였다. 주로 경기에 민감한 사업과 저수익 사업에서 철수하고 경기영향을 덜 받고 고성장이 가능한 사업분야, 즉 에너지, 헬스케어, 산업솔루션, 도시인프라 등 4대 핵심사업 영역으로 재편하였다. 그 결과 2011년 4대 핵심사업 매출비중이 전체의 99%를 차지하게 되었고 수익성도 괄목할만하게 개선의 성과를 거두었다. 결단의 용기가 미래를 구축하며 불멸의 장수기업으로 지속된다(선진기업의 조건, 품격경영, 유한주 지음).

### (4) 고객친화적인 전략

고객은 낮은 가격보다 고도의 능력을 요구한다. 시장에서 선도기업이 되고자 하거나 계속해서 그 자리에 머물고자 한다면 반듯이 최고의 고객을 확보하고 지속적으로 그들을 만족시키고 그들을 고객으로 유지할 수 있는 가치제공을 하여야 한다. 여기에서 성공할 경우 두 가지 장점을 얻을 수 있다. 우선 첫째로 최고의 고객들은 내부적으로 능력향상의 원동력 역할을 하며, 둘째로 그들은 추천인으로서 높은 가치를 지니고 있다. 많은 히든챔피언들이 최고의 고객을 타겟으로 삼는 이유도 이 때문이다. 시장 지배권을 장악하려면 반드시 최고의 고객에게 지속적으로 만족한 제품을 납품하여야 한다. 이러한 통찰과 권고사항들은 이성적으로 맞는 말이나 실제로 실행에 옮기기에는 결고 쉽지 않다. 고객과의 교류, 고객과의 관계, 고객과의 친화성에서 중소기업과 대기업, 좋은 기업과 나쁜 기업의 차이가 가장극명하게 드러날 것이다. 히든챔피언들은 한눈에 파악가능한 작은 규모와 목적지향적인 조치덕분에 고객과의 관계를 고객 및 자기 자신에게 유익한 방향으로 만들어 나갈 수 있다. 이것은 직원들의 솔선한 태도와 경영전반의 시스템에 해당 적용되는 것이다. 고객친화라는 주제에 관한 히든챔피언들은 철저한 본보기가 되고 있다.

# 제8장 중국의 장수기업

# 제1절 중국의 기업문화

## 1.1 신중국 기업문화

### (1) 義, 信, 利를 기본으로

① 첫째 신조는 의리(義理)

중국 상인의 기본은 義, 信, 利로 첫째 신조는 의리(義理)요, 둘째 신조는 신용(信用)이며, 세 번째가 이익(利益)이다. 이것이 중국 거상(巨商)의 신조이다. 중국인들의 상훈(商訓)인 장수(長壽)의 비결(秘訣)은 무엇인가? 인간은 태어나서 오래살기를 바라지만 인명은 재천이라 유한하지만 그러나 또한 인간은 만물의 영장이기에 사람이 벌려놓은 사업은 대를이어 영유(永有)할 수 있는 것이기에 장수기업이 존재하고 존속하고 있는 것이다. 넓고 넓은 중국땅에도 기업역사를 살펴보면 의외로 장수기업을 찾기가 어렵다. 중국뿐만 아니라 세계 여러 나라에서도 기업이 오래 존속한다는 것은 쉬운 일이 아니어서 미국의 포춘(Fortune)이 선정하는 2012년도 글로벌 500대 기업 중 73개사가 중국기업이고 중국의 석유화학 기업인 시노펙(SINOPEC)은 중국에서 1위, 세계에서 5위로 올라 약진을 보이고 있다.

얼핏 보아서는 중국의 역사가 오래된 만큼 기업들도 장수기업이 많을 것 같다. 그런데 아쉽게도 현재 중국의 기업들은 80% 이상이 신생기업들이다. 중국은 그 역사가 유구(悠久)하고 국토가 광활하여 기업의 역사들도 찬란할 것으로 보이나, 중국인들과 기업에 대하여 대화하면 궁핍한 대답을 얻게 된다. 사람마다 자기모순적 단점(短點)을 말하기 싫듯이, 자국의 기업말살의 역사적(歷史的) 실책(失策)을 말하기 싫었기 때문이라 여겨진다.

② 라오쯔하오(老字號)

그러나 중국에는 예전부터 호설암(胡雪岩)같은 전설의 상인상도가 이어지기도 하지만 서구식의 주식회사와 같은 개념의 가업들은 많치 않은 편이다. 그러나 이와는 상반된 기업들도 있다. 중국에서는 100년 그 이상의 역사와 전통을 가진 점포나 브랜드를 가리켜 라오쯔하오(老字號)라 부른다. 중국정부에서는 100년 이상 된 1.600개 업체에 오래되었다는 것을 인증하기 위해 라오쯔하오라는 이름을 내려 주었습니다. 명나라. 청나라시대부터 대대로 이어 내려오는 유서깊은 업체들은 평균업령이 140여년의 역사를 자랑하고 있다. 업종도 식품, 의류, 약품, 공예품, 중국차(茶)등으로 다양하다. 중국에서 가장 오래된 기업은 서기1140년 쓰찬성(四川省) 이빈(宜賓)이란 곳에서 요씨(姚氏) 가족이 시작한 바이주(白酒)기업인 우량예(五粮液)라는 기업으로 무려 870여년이 넘는 역사를 가지고 있다. 중국이 몇 백 년이 넘는 기업을 여러 곳에서 키워낸 데는 나름대로 특이한 비결이 있다.

③ 의식주와 일상생활

중국에 오래된 기업중에는 義理를 중시하며 義 信 利를 기본으로 하는 주로 의식주(衣食住)나 일상생활과 관련된 사업의 기업들이 많다. 특히 중국인들은 호식성(好食性)이 강한 민족이다 보니 보신주(補身酒)과 보약(補藥)등 몸에 좋은 것을 먹는 관습으로 기업들은 식(食) 주(酒) 약(藥)의 분야적 사업이 주를 이루는 경우가 대부분이다. 장수기업은 저마다의 모습이나 방식은 다르지만 신뢰와 믿음으로 기업을 발전하기 위하여 상품의 품질을 높이려는 과정의 노력은 동서고금(東西古今)을 불문하고 대동소이한 것이다. 개성적인 면에서 자기가 가장 잘하는 특이한 것 하나씩은 밑받침이 되어주고 거기서 최고가 되고 장수기업으로 이어진다.

## (2) 관계문화의 형성

① 친분관계 문화

이는 아마 모두 잘 알고 있는 사실이라고 생각한다. 오늘날에 와서 조금 개선되기는 하였지만 중국에서 한 가지 일을 하려고 하면 지위가 있는 잘 아는 사람이 없으면 성사하기 어렵다. 중국사람들은 자기와 잘 아는 사람들과 거래를 하기 좋아하며 만약 잘 아는 사람이 없으면 지위가 있는 사람들과의 관계를 개선, 접근을 시도한다. Francis Fukuyama는 중국의 이러한 관계문화가 형성된 것은 사람들 사이의 신임이 부족하기 때문이라고 지적하고 있다.

이러한 관계문화는 좋은 점도 있으나 나쁜 점이 더 많다. 좋은 점이라면 관계문화를 통하여 시장을 원활하게 할 수 있다는 점이고 나쁜 점이라면 공평한 경쟁이라는 시장의 일반원칙에 어긋난다는 점이다. 총적으로 볼 때 이러한 관계문화는 불리한 점이 유리한 점보다 더 많다는 것이다. 때문에 이러한 관계문화를 개선하여 중국의 기업들로 하여금 공평한 경쟁을 하게하여 기업의 적극성을 발휘하게 해야한다고 생각한다.

② 개인숭배주의 문화

중국은 수천 년 동안 봉건사회를 지나 왔다. 이러는 과정에서 중국에는 저도 모르게 個人崇拜主義 文化가 형성되어 있는바 이는 임금님이 최고의 권력을 한 몸에 지니고 많은 부하를 통제하고 있었기 때문이다. 이러한 과정에서 보통 중국사람들은 누군가에 의해 지도받고 그 사람을 영웅으로 추대하여 그를 거의 신에 가까울 정도로 모시려는 경향이 강하다. 예를 들면, 중국은 공자를 위대한 인물이라 하여 유교를 만들어 신으로 모시고 있으며, 또한 문화대혁명 시기에는 모택동 주석을 신과 같은 존재로 여기고 초상을 걸고 모시기까지 하였던 것이다. 중국사람들의 이런 개인숭배주의는 중국사람들로 하여금 누군가의 지시에 잘 복종하게 하는 긍정적인 측면도 있지만 다른 사람에게 의지하려는 경향을 낳기도 한다.

중국의 회사에서 이런 개인숭배주의 문화를 잘 적용하기만 하면 중국 특색의 기업문화를 만들 수 있을 것이다. 중국사람들은 지시에 잘 복종하기 때문에 훌륭한 사람을 영웅으로 추대하면 집체응집력을 키울 수 있고 사원들의 적극성을 불러일으킬 수 있을 것이다. 하지만 지나친 개인숭배는 사람들로 하여금 자기의 창의성을 잃어버리게 할 수 있으며 언제나 다른 누군가에 의지하려고 하며 이런 사람을 찾지 못하거나 잃어 버렸을 때에는 어떻게 해야할지 몰라 당황하게 할 수도 있다. 때문에 중국에서는 이런 개인숭배주의 문화를 적절하게, 사원들의 응집력을 키울 수도 있고 또한 충분한 창의성과 독립주체성을 발휘할 수 있도록 조화롭게 활용할 수 있도록 한다면 오히려 좋은 점이 될 수 있을 것이다.

## 1.2 중국의 관계문화 발전적 관계

### (1) 기업문화의 단점과 미래의 서광

① 중국의 기업문화

ⓐ 중국기업 문화의 문제점은 명확한 기업철학이나 경영이념을 가볍게 여기는 경향이 있는 것이다. 설혹 경영철학이나 이념을 의식할지라도 장절에 불과하여 사원들의 공통적인 사고방식이나 행동패턴을 형성하는데 기여하지 못하고 있다.

ⓑ 계층적인 기업구조는 기업의 의사결정을 느리게 하고 의사소통이 원활히 이루어지지 않으며 경직된 조직구조로 조직성원들을 지나치게 통제하여 적극성이나 창의성을 충분히 발휘하지 못하게 하고 있다.

ⓒ 오랜 기간동안 통제경제의 영향을 받아 온 결과 주인의식이 결여되어 일에 대한 적극성이나 자기계발이 부족하여, 대부분의 기업들을 보면 많은 사원들이 단지 퇴근시간을 지키기 위해 회사에 마지못해 남아있는 분위기가 농후하여 기업에 생기가 없다. 물론 지금은 많이 개혁이 되고 있는 실정이지만 국유기업에서 특히 이러한 현상이 심하다. 이는 철밥통이라는 개념이 낳은 결과가 아닐까 하고 생각된다.

ⓓ 주입식 교육의 결과 사원들의 창의성이 부족하며 누군가가 시키는 대로 하기를 좋아한다.

ⓔ 기업의 사회적 적소(適所)로서의 역할을 인식하지 못하고 있기 때문에 공헌의식이 부족하여 성원들의 역량을 제대로 발휘하지 못하고 있다.

물론 중국의 일부 우수한 기업들은 상당히 발달된 기업문화를 가지고 있다. 하이얼의 기업문화를 예를 들어 보면 경업보국 추구탁월<敬業報國, 追求卓越>를 기업정신으로 하고 있으며 신속히 반응하고 재빨리 행동하는 것을 기업작풍으로 하고 있다. 브랜드전략은 제1의 우선순위로 다루자는 것이며 또한 높은 표준과, 세밀화로, 결함없는 영업신조로 "먼저 믿음을 팔고 후에 제품을 판다는 것이다. 또는 서비스관은 "고객은 영원히 정확한 것이다. 인재관은 사람마다 인재라는 것이다. 하이얼의 생명력은 바로 이러한 기업문화에서 온 것으로 정착을 요한다. 앞으로 중국의 많은 기업들은 이러한 선진적인 기업문화를 만들어 가는 노력은 미래를 서광케하고 있다.

### (2) 사람을 중심으로 사람은 부의 원천

① 중국기업 문화의 특색

중국의 특색이 있는 기업문화를 창조하는 것은 많은 시간이 걸리고 복잡한 사업이기 때문에 한 마디로 이렇다 저렇다 하기는 어렵지만 다음과 같은 몇 가지 점에 유의해야 할 것이다. 21세기는 정보화 사회이고 지식경제의 사회이다. 이는 사람이 가장 큰 부의 원천으로 되고있다는 것을 의미한다. 기업은 사람을 주체로 하는 경제실체이고 사람은 기업의 가장 큰 에너지원이며 기업발전의 최대동력이다. 기업은 단순하게 영리만을 추구하는 것이 기업의 최고의 목적으로 해야 할 것이 아니라 마땅히 "사람"의 자유, 행복(물론 여기에는 기업이윤과 개인소득 증가 등을 포함한다.)추구를 기업발전의 최대목표로 해야하고 기업구성원들에게 성취감을 맛볼 수 있고 자아실현의 욕구를 실현할 수 있게 하여야 하며 나아가 기업이 사회적 역할을 감당하도록 해야 할 것이다.

② 리더십 중점의 기업문화

기업의 리더는 기업문화의 창조자일 뿐만 아니라 또한 조직자이다. 따라서 기업의 리더는 기업문화의 창조과정에서 결정적인 역할을 한다. 리더는 자기의 기업조직상의 지위나 권력, 위신이나 신임을 바탕으로 적극적인 문화전수자의 역할을 해야 할 것이며, 리더는 자기의 개인적인 이상이나 신념, 성격, 기질 등을 많은 사원들로 하여금 쉽게 받아들이게 하는데 노력함으로써 기업문화의 창조과정에서 결정적인 역할을 할 수 있도록 해야할 것이다.

사원들의 교육에 주의해야 한다. 주입식 교육방법은 극복되어야 할 것이다. 사원들의 교육과 훈련은 다양성과 창의성이 충분히 발휘될 수 있도록 하여야 하며, 조직구성원들의 개혁의지와 적극성의 충분한 발휘를 통해 무한경쟁의 경영환경 변화에 능동적으로 대응할 수 있도록 통제(統制)로부터 자유(自由)에로, 실패에 따른 처벌로부터 풀어주는 풍토를 조성해야할 것이다.

## 1.3 중국기업 변천사 요약

### (1) 유럽보다 일찍 상행위 시작

중국은 유럽보다 훨씬 일찍부터 교환의 상행위가 시작되어 있었지만 상업자본의 형성과 집단적 발전은 이루지 못하였다. 그 이유는 사회적인 유교적 질서와, 왕실의 정책상 상공업통제, 해외교역의 제한 등으로 성행되지 못하였다. −고대 상나라가 주나라에게 멸망하면서 처세길이 차단된 상나라 인들이 장사를 시작하면서, 상인이 장사하는 사람의 유래가 시작되어 여불위(춘추전국시대), 석숭(서진시대), 심만삼(명나라시대) 등의 거상들이 존재하였다.

17세기 들어 상공업이 발달하면서 지역별로 상인세력들이 형성되었으나, 상인에 대한 사회적 차별적인 풍토와 정치적 억압으로 인해 빈번한 변란이 발생되어 숙청으로 오래 지속되지 못하였다. 명청시대의 산서, 신안상인 등 19세기 개항으로 근대기업을 설립했으나, 구질서와의 갈등, 외국자본 침탈, 정치혼란 등으로 안정적인 활성화되지 못하였다.

1840년 아편전쟁 이후 서양기업들의 활동이 시작되었고, 근대화운동이 양무운동(1860~ )과 함께 국영기업과 민관합작 기업들이 설립된다. 상해양포국(1862, 최초 제조업 기업), 강남제조총국(1865, 최초 군사기업), 발창기계창(1866, 최초 민영기업) 등 1882년 주식회사 설립의 변화를 가져왔다. 양무운동은 의식과 제도의 개혁없이 서양의 기계, 기술만을 받아들여 개혁의 성과를 거두지 못했고, 기업들도 관주도로 운영되어 효율성이 발휘되지 못하였다.

### (2) 중일전쟁 국공내전으로 산업황폐화

1890년대 기계, 방직공업과 함께 중국기업은 성장하기 시작하였으나, 대공황(1930년대), 중일전쟁(1937~45년),국공내전 등 정치적, 군사적 격변기를 맞으며 혼란을 겪어야 했다. 중일전쟁과 국공내전 과정을 통해 산업기반과 내수수요가 상당부분 파괴되면서 1946년 중국산업의 전체가동률은 20%로 떨어지며 저조했다. 1949~78년 동안 사회주의 계획경제의 영향으로 국유기업들이 경제발전의 역할을 담당하였다. 1950년대, 마오쩌둥 정권이후 기존 관료자본에 외국자본을 통합한 대규모 국영기업들과 중소기업을 통합하는 집단화 운동으로 다양한 인민공사들이 설립하였다. 국영기업은 정부가 기술, 경영 등의 의사결정을 주도하고 자본과 기술조달의 어려움, 정치적 혼란 등을 겪으면서 70년대 말 경제성과는 매우 저조하였다.

### (3) 덩샤오핑의 개혁, 개방정책

1978년 이후 덩샤오핑의 개혁, 개방조치 등에 따라 기업들이 본격성장하기 시작하였다. 1980년 심천, 상해 등지에 4개의 경제특구를 설립하고 중외합자, 합자경영, 외상독자기업들을 설립하는 등 이후 30년에 걸친 점진적인 개혁이 시작하였다. 1980년대에 국유기업 개혁을 위해 향진기업(농촌기업) 설립을 통한 경쟁체제의 도입, 성과계약제와 경영자 자율권 부여를 통한 인센티브제 등을 마련하였다. 1986년 이후 주식제 도입과 종업원 인수방식을 통한 국유기업의 회사화 등이 실시되면서 1980년대 중국 국유기업들의 생산성 점차향상되고 농촌과 재정체제의 개혁이 이루어졌다. 최초로 회사화된 국유대기업은 선양전기 총공사이고, 1991년부터는 선전증권거래소가 개장하면서 국유기업이 일반인을 대상으로 주식이 발행되었다. 또한 1992년에는 한국과 국교를 정상화하고 한중교역도 활발하여 졌다.

1995년 사회주의 시장경제확립을 공포하고 시장화 개혁을 촉진시켰다. 국유기업의 법인화와 전반적인 경영자율권이 부여되었다. 지방 향진기업들은 민영화되었지만, 이 과정에서 경영부실화로 상당수의 향진기업들이 몰락의 시련을 겪어야 했다. 1997년 한 해 3천여개 기업이 합병되고, 155억 위안의 국유재산이 재배분의 지원이 이루어졌다. 2000년대, 일본과 한국의 산업화를 벤치마킹하여 국가주도의 세계적 기업육성이 진행되었고, 석유화학, 철강 등 산업별 기업합병으로 기업집단이 형성되었다. 2011년도 핵심목표는 과거에는 국부에 초점을 맞춘 양적인 성장이었다면 이번 계획은 민부에 초점을 맞춘 질적인 포용성 경제발전의 성과가 모든 지역인민에게 공정하게 미치고 소외계층을 보호하며 균형있고, 조화로운 경제발전을 구현하는 것이다. 중국정부의 정책으로 강조된 시책이었다.

세계 500대 기업내 3~5개사 진입의 목표에 따라 바오산 철강, 하이얼 등 6개 기업에 대한 집중지원으로 2009년 Fortune 500대 기업에 37개사 진입에 성공하였다. 서구기업들의 아웃소싱 강화와 중국시장 진출 등에 힘입어 2008년 자전거, 건전지, TV, 철강 등 210개 품목에서 생산량 세계 1위 차지하는 생산대국으로 확고한 dnkcl를 공고히 하고 있다.

## [요 약]

### 중국기업 문화의 기본

중국상인의 기본은 義, 信, 利로 첫째 신조는 의리(義理)요, 둘째 신조는 신용(信用)이며, 세 번째가 이익(利益)이다. 이것이 중국 거상(巨商)의 신조이다. 중국인들의 상훈(商訓) 장사(事業),장수(長壽)의 비결(秘訣)은 무엇인가? 인간은 태어나서 오래살기를 바라지만 인명은 재천이라 유한하지만 그러나 또한 인간은 만물의 영장이기에 사람이 벌려놓은 사업은 대를 이어 영유(永有)할 수 있는 것이기에 장수기업이 존재하고 존속하고 있는 것이다.

### 기업의 주체와 경제적 실체는 사람

기업은 사람을 주체로 하는 경제실체이고 사람은 기업의 가장 큰 에너지원이며 기업발전의 최대동력이다. 기업은 단순하게 영리만을 추구하는 것이 기업의 최고의 목적으로 해야 할것이 아니라 마땅히 "사람"의 자유, 행복추구를 기업발전의 최대목표로 해야하고 기업구성원들에게 성취감을 맛볼 수 있고 자아실현의 욕구를 실현할 수 있게 하여야 하며 나아가 기업이 사회적 역할을 감당하도록 해야 할 것이다.

### 기업문화의 창달

기업문화를 창조하는 과정에서는 공통성 뿐만 아니라 개별성을 살리는 원칙을 적용하는 것이 필요하다. 즉 다시 말하면 해당기업의 특성이나 구체적 정황에 근거하여 기업의 특색을 기업문화 속에 자리잡도록 하는 것이 필요하다. 사람에게는 나름대로 특징있는 개성이 있어야 다른 사람들과 구별되며 남으로부터 인정받을 수 있는 것과 같이 기업도 그 기업 나름대로의 개성이 있어야 한다. 우선 기업은 성질면에서 특색을 갖추어야 하고, 기업의 창업특성, 규모의 대형화 기술의 선진정도를 돌출되게 할 필요가 있으며, 기업의 제품에 이러한 특성이 드러나도록 하는 것이 아주 중요할 것이다.

### 인맥과 신뢰관계 구축

중국인들과의 상담 및 협상에 대응하는 좋은 방법으로 인간관계를 중시하기 때문에 그 인맥을 적극활용하는 것이다. 일단 상대방에 대하여 신뢰할 수 있다고 판단되면 적극 협조함으로써 평생동안의 신뢰관계를 구축해 두는 것이 바람직하다. 중국인들은 무엇보다도 정치에 관한 이야기를 좋아한다. 정치에 대해서는 화제에 대하여 정도가 지나치지 않게 가볍게 화답한다면 별다른 문제의 소지는 없으나, 정도가 지나치면 오해의 소지가 있음에 유의하여야 한다.

# 제 2 절 중국 중국인, 중국기업의 특성

## 2.1 21세기 중국기업 문화의 전망

### (1) 기업문화 성숙단계

중국의 기업문화는 현 시점에서 볼 때 부족하고 미흡한 점들이 많아 성숙한 단계에 이르지 못해 외국 선진적인 기업문화들과 비교할 때 상당한 차이가 있다는 점을 중국의 기업인들은 자각하고, 21세기 세계경제의 중심이 될 중국의 기업을 이끌어 가는 경영자라는 긍지와 자부심을 가지고 새로운 기업문화의 창조로 무한경쟁에 능동적으로 대응하겠다는 자신감으로 노력해야 할 것이다.

중국은 5천년이라는 유구한 역사를 가지고 있으며 우수한 전통문화 유산을 가지고 있다. 세계문명의 발상지로 일본이나 한국문화의 뿌리가 되고 있다. 따라서 한국과 일본의 기업문화도 따지고 보면 중국전통 문화에 근원을 두고있다는 사실을 부정할 수 없을 것이다. 그러므로 우리는 우수한 문화민족이라는 자부심과 자신감을 가지고 뛰어난 강한 기업문화를 만들어 세계와 경쟁할 수 있다는 강한 의지가 필요한 것이다. 때문에 우리는 절망하거나 낙심할 필요가 없다. 보물은 바로 우리의 손에 있는 것이므로 우리가 이용하기만 하면 얼마든지 큰 위력을 발휘할 수 있는 것이다.

### (2) 세계경제 중심지 부상

① 중국 국민은 세계인구의 4분의 1

중국은 세계인구의 1/4를 보유한 큰 나라로 세계경제의 중심지로 부상하고 있으며 현재의 고도성장 추세는 멀지 않아 중국이 21세기를 주도해 갈 것이라고 내다보는 학자들이 많은 것은 바람직한 일이다. 현재 세계 500대기업 가운데서 중국기업이 이미 8개나 차지하고 있다는 것은 중국의 경제발전을 객관적으로 증명하는 것이며, 중국기업들이 빠른 속도로 세계 선두그룹에 진입하고 있다는 것을 설명해 준다. 이것은 기업문화와 유관한 것으로서 성공적인 기업문화가 기업성공의 희망을 일으켜 세웠던 것이다. 이는 또한 중국의 기업문화가 이미 세계를 향하여 뻗어나가기 시작하였으며 21세기 중국의 기업문화의 꽃과 향기가 발하기 시작하였다는 것을 의미하기도 한다.

② 새로운 경제환경 WTO 가맹국

WTO 가맹국가라는 새로운 경제적 환경은 중국기업에게 압력을 주어 선진적 기업문화를 학습하게 하고 새로운 기업문화들과 충분히 접촉하고 겨룰 수 있는 기회를 마련해 주어 중국 특색의 기업문화를 창조하는데 촉진제가 될 것이다. 오늘날 기업문화는 기업의 3대 경영자원인 사람(Man), 돈(Money), 물자(Material)에서 제4의 경제자원인 정보(Information)와 함께 제5의 경제자원으로서 중요한 무형자산으로 부각되고 있다는 것은 이미 앞에서 언급한바 있다. 21세기를 흔히들 정보화사회, 지식경영의 사회, 전지구경제의 일반화시대, 네트워크 시대라고들 한다. 이러한 시점에서 중국의 기업들은 발상을 전환하고 개혁과 창조를 통해 부단히 노력해서 강한 기업문화를 만들어 가는데 게을리 하지말아야 할 것이다. 이러한 강한 기업문화로 자신을 무장하여 세계 경쟁 속에서 강한 기업으로 살아남아야 하며 또한 충분히 그럴 가능성이 있다고 생각한다.

## 2.2 중국인의 사업기질

### (1) 중국 기업인의 실용성

① 중국인의 금전관(金錢觀)

중국 사람들의 상업기질을 뒷받침해 주고 있는 것이 특유의 금전관과 계산감각이다. 돈을 좋아하지 않는 민족은 없다. 그러나 돈에 대한 중국 사람들의 애착은 그 정도가 우리의 상상을 뛰어 넘는다. 예를 들면 화교들은 장사에 뛰어나 돈을 많이 버는데 일단 돈이 수중에 들어가면 나올 줄을 모른다고 한다. 돈이 늘어나면 이제는 의심이 많아 방바닥을 파낸다음 묻어둔다는 것이다. 물론 과장이 섞인 이야기이겠지만 그들이 돈을 중요시하는 일면을 말할 것이라 하겠다. 중국 사람들이 돈을 중요시 하는 풍조는 일상생활에서도 쉽게 발견된다. 초등학교에 다니는 아들은 등교하기 전에 가게에 나가 일을 거든다. 물론 책가방은 한쪽 구석에 놓아둔 채 일을 하고, 부모도 그것을 당연한 것으로 여긴다. 중국에서 구정만큼 큰 명절은 없다. 설날에 우리들이 즐겨하던 덕담은 "새해 복많이 받으세요."이지만, 중국사람들은 "돈많이 버십시오."라고 말한다.

② 철저한 현실주의

중국인은 현실을 중요시하는 실용적인 민족이다. 중국인은 외적인 환경이나 외모를 한국인보다는 덜 중요시하며, 실력과 실용을 중시한다. 실제로 출장상담 시 공장장이나, 총경리(사장)의 차림새는 일반공인과 다를 바 없다. 중국인들의 현실중시 경향은 일상생활에서도 쉽게 드러나는데, 그들은 복잡한 형식이나 겉치레를 싫어하고 내용을 중요시 한다. 중국인들이 지내는 제사를 보더라도 절차가 한국보다 훨씬 단순하여 형식적인 것보다 실속을 중요시 여기는 것을 알 수 있다.

③ 중용(中庸)을 중요시 함

중국인은 극단을 배격하고 중간점을 찾기 위해 노력한다. 너무 과하지도 않고 모자라지도 않은 상태를 중용이라고 한다. 따라서 중용이란 일종의 조화 또는 균형·원만함을 뜻하는 것으로 중국인들은 조화를 무척이나 중요시 한다. 이러한 중용·조화는 모든 중국의 전통건축물이 좌우대칭의 형태를 하고 있다는 것과 삼각형보다는 사각형을, 사각형보다는 원을 선호하는 것에서 찾을 수 있다. 그런데 그 중용·조화는 여유에서 나오는 것으로 중국인들은 충분한 여유를 가지고 사람이나 사물을 대한다. 그래서 그들은 단정이나 극단·과격같은 것을 좋아하지 않는다.

### (2) 민족중심의 중화사상

① 우월성(優越性)에 대한 자부심

중국인은 광활한 대륙, 유구한 역사, 우수한 문화를 배경으로 자존심이 강한 국민이다. 예로부터 중국인은 문화민족임을 자처하고 주변의 민족을 南蠻·北狄·東夷·西戎으로 지칭하며 오랑캐로 경시하여 왔다. 이러한 자기문화·민족중심주의는 중화사상의 기저에 흐르고 있다. 근대와 현대이래 중국이 서구에 뒤지고 경제적으로도 낙후한 실정에 있지만, 이러한 중화민족에 대한 자부심은 여전히 내재해 있음을 간과해서는 안 될 것이다.

② 포용성(包容性)을 가지고 있음

중국인은 대자연 속에서 생활하면서 자연의 섭리에 순응하고 조화를 추구해 왔다. 그것은 광활한 대지위에 인간은 미미한 존재에 불과하기 때문인데, 이러한 자연에서 중국인은 어머니의 품과 같은 대륙적 · 대국적 기질을 보유하게 되었다. 이 포용성은 외래문화나 민족을 무조건 배척하지 않고 그것을 중국적으로 동화시키는 데서도 찾아 볼 수 있다. 이러한 점은 역사적으로 주변민족이 중국의 문화에 동화되면 침략하지 않고 오히려 보호해 주는 것으로 표출되었다.

③ 인내심(忍耐心)을 가지고 있음

중국인의 인내력은 유명하다. 그것은 그들이 축재하는 데에 있어 신용과 함께 가장 중요시되는 덕목이기도 한다. 중국사람들은 일상생활에서도 참는다는 말을 자주하고, 무조건 참는 것이 미덕으로 되어 있다. 중국인은 역사적으로 혼란과 전쟁을 수없이 겪어 왔으며, 이민족에 의한 침략과 지배를 당하기도 하였다. 또한 중국인은 수천 년 간 지리적 · 기후적 악조건을 견뎌왔을 뿐만 아니라 전제적 통치와 대가족제도에서 인내심을 길러왔다. 또한 농경문화(農耕文化)에서의 자연과 역시 중국인들의 인내심을 기르기에 충분하다 중국인의 인내력은 일상생활에도 잘 나타나 있다. 가장으로서 가정을 꾸려나가는 데 가장 중요시되는 것은 근검과 인내이다. 중국인은 옛날부터 여유롭지 못하여 근검 · 절약해야 했고, 대가족제도로 많은 가족이 함께 살아야 했기 때문에 인내심이 요구되었다. 그러나 중국인의 인내의 극치로 와신상담 (臥薪嘗膽)을 들지 않을 수 없다. 이러한 인내심은 쉽게 체념하고 반항하지 않는 경향으로 이어지기도 하며 자신의 본심을 잘 드러내지 않는 음흉함으로 나타나기도 한다.

### (3) 대강주의 배척과 신뢰성 확립

중국인들은 원만과 조화를 강조하다 보니 부작용 또한 없지 않은데 이것은 상대방의 체면을 맞추기 위해 마음에도 없는 말을 해야하기 때문이다. 그러나 무엇보다 중요한 폐단은 태도가 불분명하여 대강주의나 형식주의가 많다고 할 수 있다. 그래서 일을 처리하거나 판단을 세울 때 어정쩡한 태도를 취하는 경우가 많다. 결단이 요구될 때 여기저기 눈치를 보느라 시기를 놓치는 수도 많아 과단성이나 추진력이 결여될 우려도 있는 것이다.

① 근면성(勤勉性)

중국인의 근면성은 세계적으로도 유명하여 경제발전의 원동력이 되고 있다. 아시아 신흥공업국가의 4개국 중에서 3개국이 대부분 중국인들로 구성된 국가이다. 3개 국가는 대만, 홍콩, 싱가포르인데 그들의 경제발전은 중국인의 근면성에서 기인한다.

중국인들은 '안분수기(安分守已)라는 말을 한다. 우리말로 하면 '송충이는 솔잎을 먹어야 한다.'로 해석할 수 있다. 그래서 그들은 주어진 직분에 충실한다. 분수를 지키는 것을 훌륭한 덕목으로 생각하는 그들은 웬만해서는 과욕을 부리지 않는다. 과욕이란 일종의 월권으로 보기 때문이다. 그래서 비록 불만이 있더라도 최대한 자기억제를 하며 그것이 불가능할 경우 가능하면 온건한 방법으로 의사표시를 한다. 자칫하면 조화를 깨뜨릴 우려가 있기 때문이다. 그래서 과격한 노사분규란 생각하기 힘들고, 일단 어떤 직책에 있든 최선을 다한다. 물론 여기에는 중국인 특유의 근면성이 뒷받침되고 있다.

② 낙천성(樂天性)

중국인의 낙천성은 현실생활에 대한 소박한 만족감에서 비롯되는 것이지만, 현실의 어려움을 회피하려는 虛無主義나 無關心 등의 속성이 반영된 것이기도 한다. 그리고 그것은 현세를 즐겨보자는 風流的 享樂主義로 발전하기도 한다. 중국인의 낙천적인 일면은 못 먹는 것이 없을 정도로 다양한 요리를 개발하여 즐기는 점에서나 술이나 차 등 기호식품과 도박이 보편화되어 있다는 점에서도 찾아볼 수 있다.

③ 의심(疑心)과 불신(不信)

일반적으로 중국인 하면 신용의 대명사쯤으로 알고 있으며 그들은 신용을 중요시한다. 그러나 좀 더 생각해 보면 재미있는 현상을 추측할 수 있다. 즉 공자가 신의를 강조했다는 것은 당시 사회가 그만큼의 신의(信義)를 지키지 않았다는 반증이 아닐까? 신의의 반대는 불신이며 그것은 곧 의심을 낳는다. 그래서 신용을 중요시했던 만큼 의심도 그만큼 심했다는 표현이 적절할 것이다. 이러한 불신이 아직도 남아있는 것이 있는데, 그것은 도장의 사용이라 할 수 있다. 옛날에 공문서를 보낼 때 문서수발병이 혹시 내용을 뜯어볼까 의심스러워 사용했던 것이 도장인데 요즘은 일상생활에서 사용하고 있는 이 같은 관습은 우리에게도 전해져 서양인들이 간편하게 사인을 하는 반면 우리는 반드시 도장을 찍어야 믿게되고, 그것도 부족하여 인감도장이 나왔는데 이것들은 모두 불신의 상징이라 할 수 있다. 어떤 중국인 사업가는 "같은 중국 사람이지만 여러 가지이다. 우리가 보기에 대만 사람은 그래도 좀 단순한 반면 대륙사람은 음흉하고, 홍콩에 있는 중국 사람들은 사기꾼이에요. 또한 싱가포르 사람들은 훈련이 잘 되어 있지만 예리하지요."라고 말한다.

## 2.3 중국인의 인간관계

### (1) 화합을 중요시

중국인들은 매우 사회지향적(Social Orientation)이다. 그래서 외부의 환경에 무척 민감하게 신경을 쓴다. 그러다 보니 그들의 처세술에는 몇 가지 특징이 있다.

첫째, 중국인들은 화합을 중요시 한다. 비록 자신을 희생해서라도 집단을 위해서는 최대한 자기자신을 억제한다. 이것은 전통적인 농업사회의 대가족제도 하에서 생겨난 습관이다. 여러 사람이 한 지붕 아래에서 살아가야 하니까 자연히 개인의 존재는 미미할 수밖에 없다. 가정의 화목을 위해서는 궂은 일도 해야했고, 남의 의견에 신경을 쓰지 않으면 안 되었다.

둘째, 중국인들은 환경에 신속이 적응한다. 화합을 위해서는 변화하는 환경에 재 빨리 적응해야 하기 때문이다. 중국사람들이 즐겨하는 속담에 "사람보면 사람말을 하고 귀신보면 귀신말을 한다."라는 말이 있다. 일단 외부의 상황이 바뀌면 재빨리 자기변신을 하여야 환경에 적응하게 되고 화합이 가능해지는 것이다. 그러다 보니 언행이 일치하지 않는 경우도 있을 수 있다. 겉으로는 그렇다고 하면서 속으로는 딴 생각을 품고 있어 음흉하다고 할 수 있다.

### (2) 자아억제

① 사익보다 공익중시 조화노력

중국인들은 나 개인의 이익(利益)보다는 단체 또는 사회의 조화(調和)를 더 중요시 하는데 그 구체적인 방법이 자아의 억제이며 중국인들은 최대한 자기주장을 삼간다. 여러 단체의 회의석상에 가보면 대체로 자기주장을 하지 않는 경우가 많은데 그들이 의견이 없어서가 아니다.

② 체면을 중요시

중국인들만큼 체면을 중요시하는 민족도 없을 것이다 임어당은 "남자는 체면을 세우기 위해 노력하고 여자는 체면을 위해 죽는다"고 했다. 중국인들이 체면을 중시한다는 뜻이겠지만 남자가 체면을 죽음과 바꾼예는 얼마든지 있다. 옛날 항우가 유방에게 대패하여 도망칠 때였다. 오강에 이르자 이미 배가 준비되어 있었다. 부하가 타기를 재촉했지만 거절했다. "내가 무슨 체면으로 돌아간단 말인가?" 그래서 항우는 오던 길을 되돌려 유방의 군사에게 돌진하여 결국 자결하고 말았다. 그런데 중국인들이 중요시 여기는 체면과 현실주의 중에서 어느 것을 더 중요시 여기는가? 이 두 가지는 상호 보완적이라기 보다는 상충되는 경우가 더 많다. 너무 체면만 차리다가는 현실의 이익을 놓치기 쉽기 때문에 중국 사람들은 양자가 상충될 때 현실주의를 선택한다. 즉 양자를 면밀히 검토하여 유리하다고 판단이 서면 체면도 버릴 줄 아는 사람들이 그들이다. 그래서 상대가 아무리 의연하게 대처해도 전후좌우를 따져 유리하다고 판단되면 얼마든지 숙이고 들어가는 사람들이다.

## (3) 중국 하이얼사의 발전약사

하이얼은 단기간에 세계적인 기업으로 성장할 수 있었는가?

① 장루이민 회장의 경영철학

하이얼의 성공배경에는 경영철학을 가진 리더십의 존재이다. 장루이민의 핵심적 경영전략을 세 가지로 압축할 수 있다. 그 세 가지는 공평, 공정, 공개의 3공 원칙에 입각한 인재선발을 통해 현재 하이얼을 세계의 그 어느 기업보다 가장 젊은 기업(경영간부 평균연령 30세)으로 만들어 놓았다.

하이얼의 고속성장은 장루이민 회장의 '선난후이'라는 경영철학에 기인한 바 크다. '뚫기 어려운 선진국 시장을 먼저 공략한 뒤 후진국으로 간다.'는 뜻이다

다른 중국 기업들이 뚫기쉬운 동남아로 진출할 때인 99년 장루이민 회장은 미국 사우스캐롤라이나주에 3000만 달러를 투자해 냉장고 공장을 건설했다.

② 하이얼의 연구개발과 생산제품 신조

하이얼에서의 연구·개발직원은 각자가 하나의 기업체로 간주하며 자신이 개발한 제품이 시장에서 성공할 수 있다고 생각하면 회사는 언제든지 독자적으로 사업을 할 수 있도록 지원한다. 인력이 필요하다면 누구든 차출해 쓸 수 있도록 도와준다. 성공하면 회사 지원금을 제외한 나머지는 직원의 몫이다. 그러나 실패하면 철저히 책임을 묻는다. 1985년 브랜드 확립단계부터 '결함이 있는 제품은 폐품과 같다.'라는 철학아래 엄격한 품질관리를 시행한 결과였다. GE의 식스시그마를 도입하고, 품질합격률 100% 달성을 위해 부단히 노력한 결과 하이얼은 비교적 짧은 시일내에 품질이 우수한 기업으로 소비자들의 인정과 신뢰를 얻을 수 있었다. 일례로 1984년 당시 하이얼의 CEO인 장루이민이 불합격 판정을 받은 76대의 냉장고를 직원들이 보는 앞에서 모두 망치로 부숴버려서 망치맨으로 불리운다는 유명한 일화가 있다.

③ 하이얼의 기업문화

장루이민은 유형적인 요소보다 기업문화와 같은 무형적인 요소가 더 중요하다고 판단하여 세계최초로 CCO를 임명하고 해외기업 합병 시 기업문화 센터직원을 파견한다. 이 때문에 하이얼 그룹은 중국기업 최초로 하버드 대학의 사례연구로 채택. 하이얼의 기업문화는 세 단계로 분류되는데 이것이 의미하는 것은 어떤 가치관을 가지고 있느냐에 따라서 어떤 문화와 제도를 가지게 되느냐를 결정하게 되며 나아가 기업의 성장을 보장한다는 말이다.

하이얼의 경영스타일은 지금까지 없는 경영스타일을 창출하고 있다. 하이얼은 미국기업과 일본기업의 뛰어난 점을 흡수하여 중국의 전통적인 사상에 융합시킨 결과 미국기업에서 나타나는 종업원의 독창성을 중시하는 분위기 조성과 새로운 사업을 개척하는 창업의욕과 일본기업의 품질수준, 공장관리, 인사제도, 임금제도 등을 융합한 제도이다. 또한 하이얼의 위치가 산동성인데 산동인들은 명청시대 때부터 화진가실이라는 덕목을 가장 중시, 여기에 산동지방은 유교의 본고장이고 유교는 의리를 매우 중요한 덕목으로 가르쳐왔다.

④ 하이얼 기업문화의 특징

먼저 OEC 관리법이라는 것이 있다.

첫째, OEC는 그날 업무는 그날 완성하고 마무리는 깨끗하게 하며 매일매일 점진적인 성장을 지향한다 라는 뜻이다.

둘째, PDCA 관리사이클 기법인데 계획을 세워서 일하고 점검한 후 시장에 내보낸다 라는 뜻이다.

셋째, 80 : 20의 원칙과 삼보법이다. 제품이나 공정에서 하자가 있어서 문제점이 발생하면 관리자가 80%의 책임을, 실무자는 20%의 책임을 져야한다는 뜻이다.

삼보법은 긴급조치, 과도기 조치, 근본조치의 3단계 과정을 밟아 문제를 해결하는 것인데 같은 문제가 반본적으로 일어나는 것을 방지하기 위함이다

⑤ 하이얼의 급여제도

'많이 일한 사람은 많이 받고, 적게 일한 사람은 적게 받으며, 일하지 않은 사람은 받지 못한다'는게 하이얼의 보상원칙이다. 따라서 고정급 성격의 기본급은 연봉의 30%에 불과하다. 나머지 70%는 성과에 따라 지급된다. 주어진 목표를 80% 이상 못 채우면 최저생계비 수준밖에 안 준다. 앞에서 살펴본 것을 바탕으로 하이얼은 선진국의 성공경험을 좋은 모델로 하고 외국의 우수기업을 벤치마킹하고 있다. 이 때문에 하이얼은 시행착오의 단계를 대폭으로 단축하고 스피드를 내어서 성장할 수 있었다.

중국의 조직문화는 미국형에 가깝게 바뀌고 있다고 볼 수 있다. 먼저 회사보다 개인을 중시한 독자의 인간관계를 구축해 가고 있으며 암묵의 규칙이나 룰에 의한 관리를 싫어하는 경향이고 합리적이고 공개된 제도에 의한 관리를 선호하고 공식규정에 의한 업무수행을 선호한다. 자기자신의 공헌성과에 대한 정당한 평가처우에 대한 요구가 증가하고 있다.

## [요 약]

### 세계경제 중심지 부상

중국은 세계인구의 1/4를 보유한 큰 나라로 세계경제의 중심지로 부상하고 있으며 현재의 고도성장 추세는 멀지 않아 중국이 21세기를 주도해 갈 것이라고 내다보는 학자들이 많은 것은 바람직한 일이다 현재 세계 500대 기업가운데서 중국의 기업이 이미 8개나 차지하고 있다는 것은 중국의 경제발전을 객관적으로 증명하는 것이며, 중국기업들이 빠른 속도로 세계선두 그룹에 진입하고 있다는 것을 설명해준다.

### 중국인과 비즈니 유의점

중국의 발전상이나 위대한 전통 등에 대해 지나친 아첨이나 칭찬은 어떤 경우에는 불신의 씨앗이 될 수도 있고, 외국이 중국의 낙후성이나 경제발전에 핵심적인 역할을 할 수 있으므로 외국으로부터 과학, 기술, 제도 등을 도입하지 않으면 안 된다고 하는 것 또한 불신을 일으킬 소지가 있다. 어느 상황에서 중국인의 어떠한 감정이나 대외관에 호소해야 할 지에 대해서는 분명한 해답은 없으나 중국인 협상상대자의 양면성을 조화시킬 수 있는 혼합형이 바람직하다.

### 낙천성(樂天性)의 인품

중국인의 낙천성은 현실생활에 대한 소박한 만족감에서 비롯되는 것이지만, 현실의 어려움을 회피하려는 허무주의나 무관심 등의 속성이 반영된 것이기도 한다. 그리고 그것은 현세를 즐겨보자는 풍류적 향락주의로 발전하기도 한다. 중국인의 낙천적인 일면은 못 먹는 것이 없을 정도로 다양한 요리를 개발하여 즐기는 점에서나 술이나 차 등 기호식품과 도박이 보편화되어 있다는 점에서도 찾아볼 수 있다.

### 자아억제(自我抑制)

중국인들은 나 개인의 이익(利益)보다는 단체 또는 사회의 조화(調和)를 더 중요시 하는데 그 구체적인 방법이 자아의 억제이며 중국인들은 최대한 자기주장을 삼간다. 여러 단체의 회의석상에 가보면 대체로 자기주장을 하지 않는 경우가 많은데 그들이 의견이 없어서가 아니다. 중국인들만큼 체면을 중요시하는 민족도 없을 것이다.

# 제 3 절 중국의 장수기업

## 3.1 바이쿼링(百雀羚)

소재지: 상하이(上海) 嘉定
설립년도: 1931년
설립자: 꾸즈민(顧植民)
업태: 제조
업종: 화장품(피부개선 효과제)

### (1) 회사의 경위

① 바이쿼링(百雀羚)화장품

바이쿼링(百雀羚)화장품은 1931년에 설립되어 2000년에 민간기업으로 전환한 바이쿼링은 한동안은 그다지 주목받지 못했다. 그러나 2000년대 이후 소비자를 명확히 파악해 오리지널 제품과 젊은 층을 겨냥한 화장품들을 병행해 선보였다. 또 저자극 천연성분 화장품들을 잇달아 내놓으면서 과거의 영광을 재현하기 시작했다. 여기에 퍼스트레이디 펑리위안까지 힘을 보태주면서 바이쿼링은 중국사람들의 관심의 대상이 되어버렸다. 역사를 거슬러 가다보면 펑리위안의 선택이 있기 한참전부터 중국의 내로라하는 인사들이 바이쿼링의 팬임을 자처해왔음을 알 수 있다.

② 바이쿼링 상하이에서 태동

중국 토종브랜드로 일찌감치 중국인들에게 널리 사랑을 받아온 바이쿼링은 상하이에 살던 한 가족이 집에서 가내수공업 형태로 시작한 작은 기업이다.

26세가 되던 1929년, 구즈민(顧植民)은 상하이의 한 백화점의 영업사원이 되었다. 이 백화점의 사장 마잉뱌오(馬應彪)는 기존의 방법과는 다르게 매장에서 여성사원이 영업을 할 수 있도록 특별히 여성을 더 보강하였으며, 구즈민(顧植民)에게 화장품 부문판매를 맡겼다. 구즈민(顧植民)에게 백화점에서 일하게 된 것이 바이췌링(百雀羚)을 설립하게 된 계기가 된 셈이다. 지금은 고객들에게 화장품을 설명하고 판매하는 일이 자연스럽지만, 그 당시로서는 여자가 화장품을 판다는 것이 굉장히 파격적인 일이었던 것이다.

구즈민(顧植民)은 이 백화점에서 화장품 영업사원으로 일하면서 그동안 몰랐던 화장품 업계에 눈을 뜨게 되었다. 화장품이 원가대비 수익을 많이 남길 수 있는 특성이 있다는것도 알게 되었다. 그리고 처음에는 화장품에 낯설어하고 구매를 망설이던 상하이 여성들이 사회활동이 많아지고 아름다움을 가꾸게 되면서 화장품에 점차 익숙해지고 좋아하게 되었다는 사실도 알게 되었다.

③ 구즈민의 결단

후한연봉을 받을 수 있고 잘나가는 백화점 직원이기를 포기한 대신 자기사업을 한번해보기로 결심한 것이다. 서른중반의 그는 1937년 아내의 지원을 받으면서 화장품 회사를 새로 세웠다. 구즈민의 아내는 그보다 부유한 가정에서 자란 신여성이었다. 당시로서는 드물게 상하이에 있는 중학교와 고등학교를 졸업했다. 서당에서 몇 년 동안만 글을 배워 까막눈을 면했던 구즈민보다는 교육을 많이 받은 셈이다. 그의 아내는 노래와 댄스 등 신문물(新文物)도 배웠지만 무엇보다 학교에서 영어를 배워 말하고 쓸 수 있었다.

바이췌링(百雀羚)은 글자그대로 보면 100마리(百, 많은) 참새(雀)와 영양(羚)이다. 그런데 상하이 사투리로 영양(羚)은 신비한 광채 혹은 효과가 좋다는 말과 같다. 그래서 구즈민은 브랜드에 '영양'이라는 단어를 넣어 '바이췌링'이라는 상품명을 만들었다. 신비로운 광채를 낼 수 있는 효과좋은 화장품이라는 말보다 머리속에 각인될 수 있는 것은 없다고 생각했다. 게다가 실제로 영양에서 추출된 오일은 화장품 원료의 최고봉으로 불린다. 여성들의 피부를 가꿔주는 소중한 재료인 셈이다.

### (2) 바이췌링의 장수전략과 비결

① 상하이 최고미인들이 사용하는 화장품

평리위안의 낙점을 받은 바이췌링은 중국 화장품 브랜드 안에서는 매출이 7위이지만, 중국 토종스킨케어 브랜드 중에서는 역사가 가장 오래된 유명브랜드다. 바이췌링이 1931년에 창업했을 당시에는 창시자와 그의 아내가 가내수공업으로 화장품을 만들었다. 그러던 것이 2013년에는 종업원이 2,358명에 이르는 큰 화장품 회사로 급성장했다.

바이췌링은 당시 불모지였던 화장품 시장에 영양크림 등 여성들을 위한 제품을 내놓으면서 인기를 한 몸에 얻었다. 가장 유명한 팬은 바로 중국 4대 명문가로 꼽히는 송씨 가문의 세 자매다. 영화 ＜송가황조＞에 등장하는 쑹아이링(宋藹齡), 쑹칭링(宋慶齡), 쑹메이링(宋美齡)이 그 주인공이다. 이들은 중국 정재계의 유력인사와 결혼해 중국역사에 큰 영향을 미쳤다.

세 자매 모두 미국 명문대인 웨슬리언 대학을 졸업한 수재다. 첫째인 쑹아이링은 은행가이자 중국은행 총재인 쿵샹시(孔祥熙)와 결혼했다. 둘째인 쑹칭링은 혁명가이자 중국의 국부로 불리는 쑨원과 막내 쑹메이링은 정치가인 장제스(蔣介石)와 혼인했다. 영화 ＜송가황조＞에서 첫째 쑹아이링 역은 양쯔충(楊紫瓊)이, 둘째 쑹칭링역은 장만위(張曼玉)가 맡아 화제가 되었다.

② 중국의 유명인사 미인들 애용

1930년대 중국에서 가장 부유한 여성이었던 쑹아이링과 쑹메이링은 항일운동에 자금을 댔고, 1940년 충칭(重慶)에서 세 자매는 협동조합인 중국공업합작사(中國工業合作社)를 세워서 일본에 맞서 싸울대비를 하기도 했다. 이렇게 우아함과 아름다움으로 중국을 대표하는 명문가로 손꼽히는 송씨 세 자매도 바이췌링의 미용크림을 사용했다.

영화배우 롼링위(阮玲玉)도 바이췌링의 애호가로 알려져 있다. 1910년 상하이에서 태어나 영화의 본고장 상하이에서 롼링위는 배우로 일약 스타가 되었다. 19세에 상하이 영화사에 입사해 25세 꽃다운 나이로 사망하기 전까지 롼링위는 기품있는 미모와 매력적인 캐릭터로 영화감독들의 1순위 배우로 주목받았다. 독특한 점은 ＜송가황조＞에서 둘째 쑹칭링 역을 맡았던 장만위는 롼링위의 생애를 다룬 영화에서도 주연을 맡았다는 점이다.

그렇다고 해서 유명인들만 바이췌링 화장품을 쓴것은 아니다. 바이췌링은 아토피가 있어 민감한 피부를 가진 어린아이들을 위한 화장품도 내놓았다. 70년넘게 사랑받아온 대표제품인 영양크림은 피부보호는 물론이고 화장품을 지우는 데 쓰는 리무버(remover)겸 마스크팩 등 다용도로 활용되는 '만능'크림이다. 바이췌링은 최근 노인들을 위한 보습화장품을 따로 내놓는 등 전 세대와 전 계층을 아우르는 화장품을 만들고 있다.

## (3) 향후 기업의 경영전망

### ① 향수를 자아내는 고전브랜드의 힘

바이췌링은 긴 역사를 지닌 중국 전통화장품 브랜드이지만, 1990년대에 들어서 중국 젊은이들 사이에서는 추억속에서 서서히 잊혀가고 있던 브랜드였다. 일본의 시세이도(資生堂) 화장품, 유럽의 랑콤(lancome)등 해외화장품 브랜드들이 대거 중국시장에 진출했다. 중국화장품 시장은 커졌지만, 중국 토종브랜드들의 성장은 지지부진했다.

2000년대부터 바이췌링은 브랜드혁신을 과감히 시도했다. 2006년에는 차오번궁팡(草本工坊) 브랜드를 내놓고 2008년에는 한방재료로 화장품을 업그레이드시킨 한방징추이(漢方精萃)와 차오번징추이(草本精萃) 제품라인을 선보여 재기의 발판을 마련했다. 한방재료를 섞어서 한방(漢方)이란 단어가 붙었고 식물성 성분을 강화해 초본(草本)이라는 단어가 들어갔다. 특히 초본은 식물 중에서도 단단하지 않은 연한줄기 부분을 의미한다. 정췌(精萃)라는 것은 사물의 정수를 말하는 것으로 흔히 화장품에서는 에센스에 해당한다.

### ② 중국의 전통의학과 과학기술 접목

2008년 중국 전통의학과 과학기술을 접목시킨 바이췌링의 한방제품은 소비자들에게 호응을 얻기 시작해서 2007년 대비 50퍼센트 이상의 매출증가를 기록했다. 바이췌링은 소비자들의 마음을 사로잡기위한 복고풍 전략도 내세웠다. 향수를 자극하는데 결정적인 계기가 된 것은 중국에서 방영된 다큐멘터리였다. 2010년 중국 CCTV는 국산품의 어제와 오늘이라는 다큐멘터리를 내보냈다.

바이췌링도 예외는 아니었다. 전통브랜드인 바이췌링이 방송을 통해 재조명되면서 이들이 내놓은 신제품판매도 같이 증가했다. 꾸준히 사랑받았던 보급크림 뿐만 아니라 새로 출시한 식물성 보습제품 시리즈도 소비자들에게 사랑을 받게 된 것이다. 그동안 일반적인 유통채널을 통해 제품을 공급했던 바이췌링은 2008년 이후에는 새로운 유통방식을 찾기 시작했다. 그리고 인터넷에서 답을 찾았다.

바이췌링은 2011년부터 온라인시장에 진출해서 성과를 올리고 있다.

2011년 7월 바이췌링은 온라인쇼핑몰 톈마오(天猫)에 플래그십 스토어를 열었다. 오픈 한 달에만 11만 위안의 매출을 올렸다. 특히 숫자 1이 4개가 연속으로 있어 싱글데이'라고 불리는 11월 11일에는 무려 약 2,000만 위안의 매출을 기록했다. 보통 중국

온라인 상점들은 싱글데이를 나를 위해 선물하는 날이라는 콘셉트를 잡아 대폭적인 할인을 감행한다. 바이췌링도 이 같은 전략을 구사해 깜짝놀랄 성과를 이루어 낸 것이다.

③ 복고품 출시(古今調和)

2011년 12월 바이췌링은 복고풍 제품을 출시하면서 소비자들에게 향수를 불러일으켰다. 이 제품은 철소재의 케이스로 정갈한 느낌을 주었다. 케이스에는 복고풍 머리를 하고 반달모양 눈썹을 한 고전미녀들이 중국전통 의상 치파오(旗袍)를 입고 있는 그림을 새겨 넣었다 이 화장품은 온라인 스토어에 등장한 지 48시간만에 한 개당 79위안인 제품이 3만 6,168세트가 팔려나가는 판매고를 올렸다.

바이췌링은 얼핏보면 무모한 도전을 한번 더 감행했다. 10만 세트의 화장품을 준비하고 운송료 6위안만 내면 집으로 배송해준다는 것이었다. 약 52위안짜리 화장품을 단돈 6위안에 헐값으로 판매한 것이다. 하지만 효과는 탁월했다. 바이췌링이 중국판 트위터인 웨이보(微博)에서 밝힌 바에 따르면 당일 방문자 수는 22만명이었고, 거래건수는 12만 3,291건으로 시범구매가 실제구매로 이어진 전환율은 55%에 달했다고 한다.

바이췌링의 서프라이즈(surprice) 판매전략덕분에 사람들은 바이췌링을 확실하게 각인할 수 있었다. 서프라이즈 전략이란 '놀라움'이라는 단어와 가격(price)의 합성어로 깜짝 할인을 통해 놀라움을 선사하는 전략을 의미한다. 2010년 바이췌링의 중국매출은 6억위안에서 2012년 18억위안으로 3배나 급증했다. 중국에서 10억위안 이상 매출을 올리는 화장품 회사가 많지 않다는 점에서 고무적인 일이다.

**[요 약]**

### 바이췌링(百雀羚)화장품 발상의 동기

구즈민(顧植民)은 이 백화점에서 화장품 영업사원으로 일하면서 그동안 몰랐던 화장품 업계에 눈을 뜨게 되었다. 화장품이 원가대비 수익을 많이 남길 수 있는 특성이 있다는 것도 알게 되었다. 그리고 처음에는 화장품에 낯설어하고 구매를 망설이던 상하이 여성들이 사회활동이 많아지고 아름다움을 가꾸게 되면서 화장품에 점차 익숙해지고 좋아하게 되었다는 사실도 알게 되었다.

### 영화 〈송가황조〉에 등장 중국의 4대명문

바이췌링은 당시 불모지였던 화장품 시장에 영양크림 등 여성들을 위한 제품을 내놓으면서 인기를 한 몸에 얻었다. 가장 유명한 팬은 바로 중국 4대 명문가로 꼽히는 송씨 가문의 세 자매다. 영화 <송가황조>에 등장하는 쑹아이링(宋藹齡), 쑹칭링(宋慶齡), 쑹메이링(宋美齡)이 그 주인공이다. 이들은 중국 정・재계의 유력인사와 결혼해 중국 역사에 큰 영향을 미쳤다.

### 브랜드혁신으로 새로운 이미비 부각

2000년대부터 바이췌링은 브랜드 혁신을 과감히 시도했다. 2006년에는 차오번궁팡(草本工坊) 브랜드를 내놓고 2008년에는 한방재료로 화장품을 업그레이드 시킨 한방징추이(漢方精萃)와 차오번징추이(草本精萃) 제품라인을 선보여 재기의 발판을 마련했다. 한방재료를 섞어서 한방(漢方)이란 단어가 붙었고 식물성 성분을 강화해 초본(草本)이라는 단어가 들어갔다. 특히 초본은 식물 중에서도 단단하지 않은 연한 줄기부분을 의미한다. 정췌(精萃)라는 것은 사물의 정수를 말하는 것으로 흔히 화장품에서는 에센스에 해당한다.

### 중국의 전통의학과 과학기술 접목

2008년 중국 전통의학과 과학기술을 접목시킨 바이췌링의 한방제품은 소비자들에게 호응을 얻기 시작해서 2007년대비 50퍼센트 이상의 매출증가를 기록했다. 바이췌링은 소비자들의 마음을 사로잡기 위한 복고풍 전략도 내세웠다. 향수를 자극하는데 결정적인 계기가 된 것은 중국에서 방영된 다큐멘터리였다. 2010년 중국 CCTV는 국산품의 어제와 오늘이라는 다큐멘터리를 내보냈다.

## 3.2 다오샹춘(稻香春)

설립년도: 1915년 설립(1895 淸光緖 21年 創始)
설립자: 장썬룽(張森隆)
설립지: 베이징(北京)
업태: 제조
업종: 전통과자 월병(月餠)
신뢰가 제일의 명예다(주원장이 거사에 이용한 월병).

### (1) 회사의 경위

① 중국 전통과자의 본류를 되찾다.

1921년생인 류전잉(劉振英)은 베이징에서 태어나고 자란 베이징 토박이다. 류전잉은 1936년 월병의 달인이었던 장썬룽(張森隆)의 제자로 들어가 과자빚는 법을 배우게 된다. 그에게는 다른 선택의 여지가 없었다. 마을 촌(村)자를 쓰는 다오샹춘은 1926년에 문을 닫았기 때문이다. 당시는 군벌들이 중국을 뒤 흔들고 있던 시절이었다. 다오샹춘은 결국 1926년 잠정적으로 도산하게 되면서 반세기 가까이 문을 열지 못하게 되었다. 하지만 류전잉은 중국 전통과자의 본류를 되살리고 싶었다.

그러기 위해 이를 악물고 계절마다 명절마다 내놓는 중국 전통과자 제조법을 차근히 배워나갔다. 1944년 자신이 가게를 열게된 류전잉은 마침내 전통과자 만드는 법을 배우기 시작한 지 20년이 되던 1956년에 과자분야와 관련된 정부관리위원회의 부주임 자리에도 오르게 된다. 그동안 문을 걸어 잠갔던 다오샹춘의 명예를 회복할 수 있는 시점이 다가오고 있었다. 그에게는 복원해야 할 전통과자가 무수히 많았다. 중국에서는 새해의 처음을 알리는 정월에는 위안샤오빙(元宵餠)을 먹고 봄에는 각종 꽃을 이용해서 장식을 한 화젠(花煎)을 먹는다.

또 여름에는 녹두로 만든 떡을, 가을에 있는 명절인 추석에는 월병(月餠)을, 겨울에는 싸치마(薩其馬, 서역에서 들어온 과자로 견과류가 많이든 유과)를 즐겨 먹는다. 이 중 다오샹춘에서 자랑하는 월병은 만드는 종류가 다양했다. 월병은 밀가루에 돼지기름인 라드(lard), 설탕, 물엿, 달걀을 섞어 뜨거운 물로 반죽해서 껍질을 만들고 안에 팥

소나 말린 과일을 넣은 다음 무늬가 있는 둥근 나무틀에 끼워 모양을 만든다. 월병속에는 해바라기씨, 호박씨 등을 꿀과 버무린 것, 팥고물, 계란노른자 등 다양한 효소를 첨가한다. 표면에 광택을 내는 액(卵黃, 설탕, 캐러멜 등이 재료)을 바르고 구우면 월병이 완성된다.

② 주원장(朱元璋)이 거사에 이용한 월병

월병의 전설 중에는 원나라를 멸망시키고 명나라를 건국한 주원장(朱元璋)과 관련된 이야기가 전해져 내려온다. 그가 월병을 이용해서 거사를 성공시켰다는 이야기다. 원나라 말기에 잔혹한 통치탓에 여기저기서 민란이 일어났다. 주원장은 각 지역의 저항세력과 연합하고 있었는데, 조정에서는 눈에 불을 켜고 그를 감시하고 있다보니 같이 모이자고 연락을 전하기조차 여간 어려운 일이 아니었다. 주원장의 부하 유백온(劉伯溫)은 꾀를 한 가지 냈다. "8월 15일 밤에 거사를 일으키자"라고 적힌 종이를 월병 밑에 감춰 각 지역에 있는 의거군에게 보낸 것이다.

결국 주원장의 기지덕에 8월 15일밤 사람들이 모여들었고 이들은 의거에 성공했다고 전해진다. 물론 실제는 전설과는 다소 차이가 있다는 해석도 있다. 주원장이 곽자흥의 부대에 참가한 병사였으나 지도자 급은 아니었다는 것이다. 대신 주원장은 곽자흥의 양딸을 아내로 맞이했는데, 그가 훗날 마황후로 불리는 인물이다. 마황후는 굶어죽기 직전이었던 주원장을 구했을 뿐만 아니라 전쟁이 한창일 때 주원장과 병사들의 군복을 직접 손질하면서 그를 보필해 명나라 건국에 힘이 되었다고 전해진다.

## (2) 다오샹춘사의 장수 전략과 비결

① 라오쯔하오(老字号)의 네 가지 조건

라오쯔하오(老字号)가 되려면 네 가지 조건을 갖추고 있어야 한다. 첫째, 역사가 길어야 한다. 특히 라오쯔하오 진흥발전위원회에서는 1956년 이전에 창립한 기업만이 라오쯔하오 자격이 있다고 명시하고 있다. 둘째, 중국문화에 대한 기여도가 있어야 한다. 셋째, 대중적인 인지도가 있어야 한다. 마지막으로 우수한 품질이라는 조건까지 고루 만족해야 한다.

봄춘자가 들어가는 다오샹춘을 만든 이는 장썬룽(張森隆)이다. 그는 상하이의 찻집에서 허드렛일을 하던 일꾼이었지만 그 일을 그만두고 1914년 베이징에 상경했다. 홀몸으로 온 그가 갖고 있는 것은 손재주와 불판하나. 그는 번화한 거리에 베이징 왕푸징(王府井)에서 고기만두집을 열었다. 만두를 즉석에서 구워팔았는데 맛이 좋아 손님들이 끊이질 않았다. 베이징에 발을 붙인 그는 1926년 그동안 번돈을 모아 다오샹춘이라는 중국 전통제과점을 열었다. 장썬룽은 가게이름을 다오샹춘(稻香春)이라고 지었다. 그의 호가 "봄산"이라는 뜻의 춘산(春山)이었기 때문에 자신의 호에서 한 글자를 따서 쓴것이다. 장선룽은 자신이 터를 잡은 베이싱 왕푸징(王府井)서북쪽에 가게를 냈다.

장썬룽이 솜씨가 좋긴했지만 혼자서 해나가기는 벅찼다. 그런데 베이징에서는 과자나 빵을 잘굽는 조리사를 구하기 쉽지 않았다. 본디 정교하게 빚어야 하는 중국 전통과자는 남방사람들의 특기였기 때문이다. 장썬룽은 남방각지에서 유명한 제과제빵사들을 모셔와 아삭아삭하면서 여운이 깃든 남방특유의 과자들을 선보이기 시작했다. 장썬룽의 다오샹춘 과자는 향기와 맛으로 베이징 사람들의 입맛을 사로잡을 수 있었다. 그는 훗날 베이징 다오샹춘을 다시 일으켜 세우게 되는데, 그가 바로 베이징 다오샹춘(稻香村) 식품그룹 창시자 류전잉(劉振英)이다.

② 직원의 마음을 얻어야 이윤이 생긴다

장썬룽과 류전잉, 두 사람이 경영에서 고수하는 원칙이 있었다. 먼저 장썬룽은 업계에서 일할 때는 확실히 치열하게 일하는 대신 보수를 두둑이 주는 것으로 유명했다. 제과점의 특성상 여러 가지 해야 할 준비도 많았고 절대 근무시간도 길었다. 다오샹춘은 오전 9시에 문을 열어 저녁 12시에 문을 닫아 근무시간이 14시간을 넘기기 일쑤였다. 업계의 다른 가게들보다는 보통 50퍼센트 이상 더 많이 근무해야 하는 상황이었다.

#### 다오샹춘의 품질서비스 전략

이렇게 품질관리를 깐깐하게 하기 때문에 다오샹춘 제품은 미국, 캐나다, 러시아, 오스트레일리아 등에도 수출되고 있다. 월병을 만들때는 엄격하게 만들고 팔때는 소비자들에게 최대한 친절하게 다가가야 한다는 것이 다오샹춘의 전략이다. 전통과자는 상품만 훌륭하게 잘 만든다고 되는 것이 아니라 서비스도 확실히 잘해야 한다는 것이다. 예를 들어 아무리 보기 좋게 잘만든 떡이라도 이 떡은 어느 명절에 먹는 것인지 심지어는 무슨 떡인지도 알지 못하는 젊은 소비자가 상당히 많다.

그렇게 되면 소비자들의 흥미가 떨어져 좋은 품질의 과자도 그냥 지나치게 된다. 그래서 다오샹춘에서는 베이징의 100여개 되는 점포에서 고객에게 일일이 직접 설명을 해가며 떡을 팔고 있다. 류전잉 회장이 이끄는 다오샹춘은 빠른 속도로 성장했다. 그가 부임한 1984년부터 2004년까지 20년만에 다오샹춘의 총자산은 창업초기 8만 위안에서 5억 1,000만 위안으로 크게 늘었다.

### (3) 향후 기업의 경영전망

① 배가 많아도 강은 방해받지 않는다

5대 계승자인 류전잉(劉振英)회장은 1999년 임기를 마치고 은퇴한 이후에 비궈차이(畢國才)회장이 다오샹춘의 6대 계승인이 되었다. 비궈차이는 1984년 류전잉 회장이 다오샹춘을 살려내기 시작한 그 해에 입사했다. 사실 비궈차이(畢國才)는 원래 한의학(중의학)을 전공한 인재중의 인재였다. 돈도 많이 벌 수 있고 탄탄대로가 보장된 의사의 길을 뿌리치고 33세라는 젊지않은 나이에 의사에서 기업가의 세계로 발을 들이게 된다. 그때부터 그의인생은 새롭게 바뀌기 시작했다.

② 과자로만 매출 1조원에 도전하다

해마다 신상품을 출시하고 있는 다오샹춘은 초기에는 비교적 품종이 단조로웠지만 이제는 쫑즈(粽子), 싸치마(薩其馬)등 전통 과자류를 비롯해 냉동식품까지 600여 가지 식품을 생산하고 있다. 다오샹춘이 추구하는 상품다원화의 결실이다. 다오샹춘의 대표적인 제품으로는 스징월병(什景月餠)과 산둥팔보(山東八寶)가 있다. 스징월병과 산둥팔보는 모두 각종 견과류와 건과일이 들어있는 월병이다. 한국 서울 명동에 있는 다오샹춘 가게에서도 스징월병과 산둥팔보를 맛볼 수 있다.

다소 외진곳에 있어 찾기 쉽지 않은 가게이지만 다오샹춘만의 향을 느끼려 오는 손님들의 발길은 항상 있기 마련이다. 다오샹춘에서 만든 중국 전통과자와 떡에는 다양한 종류의 소가 들어간다. 돼지고기, 닭고기, 오리고기는 물론이고 채식주의자를 위해 야채소를 넣은 제품도 새롭게 선보였다. 참깨, 장미, 오렌지, 꿀, 파인애플, 코코넛, 녹두, 호두, 잣 등 다양한 소로 버무려낸 음식들은 커피나 차와 함께 곁들여 먹는 디저트로 각광받고 있다.

호두를 넣어서 만든 바삭바삭한 과자 타오쑤(桃蘇)도 인기제품 중 하나다. 다오샹춘에는 "미니 월병"도 있는데, 이가 부실한 노인이나 아직 큰 월병을 먹을 수 없는 어린이들도 맛있게 먹을 수 있도록 배려한 것이다. 여러 신제품이 있지만 그래도 구관이 명관이다. 설, 추석, 단오절 등 명절이 다오샹춘에는 대목중의 대목이다. 매년 명절이 지나면 중국언론에는 다오샹춘에서 얼마나 전통과자가 팔렸는지 수치를 들어 그해 서민들의 체감경기를 전달한다.

### ③ 중국고유의 명과 다오샹춘

2009년에는 신정, 구정, 원소절(元宵節, 음력 정월보름)기간에만 다오샹춘은 3억 6,000만 위안어치 떡과 과자를 팔았다. 이는 2008년 같은 기간보다 18퍼센트 늘어난 수치였다. [베이징칭넨보]는 2013년 1주일가량 이어진 단오절 기간에 다오샹춘이 쭝즈(粽子)를 2,150톤이나 내놓았으며, 2013년 다오샹춘의 손님들도 2012년 같은 기간에 비해 30%나 늘어났다고 보도했다. 1993년 1억 위안의 매출을 내던 다오샹춘은 2008년 기준으로 연 매출이 20억 위안에 이르렀다.

특히 2008년에 벌어진 전 세계적인 금융위기에도 불구하고 연 매출이 20억 위안이 되었다는거 자체가 고무적이라는 게 대·내외의 평가다. 다오샹춘은 오늘날 중국 전통식품 가게중에서는 가장 큰 생산공장에 첨단장비를 갖추고 있다. 100여 개의 체인점과 300여 개의 판매망을 거느리게 된 다오샹춘은 2020년에는 현재 매출의 5배인 100억 위안 이상을 올리겠다는 목표를 세웠다. 전통과자 판매로만 연 매출 1조원을 넘겠다는 야심찬 목표다.

## [요 약]

### 집념의 중국 전통과자

전통과자 실현을 위해 이를 악물고 계절마다 명절마다 내놓는 중국 전통과자 제조법을 차근히 배워나갔다. 1944년 자신이 가게를 열게 된 류전잉은 마침내 전통과자 만드는 법을 배우기 시작한 지 20년이 되던 1956년에 과자분야와 관련된 정부관리위원회의 부주임 자리에도 오르게 된다. 그동안 문을 걸어 잠갔던 다오샹춘의 명예를 회복할 수 있는 시점이 다가오고 있었다. 그에게는 복원해야 할 전통과자가 무수히 많았다. 중국에서는 새해의 처음을 알리는 정월에는 위안샤오빙(元宵餅)을 먹고 봄에는 각종 꽃을 이용해서 장식을 한 화전(花煎)을 먹는다.

### 라오쯔하오(老字号)

라오쯔하오(老字号)가 되려면 네 가지 조건을 갖추고 있어야 한다. 첫째, 역사가 길어야 한다. 특히 라오쯔하오(老字号) 진흥발전위원회에서는 1956년 이전에 창립한 기업만이 라오쯔하오(老字号) 자격이 있다고 명시하고 있다. 둘째, 중국문화에 대한 기여도가 있어야 한다. 셋째, 대중적인 인지도가 있어야 한다. 마지막으로 우수한 품질이라는 조건까지 고루 만족해야 한다.

### 다오샹춘의 품질서비스 전략

품질관리를 깐깐하게 하기 때문에 다오샹춘 제품은 미국, 캐나다, 러시아, 오스트레일리아 등에도 수출되고 있다. 월병을 만들때는 엄격하게 만들고 팔때는 소비자들에게 최대한 친절하게 다가가야 한다는 것이 다오샹춘의 전략이다. 전통과자는 상품만 훌륭하게 잘 만든다고 되는 것이 아니라 서비스도 확실히 잘해야 한다는 것이다. 예를 들어 아무리 보기좋게 잘만든 떡이라도 이 떡은 어느 명절에 먹는 것인지 심지어는 무슨 떡인지도 알지 못하는 젊은 소비자가 상당히 많다.

### 중국고유의 명과 다오샹춘

다오샹춘은 오늘날 중국 전통식품 가게중에서는 가장 큰 생산공장에 첨단장비를 갖추고 있다. 100여 개의 체인점과 300여 개의 판매망을 거느리게 된 다오샹춘은 2020년에는 현재 매출의 5배인 100억 위안 이상을 올리겠다는 목표를 세웠다. 전통과자 판매로만 연 매출 1조원을 넘겠다는 야심찬 목표다.

## 3.3 장위(張裕)포도주

설립년도: 1892년
설립지: 옌타이(烟台)
설립자: 장비스(張弼士)
업종: 제조
업태: 포도주. 기타 주류
좋은 재료 능력있는 사람 아시아 최대 와인강국
좋은 재료와 능력있는 사람과 최신설비를 갖추다

### (1) 회사의 경위

#### ① 중국 와인의 본고장 天惠의 휴양도시 옌타이

중국에서 포도나무를 기르고 와인을 만들기 시작한 것은 2,000년전 한 무제(漢 武帝) 시대로 거슬러 올라간다. 실크로드를 개척한 인물인 장건(張騫)이 기원전 160년경 한무제의 지시로 13년 동안 서역(현재 우즈베키스탄 사마르칸트, 우즈베키스탄 제2의 도시로 산업과 공업이 발달했음)을 여행하며 많은 지식과 문물을 가지고 중국에 돌아왔다. 이 무렵에 그는 포도씨앗과 와인양조가 가능한 사람들과 같이 중국에 돌아왔다. 여러 종류의 토종 포도품종을 기르는 포도농장은 물론이고, 황실의 과수원에서도 포도는 중요한 과일로 대접받았다. 몸에 필요한 영양분인 포도당을 원형 그대로 섭취할 수 있다는 장점이 있는 귀한 과일이었기 때문이다.

산둥성 옌타이(烟台)는 중국와인을 대표하는 산지다. 이곳은 사과 등 과일과 해산물로 유명한 도시이자 휴양관광지로 잘 알려져 있다. 하지만 예나타이를 가장 유명하게 만든 것은 단연 포도주다. 아시아에서 유일하게 '국제포도주 도시'로 선정된 옌타이는 '중국의 나파밸리(미국 캘리포니아에 있는 고급와인 생산지)'를 꿈꾸고 있다. 이곳에는 중국와인 생산업체인 장위(張裕) 포도주와 창청(長城) 포도주 생산기지가 있다. 또 중량그룹(中糧集團)에서 운영하는 유명한 포도농장인 펑라이(蓬萊) 쥔딩사투(君頂沙土)도 있다.

② 애국자 장비스(張弼士)가 세운 장위포도주

장위포도주는 1892년 애국심이 강했던 화교 장비스(張弼士)가 옌타이에 '방위양조공사'를 세우면서 역사가 시작되었다. 일설에는 청나라 서태후가 와인을 맛보고 그 맛에 사로잡혔다고 전해진다. 1892년 영국유학을 마치고 돌아온 장비스는 은 300만냥을 투자하여 옌타이에 와인회사를 설립했다. 프랑스 포도주하면 보르도 지역을 떠올리듯이 중국에서는 포도주하면 옌타이가 본고장이다.

그는 1841년 광둥성 다푸(大埔)에서 태어났다. 아버지 장란헌(張蘭軒)은 아이들을 가르치는 서당의 훈장 선생님을 하면서 한의사로도 활동했다. 장비스는 해외문물과 교류가 활발한 광둥성에서 나고 자라면서 일찍부터 해외사업에 관심을 갖게 되었다. 1858년 그는 인도네시아 자카르타로 가기로 결심하고 무작정 길을 나섰다. 자카르타에서 처음에 했던 일은 염색직공이었다. 청년 장비스는 성실하게 일했다. 그런그를 눈여겨 본 지물포 주인은 그를 사위로 맞게된다. 그 뒤 장인어른이 세상을 떠나자 그는 자신이 직접 가게를 열게되었는데 그 시초는 술가게였다.

중국문화에 어느 정도 익숙한 사람이라도 중국에서 와인이 생산되고 소비된다는 사실에 다소 의아해할지도 모른다. 향긋한 와인하면 유럽국가인 이탈리아나 스페인, 남미의 칠레 등을 떠올리기 마련이다. 중국의 술이라고 하면 아무래도 보통 배갈로 불리는 바이주나 시원하게 목을 축여주는 칭다오(靑島)맥주가 제격이란 생각을 떠올릴지도 모른다. 그러나 알고보면 중국은 세계에서 와인소비량이 가장 빠르게 증가하고 있는 나라이자 성장잠재력이 큰 시장이다. 중국의 포도나무 재배량은 세계 5위, 와인생산량은 세계 7위, 소비량은 세계 9위를 차지하고 있다. 유럽시장 조사기관인 유로모니터인터내셔널은 2012년 중국의 와인매출이 257억 위안으로 전년 동기 대비 20% 늘어났다고 밝혔다. 중국에서 와인은 아직 낯선 상품이다. 와인산업은 낮은 수준인데도 워낙 인구가 많다보니 벌써 5조원 규모의 시장으로 성장했다.

## (2) 장위(張裕)포도주의 장수전략과 비결

① 국제기구의 평가

국제주류 연구기관인 국제와인 주류협회(IWSR, International Wine and Spirit Record)에 따르면 2012년 중국인은 총 21억 6,600만병의 와인을 소비했다고 한다. 2007년의

2.7배다. 2016년 와인소비량은 30억 2,400만병으로 늘어날 전망이다. 중국인 1명이 2병 이상의 포도주를 마시게 되는 셈이다. 중국에서 포도주 산업에 뛰어든 기업만 이미 600여 곳이 넘는다.

중국 소비자들이 와인을 마시게 되면서 중국내에서 생산량도 증가하고 있다. 중국은 이미 아시아에서 와인생산량이 최고가 되었다. 세계와인, 주류동향조사 연구조사에 따르면 앞으로도 중국의 와인소비량은 지속적으로 늘어날 전망이다. 매년 프랑스 보르도와 홍콩에서 번갈아 가면서 와인무역박람회를 열고 있는 와인박람회 조사에 따르면 중국과 홍콩의 연간 와인소비량은 2011~2015년 54.3% 증가할 것으로 전망된다.

2012년에 장위포도주는 세계경제의 둔화에도 불구하고 오히려 성장하는 모습을 보였다. 매출 56억 위안, 순이익 17억 위안을 올리면서 순이익률이 30%를 웃도는 좋은 성과를 낸 것이다. 2001년 약 9억 위안이었던 매출은 10년간 연간성장률 26%를 달성하며 빠르게 성장했다. 장위포도주는 2000년 선전증권거래소에 장위 A주, 1997년에는 B주 시장에 각각 주식이 상장되었다. 장위포도주는 2004년 와인회사로서는 유일하게 중국 사회과학원이 주최한 종합경쟁력을 갖춘 상장주류회사 대회에서 8위에 선정되기도 했다. 장위포도주는 꾸준히 기술개발을 거듭한 끝에 최근 프랑스에서 열린 국제 포도주 대회에서 아시아 브랜드로는 유일하게 세계 30대 브랜드 포도주로 뽑혔을 정도다.

### ② 아시아 유일브랜드 판매망 구축

장위포도주는 중국내에서는 전국 350여 개 판매망을 세우고 이를 통해 각지로 포도주를 판매하고 있다. 장위포도주 제품은 중, 고가제품 위주이지만 전략적으로 저가 포도주도 함께 선보이고 있다. 중국 소비자들이 아직까지는 소비수준이 높지않아 중저가 와인에 대한 소비가 비교적 많다는 점을 고려한 것이다. 장위포도주는 2012년 산둥지역에 1조 원을 투자해 와인시티를 짓기로 했다. 모나코 지역크기의 2배나 되는 이 부지에서는 사람들이 직접 와인을 구경하고 맛보고 즐길 수 있는 와인여행의 성지로 활용될 전망이다. 또 프랑스 와인카스텔 그룹과 함께 샤토장위 카스텔을 포함한 여러 와이너리(Winery, 포도주를 만드는 양조장)도 건설했다.

카스텔 그룹과 손잡은 장위포도주는 와인의 본고장 유럽에서도 팔려나가는 와인회사로 성장하고 있다. 장위포도주는 2005년 처음으로 영국황실 주류공급 업체에 납품을 하면서 세계시장에 발을 내디디게 되었다. 프랑스 보르도, 부르고뉴 지역, 이탈리아 시실리 지역 등 전 세계 7개 와인제조 업체와 연맹을 설립해 글로벌 와인들과도 어깨를 나란히 하게 되었다. 유럽 3,000여개 슈퍼마켓, 와인전문매장, 호텔, 유럽일부 항공의 1등석에서도 장위포도주를 맛볼 수 있다.

### (3) 향후 기업의 경영전망

#### ① 3필 원칙으로 세계와 경쟁

그는 포도주 생산에서 세가지 반드시 지켜야할 3필(必) 원칙을 주장했다. 첫째, 원료는 우수한 것을 쓰자, 둘째, 사람은 능력있는 사람을 모셔오자, 셋째, 기구는 새로운 것을 설치하자는 것이었다. 그는 거금을 들여서 독일에서 포도묘목 40만 그루를 수입했다. 하지만 경험미숙으로 배가 인도양을 지날때 고온에 견디다 못해 말라 죽었다. 그는 여기서 포기하지 않고 프랑스와 이탈리아에서 포도묘목 50만 그루를 들여왔다.

장비스의 조카인 장청칭(張成卿)도 그를 도와 장위포도주 경영에 앞장섰다. 큰 와인셀러를 짓고 수십가지의 포도주 품종을 만들어낸 것도 장청칭이 장위포도주에 있을무렵의 일이다. 장비스의 힘으로 해외에서 '물 건너온' 포도품종들은 중국토양에 서서히 적응해갔다. 포도가 시간이 지나 영글듯 장위포도주도 자리를 잡아가게 되었다. 실패와 성공을 거듭하면서 장위포도주는 세계시장에서 경쟁하기 시작했다.

1912년 쑨원은 장위포도주에 축하의 글을 남겼으며, 중국의 정치가 캉유웨이(康有爲)도 축하시를 보냈다. 쑨원은 장위포도주에 '품중예주(品重醴酒)'라는 말을 선물하면서 "장위포도주는 하늘에서 내리는 단비이자 땅에서 솟아나는 감주"라고 찬사를 보냈다. 사실 장비스가 포도주 회사를 만들 수 있었던 것은 중국, 인도네시아, 싱가포르 등 동남아시아 국가에서 돈을 많이 벌었기 때문이다. 그는 싱가포르에 중화총상회(中華總商會)를 조직하고 화교사회의 구심점 역할을 했다. 장비스는 한때 '화교들 중에 가장 돈이 많은 사람'이라는 평가도 받았다. 그는 와인말고도 다양한 사업들을 벌였다.

#### ② 선구자 장비스 국제적 시야

장비스는 1860년대부터 인도네시아에 유화개관 회사(裕和墾殖公司)를 설립하고 대규모로 황무지를 개간하는 사업을 했다. 1875년 수마트라에 개간회사를 세운데 이어 1878년에도 자바에서 황무지를 개간해 커피와 차를 재배했다. 여기에 은행과 해운회사까지 차렸다. 싱가포르, 자카르타, 홍콩 등지에는 약방도 차려서 돈을 벌었다. 이런 자금들이 모이고 모여 장위포도주를 세우는 종자돈이 되었다. 중국인들에게 장비스는 사업가이기도 하지만 교육가이자 자선가이기도 했다.

그는 페낭(Penang) 중화학교를 설립했으며, 싱가포르에 잉신(應新)학교를 세웠다. 홍콩대학에는 10만 위안을 쾌척했고 광둥성 산터우(汕頭)의 수십 곳에 육선당(育善堂)이라는 복지시설을 건설해 현지주민들을 도왔다. 장비스는 말년에 광저우의 중산(中山)대학과 링난(嶺南)대학에 학교건물을 지어준 '키다리 아저씨'였다. 지금도 중산대학에는 '장비스루(樓)'가 세워져 그를 기념하고 있다.

장비스가 세워 130여 년을 달려온 장위포도주는 아직 갈길이 멀다. 신화통신은 최근 "안으로는 중국 지하수오염 등 품질문제에 직면해 있고, 밖으로는 해외 우수한 품종의 와인들과 경쟁해야 하는 내우 외환상황"이라고 보도하면서 "생산을 많이 한다는 것이 반드시 판매가 많이 되는것은 아니며 경영효율을 높여야 한다."고 따끔하게 지적했다. 중국 토종와인의 대표주자인 장위포도주는 척박한 자갈밭에서 최적의 포도가 영글듯이 위기를 자양분으로 삼아 전진하고 있다.

## [요 약]

### 중국 와인의 역사

중국에서 포도나무를 기르고 와인을 만들기 시작한 것은 2,000년 전 한무제(漢 武帝) 시대로 거슬러 올라간다. 실크로드를 개척한 인물인 장건(張騫)이 기원전 160년경 한무제의 지시로 13년 동안 서역을 여행하며 많은 지식과 문물을 가지고 중국에 돌아왔다. 이 무렵에 그는 포도씨앗과 와인양조가 가능한 사람들과 같이 중국에 돌아왔다. 여러 종류의 토종포도 품종을 기르는 포도농장은 물론이고, 황실의 과수원에서도 포도는 중요한 과일로 대접받았다. 몸에 필요한 영양분인 포도당을 원형그대로 섭취할 수 있다는 장점이 있는 귀한 과일이었기 때문이다.

### 장비스(張弼士)가 세운 장위포도주

1892년 애국심이 강했던 화교 장비스(張弼士)가 옌타이에 방위양조 공사를 세우면서 역사가 시작되었다. 일설에는 청나라 서태후가 와인을 맛보고 그맛에 사로잡혔다고 전해진다. 1892년 영국유학을 마치고 돌아온 장비스는 은 300만냥을 투자하여 옌타이에 와인회사를 설립했다. 프랑스 포도주하면 보르도 지역을 떠올리듯이 중국에서는 포도주하면 옌타이가 본고장이다.

### 국제기구의 평가와 소비량 증가

국제주류 연구기관인 국제와인 주류협회(IWSR, International Wine and Spirit Record)에 따르면 2012년 중국인은 총 21억 6,600만병의 와인을 소비했다고 한다. 중국 소비자들이 와인을 마시게 되면서 중국내에서 생산량도 증가하고 있다. 중국은 이미 아시아에서 와인생산량이 최고가 되었다. 세계와인 주류동향조사 연구조사에 따르면 앞으로도 중국의 와인소비량은 지속적으로 늘어날 전망이다.

### 3필 원칙으로 세계와 경쟁

그는 포도주 생산에서 세 가지 반드시 지켜야할 3필(必) 원칙을 주장했다. 첫째, 원료는 우수한 것을 쓰자, 둘째, 사람은 능력 있는 사람을 모셔오자, 셋째, 기구는 새로운 것을 설치하자는 것이었다. 장비스 국제적 시야 장비스는 1860년대부터 인도네시아에 유화개관회사(裕和墾殖公司)를 설립하고 대규모로 황무지를 개간하는 사업을 했다. 1875년 수마트라에 개간회사를 세운 데 이어 1878년에도 자바에서 황무지를 개간해 커피와 차를 재배하기 시작했다.

## 3.4 류비쥐(六必居) 장아찌 명가(名家)

설립년도: 1530년
설립자: 조존인(趙存仁), 조존의(趙存義), 조전예(趙存禮). 3형제
설립지: 北京市 宣武區 前門外粮食店街3号
업태: 식품제조
업종: 식품(장아찌)
세계인의 입맛을 장악한 밥도둑 장아찌

### (1) 회사의 경위

#### ① 좋은 뜻에는 타협이 없다

세계인의 입맛을 장악한 밥도둑 장아찌. 480여 년간 중국인들의 밥상에 빼놓지 않고 오른 '밥도둑'이 있었으니 바로 류비쥐(六必居)에서 만든 장아찌와 된장이다. 중국인들이 된장이나 장아찌하면 떠올리는 류비쥐(六必居)는 1530년에 처음문을 열었다. 중국 내에서도 타 지역사람들이 베이징을 다녀오면 선물로 항상 고르는 것이 류비쥐의 장아찌다. 류비쥐(六必居)는 베이징을 대표하는 반찬가게다.

류비쥐(六必居) 본점에는 손님들이 골고루 맛볼 수 있도록 견본으로 내놓는 장아찌가 있다. 손님들이 가게에 들렀다가 입맛에 맞는걸로 몇병씩 사가는 모습을 흔히 볼 수 있다. 류비쥐에서 사온 반찬선물이 베이징여행을 다녀온 상징이 된 것이다. 류비쥐의 된장과 장아찌는 베이징에 온 사람이라면 반듯이 먹어봐야 하는 '베이징 토산품 6가지' 안에 드는 대표적인 식품이다.

#### ② 베이징 6가지 토산식품(北京 6種 土産食品)

① 류비쥐(六必居)의 반찬이고, ② 베이징 쑤탕(酥糖)이다. 쑤탕(酥糖)이란 실타래처럼 길게늘인 엿에 콩고물, 쌀가루, 참깨가루 등을 입혀 바삭바삭하게 만든 과자이다. ③ 푸링빙(茯苓餠)이라고 불리는 떡이다. 푸링(茯苓)은 소나무 뿌리에 동그란 덩어리 모양으로 기생하는 균류인데 단맛이 나는 약재다. 푸링(茯苓)은 비만이나 노인성 부종을 치료하는 데 특효약으로 쓰여 청나라 말기부터 황궁에서 즐겨먹은 음식이다. ④ 베이징 궈푸(果脯)이며, ⑤ 베이징구이 화천주(桂花陳酒)라고 불리는 술이다. 물푸레나

무 꽃으로 만들어 냉수와 섞어 마시는 베이징 토속주다. 마지막으로 ⑥ 라오쯔하오인 다오샹춘의 월병(月餅)도 앞서 선정한 6가지 베이징 대표특산품에 포함된다. 베이징의 맛을 대표하는 류비쥐(六必居)의 식품들은 이미 일본, 캐나다, 호주, 싱가포르, 동남아시아, 미국, 유럽 등 10여 개국과 지역으로 수출을 통해 판매되고 있다. 1950년도만 해도 류비쥐의 식료품 연간 생산량은 10만 Kg이었지만, 2001년에는 2,000만 Kg으로 크게 늘었다. 즉, 류비쥐는 지난 400년간 생산량의 100배 이상을 늘려온 셈이다. 생산량이 늘어나면서 공장이 더 필요해졌다. 류비쥐(六必居)는 1999년 베이징 남부에 약 100만 제곱미터 규모의 대형종합 식품공장을 세웠다. 세월이 흐르면서 회사도 실적을 쌓아갔다. 류비쥐(六必居)의 매출은 매년 20퍼센트이상 증가했고 2011년에는 수입이 3억 3,000만 위안에 달했다. 중국이 지난 30년간 연 10퍼센트 경제성장을 했던 점을 감안해도 성장률이 이를 훨씬 웃도는 것을 알 수 있다.

③ 식재원료는 무조건 최상품으로의 원칙

류비쥐는 명나라 때인 1530년에 생겨난 대표적인 장수기업이다. 류비쥐라는 브랜드명은 어떻게 붙게되었을까? 문자그대로의 의미는 '6가지, 꼭 필요한 것'과 관련된 '가게'라는 의미다. 여기에는 여러설이 있다. 첫 번째는 중국의 속담에서 유래했다는 것이다. 중국에는 "모든 가정이 문을 열고 아침을 맞이하면 7가지는 반드시 필요하니 바로 '① 장작(연료), ② 쌀, ③ 기름, ④ 소금, ⑤ 장, ⑥ 식초, ⑦ 차(茶)라는 속담이 있다.

## (2) 장수기업의 전략과 비결

① 일상에 필요한 7가지 중 차는 제외

처음 류비쥐를 연 3형제가 있었으니 산시지역에 살던 조존인(趙存仁), 조존의(趙存義), 조존예(趙存禮)였다. 이들은 일상생활에 꼭 필요한 7가지 물품 유일하게 차(茶)는 팔지않았다고 전해진다. 그래서 7가지는 아니지만 '6가지 꼭 필요한 것을 파는 가게'라고 해서 '류비쥐(六必居)'라는 이름이 붙었다는 것이다.

두 번째는 원래 류비쥐(六必居)라는 이름이 아니라 '6개의 마음이 모인 가게'라는 뜻의 '류신쥐(六心居)'라는 이름이었다고 한다. 조씨네 3형제와 더불어 이들의 부인까지 포함해 6명의 마음이 모인 가게라는 뜻이다. 그런데 마음 심자가 반듯이 필자와 모양이 비슷하다 보니 가게가 내려오는 과정에서 '心'대신 '必'이 들어가게 되었다는 것이다.

세 번째가 가장 믿을 수 있는 정설로 인정된다. 여기에는 수백년간 류비쥐 사람들이 지켜온 조상이 물려준 비법이 담겨 있다. 류비쥐의 성장비결이 '6가지 규정이 반듯이 살아 있는 집'이라는 의미라는 것이다. 류비쥐가 스스로 정한 '반드시 지켜야 할 6가지 필수요소'는 다음과 같다. 반찬을 만들려면 6가지를 꼭 지키라는 가르침이다.

① 반찬을 만들 때 들이가는 곡식은 무조선 최상품으로 써라. ② 발효시킬 때 들어가는 누룩도 최상품으로 써야 한다. ③ 반찬을 담는 모든 그릇은 반듯이 깨끗하게 해야 한다. ④ 액체를 담는 술병은 반드시 아름다워야 한다. ⑤ 음식을 하는 데 들어가는 장작과 연료는 충분히 사용해야 한다. ⑥ 물은 최상의 것을 사용해야 한다. 우직하게 6가지 신조를 '誡命'으로 엄격하게 지켜온 류비쥐가 지금도 장사를 할 수 있는 비결은 고지식할 만큼 정직하게 지켜온 원칙덕분이었다.

② 소중하게 보관한 편액(扁額)의 질긴 생명력

1900년 의화단 사건으로 미국, 영국, 일본 등 8개국이 출병해 베이징을 점령한 일이 있었다. 이때 류비쥐 건물도 불에 탔다. 하지만 편액은 무사했다. 종업원 한 명이 불길 속에서도 편액을 잘 보관했기 때문이다. 전쟁이 끝나고 가게문을 열었을 때 편액은 다시 가게앞에 걸렸다. 강한 생명력을 유지한 덕에 류비쥐는 1935년 중화민국시절에 제품들은 세계품질 경연대회에 내보내고 가치를 인정받았다.

류비쥐는 정상궤도에 올랐지만 편액은 오히려 애물단지 취급을 받았다. 금박을 입힌 편액은 사치스럽다는 이유로 류비쥐 대문앞에 편액은 당당히 걸려있지 못했던 순간도 있었다. 그러던 것을 180도 역전시킨 일화가 있었다. "류비쥐의 옛 편액을 내다걸라"는 특별지시를 내렸다. 드디어 금박의 편액이 다시 제자리를 찾게되는 순간이었다. 물론 류비쥐는 겉으로 보이는 간판인 '편액'만 소중히 한 것이 아니었다. 라오쯔하오 중에서도 브랜드 가치는 특히 신경을 많이 쓴 기업이기도 하다. 류비쥐는 1996년부터 시작해 해외 10여 개국에 자신들의 브랜드를 상표등록해두는 꼼꼼함을 보였다. 해외로 수출하기 앞서 브랜드를 확립하기 위한 밑바탕이기 때문이다.

### (3) 향후 기업의 경영전망

① 건강을 생각한 저염도 장아찌로 승부하다

현재 류비쥐(六必居)를 이끌고 있는 사람은 장이민(張毅民) 총책임자다. 그는 가난한 농민의 아들로 태어나 줄곧 음식료 업계에서 일해왔다. 이런 까닭에 장이민은 식품계의 '총아'로 불린다. 그는 중국 전통식품 처우더우푸(臭豆腐)의 본가인 왕즈허에서 20년 동안 일했다. 라오쯔하오는 대개 국가에서 지켜주고 보전해주기 때문에 '황금간판'이라는 별칭이 있다. 하지만 오래된 가게가 반드시 오래도록 살아남는다는 보장은 없다. 특히 류비쥐의 식품에도 한계가 있었다.

사실 장아찌의 장점은 원재료의 맛을 지키면서도 익히지 않고 먹을 수 있도록 한 것이다. 채소를 장에 그대로 절이기 때문에 열을 가해 비타민이 손실되는 것을 막을 수 있고 날것으로 먹을 때보다 비타민 B나 D의 함량이 높다. 또 장아찌를 숙성시키는 과정에서 소화흡수되는 쉬운 형태로 변하기 때문에 체내에 영양소 흡수율이 높아진다는 것이 장점이다. 장성분이 채소와 함께 숙성되기 때문에 독특한 향과 맛이 난다. 하지만 염도가 높으면 오히려 체내의 소화대사율이 떨어지므로 저염으로 숙성시켜 먹어야 한다. 류비쥐도 이 같은 점에 착안했다.

② 사업의 다각화 구상

류비쥐가 관심있어 하는 분야가 하나 더 있다. 바로 술이다. 류비쥐는 베이징 홍싱얼궈터우(紅星二鍋頭酒廠) 술공장과 함께 술을 생산할 계획도 갖고 있다. 홍실얼궈터우는 도수가 68도나 되는 독주중의 독주다. 얼궈터우(二鍋頭)라는 이름은 머리가 두 쪽으로 갈라질 만큼 얼얼하다고 해서 붙여진 이름이다. 이름은 다소 무시무시하지만 얼궈터우(二鍋頭)가 중국인들에게 주는 이미지는 친근하고 서민적인 술이다. 한국에서 직장인들이 일이 끝나고 소주 한 잔을 기울이듯 자연스럽게 마시는 술로 각인되어 있다. 술과 장아찌. 둘의 DNA는 비슷하다면 비슷하다. 과거에 류비쥐가 술을 만들었던 양조회사였던 경험도 살릴 수 있는데다 술담그는 것과 장아찌를 만드는 것은 서로 유사한 점이 많다. 장아찌에 기본적으로 술지게미가 들어가는데, 장아찌를 만들때도 술을 담글때도 발효과학이 적용된다. 두 브랜드가 가진 또 하나의 공통점은 홍싱얼궈터우 술과 류비쥐를 만든 이들이 모두 성이 조씨라는 점, 그리고 이들의 출신이 산시지방으로 같다는 점이다. 다른듯 닮은 술과 장아찌. 각 분야에서 어떻게 시너지 효과를 낼

지는 류비쥐(六必居)가 풀어야 할 숙제다.

③ 아들 딸에게 물려주지 않는다

류비쥐(六必居)에는 경영상의 주목할 만한 규정이 있다. 바로 아들과 딸 등에게 대물림을 하지 않는다는 원칙이다. 류비쥐의 창립규정 2조는 '不用三爺'다. 즉 '삼야'(三爺)를 쓰지 않는다는 것인데, 삼야는 세 가지 '爺'가 들어가는 명칭이다.

첫째, 창업주의 아들 등 직계비속을 뜻하는 '사오예(小爺)'이고, 둘째, 사위를 의미하는 '구예(姑爺)'이며, 마지막으로는 외삼촌과 처남 등을 의미하는 '주예(舅爺)'를 말한다. 한 마디로 처가는 물론이고 자신의 자식까지도 회사안에 들여서는 안 된다는 원칙이다.

그래서 류비쥐는 후계자는 반듯이 직원 가운데에서 선발한다. 기업을 운영할 때 자기가족에게는 아무래도 정이 많이 가게마련이고 그러다 보면 중요한 판단을 내릴 때 자칫 사리사욕에 따라 결정을 내릴 수도 있다. 기업의 원칙자체가 흐려질 수도 있는 가능성을 아예 차단하는 방안으로 직원중에서 후계자를 정하기로 한 것으로 볼 수 있다. 이처럼 류비쥐는 '불용삼야'를 철저히 지킨다는 의미로 후계자를 반듯이 직원 중에서 골랐다는 전통이 특징적이다. 그래서 종업원들은 자신에게도 기회가 찾아올 것이라는 희망을 갖고 일할 수 있었다. 류비쥐는 내부규율은 엄격하게 지키는 대신 종업원에 대한 처우는 최상이다. 이런 독특한 인사원칙은 중국기업들에는 서바이벌 전략처럼 받아들여지고 있다. 오랜전통을 그대로 이어받아 류비쥐는 계승인을 지정해 가게를 이어오고 있다. 18대 계승인인 자이민 (張毅民)총책임자가 10여년 넘게 이끌어 오고 있는데, 류비쥐에서 일하는 2,000여 명의 직원중에서도 이제 장이민 총책임자 못지 않은 실력자가 나와 류비쥐(六必居)의 전통을 잇게 될 것으로 기대된다.

## [요 약]

### 중국의 대표식품 베이징 6가지 토산식품(北京 6種 土産食品)

① 류비쥐(六必居)의 반찬이고, ② 베이징 쑤탕(酥糖)이다. 쑤탕(酥糖)이란 실타래처럼 길게 늘인 엿에 콩고물, 쌀가루, 참깨가루 등을 입혀 바삭바삭하게 만든 과자이다. ③ 푸링빙(茯苓餅)이라고 불리는 떡이다. 푸링(茯苓)은 소나무 뿌리에 동그란 덩어리 모양으로 기생하는 균류인데 단맛이 나는 약재다. ④ 베이징 궈푸(果脯)이며, ⑤ 베이징구이 화천주(桂花陳酒)라고 불리는 술이다. 물푸레나무꽃으로 만들어 냉수와 섞어마시는 베이징 토속주다. 마지막으로 ⑥ 라오쯔하오인 다오샹춘의 월병(月餅)등 선정한 6가지 베이징 대표 특산품에 포함된다

### 6가지 꼭 필요한 것을 파는 가게

류비쥐(六必居)'라는 이름이 붙었다는 것이다. 원래 류비쥐(六必居)라는 이름이 아니라 '6개의 마음이 모인 가게'라는 뜻의 '류신쥐(六心居)'라는 이름이였다고 한다. 조씨네 3형제와 더불어 이들의 부인까지 포함해 6명의 마음이 모인 가게라는 뜻이다. 그런데 마음 심자가 반드시 필자와 모양이 비슷하다 보니 가게가 내려오는 과정에서 '心' 대신 '必'이 들어가게 되었다는 것이다.

### 류비쥐의 성장비결

반드시 지켜야 할 6가지 필수요소는 다음과 같다. 반찬을 만들려면 6가지를 꼭 지키라는 가르침이다. ① 반찬을 만들 때 들어가는 곡식은 무조건 최상품으로 써라. ② 발효시킬 때 들어가는 누룩도 최상품으로 써야 한다. ③ 반찬을 담는 모든 그릇은 반듯이 깨끗하게 해야 한다. ④ 액체를 담는 술병은 반듯이 아름다워야 한다. ⑤ 음식을 하는 데 들어가는 장작과 연료는 충분히 사용해야 한다. ⑥ 물은 최상의 것을 사용해야 한다. 우직하게 6가지 신조를 '誡命'으로 엄격하게 지켜온 류비쥐가 지금도 장사를 할 수 있는 비결은 고지식할 만큼 정직하게 지켜온 원칙덕분이었다.

### 사업의 다각화 구상

류비쥐가 관심있어 하는 분야가 하나 더 있다. 바로 술이다. 류비쥐는 베이징 홍싱얼궈터우(紅星二鍋頭酒廠) 술공장과 함께 술을 생산할 계획도 갖고 있다. 홍실얼궈터우는 도수가 68도나 되는 독주 중의 독주다. 얼궈터우(二鍋頭)라는 이름은 머리가 두 쪽으로 갈라질 만큼 얼얼하다고 해서 붙여진 이름이다. 이름은 다소 무시무시하지만 얼궈터우(二鍋頭)가 중국인들에게 주는 이미지는 친근하고 서민적인 술이다.

# 제 4 절 중국 장수기업의 핵심포인트

## 4.1 중국의 상거래 핵심포인트

### (1) 자기의 특색을 살려야

① 실사구시(實事求是)

개개 기업의 문화를 보면 공통성이 있을 뿐만 아니라 개별성도 있다. 기업문화를 창조하는 과정에서는 공통성 뿐만 아니라 개별성을 살리는 원칙을 적용하는 것이 필요하다. 즉 다시 말하면 해당기업의 특성이나 구체적 정황에 근거하여 기업의 특색을 기업문화속에 자리잡도록 하는 것이 필요하다. 사람에게는 나름대로 특징있는 개성이 있어야 다른 사람들과 구별되며 남으로부터 인정받을 수 있는 것과 같이 기업도 그 기업 나름대로의 개성이 있어야 한다. 우선 기업은 성질면에서 특색을 갖추어야 하고, 기업의 창업특성, 규모의 대형화 기술의 선진정도를 돌출되게 할 필요가 있으며, 기업의 제품에 이러한 특성이 드러나도록 하는 것이 아주 중요할 것이다.

실사구시해야 한다. 비록 기업문화의 창조과정은 주관적이긴 하지만 반드시 기업의 실제적 정황에 근거하여 실사구시하는 태도로 기업문화를 창조하여야 할 것이다. 중국에는 이런 케이스가 많다. 예를 들면 "일류의 품질과 일류의 서비스로 고객을 황제로 모시자"는 간판을 걸었지만 실상 들어가 보면 품질이 엉망이고 서비스도 그다지 좋지 않은 것이다. 이는 자신의 상황에 근거하지 않고 다만 주관적인 염원을 근거로 하여 만들어진 기업문화이기 때문이다. 기업문화를 정립하는 과정에서 반드시 자기의 구체적인 실제와 결부시켜 실사구시하는 태도로 자기의 문화를 만들어 나가는 것이 필요하다.

② 완벽주의와 1등주의를 추구하는 정신

완벽주의와 1등주의를 추구하는 정신이 필요하다. 중국의 특색있는 기업문화를 창조하는 과정에서 극히 주의해야 할것은 완벽주의에 가까운 1등주의를 추구하는 정신이 필요하다. 일반적인 회사에 있어서 사원들은 자기회사에 대해 불신감을 가지고 있기 때문에 자신의 가치를 발견하기 어렵지만, 우수한 기업의 구성원들은 자기회사에 대한 신뢰감이 두터워 자기의 정체성을 발견하게 되며 이에 공감할 수 있기 때문에 우수한 1등 기업문화를 창조할 수 있는 것이다. 따라서 기업문화를 창조함에 있어서는 탁월함을 추구하는 원칙을 적용하는 것이 기업과 구성원들 간에 의식화가 되도록 하여, 탁월함을 추구하는 정신이 강하도록 그들을 격려해야할 것이다.

### (2) 부단히 새로운 것 창조

① 중국 전통문화의 정수를 계승

기업문화의 창조는 부단히 이루어져야 한다. 그렇기 때문에 새로운 時代의 요구에 부응하는 중국 기업문화의 창조는 끊임없이 이룩되어야할 것이다. 中國의 많은 기업들이 중국 전통문화의 정수(精髓)를 계승하고 선진한 나라들의 기업문화를 소화하여 보다 좋은 기업문화를 만들어 가는데 부단히 노력하고 있는 모습들이 활발하게 전개되고 있는 것은 바람직한 현상들이다. 새로운 중국의 기업문화를 창조해 가는 과정은 장기적이고 실천적인 노력이 필요하지만, 관건은 부단히 새로운 것을 만들어가는 창의성이다. 이는 기업문화가 생명력을 가지는 원천이라고도 할 수 있다. 결론적으로 21세기 중국의 특색있는 기업문화를 만들어 가려면 낡은 수직적 사고방식의 틀에서 벗어나 과감하게 새로운 것을 받아들이는 개혁적인 사고와 창의적인 노력으로 실사구시적 철학에서 부단히 탁월함을 추구하고, 현실적이면서 미래지향적으로 발전하기 위해 자아의 노력을 아끼지 말아야 하며 기업문화로 기업의 개개세포에게 생기를 불어넣어 살려내야 할 것이다.

② 전통문화 유산과 자부심

중국은 5천년이라는 유구한 역사를 가지고 있으며 우수한 전통문화 유산을 가지고 있다. 세계문명의 발상지로 일본이나 한국문화의 뿌리가 되고 있다. 따라서 한국과 일본의 기업문화도 따지고 보면 중국 전통문화에 근원을 두고 있다는 사실을 부정할 수 없을 것이다. 그러므로 우리는 우수한 문화민족이라는 자구심과 자신감을 가지고 뛰어난 강한 기업문화를 만들어 세계와 경쟁할 수 있다는 강한 의지가 필요한 것이다. 때문에 우리는 절망하거나 낙심할 필요가 없다. 보물은 바로 우리의 손에 있는 것이므로 우리가 이용하기만 하면 얼마든지 큰 위력을 발휘할 수 있는 것이다.

## 4.2 중국기업 문화특성과 기업분류

### (1) 중국기업 문화의 특성

#### ① 기업문화 – 지피지기(知彼知己)면 백전불태(百戰不殆)

최근들어서는 중국정부가 강력한 의지아래 이런 인맥을 통한 경영을 금지하고 있기는 하지만 여전히 중국에서의 꽌시의 위력은 막강하다. 그 이유는 다음과 같다.

첫째, 행정규제 및 간섭이 상존하고 있다. 소비재 공산품의 경우, 생산재보다 통제가 약하긴 하나 여전히 행정적 규제와 간섭이 심한데다가 시장에 대한 행정규제의 강도와 범위가 지역별로 달라, 당해 진출희망 지역지방 정부의 상업국 및 각 공업국 관리들의 행동양태를 파악해야 한다.

둘째, 불완전한 시장경쟁체제이다. 미성숙한 시장경제에서는 자유경쟁이 아니라 권력의 시장개입에 의해 자원배분이 결정된다. 예컨대 토시임대의 경우 관료가 얼마나 많은 땅을 누구에게 얼마에 임대할 것인지 자의적으로 결정하게 된다.

셋째, 관료적 도매시장과 활력있는 소매시장이 병존하고 있다. 중국의 소비재 시장은 다중구조적 특성을 띤다. 백화점, 면세점, 종합상점처럼 활력있는 소매시장이 있는 반면, 도매시장은 매매쌍방간에 협의 및 협상이 필수적이고 편법이 횡행하고 있다. 또한 공식시장과 밀수, 암거래 등 비공식시장이 병존하고 있다.

넷째, 대리판매로 인한 유통장벽이 존재한다. 일반화된 관례를 찾기 어렵고 유통관련 법제한을 받는다. 통상대리인(국영무역 기업이나 농촌의 판매협동조합 등)을 통해 판매하나 이러한 대리인의 확보에는 중국특유의 관계가 크게 작용한다.

#### ② 상거래의 냉정성 거래풍토

중국인들은 거래만큼은 냉정하게 임하며, 이해득실의 계산도 따른다. 따라서 친한 사람과도 손해 보는 장사는 하지 않으며, "내가 생각해 주는 만큼 상대방도 생각해 주겠지"하는 우리 식의 정서는 아주 친한 친구관계가 아닌 한 통하지 않는다. 그러므로 중국인들과 거래할 때는 담담한 마음으로 상대방과 대상물품을 주의깊게 살필 수 있는 자세가 기본적으로 요구된다. 서구의 어느 회사대표는 동일한 문제를 가지고 협상할 때 미국에서 일주일 소요되는 일을 프랑스에서는 2일, 브라질에서는 3일이 걸리는데 비해 중국에서는 수개월이 소요된다고 지적했다. 중국인들은 시간엄수는 중요하게 여기지 않고 상황에 따라 신축성이 있어야 한다고 믿고 있으며, 모든 일을 행동에 옮기기 전에 오랜 지연이 때때로 필요하다고 생각한다. 그러므로 중국인과의 협상에 성공하려면 우선 인내심과 성실성이 요구되며 이들의 거래관습과 사회관습 등 중국문화와의 친밀성을 갖는 것이 무엇보다 중요하다.

## (2) 중국의 기업분류

### ① 기업분류의 기준

중국의 기업을 분류해 볼 때, 그 기준으로는 지배구조, 소유구조, 규모, 지역별/시장커버리지 규모 등이 있다. 그렇다면 이 중 어떤 것이 현재 중국의 기업을 가장 효과적으로 분류할 수 있을 것인가를 먼저 생각하여 보자. 중국에 있는 기업을 국유기업, 집체기업, 사기업, 합영기업, 3자기업을 분류하였다. 그 외 중국문헌에서 자주 등장하는 향진기업도 있다.

중국기업의 지배구조의 확립은 초기단계에 머물러 있고 국유기업이라는 계획경제 산출물이 여전히 존재하기 때문에 중국기업에서 기업이 누구에게 속해 있는가보다는 기업을 누가 실질적으로 통제하고 운영하는 문제가 더욱 중요하다. 따라서 경영자의 리더십 문제가 기업의 전략과 성과를 결정하는 핵심이다. 중국에서 진행된 여러 설문조사에서도 기업경영에서 경영자의 역할이 가장 중요하다는 결과가 나왔다. 따라서 국가에서 경영하는 기업과 민간이 경영하는 기업은 전략과 성과에서 차이점을 보이고 있다. 중국에 투자한 외국기업의 경우에도 화인이 통제하는 기업과 기타 외국인이 통제하는 기업은 경영적인 측면에서 다르게 나타나고 있다. 이러한 현상에 근거하여 중국기업을 국영기업, 민영기업, 화인기업, 다국적기업으로 새롭게 분류해 본다.

### ② 국영기업

국가가 통제하는 기업은 효율성이 비교적 낮은데 그것은 경영자의 선발기준이 순수한 경영능력 뿐만 아니라 다른 요소가 많이 고려되기 때문이다. 이런 기업들의 경영특성을 살펴보면 의사결정 시간이 길며 책임소재가 분산되어 개인에 대한 통제가 어렵다. 또한 국유기업이라는 고유의 특성으로 인해 노동자에 대한 채용과 해고가 자유롭지 못하다. 그에 따라 보수적인 경쟁전략을 펼치며 효율성이 낮고 성과가 부진하다. 이런 기업을 국영기업으로 분류할 수 있다.

국영기업은 국민경제에 중대한 영향을 미치는 산업으로 정부가 중점적으로 육성하는 대상이므로 규모가 크며 정부의 지원을 많이받고 일부산업에서 정부의 중점보호 대상이 된다. 기존의 초대형 국유기업의 대부분을 여기에 포함시킬 수 있다.

③ 민영기업

개혁이후 민간이 경영하는 집체기업, 사기업, 국유주식제 기업, 합자기업과 합영기업의 일부는 빠른성장을 하였다. 이런 유형의 기업들은 현재 중국경제 민영화의 주체이며 민영기업이라 할 수 있다. 중국기업의 특수한 소유구조를 고려할 때, 여기서는 기업경영자 선발에 정부가 직접적인 간섭을 하지 않는 기업을 민영기업으로 정의한다. 중국기업에서 경영자의 역할이 그만큼 중요하기 때문이다. 민영기업의 경영자는 의사결정을 자유롭게 할 수 있고 중국의 시장환경에 익숙하며 외부의 간섭을 덜 받는다. 민영기업은 다시 국유민영기업과 비국유 민영기업으로 구분할 수 있다.

④ 화인기업(華人企業)

기존의 외국투자 기업은 크게 합자기업, 합작기업, 독자기업 세 가지로 구분하였다. 그 중 단독투자는 외국인이 경영통제권을 가지고 의사결정을 하기 때문에 중국의 국영기업이나 민영기업과는 다른 경영전략을 보이고 있다. 합자기업과 합작기업에서도 외국투자자가 통제권을 갖는 기업은 독자기업과 비슷한 경영스타일을 보이고 있다. 대만, 홍콩, 싱가포르 등 화인들이 중국에 단독 투자한 기업과 합작, 합자기업에서 화인이 통제권을 갖는 기업은 다른 국가의 외국투자 기업과 경영스타일이 구분된다. 그들은 중국대륙 문화에 잘 접근하였고 혈연, 지연 등을 기초로 하는 꽌시를 이용하는 기업전략을 구사하는 경우가 많다. 따라서 기타 외국투자 기업에 비해 문화적 충돌이 적다.

⑤ 다국적기업

미국, 일본, 한국, 유럽 등 비화인 외국기업을 다국적기업으로 분류할 수 있다. 그들은 해외투자의 풍부한 경험을 바탕으로 중국시장에서 여러 가지 경쟁전략을 펼쳤다. 초기에는 중국의 낙후한 유통채널 및 제품재고 관리가 대중국 진출의 걸림돌이었지만 현재 중국 여러 지역에 유통채널을 세우고 판매를 함에 따라 이런 문제는 극복되고 있다. 그러나 중국정부의 국내시장 보호정책으로 최첨단 산업에서는 진입장벽이 높고, 성숙되는 산업에서는 문화적인 차이때문에 시장에 신속하게 대응하는 능력이 약하며,

다국적기업의 자회사로서 의사결정이 상대적으로 늦어 민영기업의 강력한 도전을 받고 있다. 또한 상대적인 문화차이로 인해 직원관리에도 어려움을 겪고 있다.

## 4.3 장수기업들의 성공포인트는 습관

### (1) 의리는 곧 가치창조

만사는 재인(在人)이라 하였다 기업의 흥망성쇠도 역시 사람에게 있다. 기업(企業)에서 사람(人)을 빼면 기업은 멈춘다(止). 회사가 추구하는 가치를 만들어라. 의리란 단순한 정(情)이 아니다. 의리는 곧 추구하는 가치를 의미했다. 어떤 장수기업이든 그 회사가 추구하는 가치가 반드시 있다. 키워드는 성실에서 이루어진다. 1년 365일 문을 닫지않고 영업을 했다. 한결같이 불변함이 바로 기업이 사랑받은 비결이었기 때문이다. 금융, 부동산, 해운업에 종사하는 자오상쥐 그룹의 가치는 애국이었다. 외세가 밀려들던 격변기에 조국을 사랑하고 산업을 지키기 위해 회사가 성립되었기 때문이다. 제약회사와 음식료 기업들의 공통점은 건강과 행복을 추구한다는 것이다. 맛있고 몸에도 좋은 제품이 가져다주는 행복을 위해 몇 백년을 달려온 기업들이다.

### (2) 신뢰는 생산과 소비증대

제품의 품질은 소비자의 신뢰가 답이다. 수요증대는 그들의 니즈를 읽어라 모든 기업에서 고객이 왕이다. 고객이 있어야 기업이 있다. 고객이 무엇을 원하는지를 알아서 제품을 생산하는 곳만이 성공한다. 왕라오지는 사람들이 음료수를 마시는 이유를 건강에서 찾았다. 그리고 기름진 음식을 먹으면서 소비자들이 느끼는 불안감과 죄책감을 말끔히 씻어주었다. 퉁 런탕은 고령화사회의 트렌드를 재빨리 간파하고 아름답고 젊어지기를 원하는 중국 소비자들의 니즈를 읽었다. 건강을 생각하는 소비자들이 염도가 낮은 장아찌를 선호한다는 것을 제품에 적용시킨 반찬기업 류비쥐도 마찬가지다.

### (3) 이익은 끊임없이 변화와 혁신에서

이익을 많이 내려면 당연히 노력을 해야 한다. 거저 생기는 이익은 없다. 품질을 좋게 하려면 어떻게 해야 하나 끊임없이 갈고 닦아야 한다. 설비도 좋은 것을 들여와야 하고 재료도 적정품으로 전환하고 기술도 적합기술로 대치하여야 한다. 기존의 방식들이 만족하다고 해서 안주해서도 안 된다. 시장은 급변하고 소비자의 기호는 세속변하기 때문이다. 이를 위해서는 현대화의 적응력이 필요하다.

**■ 품질없이 이익(利)없다**

고품질개발을 위해 끊임없이 노력하고 서비스 제공에 노력하라 품질없는 곳에 이익도 없다. 장수브랜드들이 처음에 알려지기 시작한 것은 바로 품질이 좋아서였다. 품질이 좋다는 것은 무엇을 말하는가? 품질이 단순히 좋기만 하다고 비용이 터무니없이 많이 들어가면 안 된다. 지속가능한 고품질을 위해서는 P와 Q를 잘 생각해야 한다. 여기서 P는 가격이고 Q는 생산량이다. 흔히 매출은 계획과 품질을 곱한 것으로 표현한다. 가격을 높게 받을 수 있다는 것은 곧 좋은 품질의 물건이어야만 가능하다. 많이 만들려면 기타 부대비용이 절감되어야 한다.

**■ 생산은 마라톤이다**

현대전은 속도전이다. 중국 장수브랜드들은 좋은 제품을 지속적으로 만들고 팔 수 있는 것을 최고의 장점으로 꼽았다. 이들에게 생산은 마라톤이었다. 단거리 달리기만 하려면 박리다매도 나쁘지 않다. 하지만 몇 백년간 박리다매가 가능할까? 그래서는 장수하기 어렵다. 최고의 품질제품이 아니면 소비자의 머리속에 처음부터 기억되기도 어려웠다. 품질이 생명이었다. 많은 기업들이 뜨고지면서 오늘에 이른 몇몇 장수기업들은 모진바람과 비방울속을 뚫고 지금도 우리 눈앞에 있다.

**■ 고전적 변화는 효감을 일으켜**

이들은 오늘도 떡을 만들고 철을 버리고 약재를 찧는다. 이런 기업들을 보며 드는 생각은 이랬다. “오래된 기업은 끊임없이 변화한다. 하지만 중요한 근본은 버리지 않는다.” 오래된 브랜드들은 얼핏보면 옛것을 그대로 답습하는 듯이 보일 수도 있다. 하지만 오래될 수 있던 기업들은 자신의 브랜드를 꾸준히 변화시키면서도 핵심가치는 변하지 않도록 하고 있었다.

# 제9장 미국의 장수기업

# 제 1 절 미국의 역사와 기업사

## 1.1 미국역사

### (1) 서 론

본장 기술의 목적은 미국이라는 거대한 경제권 속의 기업들의 성장배경을 살펴봄으로서 기업운영에 참고의 자료를 제공하고자 함에 있다. 미국 경제발전의 전통성은 미국경제사와 기업사는 경제발전의 주체였던 민간기업들이 정부의 지원과 후원으로부터 벗어나 혜택이나 보장을 받지 않으며 성장했다는 것이다. 미국의 이념은 정치분야 뿐만 아니라 경제분야에서도 자유방임주의가 바탕이 되고 있다. 자력갱생(自力更生)의 원칙이라는 것이다. 미국 경제사가(經濟史家)들의 일반적인 주장이다. 즉 미국 경제발전은 오직 기업경영과 조직상의 합리화와 기업가의 혁신적인 노력의 결과 그 자체이며 다른 나라와 같이 정부의 후원에서 이루어진 것이 아니어서 기업의 내성이 강하다는 것이다. 세계경제를 조정하는 미국은 전 세계의 새로운 경제시스템을 자위적으로 조정하려는 미국의 강압적 패권주의를 강요받고 있다. 이른바 신자유주의라고 불리는 미국의 세계경제 정책은 전 세계를 미국중심의 세계로 재편하려는 경제독선주의 양상으로 나타나고 있다.

신자유주의 경제기초 이념은 한 나라의 경제공간에서 민간기업의 활동을 후원하는 정부차원의 노력을 금지하고 세계의 기업들이 자발적인 노력으로 자유경쟁으로 역량을 키우며 경쟁할 수 있도록 하자는데 있다. 우리가 유의하여야 할 점은 미국은 미국기업들이 자의적 역량을 키우게 하고 정부는 세계로 진출하는 길을 닦아주는 거시적 세계관을 가지고 정책과 기업을 육성하고 있다는 점에 주목할 가치가 있다 하겠다. 기업사와 기업가사는 사회의 중요한 분야이다. 전근대 사회집단들이 어떤 상이한 조건과 이유에서 산업화의 과정을 격고 근대사회로 돌입하는가 하는 것이며 더불어 그 역할을 담당한 매체들은 구체적으로 어디에 있는가가 중요한 관심사이다. 사회사가(社會史家)들은 근대사회의 주도적인 역할을 기업과 기업가들이 일정역할을 하였다고 말하며 사회학에서 근대화와 산업화의 구조와 동태를 포괄적으로 파악의 필요성이 더욱 절실하여 졌다.

기업사와 기업사가(企業史家)는 준거집단 모형집단'이라는 사회분석의 효율적 개념으로 유효성을 인정받게 되는 것이다. 한국가의 경제발전에 있어서 선도적이고 창의적인 경제주체들의 활동은 일찍이 역사가나 심리학자들에 의해 금정적인 평가를 받고 있다. 미국사에 있어서 고전적 신화가 되어버린 하나는 미국 경제발전의 토대를 형성하는 모든 작업이 정부의 간섭없이 국민의 자발적인 의지에 의해 자유방임주의 테두리 안에서 이루어졌다는 것이다. 자치능력이 있는 자에게 자유가 있고 자율속에서 창의력이 소생해 경쟁력이 제고된다는 교훈은 우리의 기업사에도 필요한 구절이라 하겠다.

### (2) 미국의 역사

미국의 역사를 알면서 미국인의 국민성과 미국기업들의 성장배경을 이해하기 쉬울 것이다. 미국은 영국의 식민지로부터 시작하여 1.776년 독립한 나라이다. 2,016년 기준 240년밖에 안 된 역사를 가진 나라이다. 그렇지만 오늘날 미국은 3억명의 국민과 한국의 40배를 넘는 국토. 세계경제의 25%를 가진 세계최강의 국가이다. 미국은 어떤 의미에서든 세계를 지배하고 있다는 사실에 이의를 제기하는 사람은 많지 않을 것이다. 어떻게 해서 짧은 기간에 미국이라는 거대한 합중국의 역사를 등장할 수 있었는가.

미국은 현재 50개 주로 구성되어 있으며 48개주는 본토에 있고 알라스카와 하와이 이 두 개주는 본토밖에 있다. 50개주가 어떻게 미국에 편입되었는지 간단하게 말하면 영국식민지였던 동부 13개주가 모체이고, 나머지는 원주민 · 영국 · 프랑스 · 스페인 · 러시아 등에서 전쟁을 통하여 빼앗거나 사들인 것이다. 미국의 국기는 '성조기'(the star Spangled Banner)는 국가(國歌)의 제목이기도 하다. 성조기는 영국과의 독립전쟁 때 제작되었고 국가는 1812년 영미전쟁 당시 프랜시스 스콧키라는 사람이 가사를 썼다.

미국의 국가는 미국을 이해하는데 중요한 의미가 있으므로 가사를 살펴볼 필요가 있다.

**성조기여 영원하라**
여명의 빛이여 황혼의 마지막 빛에
자랑스레 서있는 우리성조기

밤의 어두움을 뚫고 요새위에 아직도 펄럭인다.
대포의 섬광과 작열하는 포탄에도
성조기는 굳건히 서있구나 펄럭이는 성조기여
자유의 땅과 용자의 고향에 영원하라

전쟁의 와중에 전쟁의 소재로 만들어진 미국의 국가는 끝없는 전쟁으로 점철된 미국의 역사를 말하는 듯하다. 미국은 전쟁을 통하여 태어났고 전쟁을 통해 강국으로 성장하였으며 전쟁을 통해 강국의 지위를 유지하고 있다. 미국처럼 전쟁을 자주치른 나라는 세계 역사상 찾아보기 어렵다. 미국의 역사적 기질은 군사적인 면에서만 호전적인 것이 아니라 경제적인 세계경쟁에 있어서도 도전적인 용맹성을 엿볼 수 있으며 이 기질은 오랜 세월 전쟁속에서 터득된 미국의 독특한 기질인가 싶다. 미국이 전쟁과 평화를 동시에 외칠 수 있는 이유는 전쟁이 바로 평화를 위한 것이라는 숭고한 명분을 갖고 있기 때문이다. 이를 미국의 국가가 말해주고 있으며 미국은 실로 다양한 체질을 가신 나라이다. 전쟁으로 많은 미국인들이 희생되는 와중에서도 백악관 앞에서는 반전주의자들이 시위를 벌이고 있는가하면 이기적인 개인주의가 판을 치지만 부자들은 자선사업에 아낌없이 돈을 내놓기도 한다. 또한 민주주의와 자유를 외치면서도 독재정권을 지원하기도 하는 나라가 미국의 체질인가 싶다.

## 1.2 미국의 기업사와 배분정책

### (1) 미국 최초의 근대기업자본

#### ① 강철왕 앤드루 카네기(1835~1919)

19세기 후반 미국의 산업화 과정에 수많은 천재발명가들과 그들의 발명품들이 지대한 공헌을 해왔다. 이들 발명품들이 상품화되기 위해서는 언제나 많은 재정지원과 효과적 사업수완이 요구되었다. 강철왕 카네기는 제철분야에서 효과적 경영관리를 발명품과 접목시켜 거대한 기업을 일구어낸 미국최초의 근대자본가이다.

카네기는 영국 스코틀랜드에서 태어나 1848년 12살때 미국으로 건너왔다. 일찍부터 사업적 재능이 뛰어났던 그는 방적공, 기관조수, 전보배달원, 전신기사 등 여러 직업을 전전하다 철도감독으로 자리를 잡았다. 천재적인 투자솜씨를 발휘하여 얼마간의 재산을 모을 수 있었는데 이를 바탕으로 1872년 톰슨 제철공장을 설립하고 본격적으로 철강사업에 뛰어들었다.

카네기는 자신의 돈은 한 푼 들이지 않고 부자들을 끌어들여 사업을 확정하는 뛰어난 재주를 가지고 있었다. 그러면서도 회사경영만은 절대 양보하지 않았다. 사업이 어느 정도 궤도에 오르자 그는 밖에서 끌어 모은 돈으로 재정이 악화된 경쟁사들을 사들이고 원료와 상품수송을 위해 독자적인 철도망을 구축하기도 했다. 1889년 연산 32만 톤에 불과하던 톰슨 제철공장의 생산능력이 10년후인 1900년에는 300만 톤을 넘어설 만큼 그의 사업은 눈부신 성장가도를 달렸다.

② 카네기의 전성기

이와 더불어 사업이윤도 1888년 200만달러에 불과했으나 1901년에는 무려 4천만 달러가 되었다. 1890년에 이미 카네기는 미국 제철사업을 실질적으로 지배하는 인물이었다. 카네기는 이윤을 위해서라면 때론 비도덕적 행위도 서슴치 않았던 전형적인 자본가였다. 회사물품을 운송하는 철도회사에 리베이트를 강요하고 비록 얼마동안이기는 하지만 제철업자들끼리 독점담합을 맺어 엄청난 부당이익을 챙기기도 했다.

외국 경쟁회사가 국내시장에 뛰어드는 것을 막기위해 정치인들을 매수하여 자신에게 유리한 보호관세법을 통과시키기도 했다. 임금을 형편없이 깎아내리고 이에 항의하는 노동단체는 무슨 수를 써서라도 없애고야 말았다. 그러면서 그는 끊임없는 재투자를 통해 엄청난 부를 축적해 나갔다. 그러나 그의 사업성공의 비밀은 무엇보다도 기업경영에 과학적 기업관리법을 도입한 데 있었다.

③ 테일러의 과학적인 기법도입 정착

즉, 최소비용으로 최대의 생산성을 얻기위해 생산라인과 인적관리방식을 획기적으로 개혁했던 것이다. 그가 최초로 도입한 과학적 기업경영법은 후일 프레드릭 테일러의 이론화과정을 거쳐 이른바 테일러주의라는 이름으로 미국기업들에 정착되었다. 테일러는 생산과정에서 낭비되는 요소들을 측정하여 노동자가 최단시간에 최대한의 생산을 낼 수 있는 시간과 노동관계를 연구했다. 테일러의 제안에 따라 기업들은 노동의 전문화와 임금의 능력차등 지급제를 도입하여 괄목할 만한 성과를 거두었다.

노동자들은 이런 생산능률화 혁명에 거세게 반발했으나 테일러 주의는 계속 확대되었다. 헨리포드는 테일러 주의를 도입하여 성공한 대표적인 기업인에 속한다. 그는 도축장에서 오랫동안 사용되어 오던 컨베이어 벨트시스템을 자동차 생산라인데 도입했고, 작업과정을 수천조각의 단순작업들로 세분화하여 아무기술도 없는 노동자라도 곧바로 생산라인에 투입될 수 있도록 단순화 하였다.

1901년 카네기는 자신의 제철회사를 J.P.모건에게 약 5억 달러에 팔아 넘겼다. 자신의 수중에는 약 2억 5천만 달러가 남았는데 이 돈으로 그는 여생을 교육사업과 사회사업에 헌신했다. 피츠버그에 있는 카네기멜론 대학이 그의 재정적 후원에 의해 설립된 대학이다. 일생동안 그가 자선명목으로 기부한 돈만도 수억 달러에 달했다고 한다.

### (2) 산업화 배분정책

#### ① 루스벨트의 배분정책

공정한 배분이 정의이다. 1900년초 산업화의 시기에 많은 사람들, 특히 농민과 노동자들은 정부의 자유방임 정책으로 많은 고통을 당했다. 이 시기의 정부정책은 부유한 사람들을 더욱 살찌우는 결과를 가져왔다. 특히 경제적 배분문제에 있어 정부는 거의 무정책으로 일관했다. 이에 따라 사회적 빈부격차가 더욱 커지고 정부의 적극적 개입을 요구하는 목소리가 높아가고 있었다.

19세기말의 이런 상황에서 매킨리 대통령이 1902년 9월 한 무정부주의자 손에 암살되고 부통령 루스벨트가 대통령직을 승계했다. 42살의 나이로 대통령이 된 루스벨트는 취임연설에서 경제적 악폐와 악습을 제거하기위해 연방정부가 보다 적극적으로 개입할 것임을 분명히 했다. 이른바 공정한 대우(Square Deal)로 명명된 그의 신경제정책은 독점규제, 중소기업 보호, 노동자 · 농민의 권익신장에 초점을 맞추고 있었다. 당시 의회는 하원의장 캐넌의 막강한 영향력 아래 있었다. 캐넌은 공화당 극렬보수파의 일원으로, 하원 각 위원회 및 소위원회 위원임명, 법안상정 및 의결, 심지어는 의원의 발언권에 이르기까지 의회운영을 좌우하고 있는 실력자였다. 상원 역시 마크 해너가 이끄는 우익공화당 의원들이 지배하고 있었다. 이들은 루스벨트가 표방한 정부의 적극적 개입정책에 노골적으로 반기를 들고 나섰다.

#### ② 루스벨트는 공정한 대우실천

향상시키는 유일한 방법이라는 소신의 루스벨트는 반대에 맞서 직접 대국민설득에 나섰는데 공정한 대우, 공정한 분배만이 미국의 산업을 발전시키며 국민의 생활의 질을 성공했다. 루스벨트는 곧 행동으로 공정한 대우를 실천해 나가기 시작했다. 사회복지의 이상을 품고있었던 그는 곤경에 처한 종소기업 경영인들과 노동자 농민들을 상대로 모든 사람에 대한 공정한 대우를 외치며 여론의 지지를 얻는 1902년 전국 광산노동자 연맹이 존 미첼의 주도하에 노조인정, 임금인상, 노동시간 단축이라는 요구조건을 내걸고 동맹파업들이 발생했다. 광산의 문을 다시 열기위해 군대를 동원하겠다고 위협했다. 광산주와 노동자들은 결국 정부의 조정에 승복하지 않을 수 없었다.

사태를 소신있게 수습한 루스벨트에게 용기있는 지도자라는 칭송이 쏟아졌다. 그의 공정한 대우는 더욱 힘을 얻게 되었다. 스탠더드 석유회사, 듀폰, 담배회사, 유수의 대기업들이 그의 재임기간 동안 독점혐의로 기소되었다. 정부정책에 반기를 든 한 보험회사는 아예 문을 닫게 만들었다. 이를 계기로 그는 독점파괴자,(trust－buster)라는 별명을 얻었다. 노동자들과 중소기업들에게 그는 영웅이었지만 대기업가들에게는 자유시장의 적이었다.

그의 정책을 두고 기업활동의 자유와 정부의 개입한계에 대한 맹렬한 논쟁이 벌어졌는데 1904년 대법원이 5대 4로 그의 보험회사 해체명령이 합헌이라는 결정을 내림으로써 루스벨트는 결정적인 정치적 승리를 거두었다. 사실 루스벨트의 독점규제는 매우 신중하게 이루어졌다. 대통령이 거대 독점기업들을 규제하는 데는 한계가 있었다. 독점자본과 기업가들은 대통령도 마음대로 할 수 없을 만큼 경제적으로나 정치적으로 이미 거대한 권력으로 성장해 있었다.

## 1.3 민주주의와 세계평화

### (1) 제1차 세계대전 참전(1917년)

#### ① 오스트리아와 세르비아 간의 전쟁

열강사이에 불안한 세력균형이 유지되던 유럽대륙은 1914년 중대한 위기에 직면했다. 보스니아 사라예보에서 오스트리아－헝가리 제국의 황태자가 한 세르비아인 청년에게 암살되는 사건이 벌어졌다. 오스트리아와 세르비아 간에 전쟁이 터졌다. 곧이어 이들 두 나라의 동맹관계로 얽혀있던 러시아, 프랑스, 영국, 독일, 이탈이아 등 모든 강대국들이 전쟁에 뛰어들었고, 전쟁은 유럽대륙 전체를 무대로 한 대전으로 확대되었다. 제1차 세계대전이 시작된 것이다.

사실 제1차 세계대전 초기에 미국이 개입하기를 꺼렸던 진짜 이유는 전쟁에 개입함으로써 전쟁의 피해가 자국에 돌아오는 것을 막기 위해서였다. 그러면서도 미국은 순수한 무역거래라는 미명하에 연합국 측에 막대한 양의 전쟁물자를 공급하고 있었다. 독일이 미국의 이런 이중적 태도를 날가워하지 않은 것은 당연했다. 당시 독일은 영국을 고립시키기 위해 잠수함으로 영국의 해안을 봉쇄하는 작전을 벌이고 있었다. 이런 와중에 미국의 상선들이 공해상에서 독일잠수함의 공격을 받는 일이 자주 벌어지고 급기야 영국의 호화여객선 루시타니아 호가 1915년 5월 아일랜드 근해에서 독일 잠수함에 격침되는 대사건이 벌어졌다.

이 사고로 미국인 128명을 비롯한 승객 1,198명이 목숨을 잃었다. 이 사건으로 미국에서는 참전여론이 고조되었으나 윌슨은 어떻게든 외교적으로 이 문제를 해결하여 미국이 대전에 말려드는 것만은 피하고자 했다. 전쟁이 3년째로 접어든 1916년 윌슨은 민주당 후보로 재차 대통령에 출마하여 무난히 당선되었다. 그러나 윌슨의 이런 노력도 1917년 2월 1일 독일이 발표한 무제한 잠수함 작전으로 물거품이 되고 말았다. 적국에 전쟁물자를 수송하는 것으로 의심되는 모든 선박들을 국적과 선박의 종류를 가리지 않고 잠수함으로 격침하겠다는 선언이었다.

전쟁의 위험은 급박하게 고조되어 갔다. 2월 하순에는 이른바 짐머만 문서라는 것이 세상에 알려져 또 한 번 엄청난 파문을 몰고 왔다. 독일외상 짐머만이 멕시코 정부에 전달한 이 비밀문서에서 독일은 미국이 참전할 경우 멕시코가 독일편에 가담해 준다면 그 대가로 미국령 텍사스, 뉴멕시코, 애리조나를 넘겨주겠다고 제의했다. 문서의 진위여부를 떠나 이것이 미국내 여론에 어떤 영향을 끼쳤을 것인지는 충분히 상상할 수 있다.

② 윌슨대통령 전쟁선언

마침내 그해 4월 2일 윌슨대통령은 의회에 참전승인을 요청했다. 교서에서 그는 "민주주의 수호와 세계의 항구한 평화를 위해" 미국의 참전이 불가피하다는 것과, 이 전쟁이 "지구상의 모든 전쟁을 종식시키는 최후의 전쟁"이 될 것이라고 말했다. 4월 6일 의회가 만장일치로 대통령의 요청을 승인함으로써 미국은 드디어 전쟁에 뛰어들게 되었다. 강대국 미국의 잠재력은 실로 엄청났다. 초기에는 독일의 무제한 잠수함 작전이 위력을 발휘하여 미국의 참전에도 불구하고 독일에게 전황이 유리하게 전개되었다.

그러나 미국이 전시체제로의 전환을 완료한 1918년에 전세는 서서히 역전되기 시작했다. 그해 3월부터 7월에 걸쳐 독일은 파리함락을 목표로 네 차례나 대대적인 공세를 감행했으나 연합군의 완강한 저항에 막혀 뜻을 이루지 못했다. 이제는 연합군이 공격할 차례였다. 엄청난 희생을 치른 끝에 그해 9월 독일이 최후의 방어선으로 설정한 힌덴부르크 방어선이 돌파되었다. 독일군은 걷잡을 수없이 무너져 패주를 거듭했고 독일황제는 11월 2일 국경을 넘어 네덜란드로 피신했다. 2일후 연합국의 휴전제의를 독일이 받아들임으로써 4년간의 세계대전은 끝이 났다. 미국이 참전하지 않았다면 제1차 세계대전은 독일의 승리로 막을 내렸을 것이다.

### (2) 제1차 세계대전 종전과 번영

#### ① 자동차 산업의 발전(1920년대)

전쟁은 모든 것을 파괴하지만 동시에 창조와 발전의 동력을 만들어 내기도 한다. 미국의 역사를 볼 때 큰 규모의 전쟁뒤에는 어김없이 국가발전의 원동인 기업들의 번영의 시기가 찾아왔다. 제 1차 세계대전의 경우도 마찬가지였다. 처음으로 열강들의 싸움에 끼어들어 승리를 거둔 미국의 위세는 하늘을 찌를 듯했다. 전쟁중에 고양된 애국심, 수많은 발명의 제품화, 기업의 새로운 경영기법 등이 전후 미국경제의 유례없는 발전을 가져왔다.

정부의 친기업적 정책에 힘입어 전후 미국경제는 발전의 비약적 전기를 맞이했다. 이 시기 미국경제발전을 주도한 것은 자동차, 화학, 그리고 전기산업이었다. 이 중에서도 특히 자동차 산업의 발전은 눈이 부셨다. 흔히 '빅 쓰리', 곧 '3대 거인'으로 불리는 포드, 제너럴 모터스, 크라이슬러 등 3대 자동차 회사가 매출규모나 순익면에서 미국내 다른 기업들을 압도했다. 자동차 수는 1920년 이미 200만 대를 넘어섰고, 1925년에는 무려 500만 대로 늘었다. 1920년대 말에 이르면 미국사람들은 5인당 1대 꼴로 자동차를 가지고 있었다.

#### ② 자동차 산업의 발전과 연관산업의 성장

자동차 산업의 발전은 철강, 판유리, 고무, 니켈, 알루미늄 등 관련산업 분야의 성장을 유발했다. 1926년 통계로 미국전체 산업생산의 12.7%가 자동차 산업에 투입되고 있었다. 고무제품의 경우 그 비율이 무려 85%에 달했다. 도로건설과 관련된 토목사업, 석유사업, 화학과 전기사업의 성장도 눈에 띄었다. 1920년대 미국은 세계 총산유량의 70%를 생산하는 세계 최대 산유국이었다. 전기산업의 생산규모는 1910년 17억 달러에 불과했으나 1920년에는 81억 달러로 급증했고, 화학산업도 전쟁이전에 비해 두 배 가까이 성장했다. 라디오와 영화산업이 본격적으로 등장한 것도 이 시기였다.

캘리포니아의 할리우드는 찰리채플린으로 상징되는 무성영화시대의 명작들을 만들어내면서 일약 세계 영화산업의 메카로 부상했다. 이 같은 경제성장의 결과 국내 총생산은 1921년 820억 달러에서 1929년에는 1,040억 달러로 늘었으며, 같은 기간에 1인당 국민소득 역시 570달러에서 850달러로 늘었다. 1929년에는 평균 1가구당 1대 꼴로 자동차가 보급되었으며. 처음 선보인 라디오도 1930년에 이르러 미국 전가정의 40%까지 보급이 되었다. 경제발전과 더불어 기업운영과 체제에 있어서도 중대한 변화가 있었다. 주식시장을 통한 주식의 분산, 소유와 경영의 분리현상이 보편화되었다.

### (3) 자본주의에 대한 새로운 처방

#### ① 뉴딜정책(1933년)

1929년의 대공황은 미국자본주의를 뿌리째 뒤흔들었다. 1932년에 기업의 생산은 1929년에 비해 절반으로 줄었고 실업자는 1,500만 명을 넘어섰다. 이 국가적 재난을 뚫고 나가야 할 막중한 책임이 신임 후버대통령에게 주어졌다. 그러나 후버는 개인주의와 자유방임주의를 신봉했던 사람으로, 공황대책 또한 기업가들의 협조와 국민의 각성을 요구하는 정도로 소극적이었다. 연방정부의 보다 적극적인 대책과 리더십이 절실했던 상황에서 후버정책이 사태를 더 악화시킨 결과를 나았다.

1932년 대통령 선거는 민주당 프랭클린 루스벨트 후보가 공화당 후버를 제치고 당선되었다. 루스벨트는 선거유세 기간동안 농민을 위한 식량생산의 통제, 완전고용, 완전생산 등 개혁프로그램을 주장했으나 유권자들의 주목을 끌지는 못했다. 오히려 그가 대통령 선거에 승리할 수 있었던 것은 절망하는 국민에게 보여준 그의 용기와 자신감이었다. 그는 1921년 나이 마흔에 소아마비에 걸려 두 다리가 모두 자유롭지 못하게 되었으나 불굴의 의지로 이를 딛고 일어섰다. 이 일을 통해 그는 상류층 출신임에도 불구하고 불행한 인간의 고통과 고뇌를 이해할 수 있었으며, 그것을 극복하는 용기까지 갖게 되었다.

### ② 루스벨트의 후기 뉴딜정책

1933년 대통령에 취임한 루스벨트는 공황으로부터 탈출을 위해 국가경제에 대한 정부의 적극적 개입정책을 추진해 나갔다. 공업, 농업, 상업, 금융 등 경제 전 분야에 걸쳐 그가 추진한 일련의 경제정책을 사람들은 대통령후보 지명수락 연설에서 그가 사용한 용어를 따라 '뉴딜', 즉 '새로운 처방'이라 불렀다. 새로운 처방'의 요체는 그의 취임 후 의회를 통과한 18개 경제법안과 이에 기초한 '구제와 부흥' 정책에 있었다. 그 주요 내용은 첫째, 생산제한을 통해 공산품 가격의 안정을 꾀하고, 둘째, 농업조정법을 기초로 주요농산물의 경작을 제한함으로써 농산물 가격의 안정이었다.

루스벨트는 또한 대규모 공공사업을 벌임으로써 유효수요를 인위적으로 창출하고 내국시장을 확대하려는 정책을 추진했다. 이를 위해 거액의 적자공채가 발행되었는데, 이로써 묶여있던 자금이 탈출구를 찾아 공공사업에 투입되고 멈추었던 기계들이 가동되기 시작했다. 루스벨트 행정부는 정부의 지출정책을 항구적 재정정책으로 정립할 필요성에 직면했다. 고용촉진사업과 공공사업확대, 신농업촉진법 실시 등을 통해 정부지출을 늘리면서 동시에 노사대립의 격화를 막기위해 공정노동기준법이 시행되었다. 1937년의 공황극복을 위해 루스벨트가 1938년에서 1939년까지 실시한 일련의 경제정책을 '후기뉴딜'이라고 부른다.

## [요 약]

### 미국기업의 존립 자력갱생의 원칙

미국이라는 거대한 경제권속의 기업들의 성장배경을 살펴봄으로서 기업운영에 참고의 자료를 제공하고자 함에 있다. 미국 경제발전의 전통성은 미국경제사와 기업사는 경제발전의 주체였던 민간기업들이 정부의 지원과 후원으로부터 벗어나 혜택이나 보장을 받지 않으며 성장했다는 것이다. 미국의 이념은 정치분야 뿐만 아니라 경제분야에서도 자유방임주의가 바탕이 되고 있다. 자력갱생(自力更生)의 원칙이다. 미국 경제사가(經濟史家)들의 일반적인 주장이다.

### 미국의 기업사(企業史)와 기업사가(企業史家)

한국가의 경제발전에 있어서 선도적이고 창의적인 경제주체들의 활동은 일찍이 역사가나 심리학자들에 의해 긍정적인 평가를 받고 있다. 미국사에 있어서 고전적 신화가 되어버린 하나는 미국경제발전의 토대를 형성하는 모든 작업이 정부의 간섭없이 국민의 자발적인 의지에 의해 자유방임주의 테두리 안에서 이루어졌다는 것이다. 자치능력이 있는 자에게 자유가 있고 자율속에서 창의력이 소생해 경쟁력이 제고된다는 교훈은 우리의 기업사에도 필요한 구절이라 하겠다.

### 루스벨트는 공정한 대우 실천

공정한 대우 공정한 분배만이 미국경제를 향상시키는 유일한 방법이라는 소신의 루스벨트는 사회복지의 이상을 품고 있었던 그는 곤경에 처한 종소기업 경영인들과 노동자, 농민들을 상대로 모든 사람에 대한 공정한 대우를 외치며 여론의 지지를 받았다 1902년 전국 광산노동자 연맹이 존 미첼의 주도하에 노조인정, 임금인상, 노동시간 단축이라는 요구조건을 내걸고 동맹파업들이 발생했다. 광산문을 다시 열기위해 군대를 동원하겠다고 위협했다. 광산주와 노동자들은 결국 정부의 조정에 승복하지 않을 수 없었다.

### 루스벨트의 후기 뉴딜정책

1933년 대통령에 취임한 루스벨트는 공황으로부터 탈출을 위해 국가경제에 대한 정부의 적극적 개입정책을 추진해 나갔다. 공업, 농업, 상업, 금융 등 경제 전 분야에 걸쳐 그가 추진한 일련의 경제정책을 사람들은 대통령후보 지명수락 연설에서 그가 사용한 용어를 따라 '뉴딜', 즉 '새로운 처방'이라 불렀다. 새로운 처방'의 요체는 그의 취임후 의회를 통과한 18개 경제법안과 이에 기초한 '구제와 부흥'정책에 있었다. 그 주요 내용은 첫째, 생산제한을 통해 공산품 가격의 안정을 꾀하고, 둘째, 농업조정법을 기초로 주요농산물의 경작을 제한함으로써 농산물 가격의 안정이었다.

# 제 2 절 2차 세계대전과 미국기업 성공신화

## 2.1 제2차 세계대전 도발과 종전

### (1) 2차 세계대전의 시발

① 아~ 일본, 진주만 폭격!

일본은 1941년 12월 7일 오전 7시 55분, 하와이 오하우 섬 진주만 폭격을 시작하였다. 미국은 제1차 세계대전에 참전한 것도 독일의 공격선언 때문에 어쩔 수없이 참전한 것이지 처음부터 이를 원했던 것은 아니었다. 제2차 대전이 일본의 공격으로 할 수 없이 이루어진 전쟁이었다. 1차 대전이 끝나자마자 미국의 여론은 미국이 전통적 고립주의로 돌아갈 것을 강력히 요구했다. 심지어 자신이 주동한 국제연맹에 가입하는 것조차 여론의 반대로 무산되는 웃지 못할 일이 벌어지기도 했다.

1936년에 발생한 이탈리아-에티오피아 전쟁과 스페인 내란은 이 법안을 시험대에 올려놓았다. 내전을 계기로 중립법은 더욱 강화되어 교전당사국에 대한 일체의 차관공여가 금지되고 모든 군수물자는 현금판매로만 수출이 가능하도록 했다. 요컨대 미국의 정책은 경제적 이익은 포기하지 않으면서 정치적으로는 중립을 지킨다는 것이었다. 독일, 이탈리아, 일본 등 전쟁의 주축국들은 미국의 이같은 정책을, 그들이 어떤 행위를 하든 미국의 이익을 직접 해치지만 않는다면 미국은 이를 방해할 의사가 없다는 의미로 받아들였다.

② 일본과 독일 반 코민테른 조약체결

1936년 일본은 독일과 반 코민테른 조약을 맺고 본격적인 무력진출에 나섰다. 특히 일본은 중국에 대한 침략을 본격화하면서 다른 나라들에 개방된 도시들을 폭격하고 항구를 폐쇄하고 외국선박들을 무차별 격침하고 외국의학교, 병원, 교회를 파괴했다. 일본의 중국 침략행위에 대해 미국은 일본을 침략자로 낙인찍는 이상의 어떤 적극적 대응도 자제했다. 일본이 추구하는 아시아의 신질서, 곧 '대동아 공영권'을 인정하지 않겠다는 뜻을 밝혔으나 무력으로 이를 저지할 의사는 없었다.

미국의 불개입 의지를 확인한 일본은 1939년에 이르자 더욱 노골적인 팽창주의로 나가기 시작했다. 미국령 필리핀 인근의 섬들을 강점하고 인도차이나에까지 침략의 손길을 뻗쳤다. 일본의 대동아권 구상에는 미국이 설 자리가 없다는 것이 분명해졌다. 급기야 1940년 독일, 이탈리아, 일본 간의 삼자동맹은 미국에 어느 한쪽으로의 선택을 실질적으로 상요했다. 미국은 일본의 중국철수와 일본은 미국의 대일금수 해제문제를 두고 양국 간에 1941년 11월 최후의 협상이 시도되었다. 그러나 협상은 결렬되었고 그 후로는 전쟁으로의 외길이 있을 뿐이었다. 협상이 진행되는 중에 일본은 353대의 전투기를 탑재한 항공모함 6척을 비밀리에 발진시켰다. 미국은 전쟁을 예상하고는 있었으나 일본이 미국을 상대로 그렇게 빨리 직접적 행동에 나서리라고는 상상도 하지 못했다.

③ 일본공군 기습폭격 선전포고

일본공군은 미국 하와이 오하우 섬 진주만에 자리잡은 미해군 기지에 41년 12월 7일 일요일 아침의 평온에 삼늘어 있는 미군을 폭격하였다. 킴멜 기지사령관은 주말휴가로 자리를 비웠고 전투기들은 지상요원들의 사보타주에 대비해 좁은 운동장에 날개를 맞댄 채 빽빽이 계류되어 있었다. 갑자기 북쪽으로부터 전투기 편대가 날아들어 항구에 정박중인 미 해군함정들과 지상 군사목표물에 무차별 폭격을 가하기 시작했다.

하루동안 공격에 2,403명의 군인과 민간인이 사망하고 1,178명이 부상했다. 149대의 전투기가 지상 또는 배위에서 파괴되었다. 애리조나, 오클라호마, 테네시, 웨스트버지니아, 네바다 등 미 해군이 자랑하던 항공모함과 전투함들이 바다속으로 가라앉았다. 거의 비슷한 시각 맥아더 장군휘하 마닐라주둔 미육군 항공부대도 대만에서 발진한 일본군 전폭기의 공격을 받아 궤멸하는 비운을 맞았다.

일본은 진주만 공격 2시간 전 미국에 선전포고하는 것을 잊지 않았다. 다음날 긴급 소집된 미의회도 즉시 대일 선전포고를 결의했다. 12월 11일에는 독일과 이탈리아가 미국에 선전포고를 했다. 이렇게해서 미국은 다시 한 번 세계대전의 거대한 소용돌이에 휘말려 들어갔다.

### (2) 제2차 세계대전 연합군의 승리

① 미, 소 냉전과 트루먼 독트린

제2차 세계대전이 연합국의 승리로 막을 내리고 채 2년이 지나가기도 전에 강대국들에 의한 위대한 동맹의 이상은 깨어져 나가기 시작했다. 그대신 전쟁을 겪으면서 탄생한 두 초강대국 미국과 소련이 자본주의와 공산주의 이념을 기치로 내걸고 '냉전'을 시작했다. 트루먼 대통령은 전후 소련의 팽창을 목격하면서 공산주의가 더 이상 퍼져 나가도록 방치해서는 안 된다는 생각을 굳히게 되었다. 그의 이런 생각은 1947년 3월 12일 이른바 트루먼 독트린의 발표에 이어졌다. '자유정부의 전복을 위협하는 무장한 소수 공산주의자들로부터 자유민들을 보호하기 위해' 미국이 이들 국가들에 군사지원 등 필요한 원조를 하겠다는 것이 핵심적 내용이었다.

트루먼은 지리적으로 양 진영의 중간에 위치하면서 공산주의의 위험이 매우 높았던 그리스와 터키를 특별히 지목하여, 이들 국가의 공산화는 곧 중동의 공산화를 의미하기 때문에 이들 국가에 대한 군사원조가 시급한 상황이라고 말했다. 그는 그리스와 터키에 대한 긴급군사 지원금 4억 달러를 의회에 요청했고 의회가 별다른 이의없이 대통령의 요청을 승인함으로써 이들 국가에 대한 대규모 군사원조가 시작되었다. 이런 군사적 원조와 더불어 서유럽에 대해서는 경제재건을 재정적으로 지원하기 위한 이른바 마셜플랜이 추진되었다. 마셜플랜은 국무장관 마셜의 1947년 하버드대 졸업식 연설에서 처음 언급되었다. 사실 유럽의 경제상황은 한 언론이 "콘스탄티노플 함락이후 유럽 최대의 비극"이라고 할 만큼 극도로 악화되어 있었다. 미국이 서유럽을 방패로 공산주의의 팽창을 막아내려면 우선 유럽의 이같은 경제적 어려움을 해결해 주어야만 했다. 유럽의 경제적 위기가 계속되면 공산주의 침투가 용이해지고 군국주의가 부활할 우려도 있었다.

② 서유럽의 경제재건

이런 유럽의 경제적 어려움과 미국의 이해관계가 맞아 떨어져 곧 유럽에 대한 미국의 대규모 경제원조가 시작되었다. 영국, 프랑스를 비롯한 유럽 16개국 외상이 모여 우선 급한대로 미국에 224억 달러에 이르는 원조를 요청했다. 미의회는 대외원조법을 통과시켜 우선 50억 달러를 긴급지원하고 추가로 120억 달러를 지원하도록 승인했다. 일부의원들은 이 같은 엄청난 규모의 지원이 미국경제를 오히려 파탄시킬 수도 있다며 반대했으나 1948년 체코에 공산쿠데타가 발생하고 이탈리아 총선에서 공산당이 득세하는 상황이 벌어지면서 반대하는 목소리는 작아졌다.

마셜플랜은 매우 성공적이었다. 서유럽 국가들의 경제재건은 예상보다 훨씬 빨리 추진되어 농업과 공업생산이 획기적으로 증가하고 미－유럽 간 무역도 급증했다. 유럽 구가들이 원조금의 대부분을 미국 생산설비와 물품을 사들이는데 사용했으므로 미국의 기업들 역시 전례없는 호황을 누렸다. 1951년에 이르러 유럽경제는 이미 전쟁이전의 수준을 회복한 것으로 평가되었다.

마셜플랜은 표면적으로 유럽재건이라는 명분을 내세우고 있었지만, 이면에는 이를 통해 서유럽을 확실한 영향력 아래 두려는 미국의 의도가 있었다. 이런 점에서 본다면 마셜플랜의 의도는 아주 성공적으로 달성되었다고 할 수 있다. 마셜플랜은 경제 회복을 통해 유럽의 통합을 일구어냈고, 통합된 유럽은 다시 1949년 북대서양 조약기구를 결성함으로써 공산주의에 대한 강력한 대항블록으로 성장했기 때문이다.

③ 전쟁과 경제적 풍요와 자유낭만

1950년 한국에서 예기치 못한 사태인 동란이 발생하여 3년간 미국을 위시한 UN군 장병들이 이역 한국땅에서 수만명이 전사하는 참상에 휘말리기는 하였으나, 경제적인 측면에서 보면 미국은 제2차 세계대전이 끝난 1945년부터 1975년 무렵까지의 약 30년간은 미국국력이 역사상 최고에 달했던 시기였다. 경제적 풍요, 자유와 낭만, 평화 등 인류가 꿈꾸던 행복이 거기에 있었다. 이런 미국의 황금기 시대를 이끈 원동력은 기업의 역할이다. 대부분의 선진공업국들이 전쟁으로 폐허가 되어버린 상황에서 엄청난 산업기반, 기술력, 자원, 그리고 군사력까지 뒷받침된 미국산 상품은 국·내외 시장에서 그야말로 거칠것이 없는 성장세였다.

## 2.2 미국 장수기업 성공신화

### (1) 경영전략 문화창조의 특성

미국의 장수기업의 성장과정이고 특유의 경영전략 및 문화창조의 특성을 가지고 있다. 미국의 장수기업 발전과정은 미국경제개발의 역사 또는 미국정부의 경제정책의 역사를 조망하는 기회가 된다. 이렇게 기업을 주제로 해서 이루어지는 역사적인 해석을 기업사라 할 것이다. 미국기업사는 일반적인 경우와는 상당한 차이를 보여주고 있다. 일반적 전통사회에서 근대사회로의 전환과정을 설명하는 데 있어 기업의 역할에 대해 말하고 있으나 미국 역사학자들의 기업사는 성과물을 높은 수준으로 가치축적을 말하고 있다.

사실 최근의 미국경제사 서술의 중요한 부분은 기업사 분야가 주도하고 있다고 해도 그리 잘못된 말은 아닐 것이다. 또한 최근 사회사의 활발한 연구성과를 결합하고, 요즘 역사학을 주도하고 있는 이른바 "문화연구"에 자극받은 "기업문화"의 연구가 근대사회의 전환과정을 풀 수 있는 키워드의 하나가 되었다. 그리고 각 국가의 특수한 문화와 역사적인 경로가 특별한 기업의 발전을 보여주고 있다는 그들의 연구는 왜 근대화 과정에서 각 국가가 특수한 행보를 나아가게 됐는가를 밝혀주는 지표가 되었다.

미국기업사의 연구는 사회학사 연구정리에 필요를 제공하였다. 이러한 정리는 상당한 시간을 요하는 것이었다. 기업에 대한 역사학자들의 관심의 긴 여정과 그들이 축적한 경험을 일목요연하게 정리하기는 쉽지 않은 일이었다. 그럼에도 이 분야가 우리에게는 새로운 경험이라는 측면에서 최근까지의 연구성과를 정돈할 필요성이 있었다.

처음에 경제사 분야에서 시작되고 이후 사회사 분야에서 적극적으로 연구된 기업에 관한 연구성과를 간단하게 정리하면 다음과 같다. 경제사가들이 기업을 연구하게 된 이유는 개별기업이 이루어 놓은 경제적 성과의 정확한 수치가 당대 전체경제의 범위와 역할을 파악하는 선행지수라고 여겼기 때문이다. 사회사에서도 기업사는 모형집단"으로서 당대 사회분석의 효율적인 개념으로 유효하다고 보았다. 따라서 전통사회에서 근대사회로의 전환에는 기업이 중요한 역할을 한 것으로 파악된다.

미국의 경우 경제개발과 산업발전을 가능하게 한 사회 · 문화적 특수성에 대한 탐색작업 또한 기업을 다루는 역사학자들의 중요한 관심거리이다. 기업과 경제활동을 자극했던 미국의 특수한 역사경험을 역사학자들은 다양한 측면에서 조사하고 있다. 그중 역사학자들이 가장 우선시하는 요인은 미국이 바로 이민의 나라라는 것이다. 미국 이민자들은 신대륙의 무한한 가능성을 믿고 희망에 부풀어 있던 사람들이었다. 그리고 그들은 광대한 자연조건에서 자신의 노력에 대한 결과를 분명하게 확인할 수 있었다.

### (2) 미국은 이민자의 나라

이민자에게 이 신천지는 기회의 나라였고 열린사회였다. 전통적인 동양사회나 유럽사회와는 달리 미국에서는 지위와 신분의 상승이 상업과 경제적 부의 추구를 통해 이루어질 수 있었다. 미국인들은 이러한 기회를 진취적으로 이용하였다. 적극적인 경제활동을 통한 동적이고 모험적이며, 실험적인 미국기업가의 특징은 이러한 측면에서 나타나는 것이다.

미국국민의 심리적 특징은 기업가의 정신함양에 기여했다고 할 수 있다. 우선 미국인들은 성취의식이 강했고, 특히 기업가들은 부의 추구에서 적극성을 나타내었다. 미국국민에게서 보이는 부의 탐구열은 거의 "필사적일"정도였다. 유럽의 기업가들이 부를 "즐기거나 향유하고 음미하는" 경향이 있었던 것과는 다른 성취적 모습을 보여주었다.

대체적으로 미국의 전통적인 경제사가들은 미국정부가 경제개발에 어떠한 역할을 하였는가에 대해서는 동일한 답변을 하고 있다. 미국의 연방정부나 주정부를 위시해서 사법부와 의회는 개인의 기업활동에 관여하지 않았다는 것이다. 즉 정부차원의 기업육성이나 보호는 나타나고 있지 않다는 견해이다. 곧 자유주의 경제철학이 미국경제의 근간이 되었다는 것이다.

### (3) 미국정부의 역할

미국기업에 있어서 정부의 역할은 매우 크다 할 것이다. 미국정부는 개별 민간기업의 훌륭한 보호체였으며 우호적인 장치의 역할을 하였다. 미국정부는 민간경제를 부흥하기 위해 항시 적극적이고 솔선수범하였다. 적어도 19세기에는 연방정부 기구들과 주정부 차원의 기업후원 정책은 가공할 정도였다. 보호관세정책, 국내개발정책(운하, 통신, 철도), 회사설립법, 기업적 판례 등에서 연방과 주정부 그리고 사법부는 결코 협조의 틀을 버리지 않았다.

연방정부의 기업정책을 가장 구체적으로 볼 수 있는 시기가 바로 잭슨시대이다. 잭슨시대 연방정부의 여러 후원정책은 연방강화정책과 함께 실행되었다. 연방정부는 광활한 서부개척을 목적으로 시작된 국내개발과 교통시설 충원사업에 공공자금을 투입하여 특정 민간기업을 지원하였다. 또한 사법부는 기업에 유리한 판결을 주도하였다. 그 대표적인 사법부 인물이 바로 대법원장 마샬이다.

### (4) 미국경제 발전요인

미국 경제발전을 가능하게 했던 중요한 요인은 기업자체의 능동적인 노력과 미국기업이 위치하고 있는 문화·종교·환경과 같은 다양한 기업 외부적인 요인들에 의해 영향을 받았다고 할 수 있다. 그렇다면 기업의 외적·내적조건을 수용하여 미국기업의 발전을 설명하는 시도 또한 의미있는 작업이 될 것이다. 그러한 시론이 미국 자동차공업의 발전을 기업가사와 기업사적인 접근으로 설명해 보려는 노력이었다.

미국 자동차공업의 성공은 기업자체의 노력에서 그 한 요인을 찾을 수 있다. 일례로 미국의 자동차공업은 대량생산 시스템을 이루어냈다. 이러한 미국 기업가의 혁신노력은 다른 국가의 기업가들과는 아주 다른 모습을 보여준 것이다. 기업외적인 조건으로는 미국의 지리적인 특수성에서 자동차공업의 발전요소를 찾을 수 있을 것이다. 지리적 제약을 극복하려는 노력에서 미국국민은 매우 적극성을 보여준다. 공간적 제약을 극복하려는 노력이 미국의 자동차공업을 발전시켰다.

값싸고 대중적인 자동차를 생산하였다. 대량생산을 통해 국민다수가 차를 소요할 수 있도록 하는 것이 그의 꿈이었다. 그러나 이러한 포드주의는 이후 GM의 상업주의 마력앞에 굴복하게 된다. 이제 자동차 회사들은 소비자를 다양한 전략으로 유혹하여 다품종, 대량생산 및 고급화에 주력하였다. 포드주의가 GM의 상업주의 최초 미국 자동차공업을 주도하였던 인물은 헨리 포드였다. 포드는 자동차를 편리한 이동수단으로만 가치앞에 굴복하고 만 것이다.

자동차산업의 발전으로 국토개발은 더욱 철저히 이루어지게 되었다. 자동차를 통해 미국인들은 미국전역을 샅샅이 파고들었다. 일반적으로 미국 국토개발과 확장운동은 1880년대에 와서 마무리 되었다고 할 수 있으나 자동차를 통해 미국인들은 새로운 국토개발 개혁을 또다시 시작하게 된다. 최초의 국토확장 운동은 단순히 새로운 영토를 확보하려는 움직임이었지 체계적이고 내실있는 운동은 아니었다. 이것이 제2차 국토확장운동을 통해 체계적으로 완성되었다. 후자의 운동은 제1차에서 부족했던 작업을 보충하는 최후의 정돈운동이며 조정운동이었다. 제2차 운동은 자동차공업의 발전이 아니었다면 결코 성취될 수 없는 운동이었다. 사실 이 운동은 자동차공업의 발전에 의한 결과물이라고 할 수 있을 것이다.

세계제국, 세계경제를 상징하는 국가는 바로 미국이다. 초강국 미국의 영도아래 전세계의 국가들이 결코 의도하지 않은 세계제국 경제시스템에의 종속을 강요받고 있다.

이러한 의도에는 미국국가의 경제적인 우위를 확보하려는 고도의 전략과 전술이 내면에 깔려있는 것이다. 지금 미국을 중심으로 이루어지는 세계무역 체제를 유지하지 않았다. 정부를 중심으로 보호무역 정책의 다양한 장치를 이용해서 경제발전을 이룩하고, 세계의 주도적인 위치를 확보한 지금, 이제 경제적으로 개발도상국의 위치에 있는 국가에 대하여 자유로운 경쟁을 하자는 제의는 결코 호혜적이지 않은 것이다. 지금 이 순간에도 미국은 정치 · 군사 · 경제면에서 대대적인 전쟁을 수행중이다.

## [요 약]

### 전쟁과 경제적 풍요와 자유낭만

경제적인 측면에서 보면 미국은 제2차 세계대전이 끝난 1945년부터 1975년 무렵까지의 약 30년간은 미국국력이 역사상 최고에 달했던 시기였다. 경제적 풍요, 자유와 낭만, 평화 등 인류가 꿈꾸던 행복이 거기에 있었다. 이런 미국의 황금기 시대를 이끈 원동력은 기업의 역할이다. 대부분의 선진공업국들이 전쟁으로 폐허가 되어버린 상황에서 엄청난 산업기반, 기술력, 자원, 그리고 군사력까지 뒷받침된 미국산 상품은 국내외 시장에서 그야말로 거칠것이 없는 성장세였다.

### 미국경제 발전요인

미국 경제발전을 가능하게 했던 중요한 요인은 기업자체의 능동적인 노력은 물론이려니와 미국기업이 위치하고 있는 지리적 조건과 문화 · 종교 · 환경과 같은 다양한 기업외부적인 요인들에 의해 영향을 받았다고 할 수 있다. 기업의 외적 · 내적 조건들을 수용하여 미국기업의 발전의 예는 미국자동차공업의 발전을 기업가 사와 기업사에서 설명해보려는 노력이었다.

### 자동차공업의 발달

미국 자동차공업의 성공은 기업자체의 노력에서 그 한 요인을 찾을 수 있다.

간주하여 값싸고 대중적인 자동차를 생산하였다. 대량생산을 통해 국민다수가 차를 소요할 수 있도록 하는 것이 그의 꿈이었다. 그러나 이러한 포드주의는 이후 GM의 상업주의 마력앞에 굴복하게 된다. 이제 자동차 회사들은 소비자를 다양한 전략으로 유혹하여 다품종, 대량생산 및 고급화에 주력하였다. 포드주의가 GM의 상업주의 최초 미국 자동차공업을 주도하였던 인물은 헨리 포드였다. 포드는 자동차를 편리한 이동수단으로만 가치앞에 굴복하고 만 것이다.

### 초강국 미국경제

세계경제를 상징하는 국가는 바로 미국이다. 초강국 미국의 영도아래 전 세계의 국가들이 결코 의도하지 않은 세계제국 경제시스템에의 종속을 강요받고 있다. 이러한 의도에는 미국국가의 경제적인 우위를 확보하려는 고도의 전략과 전술이 내면에 깔려있는 것이다. 지금 미국을 중심으로 이루어지는 세계무역 체제를 유지하지 않았다. 정부를 중심으로 보호무역 정책의 다양한 장치를 이용해서 경제발전을 이룩하고, 세계의 주도적인 위치를 확보한 지금, 이제 경제적으로 개발도상국의 위치에 있는 국가에 대하여 자유로운 경쟁을 하자는 제의는 결코 호혜적이지 않은 것이다. 지금 이 순간에도 미국은 정치 · 군사 · 경제면에서 대대적인 전쟁을 수행중이다.

# 제 3 절 미국의 장수기업

## 3.1 존슨 앤 존슨(Johnson & Johnson)

설립년도: 1886년
설립지: 뉴저지주 뉴브런즈윅
설립자: 로버트 우드와 그의 형제
사업품목: 종합제약

### (1) 회사의 경위

Johnson & Johnson (NYSE: JNJ)은 미국의 종합 제약기업이다. 본사는 뉴저지 주 뉴브런주윅에 있다. 1886년 뉴저지 주 뉴브런즈윅에서 로버트 우드 존슨과 그의 형제들이 창립하였다. 초기에 이들은 수술에 쓰이는 붕대를 제조하면서 큰 성공을 거두었다. 이후 회사는 다양한 의약품을 개발하면서 크게 성장하였고, 오늘날 제약과 생활용품 제조로 세계적으로 유명한 기업으로 그 이름을 널리 알리고 있다. 세계 57개국에 250여개에 달하는 지사 및 자회사가 있으며, 이들의 제품은 175개국 이상에서 판매되고 있다. 또한 화이자와 함께 미국의 제약회사 중 매출액과 자산규모에서 1~2위에 오르내리고 있다. 2009년 포춘 500대 기업중 47위, 54개국에서 197개의 회사를 운영중, 175개국에서 제품판매가 이루어지고 있음. 총자산 850억 달러 규모, 118,700명의 직원의 글로벌기업이며 2008년도 매출액은 637억 4천만불이다.

①. 존슨 앤 존슨 기업성장 과정

ⓐ 외과용 상처 치료제품 출시와 함께 회사설립.<1886－1926년도>

1886년에 로버트 우드 존슨과 형제들이 미국의 뉴져지의 New Brunswick주에서 회사를 설립하였다. 처음에는 외과용 상처 치료제품 단 한 가지 제품으로 이루어진 사업의 형태로 시작하였기 때문에 제조, 생산의 경제성이 중요하게 부각되었다. 하지만

Talcum Powder 인수후 유아용 상품시장에 진출하고 규모가 확장됨으로써 좀 더 나은 조직운영 방법을 필요로 하게 되어 조직구조의 변화가 일어났다. 우선 기능별로 부서를 나누어야 했고, 각 기능부서 내에 기존의 응급의약품 사업 이외에 작은 유아용 상품 사업 부서를 포함시켰다.

ⓑ 기업윤리강령(Credo)의 선포와 해외시장 확대 <1926－1984>

1932년 창립자의 아들, 로버트 우드 존슨 2세가 새로운 CEO로 취임하였다. 그는 취임 후 당시까지만 해도 중앙 집권적이고 가족적이었던 조직구조를 점점 성장하고 있는 기업상황에 맞게 분권화된 글로벌 기업으로 변화시킬 필요성을 느꼈다. 그리고 그에 앞서 기업의 토대가 되는 기업사명과 추구해야 할 목적과 방향을 원칙적으로 정의해야 함을 깨달았다.

그래서 그는 1943년 소비자 중심의 인도주의 철학을 담은 '우리의 신조(Our Credo)'를 작성하고 성문화하게 된다. Credo에 관한 내용은 뒤에 자세히 다루겠지만 간략히 말하면 고객에 대한 책임, 직원에 대한 책임, 사회에 대한 책임, 주주에 대한 책임이 순서대로 명시되어 있다. 이러한 윤리강령(Our Credo)의 존재와 강력한 실천의지는 Johnson & Johnson이 사업을 수행하는데 있어서 누가 가장 중요한지를 구성원 모두에게 이해하게 하였고, 조직구성원 모두가 올바른 것을 행하고, 올바른 것들에 관심을 가진다면 조직의 비즈니스가 항상 건강하게 될 것이라는 믿음을 주었다. 이런 윤리강령을 바탕으로 미국 뿐만 아니라 캐나다, 호주, 멕시코, 남아프리카 등의 해외로 더 활발히 진출하기 시작하였고, 사회에 대한 책임이라는 개념의 도입으로 이에 따른 사회공헌 활동도 시작하게 되었다.

ⓒ 사업의 다각화와 M&A, 기술개발을 통한 급격한 성장 <1984－현재>

계속된 확장을 꿈꾸는 Johnson & Johnson은 사업을 다각화하기 위해 2가지 부문에서 사업영역을 확장하였다. 1985년에는 Frontier Contact Lenses 라는 콘택트렌즈를 만드는 기업을 인수함으로써 비젼케어 사업에 진출하였으며 1987년에는 레블론사에서 클린 앤 클리어를 출시하는 것을 눈여겨 보고 이 회사를 1991년 인수함으로써 피부보호 및 미용제품 사업에도 뛰어들게 되었다. 이에 이어 미용관련 제품을 만드는 Neutrogena Corporation을 인수함으로써 미용제품 사업의 규모가 커지고, 아큐브(ACUBE), 레티나(RETIN－A)등의 출시로 비전케어 사업의 수익이 증대되면서 기존의 제약 사업, 응급의약품 사업, 유아용상품 사업 등으로 나눠던 사업부서를 재편할 필요가 생기게 되었다. 우선 규모와 수익이 가장 큰 제약 사업은 그대로 유지하고, 비전케어 사업과 미용제품 사업을 소비자(Customer) 제품사업으로 묶어 그 안에서 독립적으로 경영할 수 있도록 했으며, 응급의약품 사업을 의료기기사업이라는 큰틀 안에 포함시키게 된다. 이렇게 재편된 조직은 현재의 구조와 거의 같은 모습을 띄게 된다. 또한 이 시기에 거대한 수요가 기대되는 중국시장에 진출하게 되는데 이로 인해 기업은 최대의 수익창출과 규모확장을 이루게 된다.

## (2) 존슨 앤 존슨의 기업전략

### ① 기업의 성장과정에서 나타난 차별화된 특징

■ **분산경영(철저한 분업화)**

Johnson & Johnson은 세계적인 규모의 큰 기업으로서 하나의 거대한 조직을 만들기 보다는 소규모 기업들의 합이라고 볼 수 있을 만큼 각각의 사업에 자치권을 부여하여 자체적으로 경영하게 한다. 이는 조직구조의 느슨한 통제(loosely coupled system)를 통한 목표달성의 효율성과 효과성, 빈번한 혁신을 이룬 예로 볼 수 있는데, 각각의 사업에 지속적으로 자율권을 주면서 조직을 작게 나누어 작은 조직의 이점을 누리면서도 기업은 성장할 수 있는 전략이다. 전 이러한 경영전략에 대해 전 회장이자 CEO인 랄프 라센은 다음과 같이 표현하였다. "우리는 스스로를 200억 달러 상당의 대규모 헬스케어 기업이 아니라, 170개의 소규모 헬스케어 기업들의 총체라고 생각한다." 이는 대부분의 글로벌 기업들이 중앙집권적인 형태를 갖고 있는 것과는 차별화된 점이다. 비유를 하자면 IBM과 같은 공룡이 되어버린 거대한 조직보다는, 작은 조직들을 모아서 공룡보다 더 큰 강력한 개미군단을 만들어 나가는 것이다. 이는 아래에 설명할 자회사 전략과 상통한다고 볼 수 있다.

■ **자회사 전략(M&A)**

적극적인 M&A를 통한 사업의 확장 또한 주요 특징 중 하나이다. Johnson & Johnson은 세계적인 기업으로 성장하기 위해 사업확장에 필요한 기술이나 제품을 보유하고 있는 회사들을 인수·합병해서 자회사로 두거나 라이센스를 하는 전략을 취하고 있다. 이는 모든 사업에 독립성을 부여함으로써 창조성을 제고하고 민첩한 대응을 가능하게 하는 전략이다. 이러한 경영전략의 결과물로 현재에는 기업내부에 Alza나 McNeil과 같은 경쟁력 있는 많은 회사들을 자회사로 확보하고 있는데, 기본적으로는 이들을 독립적으로 경영하게 하되, 모기업의 숙련된 마케팅방식과 시스템으로 도움을 주고 있다. 즉, 독립적인 작은 사업들이 모인 자회사들과, 경제적으로나 경영역량으로나 큰 힘을 가진 모회사 간에 서로 시너지 효과를 내고 있다고 할 수 있다.

■ **강력한 구조조정**

Johnson & Johnson은 타이레놀, 베이비 로션, 존슨즈 오일 등 세계적 브랜드 파워를 자랑하는 제품들이 유난히 많다. 하지만 제 아무리 잘 나가는 초일류 사업부문일지라도, 문제점이 발견되면 조직의 효율성과 효과성을 높이기 위해 과감히 매각하거나 잘라내는 구조조정을 하고 있다.

"지난 93년부터 97년까지 5개년 동안 이 회사는 15개의 회사를 매각했다. 그리고 30개 이상의 기업을 사들였다. 사들이는 회사는 대부분 소규모의 회사들이지만 투자성이 보인다고 판단되면 대형투자도 과감히 감행한다. 혈관내부 치료약품 개발이 전문인 코디스에 20억 달러를 투자했고, 화장품 회사인 뉴트로지나에도 10억 달러를 투자했다. 또 코닥의 진단약 부문도 10억 달러에 사들였다. 물론 라이쎈스나 공동연구 프로젝트도 수백건에 달한다. 도태되는 기업은 과감히 팔아치우고 성장성이 유망한 기업엔 대규모 투자도 아끼지 않는 냉철한 기업논리를 가지고 있는 것이다."

(네이버 블로그 Spring Tree, 2003 인용)

위기의 늪에 빠졌다가 구조조정을 통해 새롭게 거듭난 기업들에게서 우리들은 많은 것을 배울 수 있지만, Johnson & Johnson은 항시적으로 구조조정을 하고 조직의 유연성을 유지함으로써 처음부터 위기의 늪에 빠지지 않는 방법을 알려주는 것이다.

최근의 사례는 2011년 맥닐 컨슈머 헬스케어 부서의 구조조정을 들 수 있다. 월스트리트저널(WSJ) 인터넷판은 맥닐 컨슈머 헬스케어 부서가 진통제인 타이레놀의 품질문제로 판매회수 조치와 부서의 구조조정을 취한 것을 보도한 바 있는데, 막대한 경제적 손실을 초래한 약품제조 절차상의 문제점을 시정하기 위해 과감하게 구조조정을 단행하고 있음을 알 수 있다.

(존슨 앤 존슨, 타이레놀 리콜후 구조조정, 파이낸셜 뉴스 2011. 03. 31 기사)

### (3) 향후 기업의 경영전망

#### ① 다른 기업의 윤리강령과는 무엇이 다른가?

물론 다른 기업들에도 윤리강령이 하나씩은 다있는 경우가 많다. 그러나 왜 유독 Johnson & Johnson만이 기업윤리(Business Ethics)'분야의 선두기업이라 불리며, 가장 손경받는 기업순위에서 상위권을 차지하는 것일까?

이러한 차이는 지속적인 실천여부에 있다. 다른 기업들에서 윤리강령은 그저 선언적 내용일 뿐이거나 홍보성 문구일 뿐, 조직구성원들도 그 내용을 모르며, 경영정책에 있어서도 기준으로의 역할을 못하고 상황에 따라 바뀌는 경우가 많다. Johnson & Johnson은 기업윤리와 조직문화의 중요성을 다른 기업들 보다 한발 앞서 깨닫고, 그것의 지속적인 실천을 이루기 위해 여러 가지 프로그램을 고안하여 사용하고 있다. 그러한 프로그램의 예로 우선 Johnson & Johnson의 모든 사장급 이상 임원들이 정기적으로 모여 하루에 8시간 이상 Credo에 대해 중점적으로 논의하는 'Credo Challenge Day'가 있다. 1975년에는 Credo Challenge Meeting을 통해 현재의 경영전략과 Credo가 실효성이 있는지를 토론하고 직원들의 Feedback을 수렴하였고, 참석한 사람들은 새로운 동기를 얻고 일터로 복귀할 수 있었다.

비슷한 프로그램으로 'Worldwide Management Meeting'도 있는데 다른 기업들과 달리 기업의 신조를 함께 논의하는 이러한 시간들을 가진다는 것 자체가 그만큼 경영활동을 하는데 Credo가 가지는 영향력이 크다는 것을 의미한다고 할 수 있다.

또 다른 예로는 '크레도 조사(Credo survey)'를 들 수 있는데 이는 임직원을 대상으로 사내에서 Credo가 얼마나 잘 지켜지고 있는지(윤리적 경영을 하고 있는지, 직원을 존중하는지, Credo의 네 가지 책임의식을 실행하고 있는지, 직원이 평가하는 리더십은 어떤 것인지 등)을 조사해 사장이상의 임원진들에게 보고하는 것이다.

크레도 조사가 중요한 이유는 그 조사의 결과를 조직의 목표설정에 중요한 정보로 활용한다는 점이다. 그렇기 때문에 경영자들은 사업의 목표달성 뿐만 아니라 크레도 조사 자체의 결과를 향상시키기 위해 많은 노력을 하고 있다. 일단 평가결과가 나오면 전 직원과 공유하고 Action Plan을 계획하고 실행하게 된다.

이 외에 기업신조를 지키지 않는 사례가 발생하면 '크레도 핫라인(Credo Hotline)'이라는 내부고발 프로그램을 통해 감시 · 감독할 수 있도록 안전장치 또한 마련되어 있다. 그리고 빨간 얼굴 콘테스트(Red face contest)는 자신이 내린결정이나 행동을 자신의 가족에게 얼굴을 붉히지 않고 설명할 수 있을 만큼 윤리적이었는지 자문하는 것인데, 자신의 행동을 되짚어보게 함으로써 직원들의 윤리의식과 Credo의 내면화를 이끌어낼 수 있는 또 하나의 중요한 실천적 프로그램이다.

Credo는 P.Selznick의 제도화 이론과 관련하여서도 설명할 수 있다. 제도화 이론에 따르면 기업의 규모가 점점 커지고, 환경이 불확실해 지면서 장기적인 생존을 위해 Johnson & Johnson 또한 기업의 장기적 비전과 더불어 기업활동의 정당성을 얻는 것이 중요해지게 된다. 고객, 직원, 사회와 같은 이해관계자들을 하나로 묶을 수 있고, 이로부터 정당성을 얻을 수 있는 규범과 가치가 필요하게 된 것이다.

Johnson & Johnson은 점점 확장되어가는 사업들에 대해 조직활동이 바람직하며, 제도적 환경의 규범과 가치, 신념체계에 부합된다는 정당성을 얻기위해 Credo라는 윤리강령을 세우게 되었고 이를 성문화함으로써 사회적인 인정과 지원, 그리고 고객의 신뢰를 쌓게 되었다(허문구 외 12인, 2013 참고).

② 우리에게 주는 시사점

Johnson & Johnson은 200여개의 자회사를 가진 거대한 규모의 기업이다. 이처럼 대규모의 조직이 환경에 대처하고 유연성과 혁신성을 유지할 수 있는 원동력은 독특한 조직구조와 경영전략의 유연성, 그리고 그들만의 고유한 조직문화라고 할 수 있다. Johnson & Johnson은 분산화와 M&A전략, 구조조정 등을 통해 기업의 유입과 퇴출로 신선한 분위기를 만들어 비효율적인 운영을 방지하고 조직의 유연성을 유지한다. 위기의 늪에 빠졌다가 새롭게 거듭난 기업들에게서 우리들은 많은 것을 배울 수 있지만, Johnson & Johnson은 처음부터 위기의 늪에 빠지지 않는 방법을 알려주는 것이다.

또한 조직의 변화와 혁신의 바탕에는 강한 조직문화가 있어야 한다. 많은 기업들이 조직의 유연성과 혁신성을 제고하기 위해 여러 가지 노력을 하는데도 불구하고 성공확률이 낮고 부작용이 많은 이유는 조직문화의 중요성을 간과하고 겉으로 보이는 전략과 시스템만을 벤치마킹하는 것에 그쳤기 때문이다. Johnson & Johnson은 Our Credo을 확립한 이후, 이를 모든 구성원들이 공유하고 이를 꾸준히 실천함으로써 바람직한 조직문화를 만들어 냈고, 이를 통해 환경에 대처하고 조직을 변화시키며 꾸준한 혁신성을 유지할 수 있었다고 할 수 있다.

## [요 약]

### 존슨 앤 존슨의 기업전략

기업의 성장과정에서 나타난 차별화된 특징은 분산경영(철저한 분업화)

Johnson & Johnson은 세계적인 규모의 큰 기업으로서 하나의 거대한 조직을 만들기 보다는 소규모 기업들의 합친 것이라고 볼 수 있을 만큼 각각의 사업에 자치권을 부여하여 자체적으로 경영하게 한다. 이는 조직구조의 느슨한 통제(loosely coupled system)를 통한 목표달성의 효율성과 효과성, 빈번한 혁신을 이룬 예로 볼 수 있는데, 각각의 사업에 지속적으로 자율권을 주면서 조직을 작게 나누어 작은 조직의 이점을 누리면서도 기업은 성장할 수 있는 전략이다.

### 자회사 전략(M&A)

적극적인 M&A를 통한 사업의 확장 또한 주요 특징 중 하나이다. Johnson & Johnson은 세계적인 기업으로 성장하기 위해 사업확장에 필요한 기술이나 제품을 보유하고 있는 회사들을 인수 · 합병해서 자회사로 두거나 리이센스를 하는 전략을 취하고 있다. 이는 모든 사업에 독립성을 부여함으로써 창조성을 제고하고 민첩한 대응을 가능하게 하는 전략이다.

### 강력한 구조조정

Johnson & Johnson은 타이레놀, 베이비 로션, 존슨즈 오일 등 세계적 브랜드 파워를 자랑하는 제품들이 유난히 많다. 하지만 제 아무리 잘 나가는 초일류 사업부문일지라도, 문제점이 발견되면 조직의 효율성과 효과성을 높이기 위해 과감히 매각하거나 잘라내는 구조조정을 하고 있다.

### 윤리강령이 다른 기업과 무엇이 다른가?

물론 다른 기업들에도 윤리강령이 하나씩은 다 있는 경우가 많다. 그러나 왜 유독 Johnson & Johnson만이 기업윤리(Business Ethics)'분야의 선두기업이라 불리며, 가장 존경받는 기업순위에서 상위권을 차지하는 것일까?

이러한 차이는 지속적인 실천여부에 있다. 다른 기업들에서 윤리강령은 그저 선언적 내용일 뿐이거나 홍보성 문구일 뿐, 조직구성원들도 그 내용을 모르며, 경영정책에 있어서도 기준으로의 역할을 못하고 상황에 따라 바뀌는 경우가 많다. Johnson & Johnson은 기업윤리와 조직문화의 중요성을 다른 기업들 보다 한발 더나가 활발하게 시행한다.

## 3.2 GE : General Edison

설립지: 다우 존스(Dow Jones)

설립년도: 1896년

설립자: 에디슨

사업품목: 가전제품. 의료장비. 항공기엔진. 정보서비스. NBC방송. 조명, 운송사업

### (1) General Electric(GE)의 역사와 현황

① GE소개. GE의 현황

GE는 1896년 다우 존스 (Dow Jones) 산업지수가 발표한 미국의 12개 우량기업 중 현재까지 생존하고 있는 유일한 기업으로 사업부문은 가전, 의료장비, 항공기엔진, 금융, 정보서비스, 조명, 운송사업과 NBC방송까지 매우 광범하게 운영되고 있는 미국의 대료적인 기업이다. General Electric(GE)은 영국 〈파이낸셜 타임스〉 3년 연속 최우수 기업으로 선정되었으며 미국 경제전문 격주간지<포춘>의 '미국에서 가장 신뢰받는 기업 3년 연속 1위를 차지하고 있다. 또한 미국<인터넷 위크>의 '종합제조업 분야에서 e비즈니스를 가장 잘하는 미국기업' 1위로 모범적인 기업이다.

② GE의 역사

1878년 10월, 발명왕 에디슨이 에디슨 전구회사(Edison Electric Light Company)를 설립하면서부터 시작 (이 이름은 1889년에 에디슨 전기회사(GE: Edison General Electric Company)로 변경하였으며 1892년4월, 에디슨 전기회사와 Thomson- Houston회사가 합병해 만든 GE는 이전까지 볼 수 없었던 전기를 이용한 정교한 광경을 선보이게 되었다. 톰슨-휴스턴사를 합병함으로써 도약의 발판을 마련한 GE는 1913년, 최초의 X-Ray 튜브를 만들며 의료장비사업의 첫발을 내딛었고 1900년, GE사는 미국최초로 기업부설 연구소를 설립하여, 수많은 특허와 새로운 기술 및 신제품을 개발(전구, 모터, 발전기, 각종 가전기기, 터빈, 항공기엔진) 등 산업사회에서 핵심적인 제품들이 GE의 연구진들에 의해 개발되었으며, 우주탐사위성 등 첨단제품의 상당부분까지 GE엔지니어들에 의해 제작되고 있다.

GE는 계속적인 성장을 거듭하여 1970년에 이르러서는 매출 87억 6천 달러, 종업원

**표 9-1** GE의 사업군 구성

| 사업군명 | 사업내용 |
|---|---|
| 1. GE Commercial Finance | 대출, 운용리스, 금융프로그램, 상업보험과 재보험 |
| 2. GE Consumer Finance | 전 세계 고객과 자동차 딜러들에게 신용서비스 제공. 개인라벨 신용카드, 개인대출, 은행카드, 자동차대출 및 리스, 모기지, 법인여행 및 구매카드, 부채통합 및 가정자본 대출 및 신용보험 등의 금융제품 제공 |
| 3. GE Healthcare | 의료영상 및 정보기술, 의료진단, 환자모니터링 시스템, 질병연구, 신약개발, 바이오제약 |
| 4. GE Industrial | 가전, 조명 및 산업용제품, 공장자동화 시스템, 플라스틱, 실리콘과 석영, 보안 및 센서기술, 장비금융, 관리 및 운영서비스 제공 |
| 5. GE Infrastructure | 항공기 엔진, 에너지, 석유와 가스, 기차, 항공과 에너지 리스 및 금융서비스 제공 |
| 6. NBC Universal | 오락, 뉴스 및 정보를 개발, 제작 및 마케팅하는 세계적인 미디어 및 엔터테인먼트 회사 |

자료: http://www.ge.com/kor/aboutGE(GE 성장전략, 경영방식, 경영철학).

39만 7천명에 달하는 미국내 5위권의 초대형 기업으로 성장하였고. 1981년, 45살의 젊은 잭 웰치가 최고 경영자에 오르며 GE는 사업영역 확장과 경영혁신의 새로운 전기를 맞았다. 앞으로 도래할 시장의 치열한 경쟁구도를 예견한 GE는 1980년대 들어 적극적인 경영체계 재구축을 단행하였다. 통합된 '다양성', '세계화', '기업문화', '벽 없는 조직', '스트레치 목표', '변화가속 운동', '6시그마 품질경영운동' 등 지속적인 경영혁신 운동으로 세계 초일류기업의 모범을 보이고 있다.

## (2) GE의 경영방식과 조직문화

GE는 1981년 웰치 회장의 취임이후부터 세계시장에서 1위 또는 2위의 위치에 있는 사업만을 운영하겠다는 원칙을 세우고, 전반적인 GE의 사업과 조직의 재편성을 추진하였다. 그 결과, 현재 GE가 운영하고 있는 12개의 대부분의 사업대부분은 각각의 국제시장에서 1위 또는 2위의 자리를 차지하고 있으며, GE의 높은 업적을 이루고 계속하고 있다.

### ① 통합된 다양성

GE는 12개의 사업집단으로 구성된 복합기업이지만 단순 다변화한 사업집합체가 아닌 통합된 다양성(Integrated Diversity)을 가진 사업집단으로 사업분야의 '다양성' 이

총체적 안정성을 가져오며, 사업부 간에 유기적인 '통합성'이 경쟁력과 성장을 촉진시키는 힘이 되었다. GE의 각 사업부문은 독립된 사업단위로서 각 사업단위의 최고 경영자의 리더십 하에서 자율적으로 운영케 하였다.

② CAP(변화가속화 프로그램)

변화의 속도가 [제2의 혁명]의 핵심이 되어야 한다는 인식속에 GE는 90년대 초부터 변화가속화 운동을 본격적으로 실행하고 변화에 대응하는 테크닉을 가르치고 훈련시키는 교육과정으로, 변화를 가속화하는 경영혁신 프로그램인CAP(Change Acceleration Program)은 조직원들에게 변화가 자신들의 힘으로 일어날 수 있고 추진할 수 있다는 것을 교육을 통하여 경영혁신이 조직의 상하좌우에서 동시에 이루어지게끔 하였다.

### (3) GE의 세계경영 주요전략

세계최고의 기업GE의 주요전략은 크게 네 가지로 분류. 첫째, GE의 모든 사업분야에서 추구하고 있는 세계화(Globalization), 둘째, 이미 판매된 GE의 제품에 대한 철저한 고객대비 서비스(Services), 셋째, 제품 및 공정과정에서 발생하는 불량을 제거하기 위한 GE만의 전술인 식스시그마(Six Sigma Quality), 넷째, 앞으로 엄청난 기회를 부여하게 될 인터넷 혁명인 전자상거래(e－Business) 이 4개의 전략들이 바로 세계최고의 기업GE를 만들어 가는 밑바탕을 이루고 있다.

① 세계화(Globalization)

세계 여러 나라의 파트너들과 자본과 기술의 제휴에서부터 전략적 제휴(경영의 현지화와 범세계적 경영인력의 개발에 역점을 둠) 디플레이션 가격구조 하에서도 원자재, 컴포넌트 및 제품 등을 구매하며 세계 우위기업의 자리를 유지하고 있는 것도 세계화 전략을 위한 노력 중 하나이다.

② 서비스(Services)

단지 제품을 생산하는 생산자 위치에서 고품질의 제품을 제공하는 제공자뿐 아니라 기업고객 지향의 고부가가치 및 정보기술 중심의 생산성 솔루션을 제공하는 기업으로 변모하기 위해 서비스의 개념을 확대서비스의 전통적인 영역인 부품교체나 제품수리로부터 고부가가치의 제트엔진, 터빈, 의료기기, 기관차의 정비까지 더 크고 넓은 영역으로 서비스를 확대시킴으로서 신뢰를 구축하여 나가고 있다. GE는 구성원간, 부서간 즉, 회사 내부에서 뿐만 아니라, 타 회사 외부에서까지 배우려고하는, 그칠줄 모르는 학습문화가 내재해 있으며, 이는 세계화와 마찬가지로 제품서비스를 강화시켜 나가는 원동력이 되고 있다.

③ 6 시그마(Six Sigma)

6 시그마 운동이란, 100만개의 제품이나 서비스 중 단 3, 4개의 불량만을 허용하는 무결점주의 품질을 의미. GE에서 생산하는 모든 제품이나 서비스, 거래 및 공정과정 등의 전 분야에서 품질을 측정, 분석하고 품질을 향상시키도록 통제하여 궁극적으로 모든 불량을 제거하는 품질향상 운동으로. 최고품질의 제품을 만들뿐만 아니라 그 제품의 완벽한 품질을 생산하고 공급함을 의미한다.

GE는 1995년, Six Sigma품질경영 운동을 시작 1998년 말, 전 사원을 6 시그마 요원(그린벨트)으로 만들었다. 모든 임원과 간부의 승진에 있어서도 6 시그마의 추진성과가 최우선직으로 평가되며, 일성기준 이상의 프로젝트를 달성하지 못하면 승진할 수 없게 하였다. 1999년까지 6 시그마를 통해 달성된 생산성 증가는 15억 달러로 상승, 6 시그마의 실행결과 GE의 업무마진도 크게 증가하였고, GE의 모든 제품과 서비스는 DFSS (Designed for Six Sigma), 즉 "Six Sigma"를 위한 디자인을 적용하며, 더 높은 수준의 세계최고의 품질을 구현하고 있다.

④ GE에서 6 시그마의 중요성

6 시그마는 세계최고의 수준을 달성하기 위해서 고객에게 초점을 맞출 것을 요구함으로 고객은 제품이나 서비스에서 더 나은 품질에 대한 끊임없는 요구를 하는데 6 시그마는 불량을 줄임으로써 더 나은 품질을 위한 체계적인 방법을 제공하고 있다.

GE에 다음과 같은 많은 부가적인 이득을 가져옴

① 최고의 고객만족. ② 품질비용 절감. ③ 경쟁력 강화. ④ 생산성 향상 및 고도의 성장. ⑤ 종업원 만족도 증진

⑤ 전자상거래(E-Business)

GE는 생산과 판매효율화를 위해 가장 적극적으로 E-Business를 활용하는 기업으로 손꼽힘 21세기를 준비하며 이미 전체사업부를 [인터넷형 조직]으로 탈바꿈하는 대

대적인 구조재편 작업을 진행되었다. 인터넷과 전자상거래를 접목시키기 위해 조직을 개편하고 웹 사이트를 고객친화형으로 재개발하는 한편 사업별, 지역별, 국가별 현지 언어로 된 개별웹 사이트를 구축을 추진하였다.

'기존 사업파괴'(Destroy Your Business) 전략아래 인터넷 거래기술을 개발, 보급하는 GE글로벌 익스체인지 서비스(GXS)나 GE시스템 서비스를 이용, 구매와 판매 전 분야에서 전자상거래(B2B)를 도입되었다. GE는 Polymerland.com(플라스틱 비즈니스를 위한 사이트)와 GECapital.com을 포함하는 GE고유의 혁신적인 e-business를 출범시키고 잭 웰치는 인터넷을 통한 성장가능성을 파악하였고, 이를 다음과 같은 세 가지 분야로 분류실시하였다.

ⓐ 구입(Buy)-제품 및 서비스를 구입하는 액수의 5%~10% 정도라도 온라인 공급자에게로 전환한다고 해도 상당한 비용절감을 이룰 수 있음

ⓑ 생산(Make)-GE는 업무절차상 엄청난 양의 서류작업을 제거함으로서 실용성 없는 업무를 디지털화 함으로서 엄청난 절약이 이루어질 수 있음

ⓒ 판매(Sell)-GE는 고객에게 더 나은 서비스를 제공하기 위해 인터넷을 최대한 활용하여 효과를 높인다.

## (4) 경영분석과 시사점

### ① 4P분석(GE의 가전사업 부문)

PRODUCT-고급화/ 다기능제품

PRICE-국내가전 기기보다 2배 가까운 고가제품

PLACE-25개 대리점을 가지고 있고 꾸준히 확장추세

PROMOTION-명품브랜드와의 호흡마케팅

### ◈ GE가 우리에게 주는 시사점

GE라는 세계최고의 기업에 대해 여러모로 살펴보았다. 이제까지 살펴보았던 바와 같이 GE를 이끌었던 잭 웰치의 업적을 통해 기업을 이끌어 가는 CEO의 리더십에 대해 다시금 생각하는 계기가 되었다, 그리고 잭 웰치를 통한 GE의 경영방식에서도 배울 점이 아주 많았는데, 아주 다양한 분야에서도 최고의 경쟁력을 유지하며, 거대한 규모의 기업을 효율적으로 이끌어가고, 위기를 기회의 장으로 만들며, 또한 고객들에게 인

**표 9-2** SWOT 분석

| Strength | Opportunity |
|---|---|
| GE라는 세계적인 명성브랜드<br>구체적이고도 지속적인 기업사명 제시<br>뛰어난 경영기법/기술력<br>고가전략(차별화 원칙) | 시장의 빠른 변화(세계화, IT)<br>정부와의 공조체제<br>에너지 효율 1등급 국내제품과 동급 |
| **Weakness** | **Threaten** |
| 고가제품 (국내제품의 2배)<br>서비스센터의 부족 | 전량수입 의존에 국제환경에 따른 위기<br>반미감정으로 미국제 기업으로 판매위기 |

정받는 과정에서 일류기업의 미래형을 선도하는 모습을 보는것 같아 아주 흥미로웠다. GE는 미리 앞을 내다보고 1위나 2위가 되지 못한 사업은 처분하거나 폐쇄하는 구조조정을 통하여 경쟁력과 통합성을 가지도록 사업을 구성하였고, 한편, 조직속의 모든 장벽이 제거되고 관료적인 관습과 사고방식이 철저히 배제된 기업풍토 속에서 조직의 구성원들이 자신의 의견과 아이디어를 자유롭게 주장할수 있고 실천할 수 있는 점에서 볼 때, GE의 이런 기업운영방식은 정말 위계질서 속에서 관료주의 체제의 몸살을 앓고 있는 우리나라 기업인들에게 훌륭한 지침서가 되는 것 같았다.

이러한 GE의 여러 경영방식, 즉, 열린 기업문화를 구축하는 워크아웃, 6시그마 품질운동, 세계화 전략, 스피드경영에 필요한 조직원 사이의 벽 허물기와 21세기 경영요체인 전자상거래 등 인터넷의 활용을 중시여기는 디지털경영은 21세기 기업의 생존전략으로, GE를 1999년 사상 처음으로 영업활동으로만 한해에 100억 달러 이상을 벌어들인 기업으로 만들었으며, 세계를 선도하는 초일류 기업으로 부상하게 만들었다. 특히, GE는 신속성의 가치를 인정하고 업무수행과 새로운 기법도입, 변화추구 등에 있어 스피드를 중시하는 대표적 기업으로, 21세기에 강조되고 있는 기업의 더욱 빠른 의사결정 능력을 가지며 성공적인 기업경영을 하기 위한 빠른 미래예측과 신속한 변화대응으로 전 세계시장을 공략하고 있고, 이는 적절하게 잘 받아들여 지고 있다.

## [요 약]

### GE의 역사적 발자취

1878년 10월, 발명왕 에디슨이 에디슨 전구회사(Edison Electric Light Company)를 설립하면서 시작되었다. 1889년에 에디슨 전기회사(GE: Edison General Electric Company)로 변경하였으며 1892년 4월, 에디슨 전기회사와 Thomson– Houston회사가 합병해 만든 GE는 이전까지 볼 수 없었던 전기를 이용한 정교한 광경을 선보이게 되었다.

### 합병함으로써 도약

1913년, 최초의 X–Ray 튜브를 만들며 의료장비 사업의 첫발을 내딛었고 1900년, GE사는 미국 최초로 기업부설연구소를 설립하여, 수많은 특허와 새로운 기술 및 신제품을 개발. (전구, 모터, 발전기, 각종 가전기기, 터빈, 항공기엔진) 등 산업사회에서 핵심적인 제품들이 GE의 연구진들에 의해 개발되었으며, 우주탐사위성 등 첨단제품의 상당부분까지 GE엔지니어들에 의해 제작되고 있다.

### GE의 경영통합된 다양성

GE는 12개의 사업집단으로 구성된 복합기업이지만 단순다변화한 사업집합체가 아닌 통합된 다양성(Integrated Diversity)을 가진 사업집단으로 사업분야의 '다양성'이 총체적 안정성을 가져오며, 사업부 간에 유기적인 '통합성'이 경쟁력과 성장을 촉진시키는 힘이 되었다. GE의 각 사업부문은 독립된 사업단위로서 각 사업단위의 최고 경영자의 리더십 하에서 자율적으로 운영케 하였다.

### GE의 세계 중요전략

세계최고의 기업 GE의 주요 전략은 크게 네 가지로 분류. 첫째, GE의 모든 사업분야에서 추구하고 있는 세계화(Globalization), 둘째, 이미 판매된 GE의 제품에 대한 철저한 고객대비 서비스(Services), 셋째, 제품 및 공정과정에서 발생하는 불량을 제거하기 위한 GE만의 전술인 6 시그마(Six Sigma Quality), 넷째, 앞으로 엄청난 기회를 부여하게 될 인터넷 혁명인 전자상거래(e–Business), 이 4개의 전략들이 바로 세계 최고의 기업GE를 만들어 가는 밑바탕을 이루고 있다.

### 기존 사업파괴(Destroy Your Business)자기파괴

전략 아래 인터넷 거래기술을 개발, 보급하는 GE글로벌 익스체인지 서비스(GXS)나 GE시스템 서비스를 이용, 구매와 판매전 분야에서 전자상거래(B2B)를 도입되었다. GE는 Polymerland.com(플라스틱 비즈니스를 위한 사이트)와 GECapital.com을 포함하는 GE고유의 혁신적인 e–business를 출범시행하고 있다.

## 3.3 GLOBAL Procter&Gamble(P&G)

설립년도: 1837년

설립자: William Procter, James Gamble

설립지: 미국 오하이오주 신시내티

생산품목: 비누, 양초, 화장품, 생활용품

P&G로 깨어나고 잠이 드는 지구촌, 오늘날의 미국은 P&G로 잠을 깨고 잠이 든다. '크레스트'나 '브랜닥스'로 이를 닦고, '팬틴'혹은 '리조이스'로 머리를 감는다. 할아버지의 할아버지로부터 써왔던 '아이보리'로 세수를 마친다. '크러쉬' 과일주스를 마시고 식용유 '크리스코'를 부어 만든 에그후라이나 스크램블로 아침식사를 한다. '타이드'로 세탁한 옷과 양말을 신고, '커버걸'이나 '맥스팩터' 상표의 화장품으로 화장을 마친후 '로마&자뎅' 또는 '올드 스피이스' 향수를 뿌린다. 그리고 외출직전 겨드랑이에 데오도랑(Deodorant)인 '시크릿'을 바르거나 뿌린후 집을 나선다.

바쁜 낮에는 '오레오'초컬릿이나 '프링글즈' 감자칩으로 점심이나 간식을 하기도 한다. '헤드 & 숄더'와 '제스트'로 저녁샤워를 끝내고 스믈스믈한 감기기운을 느끼면' 빅스감기약을 털어 넣는다. 그리고 '위스퍼'로 안심하고 잠을 청한다. 어린시절 '팸퍼스'로 안심하고 자랐듯이….500여 제품이 생산되고 있는 것 중, 극히 일부지만 우리에게도 이제 알만한 브랜드만을 열거해 본 정도가 이렇다. 아예 지구가 P&G로 잠이들고 깨는 시대가 되어가는 것이다. 이렇게 많은 제품을 성공적으로 생산판매 하기까지의 노력과 전략을 정리해 보겠다.

### (1) P&G의 역사와 전통

1837년 미국의 오하이오주 신시내티에서 동서지간인 William Procter와 James Gamble에 의해 양초와 비누제품을 생산하는 기업으로 설립된 P&G는 160여년이 지난 지금 전 세계 80여 개국에 진출하여 11만여 명의 직원을 거느린 세계최대의 생활용품 업체 중 하나이다. 현재 세계 140여개 국가에서 소비자들의 사랑을 받는 팬틴, 비달사순 샴푸를 비롯하여 고급화장지 샤민, 팸퍼스 기저귀 등 300여 브랜드를 공급하고 있는 P&G는 매년 Fortune지가 선정하는 세계 500대 기업 중 100위 내에 드는 역사와 전통을 지닌 우수기업이라 할 수 있다.

① P&G의 주요제품

ⓐ 주방 및 세제류: Bounce, Cascade, Dawn, Downy, Joy, Gain, Bold, Era, Febreze, Mr.clean, Tide, Dryel, Swiffer, Cheer, Ivory외 다수
ⓑ 종이제품: Pampers, Whisper/Always, Bounty, Charmin, Puffs, Kid fresh Wipes, tampax 외 다수
ⓒ 미용 및 화장품: Pantene, Vidal Sasson, Cover Girl, Old Spice, Zest, Head & Shoulders, Olay, Secret, Max Factor, Giorgio, Hugo Boss, Physique 외 다수
ⓓ 건강 및 의약품: Crest, NyQuil, Vicks, Thermacare, Fixodent, Gleem, Scope외 다수
ⓔ 식음료품: Folgers, Pringles, Sunny Delight, Millstone

## (2) P&G의 경영과 이념

"우리는 전 세계 소비자들의 삶의 질을 향상시키는 최상의 품질과 가치를 지닌 제품을 공급한다"(We will provide products of superior quality and value that improve the lives of the world's consumers.).

① 소비자 삶의 향상을 위해 노력하는 P&G

P&G는 [우리는 전 세계 소비자들의 삶의 질을 향상시키는 최상의 품질과 가치를 지닌 제품을 공급한다]라는 경영이념 하에 사업을 전개하고 있다. 1837년 창업이래, 꾸준히 사업분야를 확대, 유아용품, 미용용품, 여성위생용품, 식음료품, 세정 및 가정용품, 종이관련 제품, 건강관리 제품 등 P&G 제품은 100년이 넘도록 오랜 세월동안 전 세계 소비자들의 사랑과 신뢰를 받고 있다. P&G는 이러한 확고한 경영이념을 바탕으로 21세기에도 성장을 계속할 것이다.

② 경영이념(Purpose)

우리는 세계 소비자의 삶의 질을 향상시키는 최상의 품질과 가치를 지닌 제품을 공급한다. 그 결과, 소비자들은 우리에게 선두자리의 매출달성과 이익증대를 가져오고

우리사원들, P&G주주 그리고 우리가 일하고 생활하는 지역 사회도 더불어 번영하게 된다.

③ 핵심가치(Core Value)

ⓐ P&G사원

우리는 세계에서 가장 우수한 인재를 채용한다. 우리의 조직은 내부승진으로 이루어지고 업적외에는 어떠한 차별도 없이 승진 및 보상을 한다. 우리는 P&G사원이 우리의 가장 소중한 자산이라는 확신을 가지고 행동한다.

ⓑ 리더십

우리는 각자의 철저한 업무수행으로 최고의 결과를 달성한다, 각자의 영역안에서 우리모두는 리더로서 우리가 어디로 가야하는지 확실한 비전을 가지고 있다. 우리는 선두자리의 목표와 전략을 달성하도록 우리의 자원을 집중시킨다. 우리는 우리의 전략을 실행하기 위하여 능력을 개발하고, 조직내의 장애를 극복한다.

ⓒ 주인의식

우리는 사업상의 욕구를 충족시키고, 우리의 시스템을 개선하고 다른 사람들의 효율성을 증대시키도록 도와야 할 개인의 책무가 있음을 인식한다. 우리 모두는 주인으로서 행동하며 회사의 자산을 우리의 것처럼 다루고 회사의 장기적 성공을 목표로 행동한다.

ⓓ 정직성

우리는 언제나 올바른 일을 하도록 노력한다. 우리는 정직하고 서로에게 솔직하다. 우리는 법에 따라 사업을 시행한다. 우리는 모든 행동과 의사결정에 있어서 P&G의 가치와 원칙을 따른다. 우리는 제안을 함에 있어서, 자료에 근거하고 정직함을 원칙으로 한다.

ⓔ 승리에 대한 열정

우리는 일을 할 때에 최고의 결과를 달성할 것임을 다짐한다. 우리는 현재의 상태에 안주하지 않는다. 우리는 시장에서 이기고자 하는 강한 열정이 있다.

ⓕ 상호신뢰

우리는 P&G동료와 우리의 고객 및 소비자를 존중하며 우리가 대우받기를 바라는 바처럼 그들을 대우한다. 우리는 서로 다른 사람의 능력과 의지에 대하여 상호신뢰를 가지고 있다. 우리는 상호신뢰를 바탕으로 일할 때 사람들이 최고의 능력을 발휘한다고 믿는다.

### (3) P&G의 실천이념

① 모든 개인을 존중한다

우리는 모든 사원이 각자 가지고 있는 잠재력을 최대한 발휘할 수 있고 발휘하기를 원한다고 믿는다. 우리는 서로간의 다른 점을 존중한다. 우리는 사원들이 높은 기대치, 기준 및 목표를 달성할 수 있도록 격려하고 능력을 발휘할 수 있도록 한다.

② 회사와 개인은 공동의 이익을 추구한다

우리는 사업을 위하여 올바른 일을 성실하게 행하는 것이 회사와 개인모두를 성공으로 이끌것이라고 믿는다. 공동의 성공을 추구함으로써 우리는 하나가 된다.

③ 전략적으로 중요한 일에 집중한다

우리는 명확하게 합의된 목표와 전략을 기초로 업무를 수행한다. 우리는 우리의 사업에 가치를 더할 수 있는 일만을 하고 그렇게 하도록 요구한다.

④ 혁신은 성공을 위한 초석이다

우리는 소비자를 위한 크고 새로운 혁신에 중요한 가치를 둔다. 우리는 시장에서 보다 더 큰 승리를 거두기 위해 종래의 관행을 개혁하고 업무방법을 새롭게 재창조한다.

⑤ 외부상황 이해에 역점을 둔다

우리는 소비자와 그들이 원하는 욕구를 누구보다 깊이 이해한다. 우리는 시장에서 우리 브랜드의 가치를 높일 수 있는 제품, 포장 및 개념을 창조하고 제공한다.

우리는 우리의 고객 및 공급업자와 밀접하게 상호 생산적인 관계를 만들어 간다.

⑥ 개인의 전문적인 능력을 소중히 여긴다

우리는 우리자신 뿐만 아니라 다른 사람까지도 지속적으로 성장시키는 것을 모든 개인의 책무라고 믿는다. 우리는 탁월한 전문지식의 숙련과 업무수행을 장려하고 기대한다.

⑦ 최고를 추구한다

우리는 회사의 전략적 분야전체에 대하여 최고의 노력을 기울인다. 우리는 우리의 업적을 사내외의 최고수준이 비추어 엄밀히 평가한다. 우리는 성공은 물론 실패에도 배울것이 있다고 믿는다.

⑧ 서로 협력하고 의존하는 것을 생활화 한다

우리는 부서, 카테고리, 지역을 초월하여 신용과 신뢰를 갖고 상호 협력하여 일한다. 우리는 다른 사람의 아이디어를 재적용하여 얻은 결과에 자부심을 갖는다. 우리는 경영이념 달성에 공헌 할 수 있는 고객, 공급업자, 대학, 정부 등 모든 관계자와 원만한 관계를 이루어 나간다.

## (4) P&G의 경영전략과 시사점

산업혁명 이후 P&G 뿐만이 아니라 다수의 기업들은 서열을 중요시하는 계급사회의 구조를 형성화해 왔다. 군대, 교회 등의 단체기관에는 상사－하사관계를 필요시 했고 '명령통일'(Unity of Command)을 주된기능으로 삼았다. 하나의 Boss가 권한을 보유하며 지시를 내려서 일이 진행되고 분업의 형태가 그 시대의 일반적인 기업의 형태였다. 시대가 바뀌면서 매트릭스 구조, Category management 등을 거쳐 현재기업의 구조는 상관이 여러 명 있는 Multiple－Bosses 체제로 서서히 변화해 왔다. 즉, 과거 Centralized 조직에서 현재 Decentralized 조직으로 바뀌어 왔다. 역동하는 기업환경 속에서 현재 P&G는 시대적 변화와 상황의 흐름상 Global Matrix의 다음 단계인 organization 2005의 설계방향과 조직구조를 유지하고 있다.

미래의 변화하는 기업환경 앞에 P&G는 결단을 내려야 할 것이다. 지금의 조직구조가 과연 언제까지 효율적일지 혹은 지금이 전환의 타이밍인지 끊임없이 고민해야할 것이다. Organization 2005의 기본적인 축을 유지하되 사업장이나 작업장 안에서의 혁신을 찾길 바란다. Decentralized 조직구조에서 각 종업원들의 자율적인 책임과 판단을 주어 제품과 아이디어에 대한 소스(Source)를 자발적으로 떠올릴 수 있는 환경을 갖추어 주는것이 미래의 잠재적 가능성을 높이는 것이다. 위의 P&G의 성공적인 사례에서 볼 수 있듯이 시대별 기업구조 혁신에서도 엄청난 수익을 걷었으나 R&D 부문에서의 혁신, 제품부문에서의 전략변경 등 구조적인 변화안의 부분적인 혁신들이 오히려 기업

수익구조에 시너지 효과를 주었다. 또한 이러한 직접적인 부분에서의 파급효과는 작업장과 사업장의 직원들 조직문화에 막대한 영향을 줄 것이다. 자율적인 책임과 권한의 부여는 기업애사심을 고취시키며 자신이 기업을 위해 일을 하고있다는 '동기부여'를 심어주어 생산성 및 직무만족에 지대한 영향을 줄 것으로 예측된다.

## [요 약]

### P&G의 역사와 전통

1837년 미국의 오하이오주 신시내티에서 동서지간인 William Procter와 James Gamble에 의해 양초와 비누제품을 생산하는 기업으로 설립된 P&G는 160여년이 지난 지금 전 세계 80여 개국에 진출하여 11만여 명의 직원을 거느린 세계최대의 생활용품 업체 중 하나이다. 현재 세계 140여개 국가에서 소비자들의 사랑을 받는 팬틴, 비달사순 샴푸를 비롯하여 고급화장지 샤민, 팸퍼스 기저귀 등 300여 브랜드를 공급하고 있는 P&G는 매년 Fortune지가 선정하는 세계 500대 기업 중 100위 내에 드는 역사와 전통을 지닌 우수기업이라 할 수 있다.

### 경영과 이념

우리는 세계 소비자의 삶의 질을 향상시키는 최상의 품질과 가치를 지닌 제품을 공급한다. 그 결과, 소비자들은 우리에게 선두자리의 매출달성과 이익증대를 가져오고 우리사원들, P&G주주 그리고 우리가 일하고 생활하는 지역사회도 더불어 번영을 추구한다. 우리는 일을 할 때에 최고의 결과를 달성할 것임을 나짐한다. 우리는 현재의 상태에 안주하지 않는다. 시장에서 이기고자 하는 강한 열정을 가지고 임하고 있다.

### 핵심가치(Core Value)

P&G사원은 세계에서 가장 우수한 인재를 채용한다. 우리의 조직은 내부승진으로 이루어지고 업적외에는 어떠한 차별도 없이 승진 및 보상을 한다. 우리는 P&G사원이 가장 소중한 자산이라는 확신을 가지고 행동한다. 다른 사람들의 효율성을 증대시키도록 도와야 할 개인의 책무가 있음을 인식한다. 우리 모두는 주인으로서 행동하며 회사의 자산을 우리의 것처럼 다루고 회사의 장기적 성공을 목표로 행동한다.

### 개인존중의 풍토

우리는 모든 사원이 각자 가지고 있는 잠재력을 최대한 발휘할수 있고 발휘하기를 원한다고 믿는다. 우리는 서로간의 다른 점을 존중한다. 우리는 사원들이 높은 기대치, 기준 및 목표를 달성할 수 있도록 격려하고 능력을 발휘 할 수 있도록 한다.

### 자율적, 자발적 잠재기능 도출

Organization 2005의 기본적인 축을 유지하되 사업장이나 작업장 안에서의 혁신을 찾길 바란다. Decentralized 조직구조에서 각 종업원들의 자율적인 책임과 판단을 주어 제품과 아이디어에 대한 소스(Source)를 자발적으로 떠올릴 수 있는 환경을 갖추어 주는것이 미래의 잠재적 가능성을 높이는 것이다.

## 3.4 다우케미칼(Dow Chemical)

설립년도: 1897년
설립지: 미국 미시간 주 미들랜드
설립자: 허버드 헨리 다우
생산품목: 세정제 원료개발
농업/식품: 자동차부품, 전자제품, 가전제품, 섬유제품&신발, 건강&음료 오일가스, 포장 및 필름, 플라스틱, 화학처리, 와이어 및 케이블
현재의 규모. 160개국, 197개 공장. 직원 4만 6천명. 연매출 580억불(2011년)

### (1) 다우의 혁신전략

① 다우의 비전과 앤드루 리버스 회장의 경영관

닥쳐올 미래의 모습을 상상할 수 있어야 한다. 사람은 계획과 실천력없이 목표에 도달할 수는 없다. 경영진은 사람들에게 무엇인가를 지향할 수 있는 비전을 제시해줄 수 있어야 한다. 왜냐하면 그것은 당신이 일생동안 이행해야 할 과업의 중요한 구성요소이기 때문이다. 작은 조직이건 큰 조직이건 간에 마찬가지이다. 상상한 것을 명료하게 표현할 수 있어야 한다. 혼자 힘으로 목표를 달성 할 수 없다. 지식경영시대 전 직원이 경영정보로 무장하고 성공비즈니스를 창출하여야 한다.

② 다우의 비전과 목표

■ **가장 큰 기업육성-글로벌 인프라제공**

가장 큰 기업이란, 다른 기업들이 행할 수 없는 규모와 시야를 갖추는 것을 의미한다. 우리의 기업규모는 전 세계에 걸쳐 우리가 가진 자원과 기술을 기반으로 한, 가장 효율적 운영을 가능하게 한다. 또한 우리의 기업규모는 작은 규모의 기업들로서는 실현하기 힘든 지역에서도 고객 및 공급업체와의 강력한 관계를 바탕으로 한 글로벌 인프라의 제공을 가능하게 한다. 기업의 규모는 우리에게 경쟁우위를 제공한다.

■ **가장 높은 수익성-최상의 품질 서비스**

가장 높은 수익성의 실현은 기업이 가장 높은 가치를 제공하는 것에서부터 시작한다. 다우의 수익성은, 운영상의 뛰어난 이해력에 의해 성취되는데, 이는 안전한 환경

하의 업무, 현명한 성장, 비즈니스 사이클을 통한 기업의 수익성 유지를 의미한다. 그리고 이를 통해 우리는 다른 기업들이 제공할 수 없는 품질의 제품과 서비스를 고객에게 제공한다.

■ **가장 존경받는 기업-세계적인 리더십**

가장 존경받는 기업의 의미는 우리기업이 경제적 성공과 혁신 및 친환경적이며, 건상하고 안전한 기업의 경영활동을 통해 세계에서 가장 존경받는 기업으로서의 리더십을 발휘할 수 있는 능력을 배양함을 의미한다. 이를 실현하기 위해 기업의 행동은 사람에 대한 성실과 존중의 가치에 의해 움직여야 하는 것이다.

③ 앤드류의 경영혁신 전략

세계를 지배하는 혁신(innovation)은 제조업 현장에서 나온다.

고부가가치 제조업의 중요성을 강조하고 해묵은 사업구조를 혁신적으로 재편하여 고부가가치 특수 화학물질 신소재의 제조군을 편성, 재탄생시킴에 있다. 앤드루 회장은 기능성 페인트와 선자제품 소재 등 고부가가치 화학제품을 생산하는 롬앤하우스(Rohm&Haas)를 인수하는 등 인수합병(R&A)은 다우케미칼 출범 200년후 최대 규모의 사건으로 사세를 확장하였다.

④ 다우의 혁신전략

느린변화보다는 큰 변화를 지향하였으며 R&D예산을 확충하기 위하여 비효율적인 기업은 과감히 정리하였으며 가치있는 기업은 과감히 인수합병하였다. 기존 공장에 시설확충보다는 유능한 과학적인 인재확보에 주력하였다. 운명은 기회가 와야 바꿀 수 있고 기회는 준비된 자에게만 주어진다는 교훈을 종사원들에게 주지시켰다. 그리하여 롬앤하우스(Rohm&Haas)를 인수하는 등 기업을 IT서비스 중심으로 탈바꿈하였다.

⑤ 다우의 투자기준은 성장

(a) GDP가 일정한 수준에 도달하여 생활이 안정되어 있는 곳에 투자한다. 왜냐하면 구매력이 없는 곳에 소비시장이 활성화 될 수 없기 때문이다.

(b) 가전제품 및 자동차의 소비가 증가하고 있는 곳에 투자한다. 우리(한국)의 전설에도 장사는 부촌에 가서 하여야 돈을 번다는 말이 있다. 그 말은 싼 소비제품에는 부가율을 높일 수 없다는 말이다.

(c) 젊은 인구가 적고 출산율이 낮은 곳에는 투자를 기피한다. 이는 출산율이 낮다는

것은 앞으로 인적자원의 부족함을 예시함과 더불어 소비시장의 위축을 말하기 때문이다. 그러므로 인적자원은 물적자원을 앞서 있다는 것이다.

⑥ 다우의 투자전략

합작투자는 다우케미컬의 전략에 있어 상당히 중요한 부분을 차지하고 있다. 다우케미컬의 합작투자 는 약60년전 최초로 시작되어 현재는 다우케미컬 수입의 상당부분을 차지하고 있다.

롬엔 하스인수

2009년 4월1일 다우케미컬 기업이 동종업체 기업인 롬 엔 하스의 인수를 완료함. 지금까지 주로 저가위주의 화학제품들로 매출을 달성해온 다우케미컬로서는 높은 기술력으로 고가의 페인트 재 및 전자기기 자재 등을 전문적으로 다루어온 롬엔 하스를 인수함으로써 제품특화 및 전문기술 분야에서 성장을 기대하게 되었다.

다우케미컬은 이번 인수를 통해 화학제조업에서 큰 수익원이 되는 반도체 관련 제품들을 생산하는 데 주력할 계획. 다우케미컬은 인수 이후 롬 앤드 하스의 매출이 90억 달러에서 130억 달러로 늘어날 것임을 전망하게 되었다.

창의성을 존중하는 문화가 강국조성의 선결조건이다. 세계를 지배하는 혁신은 제조업 현장에서 나온다. 누구나 만들 수 있는 제품으로서는 발전에는 한계가 있을 수밖에 없다. 변화와 혁신은 생존을 위한 선택이다. 혁신과 창의성 존중의 문화만이 사회번영의 터전을 이룬다.

## (2) 다우의 지식경영

① 지식공유 담당자 선정

지적재산의 효용공헌도(Utility Attributes)와 경쟁우위 공헌도(Competitive Advantage Attribute)를 측정 평가 .

② Knowledge Management Resource Center

포트폴리오를 어떻게 이용하고 사업전략과 어떻게 결합시키는가를 검토하고 자원은 한정되어 있으므로 더 효과적인 특허자산을 지원하는데 자원을 집중하였다.

③ 아래로부터 지식경영

모든 특허에 관련된 자산을 찾아내고 이들이 아직 유효한지를 파악하고 우선순위를 파악하여 특허관련 자산의 효용공헌도와 경쟁우위 공헌도를 이용해 산술평가와 기술요소 지수를 계산한다.

④ 지식관리자 중심으로 베스트 프랙티스를 공유

최종적으로 다우가 무엇을 갖고 있으며 무엇을 사용할 것이며 누가 책임을 갖고 있는지를 파악하여 사업부와 협력해 포트폴리오를 구축 쓸데없는 것은 포기해 18개월 만에 100만 달러 유지비용을 감축하고 가치는 있으나, 사용되지 않는 특허를 이용하거나 라이센스를 주어 2,500만 달러의 수익성을 창출하였다

⑤ 매분기마다 지식관리자들 3일 연수회 개최

보유하고 있는 지적재산의 가치경쟁적 위치, 목표가 분명하여짐에 따라 다우는 특허의 트폴리오나 목표사이의 격차를 좁히는 작업에 착수 구체적으로 지식을 극대화해 이용하거나 경쟁업체의 격파를 위해 사용하였다.

다우케미칼은 1994년부터 주주 및 고객의 이익극대화를 위한 가치경영(Value－Based Management)을 표방하고 지식경영을 경영방침으로 채택실시하였다. 회사는 회사가 보유한 많은 특허를 제대로 이용하지 못하고 있다는 사실을 깨달았으며 여기서 더 많은 수익을 올릴 수 있어야 한다고 경영층은 생각에 이르렀다. 특허에 대한 지적재산관리를 채택해 성과를 높인 결과에서 특허권을 사용가능성, 판매, 포기로 구분하여 특허에 대한 관리만으로도 4,000만 달러의 절감효과를 가져왔다.

다우 케미칼은 총 매출의 6.3%를 연구개발비로 투자하고 있으며 5,000명의 연구개발 인력들이 종사하고 있다. 특허권은 지적재산 중에서 가장 손쉬운 파악대상인 형식이며 특허의 수동적 관리에서 벗어나 적극적 관리를 통해 수익창출이 가능하기 때문에 특허의 포트폴리오와 타 기업에 대한 라이센싱을 통해 수익창출이 기대되는 분야이다. 체계적인 지적재산관리를 위해 지적재산 관리를 전담하는 상설팀을 구성하여. 특허, M&A, 라이센싱, 연구개발, 벤처 등을 전문적으로 담당하고 Technology Factor Evaluation 이라는 지적재산 경제성 평가모델을 개발해 지적재산의 가치를 정성적으로 높여 나갔다.

### (3) 지적재산권 관리와 환경혁신 경영

① 지적재산의 관리목표

고객의 가치를 증대시키는 가치경영의 일환으로 지식경영을 추구하고 있기 때문에 지식경영의 가치는 고객의 성취도에 달려있다 하겠다.

ⓐ 종업원의 업무동태를 파악하고 종사 간에 상호연계하는 기회를 모색하여 다우가 성공하였다면 그 이유를 제시할 수 있어야 한다. 성공의 이유와 종사원의 기여도를 파악해 이를 인정이용할 수 있도록 해야 한다.

ⓑ 지적자산의 측정과 감사하는 시스템개발, 고객의 관계정립, 인사정책개선 등에 이용되어야 하며 지적재산을 관리하는 도구로 이용되어야 한다.

ⓒ 지적재산은 주식의 가치를 높이는데 이용되어야 하고 기업신장의 매체가 되어야 한다.

ⓓ 측정의 대상은 능률적 시스템, 효율적 신장, 비용의 절감, 사이클타임의 단축, 전문가 양성의 비용절감 등, 이러한 부분이 개선될 수 있도록 지적재산 개발에 초점을 두어야 한다.

② 다우의 환경과 혁신경영

ⓐ 다우의 환경경영

환경경영은 시대적 요구이자 기업의 사명이다. 다우는 화학공장으로 성장하였고 환경문제에 적극적으로 임하여 자사의 환경개선 목표인 다우EH&S 정책을 수행함으로 모범을 보였다. 이행함에 있어서는 책임과 의무를 다하는 사회적 기업으로 환경보건과 안전사고 예방하는 안전기업으로, 미국화학공업협회(CMA) 6가지 준칙사항에 철저하였다. ① 지역사회 인식과 비상시 대응책, ② 오염발생 예방, ③ 공정상의 안정, ④ 유통질서 확립, ⑤ 종사원의 보건위생, ⑥ 생산제품 책임주의 확립 등이다.

ⓑ 혁신경영－다우의 강점과 약점

◈ 다우의 강점

North America 높은 수익성의 태양광, 필터, 배터리 공장에 투자하여 수익성을 높이고 Latin America 사탕수수를 활용 프라에틸렌 및 농업화학 분야의 생산을 증가하고 롬앤 하우스(Rohm&Haas)를 인수 세계 1위의 전자재료 반도체 관련 기업을 인수하여 40억 달러의 매출을 신장시켰다.

◈ 다우의 구조조정

종업원 정규직 5,000명 감원, 20개 공장 가동중단 미국내 6개 공장 폐쇄단행으로 기초화학 분야에서 20억매출 손실 7억 달러의 경비절감 효과를 가져왔다.

다우의 실수사례

금리인상 & 화학제품 시장침체 예측대비에 미흡했다. 범용 화학제품 수익성 저하에 대비한 차별성 제품 대안대비에 미흡하였다. 지방분권적 사업구조정비 및 대안수립에 미흡하고 수많은 합작투자 프로젝트 이행이 합리적으로 운영되지 못하였다.

## [요 약]

### 가장 존경받는 기업

가장 존경받는 기업의 의미는 우리기업이 경제적 성공과 혁신 및 친환경적이며, 건강하고 안전한 기업의 경영활동을 통해 세계에서 가장 존경받는 기업으로서의 리더십을 발휘할 수 있는 능력을 배양함을 의미한다. 이를 실현하기 위해 우리기업의 행동은, 사람에 대한 성실과 존중의 가치에 의해 움직여야 하는 것이다.

### 다우의 혁신전략

느린 변화보다는 큰 변화를 지향하였으며 R&D 예산을 확충하기 위하여 비효율적인 기업은 과감히 정리하였으며, 가치있는 기업은 과감히 인수합병하였다. 기존 공장에 시설확충보다는 유능한 과학적인 인재확보에 주력하였다. 운명은 기회가 와야 바꿀 수 있고 기회는 준비된 자에게만 주어진다는 교훈을 종사원들에게 주지시켰다. 그리하여 롬앤 하스(Rohm&Haas)를 인수하는 등 기업을 IT서비스 중심으로 탈바꿈하였다.

### 지적재산권 활용

회사는 회사가 보유한 많은 특허를 제대로 이용하지 못하고 있다는 사실을 깨달았으며 여기서 더 많은 수익을 올릴 수 있어야 한다고 경영층은 생각에 이르렀다. 특허에 대한 지적재산관리를 채택해 성과를 높인 결과에서 특허권을 사용가능성. 판매. 포기로 구분하여 특허에 대한 관리만으로도 4,000만 달러의 절감효과를 가져왔다.

### 지적재산권 창출과 수익창출

다우케미칼은 총 매출의 6.3%를 연구개발비로 투하하고 있으며 5.000명의 연구개발 인력들이 종사하고 있다. 특허권은 지적재산 중에서 가장 손쉬운 파악대상인 형식이며 특허의 수동적 관리에서 벗어나 적극적 관리를 통해 수익창출이 가능하기 때문에 특허의 포트폴리오와 타 기업에 대한 라이센싱을 통해 수익창출이 기대되는 분야이다.

# 제 4 절 미국 장수기업 핵심포인트

## 4.1 미국기업 성공신화의 역사

### (1) 이민정착과 기업가정신

① 미국은 이민의 나라

미국의 기업문화를 형성한 사회문화의 특징은 그 개연적 사실에 기인된다고 할 있다. 이주민들이 유입해 들어오면서 사회를 이루고 삶의 특별한 에너지를 온몸으로 지탱하면서 나라를 세웠다. 무한한 신천지가 그들을 맞아들였다. 광대한 자연의 조건에서 이민자들은 노력의 결과를 분명히 얻을 수 있었다. 미국은 이민자에게는 기회의 나라였다. 이 사회에서 신분상승은 전통사회와는 달리 사업과 경제적 부의 추구를 통해 이루어졌다. 미국인들은 이러한 기회를 진취적으로 이용하여 적극적이고 모험적이며 실험적인 미국기업가의 자양분이 만들어졌다.

② 미국은 열린사회

사회적 신분이나 지위의 이동에 대한 미국인들의 열린 사회의식이다. 전통적 지위나 계급은 상대적 부족속에서 오직 경제활동을 통한 성공적 철학이 미국인들의 전형적으로 자리매김한 것은 다분히 미국을 세우고 발전시킨 주도적 사고가 열린 사회로의 지향성을 가지고 있다는 것을 보증하는 것이다. 이러한 자유주의적 태도가 미국적 창조의 도전적인 기업가정신의 바탕이 된 것이다. 미국인의 심리적 특징이 기업가정신의 함양에 기여했다는 것이다. 미국인들은 성취의식이 강하고 기업인들은 부의 추구에 적극성을 갖는 것은 미국특유의 토향적 문화에 기인한 것이라 할 것이다. 유럽의 기업인들은 부를 즐기거나. 향유하고 음미하는 것과는 달리 독점성을 지니고 있다. 이러한 토향에서 기업가에 대한 수긍의 문화가 이루어져 있다.

## (2) 친기업적 역할과 태도

① 미국기업의 성공신화

미국기업의 성공신화를 기업인과 기업의 노력에서 그 이유를 찾았다. 미국사의 고전적 신화가 되어버린 가공할 사실 중의 하나는 미국 경제발전의 토대를 형성하는 모든 작업이 정부의 간섭없이 개인들의 자발적 의지에 의해 자유방임적 테두리 안에서 이루어 졌다는 것이다 또한 미국의 정부기관들은 여러 면에서 기업활동에 우호적인 정책을 적극적으로 시행하였다. 미국역사에 있어서 연방정부와 주정부차원의 적극적이고 직접적인 지원을 하였다. 그 예로 국가개발 정책의 일환인 도로 · 항만 · 철도 · 운하 등의 건설에 정부는 적극적으로 지원하였다. 이러한 모든 변화가 불러온 충격을 테일러는 교통혁명(Transportation Revolution)이라고 부르게 되었다.

② 우호적 기업정책

정부의 방관적 불간섭주의는 경제적 여건이 악화되면 기업들에게 위협과 손실을 가져올 수도 있다. 기업의 측면에서 보면 경제활동에 대한 정부의 방관은 불안정한 상태를 불러오며 궁극적으로 기업활동을 위태롭게 하는 것이다. 기업의 경제활동에 우호적이란 자유로운 기업활동을 보장하면서도 무한정 자유방임이 아니라 일정의 범위내에서 불안정 요소와 위기의 요소들을 정부가 배제하여 주는 것을 말한다.

## (3) 풍부한 자원과 개척정신

① 무한가능성의 미국

미국은 다양한 대륙에서 다양한 민족이 이주해 세운 나라이다. 이 신대륙국가에는 끊임없이 프런티어가 존재하였다. 밀려오는 이민과 풍부하고 광대한 자연조건은 미국인들에게 무한한 가능성으로 작용하였다. 새로운 대륙에 정착한 이주민 세력들은 대체로 낙관주의이었고, 기꺼이 위험을 감수하면서 현실을 개척해 나가려는 의지가 강하였다. 그들은 현재와 미래의 풍요로운 생활을 새로운 사회가 보장해 줄 것이라고 낙관하였으며 신세계가 감수하기를 요구하는 위험을 받아들였다. 신세계가 가져다준 사회적 융통성과 기회의 조건을 적극적으로 이용하였다. 이러한 사항들이 미국기업가들의 뛰어난 생존력 적극적인 사고와 진취성이 모험적인 기업가정신을 갖게 된 유일한 것이다.

미국사회가 제반조건을 수용하고 적절이 대응함으로서 산업성장률을 다른 국가들보다 높일 수 있었다. 미국의 고성장은 기업가들이 투기적이고 모험적인 성격에서 찾아야 할 것이다. 합리적 과학적 관리방법에 의존하여오던 과거의 관행에서 벗어나 경쟁적 우위를 최상의 목적으로 하는 구성원들의 공통된 가치관과 통일된 비전 회사자원에 대한 공유의식 등 새로운 기업문화의 개발방향을 제시하고 이를 위한 장기적인 조직개발과 인적사원관리 시스템의 개혁을 이루었다.

## (4) 미국인의 심리적 특성

① 미국문화의 특성

기업가의 적극성과 모험심을 자극하는 사회분위기를 바탕으로 미국문화가 가지고 있는 심리적 특징의 요인들이다. 미국인의 심층심리의 형성은 일종의 사회적 분위기와 기대감에서 생겨난다. 지상에서 어느 민족도 지금까지 사업과 기업활동을 통하여 즐거움과 쾌락을 환희를 느낀 적은 없다. 그러나 미국에서는 그런 분위기가 있다. 개인적 성취와 사회적 지위를 이루겠다는 강렬한 욕구, 풍요로운 물질을 이루겠다는 강한 추진력, 진보성에 대한 믿음, 부단한 탐구심, 선도적인 창의성, 끊임없는 노력과 대담성, 그리고 새롭고 효과적인 방식에 대한 자발적인 적응과 순응, 그리고 제조업이나 산업에서 미국이 보여준 저돌적인 발전의 근원은 강력한 추진주의 문화적 배경에서이다.

② 기대치 높은 성취욕구

신대륙미국에서 자신들의 희망을 이루려는 그들에게 특별한 심리적 영향이 내재되어 있어음은 물론이다. 이러한 가치높은 경제적 성취욕구가 기업가의 심리에도 스며들었다는 것이다. 기업가들이 상품의 질, 가격, 생산량 등에 매우 적극적인 관심으로 미국의 경제기반이 강고하게 구축을 가져왔다. 미국의 기업가들은 상대적으로 다른 국가의 기업들보다 부를 축적하는데 선도적으로 이루었으며 부를 향유하거나 음미하는 부류는 결코 아니고 독점하는 영향이었다.

③ 미래에 대한 지각능력

미국의 독특한 심리적 특성의 하나로 미래에 대한 지각능력(perception)을 꼽을 수 있다. 미국에서 성공한 사람들에게 우리는 아직 도래하지도 않은 미래에 대한 분명한 지각능력이 있었음은 기업의 혁신에서 분명히 드러난다. 미래를 투시하는 타고난 지능과 미래세계에서 요구될 정보를 예측하는 능력을 기반으로 기업들의 생존기반을 강화하였다.

자율적인 책임과 판단을 주어 제품과 아이디어에 대한 소스(Source)를 자발적으로 떠올릴 수 있는 환경을 갖추어주는 것이 미래의 잠재적 가능성을 높이는 것이다.

자율적인 책임과 권한의 부여는 기업애사심을 고취시키며 자신이 기업을 위해 일을 하고 있다는 '동기부여'를 심어주어 생산성 및 직무만족에 지대한 영향을 줄 것으로 예측된다.

## 4.2 기업의 장수를 위한 혁신

### (1) 파괴적인 혁신

① 혁신은 생존의 요건

구조를 건드리지 않는 혁신은 결국 낙오된다. 기존에 기업을 성공하게 만들었던 것을 그대로 하는 일이 거꾸로 기업을 망하게 하는 현상이다. 시장을 바꾸는 새로운 기술이 등장했을 때 이에 맞춰 조직을 변화시키지 않았기 때문이다. 이른바 '구조적 혁신(Architectual Innovation)'을 하지 않았기 때문에 기업이 어려워지는 것이다. 애플의 아이폰이 등장했을 때, 기존 스마트폰 시장을 장악했던 노키아와 블랙베리는 위험성을 깨닫고 대응책을 내놨다.

변화와 혁신은 생존을 위한 선택이 아니라 필수요건이다. 혁신과 창의성 존중의 문화만이 사회번영의 터전을 이룬다. 지적재산권 창출은 새로운 아이디어 창출의 실현이다. 지적재산권 관리시스템 개발은 고객의 관계정립개선 등에 이용되어야 하며 지적재산은 주식의 가치를 높이는데 이용되어야 하고 기업신장의 매체가 되어 효율화하여야 한다.

② 기술의 결합력이 뛰어남

애플은 블랙베리처럼 성급하지 않았다. 아이폰이 처음 출시될 때 사용된 기술(터치인터페이스, 모바일 인터넷)은 이미 기존에 다른 스마트폰에서 쓰이던 것이었다. 애플은 이 기술을 결합해 뛰어난 완성도와 기가 막힌 상품성을 갖춘 제품을 내놨다. 이 과정에서 애플이라는 조직은 새로운 제품과 완전히 통합되었다. 디자인부터 서플라이체인 관리, 마케팅까지 다른 기업들이 따라올 수 없는 유무형의 경쟁력을 갖춘 것이다.

### (2) 조직전체를 바꾸어 대응한 애플

#### ① 조직과 제품 완전통합

제품과 조직을 완전히 통합해 스마트폰 시장의 제왕에 올라 파괴적 혁신에 대응하기 위해 독립적인 조직을 만들기보다는 기업전체를 변화시키는 통합적인 접근이 성공확률이 높은 것이다. 통합적인 변신은 훨씬 더 많은 노력이 들고 실패할 경우 위험도 크다. 하지만 그런 이유로 성공할 가능성도 더 높다. 파괴적 혁신에 대응하기에는 통합적인 접근이 더 쉽다. 파괴적 혁신에 대응하다 보면 기업의 최초모습과 달라진다. 기업들이 무한하게 오래 존속할 수 있는 장수기업이 되기 위해서는 지속적인 혁신의 노력이 필요하다. 그것이 기업이 선택할 문제다.

#### ② 기업장수는 고통을 수반

기업은 자신의 생명을 연장하기 위해 '고통스러운 변화'를 선택할 수 있다. 하지만 중단기 수익을 포기해야만 한다. 둘 사이에 상충관계가 있다(존속하려면 고통을 겪어야만 한다는 의미). 애플이 스마트폰 산업에 파괴적 혁신을 가져온 것에 대한 설명은 설득력이 있다. 파괴적 혁신을 가져오는 사건은 예측하기가 어렵다. 소비자가 전시장을 보면 20년 동안 살아남은 상품군은 거의 없다. 우리가 스마트폰을 사용한 적이 있었나하는 생각이 들 정도의 변화가 있을 것이다.

애플이 해당 제품에 대한 완벽한 지식을 갖춘 후에 움직였다는 분석이 흥미롭다. 애플이 성공한 것은 비전이 명확했기 때문이다. 다른 경쟁자들이 그전에 실수를 했기 때문일 수도 있고 스티브 잡스가 비범한 능력을 갖춰서였을 수도 있다.

### (3) 파괴적 혁신의 희생자기 되지 않으려면

#### ① 위기때 변화의 싹이 튼다

새로운 기술이나 경쟁자가 등장해 '파괴적 혁신'의 위협을 느낄 때 대부분의 기업은 기업자원의 일부를 떼어내 변화에 대응하는 조직을 만드는 것이다. 신사업부, 사내벤처같은 것을 만들지만 이러한 시도는 대부분 실패로 돌아가고 기업은 파괴적 혁신의 희생자로 전락한다. 기존 조직은 과거에 성공했던 경영방식에 길들여져 있어서 새로운 혁신에 대응할 수 없다. 별도의 조직이 만들어지지만 인적 · 물적차원에서 독립조직은 기존 조직의 영향력을 벗어날 수 없기 때문에 성공을 거두기는 어려워진다.

② 혼동에서 단합으로 극복

파괴적 혁신에 대응하기 위해서는 기업전체가 통합적으로 변해야 한다고 주장한다. 이를 위해서는 조직을 느리지만 단단하게 변화시켜야 한다. 일시적인 시장점유율 하락과 수익감소를 감수해야 한다. 캐논을 연구한 경영학자들에 따르면 캐논은 항상 경쟁자가 최신기술의 제품을 내놓고 나서 2년 정도 지나서 제품을 내놨다. 이 기간에 엔지니어들이 새로운 기술을 완벽하게 습득할 시간을 주는 것이다. 또한 여러 세대의 기술을 동시에 연구해 한 기술에만 과도하게 의존하는 것도 막았다. 최고경영진은 항상 상품개발자들과 긴밀한 관계를 가졌고 엔지니어들은 주기적으로 다른 분야로 순환근무를 시켰다. 이는 여러 가지 면에서 비용이 들었고 직원들에게도 힘든 일이었지만 '파괴적 혁신'에 대한 일종의 보험역할을 했다. 새로운 기술이 도입될 때마다 캐논은 이에 잘 적응할 수 있었던 것이다.

### (4) 혁신은 팀 스포츠

① 천재적인 팀의 리더

전구를 개발한 에디슨, 전화기를 개발한 벨, 윈도를 개발한 빌 게이츠, 21세기를 대표하는 혁신가 스티브 잡스, 이들은 모두 천재가 아니라 굳이 말하자면 팀을 조직하고 운영하는 방법이 천재적이라고 볼 수 있다. 세상을 뒤집을 만한 혁신적인 아이디어를 내는 천재는 없다. 과거 아이디어를 발전시키고 제품으로 개발할 수 있는 천재적인 팀만 있을 뿐이다. 혁신은 '팀 스포츠'이다. 에디슨, 벨, 게이츠, 잡스는 그 천재적인 팀을 이끄는 리더였던 것이다.

② 타고나는 창조성이란 것은 없다

현재까지의 연구로 볼 때 유전학적으로 타고나는 창조성이란 것은 없다. 아인슈타

인조차 뇌를 검사해 봤더니 다른 사람들보다 용량이 조금 작은 것 외에는 특이한 점이 없었다. 범재(凡才)들은 천재들이 가만히 있다가 엄청난 영감을 얻는다고 생각한다. 하지만 이는 그들의 노력을 무시하는 것이다.

자신의 아이디어를 동료에게 말하고, 그것을 발전시키는 과정에서 혁신이 만들어지는 것이다. "남들이 당신의 아이디어를 훔쳐갈 것을 걱정하지 마라." 사실 대다수 회사는 이미 멋진 아이디어에 둘러싸여 있다. 본인은 그 아이디어를 빼앗길까 봐 걱정하지만, 사실 걱정해야 할 것은 그것이 무시당할 가능성이다.

# 제 3 부

# 한국과 일본 경영의 신들이 주는 교훈



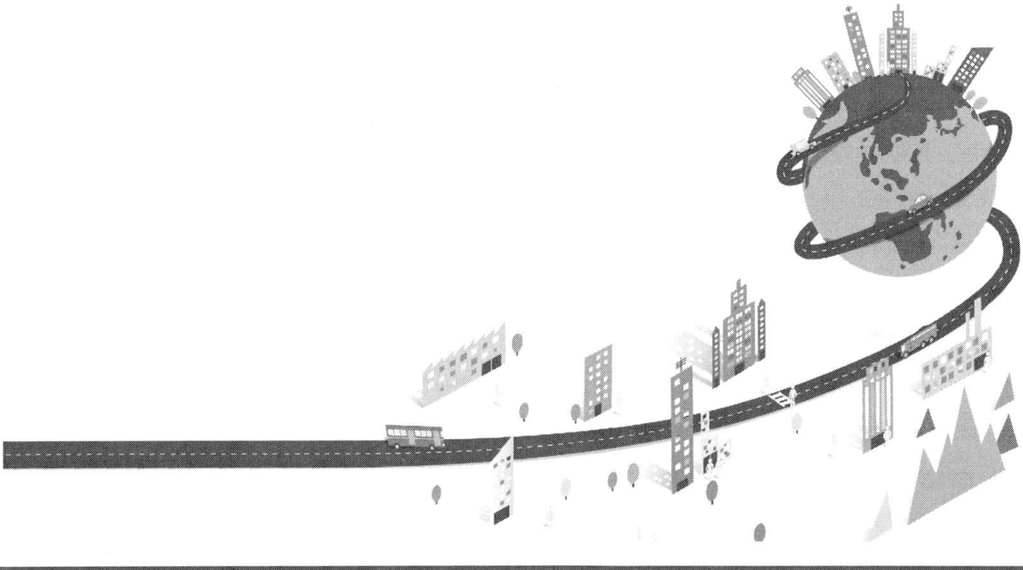

# 제 10 장 경영의 신들 발상과 실천

# 제 1 절 경영의 신들에게 배우는 기업가 정신

## 1.1 정주영 DNA 역발상으로 위기(危機)돌파

① 여의도(汝矣島) 48배 서산 간척지(干拓地) 푸른농장으로

부지런함을 최고 덕목으로 여겼던 고 정주영 창업주는 어둠이 깔린 새벽에 아들들을 청운동 자택으로 소집해 구 중앙청의 담을 끼고 현대 계동사옥까지 걸어서 출근하길 즐겼다. 1980년대 초 고 정주영 창업주를 선두로 정몽구 현대·기아차 그룹 회장 정몽준 한나라당 대표, 정몽근 현대백화점 명예회장 고 정몽헌 현대그룹 회장이 광화문 앞을 지나고 있다.

정주영 회장을 통해서 깨닫게 된 것은 경영은 머리로 하는 것이 아니라는 것입니다. 이론과 머리는 극히 일부분에 불과해요. 참기업가 정신은 머리가 아니라 거트(gut·용기)로 하는 겁니다. 정 회장님은 그런 점에서 거트를 타고난 분입니다.

1977년 10월 경영학의 구루 피터 드러커가 정주영을 찾아왔다. 정주영의 성공담을 잘 알고 있는 그는 만나자마자 '정주영식 경영'에 대해 진단을 내렸다. 드러커는 합리주의와 이성의 힘만으로 경영의 세계에 닥쳐올 불확실성과 위험요소를 껴안고 갈 수 없다고 설파했다.

복잡한 이론도 단순하게 정리해 내는 정주영의 성공 DNA는 드러커와의 만남에서도 빛을 발했다. 피터 드러커의 말처럼 정주영은 타고난 기업가로 통한다. 배고픔을 이기지 못해 아버지의 소 판 돈을 들고 가출을 감행했던 이 소년의 인생은 불확실성과 위험에 대응하는 기업가 정신의 표본으로 자리잡았다.

② 불굴의 기업가 정신

정주영의 인생은 '실패는 성공의 어머니'라는 격언을 교과서적으로 보여준다. 그가 인생의 중요한 고비마다 경험한 실패는 곧이어 나타날 성공의 주춧돌이 됐다. 그의 이 같은 경험이 실패를 두려워하지 않는 불굴의 기업가 정신을 형성하는 자양분이 됐다.

정주영은 휴전 직후인 1953년 아무 기술과 경험 없이 낙동강 고령교 복구공사에 뛰어들었다. 장비, 기술 부족은 물론 홍수까지 겹쳐 몇 배의 공사비를 들여도 완공이 어려워진 상황이었다. 주위에서 모두 포기하라고 했지만 형제들 돈까지 모두 끌어들여 결국 공사를 완성했다. 그러나 이때 얻은 신용으로 정주영은 당시 전후 최대 공사라는 한강 인도교 복구공사를 수주해 현대건설의 기반을 구축하는 계기를 마련했다.

1965년 사상 첫 해외 사업이었던 태국 고속도로 건설에서도 그는 참담한 실패를 맛봤다. 현지의 엄청난 강우량과 악천후, 불리한 토질을 고려하지 못했을 뿐 아니라 언어와 풍습이 다른 현지 인력관리도 엄청난 문제를 야기했다. 그동안 국내 건설 사업에서 번 돈을 다 털어 넣다시피 해 겨우 공사를 완료했다. 태국 고속도로 건설 경험은 1968년 경부고속도로 건설의 주역으로 그를 다시 일으켜 세웠다.

이후 1972년 정주영은 울산 미포만 사진 한 장만 손에 든 채 그리스 거물 해운업자 리바노스를 만나 26만 t짜리 배 2척을 주문받았고 조선소 건립과 동시에 2척의 배를 진수시킨 세계 조선사에 유일한 기록으로 한국인의 경영적 智略과 氣塊을 남겼다. 가난이 싫어 소판돈을 훔쳐 강원도 통천을 떠났던 소년 정주영이 60여년 만인 1998년 소떼를 몰고 휴전선을 넘어 한많고 그리운 고향을 찾았다.

### ③ 탁월한 창의적 경영자

정주영의 이 같은 성공 모델을 두고 '개발독재시대 모델'이라는 평가도 나온다. 그러나 현대그룹 발전의 길목에서 정주영이 내놓은 아이디어는 '안 되면 되게 하라'는 단순한 추진력과는 확연히 대비된다.

서산 간척사업은 정주영의 창의성을 보여주는 백미다. 농부의 아들 정주영은 1980년대 초 바다를 메워 옥토를 만드는 대규모 간척사업에 착수했다. 여의도 48배 면적의 바다를 메워 농토로 전환하는 프로젝트는 한국의 서해안 지도를 바꾸는 대규모 사업이었다. 서산 앞바다는 조수 간만의 차가 너무 커 20만 t 이상의 돌을 구입해 매립해야만 물막이가 가능한 곳이었다. 이때 정주영은 폐유조선을 침하시켜 유속을 감속시키고 토사를 투하해 둑을 완성하는 '정주영 공법'이라는 기상천외한 발상으로 공사기간을 9개월로 단축하고 공사비도 280억원이나 절감했다.

유엔군 묘지를 보리밭 물결로 만든 일화도 유명하다. 1952년 12월 아이젠하워 전 미국 대통령이 부산 유엔군 묘지를 방문한 뒤 "묘지를 푸른 잔디로 꾸며달라"고 요구했다. 12월에 잔디를 구할 길이 없었던 정주영은 "풀만 파랗게 나 있으면 되느냐"고 반문한 뒤, 보리밭에서 새파랗게 자라는 보리를 수십 트럭 옮겨 심어 묘지를 녹색바다로 만들었다. 이후 미군 공사는 현대건설의 독무대가 됐다는 후문이다.

숭실대에서 '정주영 창업론'을 강의하고 있는 정대용 벤처중소기업학과 교수는 "제한된 자원을 선택과 집중을 통해 적절히 배치하고 복잡한 문제를 직관을 통해 단순화할 수 있는 능력은 창의성 없이는 불가능한 것"이라면서 불확실성 아래에서 문제를 해결하는 정주영의 창의적 능력은 21세기에도 적합한 것이라고 말했다.

④ 국가지상의 경영 민족주의

현대는 단순히 장사를 하는 단체가 아니라 국가의 발전을 위해서 분투하는 중추적인 역할을 하는 집단이다. 나는 자신 있게 말하는데 현대그룹의 과거 50년 동안의 성장은 우리 현대 자신을 위해서 노력했을 뿐만 아니라 국가경제를 일으키는 데 선도적 역할을 담당했다고 생각한다.

현대건설 창립 50주년이었던 1997년 정주영이 밝힌 경영관은 사업보국(事業報國), 식신흥업(殖産興業), 사회공헌(社會貢獻)의 정신과 맥이 닿아있다. 박태일 현대경제연구원 컨설팅본부장은 "정주영의 경영민족주의는 그 스스로 일개 경영자의 범주로 생각하지 않았음을 의미한다"고 말했다. 한국 산업화 초기단계에서 정주영은 소비재보다 사회간접자본(SOC)과 중화학공업에 치중했다. 국가의 초석을 세우기 위해 서비스, 소비재보다는 국가의 기간산업을 육성해야 한다고 믿었기 때문이다.

정주영은 독자 기술 개발을 고집해 선진국에 대한 기술 종속성을 줄이는 데도 심혈을 기울였다. 1967년 미국 포드사로부터 자동차 조립기지화 제안을 받았던 정주영은 이를 거절하고 포니와 같은 독자 모델을 개발해 수출했다. 현대중공업도 일본의 미쓰비시로부터 선박 건조를 5만t급 이하로 제한하는 조건으로 기술 이전 제의를 받았으나, 이를 거절하고 세계 시장을 뛰어다니며 스스로의 힘으로 대형 선박을 건조하여 수출했다.

## 1.2 삼성의 창업자 이병철(湖巖)의 인사정책(人事政策)

### ① 일본(日本) 언론인(言論人)이 본 호암(湖巖)

의인물용(疑人勿用). 용인물의(用人勿疑) 15萬 從事員 30萬個의 눈 나를본다 자성관리(自省管理)

1970년 3월 니혼게이자이신문 서울특파원으로 부임한 야마자키 가쓰히코 씨(75).

야마자키 씨는 인터뷰를 위해 호암 이병철 회장을 처음 만난 뒤 호암이 타계할 때까지 자주 만났다. 호암은 세상을 뜨기 2개월 전인 1987년 8월 말에도 도쿄 오쿠라호텔을 찾아온 야마자키 씨에게 "가을에 또 오겠다"는 말을 남기고 떠났다.

야마자키 씨는 호암과 인연을 소개한 책을 한국과 일본에서 동시에 출간했다. 한국판 제목은 '크게 보고 멀리 보라(초일류 삼성을 일으킨 호암 이병철의 창조적 삶과 경영철학, 김영사)'며, 일본판 제목은 '疑人用いず 用人疑わず(疑人勿用 用人勿疑 · 의심이 가거든 채용하지 말고, 채용했으면 믿고 맡겨라, 닛케이BP)'다. 책 속에 나타난 호암 이병철의 인간적인 모습과 사람에 대한 평가법 등을 소개한다.

#### 1-1. 공장 마루 밑 김칫독

2004년 10월 서울 남산 밑에 호암이 설립한 리움미술관의 개관 파티 일본에서 야마자키 씨와 함께 초대받은 이우에 사토시 당시 산요전기 회장은 흥미로운 얘기를 했다 벌써 30년도 더 된 옛날 일이지만 그때는 정말 놀랐지요. 삼성과 합작으로 수원 공장에서 TV 조립을 시작했을 무렵의 일이죠. 공장 안에 들어갔더니 이병철 회장이 마루 밑을 보라고 하는 거예요. 마루 밑에는 큼지막한 독이 가득 놓여 있는데 김치가 들어 있다고 하더군요. 얘기를 들어본 즉, 멀리 시골 출신 직원들은 끼니때마다 맛있는 김치가 먹고 싶을 것이라고 생각해 이 회장이 직접 지시해 준비한 것이라고 하더군요. 그런 부분까지 마음을 쓰는 대기업 경영자가 있나 싶어 깊은 감명을 받았지요. 그 김치는 인(仁)의 철학을 몸소 실천한 것이지요.

이 같은 배려는 호암이 일본 와세다대 유학시절 읽은 여공애사(女工哀史)가 많은 영향을 끼친 것으로 보인다. 이 책은 새벽 3시 반부터 오후 6시까지 가혹한 노동과 형편없는 식사와 잠자리에 시달하다 상당수가 폐병에 걸려 세상을 떠난 공장 직공의 일상을 그렸다. 여공애사를 쓴 작가도 14세부터 공장에서 일하다 책이 출간되던 1925년 28세의 젊은 나이에 생을 마감했다. 이는 호암이 대구에 세워진 제일모직의 여종업원

기숙사를 비롯한 직원 숙소에 각별한 관심을 가지게 된 배경이었다.

### 1-2. 퇴직 간부 3분류법

호암은 삼성 출신 퇴직 간부 성향을 3종류로 분류했다. 첫 번째는 회사를 떠난 후에도 옛 직장에 애착을 갖고 발전을 바라며 힘이 될 수 있는 일이 있으면 적극적으로 돕고 싶어하는 사람들로 전체 중 3분의 1에 달한다고 봤다. 두 번째는 친근감이나 반감도 없는 소극적인 타입이며 나머지 3분의 1은 재직 중 처우나 성과, 실패 등에 얽힌 회사의 대응에 불만이 있거나 회사를 비판하는 사람들이라고 평가했다.

### 1-3. 30만개 직원 눈을 의식했던 호암

호암은 자신의 생각만으로 인사를 단행하는 일이 없도록 방어장치를 마련했다. 비서실에 인사위원회를 둔 것이다. 그는 "나는 두 눈으로 15만명의 사원을 보지만 사원은 30만개의 눈으로 나를 보고 있다"며 스스로 돌아보고 경계했다.

호암은 인사 때 '적재적소'를 가장 중요하게 여겼다. 능력을 판별해 적절한 곳에 배치하고 권한을 주고 맘껏 일하도록 했다. 이를 위해 해마다 연초에 하는 사장단 인사를 전년도 여름부터 구체적으로 검토했고 6개월간 수백 번이나 수정을 가했다. 이렇게 한 후에도 호암은 "전체적으로 보면 20%의 인사는 실패라는 사실을 나중에 알게 된다"고 털어놓곤 했다.

아무리 우수한 인력이라도 적소에 배치되지 않으면 제 역할을 해내지 못하고 거꾸로 그다지 능력이 없는 듯해도 적소에 배치해 적절한 지도와 교육을 받게 하면 훌륭한 인재가 된다는 것이 평소 호암의 생각이었다. 그는 "적정한 수준을 간파하지 않고 배치하는 것은 아둔한 경영자의 소행이지만, 알고 있으면서도 적소에 배치하지 않는 것은 태만이라기 보다는 범죄에 가깝다"고 말했다.

### ② 신사업 아이디어 뱅크

사업가는 늘 신규 사업을 모색해야 한다는 것이 호암의 지론이었다. 호암은 "내 머릿속에는 늘 10가지 이상 프로젝트가 소용돌이치며 순서를 기다리고 있다"는 말을 자주 했다. 임직원에게도 항상 두세 가지 구체적인 연구과제를 갖고 있기를 요구했다. 그러나 신규 사업에 진출할 때는 신중에 신중을 기했다. 일이 잘 진행되면 사람들은 긴장이 풀려 사전조사나 실시계획을 짜는 일도 대충하게 마련인데 그는 이런 자세를 절대 용납하지 않았다.

### 2-1. 끊임없는 미(美) 추구

서예를 통한 정신수양을 중시한 호암이 "겸허(謙虛)"를 쓰고 있는 모습. 호암은 1982년 4월 호암미술관을 개관하고 한국 사립미술관으로는 처음으로 일반인에게 공개했다. 이 미술관이 민족 불멸의 혼이 깃든 곳이라고 생각해 개관 때 만든 소장품 목록집(명품도록)에 글을 실었다. 역사란 끊임없이 변하는 드라마다. 그 속에는 권력의 흥함과 망함, 다툼이 있고 승자와 패자가 있다. 그리고 사람들의 희로애락이 있다. 그 드라마는 어떤 때는 거칠고 소란스러우며 또 어떤 때는 고요하고 유유히 전개된다. 그러다가 사라진다. 하지만 결코 사라지지 않는 확실한 것이 하나 있다. 바로 미(美)의 세계다.

### 2-2. 100만달러짜리 포즈

1982년 4월 호암은 미국 보스턴대학에서 명예 박사학위를 받은 후 미국 각지를 방문했다. 워싱턴 미국 유력 신문 '워싱턴포스트'에도 들렀다. 고희에 가까운 캐서린 그레이엄 회장과 기념사진을 찍으려 하는데 그레이엄 회장이 갑자기 안경과 구두를 벗었다. 동양에서는 연장자 앞에서 그렇게 하는 것이 예의라고 들었기 때문이라고 했다. 즉시 호암은 "그레이엄 회장님 같은 훌륭한 분 앞에서는…"이라고 말하고 따라했다. 안경과 구두를 벗은 두 사람이 활짝 웃는 사진은 AP통신을 통해 미국 국내외에 보도됐다. 두 사람은 "이건 100만달러짜리 포즈군요"라며 함박웃음을 터뜨렸다. 호암은 이를 두고 평생 잊을 수 없는 유쾌한 추억이었다고 회고했다.

야마자키 가쓰히코 씨는 1935년 시즈오카현에서 태어나 1959년 와세다대학 정치경제학과 졸업 후 니혼게이자이신문에 입사했다. 1970년부터 2년간 서울특파원을 지낸 후 일본으로 돌아가 도쿄 본사 사회부장(79년), 오사카 본사 편집국장(88년)을 역임했다. 90년 닛케이 자회사인 닛케이영상으로 자리를 옮겨 사장, 회장을 지냈다. 2002년부터 (주)LBS 임원으로 재직 중이다.

### ③ 인간 이병철과 취미

1977년 평소즐겨 찾던 안양 컨트리클럽에서 자녀들과 함께 식사모임 참석가족은 장녀 인희, 삼남 건희, 호암, 막내 명희씨 등이다. 호암은 골프를 단순한 게임이라고 생각하지 않았다. 호암은 일본 가스미카세키CC와 호도가야CC, 안양CC에서 홀인원을 기록했다. 홀인원은 마음먹는다고 할 수 있는 게 아니다. 하고 싶어도 볼이 벙커나 러프에 들어가기 일쑤다. 따라서 골프는 참아야 할 때는 참고 어려운 상황에서는 탈출한 다음 만회를 노려야 한다.

골프에서 배우는 교훈은 사업과 인생에도 통용된다. 특히 골프는 스스로 점수를 기록하는 스포츠다. 여기에는 인간 됨됨이나 품성이 그대로 반영된다. 이 같은 특징을 잘 알던 호암은 골프를 통해 얻은 인물평가는 100% 맞는다고 확신했다.

1987년 호암 영결식에서 묵념하는 가족.

호암은 우리 전통문화와 문화재에 대한 애정이 많았고 자긍심도 강했다. 한옥을 지어 그곳에서 살았다. 국악 인기가 시들해지는 것을 한탄하며 "국악의 청정한 선율을 듣고 있으면 '논어'를 읽을 때처럼 마음이 정화되는 것 같다"고 말했다. 도자기를 무척 좋아해 국외로 유출된 고려청자나 조선백자를 되사오느라 당시 작은 빌딩 한 채에 해당하는 거액을 지불했다는 얘기도 전해진다. 고려청자 중에서는 특히 '청자진사연화문표형 주자'를 매우 아꼈다.

호암은 평소 저녁식사를 마치면 TV를 시청했는데 오락프로그램이 아닌 뉴스·다큐멘터리·차분한 드라마 등을 주로 시청했다. 또 오디오로 국악을 즐겨 들었으며 붓글씨를 쓰기도 했다. 오랫동안 서예를 즐겼지만 유파(流派)는 없었고 문구는 경서를 인용한 것이 많았다.

누군가에게서 휘호를 부탁받으면 잘 쓰지 못한다고 미리 양해를 구한 다음 '무한탐구(無限探究)'나 '경청(傾聽)' 등을 써서 보냈다. 서예에 관해서는 "남에게 자랑할 만큼 글씨를 쓸 수는 없다. 그저 내 마음을 곧고 조용히 유지하기 위해 붓을 놀릴 뿐이다"고 말했다.

## 1.3 SK그룹 최종건 종현 회장 왕실(王室)과 담판(談判)

### ① 석유공급(石油供給) 爲해 사우디 왕실(王室)과 담판(談判)

전쟁통에 잿더미된 선경직물 최종건이 일으켜 SK 모태로 비싸게 사야 특혜시비 없다 SK텔레콤 시세 2배에 인수

최종건·최종현 SK 창업주

◇ 직물의 원료 원사(실) 제조회사로 도약

옷감을 만드는 직물 기업이었던 선경(SK그룹 모기업)이 직물의 원료 원사(실) 제조회사로 도약한 것은 1968년. 3개월 새 아세테이트 공장과 폴리에스테르 원사공장(현 SK케미칼)을 잇달아 가동했다. 선경이 굴지의 대기업으로 부상하기 시작한 시점이다. 국내에는 크고 작은 직물공장이 800여 개나 있을 때였다. 직물 생산업자가 감히 원사공장 건설을 생각했다는 것은 상식에서 벗어나는 일이었다. 원사공장을 건설하기 위해 작은 실험공장 하나를 건설하려고 해도 수십억 원이 소요됐다. 당시 선경직물의 자본금은 5000만원에 불과했다.

이를 두고 SK 사람들은 최종건 회장의 불같은 추진력과 최종현 회장(당시 부사장)의 뛰어난 지략이 한데 어우러진 결과로 평가했다. 최종건 회장은 어려운 여건에서 두 공장 설립을 과감하게 밀어붙였다. 최종현 회장은 작은 회사라서 아무도 주려하지 않던 외환대출을 자신의 네트워크를 활용해 성사시켰고 이 자금으로 공장설비를 도입했다. 공장 건설에 필요한 자금은 합작처인 일본 제인사로부터 폴리에스테르 원사를 연불 조건으로 수입해 직물을 짜서 팔아 충당했다.

② 석유에서 섬유까지 꿈을 이루다

최 회장이 선경그룹의 경영대권을 떠맡은 것은 제1차 석유파동의 한파가 불어닥친 1973년 12월이었다. 선경 창립자이자 맏형인 최종건 회장이 폐암으로 타계했기 때문이었다. 최종건 회장이 작고하자 사회 각계의 이목과 관심은 자연히 선경그룹 총수 자리를 승계한 최종현 회장에게 집중됐다. 취임 1년 만인 1974년 오일쇼크로 인한 극심한 불황 속에서도 최종현 회장은 원사 수출을 전년에 비해 71%나 늘려놓았다.

1980년 11월 한국 정부는 미국 걸프(GULF)와의 합작 국영기업체였던 대한석유공사의 민영화 계획에 따라 그 인수기업을 선경으로 선정했다고 발표했다. 재계에서 선경이 유공을 인수하게 되리라고 생각한 사람은 거의 없었다. 하지만 선경이 유공을 인수한 것은 우연이 아니었다.

원유 도입 자체가 불안정했던 시절, 정부는 원유를 안정적으로 도입할 수 있는지가 1순위 기준이었다. 최종현 회장이 미국 유학 시절부터 이어온 중동 석유상들과의 인연이 결정적이었다. 최 회장을 보고 공급을 약속한 인연으로 인해 '다윗'은 '골리앗'을 먹을 수 있었다. '석유에서 섬유까지'라는 선경의 계획은 최종현 회장이 선경석유를 설립한 1973년부터 시작됐다. 석유 사업은 형 최종건 회장의 꿈이기도 했다.

### ③ 최종현 회장의 중동 네트워크

최종현 회장은 미국 유학에서 돌아와서도 끊임없이 중동과의 인연을 넓혀 나갔다. 1차 석유파동으로 한국이 석유위기에 직면했을 때 그는 위기 해결에 결정적인 역할을 하게 된다. '이스라엘에 협력하는 나라에는 석유를 수출하지 않는다'는 석유수출국기구(OPEC) 결정에 따라 한국은 석유수출금지국으로 분류됐다. 석유 한 방울 나지 않는 한국에는 사형선고나 다름없는 것이었다. 한국 정부는 최종현 회장을 사우디로 급파했다. 정부는 최 회장이 사우디로부터 하루 15만배럴씩의 원유를 공급받을 정도로 사우디 왕실 측근과 친분이 두텁다는 사실을 잘 알고 있었다.

사우디에 급파된 최 회장은 왕실과 접촉하면서 야마니 석유장관을 만나 한국에 대한 OPEC의 석유수출금지 조치를 해제해 줄 것을 요청했다. 사우디 왕실은 그의 요구를 들어줬다. 1994년 1월 선경그룹 회장실. 최종현 회장은 김창근 그룹 재무담당 임원을 급히 찾았다. 그룹은 1년4개월 전 어렵게 따냈던 제2 이동통신 사업권을 반납하는 대신 한국이동통신(현 SK텔레콤)을 인수하겠다고 방침을 정한 터였다. "지금 시세로 한국이동통신을 사면 얼마나 비싸게 사는 거냐"는 회장의 질문에 "2000억원 이상 더 주고 사는 것"이라는 대답이 이어졌다.

최 회장은 "정보통신 사업은 앞으로 빠르게 발전할 것이다. 비싸더라도 무조건 사라"고 지시했다. 인수 가격은 4271억원에 달했다. 내부에서 인수가격 논란이 나올 수밖에 없었다. 그러나 당시 전경련 회장이던 최 회장은 "시가보다 비싼 가격을 써내야 나중에 특혜 시비에 휘말리지 않는다"고 잘라 말했다. 한국이동통신은 이후 SK텔레콤으로 고속 성장을 이어갔다.

### ④ 최종건 회장의 불같은 추진력

SK그룹의 모태가 된 선경직물 공장은 창업주인 고 최종건 회장이 자신의 마차로 자갈을 날라 세워졌다. 이용진 전 선경직물 전무는 "요즘에야 건설회사가 공장을 짓지만 1953년 선경직물 공장은 종업원들이 최종건 회장의 마차를 이용해 5㎞ 떨어진 광교천에서 돌과 자갈을 날라 만들었다"면서 "무거운 앵글이나 파이프도 모두 종업원들이 일일이 손으로 나르는 등 수원공장은 창업주와 종업원이 손으로 만든 공장이었다"고 회고했다.

최종건 회장이 18세 나이에 경성직업학교 기계과를 졸업하고 일본인이 경영하던 선경직물 공장에 견습기사로 입사한 것은 광복을 얼마 앞두지 않은 1944년 4월이었다.

자기사업을 해보겠다는 야망을 품고 1949년 선경직물 공장을 떠났던 최종건 회장은 한국전쟁 중 잿더미로 변한 선경직물 공장을 두고 볼 수 없었다. 1953년 3월 최종건 회장은 불타버린 직기 100여 대의 부속을 수습해서 재조립하고 파괴된 공장 건물을 복구하면서 그해 8월 귀속재산인 선경직물을 인수했다. 창업 초창기 헌 직기를 사다 설비를 증설하는 여건에서도 최종건 회장은 신제품 개발에 주력했다. 1953년 직기 4대로 출범한 선경직물은 불과 5년 사이에 보유 직기 1000대를 돌파한다. 1950년대에 직물 시장을 풍미하던 선경의 '닭표안감'과 '봉황새 이불감'은 지금도 나이 드신 어른들 사이에 기억이 생생한 제품이다.

### ◆ 최종건·종현 어록 ◆

- 나는 전후의 잿더미 위에서 선경(SK)을 일으켰다. 무에서 유를 창조하는 정신으로 쉬지 않고 달려왔다. (최종건)
- 기업의 성패는 고정관념의 탈피와 인재에 달려 있다. 기업인의 가장 중요한 책무 중 하나는 인재 육성이다. (최종건)
- 기업을 굴러가게 하는 것은 자금이고, 그 자금을 운용하는 것은 사람이다. 그러므로 기업의 진정한 자산은 사람이다. (최종건)
- 내가 기업을 하고 있지만 공장과 재산은 내 개인의 것이 아니고 국민의 것이다. 종업원의 발전이 회사의 발전이요, 회사의 발전은 국가의 발전이다. (최종건)
- 시작하지 않으면서 결과를 기대하는 것은 욕심이다. 노력하지 않으면서 실패를 두려워한다면 비겁하다. 너무 늦은 성공은 스스로를 지치게 한다. (최종건)
- 스피드는 군대나 기업을 막론하고 가장 기본이 되는 전략이다. (최종건)
- 인간은 석유와 비교도 되지 않는 무한한 자원이다. 기업의 성패는 사람에 달려 있다. (최종현)
- 우리나라가 선진국으로 도약하기 위해서는 인재를 키워야 한다. 나는 일생 중 80%를 인재를 모으고 육성하는 데 시간을 보냈다. (최종현)

- 국가 경쟁력은 한국이 국제사회에서 살아남기 위한 생존전략이며, 이는 국민 -정부 - 기업의 총체적 역량에 의해 좌우된다. (최종현)

- 우리나라가 중장기적인 경쟁력을 갖기 위해서는 교육이나 문화 등 소프트파워를 키워야 한다. (최종현)
- 노사는 한솥밥을 먹는 한식구다. 식구끼리 싸우면 집안이 어떻게 되겠는가. 싸움은 밖에서 다른 경쟁업체와 해야 한다. (최종현)

- 글로벌라이제이션 시대에 요구되는 가장 중요한 것은 패기로, 이는 곧 일과 싸워서 이기는 기질을 의미한다. 패기를 추구하는 자세는 사고는 적극적으로, 행동은 진취적으로, 일 처리는 빈틈없고 야무지게 하는 것이다. (최종현)
- 나라가 무덤으로 덮여가는 것은 좁은 국토의 효율적 이용 측면에서 심각한 문제다. 내가 죽으면 시신을 화장하고, 화장시설을 지어 사회에 기부하라. (최종현)

**표 10-1** 경영의 신들에 배우는 기업가 정신

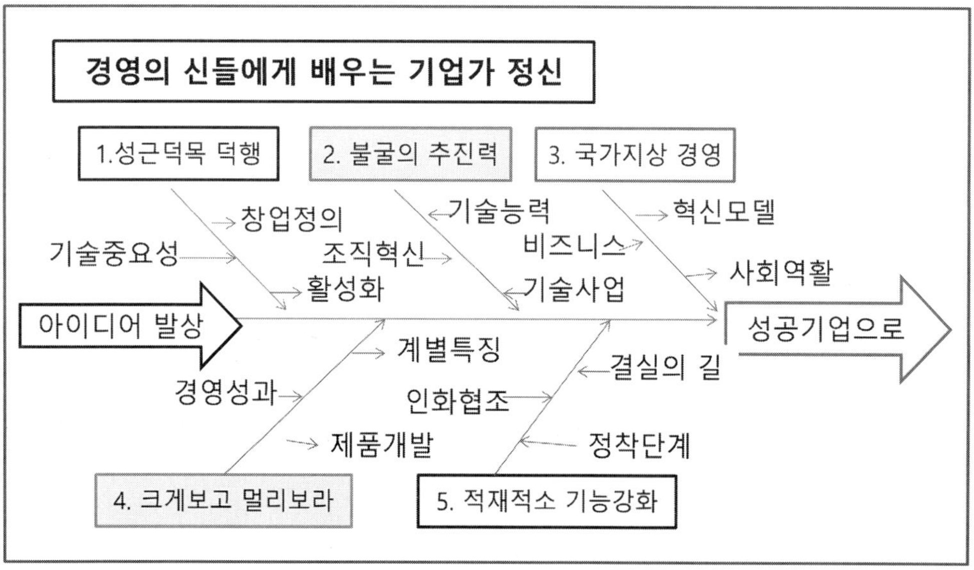

## [요 약]

### 부지런함을 최고 덕목

정주영 회장을 통해서 깨닫게 된 것은 경영은 머리로 하는 것이 아니라는 것입니다. 이론과 머리는 극히 일부분에 불과해요. 참기업가 정신은 머리가 아니라 거트(gut・용기)로 하는 겁니다.

### 불굴의 기업가 정신

복잡한 이론도 단순하게 정리해 내는 정주영의 성공DNA는 드러커와의 만남에서도 빛을 발했다. 피터 드러커의 말처럼 정주영은 타고난 기업가로 통한다.

정주영의 인생은 '실패는 성공의 어머니'라는 격언을 교과서적으로 보여준다. 그가 인생의 중요한 고비마다 경험한 실패는 곧이어 나타날 성공의 주춧돌이 됐다.

### 국가지상의 경영 민족주의

현대는 단순히 장사를 하는 단체가 아니라 국가의 발전을 위해서 분투하는 중추적인 역할을 하는 집단이다. 경영관은 사업보국(事業報國), 식산흥업(殖產興業), 사회공헌(社會貢獻)의 정신과 맥이 닿아있다.

### 크게 보고 멀리 보라

호암 이병철의 창조적 삶과 경영철학, 疑人勿用 用人勿疑・의심이 가거든 채용하지 말고, 채용했으면 믿고 맡겨라

### 적재적소 가장 중요

호암은 인사 때 '적재적소'를 가장 중요하게 여겼다. 능력을 판별해 적절한 곳에 배치하고 권한을 주고 맘껏 일하도록 했다. 적소에 배치해 적절한 지도와 교육을 받게 하면 훌륭한 인재가 된다는 것이 평소 호암의 생각이었다.

### 아이디어 뱅크

임직원에게도 항상 두세 가지 구체적인 연구과제를 갖고 있기를 요구했다. 그러나 신규 사업에 진출할 때는 신중에 신중을 기했다. 일이 잘 진행되면 사람들은 긴장이 풀려 사전조사나 실시계획을 짜는 일도 대충하게 마련인데 그는 이런 자세를 절대 용납하지 않았다.

### 최종현 회장 王室과 談判

石油供給 爲해 사우디 王室과 談判 이를 두고 SK 사람들은 최종건 회장의 불 같은 추진력과 최종현 회장(당시 부사장)의 뛰어난 지략이 한데 어우러진 결과로 평가했다.

### 석유에서 섬유까지

사회 각계의 이목과 관심은 자연히 선경그룹 총수 자리를 승계한 최종현 회장에게 집중됐다. 취임 1년 만인 1974년 오일쇼크로 인한 극심한 불황 속에서도 최종현 회장은 원사 수출을 전년에 비해 71%나 늘려놓았다.

# 제2절 삼성전자(三星電子) 창조적(創造的) 변신(變身)

## 2.1 발전적 아이디어면 하위직도 팀장으로

① 설익은 안건도 검토하며 방법차자 공유

아이디어를 내는 하위직급도 팀장으로 발탁, 신입직원도 사업 아이디어 내는 토론방, 창의성 고취 위한 사이트 개설…. 삼성전자가 유연한 조직을 만들기 위해 진행하고 있거나 앞으로 추진할 전략들이다. 삼성전자가 글로벌 최고 기업을 향한 '창조적이고 유연한 조직'을 만들기 위해 대대적인 정비 작업에 나섰다. 애플의 아이폰·아이패드 선풍에서 보듯 기업의 싱패는 창의직 아이디어를 일마나 쏟아넬 수 있는가에 달려 있으며 이를 위해서는 조직문화 개편이 필요하다는 판단에서다.

삼성전자 고위 관계자는 위에서 목표를 정해 아래로 지시하는 톱다운(Top-Down) 방식이 아니라 실무자의 아이디어나 의견을 사업으로 연결시키는 보텀업(Bottom-Up) 방식의 의사결정이 이뤄질 수 있도록 조직문화 개편 작업을 하고 있다고 밝혔다.

먼저 과장급 이하 실무자에게 과감하게 권한을 부여하는 방안이다. 좋은 아이디어가 있고 이를 수행할 능력이 있다고 판단되면 과장급 이하라도 팀장이 될 수 있게 하는 것이다. 아이디어가 많은 과장급 이하 실무진에 많은 권한과 책임을 주겠다는 의미다.

예를 들어 휴대폰을 만드는 무선사업부의 A과장이 휴대폰에 탑재할 좋은 소프트웨어를 개발하는 아이디어를 내면 팀장으로 나서 개발 업무를 주도할 수 있다.

삼성전자는 이미 지난해부터 '창조적 조직'으로 변신하기 위한 노력을 해오고 있다. 내부 인트라넷에 작년 하반기부터 직원들이 제품이나 사업에 관한 아이디어를 제안할 수 있는 개방형 토론 코너(Idea Open Space)를 만들었다.

작년 말에는 유연한 생각을 조직에 불어넣기 위해 '삼성전자 LIVE'라는 웹사이트를 만들어 회사소식, 게시판, 테마기획 등의 코너를 마련했다. 창의성을 가로막는 가장 큰 요인인 경직된 회사 분위기를 타파하기 위해 만든 이 사이트는 지금은 일일 접속자가 2만5000명에 달할 정도로 인기를 끌고 있다. 지금까지 삼성전자는 최고경영진에서 연간 목표를 세우고 직원들은 이를 달성하기 위해 뛰는 전형적인 '톱다운' 방식이었다.

삼성의 미래 SW · 솔루션 · 콘텐츠에 있다…조직 대수술 무선사업부 직원 70%가 스마트폰 안쓴다는게 말이 되나 "아이폰 · 도요타 쇼크에 대한 철저한 내부 반성서 출발이다. 의사결정 구조 톱다운서 아이디어 많은 바텀업 방식 전환하는 것이다 애플도 깜짝 놀랄 직급파괴 통해 글로벌 삼성으로 거듭날 것이다.

> 삼성전자가 스마트폰에 미래를 걸고 있지만 무선사업부 직원 가운데 70%가량이 스마트폰을 쓰지 않습니다. 위에서 시키는 과제만 수행하면 되니까 굳이 이를 사용해야 하는 필요를 못 느끼는 것이지요.(무선사업부 A부장)
>
> 애플에서 아이폰을 내놓은 지 3년이 됐지만 아직까지도 삼성이 제대로 된 대항마를 내놓지 못한 데 대해 반성하는 분위기입니다. 관료적 조직을 갖춘 삼성의 한계로 생각하는 사람들도 있어요.(영상디스플레이사업부 B과장)

애플이 2007년 아이폰을 출시하면서 스마트폰 시장에서 앞서나가고 있다. 반면 삼성전자는 스마트폰 시장에서는 아직 약자다. 운영체제(OS)로 자체 개발한 '바다'를 발표하고 마이크로소프트(MS)와 협력을 통해 윈도폰 OS가 장착된 스마트폰을 내놨지만 시장 반응은 기대에 미치지 못한 상황이다. 스마트폰을 제대로 사용할 수 있는 소프트웨어 장터인 '앱스토어' 구축에서 애플보다 한발 늦었기 때문이다.

② 삼성전자의 내부 직원들이 느끼는 위기감은 크다.

이들은 아이폰이 지난해 11월 한국에 출시되면서 폐쇄적인 국내 IT 환경을 대대적으로 바꿔놓는 것을 직접 목격하면서 충격을 많이 받았다고 한다. 삼성전자 일각에서는 "삼성이 구글폰을 먼저 만들 수 있는 기회가 있었는데 이를 거부하면서 스마트폰 시장에서 앞서나갈 수 있는 기회를 놓쳤다"는 반성의 고백도 나왔다. 한 직원은 "우리는 뭔가 창조적 제품을 만들 필요가 없었고 만들어서도 안됐다. 성공 사례들을 벤치마킹해 성장해왔기 때문에 위험을 무릅쓸 필요가 없었다"고 털어놨다.

③ 이러한 반성의 결과물이 창조적 조직으로의 전환이다.

그동안 삼성전자는 연간 목표를 정하고 여기에 맞춰서 일을 해 왔다. 위에서 지시한 대로만 일을 하면 되기 때문에 창조적인 사고보다는 정확한 날짜에 완벽한 제품을 만들어내는 것이 더 중요했다. 삼성전자의 한 연구원은 "개발하다 보면 가끔 정말 획기적인 아이디어가 떠오른다. 하지만 이런 아이디어를 내면 '뜬구름 잡지 말고 다른 거 생각해봐! 바로 시장에 낼 수 있는 걸로…'라는 반응이 나온다"고 털어놓았다.

이 같은 경직된 조직문화를 바꾸기 위해 삼성전자는 글로벌 IT 기업의 다양한 사례를 수집했다. 미국의 구글과 애플의 사례를 참고한 것으로 알려졌다. 구글은 조직 서열에 관계없이 아이디어를 낸 사람이 팀을 꾸려 소프트웨어 개발 등 다양한 업무를 수행한다. 여기서 개발된 것들은 '구글랩'이라는 이름으로 외부에 공개돼 사업 타당성을 거치게 된다.

구글랩을 통해 개발된 것들이 이메일 서비스인 G메일과 구글 캘린더, 문서작업 등을 할 수 있는 구글 닥스 등이다. 이는 현재 구글의 핵심 서비스 가운데 하나로 자리 잡았다. 도요타 쇼크도 삼성전자에는 좋은 교훈이 됐다. 성과 지향을 목적으로 직원들을 쥐어짜기보다는 직원과 함께 소통하는 조직문화를 갖추는 쪽으로 방향을 잡은 것이다.

사실 삼성전자는 2008년 10월부터 비즈니스 캐주얼 제도를 도입하고 조직문화 바꾸기에 나서기 시작했다. 단순히 넥타이만 벗어던진 것이었지만 파급력은 상당했다.

캐주얼을 입는 사람들이 늘어나면서 편안한 복장으로 인해 회사 분위기도 부드러워졌고 이는 생각의 유연성이나 창의성을 높이는 쪽으로 작용하고 있다는 평가다.

삼성전자는 지난해 6월에는 자율출근제도를 도입했다. 자신에게 적합한 근무 패턴을 선택함으로써 일의 효율성과 창의성을 높인다는 목적에서다. 삼성 관계자는 "이건희 전 삼성그룹 회장이 오래전부터 창조경영을 주창했으나 임직원들이 잘 깨닫지 못했는데 애플 쇼크 이후 창조적 조직문화의 중요성을 실감하는 분위기가 최근 급속도로 확산되고 있다고 전했다. 이 관계자는 과거 단품 위주의 제조만으로는 안되고 소프트웨어와 솔루션, 콘텐츠 비즈니스까지 결합한 쪽으로 회사가 나아가야 한다고 공감하는 조직원들이 크게 늘었다고 말했다.

## 2.2 글로벌 위상에 걸맞은 창조적 조직문화 구현

### ① 전 임직원이 솔선수범

최지성 삼성전자 대표이사 사장은 올해 신년사에서 글로벌 위상에 걸맞은 창조적 조직문화 구현을 위해 전 임직원이 솔선수범해달라"고 당부했다. 삼성전자의 인사시스템에도 변화가 일고 있다. 지나친 성과 중심의 보상체계보다는 인간적으로 일하기 좋은 직장을 만들겠다는 것이다. 지난해 9월 수원사업장을 '삼성 디지털 시티'로 선포하며 꿈의 일터로 만들겠다는 선언이 착착 실행되고 있다.

가장 눈에 띄는 변화는 누적식 연봉제 도입과 평가제도 변경이다. 기존에 삼성전자 임직원들은 상위평가를 받은 사람이 다음해에 하위평가를 받게 되면 연봉이 줄어든다. 평가 결과에 따라 매년 심한 연봉 편차를 겪기 마련이다. 반면 누적식 연봉제는 평가 결과가 달라져도 지난해에 받은 기본 연봉은 유지된다. 여기에 평가가 좋을 때는 연봉 인상률이 가산되는 방식이다.

예를 들어 종전에는 연봉 7000만원을 받는 사람이 그해 하위평가를 받게 되면 6000만원으로 줄어들 수도 있다. 반면 누적식 연봉제는 7000만원은 그대로 유지되고 향후 평가가 좋으면 연봉 인상률이 더 높아지는 방식이다. 삼성전자 관계자는 "기존 연봉제는 인사고과 평가에 따라 매년 받게 되는 금액의 편차가 너무 컸다"며 "임직원들이 안정적으로 생계 계획을 짤 수 있도록 회사 측이 고민한 결과"라고 설명했다.

고과 평가제도 변경도 비슷한 맥락이다. 삼성전자는 최근 평가등급을 기존 8단계에서 5단계로 축소하고 단순 서술식 표기를 의미형으로 바꿨다. 기존에는 A+와 A~D 등의 8단계로 직원들을 평가했다면 올해부터는 EX(Excellent), VG(Very Good), GD(Good), NI(Need Improvement), UN(Unsatisfactory) 등 5단계로 평가한다.

A와 B, C 등으로 사람의 등급을 매기는 것이 아니라 자신의 고과에 대해 직접적으로 설명하는 방식이다. NI 평가를 받은 사람은 '내가 좀 더 노력이 필요하구나'라는 것을 바로 느낄 수 있다는 얘기다. 평가 단계 축소는 전반적으로 중간층이 넓어지는 효과를 불러온다. 일을 잘하는 사람과 못하는 사람은 가리면서도 급격하게 임금이 깎이는 사람을 줄인다는 얘기다.

삼성그룹이 매년 성과에 따라 임직원들에게 두 차례 지급하는 PI(생산성 격려금·Productive Incentive) 체계를 개편한 것도 직원들에 대한 사기 진작 차원이다.

삼성의 PI는 1년에 두 차례 월 기본급의 최고 150%를 지급했다. 연간 최고 300%인 것이다. 이를 100%는 연봉에 포함하고 나머지 200%에 대해서만 현행 제도를 유지하기로 했다.

성과가 좋은 계열사는 최대 150%를 받지만 그렇지 못한 곳은 한 푼도 못 받음에 따라 그룹 계열사 간에 위화감이 인다는 지적 때문이다. 월 기본급의 100%에 해당하는 PI를 매달 월급과 함께 나누어 받게 됨으로써 삼성 직원들의 연봉은 평균 5% 안팎 인상되는 효과를 거두게 된다. 삼성은 또 리프레시 휴가를 없애면서 이에 대한 보상금도 주기로 했다.

중간 관리자급의 경우 연간 10일가량의 리프레시 휴가가 있지만 많은 사람들이 업무 사정 때문에 이를 사용하지 못하고 있다. 유명무실한 제도라면 직원들 복지 차원에서 돈으로라도 보상하겠다는 것이다. 이에 따라 삼성은 리프레시 휴가는 기존의 월차와 연차를 충분히 이용하도록 하고 리프레시 휴가 폐지에 따른 보상 차원에서 4년치 휴가일수에 해당하는 보상금을 지급하는 방안을 검토 중이다.

### ② 탁월한 성과 낸 실무직원 초고속 승진 가능해진다

삼성전자는 창조적 조직으로 전환하는 것과 함께 성과를 내기 위한 다양한 당근 정책도 추진하고 있다. 가장 대표적인 사례가 업무성과가 탁월한 직원들에 대한 발탁 인사다. 올해 삼성전자의 사원·간부 승진자 1만2500명 가운데 발탁 인사가 약 620명에 달한다. 예년보다 7~8배가량 많은 수치다.

심성진자 관계자는 연공서열 문화 속에서도 각 분야에서 자신의 역할을 훌륭하게 수행한 직원들에 대한 보상을 확실히 하겠다는 차원"이라며 "발탁 인사는 앞으로도 계속될 것"이라고 밝혔다. 올해 발탁 인사는 부장급 이하 낮은 직급에서 많이 이뤄졌다. 특히 연구개발과 영업·마케팅 등 현장 인력들의 발탁 승진도 두드러졌다. 여성 인력도 약 60명이 발탁 인사 대상이 됐다.

모 부서의 경우 승진연한이 된 부장보다 한 해 후배가 임원으로 승진하기도 했다. 부서에 기여를 많이 했고 이에 대해 보상이 필요한 사람에게는 연공서열식이 아니라 성과 중심으로 평가하겠다는 것이다. 이와 함께 삼성전자는 'T자형' 인재를 직접 양성하기 위해 지난해 9월부터 '커리어개발프로그램(myCDP)'을 도입했다. 한 가지 분야에만 정통한 사람이 'I자형' 인재라면 'T자형' 인재는 폭넓은 지식과 입체적인 사고로 전체를 통찰하는 능력을 갖춘 인재를 말한다.

myCDP는 회사 내에서 다양한 직무를 경험하고 경력을 개발할 수 있도록 도와주는 것이다. 자신의 직무 전환을 미리 계획해 이를 시스템에 입력하고 멘토를 선정해 상담한 뒤 그 결과를 반영할 수 있도록 개발된 시스템이다. 임직원 개개인이 자기 주도적으로 커리어를 개발하는 커리어개발프로그램 도입으로 삼성전자는 1999년부터 실시해 온 회사 주도적인 '직무전환제도'와 함께 양방향 커리어 개발 체제를 구축하게 됐다.

## 2.3 삼성전자(三星電子) CEO로 근무 보는 눈이 달라야 앞서가는 기업 만드러

① 윤종용 고문(顧問)이 털어놓은 이야기

삼성, 아직 초일류 아니야 1위라고 좋아하는 순간그 회사는 위험해진다 삼성의 최대 강점은 임파워먼트(empowerment · 권한 이양) · 광속(光速) 의사결정 저도 몰랐어요. 비서가 인터넷 뉴스에 떴다며 전화로 알려줘서 그때 비로소 알았어요. 윤종용(尹鍾龍) 삼성전자 상임고문은 지난달 하바드비즈니스리뷰(Harvard Business Review · HBR)로부터 '세계에서 가장 경영 성과가 좋은 최고경영자' 2위로 선정된 사실을 미리 알았느냐고 묻자 미소를 지으며 말했다. 그는 과거 다른 기관들은 기업이나 CEO 순위를 선정하기 전에 방대한 자료를 요구한 반면 이번에는 사전에 아무런 자료 요청이 없어 전혀 눈치를 채지 못했고 그래서 얼떨떨하다"고 소감을 말했다.

윤종용 삼성전자 고문은 여러 차례 인터뷰를 고사했지만, 막상 인터뷰가 시작되자 질문 하나에 30분 이상 답하는 등 열변을 토했다. 그는 남 앞에 나서는 것을 워낙 싫어하는 성격이라서 인터뷰 약속을 잡기가 쉽지 않았다. 그는 삼성전자의 현 경영진에 부담을 줄 수 있다며 수차례 인터뷰를 사양했다. 하지만, 이번 일(세계 2위가 된 것)은 그가 조금 나서도 될 일 같아서 그를 설득했다. 삼성의 경사이기도 하거니와 국가적 경사이기도 하니까. 이번 조사에서 그를 앞선 것은 애플의 스티브 잡스가 유일하다.

② 하버드비즈니스리뷰는 윤 고문평가 세계 2위

하버드비즈니스리뷰의 이번 조사는 1995년부터 2007년 사이에 임기를 시작한 글로벌 상장기업 CEO를 대상으로 재임 기간 전체에 걸쳐 실적을 평가한 것이다. 그동안에 시도된 적 없었던 매우 장기간의 평가이고, 주주수익률과 시가총액 변화라는 객관적 잣대에만 의존해 평가했기에 이변이 속출했다. 윤 고문이 2위에 오른 것은 최대 이변 중 하나였다.

하버드비즈니스리뷰는 "윤 고문은 30년간 삼성에서 일한 후 CEO에 올라 삼성을 메모리칩 반도체와 '미투(me-too · 모방)' 제품 정도를 내놓던 회사에서 최첨단 휴대전화 등 디지털 제품을 내놓는 혁신자로 바꿔놨다"고 평가했다. 특히 그가 CEO로 있는 동안 삼성전자는 누구도 넘볼 수 없었던 성역(聖域) 일본 소니를 제치고 세계 전자업계 1위에 올랐다.

하지만 윤 고문은 나보다 훨씬 뛰어난 CEO들이 많은데 나를 선정한 것은 뜻밖이다면서 예의 겸손 모드로 돌아갔다. 그는 삼성의 성공에 대해서도 여전히 진행형에 불과하다"며 섣부른 자만(自慢)을 경계했다. 사상 최대 실적을 거둬 세계 1위에 오른 기업을 우리는 일류 기업이라 부릅니다. 일류 기업이 되는 것은 참 힘듭니다.

하지만 오늘 일류 기업이 됐다 해도 내일 나락(那落)으로 떨어질 수 있습니다. 우리는 사상 최대 실적을 낸 다음해에 곧바로 위기를 맞았던 기업을 많이 보아왔습니다. 그래서 일류 기업은 다시 초일류 기업으로 변신해야 합니다. 제가 생각하는 초일류 기업은 영원히 쓰러지지 않고 지속적인 성장을 거듭하는 기업입니다. 삼성전자는 지금 분명 일류 기업이 됐지만, 아직 초일류 기업은 아닙니다.

그는 워낙 진지하고 담백한 성격이라 인터뷰하는 재미는 솔직히 떨어지는 편이었다. 그는 "CEO 재임기간 12년 중 가장 기뻤던 때가 언제였냐"는 질문에 "기쁜 때가 별로 없었다. 하도 긴장하고 살았기 때문"이라고 말해 뭔가 임팩트 있는 대답을 기대하던 우리를 맥 풀리게 했다. 하지만 그의 인생이 그만큼 진검승부의 연속이었다고 생각하니 숙연한 느낌도 들었다. 그는 "2004년 삼성전자의 순이익이 11조원 가까이 났을 때 그리고 세계 TV시장에서 1위에 올랐을 때 보람을 느꼈지만, 좋다고 표현할 수는 없었다. 좋아하면 그 순간 회사가 위험해진다는 생각이 들었다"고 말했다.

그는 2008년 5월 퇴임한 뒤에도 한국공학한림원 회장과 국가 과학기술위원회 민간위원, 한국전자정보통신산업진흥회 회장 등을 맡아 여전히 바쁘게 지내고 있다. 인터뷰는 서울 역삼동 한국기술센터빌딩 15층에 있는 한국공학한림원 회장실에서 약 2시간에 걸쳐 이뤄졌다. 창 너머 멀리 그가 사는 타워팰리스가 바라보였고, 그의 책상 위엔 〈리딩코리아를 위한 공학인들의 정책 제언〉, 〈국가대표 공학도에게 진로를 묻다〉와 같은 책들이 몇 권 놓여 있었다.

그는 나서기 싫어하는 성격과는 대조적으로 상당히 다변이다. "세계 2위가 될 수 있었던 비결이 무엇이냐"는 질문 하나에 그는 30분 이상 말을 이어갔다. 결국 실례를 무릅쓰고 말을 자른 뒤 "질문이 많으니 일문일답식으로 짧게 대답해 달라"고 요청했다. 또한 그가 한번 말문을 열면 화제가 이쪽저쪽으로 옮겨 다녀 듣는 사람이 당황하기 쉽다. 워낙 급한 성격이라 생각의 속도와 말의 속도가 엇박자를 낸다는 느낌을 받았다.

### ③ 삼성전자가 일본 소니를 앞지르다

고문님의 CEO 재임기간을 보면 삼성전자가 일본 소니를 앞지른 때가 절정이었다고 할 것 같습니다. (삼성전자는 소니와의 경쟁에서 2002년 시가총액, 2004년 매출액, 2005년 브랜드 가치와 신용평가 등급, 2006년 TV 판매량, 2007년엔 특허 출원 수를 각각 앞섰다.) 감회가 어땠나요.

소니는 특히 TV 시장 1위 자리를 삼성에 빼앗긴 것에 대해 엄청나게 자존심이 상했다고 들었어요. 거기엔 이유가 있습니다. 삼성이 반도체와 LCD도 세계 1위지만 이들 제품은 특정 소수를 상대로 한 사업입니다. 반면, TV는 불특정 다수의 소비자를 직접 대상으로 한 제품이란 점에서 큰 차이가 납니다. 불특정 다수를 대상으로 한 제품은 품질뿐만 아니라 마케팅·브랜드 모든 면에서 앞서야 소비자의 선택을 받을 수 있거든요. 그래서 소니가 충격을 받은 것이죠.

#### * 디지털로 일본을 꺾다

1990년대만 해도 삼성이 세계 1위가 되리라고 솔직히 아무도 기대하지 못했습니다. 게다가 IMF 경제한파로 위기를 맞기도 했습니다. 그랬던 삼성이 소니를 제친 비결이 무엇인가요? 2000년대에는 아날로그 시대가 가고 디지털 시대가 온다고 하기에 당시 경영진들과 무척 고민했습니다. 고민의 포인트는 두 가지였어요. 첫째는 디지털시대가 되면 경쟁력의 기준이 어떻게 바뀔 것인가, 둘째는 부가가치는 어디서 얻어야 하는가였죠.

먼저 경쟁력에 대해 말해 볼까요. 아날로그 시대의 경쟁력은 기술의 축적, 경험의 축적, 그리고 근면성이 중요한 자원이었죠. 바로 일본 기업이 가장 잘하고 강점을 갖고 있는 요소들이었습니다. 가령, 아날로그 TV에 들어가는 부품이 약 3000개 정도 됩니다. 조립라인에서 일일이 조립을 해야 하니 불량이 발생하기 쉽습니다. 기술과 경험이 풍부하고, 근로자들이 부지런한 일본 기업의 불량률이 낮은 것은 당연한일이죠. 이런 아날로그 시대의 경쟁력은 오랜 시간이 있어야 쌓입니다. 소니가 1946년, 삼성전자가 1969년에 설립돼 23년의 격차가 있으니, 아날로그 시대가 계속되면 삼성은 소니를 영원히 따라잡을 수 없다는 결론이 나옵니다.

하지만 디지털시대엔 경쟁력의 요소가 달라집니다. 디지털 시대엔 '시스템 온 칩(system-on-chip)'이라 해서 모든 회로가 반도체 칩 안에 들어갑니다. 조립 공정이 간단해지고 불량률이 낮아집니다. 디지털 시대엔 남들이 생각하지 못했던 신제품을 남보다

빨리 개발하는 것이 가장 중요한 경쟁력 요소가 됩니다. 그래서 저와 삼성전자 경영진은 디지털시대에는 창의력, 즉 두뇌와 스피드가 경쟁력이 될 것이라는 결론을 내렸습니다.

④ 디지털 시대에 부가가치 발생요소

아날로그 시대에 주로 구매·조달 분야 분야에서 부가가치가 발생했습니다. 부품을 조달하는 코스트를 낮춘다든가, 인건비를 절감하는 것이 여기에 해당합니다. 하지만 디지털 시대가 되면 중소기업이 대기업과 비슷한 품질을 가진 제품을 생산할 수 있게 됩니다. 그러면 상대적으로 대기업은 경쟁력이 약화되죠. 이것을 어떻게 극복해서 부가가치를 높일 것인가?

결론은 브랜드 이미지와 마케팅 전략의 향상이 디지털 시대 부가가치의 핵심 요소라는 것이었습니다. 사실 10년 전만 해도 삼성의 TV 가격은 소니에 비해 중저가 제품은 5~10%, 고급 제품은 20~30% 정도 쌌어요. 원가는 비슷했는데 말이죠. 값이 워낙 싸서 많이 팔아도 수익 면에선 경쟁이 안 됐죠. 이런 차이를 극복하려면 브랜드 이미지와 마케팅 역량을 향상시켜야 했습니다. 삼성전자가 해외 바이어들에게 '제값 받기 운동'을 시작한 것도 그때부터였죠.

윤 고문의 성공의 원점은 과거 일본에 처음 갔을 때 받았던 충격이다. 1966년 삼성에 입사한 그는 삼성전자가 설립된 1969년부터 4개월씩 3번에 걸쳐 일본 산요전기와 마쓰시다전기 등에 가서 연수를 받았다. 당시 그는 "일본이 너무 앞서 있어서 우리 세대에는 절대로 일본을 따라잡지 못하겠구나"하는 절망감을 느꼈다고 한다. 그는 1977~1979년 도쿄지점장과 1995~1996년 삼성전자 일본본사 사장을 지내면서, 어떻게 하면 일본을 따라잡을 수 있을까 고민했다. 오랜 고민 끝에 그가 얻은 해답은 '디지털 시대가 곧 기회'라는 점이었다.

일본 기업들은 아날로그 시대에 누렸던 경쟁력의 우위가 디지털 시대에도 계속될 것이라는 믿음 때문에 방심했던 것 같습니다. 하지만 우리는 디지털로 바뀌는 이 기회를 놓치면 영원히 일본 기업을 따라잡을 수 없다고 판단했죠.

## 2.4 삼성전자의 최대 강점은 임파워먼트(권한 이양)

① 중요한 순간에 빠르고 올바른 의사 결정

삼성전자의 성공은 중요한 순간에 빠르고 결과적으로 올바른 의사 결정을 한 것이 큰 요인이라고들 합니다. 외부에서 그런 말을 많이 들었습니다. 삼성전자의 가장 큰 특징은 문제가 발생한 후에 의사 결정을 하는 것이 아니라, 사전에 사장단이 수시로 모여서 앞으로 어떻게 될지 토의해 발생할 가능성이 있는 문제들마다 미리 결론을 내려놓는 것입니다. 또 전자업계의 시장 변화가 워낙 빠른 점을 감안해 어떤 방향으로 일을 진행하다가 잘 안 되거나 상황이 바뀌면 곧바로 중단하고 다른 방향으로 일을 진행하는 것을 잘했습니다.

◇ 실제로 그렇게 의사 결정을 자주 바꾼 적이 있나요.

반도체 생산라인 하나를 신설하는데 1년 정도 걸리는데, 계획서 잘 짜놓고 진행하다가 6개월 뒤에 스톱하기도 했어요. 그런 일이 자주 반복되니까 밑에 있는 사람들은 다들 그에 맞춰 생각하고 행동합니다. 그러나 생산라인 건설을 담당하는 삼성물산 쪽에선 난감해했죠. CEO가 지시를 자주 바꾸면 조령모개(朝令暮改)라는 말도 듣습니다만, 상황이 바뀌고, 과거의 지시가 틀린 것으로 확인되면 곧바로 지시를 바꾸는 것이 중요합니다. 마쓰시다 고노스케도 조령모개를 참 잘했다고 들었습니다.

◇ 고문께서 보는 삼성전자의 장점은 무엇인가요.

우선 리더십입니다. 이건희 회장의 가장 큰 장점이 전문경영인에게 완전히 임파워먼트(권한 이양) 하는 것입니다. 임파워먼트는 기업에서 정말 중요합니다. 임파워먼트를 해야 밑의 사람이 큽니다. 위에서 모두 챙기면 밑에 있는 사람은 자주 잊어버리죠. 그러다가 가끔씩 위의 사람이 안 챙기면 사고가 납니다. 부하를 믿지 못할 이유가 없어요. 사람은 모두 자존심이 있어서, 맡기면 해 냅니다. 그 과정에서 크는 거죠.

◇ 삼성전자의 다른 장점은 무엇인가요.

둘째는 우수한 인재를 아주 많이 채용했다는 점입니다. 삼성전자의 박사가 3600명입니다. 대다수가 이공계죠. 서울대 공대 교수님들이 300여명 정도인 점을 감안하면 10배가 넘습니다. 해외 경영대학원(MBA) 출신도 500여명이나 있습니다. 주로 미국에서 학위를 받고 글로벌 기업에서 10년 정도 근무한 사람들입니다. 인재를 불러 모으니 기술개발이 빨라지고 마케팅 능력이 향상됐습니다. 셋째는 세계 최고 수준의 SCM (supply chain management · 공급망 관리)입니다. 기업용 소프트웨어 회사 SAP도 글로벌 기업들 중에 삼성전자만큼 SCM을 잘하는 곳이 드물다고 하더군요. 재고 관리 시스템은 과거 일본 기업들을 못 따라갔지만, 지금은 우리가 그들보다 빠릅니다.

한때 외국인 투자자들이 삼성전자에 대해 반도체 이외의 사업을 분사하라는 권유를 한 적이 있는데 거부했습니다. 이유가 있었나요.

5~6년 전에 외국인 투자자들이 그렇게 말한 적이 있었는데, 그때 제가 말했죠. '당신은 투자자이므로 1~2년만 내다보면 되겠지만, 나는 내가 떠나더라도 50년, 100년 후에도 삼성이 계속 성장하도록 만들어야 한다'고요. 게다가 앞으로 전자산업이 갈수록 컨버전스(융합)되는 점을 감안하면 반도체와 다른 전자제품을 함께 운영해야 시너지 효과가 나는 것 아니냐고 했죠. 곧 나오는 HDTV에는 옛날 컴퓨터 수준의 메모리 반도체가 들어간다는 예도 들어 설명하면서 말이죠. 실제로 2~3년 후에 제가 말한 컨버전스 효과가 나서 수익이 커지자, 그 외국인 주주가 나보고 '당신 생각이 참 깊었네요' 하더군요. 내가 보기엔 그들의 생각이 짧았던 것인데 말이죠.

② 잘될 때가 가장 위험하다

파괴적 혁신 이론으로 유명한 클레이튼 크리스텐슨 하버드 경영대학원 교수는 최근 글로벌 선두 기업이 하이엔드(고가제품) 시장으로 점점 올라가면, 누군가 로엔드(저가제품) 시장부터 치고 올라오면서 위협한다고 했습니다. 원칙적으로 공감합니다. 한때 제가 일본 기업을 도저히 못 따라갈 것으로 생각했는데 실제로는 따라잡는 일이 벌어졌으니, 앞으로 우리도 중국이나 인도 기업에 똑같은 방법으로 당할 수도 있다고 봅니다.

하지만 저는 생각이 좀 다릅니다. 로엔드에서 하이엔드로 가는 것은 어렵지만, 하이엔드에서 로엔드로 가는 것은 쉽다고 봅니다. 우선 로엔드에서 하이엔드로 가는 것은 정말 어렵습니다. 로엔드에 집착해선 브랜드 이미지가 안 올라가기 때문이죠. 우리가 로엔드 제품인 브라운관 TV를 일본 경쟁업체보다 먼저 버린 것이 그런 이유였죠. 100달러짜리 제품을 팔다가 1000달러짜리 팔려면 생각을 완전히 바꾸고 엄청난 노력을 해야 합니다. 만약 우리가 로엔드 제품에 계속 매달려 있었다면 지금처럼 되지 못했을 것입니다.

반면 하이엔드 기업이 로엔드 시장에 들어가는 것은 쉽다고 봅니다. 이미 삼성이 브랜드 이미지를 쌓은 상황에서, 로엔드 제품을 만든다면 똑같은 제품이라 해도 경쟁사보다 비싸게 받을 수 있겠죠. 물론 장차 로엔드 쪽에서 치고 올라올 중국이나 인도 업체들에 대해 준비는 해야겠지만, 섣불리 로엔드로 내려가는 것은 아주 신중하게 생각해야 한다고 봅니다.

파괴적 혁신에 대한 그의 생각은 달랐지만, 그는 누구보다도 혁신의 중요성을 강조한다. 그는 자신의 책 〈초일류로 가는 생각〉에서 경영의 정의를 이렇게 내렸다. '경영은 자원과 프로세스의 관리이며, 혁신의 연속이다.' 그는 "경영 혁신의 **가장 큰 장애 요인은 변하지 않는 자기 자신**"이라고도 했다.

조직이든 개인이든 쉽게 변화하지 못하는 이유는 과거에 크게 성공한 경험이 있거나 고령화됐기 때문이죠. 삼성전자도 지금이 정점이라고 봅니다. 하지만 잘될 때가 가장 위험한 시기입니다. 어려울 때에는 다들 긴장하고 노력하지만, 잘될 때는 현실에 안주해 방심하게 되니까요.

### ③ 본업을 버리면 위험해진다

삼성은 생산을 아웃소싱 하지 않고 가급적 직접 생산하는 것이 특징입니다. 이에 대해 비효율적이란 시각도 있습니다. 저는 기업이 핵심 역량을 갖고 있는 본업을 내버리고 다른 것을 하는 것에 반대합니다. 삼성의 본업은 전자제품 생산입니다. 과거에 대만의 업체가 찾아와서 생산을 자신에게 맡기는 것이 어떻겠냐고 제안했는데 제가 하지 말자고 했어요. 전자제품 제조는 나이키가 신발을 외부 업체에 위탁해서 제조하는 것과는 전혀 다르다는 것이 제 판단입니다. 반면 일본 기업들은 제조 아웃소싱에 너무 매달렸다고 봅니다.

이 대목에서 우리는 최근 삼성전자에 대해 부쩍 제기되기 시작한 우려에 대해 그의 의견을 물어봤다. 영화 아바타나 애플 아이폰의 진격에서 보듯 날로 콘텐츠와 소프트웨어의 부가가치가 커지는 시대에, 삼성은 하드웨어는 강한데 소프트는 약하다는 지적이다. 그러나 그의 대답은 너무나 단순하고 명쾌했다. 이렇게 쉽게 대답할 수 있는지 걱정스러울 정도였다. 기업은 우선 자신이 잘하는 본업에 충실하고, 다른 것은 여력이 생긴 뒤에나 해야 한다고 봐요. 콘텐츠 사업은 그것을 주업으로 하는 기업이 잘할 수 있겠죠. 거기서 돈이 좀 생긴다고 해서 왜 삼성은 안 하느냐고 지적하는 것은 비약이라고 생각합니다.

**지금 삼성전자에서 부족한 점이 있다면 무엇이라고 생각하나요.**

잘하고 있다고 봅니다만, 굳이 말하라면 우선 좀 더 우수한 인재를 뽑아야 한다고 봅니다. 초일류 기술을 확보하려면 인재가 중요하죠. 그리고 조직을 좀더 믿음과 신뢰가 있게 만들길 바랍니다. 최근 기술 속도가 빨라져 예상하지 못했던 제품이 소비자들에게 인기를 얻고 있습니다. 스마트폰과 이북(e-book), 3D TV가 그렇습니다. 앞으로 10년 후 IT 시장은 어떻게 될 것으로 보나요?

1년 앞도 내다볼 수 없는 시대입니다. 10년 후는 아무도 예측할 수 없습니다.

그럼 방법이 없다는 의미인가요?

아닙니다. 예측하고 뭘 하는 것보다는 아주 우수한 인재들을 뽑아서 그들이 시장 변화에 적응하고 변화를 따라가도록 하는 것이야말로 최선입니다. 기술면에서 앞서간다고 꼭 좋은 것만은 아닙니다. 꼭 앞서갈 필요는 없고, 따라가면서 보다 좋은 제품으로 시장을 크게 장악할 수 있는 순발력이 무엇보다 중요하다고 봅니다. 거기엔 인재의 역할이 절대적이죠.

CEO 재임기간 중 이학수 당시 삼성 전략기획실장(현 상임고문)과의 관계는 어땠나요. 그와 저는 정말 생각이 잘 맞는 명콤비였어요. 이건 주변에 물어보면 압니다. 같은 날 그분은 비서실장 되고 저는 전자 CEO로 발령받아 12년을 같이 일했어요. 그분 아주 괜찮은 사람이에요. 이해력과 판단력이 빠르고, 구질구질한 이야기 안 하고, 참 겸손합니다. 우리는 말 안 해도 이심전심으로 서로 무슨 생각을 하는지 알 정도였죠.

인터뷰가 끝난 뒤 그의 목소리는 갈라지고 쉬었지만, 그는 여전히 힘에 넘쳐 보였다. 그는 자신이 2007년에 쓴 책 〈초일류로 가는 생각〉을 꺼내 사인을 해 주었다. 그는 이 책을 시중에는 판매하지 않고 있다. 이유를 물었더니 그는 겸연쩍은 표정으로 "내 개인적인 경험과 생각을 담은 책이어서 외부에 내보이기가 쑥스러웠다"고 했다. 그가 책 제목을 〈초일류로 가는 길〉이 아니라 〈초일류로 가는 생각〉이라고 한 것도 자신의 주관적인 생각임을 강조하기 위해서였다고 한다. 나서기 싫어하는 그의 성격은 결벽증에 가까워 보일 정도였다. 하지만 이것이야말로 소위 '오너'가 있는 기업에서 그가 12년이나 장수한 다른 비결인지도 모른다.

◈ 윤종용 고문은 위기에 강한 CEO

나서기 싫어하고 지고는 못 사는 성격이고… 위기에 강한 CEO시였다.

1944년 경북 영천 출생. 고향 사람들은 그를 "남에게 지고는 못 사는 성격"인 동시에, "남 앞에 나서는 것을 워낙 싫어하는 사람"으로 기억한다.

1966년 서울대 전자공학과를 졸업하고 삼성에 입사한 그는 1969년 삼성전자 창립 멤버로 전자산업에 투신했다. 일본에 3차례 연수, TV 설계 기술을 배워와 국내 최초의 흑백TV(1971년)와 컬러TV(1977년) 생산을 주도했다.

삼성전자 도쿄지점장, 기획조정실장, TV·비디오 사업본부장, 종합연구소장을 지낸 뒤 1990년 TV부문 대표에 올랐다. 그러나 이후 삼성전자를 떠나 삼성전기 사장, 삼성전관 사장, 삼성그룹 일본본사 사장 등을 지내면서 '주류에서 밀려났다'는 평가를 받기도 했다. 하지만 1997년 삼성전자의 총괄 대표이사 사장으로 화려하게 복귀, 곧이어 닥친 IMF 위기를 성공적으로 극복해 내면서 '위기에 강한 CEO'라는 평가를 받았다.

그는 2000년대 삼성을 '글로벌 톱 전자기업'으로 만든다는 전략을 주도, 소니를 필두로 한 세계적인 전자업체들을 제치며, 세계 1위의 목표를 달성했다. 약 12년간의 삼성전자 CEO 자리에서 2008년 5월 물러나 상임고문을 맡고 있다.

## 2.5 경영자대상(經營者大賞) 수상 삼성전자

① 수상자 이윤우 부회장

살아남기 위해 끊임없이 도전했다 삼성man으로 42년간 뛰었다

* 메모리 반도체 세계 1위 등극 했을땐 미운오리 새끼가 드디어 백조된 기분
  삼성·애플은 핵심역량 달라 윈윈가능…중국시장은 이제제조·R&D 통합거점
* 挑戰(도전)精神(정신), 危機意識(위기의식), 오너 經營(경영), 公正(공정)한 企業文化(기업문화)의 결실.

◇ 제23회 경영대상 수상

이윤우 삼성전자 대표이사 부회장 겸 이사회 의장이 꼽은 삼성전자의 강점이다. 이 부회장은 5일 한국경영학회가 주최한 '2010 한국경영학회 동계 심포지엄과 정기총회'에서 경영학자들이 객관적인 기준으로 평가해 수여하는 '제23회 경영자대상'을 받았다. 삼성전자가 설립되기 1년 전인 1968년 삼성전관으로 입사해 삼성과 인연을 맺은 이 부회장은 42년간 삼성전자에 몸을 담고 있다. 삼성전자의 시작과 발전, 성공신화 곳곳에 그의 땀과 눈물이 배어 있는 셈이다. 시상식 후 1시간가량 진행된 인터뷰에서 이 부회장은 호암 이병철 선대회장과의 반도체 개발에 얽힌 일화부터 10년 후인 2020년 삼성전자의 모습까지 차분한 어조로 이야기를 풀어나갔다.

◇ 경영자대상을 받으신 소감은.

경영학회가 주는 경영자대상은 삼성전자 국내외 사업장에서 경제 발전을 위해 노력하고 있는 18만명의 임직원들에게 줬다고 생각한다. 상을 주신 경영학자들께 감사드리고 앞으로 보다 창조적이고 혁신적인 경영을 하도록 노력하겠다. –삼성에 입사하게 된 배경은. 이병철 삼성그룹 선대회장이 반도체사업에 진출하기 위해 전자공학과 출신들을 입도선매했다. 나는 반도체 사업 분야에서 일하고 싶어서 졸업도 하기 전에 삼성에 입사했다.

◇ 지난 42년간을 되돌아보면 기억에 남는 것은.

반도체 사업과의 인연이다. 반도체에 관한 업무를 하고 싶어서 삼성전관에 있을 때 2주간 회사에 출근하지 않은 적이 있었다. 그랬더니 당시 공장장께서 "그토록 반도체 업무를 하고 싶으냐"고 묻더니 보내줬다. 1974년 이건희 전 회장이 사재를 털어 한국반도체를 인수한 후에도 부천공장에서 죽을 고생을 했다. 삼성전자가 83년 VLSI(초대규모 집적회로)사업을 선언했으며 모두가 잠을 줄여가며 일했더니 드디어 93년 세계 메모리 반도체 시장 1위에 올랐다.

메모리 반도체 1위에 올랐을 때 기분은 어땠나. 내가 후배들에게 이렇게 말했다. 우리는 돈만 까먹는 미운 오리새끼가 아니고 드디어 백조가 되었다고. 94년 나는 대표이사(반도체 총괄 부사장)가 되었다. –글로벌 컴퍼니인 삼성전자 대표이사 부회장까지 오르게 된 비결은. 입사 후 앞만 보고 달려온 결과다. 지난날을 돌이켜보면 기술 확보를 위한 일념으로 외줄타기를 하는 것처럼 잠시도 마음을 놓은 적이 없었다. 매순간이 위기이자 기회였다. 살아남기 위해 끊임없이 도전했고 이를 통해 강해졌다.

② 삼성전자의 강점을 든다면.

불가능에 도전하는 정신이 있다. 반도체사업 시작할 때 당시 4000만명의 인구 중 이 사업이 성공할 것으로 예상한 사람은 단 한 명도 없었다. 두 번째는 위기의식이다. 반도체는 한 세대만 뒤처져도 망하는 만큼 조직원 전체가 위기의식으로 무장해 있다. 오너경영의 장점도 빼놓을 수 없다. 일본은 투자결정을 내리는 데 너무 많은 회의를 하는 데 비해 삼성은 오너가 적기에 정확한 투자판단을 내리고 이를 바탕으로 스피드 경영을 한다. 이건희 전 회장은 크게 길게 생각하고 중요한 방향만 정하고 나머지는 위임한다. 불철주야로 뛰는 임직원들의 노력도 있었다. 공정하고 합리적인 삼성의 문화도 일찍부터 글로벌 스탠더드에 맞아떨어진 것 같다.

**이병철 선대회장과의 일화**

선대회장은 83년에 미국 실리콘밸리에 가서 한국인 출신의 우수한 반도체 개발인력을 뽑아오도록 시켰다. 당시 일본 한 호텔에서 짐을 싸서 공항으로 떠나려는 순간에 선대회장에게서 전화가 걸려왔다. 미국에 가서 챙겨야 할 10가지를 받아 적도록 일러주시고 단단히 챙기라고 하셨다. 완벽하신 분이셨다. 87년 9월에는 골프를 치시다 말고 골프화를 신은 채로 반도체 공장에 들른 적도 있었다.

**추격자에서 리더가 된 삼성전자에 놓인 과제는.**

창조경영이다. 지금까지는 빠른 추격자였다. 그러나 이제는 스스로 혁신가(이노베이터)가 되어야 한다. 그런 만큼 새로운 위기의식을 갖고 있다. －삼성전자는 작년에 투자를 적게 했는데 그 여파는. 경비절감을 했으며 설비투자를 상황에 따라 조절했을 뿐이다. 연구개발 투자는 줄이지 않았다. 다른 기업들이 모두 생산물량을 줄인 바람에 지금은 반도체나 LCD가 부족하다. 삼성전자는 금융위기를 겪으면서 오히려 주요 제품의 세계시장 점유율이 올라갔다.

③ 삼성전자의 미래 모습은.

삼성전자는 지금 단품 위주의 인포테인먼트(정보통신+엔터테인먼트) 사업을 하고 있지만 앞으로는 사업영역 간 융·복합이 일어날 것인 만큼 솔루션, 콘텐츠, 소프트웨어로 영역을 확대할 것이다. 시스템LSI를 비롯한 새로운 사업영역을 키우고 바이오, 헬스, 그린에너지 등 새로운 사업도 적극 발굴해 신성장동력으로 키우겠다. 삼성전자 매출을 지금의 1000억달러에서 2020년까지 4000억달러로 끌어올려 전 세계 IT업계에서 1위, 글로벌 10대 기업으로 도약하겠다는 목표다. 브랜드 가치도 글로벌 톱5로 높이고 존경받는 기업 톱10에 들어 있을 것이다.

**⊷ 도요타의 리콜사태를 보면서 느낀 점은.**

우리도 반성해야 한다고 생각했다. 도요타는 글로벌 생산물량이 커지면서 종합적으로 생각했어야 하는데 너무 단편적으로 봤다. 효율 중심의 도요타식 경영은 품질 등과 총체적으로 균형을 갖췄어야 했다. 우리도 이번 사태를 타산지석으로 삼고 사원교육을 시키고 있다. -승승장구하는 애플에 대한 생각은. 아이팟과 아이폰 등 애플 제품은 새로운 라이프스타일을 제공했다. 기존 시장에서 경쟁하는 것이 아니라 새로운 성장엔진을 제공했다고 본다.

**⊷ 최근 애플과 삼성을 비교**

애플의 비즈니스 모델은 팹리스(Fabless · 제조공장이 없음)다. 제품을 설계한 후 마케팅을 하는 기업이다. 그렇지만 삼성은 종합제조를 하는 회사다. 둘의 핵심역량이 다른 만큼 삼성에 팹리스를 따라 하라는 것은 곤란하다. 애플 제품에 들어가는 핵심부품인 CPU(중앙처리장치)는 모두 삼성이 공급한다. 애플과 삼성은 윈윈 관계다. 물론 애플이 '아이튠스'라는 콘텐츠 유통시스템을 만든 것은 창의적이라고 평가한다. 이를 통해 컨버전스(제품과 서비스의 연계)를 이룬 점은 우리도 반성하고 배워야 할 대목이다. 앞으로는 콘텐츠 장악이 더욱 중요해지고 하드웨어 회사나 소프트웨어 회사의 구분이 사라질텐데. 그걸 안 하겠다는 얘기가 아니다. 삼성도 과거엔 단품 위주로 만들었다면 앞으로는 소프트웨어, 솔루션, 콘텐츠 비즈니스로 바꿔나가겠다는 것이다. 이를 위해서는 소프트웨어 개발 인력과 콘텐츠 관련 인력을 확보해 비즈니스의 부가가치를 더 높이겠다.

④ 글로벌 인재 채용은 어떤가.

국적을 가리지 않고 우수한 인재를 채용하기 위해 나선다. 이건희 전 회장께서 천재급 인재를 뽑으라고 해서 해외 인재를 채용하기 위한 별도의 조직이 있다. 나도 해외출장 기회를 이용해 우수 인재 스카웃 활동을 벌인다.

**➺ 삼성전자는 중국시장을 어떻게 보는지.**

과거에는 중국은 제조거점이라는 인식이 많았다. 그러나 지금은 제조는 물론 연구개발 거점이자 거대한 시장이 되었다. 중국이 제조업의 허브가 된 만큼 삼성으로서는 부품을 팔 기회가 많이 늘었다. 연구개발을 위해 삼성은 베이징에 휴대폰연구소가 있는데 이와는 별도로 광저우에도 휴대폰연구소를 만들어 현지에서 제품을 개발하는 활동을 하고 있다. LED TV를 비롯한 프리미엄 제품에 대한 중국의 수요도 급속히 늘고 있다.

**➺ 후배 경영자에게 들려주고 싶은 얘기가 있다면.**

자신이 맡은 업무에 대한 열정이 있어야 한다. 끊임없이 변화와 혁신을 추구해야 한다. 평생 교육한다고 생각하고 학습해야 한다. 업무는 물론 자신에 대해서도 도덕성이나 윤리의식을 가질 것을 주문한다.

**➺ 글로벌 경기 투자·고용에 대한 李부회장의 생각은 이날 글로벌 경기와 투자, 고용에 대한 견해도 밝혔다. —금융위기 이후 전 세계 경기를 어떻게 보는지?**

더블딥까지는 가지 않더라도 주의 깊게 살펴볼 필요가 있다. 각국이 경기부양책을 폈고 이는 통화팽창이나 재정의 과다 사용 등 문제로 나타날 수 있다. 국가가 재정을 많이 쓰면 재정적자가 늘어나고 이는 세금을 더 거둬야 하는 상황을 초래할 수 있다. 이것이 최근 유럽 일부 국가에서 문제가 됐다. 새로운 불안이 닥칠 가능성도 거론된다.

**➺ 글로벌 수요나 실물경기는.**

업종별로 다르다. 삼성전자에서 만드는 반도체나 LCD패널은 수요가 많아서 없어서 못 판다. LCD TV나 휴대폰 쪽도 상황이 좋다. 그러나 자동차 관련 업계는 수요가 쉽게 풀리지 않는 것 같다. 특히 고용문제가 심각하다. 고용불안이 있고 미래가 불투명하니까 사람들이 주머니를 열지 않고 있다.

전경련 조사로는 국내 600대 기업의 올해 투자가 작년보다 17% 늘어난 103조원이나 된다. 문제는 대부분의 기업들이 신재생에너지나 2차전지를 경쟁적으로 신성장동력으로 삼고 있다는 점이다. 작년 대비 17% 투자 증가는 큰 금액은 아니다. 삼성전자도 반도체 투자를 늘려야 할 상황이다. 신재생에너지에 투자하겠다는 기업들은 대부분 연구개발에 대한 투자를 염두에 두고 있다. 과거 자동차산업 초기에는 자동차를 연구개발한 기업들이 줄잡아 2000개에 달했는데 이 분야도 초기라서 그럴 것이다.

**⊷ 국내에 청년실업자가 40만명에 달해 고용 없는 성장이라는 지적이 있는데.**

기업도 딜레마에 빠져 있다. 기업이 효율성을 떨어뜨릴 수는 없기 때문에 부가가치가 있는 쪽에서 고용을 창출하는 것이 중요하다. 금융위기 때 잡 쉐어링을 통해 인력을 내보내지 않고 유지한 것이 지금에 와서는 오히려 잘됐다고 생각된다. 삼성도 대졸 신입사원 채용을 늘려 상반기에만 3500명을 뽑는다.

## [요 약]

### 삼성의 조직문화

上命下從에서 벗어나 위에서 목표를 정해 아래로 지시하는 톱다운(Top-Down) 방식이 아니라 실무자의 아이디어나 의견을 사업으로 연결시키는 보텀업(Bottom-Up) 방식의 의사결정이 이뤄질 수 있도록 조직문화 개편 작업을 하고 있다고 밝혔다.

### 임직원이 솔선수범

글로벌 위상에 걸맞은 창조적 조직문화 구현을 위해 전 임직원이 솔선수범해달라고 당부했다. 삼성전자의 인사시스템에도 변화가 일고 있다. 지나친 성과 중심의 보상체계보다는 인간적으로 일하기 좋은 직장을 만들겠다는 것이다.

### 초고속 승진 가능해진다

창조적 조직으로 전환하는 것과 함께 성과를 내기 위한 다양한 당근 정책도 추진하고 있다. 가장 대표적인 사례가 업무성과가 탁월한 직원들에 대한 발탁 인사다.

### 보 는눈이 달라야 앞서가는 기업 만드러

삼성의 최대 강점은 임파워먼트(empowerment・권한 이양)・광속(光速) 의사결정 저도 몰랐어요. 비서가 인터넷 뉴스에 떴다며 전화로 알려줘서 그때 비로소 알았어요. 윤종용(尹鍾龍) 삼성전자 상임고문은 지난달 하버드비즈니스리뷰(Harvard Business Review・HBR)로부터 '세계에서 가장경영성과가 좋은 최고경영자' 2위로 선정된 사실

### 하버드비즈니스리뷰는

윤 고문은 30년간 삼성에서 일한 후 CEO에 올라 삼성을 메모리칩 반도체와 '미투(me-too・모방)' 제품 정도를 내놓던 회사에서 최첨단 휴대전화 등 디지털 제품을 내놓는 혁신자로 바꿔놨다"고 평가했다.

### 일본 소니를 앞지르다

삼성전자는 소니와의 경쟁에서 2002년 시가총액, 2004년 매출액, 2005년 브랜드 가치와 신용평가 등급, 2006년 TV 판매량, 2007년엔 특허 출원 수를 각각 앞섰다.) 감회가 어땠나요.

### 디지털로 일본을 꺾다

아날로그 시대가 가고 디지털 시대가 온다고 하기에 당시 경영진들과 무척 고민했습니다. 고민의 포인트는 두 가지였어요. 첫째는 디지털시대가 되면 경쟁력의 기준이 어떻게 바뀔 것인가, 둘째는 부가가치는 어디서 얻어야 하는가였죠.

### 부가가치 발생요소

디지털 시대가 되면 중소기업이 대기업과 비슷한 품질을 가진 제품을 생산할 수 있게 됩니다. 그러면 상대적으로 대기업은 경쟁력이 약화되죠. 이것을 어떻게 극복해서 부가가치를 높일 것인가? 결론은 브랜드 이미지와 마케팅 전략의 향상이 디지털 시대 부가가치의 핵심 요소라는 것이었습니다.

# 제 3 절 무(無)에서 유(有)를 창조

## 3.1 세상을 늘 밝게 맑게 바르게 보자

① 긍정적인 마음으로 최선을 다하는 것이 중요하다

우리나라 기업인 가운데 정주영 명예회장만큼 큰 발자취를 남긴 분이 또 있을까?

아산의 생애를 담은 영상물이 상영되자 몇몇은 눈시울을 붉히기도 했다. 현대건설 출신이라는 김 모씨(66)는 "중동에 근무하던 시절 정 명예회장이 건설현장을 방문한 일이 있다"며 "'한국인의 기개를 보여주고 돈 많이 벌어 고국으로 돌아가자'던 그분 말씀이 아직도 귀에 생생하다"고 말했다.

이날 행사를 보러 온 대학생 이 모씨(20)는 "정 명예회장 말씀 중 '세상을 늘 밝게 맑게 바르게 보자'는 말에 큰 감명을 받았다"며 "부모의 재력과 배경 없이는 아무것도 할 수 없다고 자조만 할 것이 아니라 긍정적인 마음으로 최선을 다하는 것이 중요하다고 생각했다"고 말했다.

생전 정 명예회장의 신뢰를 한몸에 받았던 이명박 전 대통령은 축사를 통해 "정 명예회장이야말로 대한민국 1세대 벤처기업가라고 자신 있게 말할 수 있다"며 "정 명예회장의 불꽃 튀는 창의력과 끝없는 모험적 도전, 실패를 두려워하지 않고 결국 성취해내는 개척정신은 오늘날 디지털시대, 벤처시대에도 여전히 통하는 진리"라고 추억했다. 이어 "정 명예회장의 기업가정신은 치열한 도전에 직면해 있는 오늘날 기업인들에게 큰 교훈을 줄 뿐만 아니라 우리 청년들에게도 그 자리에서 벌떡 일어설 수 있는 용기와 희망을 줄 수 있다고 믿는다"고 말했다.

② 위기를 기회로 도전정신 재조명

범 현대그룹의 창업주 아산 정주영 명예회장의 위기의 순간을 기회로 바꾸는 '아산의 도전정신'이 재조명받고 있다. 1915년 11월 25일 강원도 통천군 송전면 아산리 210번지에서 가난한 농부의 5남 2녀 중 장남으로 태어난 그는 17세에 '더 잘 살아보자'는 일념으로 가출했고 무작정 상경했다. 그는 성실함과 신용만으로 쌀가게 주인이 됐고 자동차 정비소, 건설 사업을 벌여 집안을 일으켰다. 또 83개 계열사를 거느린 재계 1위 현대왕국을 건설하며 전쟁으로 폐허가 됐던 한 나라를 경제대국의 문턱에 올렸다.

1946년 현대자동차공업사 창립을 시작으로 1950년 현대건설 출범과 경부고속도로 건설, 사우디아라비아 주베일 산업항 건설, 서산 간척지 개발, 88 서울 올림픽 유치 노력, 1998년 소떼를 몰고 판문점을 통과하는 등 한국이 산업화와 국제화로 나아가는 주요 고비마다 정 명예회장은 큰 족적을 남겼다. 아산은 타고난 벤처기업가였다. 무에서 유를 창조한 그의 어록에는 이같은 스타트업 정신이 고스란히 담겨있다. 아산이 조선소를 만들겠다고 했을때 던진 "이봐, 해보기나 했어?"는 도전정신의 상징으로 자리잡았다. 아산이 첫번째 배를 영국에서 수주할 때 A&P 애플도어의 찰스 롱바톰 회장에게 거북선 그림이 그려진 오백원권 지폐를 보이며 설득했던 일화는 아직도 두고두고 회자될 정도다.

한국은 지난 100년 동안 숱한 어려움을 딛고 고속성장을 구가했지만 최근 들어서는 저성장기에 접어들었다. 젊은이는 취업난에 비관하고, 중・장년층은 노년을 걱정한다. 빈부격차는 '금수저, 흙수저'로 불리며 고착화하는 조짐이다. 자연스레 사회의 활력은 떨어졌고, 3~4세 경영인은 '기업을 열심히 해서 나라를 살린다'는 기업보국론을 잊은 듯하다.

③ 정 명예회장, 그의 정신을 다시 부르고 있는 이유다.

범 현대가는 정 명예회장의 리더십과 철학 등의 연구를 발표하는 심포지엄을 23일 서울 그랜드 하얏트 호텔에서 개최했다. 이번 심포지엄은 정몽준 아산재단 이사장과 정의선 현대자동차 부회장, 정몽규 현대산업개발 회장, 정지선 현대백화점 회장 등 범 현대가 인사들과 경제계・학계에서 200여명이 참석했다.

정몽준 이사장은 "아버님은 많은 사람들이 '안 된다'고 할수록 오히려 더 열심히 하셨다는 생각이 든다"고 회고했다. 정진홍 울산대 아산리더십연구원장은 "아산은 자연인으로서만 아니라 아산현상으로서 존재한다"며 "단순히 그에 대한 기술이 아니라 그를 해석함으로써 아산현상의 현재와 미래의 의미를 찾아야 한다"고 강조했다.

정주영 현대그룹 명예회장이 1965년 국내 건설사 첫 해외 공사 수주를 위해 태국행 비행기에 오르고 있다. 현대건설은 이때 축적된 경험을 바탕으로 경부고속도로를 건설했다.

아산정주영닷컴

## 3.2 성공은 시련속에서 이루진다

### ① 성공 아닌 시련극복의 역사

공장에 불나고 전쟁 발발해도 공사완수해 재개발판 마련
78세에 당 만들어 대권 도전
말년엔 대북사업 뛰어들기도

범 현대그룹의 창업주 아산 정주영 전 명예회장은 요새 말로 하면 성공한 벤처기업인이다. 신용 하나만으로 시작한 현대그룹은 스타트업 기업의 원조격인 셈이다.

1945년 해방 직후 국내에는 창업 붐이 불었다. 이병철 삼성 창업주나 구인회 LG 창업주, 이원만 코오롱 창업주도 모두 이때 사업을 시작했다. 정 명예회장만이 무일푼이었다. 그의 유일한 자산은 농사꾼 출신의 성실함과 이를 바탕으로 한 신뢰였다. 신뢰 하나로 쌀가게를 물려받았고 이곳 단골손님에세 돈을 빌려 현대그룹의 모태인 아도서비스를 설립했다. 그의 나이 25세 때인 1940년이었다.

그는 이 같은 신뢰에 한번 뛰어든 일에 전력투구하는 불굴의 의지, 실패를 반복하지 않고 기회를 포착하는 능력을 더했다. 그의 인생 여정을 되짚어 보면 성공할 때보단 시련을 겪을 때가 많았다. 성공의 역사라기보다는 시련을 극복한 역사를 만들었다. 그의 대표적인 경영 철학이 '시련은 있으나 실패는 없다'이기도 하다. 네 번을 가출할 때도 세 번을 실패했고 아도서비스를 세운 지 며칠 만에 불이 났다. 회사를 다시 일으켜 세울 때 즈음 일제의 태평양전쟁 개전으로 이를 다시 접어야 했다.

### ② 현대건설 설립 5개월만에 전쟁터저

1950년 1월 세운 현대건설도 시작부터 난관의 연속이었다. 5개월 만에 전쟁이 났고 전후 고령교 복구 작업 땐 1년 사이에 물가가 120배 뛰면서 공사금액 이상의 빚을 지기도 했다. 그 역시 생전 이맘때는 절망적이었다고 회고했을 정도다. 그는 그때마다 기지를 발휘해 시련을 극복했다. 겨울철 전쟁통에 UN군 묘지 정비를 맡아 잔디 대신 어린 보리를 옮겨 심는다든지, 천문학적인 빚을 지더라도 공사를 끝까지 마무리한 신용으로 재기의 발판을 마련하는 식이었다.

도전은 이어졌다. 토목 회사로 자리를 잡아가던 1970년대 경험과 자본, 기술이 일천

했던 조선사업을 시작했고, 숱한 반대에도 포드자동차와 결별하고 독자 자동차 개발에 나서 첫 국산차로 꼽히는 포니'를 내놨다.

1977년부터 11년 동안 전국경제인연합회(전경련) 회장으로서 '세일즈 외교'를 펼치기도 했다. 88 서울올림픽 유치를 위해 전 세계를 돌아다녔다. 10대 그룹을 멋대로 해체하는 등 위세를 떨쳤던 군사 정권 치하에서도 할 말을 하는 뚝심을 보여주기도 했다.

그는 자서전에서 "나는 상식에 얽매인 고정관념의 테두리 속에 갇힌 사람에게는 아무런 창의력도 기대할 수 없다고 생각한다"며 "내가 믿는 건 굳센 의지와 잠재능력, 창의성, 우리 민족의 엄청난 에너지뿐"이라고 말한 바 있다.

③ 도전과 창조의 벤처정신

그는 생애 마지막까지 '벤처 정신'을 잊지 않았다. 1992년 78세의 적잖은 나이에 통일국민당을 창당해 대권에 도전했고 낙선 이후 정치적 탄압 속에서도 대북 사업에 뛰어들었다. 1998년 500마리의 소떼를 이끌고 판문점을 넘어 북한으로 갔다. 그는 작고하기 두 해 전인 1999년 84세 때 독일 시사주간지 슈피겔과의 인터뷰에서 아직 은퇴하긴 젊다며 "120세까지 살면서 대북사업과 통신사업에 나설 것"이라고 했다. 실제로 건강이 악화된 2000년 6월 북한에 가서 김정일 위원장을 면담했다.

2001년 3월 21일. 정 명예회장은 청운동 자택 앞뜰에서 쉬다가 73세의 집사에게 너는 나이도 어리면서 왜 그렇게 머리가 허연가"라는 농담하며 껄껄 웃었다. 외부에 알려진 그의 마지막 말이었다.

그는 평생에 걸쳐 소탈했다. 재계란 말을 싫어하고 스스로를 '돈 많은 노동자'로 불렀다. 회장이 된 이후에도 신입사원 수련대회에 가서 씨름했고 영업직원과 노래방에서 술에 취해 노래를 불렀다. 극심한 노사갈등 때 노조와 얘기하겠다며 노조사무실로 찾아가 곤욕을 치르기도 했다. 현재로서는 상상하기 어려운 일이다.

지금도 여전히 수많은 젊은 창업가가 아이디어 하나로 창업하고, 또 성공하고 있다. 국가가 우리 사회에 활력을 불어넣기 위해선 시련을 겪어도 다시 일어설 수 있는 '제2의 정주영'이 클 기회를 만들어줘야 한다. 청년에게도 '할 수 있다'는 자신감을 키워줘야 할 것이다.

## 3.3 개척정신 길을 찾고 없으면 만드러라

### ① 길을 찾고 찾아도 없으면 만들면 된다

지금 우리에게 필요한 건 그의 '이봐 해봤어?' 정신
첨단산업 달리는 中 日 우린 정주영 세대가 일군 먹거리마저 위기
조선·자동차·반도체 잇는 미래 성장동력 찾아 키워야 '기업가 정신' 부활 시급
금수저·흙수저 논하는 시대…元祖 흙수저인 그의 메시지 "청년들, 이봐 해봤어?"

1915년 11월 25일 어떤 시련에도 굴하지 않았던 청년의 삶이 시작됐습니다. 탄생 24일 오후 서울 한남동 그랜드하얏트 호텔에서 열린 '아산(峨山) 정주영 탄신 100주년' 기념식에서 정주영의 삶을 조명한 15분짜리 동영상은 이렇게 시작했다. 꼭 100년 전 정주영은 강원도 통천군 송전면 아산 마을의 세 칸짜리 초가에서 소작농 집안 8남매 가운데 장남으로 태어났다.

한국 현대사에서 정주영만큼 파란만장하고, 극적이고, 역동적인 삶을 산 인물은 드물다. 가출 후 엿 공장 심부름꾼, 쌀가게 점원으로 시작해 당시 세계 최빈국(最貧國)이던 한국에서 자동차 산업을, 조선(造船)업을, 중공업을, 건설업을 일으켜 세웠다. 그는 스스로 "나는 부유한 뇌동자(노동자의 사투리)"라고 입버릇처럼 말했다. 고(故) 유창순 전 국무총리는 그를 두고 "하늘이 우리나라를 가련하게 생각해 내려주신 위대한 사업가"라고 했다.

정주영이 태어난 지 100년인 오늘, 대한민국은 어느 때보다 절실하게 그를 그리워한다. 왜일까. 25일은 고(故) 아산(峨山) 정주영 현대그룹 명예회장이 태어난 지 100년 되는 날이다. 1980년대 아산이 서울 종로구 세종로의 횡단보도를 달리면서 건너는 모습이다. 그는 종종 청운동 자택에서 광화문 사옥까지 걸어서 출근했다. /솔 출판사 제공

한국 경제는 지금 사방의 높은 장벽에 둘러싸여 있다. 성장 엔진인 수출은 올 들어 10개월 연속 감소하고 있다. 지난해 국내 제조업 매출은 1961년 통계 작성 이후 53년 만에 처음 마이너스 성장을 했다. 경제 활력의 상징인 창업은 5년 후 생존율이 30%대에 불과하다. 올 들어 9월까지 신용등급이 강등된 기업은 55건으로 1998년 외환 위기(61건) 이후 가장 많다. 1인당 국민소득은 10년째 2만달러대의 늪에 빠져 있다.

이런 사이 중국은 고속철도는 물론 차세대 핵심 기술인 5세대(5G) 이동통신 표준 주도(主導)를 선언하고 나섰다. 일본은 상업위성 발사 같은 우주산업에 뛰어들면서 미래 먹거리를 발 빠르게 선점(先占)해 가고 있다. 조철 산업연구원(KIET) 주력산업실장은 "지금 한국 경제는 1998년 외환 위기나 2008년 금융 위기와 달리 구조적 · 본질적 위기에 봉착해 있다"며 "더 심각한 것은 이런 위기를 돌파할 자신감 있는 기업인을 찾기 어렵다는 사실"이라고 말했다.

## 3.4 상상을 현실로 만드는 불같은 도전… 그의 '돌파 정신' 되살려라

### ① 시련의 한국경제에 던지는 '정주영의 5가지 메시지'

첫 쌀가게도, 정비社도 망해… "시련 있어도 실패 없다" 再起
전경련건물 옥상에 방공포대, 서산 간척 땐 '유조선 공법'
소 1001마리 끌고 訪北도… 세계가 깜짝 놀란 '역발상'

정주영이 만든 현대차그룹, 현대중공업그룹, 현대그룹은 계열사 98개에 종업원 21만2700여명(2014년 기준)을 거느리고 있다. 이들 범(汎)현대가 기업이 지난해 올린 매출 합계는 235조원으로 우리나라 GDP (국내총생산)의 14%에 해당한다. 그런 정주영의 삶에는 한국 경제의 위기를 푸는 해법이 숨겨 있다. 그의 출발은 빈손이었고 그가 달려온 시간은 위기 아닌 순간이 없었다.

#### (a) 시련과 실패를 이겨내

정주영의 삶은 얼핏 성공의 연속으로 보이지만, 그 과정은 무수한 실패와 시련으로 점철됐다. 첫 사업체였던 쌀가게 운영은 1년 만에 일본의 쌀배급제 실시로 문 닫았다. 빚을 내서 시작한 자동차 정비회사인 아도서비스는 문 연 지 20여일 만에 전소(全燒)했다. 다시금 빚을 내 정비업소로 재기했지만 일본의 태평양 전쟁 도발로 '군수 물자 동원령(令)'이 내려져 폐업했다. 광복 후 세운 '현대건설'은 간판을 단 지 6개월 만에 6 · 25전쟁을 맞았고, 전쟁 직후 따낸 고령교 공사에서는 공사 대금보다 더 많은 손실을 입었다. 이두원 연세대 교수는 "정 회장은 어려움을 한번 이겨내면 더 큰 기회가 온다고 굳게 믿었던 신념의 인물"이라고 말했다.

(b) **현장에서 답을 찾다**

울산 현대조선소의 건설소장을 맡았던 임형택(79) 전 한라건설 부사장은 "정 회장은 일주일에 3~4일은 현장에서 살았는데 늘 오전 4시에 일어나 현장을 한 바퀴 돈 뒤 오전 5시에 직원들과 아침 먹으며 회의를 했다"고 말했다. 직접 본 현장의 문제점을 지적하고 원인을 찾아내 해결책까지 만들어주며 직원들을 독려한 리더라는 송병락 서울대 명예교수는 "어떤 상황에서도 승리의 전략은 있으며, 그걸 찾으려면 현장에 가야 한다는 게 정주영의 철학"이라고 말했다.

(c) **시간은 평등한 자본금**

경부고속도로 건설 때 최악의 난구간이던 당재터널 준공을 맞으라면 한달내에 끝내야 했다. 현장관계자들은 최소 두달은 걸린다고 했다. 그러자 정주영회장은 인원을 두배로 늘리고 철야작업을 지시했다. 당시현장관계자들은 두달짜리 공정표를 만들어서 한달에 끝내는 돌관(突貫)정신의 전형이라고 말했다. 시간은 누구에게나 평등하게 주어지는 자본금이며 나는 그자본금을 잘 활용할 뿐이라고 말했다.

(d) **신문대학 나왔다.**

1960년대 후반 박정희대통령이 초등학교밖에 안 나온분이 어떻게 명문대 나온 직원들을 잘 다루느냐고 묻자. 그는 신문대학을 나왔다고 답했다. 그는 신문에 글을 쓰는 문필가 철학자 경제학들 모두가 나의 스승이라고 했다. 정주영회장은 본인의 아이디어도 풍부하였지만 지식인들에서 듣고 난후 응용력도 최고의 능력자다.

(e) **상상력을 행동으로 실천**

1977년 전국경제인연합회 회장을 맡은 직후였다. 20층짜리 회관건립을 지시했더니 국화의사당에 배치된 방공포대의 시야가 가려 허가가 않되자 포대를 더 높은곳으로 이전을 조건으로 전경련사옥을 20층으로 올리고 포대를 전경련옥상으로 옮겨왔다.

서산간척사업당사 표류가 심해 제방공사가 난항에 이르자 폐유조선으로 가로막고 공사를 완료하는 유조선공법의 아이디어도 행동으로 실천한 결과이다. 또한 소 100 한마리를 끌고 북한고향땅을 밟은 것도 그의 상상력을 행동으로 실천한 예라하겠다.

② 불굴의 아산 정신, 미래 향한 우리의 좌표

MB "디지털 시대에도 통할 모험과 도전의 기업가", "필생의 업적들에 존경과 그리움 느껴" 아산 평소 애창곡 '선구자'와 '그리운 금강산' 불러 아산(峨山)은 전후 황무지나 다름없던 우리나라에서 처음으로 중후장대형(重厚長大型) 사업에 도전했고, 가장 먼저 해외시장을 개척한 한국 경제의 선구자였습니다. 불굴의 도전을 계속해 온 아산의 의지는 새로운 미래를 향해 나아가는 우리에게 큰 좌표가 되고 있습니다.

이날 기념식은 현대자동차그룹, 현대중공업그룹, 현대백화점그룹, KCC 등 범(汎)현대가(家)가 공동으로 주최했다. 기념식 때 상영된 아산 추모 영상에는 지금 각자의 길을 가고 있는 현대 회사들의 모습이 차례로 등장했다.

정몽구 회장은 가족 대표 인사말을 통해 "선친께서 이루신 필생의 업적들을 되돌아보니 다시 한번 깊은 감회와 더불어 무한한 존경과 그리움을 금할 길이 없다"며 "저희 자손들은 선친의 뜻과 가르침을 이어받아 대한민국이 세계 경제의 주역으로 새롭게 도약할 수 있도록 모든 노력을 다하겠다"고 말했다.

③ 아산의 '도전정신 기리자'

시련은 이슬지언정 실패는 없다.
정몽구 회장 "한국경제 초석 다진 선친의 업적, 존경스럽고 그리워"
나는 생명이 있는 한 실패는 없다고 생각한다. 내가 살아 있고 건강한 한, 시련은 있을지언정 실패는 없다. 낙관하자. 긍정적으로 생각하자" -자서전 시련은 있어도 실패는 없다' 중에서

정홍원 기념사업위원장은 기념사를 통해 "아산은 전후 황무지나 다름없던 우리나라에서 처음부터 중후장대형 생산기업으로 사업을 펼쳤고, 가장 먼저 해외시장을 개척한 한국 경제의 선구자였다"며 "실패를 두려워하지 않고 불굴의 도전을 계속해 온 아산의 의지는 새로운 미래를 향해 나아가는 우리들에게 큰 좌표가 될 것"이라고 밝혔다.

이명박 전 대통령은 축사에서 "정주영 회장이야말로 '대한민국 1세대 벤처기업가'라고 자신 있게 말할 수 있다"며 "정주영 회장의 불꽃 튀는 창의력과 끝없는 모험적 도전, 실패를 두려워하지 않고 결국 성취해 내는 개척정신은 오늘날 디지털시대, 벤처시대에도 여전히 통하는 진리"라고 정주영 명예회장을 추억했다.

이어 "정주영 회장의 기업가 정신은 치열한 도전에 직면해 있는 오늘날 기업인들에게 큰 교훈을 줄 뿐만 아니라 우리 청년들에게도 그 자리에서 벌떡 일어설 수 있는 용

기와 희망을 줄 수 있다고 믿는다"고 말했다. 다양한 방식을 통해 창조적 도전자 아산의 삶이 후세에 던지는 의미와 메시지를 무게감 있게 전달되고 있다

박동규 서울대 명예교수는 30여년 전 정주영 명예회장과 함께 참여했던 '해변 시인학교' 시절을 회고하며 "손수레를 앞장서서 끌고 가시던 모습과 언제나 새로운 세계로 거리낌없이 앞장서 미지의 영역을 개척해 내시던 일이 떠오른다. 솔직하고 꾸밈없는 진실된 인간됨을 보여주시고 어울려 함께 하시던 회장님을 기억한다"라고 말했다.

마지막으로 정몽구 회장은 가족 대표 인사말을 통해 "선친께서 이루신 필생의 업적들을 되돌아 보니 다시 한번 깊은 감회와 더불어 무한한 존경과 그리움을 금할 길이 없다"며 "저희 자손들은 선친의 뜻과 가르침을 이어받아 대한민국이 세계 경제의 주역으로 새롭게 도약할 수 있도록 모든 노력을 다해 나가겠다"고 밝혔다.

**표 10-2** 조직문화가 기업을 발전으로 이끈다

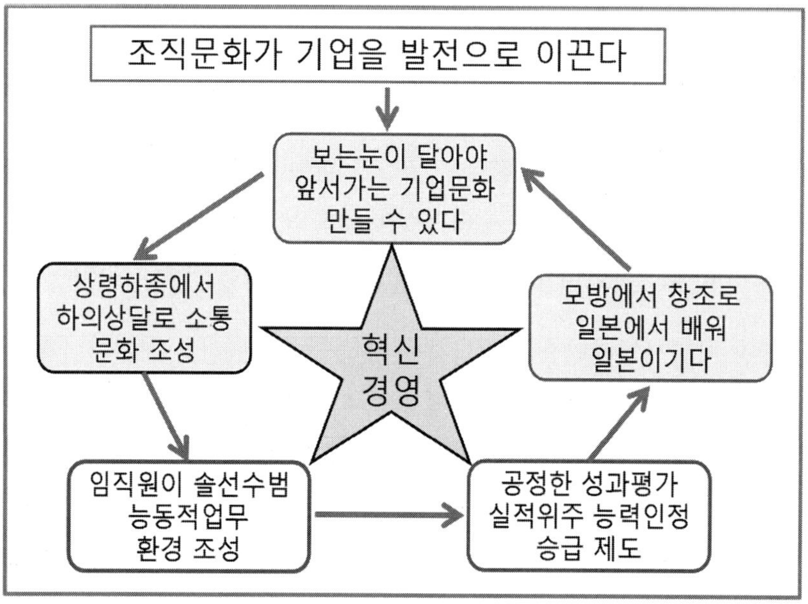

## [요 약]

### '세상을 늘 밝게 맑게 바르게 보자'

"정 명예회장의 불꽃 튀는 창의력과 끝없는 모험적 도전, 실패를 두려워하지 않고 결국 성취해 내는 개척정신은 오늘날 디지털시대, 벤처시대에도 여전히 통하는 진리"라고 추억했다.(이명박 전대통령)

### 이봐, 해보기나 했어?

도전정신의 상징으로 자리잡았다. 성공은 시련속에서 이루진다 범 현대그룹의 창업주 아산 정주영 전 명예회장은 요새 말로 하면 성공한 벤처기업인이다. 신용 하나만으로 시작한 현대그룹은 스타트업 기업의 원조격인 셈이다.

### 신뢰는 최상의 덕목

한번 뛰어든 일에 전력투구하는 불굴의 의지, 실패를 반복하지 않고 기회를 포착하는 능력을 더했다. 그의 인생 여정을 되짚어 보면 성공할 때보단 시련을 겪을 때가 많았다. 성공의 역사라기보다는 시련을 극복한 역사를 만들었다. 그의 대표적인 경영 철학이다.

### 시련은 있으나 실패는 없다

그는 자서전에서 "나는 상식에 얽매인 고정관념의 테두리 속에 갇힌 사람에게는 아무런 창의력도 기대할 수 없다고 생각한다"며 "내가 믿는 건 굳센 의지와 잠재능력, 창의성, 우리 민족의 엄청난 에너지뿐"이라고 말한 바 있다.

### 도전과 창조 친화력

아산은 평생에 걸쳐 소탈했다. 스스로를 '돈 많은 노동자'로 불렀다. 회장이 된 이후에도 신입사원 수련대회에 가서 씨름했고 영업직원과 노래방에서 술에 취해 노래를 불렀다. 극심한 노사갈등 때 노조와 얘기하겠다며 노조사무실로 찾아가 곤욕을 치르기도 했다.

### 길을 찾고 없으면 만들어라

실패를 두려워하지 않고 불굴의 도전을 계속해 온 아산의 의지는 새로운 미래를 향해 나아가는 우리들에게 큰 좌표가 될 것"이라고 밝혔다.

오늘날 기업인들에게 큰 교훈을 줄 뿐만 아니라 우리 청년들에게도 그 자리에서 벌떡 일어설 수 있는 용기와 희망을 줄 수 있다고 믿는다"고 말했다. 다양한 방식을 통해 창조적 도전자 아산의 삶이 후세에 던지는 의미와 메시지를 무게감 있게 전달되고 있다

# 제 4 절 정주영(鄭周永)과 거북선 기지(奇智)

## 4.1 정주영과 박정희의 대담

① 청와대의 호출

1970년 5월초 어느날 밤 정주영은 청와대 뒤뜰에서 박정희 대통령과 함께 앉아 있었습니다. 무거운 침묵이 오랜 시간 흘렀지요. 박 대통령이 막걸리 한사발을 들이키고 담배를 하나 피워 물더니 정주영에게도 한대를 권했습니다. 정주영은 원래 담배를 피우지 않았지요. 그러나 그날은 '담배를 피우지 않는다'고 말할 분위기가 아니었어요.

원래 과묵한 박 대통령이지만 이날은 더욱 말이 없이 시간만 흘렀습니다. 정주영은 박 대통령이 불을 붙여준 담배를 뻐끔뻐끔 피우고 있었는데, 드디어 박 대통령이 입을 열었어요. "한 나라의 대통령과 경제 총수 부총리가 적극 지원하겠다는데 그거 하나 못하겠다고 여기서 체념하고 포기를 해요? 어떻게 하든 해내야지..!! 임자는 하면 된다는 불굴의 투사 아니오?"

실은 정주영도 조선소를 한번 해보고 싶다는 생각을 하긴 했었습니다. 그러나 그건 제반 여건상 지금은 아니고 나중 일이었어요. 하지만 대통령은 그에게 시간을 주지 않고 압박 아닌 압박을 하고 있었지요. 이유는 있었습니다. 곧 포항제철이 완공되는 때였지요. 그러니까 포항제철에서 생산되는 철을 대량으로 소비해줄 산업이 필요했던 것입니다. 당시 김학렬 경제부총리는 먼저 삼성 이병철에게 조선 사업을 권유했어요. 정주영은 삼성 이병철에게 거절당한 뒤 자신에게 화살이 날아왔다는 것도 알고 있었습니다.

② 대통령 요구에 정주영 승락했다

결국 정주영은 그날 박대통령에게 승낙을 하고 말았어요. "각하의 뜻에 따라 제가 한번 해 보겠습니다." 그리고 그는 결심 했어요 "그래 한번 해보는 거야!! 못할 것도 없지!! 그까짓 철판으로 만든 큰 탱크를 바다에 띠우고 동력으로 달리는게 배지!! 뭐. 배가 별건가?" 어렵고 힘든 일에 부딪치면 쉽고 단순하게 생각하는 정주영의 특기가 발휘되는 순간이었습니다.

정주영은 조선업자로 조선소 건설을 생각한게 아니라 건설업자로서 조선소 건설을 생각한 것입니다. 배를 큰 탱크로 생각하고 정유공장 세울 때처럼 도면대로 철판을 잘라서 용접을 하면 되고 배의 내부 기계는 건물에 장치를 설계대로 앉히듯이 도면대로 제자리에 설치하면 된다고 여긴 것입니다. 그러나 당시에는 우리나라에 조선소를 지을 만한 돈이 없었습니다.

대형 조선소를 지으려면 해외에서 차관을 들여와야 하는데 해외에서 차관 얻기란 하늘에 별따기였지요.

③ 일본과 미국에서 거절당해

그래서 일본에도 가고 미국에서 갔습니다. 그렇지만 아무도 정주영을 상대해주지 않았지요. 오히려 미친놈 취급만 당하고 말았습니다. "너희같은 후진국에서 무슨 몇십만톤의 배를 만들고 조선소를 지을 수 있느냐?"는 식이었습니다. 좀처럼 화를 내지 않는 정주영이었지만 속으로 울화가 치밀면서 약이 바짝 올랐습니다. 그때부터 '하면 된다'는 모험심이 발동하기 시작했습니다. "안 된다고? 그래 누가 이기나 한번 해보는거야! 하늘이 무너져도 솟아날 구멍이 있다는데..."

당장 필요한건 돈이었습니다. 해외에서 차관을 얻으려면 3번에 걸친 관문을 뛰어넘어야 했습니다. 일본과 미국에서 외면당한 정주영은 영국 은행의 문을 두드리기로 했습니다. 그러나 영국은행 버클레이즈와 협상을 벌였으나 신통한 반응을 얻을 수 없었습니다. 우선 돈을 빌리기 위해선 영국식 사업계획서와 추천서가 필요했습니다.

그래서 정주영은 1971년 영국 선박 컨설턴트 기업인 A&P 애플도어에 사업계획서와 추천서를 의뢰했습니다. 타당성 있는 사업계획서와 추천서가 있어야 은행에서 돈을 빌릴 수 있었기 때문이었습니다. 얼마 후 사업계획서는 만들어졌지만 추천서는 해줄 수 없다는 거였습니다. 정주영은 영국의 유명한 조선회사 A&P애플도어 회장의 추천서를 받기 위해 직접 런던으로 날아갔습니다.

그에게는 조선소를 지을 울산 미포만의 황량한 모래사장을 찍은 흑백사진 한장이 전부였습니다. 런던에 도착하여 일주일만에 A&P 애플도어의 찰스 롱바톰 회장을 어렵사리 만났습니다. 그러나 롱바톰 회장은 비관적인 말만 되풀이 하고 있었습니다. "아직 배를 사려는 사람도 나타나지 않았고 또 현대건설의 상환능력과 잠재력도 믿음직스럽지 않아 힘들 것 같다"는 말이었습니다.

## 4.2 정주영식 기지(奇智)

① 그럼 "한국 정부가 보증을 서도 안 됩니까?"

그러자 그는 "한국정부도 그 많은 돈을 갚을 능력이 없는 걸로 알고 있다."고 말했습니다. 모든 것이 수포로 돌아가는 순간이었지요. 이때 궁하면 통한다는 정주영식 기지(奇智)가 발동했습니다. 정주영은 문득 바지 주머니에 들어있는 500원짜리 지폐가 생각났지요. 지폐 그림은 바로 거북선이었습니다. 정주영은 주머니에서 거북선 그림의 지폐를 꺼내 테이블 위에 펴놓으며, "회장님!! 이걸 잘 보시오!! 이 지폐는 자랑스런 우리나라 역사를 그려낸 지폐인데, 이 그림은 거북선이라는 철로 만든 함선이지요.

당신네 영국의 조선역사는 1800년대부터이지만 한국은 영국보다 300년이나 앞선 1500년대에 이 거북선을 만들어냈고 이 거북선으로 일본과의 전쟁에서 일본의 함선을 괴멸시킨 역사적인 철선입니다. 한국이 가지고 있는 무궁무진한 잠재력이 바로 이 돈 안에 담겨있으니 다시 한번 고려해주시기 바랍니다." 롱바톰 회장은 의자를 당겨 앉으며 지폐를 들고 꼼꼼히 살펴보기 시작했습니다. 앞 면에는 한국의 국보 1호인 숭례문이 있고 뒷면에는 바다에 떠있는 배가 그려져 있었습니다.

② 거북선에 흥미(興味)

그 모습이 거북이와 많이 닮았어요.

"정말 당신네 선조들이 실제로 이 배를 만들어 전쟁에서 사용했다는 말입니까?"

"그렇구 말구요 우리나라 이순신 장군이 만든 배입니다. 한국은 그런 대단한 역사와 두뇌를 가진 나라입니다. 불행히도 산업화가 늦어졌고 그로 인해 좋은 아이디어가 묻혀 있었지만 잠재력만은 대단한 나라입니다. 우리 현대도 자금만 확보된다면 훌륭한 조선소와 최고의 배를 만들어낼 것입니다. 회장님!! 버클레이 은행에 추천서를 보내주십시오."

정주영은 조금도 기죽지 않고 당당한 태도로 롱바톰 회장을 설득했어요. 롱바톰 회장은 잠시 생각한 뒤 지폐를 내려놓으며 손을 내밀었습니다. "당신은 정말 훌륭한 조상을 두었소. 당신은 당신네 조상들에게 감사해야 할 겁니다." 롱바톰 회장의 얼굴에 어느새 환한 미소가 번졌습니다. "거북선도 대단하지만 당신도 정말 대단한 사람이오. 당신이 정말 좋은 배를 만들기를 응원하겠소!!"

그러면서 롱바톰 회장은 얼굴에 환한 미소와 함께 축하 악수를 청하고 있었습니다.

수 많은 프레젠테이션과 완벽하게 만든 보고서에도 'NO'를 외쳤던 롱바톰 회장의 마음을 움직인 것은 바로 500원짜리 지폐 한 장이었으며, 이는 정주영의 번뜩이는 기지의 산물이었습니다. 그날 롱바톰 회장은 현대건설이 고리원자력 발전소를 시공하고 있고 발전계통이나 정유공장 건설에 풍부한 경험도 있어 대형조선소를 지어 큰 배를 만들 능력이 충분하다는 추천서를 버클레이즈 은행에 보내주었습니다.

③ 기지(奇智)로 첫 번째 관문이 통과

정주영의 기지(奇智)로 첫 번째 관문이 통과되는 순간이었습니다. 며칠 뒤 버클레이즈 은행의 해외 담당 부총재가 점심을 같이 하자는 연락이 왔습니다. 점심 약속 하루 전 정주영은 호텔에서 초조와 불안 속에서 시간을 보내느니 만사 제쳐놓고 관광이나 하는게 나을 것 같았습니다. 그는 현대건설 수행원들과 셰익스피어 생가와 옥스퍼드대를 둘러보고 낙조 무렵에는 윈저궁을 관광했습니다.

이튿날 정주영은 우아한 영국 은행의 중역 식당으로 안내되었습니다. 자리에 앉자마자 버클레이즈 은행의 해외담당 부총재가 물었습니다. "정 회장의 전공은 경영학입니까? 공학입니까?" 소학교만을 졸업한 정주영은 짧은 순간 아찔했지요. 그러나 태연하게 되물었습니다. "아~ 제 전공이오? 그 이전에 우리가 당신네 은행에 제출한 사업계획서는 보셨는지요?"

"아! 네 잘 봤습니다!!" 정주영은 순간적으로 전날 관광하다가 옥스퍼드대에 들렀을 때 졸업식 광경을 본 생각이 났습니다. "어제 내가 그 사업계획서를 가지고 옥스퍼드대에 갔더니 한번 척 펼쳐보고는 바로 그 자리에서 경영학 박사 학위를 주더군요." 하면서 태연하게 농담을 했습니다.

정주영은 구질구질하게 자신이 학력은 짧지만 사업경험은 누구보다 많다고 말하지 않았습니다. 오히려 그의 큰 배포를 보여주는 유머를 내던졌습니다. 그러자 부총재가 껄껄 웃으면서 말했습니다. "옥스퍼드대 경영학박사 학위를 가진 사람도 그런 사업계획서는 못 만들겁니다. 당신은 그들보다 더 훌륭하군요. 당신의 전공은 유머이시군요?. 우리 은행은 당신의 유머와 함께 당신의 사업계획서를 수출보증국으로 보낼테니 행운을 빌겠습니다!!" 이 얼마나 멋지고 통쾌한 일입니까?

④ 유머 한마디로 어려운 차관을 이끌어내

정주영의 유머 한마디가 그 어려운 차관을 이끌어 낸 것입니다. 부총재가 정주영을 만나자고 한 건 자신들이 빌려줄 돈으로 조선소를 만들려는 CEO의 됨됨이를 보기 위해서 였습니다.

부총재는 이런 식의 만만한 자신감을 갖고 있는 CEO라면 대출을 해 주어도 아무 문제가 없을 것이라는 최종적인 확인을 한 것입니다. 그렇지만 사실 정주영이 은행 쪽으로부터 오케이 사인을 받은 건 사전에 치밀한 준비가 있었기 때문이었습니다.

실제로 현대건설은 치밀한 사업계획서를 만들었고 그 치밀함을 인정한 은행이 대출을 해주기로 결정한 것이지요. 은행쪽은 사전에 현대가 건설한 화력 발전소, 비료 공장, 시멘트 공장을 치밀하게 조사했던 것입니다. 그러나 최종적인 확신은 정주영의 배포가 한 것이나 다름없습니다. 이렇게 해서 두번째 관문도 무사히 통과되었습니다. 그러나 아직도 마지막 관문이 남아 있었는데 결과적으로 보면 가장 어렵고 힘든 관문이었습니다.

영국은행이 외국에 차관을 주려면 영국 수출신용보증국(ECGD)의 보증을 받아야 했습니다. 그런데 수출신용보증국 총재는 배를 살 사람의 계약서를 가지고 와야 승인해 줄 수 있다고 했습니다. "만약 내가 배를 구입한다고 가정했을 때 작은 배도 아니고, 4~5천만달러 짜리 배를 세계 유수의 조선소들을 다 제쳐놓고 선박 건조 경험도 전혀 없고 또 조선소도 없는 당신에게 배를 주문하겠습니까?

## 4.3 난관을 극복하기 위해 새길치자

① 난관에 봉착(難關逢着)

설사 당신네가 배를 만들 수 있다 해도 사주는 사람이 없으면 어떻게 원리금을 갚을 수 있겠소? 입장을 바꾸어 당신이 나라면 배를 주문할 사람이 없는데 보증을 해주겠소?

그러니까 배를 살 사람이 있다는 확실한 증명을 내놓지 않는 이상 나는 이 차관을 승인할 수 없소!!" 정말 난감했지만 정확한 지적이었습니다. 당시 우리나라는 너무도 가난한 나라였어요. 그런 가난한 나라에서 배를 만든다는 건 불가능한 일이었는지도 모릅니다.

배를 만든다고 해도 그 배를 믿고 사갈 사람이 없었던 것입니다. 정주영은 다시 울산 미포만의 황량한 바닷가의 사진을 꺼내놓고 깊은 시름에 잠겼습니다. "정말 내가 봐도 한심한 사람이었어요." 그러면서 자신처럼 정신나간 사람을 찾아야 했습니다. 그렇지만, "내가 누구냐? 천하의 정주영 아니냐? 여기서 무너질 내가 아니지!!" 그날부터 마음을 다잡아 먹고 존재하지도 않는 조선소에서 만들 배를 사줄 선주를 찾아 나섰던 것입니다.

허허 벌판 모래사장 사진 한 장을 내밀며 "당신이 내 배를 사주겠다고 계약만하면 내가 영국에서 돈을 빌려 이 백사장에 조선소를 짓고 배를 만들어주겠소!!" 미친놈 취급당하기 딱 맡는 말이었습니다. 그런데 한번 만나고 두번 만나고 세번 만나니까 그런 정신나간 사람이 있었습니다. 그는 다름 아닌 선박왕 오나시스의 처남이었던 그리스의 "리바노스"였습니다.

② 난관극복 수주성공(受注成功)

리바노스가 정주영의 배포를 믿고 미포만 백사장 사진만 보고 계약을 했어요. 선박에는 세계적인 리바노스지만 정주영의 사람 됨됨이에 밀려 파격적으로 정주영과 계약을 맺은 것입니다. 하지만 정주영 역시 그에게 파격적인 조건을 제시했습니다. "틀림없이 좋은 배를 만들어주겠다. 대신 배값을 싸게 해주겠다. 만약 약속을 못 지키면 계약금에 이자를 얹어주겠다. 그래서 계약금은 조금만 받겠다.

우리가 배를 만드는 진척상황을 보고 조금씩 배값을 내라 우리가 만든 배에 하자가 있으면 인수를 안 해도 좋고 원금은 몽땅 되돌려주겠다!!" 정주영은 리바노스가 보낸 자가용 비행기를 타고 스위스에 있는 그의 별장에 가서 유조선 2척을 주문받았습니다. 이렇게 해서 마지막 관문을 넘어섰다 합니다.

정말 불가능을 가능으로 만든 신화적인 이야기다. 그 뒤부터 정주영은 부하직원이 어렵다고 하면 "해보기나 했어?"라는 유행어를 만들어 냈다고 합니다. 정주영은 귀국하여 곧바로 박정희 대통령께 보고를 드렸습니다. 박정희 대통령은 청와대 정문 앞까지 달려 나와 그를 맞았습니다. 그때 지도를 놓고 볼펜으로 그리며 본인의 구상을 설명하자 박정희 대통령은 빙그레 웃으며 비서들에게 정회장이 볼펜으로 그리는 대로 공장을 짓게 해주고 정부에서 지원할 수 있는 것은 무엇이든 지원하라고 지시를 했다고 합니다. 훗날 박대통령은 울산현장에 자주 들러 막걸리를 같이 나누며 정주영을 격려했다 합니다. 하지만 그건 준비 작업에 불과 했습니다.

③ 조선소와 배(조선)를 동시에 착공 건설

먼저 배를 만드는 조선소를 짓고 그 조선소에서 다시 배를 만들어야 하는 것이 순서이다. 그러나 정주영은 이때 그의 특기인 역발상 창의력을 발휘했습니다. 조선소를 짓고 배를 만드는 것이 아니라 조선소와 배를 동시에 만들기로 한 것입니다. "조선소는 조선소이고, 선박건조는 선박건조다. 반드시 다 지어진 조선소에서 선박을 만들어야 된다는 법이라도 있는 것이냐?" 그러면서 정주영은 조선소 건설과 선박 건조를 병행해서 진행시켰습니다.

제일 먼저 스웨덴에서 배 만드는 설계사를 데려왔습니다. 배 만드는 기술을 가르쳐 달라고... 배 만드는 공장도 없으면서 모래사장의 모래를 포크레인으로 퍼내고 웅덩이를 파놓고 거기에 올라오는 물을 펌프로 퍼내 가면서 그 웅덩이 속에서 최초의 배를 만들었습니다. 공장도 없이, 독크도 없이, 모래를 퍼내 놓고 그 속에서 리바노스가 주문한 배 한 척을 만들면서 동시에 방파제를 쌓고, 바다를 준설하고 안벽을 만들고, 도크를 파고, 14만평의 공장을 지었습니다.

거의 모든 직원들이 새벽 4시면 일어나 여기저기 고인 웅덩이 물에 대충 얼굴을 씻고 일터로 나가 밤늦게까지 일하고 숙소에 돌아와 구두끈도 못 푼 채 잠을 자며 배를 만들었습니다. 정주영도 거의 울산에서 살다시피 했습니다. 어쩌다 서울에 오면 새벽 4시에 어김없이 서울에서 울산으로 내려갔습니다. 이른 새벽 남대문 근처를 지날 때면 부부가 그날 팔 물건을 리어카에 싣고 남편은 앞에서 끌고 아내는 뒤에서 밀며 길을 지나는 장사꾼들을 보곤 했지요.

그럴 때마다 정주영은 자신도 모르게 목젖이 뜨거워졌습니다. 저렇게 새벽부터 열심히 일을 해야만 생계를 꾸려갈 수 있고 자식을 키울 수 있는 것이 우리들의 현실임이 너무도 가슴이 아팠습니다. "그래!! 모든 이들의 삶은 다 그 자리에서 나름대로 진지하고 엄숙한 것이다. 얼마 안 되는 하루벌이를 위해서도 저토록 필사적으로 열심인데……." 훗날 정주영은 그들에게 마음에서 우러나는 유대감과 존경심을 많이 느꼈다고 합니다. 그때마다 "그래 다 같이 노력해서 하루빨리 잘사는 나라를 만들어야지"하는 생각으로 주먹에 불끈 힘을 주었다고 합니다.

## 4.4 배의 완성 물위로 진수

① 배가 완성되든 날

최초의 배가 완성되던 날, 막아 놓았던 바닷물을 딱 텃습니다. 물이 웅덩이로 쏴 들어오면서 배가 붕 떴습니다. 그리고 잠시 후 붕 뜬 배가 바다 쪽으로 쑥 밀려 나갔습니다. 세상이 온통 뒤집어졌어요. 직원들은 서로 부둥켜 앉고 덩실덩실 춤을 추며 눈물바다가 되었습니다. 단 한척의 배도 만들지 못했던 우리가 세계적인 대형 선박을 만든 것입니다. 이것이 세계 제1의 조선국가로 성장하게 된 바탕이 되었습니다.

건조 능력 70만톤, 부지 60만평, 70만톤급 드라이 도크 2기를 갖춘 국제 규모의 조선소 준공을 본 것은 1974년 6월. 기공식을 한 1972부터 2년 3개월 만이었습니다. 이 날 박정희 대통령은 준공식에 참석하여 조선입국(造船立國)' 이라는 휘호를 써 주었습니다. 현대조선은 그렇게 세워졌습니다. 그러나 한창 잘나가는 듯 하던 조선사업에 위기가 닥쳐 왔습니다. 이는 바로 1973년에 불어 닥친 오일쇼크 때문이었습니다. 오일쇼크로 인해 유조선을 주문했던 사람들이 배를 가져가지 않겠다는 취소가 잇따랐습니다.

② 위기가 덮친 조선사업

현대조선이 만든 배 가운데 3척이 울산 앞바다에 그냥 떠 있었습니다. 그 중 1척은 오나시스의 처남이었던 그리스의 리바노스가 주문한 유조선이었습니다. 이제 막 걸음마 단계인 현대조선으로선 휘청할 수 밖에 없었습니다. 그러나 정주영은 위기를 기회로 만드는 역발상을 생각했습니다. “만들어 놓은 배를 가져가지 않으면 우리가 그 배를 가지고 새로운 사업을 하면 되는 것 아니냐?” 정주영은 위기를 기회로 만들었습니다.

1976년 3월 인도하지 않은 초대형 유조선 3척을 가지고 아세아상선을 설립했습니다. 우리나라에서 수입해 오는 기름을 우리가 우리 유조선으로 운반하겠다는 생각이었습니다. 하지만 그동안 우리나라에 기름을 실어 나르던 외국 선박회사들이 가만히 있을리가 만무했지요. 아세아 상선에 수송권을 넘겨주는 댓가로 1400만 달러를 요구했습니다. 그렇지만 정주영은 받아들이지 않았습니다. “그것은 말도 안되는 억지지. 내가 택시를 타다가 자가용을 구입했는데 택시회사에 돈을 주어야 하나?

그 동안은 우리한테 유조선이 없어서 자기네 배를 택시처럼 돈주고 빌려쓴 것인데 우리가 배를 만들고 우리 배로 우리 기름을 운반하겠다는데 돈을 달라? 말도 안 되는 소리!! 그런 요구는 절대 받아들일 수 없다"였습니다. 정주영은 뚝심으로 버텼습니다. 8개월을 버텼더니 3백만달러로 떨어졌습니다. 그래도 옴싹달싹 안하고 버텼지요. 결국에는 10원도 안 주고 우리 기름을 현대 아세아상선에서 운송할 수 있었습니다.

③ 현대 아세아 상선 창건 운행

거기에는 박정희 대통령의 뚝심도 큰 힘이 되었다 합니다. 그렇게 출발했던 아세아상선은 지금은 현대상선이 되었습니다. 오일쇼크로 몹시도 정주영을 힘들게 했던 현대조선은 요즘 세계적인 현대중공업이 되었습니다. 이것저것 구실을 붙여 다 만들어진 유조선을 안 찾아가려고 떼를 썼던 리바노스! 그러나 정주영은 그를 고마운 사람으로 생각했다 합니다. 어쨌든 황량한 모래벌판 사진 한장을 보고 배를 주문해주었던 지난날의 고마움을 잊을 수가 없었던 것입니다.

그로부터 33년이 지난 2007년 5월 25일 현대중공업 도크에서 우리 해군의 이지스함이 진수됐습니다. 정주영이 처음 조선소를 짓겠다고 했을 때 우리 해군은 미군이 폐기처리한 구축함을 가져다 페인트 칠을 해서 쓰고 있었습니다. 천지개벽이란 이런 일을 두고 하는 말인가 봅니다. 이날 진수식에서 정몽준 회장은 500원 짜리 거북선 이야기를 하며 아버지 정주영 회장을 그리워했다 합니다. 지금 전세계 바다에 새로 나오는 배 5척중 1척이 현대중공업 제품이고 10척중 4척이 한국산이라 합니다.

한국 조선소들은 중국에 싼가격으로 수주를 맞긴 배들은 거들떠 보지도 않고 있습니다. 그래도 주문이 너무 밀려 배를 만들 도크가 없다고 합니다. 길이 200m에 15층 높이의 배를 땅위에서 조립해 바다로 끌고가 띄우는데 이런 신공법은 한국 조선소에서만 하고 있으며 선박 엔진 또한 세계최고라 합니다. 엔진을 만드는 공장의 상무는 이 기술자들을 "나라의 보물"이라고 했습니다. 이들이 세계 선박 엔진시장의 45%를 싹쓸이하고 있다 합니다. 그러나 2014년부터 불어닥친 불황의 여파로 몇 년간 고전은 했지만 지금 세계의 선주(船主)들이 다시 한국으로 몰려들고 있습니다.

모래바람이 휘날리던 미포만은 이제 배 조립품을 놓을 자리가 없을 정도로 비좁아졌습니다. 그곳에선 3일마다 1억 달러짜리 거대한 배가 한척씩 쏟아지고 있습니다. 현대중공업 사람들은 "배를 찍어낸다"고 합니다. 세계 조선역사에 이런 일은 없었다고 합니다. 한척의 배를 만든 이익금으로 오늘날의 현대중공업이 만들어진 것입니다. 그래서 정주영은 무에서 유를 창조해내는 사람이라 했나 봐요. 그리고 또 1984년 “정주영 유조선 공법”이라는 내용으로 또 한번 세계를 놀라게 했습니다.

### ④ “정주영 유조선 공법”

당시 충남 서산간척사업 A지구 매립공사는 6.4㎞를 연결함으로써 완공되는 사업이었습니다. 이 사업으로 생기는 육지는 여의도 면적의 43배에 해당하는 엄청난 땅이었습니다. 바다를 막아 옥토를 만드는 국가사업에 마지막 물막이 공사에서 문제가 생겼습니다. 이곳은 조석간만의 차가 크고 드나드는 물의 양이 3억 4천만톤, 밀물시의 유속은 초당 8미터에 달해 20톤에 달하는 돌망태를 넣어도 그대로 물에 휩쓸려갔습니다.

흔히 최종 물막이 공법은 케이블과 바지선 등 해상장비로 물막이 구간의 바닥을 점차 높여가는 점고식(漸高式) 또 덤프트럭 등 육상장비를 이용해 점차 구간을 좁혀가며 축조하는 점축식(漸縮式) 그리고 이들 두 방법을 같이 쓰는 병행식 등이 있었습니다. 하지만 서산 간척지 공사는 빠른 유속으로 인하여 통상적인 공사방법으로는 엄청난 비용과 작업기간이 오래동안 소요될 것이 불을 보듯 뻔했지요.

이때 정주영은 그 누구도 생각지 못한 대형 유조선으로 조수를 막아 놓고 물막이 공사를 하면 시간과 비용이 크게 절감될 것이라는 아이디어를 내놓았습니다. 이 획기적인 공법의 사용으로 계획공기 45개월 가운데 36개월을 단축 9개월이라는 짧은 기간에 방조제를 쌓는 성과를 올렸으며 280억원의 경비도 절약함으로써 전세계인을 놀라게 했습니다. 정말 정주영 다운 배포요, 정주영 다운 공법이었습니다. 이 기술은 학계에서도 주목을 받아 “유조선공법”으로 명명되어 지금 세계 여러 나라에서 배우고 있다고 합니다.

지금 우리나라 경제계의 큰 별은 가고 없습니다. 2001년 3월 21일 당신이 설립한 서울아산병원에서 87세를 일기로 세상을 떠났습니다. 정주영 회장이 타계했을 때 미국 CNN 방송이 한시간 이상을 특집으로 방송했는데 이것은 미국 역사상 처음 있는 일이었다고 합니다. 호는 아산(峨山)이며 1915년 11월 25일에 농부인 아버지 정봉식(鄭捧植)과 어머니 한성실(韓成實)의 6남 2녀중 장남으로 강원도 통천에서 태어났습니다.

8세에 통천송전소학교(通川松田小學教)에 입학하여 13세에 졸업하였으며 그와 함께 졸업한 동창생은 27명 그의 정식 최종학력은 소학교 졸업이 유일합니다. 2000년 5월에 현대명예회장직에서 물러났고 1987년 제1회 한국경영대상, 1988년 국민훈장 무궁화장 1998년 IOC훈장과 노르웨이 왕실훈장을 수상하였으며 사후에는 2001년 5월 제5회 만해상 평화상이 추서되었지요. 이후 5년 뒤인 2006년 11월에 미국 타임(TIME)지 선정 아시아의 영웅에 선정되었으며, 2008년 DMZ 평화상 대상이 특별 추서되었습니다.

불가능을 가능으로 하면 된다는 신화를 창조하신 거인 정주영 !! 대한민국 근대사에 큰 획을 그은 경제대인 이었습니다. 오늘의 대한민국이 있기까지, 세계 10대 경제대국이 될 때까지 그의 업적은 실로 대단했습니다. 우리는 그를 잊지 말아야 하고 위인중에 위인 거인중에 거인으로 칭송받아 마땅하리라 생각합니다. 그리고 이렇게 혼란스러운 대한민국의 어디에선가 제2, 제3의 정주영이 존재하고 그 험란한 길을 가고 있기를 바라는 마음 간절합니다..

## [요 약]

### "각하의 뜻에 따라 제가 한번 해 보겠습니다."

그는 결심 했다. "그래 한번 해보는 거야!! 못할 것도 없지!! 그까짓 철판으로 만든 큰 탱크를 바다에 띄우고 동력으로 달리는게 배지!! 뭐. 배가 별건가? 어렵고 힘든 일에 부딪치면 쉽고 단순하게 생각하는 정주영의 특기가 발휘되는 순간이었습니다.

### 일본과 미국에서 거절당해

차관교섭차 미국과 일본에서 미친놈 취급만 당하고 말았다. 너희같은 후진국에서 무슨 몇 십만톤의 배를 만들고 조선소를 지을 수 있느냐? 좀처럼 화를 내지 않는 정주영이었지만 속으로 울화가 치밀면서 약이 바짝 올랐습니다. 그때부터 '하면 된다'는 모험심이 발동하기 시작했습니다.

### 궁하면 통한다는 정주영식 기지(奇智)

정주영은 주머니에서 거북선 그림의 지폐를 꺼내 테이블 위에 펴놓으며, A&P 애플도어의 찰스 롱바톰 "회장님!! 이걸 잘 보시오!! 이 지폐는 자랑스런 우리나라 역사를 그려낸 지폐인데, 이 그림은 거북선이라는 철로 만든 함선이지요.

### 한국은 영국보다 조선 전진국

한국은 영국보다 300년이나 앞선 1500년대에 이 거북선을 만들어냈고 이 거북선으로 일본과의 전쟁에서 일본의 함선을 괴멸시킨 역사적인 철선입니다. 한국이 가지고 있는 무궁무진한 잠재력이 바로 이 돈 안에 담겨 있으니 다시 한번 고려해주시기 바랍니다." 롱바톰 회장은 의자를 당겨 앉으며 지폐를 들고 꼼꼼히 살펴보기 시작했습니다.

### 난관극복 수주성공

선박에는 세계적인 리바노스지만 정주영의 사람 됨됨이에 밀려 파격적으로 정주영과 계약을 맺은 것입니다. 하지만 정주영 역시 그에게 파격적인 조건을 제시했습니다.

### 박정희 대통령에게 보고

그때 지도를 놓고 볼펜으로 그리며 본인의 구상을 설명하자 박정희 대통령은 빙그레 웃으며 비서들에게 정회장이 볼펜으로 그리는 대로 공장을 짓게 해주고 정부에서 지원할 수 있는 것은 무엇이든 지원하라고 지시를 했다고 합니다.

# 제11장 일본 경영의 신들이 주는 교훈

# 제 1 절 일본 강소기업의 비결 분석

## 1.1 세계 100년 기업의 80%가 日 열도에 있다

① 경쟁력 있는 탄탄한 중소기업이 떠받치고 있다.

후지산 떠받치듯, 탄탄한 저변의 중소기업들… 세계 100년 기업의 80%가 日 본열도에 있다. 일본 강소기업의 비결, 전문가 입체적으로 분석하다.

일본 산업계 지형을 거론할 때 경쟁력 있는 탄탄한 중소기업이 떠받치고 있는 구조가 자주 강조된다. 대기업 중심인 한국과는 반대라는 것이다. 이러다 보니 일본은 중소기업 저변이 넓은 '후지산형'이고, 한국은 대기업 중심인 '역피라미드형'이란 비유가 일본 학자들 사이에선 많이 퍼져 있다. 도요타 · 파나소닉 같은 일본 대기업들도 소재 · 부품을 만드는 탄탄한 중소기업이 포진해 있기 때문에 세계시장을 제패할 수 있었다는 분석이다.

일본 대기업은 부품을 사내에서 생산하는 내재율이 낮다. 미국 완성차 업체는 부품의 70% 정도를 내부에서 생산하지만, 일본은 30% 정도에 불과하다. 대기업이 중소기업에 의존하는 정도가 깊다. 그만큼 일본엔 기술력과 제품력이 뛰어난 중소기업이 많다는 얘기다.

일본 경제산업성 자료를 보면 세계시장 점유율 1위를 차지하는 일본 중소기업 수는 100개가 넘고, 세계 톱 수준 기술력을 보유한 기업을 합치면 그 규모는 1000개를 웃돈다. 이들이 일본 산업을 떠받치고 있다. 기종에 따라 차이는 있지만 애플 스마트폰도 제조 비용의 30%를 일본 부품 기업이 가져간다. 글로벌 기업들 중 일본 중소기업 부품을 받아가지 않는 곳이 드물고 이는 한국 대기업도 예외는 아니다.

② 창업 300년 기업 605개, 1000년 넘은 기업 7개

일본 중소기업들은 장수 기업이 많다. 기업 수명 30년설이 회자되는 가운데 그 10배인 창업 300년 기업이 605개나 존재한다. 500년 이상 39개, 1000년 이상도 7개나 있

다. 100년 이상 된 기업은 2만개가 넘으며 전 세계 100년 기업의 약 80%가 일본에 있다. '장수 기업 대국 일본'이라 부를 만하다. 장류, 주류, 과자류 등 생필품에서 차, 종교 관련 도구, 여관 등 전통문화 관련 산업에 많다. 주물, 단조 등 장인 기술이나 정신을 계승해가는 가족 기업도 많다. 아마 이런 중소기업들이 일본 강소기업의 뿌리다.

일본에 장수 기업이 많은 배경으로 섬나라, 농경민족, 전쟁이 적었던 역사 등 지정학적 · 문화적 이유를 자주 들지만, 그보다는 일본인들 기업관이 좀 남다른 데서 찾을 수 있다. 일본인은 비즈니스를 단지 돈을 벌기 위한 수단으로서 생각하기보다는 사회적 의의를 더 중시하며 자기실현, 자기 충족의 장으로 생각한다. 또 기업은 자신의 소유물이 아니라 계승해야 할 가업으로 인식하며 장기적 관점에서 경영을 한다.

이런 비즈니스관, 기업관이 기업을 장수시키는 방향으로 작용하였을 것이다. 일본에서 장수 기업에 큰 의미를 두는 것은 이들이 자신들이 가지고 있는 고유 기술이나 정신만을 고집한 게 아니라 시대의 변화에 맞추어 기술과 제품도 변화시켜나가는 탁월한 환경 적응력 때문이다. 그래서 대기업들도 중소 장수 기업으로부터 환경 변화 적응력을 배워야 한다는 목소리가 많다.

### ③ 심각해지는 중소기업 문제

일본에도 대기업과 중소기업 하도급 관계는 일반적이다. '하청(下請 · 시타우케)'이란 말도 일본에서 나왔다. 전시 경제하에서 물자를 효율적으로 생산하기 위해 일본 정부가 정책적으로 만들어낸 시스템이다. 전후에도 하도급 제도는 지속됐다. 1960년대 이후 고도성장 경제에서 수요가 왕성하자 대기업은 생산 물량 확보를 위해 중소기업에 정보 · 인력 · 자금을 제공하면서 신뢰 관계를 구축했다.

그러나 1990년대 이후 글로벌 경제가 진전되면서 국내 수요는 정체했고, 대기업은 비용 삭감을 위해 해외 진출을 시도했다. 국내 생산을 지속하더라도 글로벌 아웃소싱을 활용했다. 그 결과 대기업과 중소기업 거래 관계가 흔들리기 시작했고 중소기업 존립 기반도 약화됐다. 최근에는 사업 승계난, 인재 부족난 등 경영난에 직면하고 있으며, 승계난으로 흑자 도산도 벌어지고 있다. 일본 중소기업 수는 1986년 87만개를 정점으로 감소하고 있으며 창업은 드물다.

### ④ 모범 기업을 모델로 강소기업 지향

이러한 어려운 환경 속에서 지금 일본 중소기업은 강소기업을 지향하며 독자 생존을 모색하고 있다. 교토 출신 기업들은 모범 사례다. 교세라, 일본전산, 무라타, 옴론 등 교토 출신 부품 기업들은 대기업에 의존하지 않으면서도 독자적인 비즈니스 모델로 지속적으로 성장하고 있다. 이들은 독자적인 기술력과 제품력으로 일본 시장보다 글로벌 시장을 개척하여 성공했다. 대기업과 관계를 중시하는 기존 일본적 경영 방식과는 다른 점이다. 기존엔 n개 중소기업이 1개 대기업에 납품하는 거래 방식이었다면, 글로벌 아웃소싱 시대에는 n개 중소기업이 n개 대기업과 자유롭게 거래하고 있으며, 기술력·제품력을 갖춘 '온리 원(only one)' 중소기업은 1개사가 n개 대기업과 거래하는 시대로 변했다. 교토 기업들이 그들이다.

일본 창업 100년이상 장수기업 분포

| 업력 (년) | 기업수 |
|---|---|
| 100--199 | 2만7,436개사 |
| 200--299 | 763 |
| 300--399 | 559 |
| 400--499 | 173 |
| 500년 이상 | 41 |

자료: 데이코구 뱅크 2016년 5월 기준

업종별 장수기업 분포

| 소매 | 제조 | 도매 | 건설 | 서비스 | 기타 |
|---|---|---|---|---|---|
| 27.9% | 25.4% | 23.6% | 10.5% | 5.0% | 7.6% |

자료: 데이코구 뱅크 2016년 5월 기준 100년이상 기업 2만7,436개사 대상

**표 11-1** 강소기업만이 장수기업이 될 수 있다

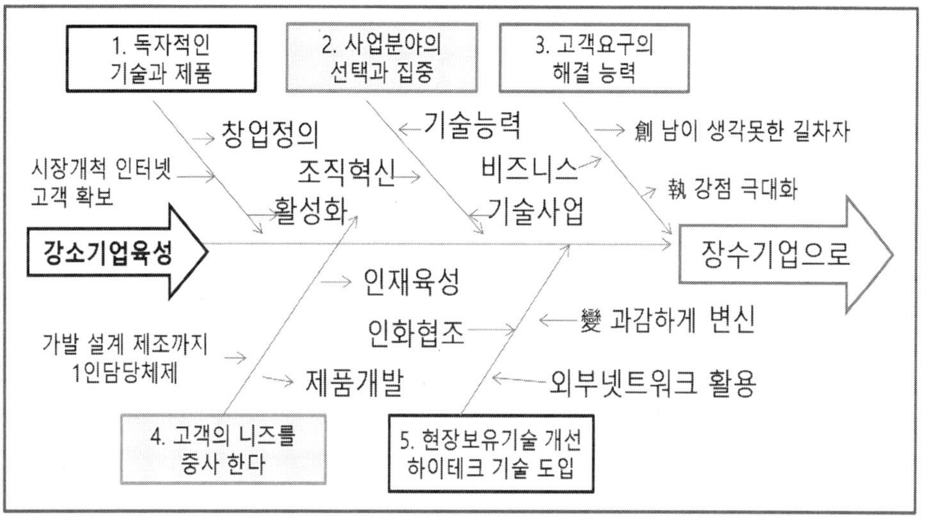


## 1.2 글로벌 강소기업의 9가지 조건

### ① 강소기업이 되는 회사들의 공통점

일본의중소기업 가운데 글로벌 강소기업이 되는 회사들에는 몇 가지 공통점이 있다.

| 순 서 | 강소기업이 되는 회사들의 공통점 9가지 조건 |
|---|---|
| 첫째 | 독자적인 기술과 제품 개발력을 보유하고 있다 |
| 둘째 | 사업 분야의 선택과 집중이다. |
| 셋째 | 고객 요구는 해결하기에 다소 난관이 있더라도 해결한다 |
| 넷째 | 고객의 니즈를 중시한다. |
| 다섯째 | 회사가 보유한 주요 기술이 반드시 첨단 기술은 아니다 |
| 여섯째 | 자사 기술이나 제품을 시장에 어필하는 능력이 있다. |
| 일곱째 | 개발에서 설계・제조까지 기술자 1명이 담당하는 경우가 많다 |
| 여덟째 | 인재 육성과 현장에서 공을 들여 |
| 아홉째 | 외부 네트워크를 잘 활용한다. |

첫째, 독자적인 기술과 제품 개발력을 보유하고 있다. 단지 기술력이 뛰어난 것뿐 아니라 독자적으로 제품을 구상하는 능력, 즉 설계 능력을 보유하고 있다. 자사 브랜드의 제품과 기술을 보유함으로써 하도급으로부터 독립이 가능했다.

둘째, 사업 분야의 선택과 집중이다. 언제 자신의 사업 분야가 따라잡힐지 모르는 상황에서 향후 자신의 기술을 발휘할 수 있는 분야를 잘 선별하여 한정된 자원을 투입하고 있다. 무엇을 버리고 무엇을 남기며 무엇을 새로 만들 것인가를 선택하고 도전하는 기업들이다.

셋째, 고객 요구는 해결하기에 다소 난관이 있더라도 거절하지 않고 도전한다. 아프지 않은 주삿바늘을 개발하여 세계적인 주목을 받았던 오카노공업은 대부분 기업이 이런 주문은 불가능하다고 거절했지만, 거절하지 않고 개발에 착수해 성공을 거뒀다. 새로운 과제에 끊임없이 도전하는 자세가 기술 향상, 인재 육성으로 이어진다는 것을 인식하고 있었던 셈이다.

넷째, 고객의 니즈를 중시한다. 고객의 니즈를 철저하게 듣고 이를 새로운 비즈니스의 기회로 삼는다. 고객의 작은 목소리를 틈새시장 확보의 기회로 활용한다.

다섯째, 회사가 보유한 주요 기술이 반드시 첨단 기술은 아니다. 제조 현장에서는 로테크 기반 기술이 있어야 하이테크 기술 도입도 가능하다.

여섯째, 자사 기술이나 제품을 시장에 어필하는 능력이 있다. 제품이 우수하면 중소기업이라도 인터넷으로 얼마든지 고객을 확보할 수 있다.

일곱째, 개발에서 설계·제조까지 기술자 1명이 담당하는 경우가 많다. 설계도를 그린 사람이 스스로 시제품도 만든다. 다능공이기 때문에 사업의 부분이 아니라 전체를 파악할 수 있어 아이디어를 내거나 유연한 대응도 가능하다는 장점이 있다.

여덟째, 인재 육성에 열심이면서 현장에서 공을 들여 천천히 인재를 육성해 나간다.

아홉째, 외부 네트워크를 잘 활용한다. 일본엔 도쿄의 오타구, 오사카의 사카이시 등 중소기업 집적지가 많다. 중소기업들이 수평적인 네트워크를 형성하여 혼자서는 감당하기 어려운 주문이라도 서로 협력하여 대응한다. 역할 분담으로 자사의 약점을 보완하고 있는 것이다.

## 1.3 일본 강소기업의 불타는 생존력 셋… (創)창의력 · (執)집념 · (變)변신

① 심층 분석– 글로벌 강소기업

창업 60년이 넘은 일본 중견 클리닝 업체 기쿠야(喜久屋)의 나카하타 신이치 사장은 10여 년 전 세탁물을 찾으러 온 고객이 던진 말에서 새로운 서비스를 발굴했다. 허겁지겁 매장을 방문한 이 고객이 주인에게 "늦게 찾으러 와서 미안하다"고 사과한 것. 당시만 해도 세탁을 맡기면 늦어도 다음 날엔 찾아가는 게 관행이었다. 세탁소 주인들은 세탁물이 쌓여 공간이 부족해지면 고객에게 "왜 빨리 찾으러 오지 않느냐"면서 독촉하는 걸 당연하게 여겼다.

나카하타 사장은 "공간 부족에 시달리는 일본 가정 환경을 고려할 때 옷을 오랫동안 맡아주고 원하는 날짜에 찾아갈 수 있게 하면 고객들이 좋아하겠다"고 판단했다. 그래서 대형 창고를 마련해 6개월에서 3년까지 세탁물을 보관해주는 '시티 클로짓(City Closet)' 서비스를 출범시켰다. 이 서비스를 비롯, 새롭게 시도한 창의적 서비스들이 호평을 받으면서 기쿠야는 부진에 시달리는 클리닝 업계 실정과 달리 매년 5% 이상 성장하고 있다.

일본에서는 기쿠야처럼 자신들만의 독특한 강점을 무기로 불황을 극복하고 성장을 이어가는 강소 기업이 적지 않다. 일본은 '장수(長壽) 기업' 대국으로 통하는데 장수 기업 대부분이 강소 기업으로 분류된다. 전 세계에서 100년 이상 존속한 기업 중 80%가 일본에 있다는 통계가 나올 정도다. 이런 장수 기업은 創(창의), 執(집념), 變(변신)이란 화두를 기반으로 위기를 기회로 활용하면서 가치를 창출하고 있다.

오카다 고이치 메이지대 교수는 "일본 장수 강소 기업들은 창 · 집 · 변으로 표현되는 특징이 있다"면서 "여기엔 '산포요시(三方よし)' 정신, 즉 '파는 사람도 좋고, 사는 사람에게도 좋고, 세상에도 좋은' 사업을 해야 한다는 경영 철학이 밑바탕에 깔려 있다"고 말했다.

② (創)창의력 · (執)집념 · (變)변신

| 순 서 | 일본 기업인의 도전과 개척 정신 |
|---|---|
| (a) | 창(創) : 남이 생각 못 한 길을 찾아라 |
| (b) | 집(執) : 있는 강점을 극대화하라 |
| (c) | 변(變) : 과감한 변신으로 돌파하라 |

(a) 창(創) : 남이 생각 못 한 길을 찾아라

1986년 도쿄 주택가에서 창업한 우산 제조 회사 슈즈셀렉션은 장마가 끝나면 판매량이 급감하면서 번번이 부진에 시달리는 질곡에서 벗어나겠다는 목표를 세웠다. 그래서 "맑은 날에도 사고 싶은 우산을 만든다"는 구호 아래 다채로운 우산을 만들기 시작했다. 색상과 문양을 화려하고 다양하게 넣었고, 주머니에 들어가는 수퍼 미니형, 150g 초경량형 등 별별 우산을 다 만들었다. 낙진으로 고생하는 가고시마현 주민을 위한 둥글고 긴 투명 우산 '사쿠라지마 파이어', 도야마현 폭설 · 강풍을 견디도록 강화 플라스틱을 사용한 '도야마 선더' 우산 등은 "새롭고 창의적"이란 찬사를 받았다. 슈즈셀렉션은 현재 일본 우산 시장에서 점유율 17%를 차지하고 있으며, 매년 2000만개 이상 우산을 판매하고 있다.

(b) 집(執) : 있는 강점을 극대화하라

공중전화 부품 회사였던 유키정밀은 공중전화 수요가 줄면서 위기에 처했다. 이후 부품 생산 기술을 살려 항공우주 부품 생산에 뛰어들어 극적인 반전을 이뤘다. 부품 제조 기술에 대한 최고경영자의 집념과 결단, 이를 직원들과 전폭적으로 공유한 소통력이 성공의 원동력이었다. 주물 제작 업체 노사쿠도 주물 제조 기술을 발전시키며, 단순 하도급에서 직접 놋쇠 풍경(風磬 · 작은 종) 제작, 구부러지는 항균 재질의 주석 식기 '카고(KAGO)' 개발을 통해 프랑스 · 이탈리아 등 해외시장까지 진출한 글로벌 기업으로 거듭났다.

(c) 변(變) : 과감한 변신으로 돌파하라

금속을 녹여 산업용 기기 부품을 주조하던 주물 업체 아이치도비는 지금은 일본 최고 밥솥 제조 업체로 통한다. 아이치도비가 만든 '버미큘라 라이스포트'는 8만엔(약 80만원)에 이르는 고가임에도 주문 후 제품을 받으려면 최장 15개월까지 기다려야 하는 베스트셀러다. 이전에 만든 버미큘라 냄비 역시 명품 반열에 오른 상태. 아이치도비는 2000년대 초반 발주 감소로 고전하다 "새로운 사업 분야를 찾아보자"는 각오로 도전해 성공했다.

1967년 설립한 간판 제조 회사 코미는 우연히 블록 거울을 회전 간판에 붙인 걸 계기로 사각지대를 없애고 시야를 넓힐 수 있는 특수 거울 제조에 뛰어들었다. 현재 항공기 수화물 유실 확인용, 도로 충돌 방지 반사경, 서점 · 편의점 도난 방지용 거울 등 일본 특수 거울 시장의 80%를 차지하면서 신천지를 개척했다.

일본의 강소 기업들은 20여 년간의 장기 침체와 고령화의 위기 속에서도 혼신의 노력과 독자적 노하우로 생존에 성공했다. 이지평 LG경제연구원 수석연구위원은 "일본 강소 기업들은 자신의 영역에서 기술력 향상과 철저한 서비스를 추구한다"면서 "이를 대변하는 신조가 '모노즈쿠리(ものづくり)'"라고 말했다. 물건을 뜻하는 '모노'와 만들기를 뜻하는 '즈쿠리'를 합친 말로 '혼신을 다해 최고 제품을 만든다'는 장인 정신을 내포하고 있다. 최저임금 인상과 근로시간 단축 등으로 경영난을 겪고 있는 한국 중소기업들에 시사점을 주기 위해 일본의 글로벌 강소 기업들의 비결을 소개한다.

## 1.4 100년 기업 흔한 日本 규제 풀어 승계 도와

### ① 日정부 '신사업승계제' 손자까지 상속땐 세금 없음(無)

◇ 5년 80% 고용 조건 없애 일본정부 중소기업 승계 지원

| 구 분 | 내 용 |
|---|---|
| 감세 대상 확대 | 증여. 상속 주식 3분의 2를 전체로 확대 매각시 세금감면 |
| 면세 규정 확대 | 손자까지 상속하거나 도산 등 불가피한 경우. 상속. 증여세면제 |
| 사후 조건 완화 | 5년간 80% 고용유지조항 탄력적용 |
| 기 타 | 1명만 허용하던 상속인 3명까지 인정 |

후계자를 구하지 못해 문을 닫는 중소기업들이 급증하자 일본 정부가 대대적인 규제 완화에 나섰다. 일본은 중소기업 경영자의 개선 요구 사항을 대부분 수용한 '신사업

승계제도'를 올 4월부터 시행하고 있다. 파격적인 완화가 이뤄진 것은 가업 승계에 대한 엄격한 규제의 장점보다 폐업으로 인한 경제 전반의 피해가 더 크다는 사회적 합의가 이뤄졌기 때문이다.

◇ 우선 승계 과정에서 발생하는 세금 부담을 확 낮췄다.

기업을 물려받으면서 주식 이전에 따른 상속·증여세를 지금까지는 5년간 유예해줬으나 앞으로는 세금 자체를 줄여주기로 했다. 또 세금 유예, 감면 혜택 대상을 상속·증여 주식(비상장)의 3분의 2로 제한했던 것을 전체 주식으로 늘렸다. 또 사업승계 지원이라는 제도의 취지에 부합한다고 판단되면 세금 자체를 면제해주는 조항도 늘렸다. 손자 세대까지 상속이 이어지면 유예된 세금 자체를 면제받도록 하는 조항이 대표적인 예다. 사업 전망이 불투명해 승계를 꺼리는 상황을 고려해 승계 후 기업 경영 악화로 파산할 때도 유예받은 세금을 면제해준다.

이와 함께 현재 1명만 지정할 수 있던 상속자도 최대 3명까지 이름을 올릴 수 있도록 했다. 기업인들 불만이 높았던 '상속·증여 후 5년간 고용 80% 유지' 등 사후 조건도 폐지 혹은 완화해 탄력적으로 적용하기로 했다. 상속·증여 후 10년간 고용과 자산유지 규정 등을 두고 있는 한국에 비해 이미 완화된 기준이지만 이를 더 풀어준 셈이다. 도저히 승계가 어려워 매각을 선택할 때도 세금 부담을 줄였다.

② 가업승계 체계적 리더교육이 성공 출발점…

의견 갈리면 외부위원이 중재하게 해야 한다. 가구부품 생산 獨 최장수 기업 헤티히 안드레아스 헤티히 회장의 말이다 위트겐그룹은 독일의 전형적인 강소기업으로 세계 도로 건설·장비 시장을 선도하던 '미텔슈탄트' 가족기업이었다. 전 세계 100개국 넘는 곳에서 직원 8000명을 거느리던 경영진은 창업주 라인하르트 위트겐의 아들인 위르겐 위트겐과 슈테판 위트겐 형제였다.

1961년 설립 이래 사세를 확장해 가던 위트겐그룹은 지난해 말 세계 최대 농기계 회사인 존디어에 약 50억달러가 넘는 금액에 인수됐다. 위트겐 형제가 탄탄한 회사를 매각할 수밖에 없었던 배경엔 오너 일가 가업승계 문제가 걸려 있었다. 3세 오너 경영인을 키우려면 두 형제가 모두 75세가 넘도록 경영활동을 해야 했기 때문이다.

독일 KfW금융그룹에 따르면 앞으로 5년간 84만명이 넘는 독일 중소기업 미텔슈탄트 오너 일가가 위트겐그룹 같은 승계 위기에 처할 것이라고 분석했다. 오너 일가가 은퇴하면서 미텔슈탄트의 20% 이상이 2022년까지 지배구조의 변형이나 매각 위기에 빠질 것이라고도 밝혔다. 미텔슈탄트가 독일 전체 기업 매출 중 3분의 1 이상을 창출하고 있는 현실에서 오너 일가 소유 기업들의 승계 위기는 국가경제 위기로도 이어질 수 있다.

1888년 설립 후 독일에서 가장 오래된 가구 소재·부품 제조사로 등극한 헤티히는 전형적인 미텔슈탄트 기업이다. 백색가전용 힌지와 레일, 서랍 등 각종 수납장의 슬라이딩 도어와 레일 등을 주로 만든다. 전 세계 100개국이 넘는 시장에 수출하고, 38개국 넘게 해외지사를 확장했다. 2015년 기준 매출은 8억8000만유로다. 이 중 수출 비중이 70%에 육박한다. 직원 수도 6000명이다.

헤티히를 특별하게 만드는 건 탄탄탄 지배구조다. 창업자의 4대손인 안드레아스 헤티히 회장이 2005년부터 헤티히 경영을 총괄하고 있다. 한샘·에넥스 같은 국내 가구 업체부터 이케아, 노빌리아 등 글로벌 가구 브랜드와 삼성, LG, 필립스, 보쉬 등 백색가전 브랜드에도 납품한다. 헤티히는 가구 하드웨어라는 다소 전통적인 제조업에 종사하면서도, 2013년 95% 이상의 자동화율을 달성한 서랍재 부품 생산공장에 투자하고, 자동차용 금형시장도 새로 개척하고 있다. 매일경제 비즈타임스는 최근 한국을 찾은 헤티히 회장을 만나 미텔슈탄트 가운데서도 손꼽히는 장수 비결과 경영 성과를 달성한 방법을 물었다. 이하는 그의 말이다.

| 성공적인 가업승계의 비결은 | 디지털화 다음은 어떻게 |
|---|---|
| 경영 리더십 승계와 소유권 차별화가 핵심 전문경영인이 경영을 맡아도 오너 일가 가치 방식 따라야 | 증강현실같은 기술사용한 스마트공장에 막대한 투자. 스마트아파트 프로젝트로 장애인 돕는 아파트건설 |

③ 가족기업마저 승계위기와 가업승계 비결

◇ **독일 가족기업마저 승계위기에 처했다는 평가가 나온다.**

헤티히의 가업승계 비결이 있나.

헤티히 역시 다른 가족기업과 같은 문제에 직면해 있다. 그러나 우린 세 번의 성공적인 가업승계를 경험했다. 독일에선 많은 가족기업이 장기간에 걸쳐 리더십을 발휘한다. 성공적 승계는 탄탄한 교육과 관리로 시작한다. 헤티히는 별도의 경영자문위원회를 설치해서 관리한다. 경영자문위원회는 오너 일가 자원자 3명, 외부 위원 3명 등 총

6명으로 구성된다. 최고경영자(CEO) 선임과 주요 의사결정에 대한 의결권을 가진다. 의견이 갈리면 외부 위원이 객관적 사실과 원칙에 기반해 갈등을 해결한다.

가업승계 문제는 대개 다른 종류의 가정 문제와 원인이 동일하다. 권력과 사랑이 문제다. 경영 리더십의 승계와 소유권을 차별화하는 게 비결이다. 성공적인 승계와 별도로 반드시 오너 일가에서 CEO가 나오는 건 아니다. 장기 계획, 세무 컨설팅, 명확한 오너 일가 지배구조가 핵심 요소다.

◇ **오너 가문의 세대 차이가 너무 커지면 가업승계가 어렵지 않은가.**

헤티히도 과거 15년간 오너 일가가 CEO를 맡지 않았던 시기가 있었다. 나 역시 3대 오너 경영자인 아버지와 40년의 오너 경영 공백기가 존재했다. 그동안 경영권은 전문경영인이 차지했다. 단, 이 경우 오너 일가가 아닌 전문경영인은 특별한 역량을 갖춘 인물로 오너 일가의 가치와 방식을 따라야 한다. 그는 오너 일가가 완전히 믿을 만한 인물이어야 한다. 이는 상장사의 전문경영인과는 분명 다른 입장이다.

◇ **전통 제조업에 종사하고 있지만, 세계는 디지털화의 바람이 거세다.**
헤티히는 어떻게 혁신하고 있는가.

우린 증강현실(AR)과 같은 기술을 사용한 스마트공장에 막대한 투자를 하고 있다. 완전히 디지털화된 공장이다. 생산라인을 유지·관리할 때도 AR 글라스를 쓰면 어디서 무엇을 해야 하는지 작업자에게 알려준다.

가구 하드웨어란 제품 자체는 매우 기계적이고 디지털을 적용할 여지가 없어 보인다. 반면 프로세스와 서비스를 살펴보면 전통 제조업도 디지털화 잠재력이 엄청나다. 우린 2000종이 넘는 제품을 가구 설계자가 요구한 디자인에 맞춰서 제안할 수 있다. 고객은 가구 부품 하나하나에 대해 공부하거나 암기할 필요가 없다.

또 '스마트 아파트 프로젝트'로 장애인을 돕는 주택을 개발하고 있다. 체온, 맥박 등을 센서로 측정하고 헬스 트레이닝도 가능한 '지능형 의자'라든지, 요리 레시피를 알려주는 '스마트 쿠킹 어드바이저' 등 네트워크형 솔루션을 여럿 다룰 수 있을 것이다. 헤티히는 독일 정부의 '지능형 기술시스템' 첨단 클러스터 사업의 핵심 파트너로도 참여하고 있다.

**◇ 독일 가족기업은 한 분야에서 세계적인 성공을 거둔 '히든 챔피언'이 많다.**

사업 확장성이 다소 떨어져 보인다는 지적도 있다. 어떻게 생각하는가.

세계 가구 하드웨어 산업의 3대 메이저 기업은 헤티히를 비롯해 헤펠레, 블룸 등이 있다. 그중 헤티히는 정밀금속 가공 기술력에서 핵심적인 경쟁 우위를 확보하고 있다. 최근 수년 새 우리는 마그네슘 다이캐스팅 신사업에 투자해 자동차 부품 회사에 공급하기 위해 노력하고 있다. 차량 경량화 추세가 강화되면서 현재 대부분 자동차 제조사들은 알루미늄 비중을 높이고 강철 비중을 줄이고 있다. 과거에는 마그네슘이 공정 난도가 높고 어려웠지만, 헤티히의 금속가공 기술로 알루미늄보다 더 가벼운 마그네슘 부품으로 공략할 계획이다.

## [요 약]

### 탄탄한 중소기업

일본은 중소기업 저변이 넓은 '후지산형'이고, 한국은 대기업 중심인 '역피라미드형'이란 비유가 일본 학자들 사이에선 많이 퍼져 있다. 도요타 · 파나소닉 같은 일본 대기업들도 소재 · 부품을 만드는 탄탄한 중소기업이 포진해 있기 때문에 세계시장을 제패할 수 있었다는 분석이다.

### 장수기업대국 일본

전 세계 100년 기업의 약 80%가 일본에 있다. '장수 기업 대국 일본'이라 부를 만하다. 장류, 주류, 과자류 등 생필품에서 차, 종교 관련 도구, 여관 등 전통문화 관련 산업에 많다. 주물, 단조 등 장인 기술이나 정신을 계승해가는 가족 기업도 많다. 아마 이런 중소기업들이 일본 강소기업의 뿌리다.

### 하도급에서 독자기업으로

독자적인 기술과 제품 개발력을 보유하고 있다. 단지 기술력이 뛰어난 것뿐 아니라 독자적으로 제품을 구상하는 능력, 즉 설계 능력을 보유하고 있다. 자사 브랜드의 제품과 기술을 보유함으로써 하도급으로부터 독립이 가능했다.

### 고객 요구는 해결

고객의 니즈를 중시한다. 고객의 니즈를 철저하게 듣고 이를 새로운 비즈니스의 기회로 삼는다. 고객의 작은 목소리를 틈새시장 확보의 기회로 활용한다.

### 불타는 생존력 (創)창의력. (執)집념. (變)변신

### 創 : 남이 생각 못 한 길을 찾아라

1986년 도쿄 주택가에서 창업한 우산 제조 회사 슈즈셀렉션은 장마가 끝나면 판매량이 급감하면서 번번이 부진에 시달리는 질곡에서 벗어나겠다는 목표를 세웠다.

"맑은 날에도 사고 싶은 우산을 만든다."

### 執 : 있는 강점을 극대화하라

주물 제조 기술을 발전시키며, 단순 하도급에서 직접 놋쇠 풍경(風磬 · 작은 종) 제작, 구부러지는 항균 재질의 주석 식기 '카고(KAGO)' 개발을 통해 프랑스 · 이탈리아 등 해외시장까지 진출한 글로벌 기업으로 거듭났다.

### 變 : 과감한 변신으로 돌파하라

부품을 주조하던 주물 업체 아이치도비는 지금은 일본 최고 밥솥 제조 업체로 통한다. 아이치도비가 만든 '버미큘라 라이스포트'는 8만엔(약 80만원)에 이르는 고가임에도 주문 후 제품을 받으려면 최장 15개월까지

# 제2절 일본 경영의 신들이 후학들에게 말한다

## 2.1 경천애인·중심성성·인이관지를 명심해라

① 동서고금 경영학 이나모리 가즈오의 '후학삼강'

1867년, 27세의 한 청년이 일본 요코하마 부두에 섰다. 곧 프랑스 파리로 떠나는 증기선이 기적을 울렸다. 항구를 떠난 시부사와 에이이치(澁澤榮一)는 유럽 근대 자본주의 문명의 전시장이었던 만국박람회가 열리는 파리에 도착했다. 그는 거기서 두 가지 점을 새로 알게 됐다. 하나는 상공업자가 높은 사회적 지위를 누리면서 국가 발전에 이바지하고 있다는 사실이고, 다른 하나는 증기기관, 방적기계 등 구미 열강의 눈부신 자본주의 문명이었다.

파리에서 돌아오는 그의 두 손에는 한 권의 책과 주판이 들려 있었다. 하나는 새로운 경제 이념으로서의 '논어'였고, 다른 하나는 경영 기법으로서의 '주판'이었다. 논어는 '경영자가 자신을 다스리는 방법, 인간으로서의 바람직한 모습'을 뜻한다. 주판은 '사업을 전개해나가는 데 겸비해야 할 지식이나 기술'의 뜻을 담고 있다. 이 두 가지 중 하나라도 모자라면 사업을 영위해나가기 어렵다.

시부사와 에이이치는 이후 일본의 조세, 화폐, 은행, 회계 제도를 선구적으로 개혁하며, 500여 개의 기업체를 주도적으로 세웠다. 지금은 일본 자본주의의 초석을 닦아 '일본 기업의 아버지' '일본 근대 자본주의의 최고 영도자'로 불린다. 100여 년이 지나 또 다른 27세의 청년이 강단 위에 섰다. '씨 없는 수박'을 만든 우장춘 박사의 넷째 사위인 이나모리 가즈오(稻盛和夫)다.

다니던 회사에서 자신의 기술을 인정받지 못하자 자본금을 빌려 회사를 만들었다. 그의 앞에는 20대 젊은 동료 여덟 명이 있었다. 그들은 '세상을 위해 사람을 위해 최선을 다하자'라고 혈서를 함께 써 결기를 보였다. 1959년 그는 훗날 일본 최고의 전자회사가 되는 '교세라'를 창립했다. 이렇게 100년의 간격을 두고 두 인물이 이어진다. 시간이 흘러 1983년 중소기업을 경영하는 젊은 경영자들이 이나모리 가즈오 회장의 경험과 철학을 전수받기 위해 자발적으로 모였다. 이나모리의 경영스쿨인 세이와주쿠(盛和塾)이다. 2017년 현재 일본 내 지부 85개, 해외 지부 12개를 비롯해 약 1만2000명의 회원을 가진 세이와주쿠에서 그는 후학들에게 세 가지 경영철학을 가르치고 있다.

② 교육 3강 경영철학

◇ 1강: 경천애인(敬天愛人)

"전 직원의 행복을 추구하라."

시대를 넘어 시부사와 에이이치가 이나모리 가즈오에게 건네준 '논어'는 먼저 '모든 상업은 죄악이다'라는 유학(儒學)에 대한 오해에서 벗어나라고 이야기한다.

공자는 "부귀는 모든 사람이 바라는 것이지만 정당한 방법으로 얻은 것이 아니라면 부귀를 누리지 않아야 한다. 빈천은 모든 사람이 싫어하는 것이지만 정당한 방법으로 벗어나는 것이 아니라면 벗어나지 말아야 한다"고 했다. 시부사와 에이이치는 이를 '정당한 도를 통해 얻는 부는 좋은 것이다'라고 해석한다.

이를 이어가듯 이나모리 가즈오는 "젊은 시절 공자의 '논어'를 배운 것이 지금의 나를 있게 했다. 과학이 발달한 문명사회에서 도(道)는 더는 필요 없고 돈을 버는 것만 중요하다고들 하지만 인간의 도가 가장 중요하다"며 "회사 경영은 공명정대하고 이치에 맞아야 하며 또 도리에 어긋남이 없어야 한다"고 주장한다. 이런 생각에 따라 그가 창업한 교세라의 사훈은 '경천애인(敬天愛人), 하늘을 공경하고 사람을 사랑하라'로, 경영 이념은 '전 직원의 물심양면의 행복을 추구함과 동시에 인류·사회의 진보와 발전에 공헌할 것'으로 정해졌다.

사업을 하려면 '내가 사업을 왜 하는가'에 뚜렷하게 대답할 수 있어야 한다. 그래야 사업 영역과 사업 구조를 가질 수 있다. 최근 한국의 대기업들이 대부분 겹쳐진 사업 영역에서 서로 경쟁하는 이유는 내가 왜 사업을 하느냐는 철학보다는 수익이 되는 신사업 영역에 서로 동시에 진출했기 때문이다. 인간에게 인격이 있는 것처럼 회사에도 회사의 품격이 있다. 사람들로부터 존경받을 수 있는 품격 높은 회사가 되어야 한다. '나는 사업을 통해 인간으로서의 올바른 경영철학을 구현하고 있는가?'

◇ 2강: 중심성성(衆心成城)

"임직원 전원이 경영하게 하라."

지난 2012년 9월 19일 일본항공(JAL) 부활에 성공한 이나모리 가즈오 당시 최고 경영자가 일본항공의 증시 재상장을 알리고 있다.

파리만국박람회 사절단은 1868년 메이지유신이 발발하면서 일본으로 돌아갔다. 하지만 시부사와 에이이치는 프랑스에 남았다. 근대적인 회계법, 금융제도, 주식회사의 구조를 직접 배우기 위해서였다. 시부사와 에이이치가 이나모리 가즈오에게 건네준 오른손에는 이때 배운 경영기법의 주판이 들려 있다. 이나모리 가즈오는 이를 통해 '아메바 경영'을 펼쳤다.

처음 교세라를 창업했을 때, 기술자 출신인 이나모리 가즈오는 경영과 숫자에 밝지 못했다. 하지만 이 때문에 오히려 경영의 핵심에 쉽게 접근할 수 있었다. 매출은 최대로, 경비는 최소로 하기 위해 노력하는 동안 조직은 급속도로 커졌다. 매출과 비용이 한눈에 들어오지 않자 그는 조직의 단위를 작게 나눴다.

이나모리 가즈오는 아메바 경영을 '세세하게 나누어서 눈에 보이는 경영'이라고 했다. 아메바경영의 대표적 사례로는 그가 했던 JAL(일본항공) 회생작업을 꼽을 수 있다. 그는 3만명에 달하는 JAL의 직원을 10명씩 팀으로 나눴다. 그리고 월말에는 그 팀의 승패를 확실히 알 수 있는 구조를 만들어 냈다.

아메바 경영의 장점으로는 과거의 수치가 아닌 '현재의 수치'에 바탕을 둔 현실경영을 꼽을 수 있다. 이는 '맹자(孟子)'의 양혜왕(梁惠王上) 제환진문장(齊桓晉文章)에 등장하는 명찰추호(明察秋毫)와 일맥상통한다. 명찰추호란 눈이 아주 밝고 예리해서 가을날 가늘어진 짐승의 털까지도 분별할 수 있다는 의미와, 사리가 분명해 극히 작은 일까지도 미루어 알 수 있다는 뜻을 담고 있다.

이나모리 가즈오가 내세운 또 하나는 전원이 참가하는 경영 방식이다. 이는 '국어(國語)'의 주어(主語) 하편에 등장한 '중심성성'과 맞닿아 있다. 중심성성이란 '여러 사람의 마음이 성(城)을 만든다' '여러 사람이 마음을 하나로 합치면 견고한 성과 같아진다'는 것을 뜻한다.

작은 조직 단위에서는 리더를 중심으로 각 아메바 멤버들이 스스로 목표를 세우고 또 각각의 입장에서 목표 달성을 위해 최대한 노력하게 된다. 그 결과 회사 임직원 전원이 목표 달성을 위해 개별 역량을 결집하는, 이른바 '전원 참가형 경영'이 이뤄진다.

### ◇ 3강: 인이관지(人以貫之)

"사람, 즉 직원이 답이다."

공자는 '오도는 일이관지라(吾道 一以貫之)'라고 했다. "나의 도는 하나의 이치로 모든 것을 꿰뚫고 있다"는 뜻이다. 이나모리 가즈오는 공자와 같이 단 하나의 이치로 경영의 모든 것을 꿰뚫었다고 하며, 직원, 즉 사람이 답이라고 한다. 일이관지를 넘어 인이관지(人以貫之)를 강조한다. 경영은 사람이 하는 일이며, 모든 경영 문제의 열쇠는 사람이 쥐고 있다는 것이다.

이나모리 가즈오는 마쓰시타 고노스케, 혼다 소이치로와 함께 일본에서 가장 존경받는 3대 기업가로서 현재 유일하게 살아 있는 경영의 신이다. 교세라를 종업원 수 6만여 명, 매출 1조3000억엔의 글로벌 기업으로 도약시킨 반세기 동안 그는 단 한 번도 적자를 기록하지 않았다. 그 비결은 왼손의 논어와 오른손의 주판이 모두 사람을 향하는 인이관지가 아니었을까?

### ◇ 이나모리 가즈오(稻盛和夫)

| | |
|---|---|
| 1932~ | 일본 가고시마시 출생 가고시마대학 공학부 졸업. 쇼후공업 기술자로 입사 |
| 1959 | 교토세라믹주식회사(현 교세라) 설립 |
| 1984 | 다이니덴덴(현 KDDI) 설립 |
| 2010 | 일본항공(JAL)이 파산하자 회장에 취임(13개월 만에 흑자 전환) |
| 2013 | JAL 회장 물러나 교세라 명예회장으로 복귀 |

### ③ 후학 3강의 뿌리, 이시다 바이간의 '석문심학(石門心學)'

이시다 바이간

이나모리 가즈오의 '후학 3강'의 뿌리는 어디에 있을까. 먼저 일본 에도시대 경제사상가 이시다 바이간(石田梅岩 · 1685~1744)의 '석문심학(石門心學)'을 시작점으로 꼽을 수 있다. 이시다 바이간은 상대와 자신이 모두 잘되는 것이 진정한 상도(商道)라고 주장하여 일본인들의 직업의식을 도(道)로 승화시킨 인물이다. 그의 경영철학은 일본 산업 혁명 성공의 원동력이 된다.

석문심학은 두 가지 점을 강조한다.

첫째, 진정한 상인은 상대방과 자신을 모두 이롭게 한다. 이익을 남기되 이윤 자체가 아니라 좋은 물건을 싸게 공급하는 데서 상행위의 목적을 찾아야 한다.

둘째, 물욕을 버리고, 눈앞의 이익보다는 상대를 이롭게 하는 것이 결과적으로 나의 이익으로 돌아오는 안목이다.

#### ◇ 시부사와 에이이치 경영철학(經營哲學)

메이지유신 시대에 접어들면서부터는 윤리도, 도덕도, 공익도 망각한 채 오직 부의 획득을 위해서만 돌진하던 사람들이 많았다. 당시 시부사와 에이이치는 "도덕과 경제는 서로 반(反)하는 게 아니라 수레의 두 바퀴처럼 서로 의지하며 굴러가야 진정한 근대 자본주의가 완성된다"고 주장했다. 기업가들이 단지 개인의 영리 추구에만 머물러서는 안 되며, 사회적 기여와 공익을 명백하게 가르쳐야 한다는 게 그의 생각이었다. 이는 '곤궁한 상황에 부닥치게 되면 홀로 몸을 선하게 하고, 출세하게 되면 함께 천하 사람들을 선하게 해야 한다'는 '맹자' 정신을 계승한 것이기도 하다.

부의 축적과 도덕을 연관시킨 이시다 바이간과 시부사와 에이이치의 경영철학은 서양의 칼뱅주의 청교도 상업윤리와 서로 맥이 통한다. 막스 베버는 고독과 불안에 빠지지 않을 수 없는 인간이 세속 생활을 영위하면서 자기의 직업을 소명으로 받아들이고, 절약과 부의 축적을 그 징표로 삼는 청교도 정신이야말로 자본주의 정신이라고 했다. 또 경제적 부의 축적에 종교적 축복과 도덕적 · 윤리적 정당성을 부여할 때, 외부의 강제에 의해서가 아니라 내면적 가치의식에 의해 동기부여가 이루어질 때, 이러한 내면적 가치의식이 사회 일반의 윤리 규범으로 객관화되어 금욕주의가 사회적 문화 가치로 정착할 때, 비로소 자본주의적 경제 체제가 정상적 기능을 하게 된다고 보았다.

동서양에 공통된 자본주의 정신과 경영철학을 동양의 언어로 표현하면 '인의도덕(仁

義道德)'을 꼽을 수 있다. 이는 올바른 도리로 얻는 부가 아니면 그 부는 아름답지도 않고 영원할 수도 없다는 것을 뜻한다. 지속 가능한 경영을 위해서는 이와 같은 부의 정당성이 무엇보다 중요하다.

## 2.2 일본 기업인 정신 (혼·창·통)

① 혼창통(魂創通)

혼(魂) : 가슴 벅차게 하는 비전이 사람을 움직인다.
창(創) : 끊임없이 '왜' 라고 물어라. 그러면 열린다.
통(通) : 만나라, 또 만나라... 들어라, 잘 들어라.

◇ 왜 지금 '혼·창·통'인가?

혼·창·통, 어느 하나도 소중하지 않은 것이 없지만 출발은 '혼'에서 부터이다. 혼이란 무엇인가? 혼은 꿈이고 비전이며 신념이다. 하는 일에 목적의식, 소명의식을 가지는 것이다. 혼이 있으면 다음엔 '창'이 있다. 창은 의미 있는 것을 만들어내는 일이다. 혼이 씨를 뿌리는 것이라면, 창은 거두는 것이다. 창은 실행이다. 꿈을 현실로 바꾸는 과정이다.

그렇다면 '통이란 무엇인가?' 통은 문자 그대로 서로 통하는 것이다. 무엇을 통하려는 것인가? 바로 혼을 통하려는 것이다. 우리 모두가 함께 살아가는 목적, 세상의 수많은 조직과 만남을 제쳐두고 굳이 '우리'가 함께 한솥밥을 먹는 이유를 소통하는 것이다. 문제는 오늘날의 위기가 그것이 경제적 위기든 식량위기든 환경적 또는 사회적 위기든 궁극적으로는 도덕적 위기이며, 따라서 모든 위기가 서로 연관되어 있다는 점이다.

② 1부 혼 ; 누가 그들을 미치도록 일하게 만들었나?

'내가 여기 왜 있는가'를 늘 되물어봐야 한다. 그 끝없는 물음의 과정, 그것이 바로 '혼'이다. 개인은 일의 주인이 되어야 한다. 그래야 진정한 성공을 맛볼 수 있다. 기업은 조직원을 일의 주인으로 만들어야 한다. 그것이 조직원과 기업이 함께 성장하는 길이다.

◇ 돈으로 사람을 움직일 수 없다.

"진정한 영웅은 어떤 대가를 치르더라도 다른 사람을 능가하기 위해 노력하는 것이 아니라, 어떤 대가를 치르더라도 다른 사람을 돕기 위해 노력한다"라고 주장했던 아서 애쉬, 그야말로 대의의 삶을 산 인물이었고, 그렇기에 모든 이의 마음에 영원히 각인될 수 있었다. 진정한 혼은 목적가치임은 물론이다. 꿈과 비전이 처세의 노하우에 그친다면 의미는 크게 반감된다. 그것이 다른 사람과 인류에 좋은 영향을 끼친다는, 목적가치에 이바지할 때 진정한 의미를 갖게 된다.

한 연구는 사람들의 목적을 임의로 조작하는 실험을 했다. 무언가를 공부하게 하는 실험이었는데, A집단에게는 그것을 공부하면 인간적인 성장(내발적 목적)에 도움이 될 것이라고 알려준 반면, B집단에게는 돈을 버는 데(외발적 목적) 도움이 될 것이라고 알려줬다. 그 결과, A집단이 B집단에 비해 공부에 대한 이해도가 월등히 높고, 공부한 내용을 토대로 한 실행에서도 성과가 훨씬 좋은 것으로 나타났다.

혼은 큰 꿈이다. 큰 꿈은 대의이다. 혼과 비전, 가치는 개인의 차원을 뛰어넘는 대의일 경우에 가장 본질적이고 존재론적인 의미를 가지며, 큰 울림을 갖게 된다. 또한 큰 꿈은 '나눔'이다. 꿈은 나눌수록 커진다.

③ 2부 창 ; 꿈은 공짜로 얻어지지 않는다.

창은 혼을 노력과 근성으로 치환하는 것이다.

1만 시간이라면 하루 3시간씩, 10년을 보내야 확보되는 시간이다. 작곡가나 야구선수 · 소설가 · 스케이트선수 · 피아니스트, 그밖에 어떤 분야에서든 이보다 적은 시간을 연습해 세계 수준의 전문가가 탄생한 경우를 발견하기 힘들다는 것이다. Malcolm Gladwell 진짜 모험가는 디테일에 목숨을 거는 소심하고 세심한 사람이다. 아주 작은 디테일까지 세심한 주의를 기울여야 하며, 리스크를 감수하고라도 실행에 옮겨야 한다. 이 모든 과정들을 충실히 이행할 때, 비로소 창은 우리를 성취와 성공의 길로 안내한다.

◇ 손이 진흙으로 더러워지는 것을 두려워 하지 마라

스티브 잡스는 "창조성"이란 서로 다른 것들을 연결하는 것이라고 했다. 다시 다니엘 핑크의 이야기를 들어보자. "이제 우리에게는 팩트들이 너무나 넘쳐난다. 그런 팩트들을 스토리로, 문맥으로 엮어내지 못하면 팩트는 증발된다."

◇ 현실에 안주하는 순간, 창은 시들고 만다.

실패를 두려워하지 말라는 이야기는 무조건 실패를 용인하라는 뜻이 아니다. 실패에 주저 않지 말고 원인을 분석해 새로운 도전을 감행하라는 것이다. 그렇게 새로운 실패가 쌓이고 쌓일 때, 비로소 성공의 열매를 맛볼 수 있다. 그들에 따르면 창은 '혼을 노력과 근성으로 치환하는 과정'이며 '매일 새로워지는 일'이고 '익숙한 것과의 싸움'이다. 어느 날 갑자기 찾아오는 것이 아니라 노력하고 도전하는 하루하루가 쌓여야 비로소 발현되는 것이 창이다.

④ 3부 통(通) ; 작은 소리 하나도 놓치지 마라.

통은 단순히 커뮤니케이션을 의미하지 않는다.

통은 조직의 존재 목적, 즉 혼을 소통하는 일이다. 경청의 의미는 중요한 정보를 캐치한다는 데 머물지 않는다. 그밖에도 매우 중요한 의미가 있다. 즉, 다른 사람의 이야기에 정보가 있건 없건 경청하는 행위 자체가 상대방에게 인정받는다는 느낌을 주어 긍정적인 에너지를 샘솟게 하는 것이다.

로버츠 사장은 요즘도 여전히 소비자의 생각을 읽기 위해 한 달에 평균 20편의 영화를 보고, 30권의 잡지를 읽고, 젊은이들이 찾는 클럽 주변을 서성이며, 뉴욕 브로드웨이와 런던 웨스트엔드 뮤지컬 극장을 수시로 간다. 그러나 비즈니스 모임에는 가지 않는다. 골프도 치지 않는다. 그 이유는 다음과 같다.

"경영자들과 만나다보면 시각이 점점 경영하는 쪽으로 기울게 돼요. 이건 소비자들이 먹여 살리는 나 같은 사람으로선 반드시 피해야 할 일이죠. 소비자들은 당신 사무실 복도 끝에 살고 있지 않습니다."

중요한 이야기는 한 번 전하는 것으로는 부족하다. 비전이나 핵심가치는 한 번 선언하고 끝내서는 안 된다. 몇 번이고 거듭 말해서 중요성을 공유해야 한다. 처음에 서너 번 반복하면 직원들은 '또 그 소리야'라고 생각하고, 다섯 번, 여섯 번이 되면 '중요하긴 한 모양이네'라고 생각할 것이다. 적어도 열 번 이상은 말해야 경영자의 본심이 제대로 전달되어 반응을 보이게 된다.

◇ 삐져나오는 못은 더욱 삐져나오게 하라.

리더의 책무는 매일 회사를 빠져나가는 그 90%의 중요 자산이 내일 다시 회사로 돌아와서 재미있게 일하도록 하는 것이다.

## 2.3 혼·창·통은 불확실성의 폭풍우 속을 비추는 등대

① 안사가 만사(人事萬事)

간단서평: '인사가 만사다'라는 말을 다시금 떠올릴 수 있었다. 산업혁명 이후 기업들이 대량생산에 박차를 가하면서 인간은 생산도구로 전락했다. 인간자원을 가장 큰 고부가가치 재원으로 보는 HRM(Human Resource Management) 연구가 등장한 것은 얼마 되지 않았다. 폐쇄적인 한국 기업들은 조직 내 부조리에 대해 내부고발을 하는 사람들을 맞이해야 했다. 그들은 왜 조직과 분리되어 다른 목소리를 내기 시작했던가?

그때부터 선진 기업문화에 대한 이해가 필요했다. 오랫동안 한국 기업들이 생산의 강화를 위해 절대적이라고 생각한 관료주의적 시스템이 결국 기업들로 하여금 온갖 노동 쟁의에 시달리게 만든 것이다. 노동운동은 고용주가 피고용인의 권리를 묵살하는 경우가 근본적인 이유라 할 수 있다. 공생관계로 발전하지 못한 인간에 대한 몰이해가 결국 생산력 저하를 가져오고 고용주에 대한 불신으로 이어졌다. 그런 의미에서 혼·창·통을 공유하는 기업이라는 것은 성공하는 기업이요, 성공한 기업일 것이다.

삼성은 '또 하나의 가족'이라는 구호를 외쳤음에도 업무 중 유독가스에 의해 백혈병에 걸려 죽어 나가는 공장 직원들을 나몰라라 했다. 삼성은 성공한 기업일까? 가장 오랜 시간을 보내는 직장이 가족이 될 수 없다면 결국 피고용인들은 최선을 다하지 않을 것이다. 필리핀 지프니 안에서 한 친구의 티셔츠에 이렇게 써 있었다. If you can't handle my worst, then you don't deserve my best. 사람은 오래 사귀고 봐야 한다. 그 잠재력은 오직 신만이 아신다. 혼·창·통, 이러한 신앙이 공유된 기업이라면 가히 천국 같을 것이다. http://sovereignty.tistory.com/210

② 일(日)경영의 신이나모리 日 교세라

(a) **파산 직전 JAL되 살린**

약관(弱冠)27세의 나이로 단돈 3000만원으로 교세라 창업하여 종업원 8만명에·매출 18조원 기업으로 일궈 사원이 주인되는 '인본주의 경영으로 성공을 이끄온' '일본의 살아있는 경영의 신(神)'으로 불리는 교세라의 이나모리 가즈오(稻盛和夫·90) 명예회장이시다 이나모리 회장은 20대의 나이에 창업해 종업원 8만여 명, 매출 1조8000억엔

대(약 18조원) 기업으로 키웠고, 파산 직전의 일본항공(JAL)에 무보수 최고경영자(CEO)로 취임해 3년 만에 되살린 인물이다. 씨 없는 수박으로 유명한 우장춘 박사의 사위이기도 하다.

이나모리 회장은 1932년 가고시마(鹿兒島)에서 가난한 인쇄소 집안의 4남3녀 중 차남으로 태어났다. 명문 오사카대학 의학부에 지망했지만 낙방했고 당시 신설된 가고시마대 공학부에 입학해 유기화학을 전공했다. 당시 일본은 연줄 취업이 만연했고 갓 졸업한 이나모리는 입사 지원서를 낼 때마다 번번이 떨어지다 절연체를 만드는 중소기업 쇼후공업에 취직했다. 월급이 제대로 안 나왔고 회사가 도산 직전에 내몰리자, 4년 만에 사표를 내고 나왔다. 당시 27세였다. 같이 나온 동료 7명과 함께 1959년 4월 자본금 300만엔(약 3000만원)으로 교토세라믹(현 교세라)을 창업했다.

대학 · 취업에서 실패를 거듭한 20대의 이나모리는 "인생 · 일의 결과=생각하는 힘X열정X능력'이라는 방정식을 만들었다. 능력은 선천적일 수 있지만 열정만큼은 내가 할 수 있다고, 긍정적인 마음만 있다면 결과는 좋아진다는 믿음이다. 교세라는 창업 12년 만에 오사카증권거래소에 상장했다.

1961년 사원들과 2박 3일 토론회에서 '전 종업원의 물심양면 행복을 추구함과 동시에 인류 · 사회의 진화 발전에 공헌한다'는 교세라의 경영이념을 만들었다. '인본주의 경영'이라는 이나모리식(式) 경영 철학의 기본이다. 경영 수법으로는 10명 이하의 소집단으로 조직을 나누는 '아메바 경영' 방식을 썼다. 소조직별로 시간당 채산성을 극대화하는 전략인데 모든 사원이 작은 조직에선 주인공으로 경영에 참여한다는 발상에서 나왔다.

1984년에는 다이니덴덴이라는 장거리 전화회사를 설립해 일본 통신시장을 독점한 NTT에 도전했다. 이후 이 회사는 KDD · 일본이동통신과 합병해 현재 2위 통신업체인 KDDI가 됐다. 2005년 교세라의 이사직을 사퇴하고 경영 일선에서 물러났다가 78세 때인 2010년 JAL 회장에 취임했다. 일본 국적기 JAL이 파산 위기에 몰리자 하토야마 유키오 당시 총리가 경영을 요청하자 수락한 것이다.

무보수 회장에 취임해 전 직원의 3분의 1에 달하는 1만6000명의 정리해고를 단행했다. 3년이 지나지 않아, JAL은 흑자 전환했고 2012년 도쿄증시에 재상장했다. JAL 개혁 당시에 공항 카운터 여직원이 그의 앞에서 월 2000엔(약 2만원)의 비용 삭감을 발표한 일화가 유명하다. 다른 임원들이 너무 적은 금액에 당황했는데 이나모리 회장은 크게 기뻐했다. 주인의식을 갖고 노력한 그 직원의 열정이 금액보다 훨씬 중요하다는 게 그의 경영 철학이었다.

정치적으로는 일본의 장기 집권 여당인 자민당이 아닌 야당을 줄곧 후원했다. "일본을 좋게 하려면 정권 교체가 가능한 나라여야 한다"는 게 소신이었다. 1990년대부터 야당 후원자로 활동했다. 하지만 2009년 민주당이 집권에 성공했지만 제대로 국정을 못하자 크게 낙담하기도 했다.

마지막 직함은 교세라 명예회장이자, KDDI의 특별고문과 JAL의 명예고문이다. KDDI의 다나카 다카시 회장은 이날 '인간으로서 무엇이 옳은가'를 묻는 그의 경영철학을 배운 건 KDDI에 둘도 없는 재산"이라고 말했다. JAL은 "탁월한 리더십으로 구조 개혁과 의식 개혁을 진행해 회사를 재생했다"며 "공헌과 공적에 감사드린다"고 발표했다.

한국과의 인연도 깊다. 창업하기 직전인 1958년 우장춘 박사의 넷째 딸인 아사코씨와 결혼해 딸 셋을 뒀다. 박지성이 2000년 일본 J리그의 교토퍼플상가에 진출했을 때 교세라가 축구팀의 메인 후원 기업이기도 했다.

표 11-2 일본기업 성장의 원천 윤리와 도덕관

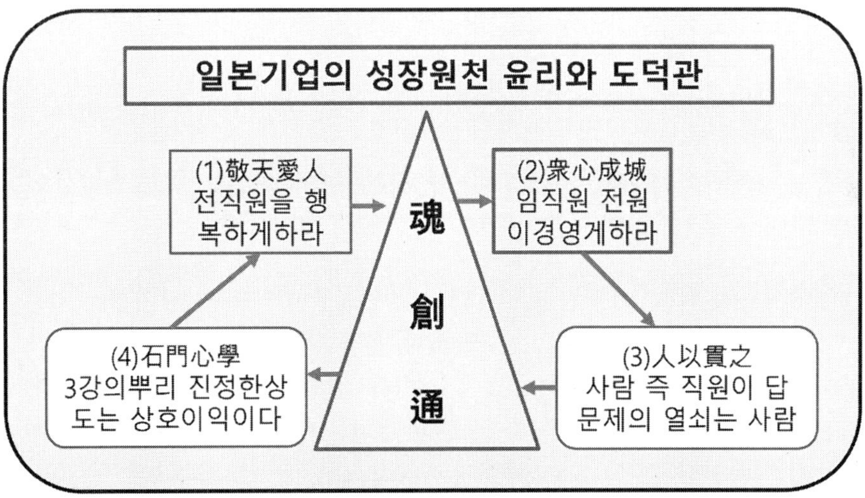

## [요 약]

### 경천애인(敬天愛人)

**"전 직원의 행복을 추구하라."** 시대를 넘어 시부사와 에이이치가 이나모리 가즈오에게 건네준 '논어'는 먼저 '모든 상업은 죄악이다'라는 유학(儒學)에 대한 오해에서 벗어나라고 이야기한다.

### 공자는 부귀. 빈천.

공자는 "부귀는 모든 사람이 바라는 것이지만 정당한 방법으로 얻은 것이 아니라면 부귀를 누리지 않아야 한다. 빈천은 모든 사람이 싫어하는 것이지만 정당한 방법으로 벗어나는 것이 아니라면 벗어나지 말아야 한다"고 했다.

### 사업을 하려면

'내가 사업을 왜 하는가'에 뚜렷하게 대답할 수 있어야 한다. 그래야 사업 영역과 사업 구조를 가질 수 있다. 인간에게 인격이 있는 것처럼 회사에도 회사의 품격이 있다. 사람들로부터 존경받을 수 있는 품격 높은 회사가 되어야 한다. '나는 사업을 통해 인간으로서의 올바른 경영철학을 구현하고 있는가?'

### 중심성성. 衆心成城

"임직원 전원이 경영하게 하라." 지난 2012년 9월 19일 일본항공(JAL) 부활에 성공한 이나모리 가즈오 당시 최고 경영자가 일본항공의 증시 재상장을 알리고 있다.

그는 3만명에 달하는 JAL의 직원을 10명씩 팀으로 나눴다. 그리고 월말에는 그 팀의 승패를 확실히 알 수 있는 구조를 만들어 냈다.

중심성성이란 '여러 사람의 마음이 성(城)을 만든다' '여러 사람이 마음을 하나로 합치면 견고한 성과 같아진다'는 것을 뜻한다.

### 인이관지(人以貫之)

공자는 '오도는 일이관지라(吾道 一以貫之)'라고 했다. 이나모리 가즈오는 공자와 같이 단 하나의 이치로 경영의 모든 것을 꿰뚫었다고 하며, 직원, 즉 사람이 답이라고 한다. 일이관지를 넘어 인이관지(人以貫之)를 강조한다. 경영은 사람이 하는 일이며, 모든 경영 문제의 열쇠는 사람이 쥐고 있다는 것이다.

'石門心學' 두 가지 점을 강조한다.

첫째, 진정한 상인은 상대방과 자신을 모두 이롭게 한다. 이익을 남기되 이윤 자체가 아니라 좋은 물건을 싸게 공급하는 데서 상행위의 목적을 찾아야 한다.

둘째, 물욕을 버리고, 눈앞의 이익보다는 상대를 이롭게 하는 것이 결과적으로 나의이익으로 돌아온는 안목이다.

# 제3절 일본 소강 장수기업의 고찰

## 3.1 경영 이념과 사회적 책임에 관한 하나의 고찰

① 경영이념과 기업운영

(a) **기업경영광**

경영 이념과는 경영자가 기업 운영에 대해서 품는 신조・이념・경영관을 가리킨다고 해도 좋을 것이다. 그것은 경영 철학, 경영 신념, 경영 사상, 행동 이념, 지도 원리 등의 명칭으로 불린다. 경영자가 리더십을 발휘할 경영의 방향을 정하는 데 매우 중요한 역할이다. 경영자가 경영 이념을 구성원에 침투시키기 위해서는 프로 정신에 뒷받침된 리더십 함양과 그것을 기업 내에서 발휘하기 위한 환경이 필수적이다.

기업의 사회적 책임(corporate social responsibility)활동의 원점은 창업 이후 경영 이념을 시대에 적응하고 새로운 가치관으로서 경영 이념을 책정하고 이를 바탕으로 자사의 기본 방향을 구상하고 있음, 확고한 경영 이념에 기초한 가치관에서 경영 비전과 중장기 경영 계획을 결정한 것이다. 창업 이후 경영 이념이 경영자와 종업원의 공통의 가치관이 되었고, 대화와 소통을 반복, 확고한 경영 이념을 실천하고 있는 것이 특징이다. 키워드 소강: 장수 기업, 경영 이념, 경영 철학, 기업의 사회적 책임, (CSR), 지속가능한 발전, 경영자

(b) **노포 장수기업(老鋪 長壽企業)**

일본 기업 중에는 장수 기업인 기업이 많이 존재한다. 데이 코쿠 데이터 뱅크 사료관(2008)에 따르면 1912년까지 창업한 기업(종교 법인이나 사단, 재단 기타 공익 법인 등 제외)은 24234개사에 이른다 1). 1912년까지 창업한 기업(종교 법인이나 사단, 재단 기타 공익 법인 등 제외)은 24234개사에 이른다. 24234회사의 업종별을 보면 소매업(7021사, 구성비 29.0%)이 가장 많고 제조업(6181사, 이 25.5%), 도매업(6034사, 이 24.9%)순으로 되어 있어, 전체의 79.4%를 차지하고 있다. 업종 분류에서는 청주 제조(784개사), 료칸(646회사), 과자 제조 판매(514사단)가 상위를 차지하는, 노포라는 기업

이 이름을 올렸다.

(c) 기업의 이념과 가치관

장수 기업의 상당수가 창업 이후 경영 이념(기업 이념)을 들고 공통의 가치관 혹은 경영 방침으로, 그동안 경영을 해왔다. 모든 장수 기업이 경영 이념을 명문화된 것은 아니지만, 구전을 포함하고 장수 기업에 공통적으로 보는 것은 양질 저가, 신장에 있던 경영을 해오고 있는 것이다. 그런 경영에는 창업자의 경영 이념, 경영 철학과 같은 가르치고 교훈, 가훈이 경영 지침이 되는, 가치관의 양성, 정신적 지주가 되었기에 오늘까지 존재하는 것이다.

② 기업의 사회적 책임(CSR)

최근 기업의 사회적 책임(corporate social responsibility)는 CSR로, 신문을 비롯한 기업의 일상 용어로 선파되는, 기업의 전략적 사업으로 이루어지고 있다. 1990년대는 환경 경영이 주목되어, 기업(특히 큰 회사)는 모두 환경 보고서를 발행하고 왔다. 그것이 점차 2003년을 계기로 환경 보고서에서 명칭을 바꾸고 CSR보고서 또는 사스 테나 비리티 보고서로 발행했다. 환경부에 따르면 CSR을 포함한 환경 보고서를 공표하는 일본 기업은 1000회사를 넘어섰다. 이러한 배경에는 기존의 환경 경영에다가, 경제, 환경, 사회라고 하는 틀에서 파악하고 그 중에서 경영할 필요성이 요구되어 왔기 때문이다.

특히 경제 동우회는 산업계의 선구자로서, CSR의 생각, 개념, 목적 등을 기업에 홍보한 바 있다.CSR은 기업과 사회의 지속 가능한 발전을 키 개념으로 하는 경영하는 것이 요구되고 있다. 특정 부서만 CSR에 나서고 설명을 하는 것이 아니라, CSR을 경영에 넣은 사업으로 전개할 필요가 있다. 그렇지만, CSR을 미래의 투자와 생각 경영자도 있으면, 코스트라고 생각한 경영자도 있다. 경영자는 CSR을 경영으로 가는 것이 결과적으로 기업 가치 2)향상으로 이어진다는 의식을 가질 필요가 있다.

③ 공통가치창조(CSV)

마이클 포터(Porter, Michael E.)와 마크 크라머르(Kramer, Mark R.)는 Harvard Business Review(2006년 12월호)에서 사회적 과제에 대한 자사의 사업을 통해서 기업 가치를 향상시키는 CSR의 수법으로서, CSV(Creating Shared Value:공통 가치 창조)을 제창한. 그 다음 마이클 포터와 마크 크라머르는 Harvard Business Review(2011년 1월・2월 합병호에서 CSV의 컨셉에 대해서 다루고 있다.

◇ 상인의 삼면3미(**商人三面三味**)

그러나 그들의 개념보다 이전부터 내려오는 상인의 삼면 좋은(판매자 좋고, 사람 좋고, 세상 좋은)에 보듯이 사회의 정합성에 맞춘 경영을 실천하고, 그 경영에는 경영 철학이 있음을 지적하고 싶다. 100년, 200년 이상이라는 장수 기업은 일본이 세계에서 가장 많은 그 특징을 학습해야 할 일이 있다. 본고에서는 지속 가능한 발전을 목표로 기업의 바탕을 이루는 경영자의 이념과 사회적 책임 활동의 관계에 대해서 고찰한다. 구체적으로는 경영 이념을 종업원과 공유하고 사회적 책임 활동으로 경영 실천하기 위한 규정, 그 특징을 밝히고자 한다.

## 3.2 경영자의 경영 이념과 리더십

① 경영자의 경영 이념

일반적으로 경영 이념과는 경영자가 기업 운영에 대해서 품는 신조·철학·경영관을 가리킨다고 해도 좋을 것이다. 그것은 경영 철학, 경영 신념, 경영 사상, 행동 이념, 지도 원리 등으로 불리고 있다. 오쿠무라(1997)은 경영 이념에 상당하는 명칭으로, 기업 이념 기본 이념, 사시, 사훈, 강령, 경영 방침, 경영 지침, 기업 목적, 기업 목표, 기업 사명, 근본 정신, 신념, 이상, 비전, 맹세, 토키(김), 모토, 목표로 하는 기업상, 사업의 비결, 사업 영역, 행동 지침, 행동 기준, 구호를 들어 있다.

광의의 경영 이념으로서, 경영자·조직체의 행동 규범·활동 방침인 가치관 혹은 지도 원리로서, 경영자 개인의 이념이나 철학에서 기업 조직, 기업 그룹의 이념과 미션까지 포함하고 있다. 여기에서는 경영자 개인이 품은 신조, 철학, 경영관을 의미한 경영 이념으로 기업 이념과 관련에서는, 기업 이념은 기업의 신조이며, 기업 활동의 원점, 원동력, 최고 기준이 될 것을 의미한다.

중국 송대(中國 宋代)의 유학 발전(儒學發展)의 시대 배경을 정리한, 선인의 이념과 정신과 가치관을 들면, 이시다 매암(1685년~1744년)석문 중국 송대의 유학, 니노미야 타카노리(1787년~1856년)의 보덕 사상, 시부사와 에이이치(1840년~1931년)의 이타의 정신, 도덕경제 합일(윤리와 이익의 양립), 시요다 이이 토우 츄 우베에(1842년~1903

년)및 니 다이 메이 토오추 우베에(1886년~1973년)을 비롯한 오미 상인의 삼 면 좋고, 마쓰시타 고노스케(1894년~1989년)의 기업은 사회의 공기, 토요다 키 이치로(1894년~1952년)일본인의 머리와 팔로 자동차를 만들고 리코 이치무라 키요시(1900년~1968년) 미요시 정신(사람을 사랑하는, 나라를 사랑하고 직장을 사랑), 캐논의 공생, 삼자의 정신(자발・자치・자각)등이 있다. 특히 창업자 또는 경영자에 대해서는 그 경영 철학이 그룹 기업 이념으로 기업 행동 기준의 원점이 되고 있다.

경영자가 품다 스스로의 경영 이념은 구성원이 공유하고 실행하지 않으면 소용이 없어진다. 이것은 경영 이념 자체가 기업의 벡터로서 반영해야 하는 것. 조직체의 구성원은 경영자와 같은 경영 이념을 공유하고, 같은 방향을 향하고 있는가가 중요하게 된다. 이를 위해서는 경영자가 명확한 경영 이념을 갖고 있음을 전제로 된다. 그러한 의미에서, 교세라 명예 회장인 이나모리 가즈오는 그 경영 이념에 대한, 누구나 공감하는 보편성 있는 것이어야 한다고 말하고 있다. 아무리 뛰어난 경영자도 사리 사욕을 종업원에게 강요 같지, 경영은 계속되지 않을 것이다.라고 아무리 성장했던 기업 경영자의 경영 이념에 이기주의가 너무 강하면, 순식간에 붕괴할 우려가 있다고 지적했다.

이처럼 경영자의 경영 이념은 사내외의 방향 자체를 나타내고 있는 것이 발견된다. 경영자의 역할이 경영을 감독하는 입장과 경영을 집행하는 입장이 있다. 그러나, 경영자는 그러한 입장에 관계 없이, 종업원에게 무엇이 바르고, 무엇이 그른지를 나타내는 그 경영 이념을 공유하는 것이 중요하다. 종업원이 경영 이념을 공유하지 않으면 어떤 제도도 기능하지 않는 것을 강조하고 싶다. 종업원 개개인에게 경영 이념이 침투함으로써, 종업원이 경영자와 같은 방향으로 경영에 종사하는 것이 중요하다. 기업 활동의 근간인 경영 이념이 필요하다, 그러한 경영 이념에 따라서 누구나 납득하는 구조를 형성하는 것이 경영자들에게 요구하는 중요 과제중의 하나이다.

### ② 경영자의 리더십과 그 자질

경영자의 리더십에 대해서 선행 연구 안에서 정수(2000)의 논고를 중심으로 검토를 시도하고 싶다. 시미즈에 따르면, 뛰어난 최고 지도자의 능력에 관해서, "조직의 목적을 달성하기 위해서 리더가 부하들에게 행사하는 대인 영향력이다. 최고 지도자는 환경 변화에 대응하고, 축을 기업가 정신 혹은 관리자 정신에 옮기6)"이라고 지적하고 있다. 경영자에는 환경을 응변하는 능력이 리더십을 발휘하는 데 필요하고 있다.

◇ 능력 요소에 대해서, 시미즈는

① 최고 지도자가 기업가적 태도로 장래 구상의 구축·경영 이념의 명확화를 실시할 때는 통찰력, 비전, 결단력 등의 능력이 필요하다.

② 관리자적 태도로 집행 관리를 실시할 때는 인간적 매력, 상대방의 입장에 서서 말을 생각하는 능력, 인성 운이 필요함을 보였다.

그러나, 최고 지도자에게 이들이 절대적인 것은 아니다고 시미즈는 언급하고 있다. 최고 지도자로서도 업종, 형태, 규모 등에 따라서는 능력의 요소가 달라진다. 경영자의 절대적 조건을 보이는 것이 아니라 다양한 능력을 가진 경영자가 있기를 의미한다.

예를 들면, 경영자에게는 폭넓은 경영 지식과 인간적 매력이 불가피하더라도 회계나 재무, 기술에도 정통한 능력이 요구된다. 경영자의 자질로는 경영 감각이 필요하다면, 어떻게 습득해야 할지가 드러난다. 그러기 위해서는 사람의 몇배의 노력과 노력이 요구된다. 그 의미에서는 경영자의 리더십이 무엇인지 일반적으로 제시하는 것에 어려움을 드러낸다.

경영자의 몸짓에는 그 사람의 가진 인간성과 지성의 외에 리더십을 발휘하기 위한 경영자로서 자질이 매우 중요하게 된다. 구체적인 자질로는 창조성, 선견성, 비전, 판단력, 경영 감각과 열정, 겸손 등을 갖추고 있는 인물이 요구될 것이다.

◇ 현대의 경영자에게 중요한 자질 5가지

① 높은 윤리관과 가치관,

② 뛰어난 판단력,

③ 용기 있는 결단력,

④ 구상력과 선견성·감성,

⑤ 적응력의 5가지를 꼽았다. 경영자의 리더십이 갈리게 되는 것은 경영자 자신의 인간성과 자질에 깊이 관련되어 있다. 하지만, 경영자가 윤리관이나 도덕관을 지식이나 이론으로 알고 있어도 배우다는 경영자 자신의 성격, 인간성까지 침투하지 않으면 소용없다. 그 것을 경영자가 인식하고 경영의 프로패셔널로서 경영 활동을 펼칠 필요가 있다. 오늘의 지배 구조와 CSR에 관한 논의는 이런 경영자의 윤리관, 인간성에 기인한 비리와 무관치 않게 생각한다.

### ③ 경영자의 경영 이념의 침투와 경영 실천

경영자가 리더십을 발휘할 경영의 방향을 정하는 데 매우 중요한 역할이다. 경영자가 경영 이념을 구성원에 침투시키기 위해서는 프로 정신에 뒷받침된 리더십 함양과 그것을 기업 내에서 발휘하기 위한 환경이 필수적이다. 그러나, 경영자 자신의 윤리관이나 도덕관이 부족하고 불법 경영으로는 없어서 무엇을 해도 무방한다는 인식은 의미가 없어. 이러한 인식이 아무리 훌륭한 경영 이념을 내걸고 있어도 경영은 오래가지 못한다. 경영자의 강한 감정을 일방적으로 종업원에 떠넘기는 것이 아니라 경영자의 경영 이념과 조직 전체가 서로 작용함이 중요하다.

종업원과의 대화나 소통하는 것으로, 조직 전체에 경영 이념이 침투하고 경영자와 같은 방향을 향하고 경영 활동을 해나갈 수 있다. 실례를 들면, 이나모리 가즈오는 유년기부터 사이고 다카모리의 사상에 접하고『남주 옹 유훈』에 큰 영향을 받고 사람 위에 뛰어난 사람들이 익혀야 할 사상과 인간으로서의 사고 방식, 삶의 기초를 배우고 있다. 이나모리 가즈오는 자신이 종업원에게 말한다로 있는 필로소피의 원점이 여기에 있다고 하여, 1966년, 사장 취임을 계기로, 사이고 다카모리가 신조로 했던 "경천 애인."를 교세라의 사시와 정하고 있다.

이것이 인간으로서 올바른 것을 바른 채로 추구하는 자세를 폈다 "교세라 필로소피"의 원점이다. 그런 "교세라 필로소피"을 경영자와 종업원이 공유하고, 같은 방향으로 경영하는 것이 경영 이념의 침투와 그 실천인. 도요타 자동차의 창업자인 토요다 키이치로 일본인의 머리와 팔로 자동차를 만든다는 이상은 도요타 자동차가 내세우는 인재 육성의 이념인 "제조는 사람 만들기"로 직결되는. 토요타 키이치로의 이상에는 아버지인 토요다 사키치의 사상이 영향을 주고 있지만 사람을 소중하게 하지 않으면 공장을 포함하여 회사가 기능(技能)하지 못하면, 소비자의 신뢰를 얻지 못한다.

또 하나의 혜안 지사로 견락토세지 않는 것은 파나소닉의 창업자인 마쓰시타 고노스케의 "경영의 근간은 사람의 것" "물건을 만드는 전에 사람을 창조"라는 이념이다. 파나소닉은 2008년 10월 1일에 마쓰시타 전기 산업에서 회사 이름을 변경해도 마쓰시타 고노스케의 경영 이념이 불변이라고 발표했다. 그 경영 이념의 핵심을 이루는 "기업은 사회의 공기" "고객 제일" "날 새로운" "중지를 모은 전원 경영" 같은 생각은 파나소닉 그룹의 전 종업원에 면면히 계승되고 있다.

◇ 모두 공통되고 있음은

① 어린 시절에 받은 영향은 그 후의 경영 이념에 반영하고 있음,

② 경영 이념을 종업원에게 말한다, 종업원을 소중히 하는, 경영자와 종업원이 같은 방향을 향하고 나가려는 것,

③ 인재 육성을 중요시하고 있어, 인간으로서, 사회인으로서 훌륭한 인간임을 사명으로 한 교육 훈련, 간부 연수 프로그램 등이 실시되고 있는 것이 꼽힌다. 이렇게 하고, 조직체 구성원의 마음을 묶는 굳건한 것에 이어 갈 바탕으로 창업자의 신념인 경영 이념의 실천을 엿볼 수 있다.

## 3.3 장수 기업에서 본 경영자의 경영 이념과 그 사회적 책임

① 장수 기업의 특징

장수 기업의 인터뷰나 심포지엄 등을 통해서 구체적인 변혁과 혁신(이노베이션)활동을 찾은 조사 결과의 개요이다. 도쿄 상공 회의소가 도쿄 도내 23구에서 영업하는 대체로 창업 100년 이상의 장수 기업(개인 사업자를 포함)이 각종 환경 변화에 대한 어떠한 변혁과 혁신 활동에 임해 왔는지를 중심으로 설문 조사 및 히어링 조사를 실시하고, 그 결과를 발표했다.

◇ 사업의 배경에 대해서는 다음과 같다.

* 장수 기업은 긴 역사 속에서 쌓아 온 핵심 사업을 갖고 본업 중시, 신용 제일 등 이념의 토대 가업・기업을 지키고 포렴을 닦다 키웠다.
* 타의 추종을 불허하는 기술이나 상품을 가지면서, 후계자 육성이나 지배인 제도 등 인재 육성의 노하우도 갖고 있다.
* 무엇보다 시대와 시장의 변화, 고객의 변화에 대한, 기동적인 변혁력으로 대응하고 있었기에 오늘날까지 지속된 것이다. 장수 기업의 변혁과 혁신 활동을 찾는다.

◇ 도쿄의 장수 기업의 특징에 대해서는 다음과 같다.

* 에도 시대 이전에 창업한 기업은 오미와 교토에서 유입된 전통 산업과 막부 등과 거래하는 사업을 영위하는 기업이 많다. 특히, 중앙구, 지요다 구, 다이토 구의 3

구에 집적하는 비율이 높다.

* 메이지 이후에 창업한 기업은 나라의 근대화에 호응한 형태로 창업했으며, 근대 산업 분야의 기업이 많다.
* 메이지 유신과 관동 대지진, 전쟁 등 수많은 위기를 극복하고 온 강인한 변혁력, 대응력을 가진 기업이 많다.
* 에도에서 도쿄로 날라시는, 도쿄라는 도시가 확내하고 다양싱을 가진 가운데, 사업을 영위하는 기업의 규모나 업종은 다양하다.

조사 결과의 개요에 따르면 기업이 처한 상황, 둘러싸는 경영 환경은 다른데, 거기에는 불변(바꾸지 않는다)유행(시대와 시장 변화에 응할 바꿈)의 생각을 받아들이고 나날이 혁신함으로써 오늘까지 계속해서 온 전통을 쌓아 온 모습이 있었다고 정리했다. 일본 장수 기업에서 학습할 점은 많이 있음을 지적할 수 있다.

② 경영자의 사회적 책임에 대한 이념과 리더십

여기에서는 경영자의 경영 이념을 통한 사회적 책임 활동의 위상에 대한 논술하기로 한다. 경영자의 경영 이념을 종업원과 공유하고 벡터를 맞추어

◇ 기업 활동을 하고 나가는 데 필요한 것은

① 경영 이념,
② 경영 비전과 경영 목표,
③ 장기 경영 계획,
④ 경영 실천, 경영자의 사업 활동,
⑤ 중간 관리,
⑥ 종업원에 이르는 범위에서 경영자와 종업원이 같은 방향을 향하고 책임 경영을 하는 것이다.

◇ 경영자의 경영 이념의 침투와 그 실천에 있어서, 구체적으로는,

① 경영 이념에서 지속 가능한 발전의 목적을 비추어, 경영자가 시대의 요청에 맞추어 경영 이념을 검토할 필요가 있다.
② 경영 비전과 경영 목표가 경영 이념을 구현하기 때문에, 경영 비전과 경영 목표를 구상하고, 입안한다.

③ 장기 경영 계획에서는, 경영 비전과 경영 목표에서 장기 경영 계획을 경영자가 기업 안팎에 위임한다, 경영자의 리더십에 의하여 조직 전체에 침투한다.

④ 경영 실천, 경영자의 사업 활동이 장기 경영 계획이 경영 실천으로서 이루어지며, 기업의 사회적 책임 활동이 경영 실천의 기둥 1하나로 집행된다.

⑤ 중간 관리는 기업의 사회적 책임 활동을 도입한 경영 실천이 중간 관리에 조직 학습을 통해서 침투한다.

⑥ 종업원이 경영 이념이 중간 관리를 통해서 종업원에 침투하고 경영 실천하는 것이 필요하다.

◇ 경영자가 지속 가능한 발전을 목표는 다음의 5가지를 들 수 있다.

① 장기적으로 경영 재무적인 기업 가치 향상에 매진하는 것,

② 안팎의 법 및 그 정신을 준수하고 공정한 기업 활동을 통해서, 사회에 신뢰를 드릴 것,

③ 그 실현을 위해서는 다양한 이해 관계자와 양호한 관계를 구축하고 장기 안정적인 성장을 이루어 가는 것,

④ 이를 위한 다양한 시책을 강구하여 자사에 적합한 코퍼레이트 · 통치 체제를 도모하고 가는 것,

⑤ 경영자는 이해 관계자에게 특히 금융 자본 시장을 의식한 경영을 펼칠 경영자의 사회적 책임이다.

### ③ 경영비전은 장기경영 계획구상에 필요하다.

경영자는 자사의 기본 방향을 구상하고 확고한 경영 이념에서 경영 비전이나 장기 경영 계획을 구상할 필요가 있다. 경영자의 경영 이념은 조직을 통해서 기업 전체가 일체가 되지 않으면 실효성이 없다. 경영자의 사리사욕이나 일방적인 리더십에서는 같은 방향을 향하고 경영을 추진하기에는 어려운 것은 말을 기대하다 없다. 경영자의 경영 이념을 조직에 침투시키고 경영 이념을 통한 사회적 책임 활동을 실천하기 위한 지배력이 요구된다.

거기에서의 지배력은 이해 관계자(주로, 주주)의 통치가 아니라 경영자가 성실한 기업 혹은 사회의 신뢰를 받는 기업을 목표로 하려는 지배 구조를 의미한다. 이러한 기업 지배 구조에서는 경영자의 경영 비전과 경영 목표를 명확히 하는 장기 경영 계획을

경영 실천에 연계, 경영자의 사업 활동을 중간 관리, 종업원까지 책임 경영을 실행 중에 독자성이 있다. 여기에 경영자의 일방적인 리더십에서 경영 실천이 이뤄지는 것이 아니라 경영자와 종업원이 경영 이념을 공유한 쌍방향 관계 위에서 경영자의 리더십을 통해서 경영 실천이 이루어지는 데 특징이 있다.

경영자의 경영 이념이 조직을 통해서 말단까지 침투하고 경영자와 종업원이 벡터를 맞춘 책임 경영을 해나가기 위해서는 경영 교육의 내실화가 불가결하다. 경영 이념의 실천은 인재 육성 그 자체에 직결된다고 지적할 수 있다. 기업의 인재 육성은 기업 내 대학 및 연수 시설 등 하드웨어와 경영 이념을 철저한 경영 교육의 소프트 면 모두가 필요하다. 그렇게 만들어진 기업 풍토 속에서 주인과 종업원이 커뮤니케이션을 거듭 감으로써, 경영자와 종업원이 경영 이념을 반영한 경영 실천을 실시할 수 있다고 생각된다.

파나소닉은 마쓰시타 고노스케 시절부터 이미 현대적인 사회적 책임에 통하는 경영을 해오고 있는 것이나 기업은 사회의 공기라는 창업자의 생각이 파나소닉 그룹 전체에 면면히 계승되고 있는 점이 꼽힌다. 도요타 자동차에서는 기업 이념에 기초한 경영을 행하고 있으며, 오늘 하는 기업의 사회적 책임이 전략적 사업으로, 일상 업무에 편입되고 실행하고 있는 점이 있으며, 캐논에서는 창업이래의 기업 이념을 시대에 적응하고 새로운 가치관으로서 경영 이념을 책정하고 그것을 바탕으로 사회적 책임 활동을 하고 있는 점에 주목했기 때문이다.

모두 창업 이후 경영 이념(혹은 기업 이념)이 경영자와 종업원의 공통의 가치관이 되어 끊임없이 대화나 커뮤니케이션을 거듭, 확고한 경영 이념 자체를 경영 실천하고 있다. 요점을 정리하면,

◇ CSR활동의 경영자의 경영 이념은 다음의 2점이 지적할 수 있다.

① 경영자는 CSR에 대한 이념과 리더십을 발휘하는 것이 중요하다. CSR실천을 할 경영자의 사회적 책임이다.

② 경영자의 문제 의식이 시대의 조류에 맞지 않으면 CSR를 달성하기 어렵다.

CSR실천은 경영자의 이념과 행동으로 결정된다. 경영자의 경영 이념은 기업 구성원이 공유하고 실행하지 않으면 소용이 없어진다. 기업 구성원은 경영자와 같은 경영 이념을 공유하고, 같은 방향을 향하고 있는지가 관건이다. 창업 이후 경영 이념이 경영자와 종업원의 공통의 가치관이 되었고, 대화와 소통을 반복, 확고한 경영 이념을 실천하고 있는 것이 특징이다.

## 3.4 마지막으로 정리하면

◇ 기업의 다양화 환경변화에 적응력

현대의 기업은 다양한 이해 관계자에게 경제·사회·친환경 경영을 할 필요가 있다. 도시바의 부적절 회계, 폴크스바겐의 배기 가스 규제 비리 문제를 비롯한, 작금의 기업 비리가 끊이지 않고 있는 상황에서 기업은 지구 사회의 일원으로서, 사회에 신뢰하는 기업을 확립하도록 요구되고 있다. 그런데, 실제로는 경영자가 눈앞의 가치 판단과 정보만으로 의사 결정을 한다. 이러한 서구 자본주의적 발상으로 지나친 이익 제일주의 경영을 하는 것이다.

◇ 윤리관 도덕관의 경영

경영에서 경영자의 윤리관, 도덕관이 결여되는 이해 관계자의 존재를 잊어버리는 바람에 불상사가 잦은 것을 지적할 수 있다. 오늘날에는 다시 뜻과 윤리관이 있고 종업원의 사기를 높이고 프로페셔널한 경영자와 그 육성이 매우 중요한 과제다.

직업적인 경영자로서는 기업 실적이 나빠지면 해고를 하고, 경영 정상화를 하는 것도 하나의 경영적 수법이다. 그러나, 기업 실적이 나빠져도 구조 조정을 하지 않고 경영 정상화를 실시하고, 흑자 경영으로 전환할 수 있는 경영자의 경영적 수완이야말로 주목해야 한다. 그런 경영자와 기업이야말로 가치 있는 기업이다.

◇ 경영이념의 구현

경영 활동의 바탕을 이루는 것은 경영 이념의 확립이다. 그 경영 이념을 구현하고 경영 활동 속에서 사회적 책임 활동이 이루어진다. 경영학의 연구에서, 사회적 책임은 결코 새로운 개념이 아니다. 일본에서는 1960년대의 공해 문제에 대한 기업의 대응과 사회의 인식이 반드시 일치하지 않고 기업에 대해서 사전의 윤리 수준을 말하기보다는, 오히려 경제 발전의 사후 사회적 책임을 문제 삼고 있었다. 사회적 책임이 현재는 CSR로 불린다, 붐을 일으켰다. 실제로 대부분의 일본 기업이 CSR에 관련하고, CSR방의 설치, 기업 윤리 강령의 책정 등 하드웨어 면에서의 대처가 두드러졌다.

◇ 시장경제와 사회적 기업의 경제성

이러한 하드 면을 강화해도, 정작 업주와 종업원에 CSR의 이해가 침투하지 않으면,

그림의 떡이다. 사회적 책임 활동에 대해서는 언뜻 보면 수익성은 결합되지 않는 것 아닌가,라고 생각하기 쉽다. 시장 경제 사회에서는 기업의 경제성이 사회성보다 우선한다. 그러나, 수익성만의 경영에서는 오래가지 못한다는 것을 지적할 수 있다. 기업의 역할은 경제적 역할을 하면 동시에 사회성, 공익성, 공공성을 가진 사회적 역할이 있다. 기업의 경제·사회 활동의 관점에서 경영 그 자체가 사회적 책임이라는 인식을 가지고, 지속 가능한 발전을 향하여 경영자는 기업 활동을 할 필요가 있다. 경영자의 리더십에 있어서, 경영자의 경영 이념과 기업 전체가 서로 작용 하여 조직화하고 공유하면, 새로운 기업 가치 창조의 원천이 되는 것을 강조하고 싶다.

**◇ 이상을 요컨대, 경영 이념과 사회적 책임 활동과의 관계에서, 이하의 3점을 들어, 마무리한다.**

① 경영 이념을 경영자와 종업원이 공유하는

같은 방향으로 경영 실천을 해나가기 위해서는 명확한 경영 이념에 근거한 지배 구조를 확립해야 한다. 경영자의 경영 이념을 침투시키기 위한 코퍼레이트·통치 체제이다. 경영자의 경영 이념이 조직화하고 공유하는 것으로, 경영 이념을 통한 사회적 책임 활동은 확립한다. 경영 비전과 경영 목표의 방향성이 합치되지 않으면, 경영자의 경영 이념은 기업 전체에 침투하지 않는 것이 지적할 수 있다.

② 경제·사회·친환경 경영은

지속 가능한 발전을 목적으로 하는 기업에 공통하고 실천 과제이기 때문에, 경영자는 시대의 기대와 요청을 감안, 필요한 경우는 경영 이념을 바꾸어 그것을 구성원이 공유하는, 경영 실천하고 갈 수 있는 경영자가 요구되고 있다. 경영자의 경영 이념에 기초한 것이라면, 경영자 개인의 경영 이념과 그 인간성이 극히 중요하다. 직업적인 경영자를 육성하기 위해서는 기업 자체의 인재 육성 프로그램 시스템을 도입하고 간부 연수 프로그램을 충실시킬 필요가 있다.

③ 경영자는 경영 이념을

기업 안팎에 적극적으로 위임한다, 경영 이념을 통한 사회적 책임 활동을 경영의 중점 과제의 하나로 수행하고, 경영 그 자체가 사회적 책임 활동을 함께 해온다는 인식에서 종업원과 함께 높은 뜻과 사명감을 가지고 책임 경영을 전개하는 것이 경영자의 역할이다. 그런 책임 경영자의 기업 활동에서 처음 경영 이념을 통한 사회적 책임 활동은 장기적으로는 수익성에 기여하고, 나아가서 사회에 신뢰하는 기업으로 확립할 수 있는 경영 스타일이라고 생각된다. 경영의 프로로서의 자각과 리더십을 발휘할 수 있는 경영자의 육성이야말로 오늘 강한 열망하고 있는 과제이다.

**표 11-3** 기업의 공익발전 가치창조

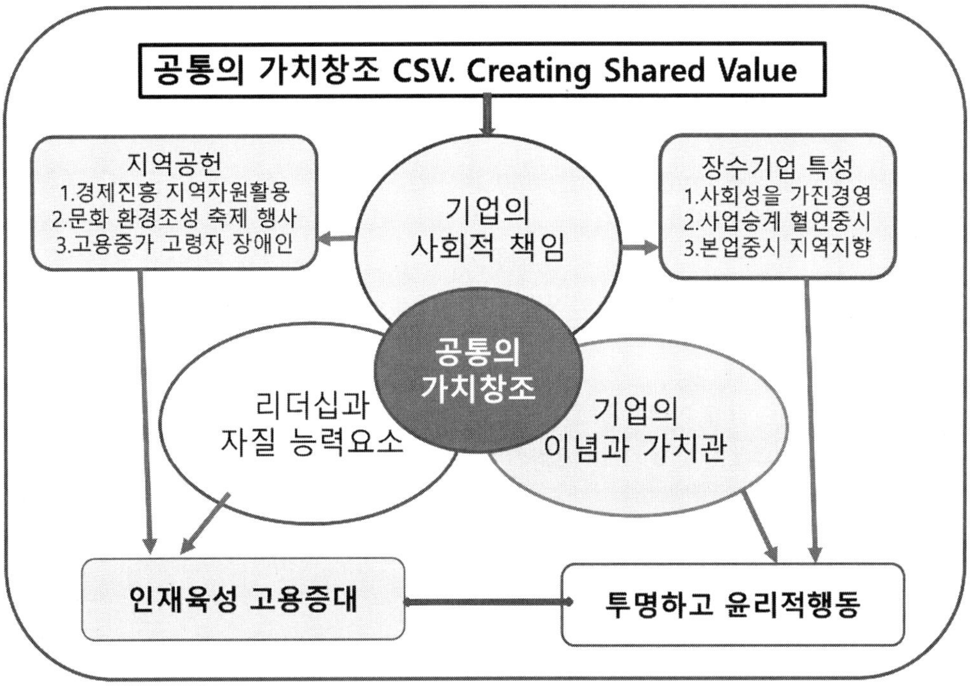

## [요 약]

### 기업의 사회적 책임

창업 이후 경영 이념이 경영자와 종업원의 공통의 가치관이 되었고, 대화와 소통을 반복, 확고한 경영 이념을 실천하고 있는 것이 특징이다. 키워드 강소 :장수 기업, 경영 이념, 경영 철학, 기업의 사회적 책임, (CSR), 지속 가능한 발전, 경영자

### 기업의 이념과 가치관

기업에 공통적으로 보는 것은 양질 저가, 신장에 있던 경영을 해오고 있는 것이다. 그런 경영에는 창업자의 경영 이념, 경영 철학과 같은 가르치고 교훈, 가훈이 경영 지침이 되는, 가치관의 양성, 정신적 지주가 되었기에 오늘까지 존재하는 것이다.

### 공통가치창조(CSV)

CSV(Creating Shared Value:공통 가치 창조)을 제창한. 그 다음 마이클 포터와 마크 크라머르는 Harvard Business Review(2011년 1월・2월 합병호에서 CSV의 컨셉에 대해서 다루고 있다

### 경영 이념

경영자 개인이 품은 신조, 철학, 경영관을 의미한 경영 이념으로 기업 이념과 관련에서는, 기업 이념은 기업의 신조이며, 기업 활동의 원점, 원동력, 최고 기준이 될 것을 의미한다.

### 리더십과 그 자질

조직의 목적을 달성하기 위해서 리더가 부하들에게 행사하는 대인 영향력이다. 최고 지도자는 환경 변화에 대응하고, 축을 기업가 정신 혹은 관리자 정신에 옮김이라고 지적하고 있다. 경영자에는 환경을 응변하는 능력이 리더십을 발휘하는 데 필요하고 있다.

### 능력 요소에

① 최고 지도자가 기업가적 태도로 장래 구상의 구축・경영 이념의 명확화를 실시할 때는 통찰력, 비전, 결단력 등의 능력이 필요하다.

② 관리자적 태도로 집행 관리를 실시할 때는 인간적 매력, 상대방의 입장에 서서 말을 생각하는 능력, 인성 운이 필요함을 보였다.

# 제 4 절 존속 요건과 기업의 장수

## 4.1 연구의 배경과 목적

① 중소기업을 둘러싼 환경

중소기업을 둘러싼 환경은 여전히 어렵고, 도산하는 기업도 많지만, 한편으로 쇼와 공황, 태평양 전쟁, 버블 붕괴 등 많은 거친 파도를 뚫고, 시대를 넘어 계속 살아가는 중소기업도 많이 존재한다. 도쿄상공리서치가 실시한 조사에 의하면, 동사의 기업 데이터베이스 에서 추출한 전국 창업 100년을 넘는 기업은 2009년 9월말 시점에서 2만 1,000사 1로, 그 약 96%가 중소기업인 스케일 메리트를 추구하지 못하는 중소기업이 어떻게 세기를 넘어 살아남을 수 있었을까?

몇 년 전, 신문에 연재된 노포의 기사를 계기로 필자는 노포의 지속성에 관심을 가졌다. 대부분의 노포가 문서나 구전으로 가훈을 대대로 지키고, 그 가훈의 대부분은 필자의 연구테마인 CSR(Corporate Social Responsibility; 기업의 사회적 책임)와 관련된 요소을 포함하여 있었기 때문이다. 2010년 11월에 발효된 조직의 사회적 책임에 관한 국제규격 ISO26000에서는 사회적 책임을 다음과 같이 정의하고 모든 조직이 사회적 책임을 완수하도록 장려하고 있다.

② 투명하고 윤리적인 행동

조직의 결정 및 활동이 사회 및 환경에 미치는 영향에 대하여 다음과 같은 투명하고 윤리적인 행동을 통해 조직이 지는 책임

- 건강 및 사회 번영을 포함한 지속가능한 발전에 공헌한다.
- 관계자의 기대를 배려한다. 관련 법령을 준수해 국제행동규범과 부합한다.
- 그 조직 전체에 통합되어 그 조직의 관계 속에서 실천된다.

주기 1 활동은 제품, 서비스 및 프로세스를 포함한다.

주기 2 관계란 조직의 영향력 범위 내의 활동을 말해.

이로 인해 CSR에 대한 인식이 높아졌다고 생각되었지만, 부정회계, 식품 위장, 리콜 은폐 등, 기업의 불상사는 끊이지 않고, 또 대기업과 비교하면 중소기업에 있어서의 CSR의 인지도는 낮다. 일본의 기업수 약 420만사 중 99.7%가 중소기업이다.

다수를 차지하는 중소기업에 대한 CSR의 보급・침투를 서두를 필요가 있어, 노포기업의 조사를 통해서 기업 존속의 요인이 CSR와 연결되면, 중소기업에 CSR를 침투시키는 인센티브가 되는 것은 아닐까 하는 생각에서, 이 연구를 시작했다.

근년, 조직론, 전략론, 사업 승계론 등 여러가지 영역에서, 노포 기업의 지속성에 주목한 연구를 하고 있지만, 대부분이 노포 기업의 조사만으로 그 상징적 요소를 다루고 있다. 노포기업과 창업한지 얼마 안된 벤처기업과의 비교연구는 닛케이리서치가 1999년에 실시한 앙케이트 조사와 어느 특정지역에서의 청취조사를 하고 있는 정도다.

### ③ 기업경영의 비결–특히 혁신요소란 설문에 산입

전자의 설문조사는 중소규모의 노포기업에만 국한된 것이 아니라, 또 세기를 넘는 기업경영의 비결-특히 혁신요소란 무엇인가에 대한 질문이다. 이러한 점에서, 필자는 CSR의 관점도 앙케이트에 포함시켜, 창업 40년 이하와 100년 이상의 중소기업 각각 1,000사를 대상으로 비교 조사을 실시했다. 또, 비교 조사에서 나타난 창업 100년 넘은 기업의 특성이 기업 존치에 어떻게 연결되었는지를 해명하기 위해, 14개사에 대해 인터뷰 조사를 실시했다. 앙케이트 조사의 개요와 결과에 대해서는 4-2에서, 인터뷰 조사에 대해서는 4-3에서 소개하고, 4-4에서는 기업 존속의 요인이 될 수 있는 것의 배경과 향후의 과제를 고찰한다.

일련의 조사를 실시함에 있어서 중소기업의 정의는 중소기업기본법 9에 따라 표 1과 같이 했다. (다만, 이번 조사는 이 중 제조업, 도매업, 소매업을 대상으로 한다)

노포의 정의에 대해서는, 히로시엔에서는 조상 대대로 이어 번창하고 있는 가게. 또, 그로 인해 얻은 고객의 신용・애고 라고 있을 뿐, 창업 후의 연수에 관한 정의가 없기 때문에, 많은 선행 연구나 자치체에 의한 노포 기업 표창에서 이용되는 창업 100 이상으로 했다.

또, 노포 기업 연구의 일인자인 요코자와(2009)는, 노포 기업에 대해 단지 장수 기업과는 다른 것이다. 노포(老鋪)는, 그것을 스스로 말하는 것이 아니라, 제삼자가 평가해 말하는 말이다. 그러나, 창업 100년 이상의 앙케이트 배송지 기업을 모두 평가하는 것은 어렵기 때문에, 이번 조사에서는 노포라고 하는 말을 사용하지 않고, 장수 기업(長壽企業)이라고 했다.

## 4.2 중소기업 설문조사 – 창업 40년 이내와 100년 이상 기업 비교

① 설문조사의 개요

설문조사의 목적은 장수 중소기업과 사력이 그리 길지 않은 중소기업을 비교함으로써 장수 중소기업에서 나타나는 특징을 밝히고 지속 경영의 힌트를 찾는 것이다.

제국 데이터뱅크의 데이터베이스로부터 창업 100년을 넘는 장수 중소기업(이하, 장수) 1,000사와 창업 10년 이상 40년 이하의 중소기업(이하, 중소) 1,000사를 무작위 추출해 질문지에 의한 우송 조사를 실시했다.

중소기업 사력(社歷)에 대해서는 사업 승계를 한 번도 하지 않았거나 2대째 이어받아도 창업자가 생존해 있는 것을 상정할 수 있는 40년 이내로 했다. 또 중소기업의 생존율은 창업 10년후 약 26%이며, 업력 10년 미만의 기업은 사업 기반을 구축하기 전에 도산에 이르는 케이스가 많다는 점에서, 창업 10년 이상으로 했다.

조사 대상으로 한 지역, 업종, 기업 규모 등의 대상은 업종과, 장수에 대해 구성비가 큰 제조업 및 도소매업으로 했다. 또, 기업규모는, 앞에서 서술한 중소기업 기본법에 따라서, 제조업에 있어서의 중소기업자의 정의인 종업원수 300명 이하로 해, 상업・서비스업의 소규모 기업자를 정의하는 종업원수 5명 이하의 기업을 제외하고, 6명 이상으로 했다. 소규모 기업자를 조사 대상에서 제외한 이유는 가족이나 가족적 사용자를 노동력으로 하는 가내공업적인 조직은 대부분 저임금이기 때문에 존속해 왔다고도 생각할 수 있기 때문이다.

② 설문조사 결과 응답 기업에 관한 기본 정보

(a) 업종. 업태

중소는 제조업 48%, 도소매업 52%, 장수는 제조업 45%, 도소매업 55%가 되었다.

좀 더 자세하게 업종 구분을 보면, 제조업의 장수에서는 식료품 제조업이 44.6%로 압도적으로 많고, 중소는 금속제품 제조업 13.7%, 그 다음에 식료품 제조업 12.3%의 순서가 되었다. 도매업에서는, 장수・중소 모두 건축재료 도매업과 식료・음료 도매업이 상위의 업종이다. 소매업에서는 장수가 각종 상품소매업, 가구・건구・집기소매업

모두 21.4%, 중소는 음식료품 소매업 29.5%, 그 다음으로 자동차・자전거 소매업 20.5%였다.

(b) **본사 소재지**

회답이 있던 기업의 본사 소재지는, 중소・장수 모두 관동지역이 가장 많았다, 계속해서, 중수기업은「긴키」「긴키」「긴키」「호쿠리쿠・코신에츠」의 순서가 되었다. 양자에 있어서, 각각의 지역이 차지하는 비율에 그다지 큰 차이는 없다.

(c) **장수기업의 창업 시기**

장수는 창업 또는 설립 후 100년 이상으로 하고 있는데, 그 시대를 구분해 보면 메이지 다이쇼시대(1868~) 1912년) 81%, 에도시대(1603~1867년) 18%, 무로마치~아즈치모모모야마시대(1338~1602년) 1%의 구성비가 되었다.

(d) 従**業員 종업원 수**

종업원수 6~20명 규모의 기업이, 중소 61%, 장수 47%로 가장 많으며, 여기에 21~50명 규모의 기업을 합하면, 중소・장수 모두 전체의 대략 8할에 이른다.

(e) **종업원의 평균 근속연수**

종업원의 평균 근속 연수는, 중소・장수 모두 10~20년 미만 기업이 가장 많고 이어 중소는 10년 미만, 장수는 20~30년 미만이 많다. 전체의 경향으로서는, 장수 쪽이 평균 근속 연수가 긴 기업이 많다고 말할 수 있다.

③ 경영이념(經營理念)

(a) **이념의 유무**

'성문화되고 있다'와 '구전을 합쳐 경영이념이 있다'고 응답한 중소는 69.0%, 장수는 64.9%였다.

(b) **이념의 침투 상태**

전술한 경영 이념이 있다라고 응답한 기업 가운데, 종업원 전체에 이념이 침투하고 있다 거의 침투하고 있다를 합하면, 중소 68.8%, 장수 67.3%였다.

(c) **이념의 주지 방법**

경영 이념이 있다라고 응답한 기업에 대해, 이념의 종업원에게 주지 방법을 물었더니 중소 · 장수 모두 거의 같은 비율이 되어있다, 사장에 의한 일상적인 훈시가 가장 많았다.

(d) 이념의 내용(복수 응답 가능)

경영 이념이 있다라고 회답한 기업에 대해, 이념이나 사훈 등의 내용을 물었다. 주요 내용을 발췌한 것이다. 중소에서는 고객 만족. 사회공헌. 신용 제일, 종업원 만족. 창의 궁리의 순서로 많았으며, 장수에서는 신용 제일. 고객 만족. 사회공헌. 사업 존속의 순서가 되었다. 중소와 장수로 큰 차이가 생긴 것은 신용 제일 이다. 또, 사업 확대라고 회답한 장수는 극히 적다. 그 외 중소는 정근. 거래처의 행복. 환경대책 등이며 장수는 정근. 인내. 품질 제일. 은덕 지족. 등이 꼽혔다.

(e) 종업원이 지켜야 할 도덕

기업 윤리를 규정한 사내 규칙의 유무 사내규칙이 없다고 응답한 기업은 중소 39.2%인 반면 장수는 56.2%로 많았다.

④ 후계자 (後繼者)

(a) 혈연 후계자 8할이상

중소형에게, 후계자에 관한 생각을 질문했는데, 혈연자를 후계자로 하고 싶다. 또는 혈연에 구애받지 않고, 입양 등에 의해 혈연이 없는 사람을 후계자로 해도 좋다. 라고 회답한, 동족 경영을 희망하는 기업은 4할에 못미치는 반면, 동족 경영을 실시해 온 장수는 9할 이상에 이른다. 특히 혈연이 있는 사람을 후계자로서 왔다. 라고 회답한 장수는 8할 남짓이 되었다.

(b) 이해관계자와의 대화

일반적으로 중소기업에 있어서 중요한 스테이크홀더인 고객, 구입처, 종업원, 지역주민의 기대나 요망을 파악하는 구조에 대해 물었다. 파악하는 구조가 있다. 또는 구조는 없지만, 조사 등을 실시한 적은 있다라고 응답한 기업은 이해관계자별로 보면, 중소 · 장수 모두 종업원, 고객, 구입처 순으로 많고, 지역 주민과의 대화는 약하다고 할 수 있다. 그러나 중소와 장수를 비교하면 지역주민과의 대화에서 차이가 발생하고 있으며 특히 지역주민의 기대나 요망을 집회 등을 통해 파악하는 구조가 있다'고 응답한 장수(12.6%)가 중소(2.7%)를 웃돌았다. 또, 앙케이트나 집회 이외에 지역 주민의 기대나 요망을 파악하는 구조로서 장수에서는 이벤트 등의 지역 행사나 지역 활동을 통해서 현지의 소리를 듣는다고 회답한 기업이 많았다.

⑤ 경영의 중점 항목과 사업 지속

(a) 이해관계자와의 연결에서

특히 중시해 온 것은 무엇인가(최대 3개까지 응답 가능)상위 10개 항목 중 9개 항목은 중소·장수에 공통되는 항목으로, 특히 상위 5개 항목 품질관리. 거래처와의 공존공영. 고객 서비스. 인재육성. 노동 안전 위생은. 같은 순위가 되었다. 다른 1개 항목에 대해서는, 장수는 6위에 지역 공헌, 중소는 7위에 부정 방지가 올랐다.

(b) 상시 중시해 왔다고

응답한 사항은 사업 존치에 공헌하고 있는가? 「크게 공헌하고 있다」와 「대체로 공헌하고 있다고 생각된다」를 합하고, 중소·장수 모두 9할을 웃돌았다

(c) 사업을 존속시키는데

특별히 중요한 것은 무엇인가 (최대 3개까지 응답 가능) 중소·장수 모두 「인재 육성」이 2위 이하로 크게 뒤떨어져 가장 많았다. 상위 10개 항목 중 9개는 양자에 공통되지만, 나머지 1개 항목은, 장수에서는 8위에 「지역 공헌」, 중소에서는 10위에 「결속력 양성」이 올랐다. 또, 「경영 혁신」이라고 회답한 장수의 비율은 중소의 약 2배로 5위를 차지했다.

그 외, 「부정 방지」 「조직의 투명성 확보」 「지적 소유권의 보호」 「정보개시」 「환경대책」등도 거론되고 있지만, 장수 중에는 「창업가의 화목」라고 회답한 기업도 있었다.

⑥ 경영위기(經營危機)

(a) 창업 이후 경영 위기

위기에 빠진 적이 있거나 있는 것은 중소 54.2%에 비해 장수 64.0%로 다소 높께 전해지고 있다.

(b) 어떤 때에 경영 위기에 직면했는가 (복수 응답 가능)

결과는 창업년 차이 탓이 크지만 장수는 태평양 전쟁이 가장 많다. 중소는 리먼 쇼크가 두드러져 많았으며, 그 비율은 장수의 2배 이상이었다. 그 외에는, 거래처의 도산, 종업원에 의한 돈의 사용이나 가지고 도망, 방만 경영, 사장의 사망 등을 들었다.

(c) 경영 위기의 원인은 무엇인가 (복수 응답 가능)

판매부진이 가장 많았고 이어 자금사정 악화, 가격경쟁 순으로 중소·장수 모두 같은 경향을 보였다.

(d) 경영위기에 유효한 조언

경영 위기에 처했을 때 유효한 조언이나 원조를 어디에서 얻었는가(복수응답 가능)

중소와 장수로 큰 차이는 보이지 않고, 가장 비율이 높았던 것은 금융기관의 지원을 받았다라고 회답한 기업 모두 40% 정도, 가장 낮았던 것은 공적기관으로 부터의 지원은 10% 정도였다.

기타로서 중소에서는 본사로부터의 조언 모회사로부터의 지도, 판매 협력, 장수에서는 경영자의 개인 자산으로 보충 친족 기업, 친구 지인으로 부터의 투자라고 하는 기술도 복수 볼 수 있었다.

⑦ 전통과 혁신성

(a) 소중히 여겨 온 사내의 관습 (복수 응답 가능)

중소·장수 모두 사원 여행 등이 가장 많다. 지역 행사 참여와 지역 청소는 중소보다 장수가 많았다.

(b) 지금까지 어떤 경영 혁신을 실시해 왔는가 (복수 응답 가능)

시장 개척에 대해서는, 중소·장수 모두「기간 기술을 살린 개척」이 가장 많고, 그 다음에 중소는「비용 퍼포먼스에 의한 가격 우위성」「일치의 발견과 참가」, 장수는「잠재 요구의 발견에 의한 신규 시장의 창출」「일치의 발견과 참가」의 순서가 되고 있다. 또, 경영 시스템에 대하고, 중소에서는「종업원 참가형의 경영」, 장수에서는「코스트 구조개혁」이 모두 3할을 넘었어. 어느 쪽이든, 중소도 장수도 다양한 경영 혁신을 실시해 왔음을 알 수 있다.

(c) 창업 이래 계속 지켜 나가는 것 (복수 응답 가능)

중소·장수 모두 상위 3개 항목은 고객 지향, 본업 중시, 품질 제일이지만, 본업 중시에 대해서는, 장수의 비율이 중소를 크게 웃돌았다. 또, 중소는 종업원 중시 기술중시에 대해 장수를 웃돌아, 장수는 구입처와의 관계 경영이념·사훈·가훈 에 대해 중소를 웃돌았다. 기타에는, 장수에서는 지역 주민과의 교류 지역산의 기술도 있었다.

(d) 현재 안고 있는 문제 (복수 응답 가능)

중소가 안고 있는 문제는 인재 부족이 가장 많았고 이어 후계자 육성, 장수에서는 후계자 육성이 가장 많았고 이어 인력 부족 순이었다. 그 외, 장수에서는, 「시장 변화에의 대응 지연」이나 「마케팅력 부족」을 문제시하는 기업의 비율이 중소와 비교해서 많다.

또 「기타」로서 중소・장수 모두 복수의 기업이 과당 경쟁 이라고 기술하고 있다.

⑧ 정리(整理)

앙케이트 조사를 실시하기 전에, 장수의 특징으로 다음의 4개의 가설을 세웠어.

【가설 1】 경영 이념을 사내에 침투시켜, 조직 전체로 공유할 수 있는 기업이 많다. 이념의 내용은 신용 제일. 화목 성의. 가 많고, 사업 확대. 이익 확대를 내거는 장수기업은 적었다.

[가설 2] 후계자에 대해서는 혈연을 중시한다 - 사설컬럼( )

[가설 3] 지역지향이다 - 사설컬럼( )

[가설 4] 견고한 경영을 실시하고 있다 - 사설컬럼( )

[가설 5] 본업을 지키면서도 혁신이 중요하다고 인식해 실행하고 있다 - 사설컬럼( )

가설 1에 대해서,

성문화하고 있는지 아닌지는 차치하고 「경영 이념이 있다」라고 회답한 기업은 60%를 넘었다. 그러나, 그 이념이 「조직 전체에 침투하고 있다」 또는 「거의 침투하고 있다」라고 회답한 기업은 장수 전체에서 보면 50%를 밑돌아, 종업원에게의 주지 방법을 포함해 중소와의 차이는 거의 없었다. 이념의 내용에 대해서는, 장수는 「신용 제일」을 경영의 의사결정에 근거하는 기업이 많아, 「사업 확대」를 내거는 기업은 극히 적은 것으로 나타났다.

가설 2의 후계자

**후계자에 대해서는**, 장수의 90%가 동족 경영이며, 특히 혈연을 중시해 온 것이 앙케이트 조사에서 밝혀졌다.

가설 3은, "지역 중시"

**지역 중시**가 다른 항목보다 두드러지게 많은 것은 아니지만, 사내의 관습적인 문화가 지역 주민과의 대화가 이루고 있으며 소통에 대한 회답은, 중소와의 비교에 대해서는 장수 쪽이 지역과의 연결을 중시하는 경향이 있음을 알 수 있었다.

가설 4에 대해서는,

장수가 리먼 쇼크의 영향을 중소만큼 받고 있지 않다는 것은 확인할 수 있었지만, 경영 위기에 빠진 적이 있는 장수중에는, 그 원인이 과대한 설비 투자나 방만 경영에 의한 것이라고 회답한 기업이 몇개 있어, 견실한 경영을 실시하고 있는 것을 실증하는 결과는 되지 않는다.

가설 5에 대해서는,

장수의 대부분이 본업을 계속 지키고 있는 것이 밝혀졌다. 한편 사업 존속을 위해서는 경영혁신이 중요하다는 기업의 비중도 중소형보다 높아 실제로 다양한 시장개척 및 경영시스템에 변혁을 시도한 것으로 나타났다.

## 4.3 장수기업 인터뷰조사

① 인터뷰 조사의 개요

앙케이트 조사에서는, 후계자에게는 혈연이 있는 사람을 요구해 신용 제일에 본업을 지키는 한편 혁신성 또한 중요하다고 인식해, 여러가지 경영 혁신을 실행해 온 장수의 모습이 떠올라 왔다. 또 중소와의 비교에 있어서 장수는 지역과의 연결을 중시하는 경향을 엿볼 수 있었다.그러나 이들은 사업 존치에 어떻게 기여했을까.

그래서 장수의 특성과 사업 존속과의 관계를 파악하기 위해, 앙케이트 결과를 기초로 크로스 집계를 실시해, 이해관계자와의 연결에 특히 중시해 온 사항이 사업 존치에 크게 공헌했다라고 응답한 장수 105사의 경영층에 대해, 방문 또는 전화에 인터뷰 조사를 실시했다.

조사 대상 기업은 105사 중 앙케이트 용지에 기업명 및 연락처가 기입되어 있는 기업중에서, 기업 규모(종업원 수) 및 제조업과 「도매업 · 소매업」의 밸런스를 가능한 한 배려해 선정했다. 결과적으로 식료품 제조업이 많은 것은 장수의 경우 제조업 샘플의 절반 가까이를 식료품이 차지하기 때문이다.

② 인터뷰 조사 결과

인터뷰에서는, 주로 지금까지 어떠한 것을 소중히 해 왔는지, 그리고 그것이 사업 존속과 어떻게 연결되었는지에 대해서 질문했다. 그 결과에 대해서는 다음 5가지 항목에 정리하여 기술하기로 한다.

(a) **경영이념**

인터뷰 14개 기업 중 1개 기업만이 10년 전 경영이념을 막 제정했다고 답했지만 나머지 13개 기업은 구전을 포함해 계속 경영이념(또는 가훈)을 지켰다. 경영이념은 모든 의사결정 시의 판단기준이 되는데, 인터뷰에서의 대화중에 신용성의 정직 이라는 말이 빈번히 나오고 있어, 이것들이 공통의 키워드라고 할 수 있다.

또 감사와 화락(和樂)이라는 말을 입에 올리는 경영층도 많았다.

이념의 주된 내용은, 고객이나 구입처를 포함해 사람에게 기뻐하는 장사를 실시한다. 성실하고 올바른 장사를 실시한다. 눈앞의 이익만 추구하지 않는다. 품질 제일 음식 문화의 향상과 사원의 복지. 지역에의 공헌. 지역에서의 공존 공영. 사회공헌 등이다. 자사의 이익 추구나 사업 확대를 내건 것은 없고, 사회성을 가진 이념이 대부분이다.

이 밖에 시세를 부리지 말라는 식의 훈계를 담은 이념도 보였다. 투기적인 시세로 큰 이익을 획득하려고 하는 것 등 생각하지 말고, 착실하게 하나 하나의 거래를 소중히 하도록 말하고 있다.10년 전 경영이념을 제정했다는 기업에서는 별다른 가훈 같은 것이 없었지만 경영자들은 늘 '신앙심'을 갖고 있었다고 한다.

그리고 이 기업에서는, 자사만이 벌면 되는 것이 아니고, 고객에게도 기쁨을 받아 그 이익은 판매처를 포함해 전원이 분담하는 것이 중요하다는 의미를 담은 것이 이념으로서 제정되고 있다. 덧붙여 이념을 구전으로 배워, 현재도 명문화하고 있지 않다고 하는 기업의 경영자는, 그 이유로서 동족 경영의 소규모 기업에서는 창업자의 생각이 충분히 침투하고 있기 때문이라고 말하고 있다

(b) **지역 공헌(地域貢獻)**

설문조사에서 '창업 이후 꾸준히 지키는 것이 무엇인가'라는 질문에 '지역공헌'에 체크한 기업은 14개사 중 2개사였으나 인터뷰에서 14개사 모두 지속적인 지역공헌 활동

을 해 온 것으로 나타났다. 인터뷰처의 지역공헌 활동의 내용을 다음 6개 분야 16개로 나누어 정리한 것이다.

(1) 경제진흥(지역산업 · 상가의 활성화, 마을조성, 지역자원 활용, 창업지원 등)
(2) 문화 · 환경(축제 및 행사 개최 · 협력, 문화 · 스포츠 진흥, 지역 청소 · 활동 등)
(3) 교육(소비자 교육, 지역 학교 배달 수업, 직장 체험 수용 등)
(4) 고용(고령자 · 장애인 · 외국인 노동자의 고용이나 취업 지원 등)
(5) 치안 · 방재(방범활동, 방재활동, 재해 시 지원활동 등)
(6) 보건 · 복지(음식안전확보, 육아지원, 고령자 · 장애인의 생활지원 등)

가장 많았던 것은 문화 · 환경으로 12개, 그 뒤를 이어 '경제진흥'이 7개, 그 다음은 '교육'(3개), '고용'(2개), '보건 · 복지'(1개) 순으로 나타났으며, '치안 · 방재' 분야에 해당하는 활동은 찾아보기 어려웠다. 지역 공헌이 사업 활동에 미치는 효과의 정도는 지역 공헌 활동이 본업과 직결되는지에 따라 달라지지만 본업에 직결되지 않는 활동이라도 장기적으로 보면 긍정적인 영향을 미치고 있음을 확인할 수 있었다.

B사가 임하고 있는 현지 특산품의 부활 프로젝트, 초등학교에의 배달 수업 등의 음식 문화의 계승에 공헌하는 활동은, 결과적으로 매상 확대로 연결되었다. 또, 역사적인 거리를 관광 자원으로서 살린 마을 조성에 적극적으로 관계하는 등, 영업 전략의 일환으로서 지역 공헌을 철저히 하고 있는 D사, 창업 지원을 전략적으로 전개하고 있는 I사에 대해도, 그러한 지역 공헌 활동은 경영에 직접적인 메리트를 가져오고 있다.

그러면서도 매출과 직결되는 것은 아니지만 간접적인 효과를 낳은 사례도 있다.

J사에서는 현지의 거래처를 지원하는 이벤트를 개최했지만, 이 이벤트의 성공이 사원의 자랑이 되어, 사원의 모티베이션 향상과 결속력의 강화로 연결되었다. M사에서는 커뮤니티 조성으로서 지역 행사에 참가 및 협력해 왔는데, 그것이 자사의 팬 만들기로 이어졌다고 한다. A사는 또 출정병사의 남은 가족생활을 돕기 위해 현지 고용의 전환점이 되는 것을 목적으로 설립된 기업이다. 고용 창출이라는 지역 공헌이 A사의 존재의의 그 자체이며, 그것이 사내의 결속을 강화하고 있다.

'문화 · 환경' 분야의 대부분은 지역 신사, 학교, 반상회에 대한 기부나 봉사활동 등이었다. 이들에 대해서는 "신앙심" 혹은 "지역에 대한 고마움"에서 저절로 가고 있을 뿐, 특히 지역 공헌이라는 의식 없이 활동하던 기업이 대부분이다. 실적과 직결되지 않는 활동이지만, 「대대로, 지역에 봉사해 온 것으로, 후계자는 일을 하기 쉽다. 현지의 신용을 얻기 위해, 지역 공헌은 사업을 실시하는 데 있어서 불가결하다 라고 하는 경영자의 소리도 있었다.

이상으로부터, 전략적인 지역 공헌, 은덕(恩德)이라고도 해야 할 지역 공헌의 어느 쪽이든, 지역 공헌 활동은 장기적으로 보면 신용(信用)이라고 하는 기업 가치를 낳는다. 자사의 존재 가치를 높여 그것이 사원의 자랑이 되어 결속력의 양성, 조직력의 강화로 연결되고 있는 것을 확인할 수 있었다.

(c) **창의연구 · 경영혁신**

경영혁신이 사업 존치에 필수적이라고 응답한 기업은 14개사 중 8개사나 돼 사회변화를 민감하게 대처하고 상품과 경영기법에도 시대에 맞는 '혁신'이 필요하다고 지적했다. 또, 복수의 경영자가 이구동성으로 「같은 일의 계속은 쇠퇴로 연결된다. 갈망한다고 말했다.

실제, 이러한 기업은, 상품에 새로운 독자성 있는 요소를 부가해, 시대에 맞추어 업종 · 업태를 진화 · 발전시키면서 시대의 물결을 빠져 나왔다.그 중에는 성장분야 사업에 진출함으로써 그 후의 리먼사태의 영향을 최소화할 수 있었다는 기업이나, 신규시장 개척 등 항상 시대의 흐름을 주시해 대응해온 것으로, 경기후퇴기에도 매출변동이 거의 없다는 기업, 또 사장 스스로가 구축한 타업종간 네트워크를 활용해 새로운 비즈니스를 전개하고 있는 기업도 볼 수 있었다. 중기 특유의 유연성을 가지고 새로운 것에 도전하는 모습이 역력했지만, 방점은 본업에 두고 있으며 생산 수단, 기술, 노하우, 유통 경로 등의 시너지가 전혀 얻을 수 없는 비관련 다변화는 하지 않았다.

③ 인재육성(人材育成)

(a) **존속에 중요한건 인재육성**

앙케이트에서는, 사업을 존속시키는데 있어서 특히 중요한 사항으로서 「인재육성」을 드는 기업이 돌출해 많았지만, 인터뷰 조사에서도 많은 기업이 인재육성의 중요성을 언급해, 향후의 과제로 하고 있는 것이 밝혀졌다.

H사에서는 자사가 인증을 취득하고 있는 ISO9001(품질관리 시스템의 국제규격)의 내부 감사를 전 사원이 담당할 수 있도록 양성해, 문제 해결의 툴인 PDCA 사이클을 활용한 교육을 실시하고 있다. 전체 최적의 생각으로 사원 전체의 수준을 향상시키기

위한 것이다.

연례적의 사원 여행에는 고객사를 견학하는 벤치마킹을 짜넣어, 단순한 위로가 아닌 사원 교육과 팀워크의 양성을 목적으로 실시하고 있어. 사원들에게 사고력을 키워 자립적인 사원 육성에 주력함으로써 같은 목표를 향해 일치단결할 수 있는 사원력이 자사의 강점이 되고 있다는 것이다.

J사에서는, 어떤 사원이라도 한사람으로 길러내는 것이 경영자의 임무며, 사원 한사람 한사람의 성장이 없으면 기업의 성장 · 강화도 없다고 생각해 인재육성을 중시해 왔다. 경영자가 회사의 방향이나 장래상 등을 항상 사원에게 말해 온 것이나, 성취감을 "실감"할 수 있는 장을 준 것이, 사원 결속에 연결되고 있다는 것이다.

한편, 인재육성에 대해서는 아직 불충분하여, 향후의 큰 과제로 하는 기업도 있었다. 지금은 정신론만으로, 향후는 인재육성의 「구조」가 필요하다는 기업이나, 메뉴얼화가 아닌 케이스 · 스터디를 통해 깨달음을 주는 것이 중요하다라고 하는 기업 등 방법론은 여러가지지만, 스스로 생각해 주체적으로 움직일 수 있는 사원 육성의 필요성을 강하게 느끼고 있는 것을 확인할 수 있었다.

(b) 기타(其他)

이 외 , 인터뷰처의 절반 가까이가, 사업 존치에 크게 공헌한 요소로 「품질 관리」 「거래처와의 화」 「종업원 중시」를 들었다. 품질은 기업의 「신용」으로 직결된다. 거래처와의 관계에 대해서는, 서로 무리를 해서라도 옛부터의 교류를 중시해, 상대의 요망을 들으면서 유연하게 대응하는 것으로 공존을 도모해 왔다. 하지만 가격경쟁에 노출돼 피폐한 기색도 보이면서 지금과 같은 관계를 지속하기 어려워지는 기업도 생기는 것 아니냐는 얘기도 나왔다. 또, 종업원 중시를 꼽는 기업의 경영자는, 불황에도 정리해고를 하지 않는 자세를 관철해 온 것이, 종업원의 회사에 대한 충성심과 결속력을 높여 사업 존치에 공헌해 왔다고 말하고 있다.

④ 정리(整理)

인터뷰 조사를 통해 설문조사 결과가 보여주는 장수 특성이 어떻게 사업 존치에 기여했는지 파악할 수 있었다. 항상 창의적인 연구를 게을리하지 않고 시대의 흐름을 읽고 신속히 대응해 나가는 것은 모든 기업에서 요구되는 것이지만, 장수기업은 다양한 혁신적 경영을 하면서도 본업에 중점을 둔 경영을 해 왔다. 단기적 이익에 사로 잡히지 않고, 사업의 존속을 제일로 장기적 시야에서 전체 최적으로 이끄는 경향을 볼 수 있었다.

버블 등에 춤추지 않는 견실한 경영을 실시해 왔는지에 대해서는, 인터뷰에서는「거품 붕괴나 리먼 쇼크의 영향을 받았지만, 경영자가 대대로 계승해 온 자산을 매각해 극복한 것으로, 경영위기까지는 이르지 못했다」라고 말하는 경영자도 있던 것으로부터, 여기에서도 전장의「2-3 정리」에서 나타내 보인 가설 3「견실한 경영」을 실증할 수 없었지만, 본업을 중시해, 함부로 사업 확대 노선을 취하지 않는다고 하는 점에서는, 장수는 견실한 경영을 실시하고 있다고 말할 수 있습니다.

또, 인터뷰에 의한 교환으로부터, 설문조사 결과 이상으로 경영이념(또는 가훈)을 지켜, 지역에 공헌해 온 장수의 모습이 부각됐어. 경영이념은 자사의 이익 추구가 아니라 사회를 이롭게 하는 내용이기 때문에, 이것이 조직에 침투해 실행되면, 그것이 사원의 자랑이 되어 결속력을 낳는다. 후계자는 경영이념이 도표가 되어 모든 의사결정 시의 판단 기준으로 삼을 수 있다.특히 혈연을 중시한 동족 경영하면 후계자는 친족인 경영자의 뒷모습을 일상적으로 보고 자라기 때문에 경영자 철학이 침투하기 쉬운 환경에 있다.

지역 공헌은 바로 매출과 직결되지 않는 경우도 많지만, 장기적으로 보면 사회적 신용을 획득할 수 있고, 또 그것이 사원의 자랑이 되어 모티베이션을 높이고 사내 결속을 촉진한다. 목표달성을 위해 무엇을 해야 할지를 생각하고 실천하는 힘을 가진 인재를 키우는 것과 직원을 해고하지 않겠다는 종업원 중시 자세 또한 회사를 위해 일치단결하여 난국을 극복하려는 결속력을 양성하게 된 것이다.

## 4.4 중소기업 존속의 요건과 그 배경

### ① 장수기업 특성 5가지

일련의 조사 결과보다, 장수 기업의 특성으로 다음의 5가지를 들 수 있다.

(a) 사회성을 가진 경영 이념(가훈)을 지켜 전하고 있어.

(b) 사업 승계에 있어서는 혈연을 중시한다.

(c) 세 번째, 본업을 중요하게 생각한다.
(d) 사업확장 노선을 취하지 않고 생존하기 위한 시대에 맞는 경영혁신을 하고 있다.
(e) 지역 지향이다.

기업이 수많은 시대의 격랑을 뚫고 살아 온 프로세스 19는 다양하고, 그때그때의 기업 수장의 리더십에 힘입은 바도 크다. 조사 결과에서는 기업 존속을 가능하게 하는 절대적인 것을 찾아낼 수 없었지만, 전술한 5개의 특성에, 향후의 과제이기도 한 후계자의 육성을 포함한 「인재육성」을 더하면, 존속의 필요조건이라고 할 수 있을 것이다

② 특성에는 싱앙심의 배경과 공동체의식

사업 존치에 초점을 맞춘 이러한 사항은, 모두 「결속력」의 양성·강화에 연결되고 있어. 결속력은 생산성 향상에 필수적인 요소며 조직력으로 바꿔 말할 수도 있다. 조직력은 하루아침에 강화할 수 있는 것이 아닌 만큼, 기업의 강점이 되어 사업 존치에 크게 공헌해 온 것이다. 그렇다면 왜 장수기업이 이런 특성을 갖는 것일까. 그 배경에는 신신앙, 불교, 유교를 배경으로 한 지연이나 혈연에 의한 '공동체의식'이 작용하고 있다고 생각된다. 신신앙에 관해서는 15~ 16세기경 집(家)을 단위로 한 지역에 거주하고 있는 사람들의 수호신을 모신 신사가 건립되면서 제사는 미야자(宮座)라고 불리는 주민의 공동 조직에 의해 운영되게 된다. 공동체적인 지역집단을 형성하고 지역 사람들을 결속시키는 역할을 해 온 것이다. 장수기업이 자연스레 지역 공헌을 하는 것은 이런 지연적 결합 때문이다.

③ 불교나 유교가 정신적 작용

한편, 지역사회와 결합된 신신앙에 대해, 「집」이나 개인과 결합된 것이 유교나 불교이다. 먼저 유교에서는 조상의례 와 부모에 대한 경애심 자손을 낳는 것의 세 가지를 묶어 '효(孝)'라 하였고, 이를 통해 죽은 후에도 현세에 다시 태어날 수 있도록 하였다. 이를 위해서는 조상의 제사를 지낼 후손이 필요하며, 집안의 혈을 끊지 않는 것이 중요하다. 다만 일본의 경우 양자를 맞아들이기도 하듯 철저한 혈연주의를 고수하는 것은 아니지만 사업(가업) 승계를 통해 혈연을 중시하는 배경에는 이 유교적 가르침이 있다고 생각된다.

인도의 불교는 「무아」를 설명했지만, 그것이 일본에 전해지면 현세지향적인 일본인의 자질로부터, 일상적인 의식 레벨에서는 「무심」 「무사」의 상황이 탐구되어, 에도 초

기의 승려 스즈키 쇼조는, 사농공상의 신분에 응한 직무에 임하는 것이 불도의 수행이라고 말하고 있다. 눈앞의 이익에 사로 잡히지 않고, 본업(가업)을 소중히 하는 장수기업의 자세에는, 사리사욕을 버리고, 주어진 일에 몰두하는 것이 수행이라고 하는 불교적 직업 윤리가 영향을 미치고 있다.

④ 가업승계는 신앙의 배경과 지연 혈연작용

이상과 같이, 신신앙, 유교, 불교를 배경으로 지연·혈연에 의한 공동체 의식이 배경이 되어, 지역 지향으로 사업(가업) 승계에 있어서는 혈연을 중시하고, 집안의 존속을 위해서 가훈(경영이념)을 마련해 대대로 그것을 지켜 전해 왔다. 또, 본업(가업)을 소중히 해, 사업의 확대보다 오히려 계속 생존하기 위한 기업 행동을 취해 왔다. 이것이 조직력을 강화하게 되어, 사업 존치에 크게 공헌해 왔다고 말할 수 있었다.

그러나 전후 인구이동, 나아가 1960년대부터 도심에서 근교로의 이주가 현저해짐에 따라 지방의 신사는 지원기반을 상실하고 도심 및 그 근교에서의 신사에 대한 주민들의 모자의식은 희박해지고 있다. 더욱이 개인지향의 고조로 지연적 결합이 약해지고 있으며, 종신고용제의 붕괴나 직업윤리의 결여 등으로 공동체 의식이 희미해지고 있다.

지연에 의한 공동체의식과 비교하면 혈연에 의한 공동체의식은 지금도 남아 있다. 그러나, 이것은 기업 존속의 필요조건에도 든 것처럼 「존속」의 모티베이션은 될 수 있지만, 일족 번영을 위해서라는 사리사욕에 빠질 리스크도 내포하고 있기 때문에, 조직의 투명성과 후계자에 대한 윤리 교육을 철저히 하는 등 주의가 필요하다.

한편, 지연에 의한 공동체의식은 지역사회의 발전을 목표로 기업의 존재 가치를 높이고 사원의 모티베이션 향상으로 이어진다. 재해대책, 고령화와 육아 등의 문제를 안고 있는 일본 사회에서 중소기업이 현지에 대한 공헌활동을 통해 지역 사람들을 연결하고 지연공동체적 의식을 재생할 수 있다면 자사와 지역사회 양쪽을 이롭게 할 것이다.

그러기 위해서는 사내에서 이념을 공유하고, 요구를 파악하기 위해서 지역과의 커뮤니케이션을 촉진할 필요가 있다. 또한 최근 성과주의를 도입하는 기업이 늘고 있지만, 지역의 고용을 수용하는 중소기업이 운명공동체적인 의식을 가져오는 종신고용제라는 일본식 경영시스템을 재평가할 시기가 온 것인지도 모른다.

⑤ 기업 존속 요건은 CSR와 사회성의 경영이념

설문조사는 회사 경력이 그리 길지 않은 중소기업 중에도 장래 장수기업이 포함돼 있을 가능성이 충분하고 장수와 중소의 차이가 단순히 기업 존폐의 비결이라고 보기 어렵다는 점에서 추가 인터뷰를 실시하게 됐다. 이때 업종과 규모는 최대한 편중되지 않도록 배려했지만 상권분석에는 이르지 못했다. 장수 기업의 특성으로부터 이끌어낸 기업 존속의 요건과 CSR와의 관계는, 사회성을 가진 경영이념(가훈)과 「지역 지향」으로 볼 수 있어. 특히 '지역지향'은 ISO26000의 7대 핵심 주제 중 하나인 커뮤니티로의 참가 및 커뮤니티로의 발전에 해당하므로 장수기업의 지역지향과 전술한 상권의 넓이와의 관계 등, 향후 더욱 조사를 진행해 나가고자 한다.

## [요 약]

### 투명하고 윤리적 행동

조직의 결정 및 활동이 사회 및 환경에 미치는 영향에 대하여 다음과 같은 투명하고 윤리적인 행동을 통해 조직이 지는 책임

- 건강 및 사회 번영을 포함한 지속가능한 발전에 공헌한다.
- 관계자의 기대를 배려한다. 관련 법령을 준수해 국제행동규범과 부합한다.
- 그 조직 전체에 통합되어 그 조직의 관계 속에서 실천된다.

### 창업 이래 계속 지켜 나가는 것(복수 응답 가능)

중소・장수 모두 상위 3개 항목은 고객 지향, 본업 중시, 품질 제일이지만, 본업 중시에 대해서는, 장수의 비율이 중소를 크게 웃돌았다. 또, 중소는 종업원 중시 기술중시에 대해 장수를 웃돌아, 장수는 구입처와의 관계 경영이념・사훈・가훈 에 대해 중소를 웃돌았다. 기타에는, 장수에서는 지역 주민과의 교류 지역산의 기술도 있었다.

### 지역 공헌(地域貢獻)

(1) 경제진흥(지역산업・상가의 활성화, 마을조성, 지역자원 활용, 창업지원 등)
(2) 문화・환경(축제 및 행사 개최・협력, 문화・스포츠 진흥, 지역 청소・활동 등)
(3) 교육(소비자 교육, 지역 학교 배달 수업, 직장 체험 수용 등)
(4) 고용(고령자・장애인・외국인 노동자의 고용이나 취업 지원 등)
(5) 치안・방재(방범활동, 방재활동, 재해 시 지원활동 등)
(6) 보건・복지(음식안전확보, 육아지원, 고령자・장애인의 생활지원 등)

### 인재육성(人材育成)

사업을 존속시키는데 있어서 특히 중요한 사항으로서「인재육성」을 드는 기업이 돌출해 많았지만, 인터뷰 조사에서도 많은 기업이 인재육성의 중요성을 언급해, 향후의 과제로 하고 있는 것이 밝혀졌다.

### 장수기업 특성 5가지

장수 기업의 특성으로 다음의 5가지를 들 수 있다.
(a) 사회성을 가진 경영 이념(가훈)을 지켜 전하고 있다.
(b) 사업 승계에 있어서는 혈연을 중시한다.
(c) 본업을 중요하게 생각한다.
(d) 사업확장 노선을 취하지 않고 생존하기 위한 시대에 맞는 경영혁신을 하고 있다.
(e) 지역 지향이다.

REFERENCES

# 참 고 문 헌

IT중소기업 해외진출 성공사례', 2003, 컴투스, ICA

Journal of Strategic Management.2014.12.이병환, 허문구 강소기업의 전략, 환경 및 조직구조가 기업활동과 성과에 미치는 영향

KIET 산업경제 특집 중소벤처기업실, 연구원 이영주(2011년 9월 27일, 새누리당 김장수 의원 보도자료)

KOTRA(2005)해외시장정보. 보석같은 독일기업, 시리즈4-1. 프로이덴베르크

Kotra자료 13-002(2013.02)중국석학에게 듣는다. 2013 중국경제전망

P&G의 글로벌 경영전략과 한국진출, 사례분석 blog.naver.com

Peter F Drucker on Innovation 피터드러커의 위대한 혁신, 권영설, 전미옥 옮김, 한국경제신문사 발행, p.121. 새시장개척

'인재관리의 비법. 하버드대 석학 2인에게 묻다. 기분 좋은 날에 일도 잘돼 직원의 창의성 북돋을려면 작은성공 맛보개 하는 것이 최고. coolmcch.blog.me

'틔움'에서 펴낸 ≪800년 장사의 비밀≫ 서유진 저 P.222

「히든챔피언」의 헤르만 지몬이 말하는 '독일기업의 13가지 강점 P.7~9

가재산 · 김기혁 · 임철헌, 2008, 중소기업, 인재가 희망이다, 삼성경제연구소

가족기업이 장수기업을 만든다. 대니밀러 이사벨르, 김현정 옮김, 황금가지 발행. p.333. 장수기업의 비밀 p.372. 가족기업의 분석

강진철, 「중세사」, 진단학보57, 진단학회, 1984

강철규, 경제발전과 부패방지', 윤경포럼세미나, 부패방지위원회 위원장, 2003

강효백, 중국인의 상술 〈14〉

경영환경 변화와 IQM/Session6/TQM2: 경영전략으로서 환경인식과 P&G사의 환경경영에 관한 고찰(A Study on the Recognition of Environmental Management and P&G`s Environmental Performance); 10page Designing matrix organizations that work: Lessons from the P&G case 5page

경제장관회의 선순환 기업생태계 조성을 위한 중소기업 재도전 종힙대책, 2013년 10월 30일. 관계부처 합동

경제주평. 2013년 중국경제와 시사점. 현대경제연구원

경제평론사, 『한국경제백년사』, 1982

계르만민족 후예답게 독일과 북유럽국가들은 대학진학율이 낮은 점 실업율이 낮은 점 복지정책이 유사한점 blog.naver.com

고광만(2013), 기업가정신 및 사회적 자본이 지식경영과 혁신에 미치는 영향, 상지대학교 일반대학원

고봉상 · 용세종 · 이상천, 벤처기업의 성과결정요인에 관한 실증연구, 벤처경영연구. 3-33(2003)

공급사슬관리(SCM)의 핵심성공 요인과 추진유형이 기업이 경영성과에 미치는 영향, 경영정보연구 제28권 제1호 2009년 3월

공동마케팅 제휴(Co-marketing Alliances)에 있어 상호의존성과 갈등의 관계, 서강대학교 경영전문대학원 관리전공 2011년 1월 조영욱

科學技術. 經濟ビジネ. 老鋪企業に見る企業永續の秘訣を深る(2013.8)

과학기술정책. 과학기술정책, 제217호 과학기술정책연구원. 2016

광복후 자유경제 체제에서의 기업, hangang live.blog.me

구조를 건드리지 않는 혁신은 결국 낙오한다. blog.naver.com

국내기업과 주한 외국인기업(미국 일본)간의 기업문화 비교연구

권계은, 기업의 마케팅제휴가 기업수익성에 미치는 영향, 연세대학교 대학원 경영학과 2008.1

권기훈, 제휴역량은 글로벌제휴 벤처기업의 경영성과에 영향을 미치는가? 국제경영리부 제15권 제4호. 2011년 12월

권명중, '巨商 임상옥의 상도경영', 기획출판 거름, 2002

금영삼, SCM(supply chain management)上의 調達物流 革新에 關한 事例 硏究 아주대학교. 2003

기분좋은 날에 일도잘돼… 직원 창의성 북돋으려면 '작은 성공' 맛보게 하는게 최고 blog.naver.com

기술창업의 성공조건과 지원정책, 이윤준, 정기철, 장병열, 2013. 12

기술혁신; 내일을 준비하는 기술정책 이야기 한국산업기술평가 관리원. 2015. 01.31

기업가 지향성이 경영성과에 미치는 영향; 혁신컨설팅 활동 매개효과를 중심으로, 한성대학교 지식서비스& 컨설팅대학원 송현신 2016

기업-한국 민족문화대백과 blog.naver.cdm

기업해부. 대림그릅. 태동과 성장. 창립 77주년 기본이 만든 혁신

길운규 · 심용호 · 김서균, 기술창업 성공요인 도출을 위한 문헌연구, 한국기술혁신학회 춘계학술대회, 2014

김갑수(2011), 독일정부의 중견기업 육성을 위한 연구역량 강화 지원정책, 한국생산기술연구원

김기찬, 기업생태계 관점에서의 연구개발 전략과 플랫폼 리더십. (2009) 2. 대중소기업 상생협력과 R&D에의 시사, 중소기업연구 31(2), pp.255-272.

김도훈, 산업유형별 제품혁신의 성과분석과 경쟁우선 순위의 전략적 선택에 관한 실증연구 부산대학교. 2011.

김두겸 · 노계원 · 박영규, 뿌리깊은 기업, 신산업전략연구소 편, 2011

김민성, 통제시스템과 기업자원 역량이 경영성과에 미치는 영향, 서강대학교 대학원. 2007.2
김보미, 장수기업의 사회적 정당성 메카니즘, 서울대학교 경영학 논문(2005)
김수옥, 글로벌 강소기업의 성공요인 분석', 2010, 한국중소기업학회, 벤처경영연구.
김승일(2009), "독일 중소기업의 경쟁력 실태분석 및 정책적 시사점 연구, 중소기업연구원
김아랑, 기업의 지속적인 가치창출을 위한 비즈니스 모델 혁신전략, 한양대학교 대학원. 2013
김영구, 우리나라 기업의 윤리경영 사례연구, 경희대학교 2009.
김영래, 국제무역경영연구원, 한국기업의 형성과 발전에 관한 연구
김영래, 한국기업의 형성과 발전에 관한 연구. 국제무역경영연구원
김영래, 한국기업의 형성과 발전에 관한 연구〈인터넷자료〉
김영배 · 하성욱, 우리나라 벤처기업의 성장단계에 대한 실증조사 핵심 성공요인 환경특성, 최고경영자의 역할 외부자원의 활용, 기술혁신연구(125-153. 1999)
김원수, 『경영학원론』, 경문사, 1982.
김인섭. 김우봉. 문종범, 국내장수 중소기업의 성공요인 관한 사례연구, 한국중소기업학회. 2012.
김종래, 우리나라 벤처기업과 강소기업 특성에 따른 재무성과 비교연구', 2011, 서울과학기술대학교.
김춘근 · 이충석 · 김진수, 기술창업기업 초기성과에 미치는 영향요인 분석-청년창업사관학교, 기업을 대상으로, 기업경영연구, 57(단일호), 2014
대 · 중소기업 상생협력의 이론적 모형설계: 건강하고 지속가능한 기업생태구축 중소기업연구 (한국중소기업학회), 28권 3호 (2006년 09월), 381-410.
대우조선 해양의 조선업특화 상생 SCM전략, 경영정보 네이버 블로그 P. 2/3
독일 히든챔피언의 지속가능한 성장요인, 중소기업연구 35권 제3호 조병선 2013
독일을 지탱하는 히든챔피언, 윤영호의 행복열쇠 꾸러미
독일의 중요 장수기업, blog.naver.com.
독일의 히든챔피언-KBS스페셜/중소기업의 나라 독일, 작성자 모즈
동화약품 기업가의 근대사적 조명, 경영사학 제22집 제2호 통권44호 2007. 10
두정, 중국인의 무역협상 성과의 결정요인에 관한연구. 신라대학교 대학원. 2014
따이양, 한중FTA하에서 한국화장품의 중국시장 마케팅 전략연구, 원광대학교 일반대학원 무역학과, 2016. 8
라이벌과의 경쟁에서 이기는 3가지 전략, 피말리는 맞수경쟁, 피하지 말고 좋은 상대 골라 즐겨 (chlaudtlf.blog.me)
로버트 슬레이터, 〈잭 웰치와 GE 방식〉, 물푸레, 1998
마케팅-전략과정. Ansoff 성장전략 Porter 본원적 경쟁전략 STOW WWW. reportworld.co.kr
모바일 컨텐츠 해외진출 사례분석', 2007, IT벤처기업연합회
문종준, 우리나라 벤쳐기업의 성공요인에 대한 연구, 중요성공과 실패사례를 중심으로 한국항공대학교,

2003
문현주・윤주환・김길복, 물자원의 가치변화와 물산업 선진화전략, 2011
미국기업 성공신화의 역사. 양홍석 지음, 동과서 발행, 2001년 P. 기업가정신에 대한 인정과 촉진의 문화
미국사 다이제스트 100 유종선 지음, 가람기획 발행, p.409. IT영웅들
미국사. 다이제스트100. 유종선 지음, 발행처 가람계획, 2012년 P260. 분배가 곧 정의이다. 공정한 대우
미국의 유럽경제 재건지원--마셜플랜 1948년 - KAmerican Post WWW KAmerican.com
미제스. 하이테그처럼 말하고다닌 정주영의 기업가정신
바이췌링(百雀羚) https://en.wikipedia.org/wiki/Pechoin, http://www.pechoin51870.com
박경규, 우리나라 기업의 조직활성화 전략, 서강대학교 경영연구소 2009.
박순철, 벤처기술 투자에 있어 기술사업화 역량이 기술사업화 성과에 미치는 영향, 호서대학교 벤처전문대학원, 2010. 2
박영택, 품질경영론, 한국표준협회 미디어 발행. p.203. 품질주택
박영택, 품질경영론, 한국표준협회 미디어 발행. p.134. 품질관리 7가지
박윤순, 숙명여자대학교. "Open innovation 기반의 social R&D를 위한 content 분류체계
박은경・강태구, 기업가지향성과 네트워크 역량이 한국중소기업의 국제화 성과에 미치는 영향, 국제경영연구, 25(3), 97-131. 2014
박정희・홍하상, 주식회사 대한민국 CEO 국일미디어 발행
박홍선, 기술창업 기업의 사회적 자본이 혁신과 시장지향성을 통해 성과에 미치는 영향, 한밭대학교 창업경영대학원, 2012
방규식, 대한민국, 장수기업의 조건, 2005, 해토
백년기업 Handa Junichi 지음 정영권 옮김, 새로운 제안 P102. 장기번영 기업구축, 조직을 철저하게 가르쳐라.
백년기업. Handa Junichi 지음 정영권 옮김, p.23. 초우량기업의 특징
백유성(2012), 한국질서 경영학회 제15권 4호 장수기업의 특성과 장수조건
백유성, 질서경제저널 제15권 4호, 2012년 12월 한국질서경제학회 장수기업의 특성과 장수조건
벤처창업을 위한 실무관리 교재개발, 중소기업청, 1999
뿌리깊은 기업. 성장사와 그의 비결. 신산업전략연구원편 pp.102-106. 대림산업. 이정현 대리(수정보완. 2016. 11)
뿌리깊은 기업. 신산업전략연구원 편. 화산문화 발행, 2011년 민족기업의 금지
살아남은 100기업 두산이야기 엄광용, 북오선 출판, 1896년 박승직 상점으로 출발, 한국 최고의 기업은 어떻게 살아 남았는가?
삼성의 인사철학과 인사관리, 삼성의 인사철학과 인사관리 전반의 검토다운
상호공급 예측계획 프로그램(Collaborative Planning Forecasting and Replenishment)글로벌 비즈니스 SCM

으로 승부한다. 주호재. P. 33
서유진, '틔움'에서 펴낸 ≪800년 장사의 비밀≫
서유진, 800년 장사의 비밀. 티움출판, 중국의 초장수기업의 비밀분석
선진기업의 조건 품격경영 유한주, KSAM 발행 p.53
설동욱, 지식경영 도입을통한 공기업의 혁신방안, 연세대학교 행정대학원. 2001.2
설동욱, 한국기업의 지식경영 도입방안에 관한 연구, 안양대학교 경영행정대학원. 2001
성공하는 리더습관| 직원을 춤추게 하는 칭찬의 조건 '5W'
세계경제 불황속 우리 중소벤처 기업의 생존전략. 2001/국회 중소.벤처기업포럼
세계를 향한 KOTRA 50 ; 1962~2012, KOTRA 발행 KOTRA 2012.
소금을 빼고 염분함량을 줄인 저염장아찌
소상공인 경쟁력 제고방안 (중진기금내 소상공인 진흥계정 신설과 연계) 2012년 9월 19일. 관계부처 합동
송수정, 다품종 소량생산 시스템 하에서의 로트크기 결정기법에 관한 사례연구 공업경영학회지 제17권 제32편 1994년 11월.
송위진(2013), 사회 · 기술시스템론과 과학기술혁신정책, 기술혁신학회지, 16(1), 156-175.
송제찬, R&D투자가 기업시장 가치에 미치는 영향, 기술혁신 시스템과 산업특성의 조절효과를 중심으로. 연세대학교 대학원. 2009.
스티브잡스 풀었다. 빌 게이츠는 못 풀었다. 파괴적 혁신이라는 난제, blog naver.com
신유근, 한국 장수기업의 성공사례, 삼양사, 기업경영사연구. 서울대학교출판부
심용호 · 길운규 · 김서균, 기술창업자와 창업조력자 간 창업성공 요인의 인식차이에 관한 연구, 2015
안상훈, 기술적 기업가정신이 기술혁신 능력과 기술사업 능력에 미치는 영향, 금오공과대학교 대학원. 2013.
안세연(2012), 한국장수기업 장수매커니즘과 장수비결, 서울경제경영
안세연(2014), 경영학연구 제43권 제3호 장수기업의 공통경영 방식에관한 영구기업의 장기생존 가능성을 높이는 장수루틴은 존재하는가?
안세연 · 조동성(2011), 벤처연구 제14권 제2호 창업이념의 각인효과와 기업의 장기생존에 대한 탐색적 고찰
안세연 · 조동성, 창업이념의 각인효과와 기업의 장기생존에 대한 탐색적 고찰. 한국중소기업학회 2011.05
알기쉽게 풀어쓴 중소기업 범위해설 중소기업청
양영종 외 16명, 2012, 『강소기업 17가지 경영노하우』, 청목출판사
양현식, 장수기업의 성장단계별 경영혁신에 대한연구 IBM 사례중심으로. 한국항공대. 2011
양홍석, 미국기업 성공신화의 역사. 경제자유방임주의 강요의 역사를 비판한다. 동과서 발행, 2001, 10
양홍석, 미국기업 성공신화의 역사. 기업가정신에대한 인정과 촉진의 문화, 동과서 발행, 2001년

양홍식, 企業史와 企業家史. 역사 지평확대를 위한 歷程 한국 미국사학회

양홍식, 연방과 주정부의 친기업적인 역할과 태도-미국 경제도약기 정부의 자유방임역할론. 2001

엄과용, 살아남은 100년기업 두산이야기. 북오선 출판

엄미정(2004), 한국기술 혁신체제의 현황 및 특성. 과학기술정책, 146, 134-148

여은정(2008), 우리나라 기업경영권 보호제도 현황과 시사점, 한국금융연구원

오세조, '유통을 알면 당신도 CEO', 중앙경제평론사, 2001

오은해, 아웃소싱의 성과에 영향을미치는 회계정보시스템의 특성 및 아웃소싱 파트너십에 관한 연구, e-비즈니스연구 제13권 제1호 2012년 3월 pp.417-440

와다 히로코, 『P&G 인재양성법』(타임스퀘어, 2011)

원윤재, 국내외 기업과 토종기업의 조직문화 차이분석; 자동차 문화중심으로 중앙대학교. 2007

원지연, 기술혁신과 기술사업화의 시장지향성이 경영성과에 미치는 영향에 관한 연구, 청원대학교. 2012

윤평구외 1명, 우리나라 기업의 지배구조가 기업성과에 미치는 영향에 관한 연구, 한남대학교. 2006

윤현덕 · 서리빈(2011), 기술혁신형(Inno-Biz) 중소기업의 기술경영 성과에 미치는 핵심요인에 관한 연구 기술혁신연구, 111-144

융합중앙회 공고 제2013~1호. 2013년 중소기업간 융합 및 협력사업 시행공고 중소기업 융합중앙회

이가, 한중 명절 음식문화 비교연구 충북대학교 국어교육과. 2014. 8

이건희 에세이 생각좀하며 세상을 보자. 東亞日報社 1997년

이계주외, 젊은 부자들, 한국경제신문. 2009

이계주, 대를이어 성공한 젊은 부자들, 한국경제신문 발행. pp.74-80

이근, 해방이후 한국기업의 진화, 2007, 서울대학교 출판부

이근 · 한동훈, 중국의 기업과 경제, 21세기북, 2000, pp.364-370

이근 · 한동훈 · 정영록, 중국의 기업산업경제, 박영사 발행 p.71. 기업의 지배구조, p.309. 중국의 과학기술체계

이동석 · 정락채(2010), 우리나라 중소기업의 기술혁신 능력과 기술사업화 능력이 경영성과에 미치는 영향연구. 중소기업연구, 32(1), 65-87.

이동식, 우리나라 중소기업의 기술혁신 능력과 기술사업화 능력이 경영성과에 미치는 영향. 숭실대학교 대학원. 2009.2

이동현, 전략경영에서 비즈니스 모델의 개념과 적용, 산업경영연구(제11호. 2003)

이문형, 중국의 G2 부상과 한중 산업협력 방향, 국제산업협력실장, KIET 산업연구원

이미자 · 김중규, 창업의지와 기업가정신이 창업성공에 미치는 영향, 2013

이병기 외 6명, 우리나라 기업지배 구조의 새로운 패러다임 모색, 한국경제연구원. 1999

이병철 · 정주영, 한국경제신문

이병환 · 허문구 · 강기우, 대한경영학회지, 제27권 제10호 2014년 10월. 강소기업의 양면성이 성과에 미

치는 영향. R&D 강도와 기술제휴중심으로

이상용, 취업진로연구, 제5권 제1호 2015년 3월. 김진수 · 김용길 · 박주승, 한국형 강소기업 핵심역량이 기업성과에 미치는 영향에 관한 연구.

이상욱, 유통기업의 윤리경영전략에 관한 실증적 연구, 중앙대학교 대학원, 2007

이소희, 유럽 기업회생 법법제의 특색과 시사점, 비교 사법제14권 2호. 2012

이영구(2015), 경영컨설팅리뷰 제6권 제1호 사업체조사 통계분석을 통한 장수기업 현황. 충남지역을 중심으로

이원훈, IT중소벤처기업의 기술사업화 전략모델개발 건국대학교 대학원, 2008.

이윤준(2013), 창조경제 시대의 창업 활성화 방안, 과학기술정책, 23(2), 10-21.

이윤준, 대 · 중소기업간 상생협력 유형의 전략-중소기업의 L, A, J유형 분류와 성과를 중심으로-중소기업연구 (한국중소기업학회), 29권 4호(2007년 12월) 송현수 5. 경영혁명 새로운 제안기술 창업의 성공조건과 지원정책. 2013

이인석, '한국 최고경영자 100인의 좌우명', 청년정신 출판, 2004

이장우, 디자인+마케팅 이화여대 겸임교수

이장우, 마케팅 잘하는 사람, 잘하는 회사

이장우. 마케팅 빅뱅. 국세청 홍보자문위원장

이청, 숙명여자대학교 국제경영학. 1999

이학종, 경영혁신과 조직개발. 현대기업의 전략적 변신관리. 법문사.

이해영, 영화를 통한 중국문화 교육 =Chinese Culture Education by applying Movies: 이화여자대학교 교육대학원. 2001

이형모, 기술창업기업의 특허활동이 초기기업 성과에 미치는 영향에 대한 연구, 한밭대학교 창업경영대학원, 2012

인터넷 search 자료

일본 100년 장수기업의 성공비결 해부 blog.naver.com

임광혁, 다품종 소량생산 공정을 위한 규칙기반 공정관리시스템, 한국산업정보학회, 논문집 제15권 제11호 2010년 3월

임지선, SCM의 도입이 기업성과에 미치는 영향(비즈니스 프로세스 관리측면에서), 단국대학교 대학원 생산운영관리 전공

자식에게 대물림하지 않고 않고 480년 이어온 중국의 장수기업, 류비취 Jinsolkim.kr.

농민과 사회 2000년 겨울, 한국농어촌사회연구소 '국민의 정부농정평가', 경상대 경제학과 교수 장상환

장수기업의 첫 조건은 고객과 소통. 모두에 이익되는 가치창출 yeomchang.com

장수기업, 제3장 2절 민주화와 기업체질개선

장수기업, 제3장 1절 해방 후 군사정변과 산업발전기 기업활동

장영순, 중소기업의 연구개발 및 생산운영관리 개선영역 도출연구, 경영과학 제30권 제3호 2013년 11월 pp.71~79

장인수, 기술창업 기업의 지식경영활동이 흡수역량과 신제품 개발성과에 미치는 영향. 한밭대학교 창업경영대학원, 창업학과 2015. 2

장임수, 기술창업 기업의 지식경영이 흡수역양과 신제품개발 성과에 미치는 영향. 2015.2

장정근 외 1명, 한국 강소기업익 블루오션 전략에 관한 연구', 2011, 한국무역보험학회

장정근, 한국 강소기업의 블루오션 전략에 관한 연구', 2011,한국무역보험학회

장정수, 韓國社會福祉立法現況, 대구대학교, 사회개발대학원 1989

잭 웰치, 〈잭 웰치 끝없는 도전과 용기〉, 청림출판, 2001

전략적 마케팅 제휴에 있어서 통제 메커니즘의 결정요인과 효과, 한양대학교 대학원, 2000년 12월 박정선

전인오, 창업보육 기업의 기술사업화에 따른 기술역량이 지원과 경영성과에 마치는 영향, 2012

전호일・최석우・정진용, 창조경제 실현을 위한 생기원 역할, 재정립. 2013. 12

정구현, 한국의 기업경영 20년, 2008, 삼성경제연구소

정구현・엄구호 편, 중국의 시장과 기업, 나남출판, 2000. pp.125-128

정두석(2010), 산업경제연구 제23권 제5호 장수중소기업의 성공요인에 관한 실증연구, 창원지역 장수 중소기업을 대상으로

정식품. Dr.Chung's Food (정식품 발행)

정윤계, 한국형 히든챔피언 기업의 발전전략에 관한 연구: 경쟁력지수에 의한 SWOT/AHP 기법을 중심으로, 강남대학교 일반대학원, 경영학과 정윤계 2014. 8

정주영, 이땅에 태여나서, 나의 살아온 이야기, 솔출판사. 1998

정책기획연습, 최종보고서(2013.8.19)중소기업청 벤처정책과 창업생태계 선순환을 위한 실패 중소기업인 재기 활성화의 방안

정책기획연습, 최종보고서(2013년 8월 19일)중소기업청 중소기업간 협업을 통한 중소기업 경쟁력 재고의 방안

정치적 격동기와 경제성장기 1945-1969. 광고정보센터

조광성, 히든챔피언에 근거한 해외시장진출 중소기업의 성공사례 분석, 2010, 경희대학교.

조규갑, 다품종 소량생산 정보시스템의 개발사례, 경영과학 제10권 제2호 1993년 10월

조기준, 『한국기업가사』, 박영사, 1974

조기준, 『한국자본주의 성립사론』, 대왕사, 1982

조동성, 지속(가능)경영 '-지속경영보고서' 작성을 위한지침(서울경제경영, 2007)

조동성・김기찬・송창석(2012), 서울경제경영, 일본장수 기업의 진화와 한국기업에 시사점

조병선(2012), "독일 히든참피언의 지속가능한 성장요인과 정책적 시사점", 한국 중견기업학회 추계정책세미나 주제발표 자료

조병선(2012), 독일 히든챔피언 "지속가능한 경쟁우위, "한국질서경제학회 국제학술대회 주제발표 자료
조병선(2013), 중소기업연구 35권 제3호 독일 히든챔피언의 지속가능 성장요인 독일장수가족 기업에 대한 사례연구중심으로
조병선 · 김익성(2012) 기업가정신 재조명과 한국형 강소기업 육성방안에 대한연구, 독일 히든챔피언 사례를 중심으로 중소기업연구원
조선후기의 근대지향적인 측면을 경제적, 사회적 사상적으로 Kin naver.com
조직개발론(GE사례 pp.380-413)
주운군, 기업의 기술혁신역량과 기술사업화력량이 기술성과와 경영성과에 미치는 영향에 관한 연구, 가천대학교 대학원. 2013. 8
중국 비즈니스에서 반드시 챙겨야할 사항 10가지 중국 비즈니스 성공 10계명
중국 중소기업의 기술역량이 기술성과에 미치는 영향 경북대학교 대학원 저자 Kang bo 2012
중국연태, 관광/여행, 장위포도주, 박물관
중국 와인시장 지각변동 성장세폭발, blog naver.com
중국인의 무역협상 성과의 결정요인에 관한 연구, 신라대학교 일반대학원 두정, 2014
중소 중견기업의 글로벌화와 강소기업 육성의 방안(2013년2월)KIET 산업경제특집 중소벤처기업실 연구원 이영주 2014년 국정간사 활동복서 2014년 10.7-10.27. 이정현 의원실
중소기업 범위해설-경영혁신형 중소기업
중소기업 범위해설-찾기쉬운 생활법령정보
중소기업을 위한 조세지원제도에 광한 연구, 조세특례제한법을 중심으로 연구
중소기업의 도전 네일 J.험프리스. 조지 W 림러 공저 김용장 감수, 샘터발행, 불항을 이겨내는 경영전략
중소기업청 공고 제2014-366호  2015년도 중소. 중견기업 기술개발 지원사업 통합 공고중소 중견기업의 글로벌화와 강소기업 육성의 방안(2013년 2월)
지나간 100년 다가올 100년 조선일보 사설 blog.naver.com
지오위핑 지음, 박찬철 옮김, 마음을 움직이는 승부사 제갈량. 위즈덤하우스 발행, p.52.세를 움직여 연합을 책략. p.86 인재를 움직여 조직을 꾸리다
지오위핑 지음 박찬철 옮김, 판세를 읽는 승부사 조조. 위즈덤하우스 p.246
지오위핑 지음 박찬철 옮김, 판세를 읽는 승부사 조조. 위즈덤하우스 발행 p.73. 판을읽기 힘들때는 다른각도에서 본다.
지용하, 소상공인 창업실패에 따른 효율적 개선방향에 관한 실증적 연구 호서대학교 벤처전문대학원.
차민식 · 배종태, 벤처기업 성장단계와 지식활동간의 관계분석 벤처경영연구(83-110. 2002)
창업정보, 2012.12.04. 17:46 http://blog.naver.com/gmlakdcu/10153564768 이의준컬럼〉 창업신드롬, 메가스타트업에 답있다.
창업보육기업의 기술사업화에 따른 기술역량, 전인호 발행, 2012

창업생태계 선순환을 위한 실패 중소기업인 재기활성화방안, 중소기업청 벤처정책과(보고서 2013.8.19)

창조적 IDEA 발상법 23가지 blog.naver.com

창조적 아이디어 발상법, 창조적 IDEA interi04.blog.me

초우량기업으로 성장비결, 삼성코닝(주)발행 1991년

최계월, SWOT 環境分析을 통한 私設學院의 經營活性化 方案에 관한 硏究. 강릉대학교 경영. 정책과학대학원, 경영학과, 2006.2

최규철, 제조기업의 SCM 도입효과에 관한 연구, 계명대학교 경영대학원, 2005.2

최상원, 창조경제의 지식재산기반중&middor; 소기업육성을 통한 선순환구조 활성화 방안에 관한 연구, 2015. 11

최승일 · 김동일(2013), The Journal of Digital Policy & Management 글로벌 기업사례를 통해본 장수요인 분석

최인철, '윤리경영의 선진사례와 도입방안, 2002. 6/5.(제351호)삼성경제연구소,

최인호, '상도(商道)1, 2, 3, 4, 5', 여백미디어, 2000

최인호, KAMCO(Korea Asset Management Corporation, 韓國資産管理公社) REPORT, 세계 유명 투자 금융기관 소개

최인호, 한국은행 웹사이트 · 금융감독원 웹사이트 세계 유명 투자금융기관 소개, 하나경제연구소 웹사이트. 씨티은행 웹사이트. KAMCO 웹사이트. 현대경제연구원 웹사이트

최재원, 동방의 도덕 북스토리 발행 p.38. 道德經

최종열(2010), 기술창업기업의 네트워크 특성이 기업성과에 미치는 영향, 창업보육센터 기업을 중심으로. 기업가정신과 벤처연구, 13(4), pp.87-108.

카네기 인간경영리더십, 최염순 지음, 씨앗을 뿌리는 사람 발행, p39. 가치관과 비전

카네기 인간관계론, 테일카네기 저 최염순 옮김 카네기트레이닝 카네기연구소 발행, 인간관계 3가지 기본원칙

판세를 읽는 승부사 조조, 지오위핑 지음 박찬철 옮김, 위즈덤하우스, p.73. 판을 읽기 힘들 때는 다른 각도에서 본다.

패션산업과 이종(異種)산업간 공동마케팅 제휴를 위한 파트너 선정(소비자 관점), 이화여자대학교 대학원 의류직물학과 2007년 7월 안수경

프로필. 우리나라 두유역사의 첫장을 열다(주. 정식품 발행)

피터드러커의 위대한 혁신의 저자 피터드러커 지음, 권영설 전미욱 옮김, 한국 경제신문사 한경 BP. 2012. 3

하태관, 생존분석을 이용한 중소기업의 장수요인 도출과 육성전략에 관한 실증적 연구, 건국대학교 대학원. 2013

한겨레, 2012. 09. 17 관련종목 시세/토론

한국 장수기업 성공사례 기업경영사 연구, 서울대학교 경영연구소, 기업경영사, 연구총서 19, 서울대학

교, 출판부 발행

한국 중견기업의 성장과 세계화 전략: 제조업을 중심으로, 경성대학교 대학원, 경제학과 이론경제학 강윤근 2015. 8

한국경영사학회. 가스활명수 성공요인, 성공전략 분석보고서 참조

한국경제백년사, 경제평론사, 1982

한국금융연구원, 『한국금융총람』 1982

한국능률협회, 〈잭 웰치가 한국의 경영자에게〉. 한국능률협회. 2000

한국무역협회 브뤼셀지부(2011) 독일 미델슈탄트(중견기업)강점 및 히든챔피언 소개

한국민족문화대백과 blog. naver.com

한국민족문화대백과사전 〈전체항목 공감 공감하기 베스트공감〉 연관 멀티미디어 경영경제. 기업분석, 강소기업의 특성 blog naver. com

한국방송사업단, 한국경제근대화와 기업인, 1982

한국형 히든챔피언 기업의 발전전략에 관한 연구, 경쟁력 지수에 의한 SWOT/AHP기법을 중심으로 강남대학교 일반대학원, 경영학과 정윤계 2014. 8

한국형 히든챔피언 정책의 비교분석과 제언, 부경대학교 경영대학원, 저자 정이기 2015. 2

한은조사연구, 한국은행 조사국 해외조사실 2008, 일본기업의 장수요인 및 시사점(2008-13)

한재훈(2013), 경영컨설팅연구 제13권 제1호 기업의 장기적 생존을 위한 지역 특성의 필요성에 대한 탐색적 연구. 국내외 장수기업 연구와 사례기반으로

한중기업 경영환경 및 특징의 비교연구 숭실대학교 대학원, 장민밍 2011

한지혜, 우리나라 기업사회 공헌활동 현황과 발전방향에 관한 연구, 한양대학교. 2008

햄프리코리어 창업상담. 인생60창업하기 GRI 경기개발연구원, 2014년 4월29일(제49호)

허문구 외 12인, 2013, 조직이론과 설계, 존슨 앤 존슨, 타이레놀 리콜후 구조조정-파이낸셜 뉴스 2011. 03. 31

홍현무, 다품종 소량재고관리의 생산성향상에 관한연구, 인천대학교 경영대학원, 2011년 8월

흙수저 한탄하는 한국청년에 고함, 정재원 회장 말씀참고

히든챔피언 글로벌 원정대. 온 세계를 시장삼아 거침없이 진출하기 위한 핵심전략!

히든챔피언 글로벌 원정대. 헤르만지몬, 배진아 옮김, 유필화 감수, 흐름출판사,(독일은 왜 강한가)

히든챔피언 헤르민 지몬이 말하는 독일기업의 13가지 강점 blog.daum.net

企業が生き殘ゐためには(2013年9月) EHS&S 研究センター上級研究員. 尾形 努.

企業の長期存續についての硏究. 鈴木 志保. 名古屋市立大學大學院經濟學硏究科

老鋪から學ぶ企業永續の秘訣~~長期的な投資. 經營の視點から 研究指導敎授. 平澤 賢一. 岩澤莉子. 渡部由記

老鋪に學ぶ繼續と成長の爲の企業リスクマネジメント. 東京企業リスク研究會 組織風土研究グループ.

島恒昌明. 彬山裕. 西原良和. 林光夫. 平野圭一

老鋪に學ぶ繼續と成長の爲の企業リスクマネジメント. 東京企業リスク研究會. 組織風土グル-プ. . リスクマネジメント.TOORY. 2010.March

老鋪企業に學ぶ長壽の秘訣と經營革新. 著作者 上野 延城. 會員番號. (2958)

流通科學大學論集 流通經營編 第22券 第2號(2010)前川 洋一郎. 地域社會にお ける老鋪の生成 プロセスについて考察. 旭川市. 松田町. 江差町. 守口市.門眞市の事例をもとに

福井企業經濟委員會(2013)低成長時代の企業經營 長壽企業に學ぶ經營法則

福井縣企業の事業創造. 事業革新のための調査研究

福井縣企業の事業創造. 事業革新のための調査研究 生活關連の新たな事業分野への展開のために

成長企業の法則 一橋大學大學院 國際企業 戰略研究科教授 著者 名和高司

素形材に關する長壽企業及び傳統的工藝品について. 經濟產業省 製造產業局 素材產業室. 課長補佐.

營業基盤强化型. 增永眼鏡株式會社. 自社ブランドの更なる浸透を犯つた營業體制の再構築と生產の效率化.

運命の逆轉 高橋桂子 著 기적도 하나의 선택으로부터 시작된다.

日華チャレンジ2015. ビジョナリ- 戰略發想で目指す2030年の未來

日華化學工業株式會社向け多品種小量生產化學工場における總合管理制御システム

長壽企業における變革.革新活動.長壽企業の訓え.東京商工會議所.世界最古企業20

長壽企業における變革.革新活動.長壽企業の訓え.東京商工會議所.世界最古企業20 傑世界最多の長壽企業を持つニッポン老鋪企業に見る企業永續の秘訣を深る

長壽企業の歷史 By 河田容英. on 13 May 2013(日本の長壽企業TOP10)

長壽企業の訓 え 東京商工會議所 編 P 8.長壽企業大國日本の秘密

低成長時代の企業經營 長壽企業に學ぶ經營法則

低成長時代の企業經營 長壽企業に學ぶ經營法則 P15. カラヤ株式會社 編

低成長時代の企業經營 長壽企業に學ぶ經營法則(企業經營委員會)2013年3月

情報科學研究 第21號. 非老鋪と比較した老鋪經營の特質. 神田 良. 高井 秀

情報化導入支援事業. 織維業界の顧客データの活用事例(平成15年度) 中小企業 總合事業團. 織維ファション情報センタ.

中小企業における事業承繼課題 石川和男 著 商學研究所報 第44卷 第7號 2013년 2월 專修大學商學研究所

地域社會における老鋪の生成プロセスについて考察. 流通科學大學論集 經營編 第22卷 第2號 51-74 (2010) 前川 洋一郎 著

特集 企業レポート 大津屋

특집(特集) 長壽企業に學ぶ ~永續のコツを縣內長壽企業に汎く~

특집(特集) 長壽企業に學ぶ~永續のコツを縣內長壽企業 カラヤ株式會社
河田容英 2013年5月13日. 仕事. 企業. 長壽企業の歷史.日本長壽企業 TOP10.

## 인터넷 자료

http://baike.baidu.com/view/127658.htm

https://zh.wikipedia.org/wiki/%E5%85%AD%E5%BF%85%E5%B1%85, http://visitbeijing.or.kr/ 六必居

http://blog.naver.com/PostView.nhn?blogId=dameet&logNo=130067265224) 네이버 카페 국제마케팅E조, 2007.06.03, Ralph Larsen "명령은 효력이 없다"

http://blog.naver.com/zhyn?Redirect=Log&logNo=140000349234, 네이버 블로그 책으로 만나다, 2009.8.17, '윤리경영으로 100년 기업을' 포스팅 참고

http://cafe.naver.com/globalclub2/49 파이낸셜뉴스, 2011.3.31, 존슨앤드존슨, 타이레놀 리콜 후 구조조정 중 인용

http://daewoolove.com/dwnews/fmsabo/6saboori/ori9no13.htm(GE 식스시그마 경영)

http://factory119.com.ne.kr/success/biz_7.htm(잭 웰치의 10가지 성공비결)

http://freshmom.x-y.net/chpr-4.htm(GE의 역사와 잭 월치의 31가지 리더십 비밀)

http://user.chollian.net/~hopel/data/지식경영1.01.pdf

http://user.chollian.net/~kokuryu/Data/ge.hwp(GE의 21세기 경영전략과 Work Out 프로그램)

http://www.ge.com/kor/aboutGE(GE 성장전략, 경영방식, 경영철학)

http://www.ge.com/korea/annual/1998/share/index.htm(GE가중점적으로 실시해온 3가지 주요전략 -세계화, 서비스, Six Sigma 품질운동)

http://www.geplastics.co.kr/korean/ge/ge.htm(GE의 경영혁신 전략과 세계시장 전략)

http://www.investor.jnj.com/2011annualreport/board/index.html) 네이버 블로그 Spring Tree, 2003.10.31, '존슨&존슨' 포스팅 인용

[매일경제][Cover Story] 행복한 직장만들기 10가지 방법

[한겨레] 인터뷰/독일 만하임 응용과학대 빈프리트 베버교수

[Cover Story] '불멸의 기업' 독일머크(제약·화학회사) 칼 루드비히 클레이 CEO

[Cover Story] 중 '대륙 10대 강사' 자오위핑 교수가 말하는 '삼국지 리더십'

2015년 개정판. 알기쉽게 풀어쓴 중소기업 범위해설. 중소기업청

95.IT 영웅들 21세기 미국을 구하다. blog naver.com

CCTV 百家講壇·論語, 史記 등 中國 古典에 대한 강좌-자오위핑 趙玉平교수의 三國誌의 리더십

Charles L. Decker, "P&G power: 원칙중심의 99가지 성공비결", 영언문화사, 2002

Davis, 『브랜드제국 P&G: 168년의 P&G는 현대기업과 브랜드의 역사를 대변한다』(거름, 2005)

Handa Junichi 지음. 정영권 옮김, Centennial Company(백년기업) P23

HiPP-the best from nature. the best for nature. Sustainadility Report 2015

hiPP-the best from nature. the best for nature. Taking responsibility to make the future worth living.

http://blog.naver.com/zhyn?Redirect=Log&logNo=140000349234 네이버 블로그 책으로 만나다. 2009.8.17, '윤리경영으로 100년 기업을' 포스팅 참고

http://eskim3.com.ne.kr/documents/education/general_area/ceo.htm

http://library.korcham.net:8090/Gen_down/20030228002_K.doc

http://webcom.com/quantera/Dow.html

http://www.fkii.or.kr/forum/kms/uploaded_files/아이리스 21현장.

http://www.kssline.pe.kr/book(other)

http://www.lgchem.co.kr/html/chma/chma2231.htm

INNOVATIVE VOICE. 日本の眼鏡産業を生んだ會社 增永眼鏡株式會社.

Johnson & Johnson 영문공식 웹사이트(http://www.jnj.com/connect/)Johnson & Johnson 연례보고서, 2011.20.

TDB 特別企劃 長壽企業の實態調查(2013年) 創業100年以上の長壽企業 全國に2萬6.000個社

TDB 特別企劃. 2015年に100周年 長壽企業の實態調查(九州地域)2.414個社

THE Story of MASUNAGA. 增永眼鏡株式會社.. 會社案內

THE WORLD FOLIO. 日華化學株式會社 ビジョン. ミッション

네이버 백과사전]http://blog.naver.com/harmonyponds/80186319479

다오샹춘(稻香春)http://visitbeijing.or.kr/ http://st.hujiang.com/topic/164839812112

http://www.pressian.com/news/article.html?no=111902

대한무역협회 (http://www.kita.net/)

대한상공회의소(http://www.korcham.net/)

류비취 (六必居) http://baike.baidu.com/view/127658.htm

https://zh.wikipedia.org/wiki/%E5%85%AD%E5%BF%85%E5%B1%85 http://visitbeijing.or.kr/六必居

바이오델타코리아 〈www.biodelta.co.kr〉 와플반트〈www.wafflebant.com〉

언론과 컬럼 2015.08.04. 10:47http://blog.naver.com/yesnfine/220440458636

언론과 컬럼 2015.08.04. 10:47 네이버 블로그: 포스트내용 2 / 2http://6 2015-09-09

위키백과, 우리 모두의 백과사전, 2013 검색 (http://www.ko.wikipedia.org/)

장위포도주(張裕 wine)http://www.changyu.com.cn:8189/about/events.html

https://en.wikipedia.org/wiki/Changyu

## 저자소개

□ 김종영

- 숭실대학교 경영학과 졸업. 경영학 학사
- 중앙대학교 국제경영대학원 경영정보학과 이수
- 인하대학교 경영대학원 고급관리자 과정 수료
- 숭실대학교 경영대학원 졸업 경영학 석사
- 숭실대학교 대학원 졸업 경영학 박사
- 신흥 규산소다 공업사 공장장
- 삼흥유지 공업(주) 규산사업부 부장
- 영신화학 공업(주) 부사장
- 전국액상규산소다 제조업자회 회장
- 한국 유리산업협동조합 이사
- 영일화성(주) 회장

**장수기업으로 가는길**

**인 쇄** 2023년 6월 23일
**발 행** 2023년 6월 30일

**편 저 자** 김종영
**주 소** 인천시 서구 백범로 678번길 12
Tel: 032-578-6700~3 / E-amil: jykim@youngilchem.co.kr

**펴 낸 곳** 한림원출판사
**펴 낸 이** 조민재
**주 소** 서울시 중구 퇴계로 51길 20 1302호(오장동, 넥서스타워)
**전 화** 02-2273-4201
**홈페이지** http://www.hanrimwon.co.kr

**정 가** 30,000원
**ISBN** 978-89-93512-88-5 (03320)